DAXUE YUWEN JIAOCHENG

大学语文教程

徐美恒 魏静 谢稚 郭玲 编著

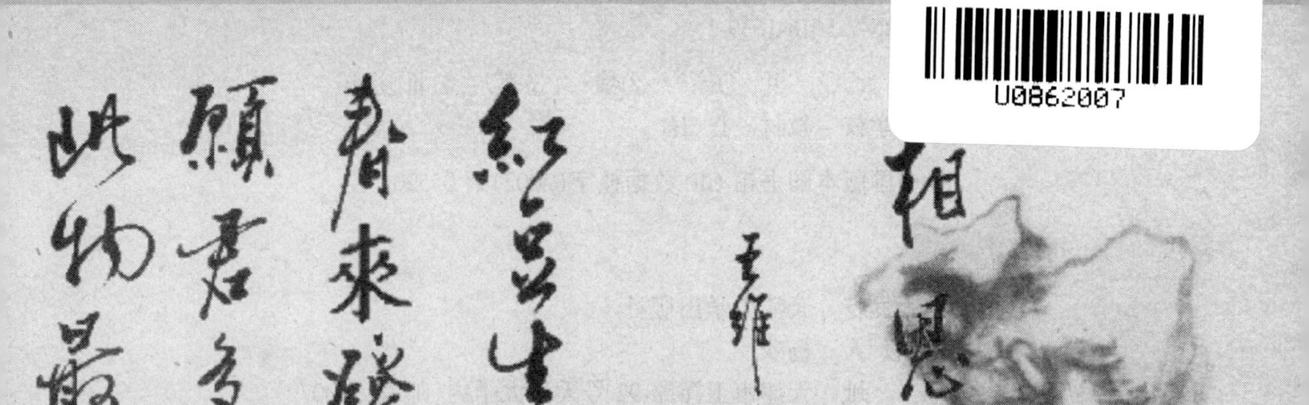

U0862007

天津大学出版社
TIANJIN UNIVERSITY PRESS

图书在版编目(CIP)数据

大学语文教程/徐美恒,魏静,郭玲编著.—天津:天津大学出版社,2002.9(2006.2重印)

ISBN 7-5618-1639-1

Ⅰ.大... Ⅱ.①徐...②魏...③郭... Ⅲ.汉语-高等学校-教材 Ⅳ.H1

中国版本图书馆CIP数据核字(2002)第055201号

出版发行 天津大学出版社
出 版 人 杨欢
地　　址 天津市卫津路92号天津大学内(邮编:300072)
电　　话 发行部:022-27403647 邮购部:022-27402742
网　　址 www.tjup.com
短信网址 发送"天大"至916088
印　　刷 天津市宝坻区第二印刷厂
经　　销 全国各地新华书店
开　　本 185mm×260mm
印　　张 23
字　　数 628千
版　　次 2002年9月第1版 2006年2月第2版
印　　次 2006年2月第4次
印　　数 13 001-18 000
定　　价 32.50元

再版前言

俗话说：“工欲善其事，必先利其器。”作为教师，应该深知好教材是教师的“利器”这个道理。从教者的角度说，好教材可以使教师事半功倍；从学习者的角度讲，好教材能够把课堂教学无限放大。这样的道理，为师者自然应该是心知肚明的，认真的求学者也是深有体会的。基于这样的认识，我们坚持不懈地重视教材建设，尽管在某些地方的某些政策下这可能是“费力不讨好”的。诗可以兴、观、群、怨，教材的前言里谈点对教育问题的看法，也不算跑题。自从国内的一些大学举起了“研究型”这杆大旗以来，重科研轻教学，重学术论文轻教材建设，这已是人所共知的事实了。没有“研究”自然不好，高校教师都应该搞出点自己的学术研究来，这样才配称“学为高”，但编著出好教材同样也是教师应尽的职责，也应该是“研究”的一部分。不可想像，一个自称研究型的大学连自己的教材也没研究出来，其学问又能“高”到那里去呢？当然，教师没必要都搞教材，市场上有好的现成教材，拿来用也是可以的。我们只是被历史地推上了这条路，就应该认真走下去。尽管编教材很辛苦，教材不被有些地方考核教师所重视，但我们愿意坚持自己的“以学生为中心”的职业信念，把学生的成功看作是自己劳动的基本意义。讲出这点感受，应该是有益于社会的。大学也好，整个社会也好，不能只看重某些评价指标，而贬低另外一些其实恰恰是十分珍贵的有长期效应的评价指标。大学不重视教材建设和教学研究，也就没有把培养人的问题放在首位。长此下去，大学必将失去存在的根基。

《大学语文教程》经受了三年的教学实践检验，编著者对它的体系和内容有了一些新的认识。为了尽快把研究的新成果和教学的新体验转化到教材中，我们对这本书做了一些修补完善，希望它能更好地服务教学，更好地帮助大学生们获取知识、陶冶情操、提高审美评价能力。

本书的修订工作先由原来的三位编著者徐美恒（1990 年毕业于东北师范大学，曾在长春理工大学、天津大学任教师，现为兰州大学文学院博士研究生）、魏静（天津大学教师）、郭玲（天津大学附属中学教师）讨论并形成初步修订意见，后来又邀请中国地质大学（武汉）的谢稚副教授撰写了第四编第四章“20 世纪中国散文”（第一节之一、第六节和第十四节除外），并请她增补了第五编“外国文学部分”第五章的第二节至第五节。全书由徐美恒完成统稿工作。

学无止境。作为教师，我们总想把自己知道的都奉献给学生。然而，作为一门课程，教学的学时是有限的，学生投入的学习精力也是有限的。所以，我们只能在有限的情况下，设计一些我们认为是最重要的内容，提供给学生。期望他们在课堂教学的互动中和课下的静心阅读中，从博大精深的中外文学信息和现实的人类文化动向中，汲取到有益于个人发展进步的营养，感悟到人类社会的未来方向，鼓动起强大的精神能量，怀着健康、崇高、美好、快乐的心态走向未来。这样，教育者和文学家通过“立人”而造就时代和社会的想法也就落到实处了。我们讲的是文学，但有更高尚的职业追求。如果大学生们能抱定改造自我的心态走进文学的世界，我们相信文学能够带给他们善良、勇敢、勤劳、慈悲、友爱、坚强、毅力、公正等人类共同推崇的珍贵品性，当然也能够帮助他们克服凶残、嫉妒、卑怯、贪婪等人性之恶。所谓素质教育，应该是以人为本的教育，通过打造理想的人来开拓理想的社会。文学自然不都是这样功利的，它也可以愉悦性情，消遣时光，但对于校园里生命如鲜花般灿然绽放的青年人来说，他们接近文学，更应该获取促生与催长的营养。

记下这些想法，算是编书者与读书人的一种共同勉励吧。

这虽然是一本再版书，但由于编写者的学识所限，其中难免有一些不妥之处，恳请读者批评指正。

本书再版，得到天津大学出版社高希庚副总编的大力支持，特致谢意！

徐美恒

2006 年 1 月 20 日

前　言

这是一本为满足大学生文化素质教育之急需而编写的教材。我们在编写过程中首先考虑的是对中外优秀文化成果的传播，所以在体例上列了五编，想追求一种贯通古今中外的文化视野，从而引导学生养成博大的人文情怀。其次，这本教材的撰写方式也体现了我们在教育观念上的变革，我们认为，“大学语文”作为一门课程，教学的重点不能只满足于普及文学知识或文化常识，更应该着眼于构筑理、工、法、管等学科类人才健康的、高尚的、丰富的感情世界，也就是着眼于培养他们的审美评价能力、文化评价能力和人格理想。所以，本书力图通过对优秀的文学作品和文化成就的评价，拨动人们的心弦，使人们在情感体验中求真、向善、爱美，养成高尚的人格和美好的情操，促动人性的健康发展。

本书由徐美恒提出编写设想，魏静、郭玲参加编写。具体分工是徐美恒、魏静负责中国古代文学部分；徐美恒、郭玲负责20世纪中国文学部分；徐美恒负责外国文学部分。全书由徐美恒完成统稿工作。

本书在编写过程中参考了许多学者的研究成果，在此不一一列出，但应该指出，他们的劳动为大学生的文化素质教育准备了丰厚的素材。作为教师和教材的编写者，也是对人类文明成果的开发、利用和传播者，我们愿意代表后来者对前人的成就表示景仰；同时，我们没有忘记创新和前进，因此，本书不是现成资料的组装，而是经过了精心设计和再创造的结晶。它承载着我们的教育理想，也熔铸了我们的学习心得和研究成果。希望大学生们通过文学的轨迹认识人类的历史，认识国家民族的发展历程，认识人的过去，思考人的现实生存境遇，展望未来，在情感体验中凝聚成强大的精神力量，走向更加美好的未来。

编者

2002年6月19日

目　　录

第一编　中国古代散文

第二编　中国古代诗歌

第三编　中国古代小说、戏曲

第四编　20世纪中国文学

第五编 外国文学经典作品评介

第一编

中国古代散文

- 中国古代神话选讲
- 先秦散文选讲
- 汉、魏、晋、南北朝散文
- 唐宋散文
- 元明清散文

第一章　中国古代神话选讲

第一节　中国古代神话及其价值

一、什么是神话

一般认为，神话就是早期人类的历史，或者说是历史的影子。它是人类在漫长的历史进程中代代相传，后经文人记录保存下来的。我国各族人民都有流传悠久的神话，成为了宝贵的中华文化遗产。从形态上看，神话富于想像或幻想，简直可以理解为一种超现实的艺术概括力，在那些形象直观的故事叙述中，反映出了自然变化、生产劳动、社会生活和历史发展等现实生活。在内容上，神话仍然是历史研究的宝贵资料，也可以说是人类历史研究的谜团。在周代、秦代和两汉的诗歌、辞赋、诸子散文及历史著作等文献里，散存有大量的神话资料。神话具有不朽的艺术魅力，其中蕴藏的自然知识、生产知识、生活经验、创造激情、奇妙幻想和艺术方法，成为后代文学艺术发展的土壤和艺术借鉴的宝库。神话是人类文化的根源，我国古代神话的奇异、瑰丽以及其中所蕴涵的精神价值，表明了中华文化具有强大的生存能量。

在文字产生以前，远古歌谣与神话一直以口头方式流传，它们被认为是中国叙事文学的发端。远古神话按内容大致可分为七类：创世神话、始祖神话、洪水神话、战争神话、英雄神话、爱情神话、发明创造神话等。

二、神话的价值

1．认识价值

神话虽然是由后代文人加工整理而成的，但总是有历史根源的。这种根源尽管是口头相传的故事，不是真实的历史，但人类的思维不是凭空而来的，这正如我们今天写科幻小说一样，不论想像和幻想得多么离奇，总还是曲折地反映出了人类的生存经验。神话是古人类神话思维的结果。神话思维是人类在蒙昧时期的低级思维状态，这种思维简单地说就是“物我不分”。这正如幼儿的思维一样，缺少逻辑推理的科学成分，而是以自我之心感知外部世界，“我”与“物”没有界限，从而造成了人与物相通、人力与自然力相通的奇幻世界。在这个“物我相融”的世界里，有扭曲了的现实，也就是有历史的影子。比如，从洪水没世神话中可以看出地球上曾经大范围发过洪水，或者说地球上曾经根本就没有陆地，完全被水包裹着；从羿射九日神话可以断定中华大地上曾经大旱过。神话的这种认识价值和历史价值是十分珍贵的，因为它是人类最早的文化形态。

2．审美价值

后人以文学的眼光看待神话时，也把神话说成是古老的口头文学的一种形式。这主要是因为神话思维创造出的神话富有神奇的想像力和幻想品质，使叙述具有了情感体验的故事性。因此，神话具有了独特的审美价值。比如我们从女娲补天、大禹治水等神话中能获得一种崇高感，能体验一种英雄情怀，就是因为他们有崇高的人格精神。神话中的神大都有超人的能力和超俗的性情，都有救世的情怀；也有的神具有俗世的性情、常人的欲望。无论哪种情况，都是后人加入了自身价值判断的理解，这个理解过程显然是一种审美评价过程。事实上，人们通过神话认识历史的方式已经不如考古和基因分析那样可靠了，神话的价值越来越重要地体现在审美评价和文化研究方面。

第二节　中国古代神话选讲

一、女娲

提示：女娲是具有怪异的身形和神奇的能力的女神。她曾化育万物、熄灭大火、消除洪水、灭掉害虫并炼石补天。女娲在中国古代神话中是人类的始祖，她能够创造人，还能够补天，表明她具有伟大的创造精神和救世能力。我们应该继承女娲的伟大创造精神，忘我的劳动品质，勇于拯救世界的崇高责任感。从这则神话也可以看出人类对早年恶劣的生存环境的记忆。

文献附录：

女娲[1]，蛇身人面。(《列子·黄帝》)

娲，古之神圣女，化万物者也[2]。(《说文解字·女部》)

往古之时，四极废[3]，九州裂[4]，天不兼覆[5]，地不周载[6]，火爁炎而不灭[7]，水浩洋而不息[8]，猛兽食颛民[9]，鸷鸟攫老弱[10]。于是，女娲炼五色石以补苍天[11]，断鳌足以立四极[12]，杀黑龙以济冀州[13]，积芦灰以止淫水[14]。苍天补，四极正[15]，淫水涸[16]，冀州平，狡虫死[17]，颛民生[18]。(《淮南子·览冥训》)

注释：

[1] 娲 (Wā)：神话中的女神名，也叫“女娲”。传说中伏羲、女娲和神农，称做“三皇”。

[2] 化：化生，化育。传说女娲是化育万物的神。

[3] 四极废：四方支天的梁柱折断了。极：指栋梁，这里指天柱；有的传说写作“天柱折”。废：毁坏，坠毁。

[4] 九州裂：大地塌陷崩裂。九州，古时天下分为冀、兖、青、徐、扬、荆、豫、梁和雍等九州。这里九州指天下大地。

[5] 天不兼覆：天空塌坏不能把大地完全覆盖。兼：一并，完备。

[6] 地不周载：大地陷裂不能把万物完全承载。周：全，普遍。

[7] 爁 (làn) 炎 (yàn)：大火延烧的样子。

[8] 浩洋：浩荡汪洋，洪水盛大的样子。

[9] 颛 (zhuān) 民：良善的人；淳朴的人。

[10] 鸷 (zhì) 鸟：凶猛的鸟，如鹰、雕和鹫等。攫 (jué)：禽兽用爪抓取东西。

[11] 炼：熔化、烧炼。苍天：青天。

[12] 鳌 (áo)：神话里的巨龟。这句说女娲用龟足做支天的柱子。

[13] 黑龙：神话中的洪水神。济：救助。

[14] 芦灰：芦苇烧成的灰。淫水：大水，指洪水。

[15] 正：扶正，直立。
[16] 涸：干枯，水枯竭。
[17] 狡虫：指害人的凶禽猛兽。
[18] 生：安生。

二、黄帝战蚩尤

提示：黄帝战蚩尤神话通过幻想的形式和生动的故事，反映了原始社会内部的阶级分化和部落之间的财富掠夺及战争情景。蚩尤是刑法、刀兵和战争的发明者，是各种恶德的化身，是社会暴力神。黄帝是被迫同蚩尤作战的，最终战败并杀死蚩尤。神话中流露出人们对战争与侵夺的诅咒，对和平与安定的渴望；也表现了母系社会时代的生活。

神农之世，卧则居居[1]，起则于于[2]，民知其母，不知其父……耕而食，织而衣，无有相害之心。(《庄子·盗跖》)

神农之世，男耕而食，妇织而衣，刑政不用而治[3]，甲兵不起而王[4]。神农既没[5]，以强胜弱，以众暴寡[6]，故黄帝内行刀锯，外用甲兵[7]。(《商君书·画策》)

若古有训[8]，蚩尤惟始作乱[9]，延及于平民[10]，罔不寇贼[11]，鸱义奸宄[12]，夺攘矫虔[13]。苗民弗用灵[14]，制以刑[15]，惟作五虐之刑曰法[16]，杀戮无辜[17]，爰始淫为劓[18]、刵[19]、椓[20]、黥[21]，越兹丽刑[22]，并制[23]，罔差有辞[24]。民兴胥渐[25]，泯泯棼棼[26]，罔中于信[27]，以覆诅盟[28]；虐威庶戮[29]，方告无辜于上[30]。上帝监民，罔有馨香德[31]，刑发惟闻腥[32]。(《尚书·吕刑》)

蚩尤兄弟八十一人，并兽身人语，铜头铁额，食沙石子，造立兵杖、刀戟[33]、大弩[34]，威振天下[35]，诛杀无道[36]，不仁不慈。(《太平御览》卷七十九)

俗云：(蚩尤）人身牛蹄，四目六手。(《述异记》)

蚩尤作五兵：戈、矛、戟、酋矛，夷矛[37]，黄帝诛之涿鹿之野[38]。(《世本》)

蚩尤铜头啖石[39]，飞空走险。(黄帝）以馗牛皮为鼓[40]，九击而止之，尤不能飞走，遂杀之。(《山海经·大荒北经》)

注释：

[1] 居居：形容人的生活安静宁贴。
[2] 起：起身，指人的行动。于于：安然自得的样子。
[3] 刑政：刑罚和政令。治：治理，指社会安定。
[4] 甲兵：铠甲和兵器，也借指军队或战争。王：称王。
[5] 没：死，这个意义后代写作“殁”。
[6] 暴：欺凌，侵夺。
[7] 刀锯：刑具，这句说黄帝对内用刑罚进行统治，对外用军队维持王权。黄帝：古代传说中五帝之首，也称轩辕氏。
[8] 若：文句开首用的助词，这里也可解释为那个。训：古训，指古人传下来的记事或教导。
[9] 蚩（chī）尤：神话中发明刑罚、刀兵和战争的暴力神，是恶德的化身。传说是炎帝的子孙。
[10] 延：蔓延，扩展。
[11] 罔：无，不，没有。寇贼：侵夺伤害。此句与下两句是说蚩尤造成的祸乱和败坏。
[12] 鸱（chí）义（é）：轻狂邪恶。奸宄（guǐ）：为非作恶。
[13] 夺攘：劫夺抢掠。矫虔（qiān）：狡诈扰害。
[14] 灵：美，指美好的法度和政治。

[15] 制以刑：即以刑制，借刑罚实行强制。制：禁止，遏止。

[16] 五虐之刑：五种酷刑。法：刑法。

[17] 无辜：无罪的人。

[18] 劓（yì）：割鼻子的刑法。爰（yuán）：于是。淫：过分，无节制。

[19] 刵（èr）：割耳朵的刑法。

[20] 椓（zhuó）：古代割去男性生殖器的酷刑。

[21] 黥（qíng）：在脸上刺上记号或文字并涂上墨，古代用作刑罚。

[22] 丽：附着，这里意是触犯。

[23] 并制：一律制裁，意是都用刑法制裁。

[24] 罔差有辞：没有区别是非曲直的断辞，意是不分善恶，滥施刑罚。差：差别，区分。辞：诉讼的言辞，如供辞、辩辞或判辞。

[25] 胥：相互。渐：浸染，习染。这句意是人们受到恶德恶习的浸染。

[26] 泯（mǐn）棼（fén）：纷乱错杂，意是人们陷于迷惑纷乱之中。

[27] 中：合于。信：诚信。

[28] 覆：败坏。诅盟：祝告和盟誓。

[29] 庶戮：指受到残害凌辱的庶民。

[30] 这句意是民众向上帝申诉无罪受害的苦难。上：上帝。

[31] 馨香德：美好芳洁的德行。馨香：指祭神供品的香气。

[32] 腥：血腥气味。发：兴起，产生。

[33] 戟（jǐ）：古兵器，有尖刺和横刃，可以击刺也可砍击。

[34] 弩（nǔ）：弩弓，一种利用机械弹射力量放箭的弓。

[35] 振：通“震”，震动。

[36] 无道：不顾道义。

[37] 酋矛：短矛。夷矛：长矛。

[38] 涿（zhuō）鹿：地名，在今河北境内。

[39] 啖（dàn）：吃。

[40] 馗（kuí）：同“夔”。夔牛：大牛。

三、伏羲

提示：这是远古人们赞颂发明制作和称扬劳动成绩的神话。关于伏羲的传说，表明人们已制造出渔猎工具，发明了记事的符号和方法。伏羲形象是人的劳动成绩、聪明智慧以及文化创造的艺术概括。伏羲是一个善于观察和总结的人，也是一个研究者和创造发明者。

文献附录：

太皞庖牺氏[1]，凤姓，蛇身人首。（司马贞补《史记·三皇本纪》）

古者，包牺氏之王天下也[2]，仰则观象于天[3]，俯则观法于地[4]，观鸟兽之文[5]，与地之宜[6]，近取诸身[7]，远取诸物[8]，于是始作八卦[9]，以通神明之德[10]，以类万物之情[11]。作结绳[12]，而为网罟[13]，以佃以渔[14]。（《易·系辞下》）

注释：

[1] 太皞（hāo）：也写作“太昊”，是伏羲的称号。庖（páo）牺：也写作“包牺”、“伏羲”、“宓（fú）牺”等，是古代神话里的巧于发明制作的神，也是传说中的“三皇”之一。

[2] 王（wàng）天下：治理天下。王：这里是动词，意为称王、治理或统治。

[3] 仰观：抬头向上观看。象：天象，指日月运行、星辰隐现等各种天文现象。

[4] 俯观：低头向下看。法：指事物的固定的样式和变化的常法，这里指地象，就是山岭河流、高原平陆等各种地理现象。

[5] 文：花纹，这里指鸟兽的爪痕和蹄迹。

[6] 宜：适宜，相宜。指在不同地方适宜生长、存在的东西。

[7] 身：自身，指人类。

[8] 物：外物，指人以外的事物。

[9] 八卦：用“—”和“— —”两种线划，三个一组，构成记事的符号，共八组，称八卦。远古人们用八卦代表天地间的事物、事物的性质及其相互关系与变化。八卦反映的是人们对自然和社会生活的朴素的认识及抽象的观念。伏羲作八卦，是古代的一种传说。

[10] 通神明之德：通晓神明的品德。神明：指神仙或能力、德行高超的人物死后的精灵。

[11] 类万物之情：论述万物各自的情况和相互关系的状况。类：类推，类似。

[12] 作结绳：发明打绳编结的方法，制作网具。

[13] 网罟（gǔ）：捕鱼或捕兽用的网具。

[14] 佃（tián）渔：打猎捕鱼。佃：也写作“畋”或“田”，打猎。

四、神农

提示：这是讲述人们在险恶的环境和艰苦的生活中，认识自然和改造自然的神话。人们发明了农业，制造出工具，获得并积累了关于土地、五谷和百草的知识。神农形象就是人们的生产经验和劳动成绩的艺术化身。故事中的关于财货的交换，反映出社会生产的发展和经济生活的状况。神农是一个启蒙者，教化者；也是一个富有牺牲精神的勇敢实验者和创造发明者。

文献附录：

古者，民茹草饮水[1]，采树木之实，食蠃蚌之肉[2]，时多疾病毒伤之害。于是神农乃教民播种五谷[3]，相土地之宜[4]，燥湿肥硗高下[5]，尝百草之滋味[6]，水泉之甘苦，令民知所避就[7]。当此之时，一日而遇七十毒[8]。（《淮南子·修务训》）

神农氏作[9]，斫木为耜[10]，楺木为耒[11]，耒耨之利[12]，以教天下。

日中为市[13]，致天下之货[14]，交易而退，各得其所[15]。（节选自《艺文类聚》卷十一引《易》）

注释：

[1] 茹：吃。

[2] 蠃（luǒ）：同“螺”，田螺。蚌（bàng）：河蚌。

[3] 神农：发明农具和农业生产的神，是传说中的“三皇”之一。五谷：泛指粮食作物。一说指菽、麦、黍、稷和稻。

[4] 相（xiàng）：仔细观察。宜：指适宜生长的谷物，或宜于谷物生长的条件。

[5] 肥硗（qiāo）：土地肥沃或瘠薄。硗：土地坚硬贫瘠，不宜谷物生长。

[6] 尝：用口尝，指辨别百草的甘苦滋味或有毒无毒。

[7] 避就：躲避或接近，意为避害就利。

[8] 毒：指含毒而有害的草和水。

[9] 作：开始，兴起，这里意是“出现”。

[10] 斫（zhuó）：砍削。耜（sì）：木制农具，是犁的前身。

[11] 楺（róu）：用火烧烤木柴，使它弯曲成型。耒（lěi）：农具，掘地用的尖头木棒。下句的耒是动

词。

[12] 耒耨（nòu）：掘地和除草，指农业生产。耨：锄草的工具。

[13] 日中：中午。市：交易财物的集市。

[14] 致：招引，引来。货：财货，指生产、生活用的物品。

[15] 各得其所：交易双方各自得到所需要的东西。所：代指物品。

五、精卫

提示：这是关于自然的神话，讲述海鸟和大海的故事。传说中精卫是炎帝之女女娃化生的，它勤奋不息，衔木石填大海。这神话生动含蓄地表现出人们认识自然的渴望、移山填海的幻想和对勤奋精神的赞美。我们从精卫身上看到了不畏任何艰难险阻、敢于向一切强大力量挑战的英勇斗志和顽强品格。

文献附录：

发鸠之山[1]，其上多柘木[2]。有鸟焉，其状如乌，文首[3]，白喙[4]，赤足，名曰精卫，其名自詨[5]。是炎帝之少女[6]，名曰女娃。女娃游于东海，溺而不返[7]，故为精卫，常衔西山之木石[8]，以堙于东海[9]。（《山海经·北山经》）

炎帝女溺死东海中，化为精卫，偶海燕而生子[10]，生雌状如精卫，生雄如海燕。今东海精卫誓水处[11]，曾溺于此川，誓不饮其水。一名"誓鸟"，一名"冤禽"，又名"志鸟"，俗呼"帝女雀"[12]。（《述异记》）

注释：

[1] 发鸠之山：神话中山名。

[2] 柘（zhè）木：柘树，叶子可以饲蚕，树皮可以染黄，古时往往"桑柘"连称。

[3] 文首：彩色华丽的头。文：同"纹"，意为花纹或图案。

[4] 白喙（huì）：白色的嘴。禽鸟兽类的嘴叫做喙。

[5] 其名自詨（jiào）：精卫鸟的名字是自己叫唤的声音。詨：呼叫，叫唤，这里是鸟的啼声。

[6] 炎帝：古传说是神农氏的"帝号"。

[7] 溺：淹没。

[8] 衔：用嘴含。

[9] 堙（yīn）：填塞。

[10] 偶海燕：同海燕配对。偶：成双，配偶。子：指鸟卵。

[11] 誓水处：对大海发誓的地点。

[12] 这句所列是精卫鸟的各种异名。精卫发誓不饮海水，叫"誓鸟"；女娃淹死化成精卫，叫"冤禽"；因其立志填海，叫"志鸟"；女娃是炎帝少女，叫"帝女雀"。

六、夸父

提示：夸父逐日神话反映了原始人类对光明的追求，对自然现象的探索，对时光的挽留，对生命极限的挑战。夸父敢于追求自己的奇思异想，用顽强的毅力和神速的奔跑追赶太阳，一直追到神话中太阳降落的地方，终于追上了太阳，最后渴死在求水的路上。他的膏肉浸润木杖化成桃林。夸父是一个有崇高理想的巨神形象，他以顽强的意志和不懈的追求探索自然奥秘，牺牲了自我，却为人们提供了地理和气候等方面的知识。

文献附录：

大荒之中[1]，有山，名成都，载天[2]。有人，珥两黄蛇[3]，把两黄蛇[4]，名曰夸父[5]。

后土生信[6]，信生夸父。夸父不量力，欲追日景[7]，逮之于禺谷[8]。将饮河而不足也[9]，将走大泽[10]，未至，死于此。(《山海经·大荒北经》)

夸父与日逐走[11]，入日[12]，渴欲得饮，饮于河、渭[13]，河、渭不足，北饮大泽，未至，道渴而死[14]。弃其杖，化为邓林[15]。(《山海经·海外北经》)

夸父……弃其杖，尸膏肉所浸[16]，生邓林，邓林弥广数千里[17]。(《列子·汤问》)

注释：

[1] 大荒：遥远广大的荒野。

[2] 载天：接天，形容山高接天。

[3] 珥：用珠玉做的耳饰，这里是动词，意为“戴在耳上”。

[4] 把：手握。

[5] 夸父：即“大汉”，“巨汉”，神话中的巨神形象。

[6] 后土：土地之王，大地之神，神话中土地之神往往是女性。

[7] 日景：太阳。景：同“影”，日光。

[8] 逮之于禺（yú）谷：在禺谷追上太阳。逮：追，赶，捕捉。禺谷：神话中日落处，也作“隅谷”、“禺渊”或“虞渊”。

[9] 河：大河，指黄河。不足：不够。将：就。

[10] 走：奔跑。大泽：大湖。

[11] 逐走：竞走，赛跑。

[12] 入日：进到太阳近旁，即赶上太阳。入：进。

[13] 渭：渭水，渭河，黄河的支流。

[14] 道：途中，半路上。

[15] 邓林：据清人考注，古邓、桃音近，邓林当是“桃林”，是古地名。

[16] 膏肉：膏脂和血肉。浸：浸润，滋润。

[17] 弥广：辽远广阔。

七、刑天

提示：刑天是神话中的断头之神，他死而不屈，坚忍斗争，手持干戈，搏战不息。在这个战斗英雄的身上，闪烁着英勇不屈、死而不已的勇武气概。神话故事是虚幻的，但其中隐含的文化信息和精神实质却千百年来成为了打造民族英雄豪情的重要文化底蕴。

文献附录：

刑天与帝至此争神[1]，帝断其首，葬之常羊之山[2]。乃以乳为目，以脐为口，操干戚以舞[3]。(引《山海经·海外西经》)

注释：

[1] 刑：砍，杀。天：头。古代“天”、“元”字形，像人大头形状，意为“人头”。刑天，意是“杀头”，在神话里是砍头之神，断头之神。一写作“形夭”或“邢天”。帝：天帝。一本无“至此”二字。

[2] 常羊之山：神话里山名。

[3] 操：手持。干戚：盾牌和斧子。

八、羿射九日

提示：羿是发明弓箭的巧匠，也是箭法高强的射手，更是为民除害的英雄。羿的形象体现出劳动创造和扶危救世的人格理想。

文献附录：

湯谷上有扶木[1]，一日方至[2]，一日方出，皆戴于乌[3]。(《山海经·大荒东经》)

日中有踆乌[4]。(《淮南子·精神训》)

湯谷上有扶桑，十日所浴。……九日居下枝，一日居上枝。(《山海经·海外东经》)

尧之时[5]，十日并出，焦禾稼[6]，杀草木，而民无所食。猰貐[7]、凿齿[8]、九婴[9]、大风[10]、封豕[11]、修蛇[12]，皆为民害。尧乃使羿诛凿齿于畴华之野[13]，杀九婴于凶水之上[14]，缴大风于青丘之上[15]，上射十日而下杀猰貐，断修蛇于洞庭[16]，禽封豕于桑林[17]，万民皆喜。(《淮南子·本经训》)

帝俊赐羿彤弓素缯[18]，以扶下国[19]，羿是始去恤下地之百艰[20]。(《山海经·海内经》)

注释：

[1] 湯（yáng）谷：神话中太阳洗浴和升起的地方，又写作"阳谷"。扶木：扶桑树。

[2] 方至：刚刚落下。

[3] 皆戴于乌：指十个太阳皆由神乌承载着。戴：背负，承载。

[4] 踆（cūn）乌：站立的神乌，神乌是太阳的精魂，长着三只脚，叫三足乌。

[5] 尧：传说中五帝之一，是原始部落的首长。

[6] 焦：枯焦，指庄稼晒枯旱死。

[7] 猰（yà）貐（yǔ）：神话里凶恶的怪兽，形体怪异，是"牛身而赤，人面马足"，或说是"蛇身人面"或"龙首"。

[8] 凿齿：神话里半人半兽的怪物，牙齿长三尺，形状像凿子，露在外面，还能持戈和盾。

[9] 九婴：神话里的水火之怪，能喷水吐火，是人类的祸害。

[10] 大风：神话里的风神，即风伯，能毁坏人的屋舍。一说是"大凤"，是海神兼风神。

[11] 封豕：大野猪。

[12] 修蛇：长大的蟒蛇，即神话里的"巴蛇"或"灵蛇"，颜色青黄赤黑，吞食大象，三年后才排出骨头。

[13] 羿：神话里发明弓箭的巧匠，是神勇而又有高超射技的射手。诛：杀。畴华：南方的大泽名，也写作"寿华"。

[14] 凶水：传说里北方的大河。

[15] 缴（zhuó）：系在箭杆上的生丝绳。这里用作动词，意为"用箭射"。青丘：传说里东方的大泽名。

[16] 洞庭：南方的大湖。

[17] 桑林：地名，桑山之林，后来传说是商王成汤祈天祷雨的地方。

[18] 帝俊：即帝舜，传说里五帝之一，是原始部落的首长。彤（tóng）弓：红色的弓。素缯（zēng）：白色的系丝绳的箭。

[19] 扶：扶助。下国：下地，即人间。

[20] 恤：救济，拯救。百艰：众多的灾害和危难。是：这样，因此。

九、鲧禹治水

提示：鲧禹治水是古老而优秀的神话。故事在广阔的自然背景和社会生活中，反映出远古洪水泛滥带来的自然灾变，给生产和生活造成的巨大灾难。伯鲧治水的失败和大禹治水的成功，生动曲折地表现出远古人们为战胜自然灾害所经历的长期的艰苦奋斗的历程。伯鲧为治水而牺牲；大禹治水，身执工具，察看水情，栉风沐雨，疏通洪流，消除水害，获得成功。大禹在劳动中为民表率，公而不私，为治水竭尽聪明才智，表现出远古人们的勤劳、义勇、正直和无私的品格。神话中蕴藏着丰富的幻想和劳动的智慧，显示出思想上和艺术上的不朽魅力。

文献附录：

昔者，共工与颛顼争为帝[1]，怒而触不周之山[2]；天柱折[3]，地维绝[4]。天倾西北[5]，故日月星辰移焉[6]；地不满东南[7]，故水潦尘埃归焉[8]。（《淮南子·天文训》）

当尧之时，天下犹未平[9]，洪水横流[10]，泛滥于天下。草木畅茂[11]，禽兽繁殖[12]，五谷不登[13]，禽兽逼人[14]。兽蹄鸟迹之道[15]，交于中国[16]。（《孟子·滕文公上》）

舜之时，共工振滔洪水[17]，以薄空桑[18]，龙门未开[19]，吕梁未发[20]，江淮通流，四海溟涬[21]，民皆上丘陵，上树木。（《淮南子·本经训》）

昔上古，龙门未开，吕梁未发，河出孟门[22]，大溢逆流，无有丘陵、沃衍[23]、平原、高阜，尽皆灭之，名曰鸿水[24]。（《吕氏春秋每爱类篇》

洪水滔天。鲧窃帝之息壤以堙洪水[25]，不待帝命[26]。帝令祝融杀鲧于羽郊[27]。鲧复生禹[28]。（《山海经·海内经》）

南方祝融，兽身人面，乘两龙。（《山海经·海外南经》）

鲧死，三岁不腐，剖之以吴刀[29]，化为黄龙。（《山海经·海内经》）

注释：

[1] 共工：古神话中的洪水之神，又名“康回”。共工在古代传说中也是部落的君长。在古神话传说中神人观念的混合、生活知识和幻想观念的糅杂，是较为普遍的现象。颛顼（xū）：古代传说中“五帝”之一，是天神也是部落的首长。争为帝：争做首领或天帝。

[2] 不周山：指山形有缺损、不完整不周全的山，是古神话中西方的大山。一说是任何人都无法环行一周的巨大的山。从第二种意义看，古人说的“不周山”可能就是青藏高原。

[3] 天柱折（shé）：支撑青天的大柱折断了。

[4] 地维绝：拴系大地的巨绳断绝了。维：大绳。

[5] 倾：倒塌，塌空。一说是倾斜。

[6] 移：移动，运行。是说日月星辰从塌下的天空向西北移落下去。

[7] 地不满东南：大地塌坏了东南地方。

[8] 潦（lǎo）：积水。水潦：泛指江河同积水。尘埃：泛指尘土泥沙。归：汇聚，归到一处。指泥水都向东南汇聚流去。

[9] 未平：指洪水未退，生活没平定。

[10] 横流：四下奔流。

[11] 畅茂：植物繁荣，生长茂盛。

[12] 繁殖：禽兽生育多，生长快。

[13] 登：庄稼成熟丰收叫登。

[14] 逼：威胁，迫近。

[15] 这句指布满野兽蹄印和禽鸟足迹的道路。

[16] 交：纵横交错。中国：中原大地。

[17] 振滔：振荡。

[18] 薄：迫近。空桑：地名。

[19] 龙门：山名，在今山西河津县西北，陕西韩城县东北，分跨黄河两岸。

[20] 吕梁：山名，在今山西省境内，南与龙门山相接。发：开通。

[21] 溟（míng）涬（xìng）：大水混茫无边的样子。

[22] 孟门：山名，在龙门山北，跨山西、陕西两省。

[23] 沃衍：肥沃平旷的土地。

[24] 鸿水：大水，即洪水。

[25] 息壤：也叫息土、息石，神话中能够生长增殖的土。堙：堵塞，填塞。

[26] 待：需要。帝：天帝。这句意为“不需要天帝的授命。”

[27] 祝融：神话中南方主火的神。羽郊：羽山之郊。

[28] 复：当作腹。意是从鲧的肚子孕育化生出禹。鲧（gǔn）：禹之父。

[29] 吴刀：刀名。

思考题：

1．女娲、伏羲、神农、精卫、羿、禹，都是中国古代神话中的英雄形象，说出有关他们的传说。

2．谈谈你对中国古代神话的文化价值的认识。

3．说出几则外国各民族及中国其他少数民族的神话传说。

4．用现代汉语翻译《山海经·大荒北经》中记载夸父的一段文字，谈谈你对这则神话的评价。

第二章　先秦散文选讲

第一节　概　述

这里所说的散文，不只是狭义的文学创作意义上的作品，也包括了记叙历史的文献，也可以说，散文是相对于诗这种文学体裁样式来说的有韵或无韵之文和笔。先秦即中国历史上的秦代之前，是中华文明开始有文字记载的最早时期，也是中国散文发展的第一个阶段。从殷商、西周，到春秋、战国，文章由简而繁，由质而文，由简单记事到长篇大论，由官府独占到百家争鸣，这是一次飞跃的发展。

散文的产生，始于文字记事。从现有的材料看，中国的文字记事大约是从商代开始的。这时不仅有了甲骨刻辞，而且有了铜器铭文。《尚书·盘庚》等篇章，虽有后代润色附益的词语，但那文章的基本事实，也是写于商代的。这些卜辞和铭文单纯、质朴，据事直书，无所文饰。内容不过晴雨田猎、祭祀征战、人地月日，都很简短。比如最早于1898年发现于河南安阳的甲骨卜辞，记事简单，文字极难识别，但由于保持了商代记事文字的原貌，其研究价值极大。其中有部分完整可读的句子。如："戊辰卜，及今夕雨？弗及今夕雨？""癸卯卜，今日雨。其自西来雨？其自东来雨？其自北来雨？其自南来雨？"这可以看做是最早的幼稚的散文。

西周是奴隶制社会的极盛时期，奴隶主统治者从历史的经验中已经认识到天命无常、祸福不定，一不小心，便要亡国。于是这时的统治者比商代多讲文德，更重文治，尤其是多讲历史的经验教训。例如《酒诰》说："古人有言曰：'人无于水监，当于民监。'今惟殷坠厥命，我其可不大监抚于时！"这里值得注意的是：不仅要以殷为鉴，还要以民为鉴。从敬天转到畏民，便不敢再"以暴易暴"，于是兴礼作乐，建立了一整套的典章制度。礼乐到这时已由早期的祭祀和巫术活动转化为文饰统治的工具。由于礼乐大备，这时的文章便发生了很大变化。不仅内容增加了历史经验和道德说教，形式也更重文采了。例如：周时的铜器铭文便由殷器的几十字发展到几百字，像《毛公鼎》、《大盂鼎》、《虢季子白盘》等都已成为洋洋大观的长篇巨制；《尚书》里的几篇今文"周诰"，文采之富也远远超过前代了。其中《顾命》一篇，写升降之节、揖让之容，极尽铺陈之能事。《周礼》、《仪礼》，虽是后人缀辑之作，但其中的繁文细节，却是周朝尚文走向极端的产物，并非都是子虚乌有的虚构。

一质一文，可以说是从殷商到两周散文发展的基本情况。在这以后，质文递变，也是散文发展史上的一条合乎规律的现象。春秋时代，是奴隶制向封建制过渡的历史阶段。这时礼坏乐崩，王纲解纽，原来王公贵族曾经独占的文化，这时再也不得专擅了。这时候私人可以讲学，处士可以横议。由于讲学和横议，散文便得到了划时代的发展。私人讲学的代表人物有孔子，处士横议的代表人物有邓析。孔子说过"言之无文，行而不远"；邓析是郑国人，能够"操两可之说，设无穷之辞"。代表孔子之文的是《春秋》和《论语》。《春秋》一书，是删削旧史之文，言简而练。《论语》一书，虽非孔子自著，但其中颇能保存孔子的言谈文采。代表邓析之文的曾有《邓析子》;《邓析子》一书也非自著，流传之本已非原书。论其文辞，难以信据。但从《吕氏春秋》等书所引的事迹来看，邓析其人确是辩者，其“两可之说”，是文采横溢，前所未有的。

总的看来，春秋之文，是周朝尚文的继续。尽管有些著作可能成书于战国，例如《国语》和《左传》，但纂辑之时，总是以前代的材料为基础的。如子产的言辞以及其他大夫行人的辞令，都不大可能出于编者的杜撰，故文章风格不失当时的特点。

战国时代，社会的各个方面都发生了比春秋时代更大的变革。新兴的地主阶级登上政治舞台，广大的士阶层成了最活跃的社会力量。如果说在春秋时代，处士横议还曾受有一定的限制，例如郑国的然明就曾建议子产毁乡校，不许议论执政。可是到了战国，处士不仅可以自由议论，而且齐之稷下、楚之兰陵都已成了游谈之士的荟萃之区。春秋之世，游宦之士曾经不免于饥寒；而到了战国，诸侯卿相，皆争养士，士之鸡鸣狗盗者，都可寄食于王公门下。有些人虽不做官，却饱食终日，谈天议政。他们代表着不同的阶级，制造各种舆论，于是就出现了百家争鸣的局面，文化学术也就由此而发生了巨大的变革。

在这个历史时期，文章的变化也是空前的。章学诚说：“盖至战国而文章之变尽，至战国而著述之事专，至战国而后世之文体备。故论文于战国，而升降盛衰之故可知也。”又说：“后世之文，其体皆备于战国。”(《文史通义·诗教上》)章氏之言，不免夸大；但从历史发展看，战国文章也确实远远超过了前代。

从文体的发展变化看，这时的文章，已经由《论语》那样的语录、对话发展为长篇大论以至专门论著，如《荀子》、《韩非子》、《孙子》、《吕氏春秋》等；由《春秋》那样简约的记事发展为《国语》、《左传》、《战国策》等近于纪传的史籍。

从文风的发展变化看，这时各家的论著，有的虽然继续“尚文”，有的则已开始“尚质”。文质并存的情况出现了。孟子、荀子、庄子是尚文的，而墨子、韩非则是尚质的。这反映了社会急剧变革的时代不同的阶级和阶层对于文、质的不同需要。

在百家争鸣中，战国时各家各派之文，不管尚文或尚质，无不讲究论辩，而且这些论辩文章政治色彩极浓，大都放言无惮，表现出很高的纵横游说之辩才。其中相当一部分诸子散文在说理方法上取譬设喻，运用大量寓言故事，形象生动而又具有生活气息。

先秦散文，可分为历史散文和诸子散文两类。诸子散文，就本来的意义说，是政治、哲学、伦理等方面的论说文，不是文学作品，但也多少不等地包含着文学因素，在文学史上具有一定价值。从文化史的意义来看，诸子的思想，尤其是儒、道两家的思想，对后世影响巨大，因而不可忽视。其中对后世影响最大、文学艺术成就最高的有《论语》、《孟子》和《庄子》。而历史散文，其实就是当年的史书。

第二节　先秦历史散文

一、《左传》选讲

说明：《左传》是我国最早的编年史著之一，相传作者是左丘明。《左传》记事上起鲁隐公元年（前722年），下至鲁哀公二七年（前468年）。记事以鲁国为中心，广泛记下了春秋时期各侯国二百四十多年间发生的大事，如政治、军事斗争以及各国间的外交活动、礼仪制度、文化生活等多方面内容。此外，还保存了大量古史传说资料。《左传》记事独具文采，不仅善于记事，更善于刻画人物，描写细节，对史实人物都有艺术的加工。语言简明、生动并极富表现力。

烛之武退秦师

提示：《烛之武退秦师》选自《左传》僖公三十年（前630年）的记事。烛之武说秦退师是一段精彩的辞令，其中，透彻地剖析了灭郑对晋秦的利弊，指陈晋对秦的失信背义，从而瓦解了秦晋的联军，解除了郑国面临的危急处境。简短的辞令，显示了烛之武足智多谋和巧于辩说的才艺。

九月甲午，晋侯、秦伯围郑[1]，以其无礼于晋，且贰于楚也[2]。晋军函陵[3]，秦军氾南[4]。佚之狐言于郑伯曰[5]："国危矣。若使烛之武见秦君[6]，师必退。"公从之。辞曰[7]："臣之壮也，犹不如人。今老矣，无能为也已。"公曰："吾不能早用子，今急而求子，是寡人之过也。然郑亡，子亦有不利焉。"许之，夜，缒而出[8]。见秦伯曰："秦、晋围郑，郑既知亡矣。若亡郑而有益于君，敢以烦执事[9]。越国以鄙远[10]，君知其难也。焉用亡郑以陪邻[11]？邻之厚，君之薄也。若舍郑以为东道主[12]，行李之往来[13]，共其乏困[14]，君亦无所害。且君尝为晋君赐矣[15]，许君焦、瑕，朝济而夕设版焉[16]，君之所知也。夫晋何厌之有！既东封郑，又欲肆其西封[17]，若不阙秦[18]，将焉取之？阙秦以利晋，惟君图之。"秦伯说，与郑人盟，使杞子、逢孙、杨孙戍之[19]，乃还。子犯请击之，公曰："不可。微夫人之力不及此[20]。因人之力而敝之[21]，不仁。失其所与，不知[22]。以乱易整[23]，不武。吾其还也。"亦去之。

注释：

[1] 晋侯：晋文公。秦伯：秦穆公。

[2] 贰：不专一，引申为从属二主。

[3] 函陵：郑地名，在今河南。

[4] 氾（fán）南：河水名。

[5] 佚（yì）之狐：郑大夫。郑伯：郑文公。

[6] 烛之武：郑大夫。秦君：即秦伯。

[7] 辞：推辞，谢绝。

[8] 缒（zhuì）：用绳拴住人或东西从上往下送。出：出城。

[9] 执事：指秦伯左右从臣，代喻秦伯。类似"阁下"、"陛下"。

[10] 越国：越过晋国。鄙：边疆，边远的地方。以鄙远：把远离的郑国当成秦的边邑。

[11] 陪：辅佐，增益。陪邻：增强邻国的力量。这句意为灭掉郑国，只会对晋国有利。

[12] 舍郑：放弃攻灭郑国。东道主：东进路上居停处的主人。意为秦郑交好。

[13] 行李：使臣。

[14] 共：同供。

[15] 晋君：指晋惠公。赐：恩赐，恩惠。这句说，秦穆公曾支援晋惠公回晋立为国君，是有恩于晋君的。

[16] 许：答应，应许。焦、瑕：晋地名。设版：版，国家疆域。设版即设立城防。

[17] 封：疆界。封郑：把郑作为疆界。肆：延展，扩大。

[18] 阙秦：损害秦国，即侵夺秦地。

[19] 戍：驻军。

[20] 微：不是，没有。夫（fú）人：那人，指秦穆公。及此：到今天。这句话说，若没有秦穆公的支援，晋文公就没有今天为晋君的事实。晋文公是依靠秦的支持复国即位的。

[21] 敝：损坏，伤害。

[22] 与：结交。亲附。不知：即不明智。知同智。

[23] 乱：相互扰乱，纷争。整：整齐，一致。指两国间友好的关系。

石碏谏宠州吁

提示：本文选自《左传·隐公三年》。卫庄公宠爱“嬖人之子”公子州吁，听任他恃宠好兵，不加约束。老臣石烱敏锐地觉察到这一问题的重要性，遂向庄公进谏。

卫庄公娶于齐东宫得臣之妹[1]，曰庄姜[2]，美而无子，卫人所为赋《硕人》也[3]。又娶于陈，曰厉妫[4]，生孝伯，早死。其娣戴妫生桓公[5]，庄姜以为己子。公子州吁，嬖人之子也[6]，有宠而好兵。公弗禁，庄姜恶之。

石碏谏曰[7]：“臣闻爱子，教之以义方，弗纳于邪。骄、奢、淫、[8]，所自邪也。四者之来，宠禄过也。将立州吁，乃定之矣；若犹未也，阶之为祸[9]。夫宠而不骄，骄而能降，降而不憾，憾而能眕者鲜矣[10]。且夫贱妨贵，少陵长，远间亲，新间旧，小加大，淫破义，所谓六逆也。君义臣行，父慈子孝，兄爱弟敬，所谓六顺也。去顺效逆，所以速祸也[11]。君人者将祸是务去[12]，而速之，无乃不可乎?”弗听。

其子厚与州吁游，禁之，不可。桓公立，乃老[13]。四年春卫州吁弑桓公而立。

注释：

[1] 东宫：太子。得臣：齐庄公的太子。

[2] 庄姜：卫庄公夫人，庄是谥号，姜是娘家的姓，故称“庄姜”。

[3]《硕人》：《诗经·卫风》中赞美庄姜的一首诗。

[4] 厉妫（Guī）：卫庄公夫人，这里的“厉”和下文的“戴”都是谥号，妫是娘家的姓。

[5] 娣：妹妹。戴妫：厉妫的妹妹。

[6] 嬖（bì）人：地位低贱而受宠的婢妾。

[7] 石碏（què）：卫国大夫。

[8] 泆（yì）：放纵。

[9] 阶：阶梯。这里做动词用，意思是引诱。

[10] 憾：恨。眕（zhěn）：克制。

[11] 速祸：使灾祸很快到来。

[12] 君人者：为人之君者。

[13] 老：告老退休。

二、《国语》选讲

说明：《国语》是一部先秦时代的史书汇编。这部以国分编的史书，包括《周语》三卷、《鲁语》二卷、《齐语》一卷、《晋语》九卷、《郑语》一卷、《楚语》二卷、《吴语》一卷、《越语》二卷。《国语》并非出自一人手笔，它是周朝及各诸侯国官史、私史的总汇，约在战国初期编订成书。

《国语》记载了自周穆王十二年（公元前900年）至周贞定王十六年（公元前453年）的历史事件。其中，政治语录、历史片断、传说轶闻等在书中占有重要地位。《国语》既是一部取材于史实的历史文献，又是一部以语录体为主的文学著作。尽管它记言多于记事，内容上仍具有较强的故事性，文采华美，语言生动，长于刻画人物形象和心理活动，是我国古代历史文学作品中的上乘笔墨。

伍举论台美而楚殆

提示：本文通篇是伍举的议论。楚灵王筑章华之台，极尽奢侈，追求耳目之欲；而百姓则农耕失时，财用匮乏，苦不堪言。伍举针对此情况，对楚灵王论述了君王实行“聚民利以自封”的政策必将导致国家危殆衰亡的道理。本文说理透辟，语言犀利，引述史实与阐明事理二者结合紧密，富于逻辑力量。

灵王为章华之台[1]，与伍举升焉[2]，曰：“台美夫！”对曰：“臣闻国君服宠以为美[3]，安民以为乐，听德以为聪[4]，致远以为明[5]；不闻其以土木之崇高彤镂为美[6]，而以金石匏竹之昌大嚣庶为乐[7]；不闻其以观大视侈淫色以为明[8]，而以察清浊为聪[9]。”

“先君庄王为匏居之台[10]，高不过望国氛[11]，大不过容宴豆[12]。木不妨守备[13]，用不烦官府[14]，民不废时务[15]，官不易朝常[16]。问谁宴焉[17]，则宋公、郑伯[18]；问谁相礼[19]，则华元、驷騑[20]；问谁赞事[21]，则陈侯、蔡侯、许男、顿子[22]，其大夫侍之[23]。先君以是除乱克敌，而无恶於诸侯。”

“今君为此台也，国民罢焉[24]，财用尽焉，年谷败焉[25]，百官烦焉[26]，举国留之[27]，数年乃成。愿得诸侯与始升焉[28]，诸侯皆距[29]，无有至者。而后使太宰启疆请於鲁侯[30]，惧之以蜀之役[31]，而仅得以来。使富都那竖赞焉[32]，而使长鬣之士相焉[33]，臣不知其美也。”

“夫美也者，上下内外，小大远近，皆无害焉。故曰美。若于目观则美，缩于财用则匮[34]，是聚民利以自封而瘠民也[35]，胡美之焉[36]？夫国君者，将民之与处[37]。民实瘠矣，君安得肥？且夫私欲弘侈[38]，则德义鲜少；德义不行，则迩者骚离而远者距违[39]。天子之贵也，惟其以公侯为官正也[40]，而以伯子男为师旅[41]。其有美名也，惟其施令德於远近[42]，而小大安之也。若敛民利以成其私欲，使民蒿焉忘其安乐[43]，而有远心[44]，其为恶也甚矣，安用目观？”

“故先王之为台榭也[45]，榭不过讲军实[46]，台不过望氛祥[47]，故榭度於大卒之居[48]，台度於临观之高[49]。其所不夺穑地[50]，其为不匮财用[51]，其事不烦官业[52]，其日不废时务[53]。瘠硗之地[54]，于是乎为之；城守之木[55]，于是乎用之；官僚之暇，于是乎临之；四时之隙[56]，于是乎成之。故周《诗》曰[57]：‘经始灵台[58]，经之营之，庶民攻之[59]，不日成之。经始勿亟[60]，庶民子来[61]。王在灵囿[62]，麀鹿攸伏[63]。’夫为榭台，将以教民利也[64]，不知其以匮之也[65]。若君谓此台美而为之正[66]，楚其殆矣[67]！”（《楚语》）

注释：

[1] 灵王：楚恭王之庶子，名虔。章华：地名，灵王在此筑台。

[2] 伍举：楚国大夫，伍子胥的祖父。升：登临。

[3] 服宠以为美：即“以服宠为美”，以受尊宠为美。服：受。宠：尊宠，荣耀。一说：宠即禄，指上天的福佑。

[4] 听德以为聪：即“以听德为聪”，以任用有德的人为耳聪。意指：耳聪能听德音。

[5] 致远以为明：即“以致远为明”，以能招致远方的人来为己用为目明。致，招致。

[6] 彤镂：雕刻后涂上朱红颜色。彤，朱红色。镂，雕刻。

[7] 金石匏（páo）竹：四类乐器。金：钟、铃等金属制乐器；石：磬等石制乐器；匏：笙、竽等乐器；竹：管、箫类乐器。昌大嚣庶：指各种乐器杂奏出的乐曲。昌：盛。嚣：喧哗。庶：众多。

[8] 观大：观览宏大的场面。视侈：欣赏奢侈的陈设。淫色：过度迷恋姿色。

[9] 察清浊：审察明辨乐音的清浊。（这一段写伍举围绕着“美”、“乐”、“聪”、“明”四点，从正反两方面陈述己见，为以下的具体论述张本。）

[10] 匏（páo）居：台名。

[11] 高不过望国氛：台的高度不超过可以观望妖氛的限度。氛：古时迷信说法指预示吉凶的云气。也特指凶气。

[12] 大不过容宴豆：台的大小不超过可以容纳会宴食具的限度。豆：食具。

[13] 木不妨守备：建台所用木材，不妨害国防守备。意指建台应使用守备用剩余的木材。

[14] 用不烦官府：所用建台物件，不应烦扰国家库府。即不动用官府库藏。

[15] 民不废时务：征用民力不要荒废四时农务。

[16] 官不易朝常：官员不因建台而改变朝廷常规。易：更，变。

[17] 谁宴：谁与君王在台上同宴。

[18] 宋公、郑伯：宋、郑两国国君。

[19] 相（xiàng）礼：辅助国君按礼的规定行事。相：辅助。

[20] 华元：宋国的卿。驷騑：郑国公子，郑穆公之子，字子驷。

[21] 赞事：佐助宴会上的事情。

[22] 陈侯、蔡侯、许男、顿子：佐助宴会之事的四人；陈、蔡、许、顿，是国名。侯、男、子是爵位等级。

[23] 其大夫侍之：（陈、蔡等）四国的大夫陪侍各自的君主。

[24] 罢（pí）：同“疲”，劳累。

[25] 年谷败：年成很糟。败：废。

[26] 烦：烦乱。

[27] 举国留之：用全国的人力物力筑台。留：治。

[28] 与始升：同君王一道第一次登台。

[29] 距：同“拒”，拒绝。

[30] 太宰启疆：名叫启疆的太宰。太宰是官名。鲁侯：指鲁昭公。

[31] 惧之以蜀之役：蜀，鲁国的地名。鲁成公曾与晋国结盟，因而触怒楚国，楚王发兵伐鲁，至蜀地，鲁国恐惧而与楚结盟。

[32] 使富都那（nuó）竖赞：让长得标致漂亮的小臣接待宾客。赞：辅助行礼的人。富：富于容貌。都：闲雅漂亮。那：美好。竖：宫中小臣。赞：辅助行礼的人。

[33] 鬣（liè）：原意是兽类颈上的长毛。这里可能指络腮胡子比较重的人。相（xiàng）：辅助，帮助。

[34] 缩，紧缩。缩於财用：在财用方面吃紧。匮：缺乏，不足。虚耗财用就会匮乏不足。

[35] 封：厚，富。瘠：瘦，这里用作动词。瘠民：使百姓贫困。

[36] 胡：何。这一句相当于“何美之有?”

[37] 将民之与处：将：拿，用，依靠。与：给予。处：居住；这里是存在、生存的意思。即依靠民众的给予来生存。

[38] 私欲弘侈：个人欲望很大。弘：大。侈：奢侈。

[39] 迩：近。骚离：忧愁地叛离。距违：抗拒违忤。距：同“拒”。

[40] 以公侯为官正：用公侯作官长。正：长。

[41] 以伯子男为师旅：用伯子男作师旅。师旅：古代官名，由作为“官正”的公侯领统。公、侯、伯、

子、男，分别为五等爵位的名称。

[42] 令德：善德、贤德。

[43] 蒿：消耗。

[44] 远心：远离之心，即背叛之心。

[45] 榭：建筑在高土台上的敞厅。

[46] 榭不过讲军实：榭的大小够讲习军事。讲、习：操练。军实：军事，关于战争的事。

[47] 氛祥：指云气的吉凶。吉叫“祥”，凶称“氛”。

[48] 榭度于大卒之居：建筑榭以能够在上面检阅士卒为限度。大卒：国君的士卒。

[49] 台度於临观之高：台的高度以能够登临观览为限度。

[50] 其所不夺穑地：建台榭的处所不侵占农田。夺：侵占。穑地：稼穑之地，即农田。

[51] 其为不匮财用：建筑台榭不要耗尽财用。

[52] 官业：官事，官吏的日常业务。

[53] 其日不废时务：建筑台榭的时日不要耽误农时。时务：四时之务。

[54] 瘠硗（qiāo）：土地坚硬而瘠薄。

[55] 城守之木：城防守备剩余的木料。

[56] 隙：空闲。

[57] 周《诗》：指《诗经》。以下引用的诗句见于《大雅·灵台》。

[58] 经始灵台：开始营造灵台。经：经营，建造。始：初。灵台：台名，周文王时建造。一说：天子之台称灵台。

[59] 攻：治，修建。

[60] 勿亟：不急，不因急于求成而强迫人。

[61] 庶民子来：百姓像儿子给父亲效劳那样来建台。子：这里用作状语，像儿子那样。

[62] 囿（yòu）：畜养禽兽的园地。

[63] 麀（yōu）鹿：母鹿。攸：所。

[64] 教民利：教导百姓兴利。因为筑台是为了“望氛祥”以预防灾害，建榭是为了“讲军实”以抵御外患，都是对民有利的事，所以说“教民利”。

[65] 不知其以匮之：没听说因修台建榭而使百姓匮乏的。知：闻，听说。“以”字后面省略了“建台”一类的词句。

[66] 为之正：认为它是正确的。之：代前面的“此台美”这一说法。

[67] 殆：危险。

三、《战国策》选讲

先秦历史散文主要保存在《春秋》、《左传》、《国语》、《战国策》等文献中，其中以《战国策》最为人称道，艺术成就最高。

《战国策》简称《国策》，是汇编战国时期史料而成的历史著作，作者不明，成书于秦代，由西汉刘向根据典籍整理后，定名为《战国策》。书中所载主要是纵横家的活动和言辞，全书三十三卷，分东周、西周、秦、齐、楚、赵、魏、韩、燕、宋、卫、中山等十二国策；所记内容上继《春秋》以后，自三家分晋始，下至秦始皇统一中国。

《战国策》不仅具有重要的史料价值，而且文学色彩很浓。它语言流畅，取譬生动，论事详明周密，记言文势贯通，对后代历史散文的发展有积极影响。《战国策》艺术特点之一是长于铺叙，善于论辩，文才飞扬。如《燕策三》“荆轲刺秦王”中的易水送别：“太子及宾客知其事者，皆白衣冠以送之，至易水之上，既祖，取道，高渐离击筑，荆轲和而歌，为变徵之声，士皆垂泪涕泣。又前而歌曰：‘风萧萧兮易水寒，壮士一去兮不复还。’复为羽声慷慨，士皆瞋目，发尽上指冠。于是荆轲遂就车而去，终已不顾。”写得慷慨悲壮，司马迁《史记》几乎全文照录。又如《齐策一》写苏秦说齐王合纵，说齐兵之精锐，“疾如锥矢、战如雷电、解如风雨”，说临淄富庶繁华，“临淄之途，车毂击，人肩摩”，极尽夸张渲染之能事。艺术特点之二是常常运用巧妙生动的比喻、有趣夸张的寓言来说理。较著名的寓言有“画蛇添足”、“狡兔三窟”、“狐假虎威”、“亡羊补牢”、“鹬蚌相争”、“南辕北辙”等。其中有不少由于长期传诵，已经成了汉语成语。

《战国策》的出现标志着我国叙事散文已经相当成熟，在文学史上具有承上启下的作用。秦汉的政论散文、汉代的辞赋，都受到《战国策》辞采华丽、铺排夸张的风格的影响，司马迁的《史记》描绘人物形象，也是在《战国策》的基础上向前发展的。

苏秦始将连横（节选）

提示：本篇记述苏秦游说秦国，向秦王献“连横”之策，十上书而不被采纳，于是资财用尽，离秦而归。妻、嫂、父、母的冷遇，更激发了他孜孜以求功名富贵的热望。他发奋苦读，揣摩游说术，一年后学成，转而去游说六国“合纵”抗秦。

苏秦始将连横[1]，说秦惠王曰[2]：“大王之国，西有巴、蜀、汉中之利[3]，北有胡貉、代马之用[4]，南有巫山、黔中之限[5]，东有崤、函之固[6]。田肥美，民殷富，战车万乘[7]，奋击百万[8]，沃野千里，蓄积饶多，地势形便[9]，此所谓天府[10]，天下之雄国也。以大王之贤，士民之众，车骑之用，兵法之教[11]，可以并诸侯，吞天下，称帝而治[12]。愿大王少留意[13]，臣请奏其效[14]。”

说秦王书十上而说不行[15]。黑貂之裘敝[16]，黄金百斤尽，资用乏绝，去秦而归[17]。羸縢履蹻[18]，负书担橐[19]，形容枯槁[20]，面目犁黑[21]，状有愧色。归至家，妻不下纴[22]，嫂不为炊，父母不与言。

苏秦喟然叹曰：“妻不以我为夫，嫂不以我为叔，父母不以我为子，是皆秦之罪也。”乃夜发书，陈箧数十[23]，得太公《阴符》之谋[24]，伏而诵之，简练以为揣摩[25]。读书欲睡，引锥自刺其股[26]，血流至足。曰：“安有说人主不能出其金玉锦绣，取卿相之尊者乎？”[27]期年，揣摩成[28]，曰：“此真可以说当世之君矣！”（节选自《秦策一》）

注释：

[1] 苏秦：人名，战国时洛阳人。将：拿，用。连横：战国时代，秦国与六国中的某个国联合起来共同去打击别的国家，称为连横。连横本是战国时人张仪的主张，苏秦开始也主张连横，后来转而主张合纵，即主张六国联合抗秦。

[2] 说（shuì）：用话劝说别人使听从自己的意见。秦惠王：秦国君王。公元前337年至公元前311年在位。

[3] 巴：今四川东部古称巴。蜀：今四川西部古称蜀。汉中：今陕西秦岭以南一带。利：富饶。

[4] 胡貉（hé）：胡地产的貉。胡：这里指匈奴地区。貉：动物名。也叫狗獾。外形如狐，但体较胖，尾较短。毛皮可以制皮衣。代马：代地产的马。代：在今河北、山西北部。

[5] 巫山：山名，在今四川巫山县东。黔中：地名，在今湖南省沅陵县西。限：这里引申为“险阻”。

[6] 崤（xiáo）：山名，在今河南洛宁县西。函：函谷关，在今河南灵宝县西南。固：坚固。在这里指地形险要，易守难攻。

[7] 战车：兵车。万乘（shèng）：量词。古时一车四马叫“乘”。

[8] 奋击：奋起打击敌人的人，指战士。

[9] 地势形便：地理形势有利。便，便利。

[10] 天府：天（大自然）的府库。指自然条件优越、形势险固、物产丰富的地方。

[11] 教：教育，训练。

[12] 称帝而治：自称为帝而统治天下。

[13] 少：稍微，略微。

[14] 臣请奏其效：请让臣我说明事情的效应。(这一段是苏秦向秦惠王献连横之策的一番说辞，指出秦国具备统一天下的优越条件。)

[15] 这句的句意为：劝说秦王的建议书上了十次，而建议却未被采纳实行。

[16] 裘：皮衣。敝：坏，破。

[17] 去：离开。

[18] 羸（léi）縢履蹻（jué)：裹着绑腿，穿着草鞋。羸：通“累”，束缚缠绕。縢：绑腿布。蹻：草鞋。

[19] 负书担橐（tuó)：背着书，担着行囊。橐：袋子。

[20] 形容：形体、容颜。枯槁：原意指草木枯萎，引申为瘦瘠。

[21] 犁：通“黧（lí）”，黑色。

[22] 纴（rèn)：织布帛的丝缕。这里指织机。这句意为：妻子看苏秦回来了也不下织机。

[23] 陈箧（qiè)：摆开书箱子。陈：陈列，摆开。箧：箱子。

[24] 阴符：书名，相传是一部太公兵法书。今已不传。太公：即姜太公吕尚。

[25] 简练：在学术技艺上下工夫磨炼。简：选择。练：煮帛使之洁白叫做练，引申为精通、熟悉。揣摩：揣度考虑，探求本义。

[26] 引：拿过来。股：大腿。

[27] 安有：哪有。说（shuì)：劝说，游说。人主：指君王。这句意为：哪有劝说君王却不能使君王拿出金玉锦绣来，并自取到卿相的尊荣的呢？

[28] 期年：满一年。

第三节　诸子散文选讲

一、《论语》选讲

说明：《论语》主要记载孔子及其弟子的言行，是语录体散文，由孔子弟子或再传弟子记录编纂而成。全书共二十篇，每篇各有若干章。《论语》成书的过程，和先秦其他古书一样，不是成于一时，也非出自一手。但由于是孔门后学所录，其书还是最能代表孔子思想，是儒家学派早期思想的经典。

孔子（前551—前479年），名丘，字仲尼，春秋时鲁国陬（zōu）邑（今山东曲阜）人。是春秋末期的著名思想家、教育家和政治家，儒家学派的创始人。他在政治思想上提出“仁者爱人”，“克己复礼”，在教育方面提出“有教无类”等主张。孔子在鲁国不很得志，后来周游列国，宣传自己的政治主张，也没有得到重用。晚年回到鲁国从事著述和讲学，并整理了“六经”，对保存和传播中国古代文化有重要贡献。《论语》是了解孔子生活、思想的重要资料。

孔子学说的核心是“仁”。“仁”是最高的道德标准，由此推衍出一整套伦理道德学说。他的学说经过孟子的发挥，至汉代构成了一个完整的思想系统。几千年来，孔子的思想对中国的政治、伦理文化一直发挥着重要影响作用。

《论语》是语录体散文的奠基之作，其后出现的《孟子》等语录体散文，无不受到它的影响。《论语》言简意赅，句式自然多变，表现出较高的语言运用水平，其中不少片言只语式的记述，能有效地传达出哲理和感情。如："子在川上曰：'逝者如斯夫，不舍昼夜'"（《子罕》）。《论语》中有许多句子简明深刻，如"学而不思则罔，思而不学则殆"（《为政》）；"岁寒，然后知松柏之后凋也"（《子罕》）。其中不少已经成为人们常用的成语、格言。《论语》虽然篇幅不大，但作为儒家经典之一，长期以来，是文化人必读的书籍，它所表现的人生态度、思想观念，在我国文化史、思想史上，有极为广泛深刻的影响。

1.《季氏将伐颛臾》

季氏将伐颛臾[1]

季氏将伐颛臾。冉有、季路见于孔子曰[2]："季氏将有事于颛臾[3]"。孔子曰："求！无乃尔是过与[4]？夫颛臾，昔者先王以为东蒙主[5]，且在邦域之中矣[6]。是社稷之臣也[7]，何以伐为[8]？"

冉有曰："夫子欲之[9]，吾二臣者皆不欲也。"孔子曰："求！周任有言曰[10]：'陈力就列，不能者止[11]'。危而不持，颠而不扶，则将焉用彼相矣[12]？且尔言过矣，虎兕出于柙[13]，龟玉毁于椟中[14]，是谁之过与？"

冉有曰："今夫颛臾[15]，固而近于费[16]，今不取，后世必为子孙忧。"孔子曰："求！君子疾夫舍曰'欲之'而必为之辞[17]。丘也闻有国有家者[18]，不患寡而患不均，不患贫而患不安[19]。盖均无贫，和无寡，安无倾[20]。夫如是[21]，故远人不服，则修文德以来之[22]；既来之，则安之[23]。今由与求也，相夫子，远人不服而不能来也，邦分崩离析而不能守也[24]，而谋动干戈于邦内，吾恐季孙之忧，不在颛臾，而在萧墙之内也[25]。"

注释：

[1] 本文选自《论语·季氏》篇，通过孔子及其学生之间的对话，论证季氏伐颛臾之非，从而阐明了孔子的政治思想。这是一篇驳论文章，围绕论证中心，逐点驳斥。文中多处运用比喻、排比、反诘和呼告的修辞格，来增强文章的艺术感染力。季氏：即季孙氏，当时鲁国的贵族，这里指季康子，名肥，鲁国的大夫。颛臾（zhuān yú）：附属于鲁的小国，故城在今山东费县西北。

[2] 冉有：名求，字子有，也称冉有。季路：姓仲名由，字子路，又字季路。两人均为孔子的学生，当时是季康子的家臣。

[3] 将有事于颛臾：将对颛臾采取军事行动。事：指战事。

[4] 无乃尔是过与：难道不应该责备你们吗？无乃：岂不，恐怕。过：责备，动词。是：起将宾语'尔'提前的作用。与：同"欤"，相当于"吗"。

[5] 先王：鲁的始祖周公旦是周武王的弟弟，这里指周王的先辈。以为东蒙主：即以之为东蒙主。将颛臾的君王封为东蒙山的主祭者。东蒙：蒙山，在蒙阴县南四十里。

[6] 邦域之中：国境之内。

[7] 社稷：社指土神，稷指谷神。古代帝王都祭稷。后来用作国家的代称，这里指鲁国。

[8] 何以：在这里相当于"为什么"，介宾结构。为：语气助词，相当于'呢'。

[9] 夫子：古时对老师、长者的尊称，这里指季康子。之：代伐颛臾。

[10] 周任：古代有名的史官。

[11]"陈力"两句：能够施展自己的才力，就任职位；不能做到这一点，就该辞职。陈：施展。就：

居，充任。列：职位.

[12]“危而’三句：意为盲人站立不稳，不去护持；盲人摔倒了，又不去搀扶，那还用搀扶人做什么呢？危：危险，这里指站立不稳。相：辅佐，这里指对盲人的护理人。

[13] 兕（sì）：犀牛一类的野兽，独角。柙（xiá）：古代关猛兽的笼子。

[14] 龟：占卜用的龟甲。玉：指祭祀用的玉器。椟（dú）：柜子，木制的匣子。

[15] 夫：那个。

[16] 固：指城郭坚固。费：季氏的采邑（领地），今山东费县西南。颛臾与费邑相距仅七十里。

[17]“君子”句：君子讨厌那种人，嘴上不说“我想获得它”，却为了得到它一定要寻找托辞（借口）。疾：痛恨，厌恶。舍曰：不谈。

[18] 有国有家者：指有封地的诸侯，有采邑的卿大夫。家：指卿大夫的采邑。

[19]“不患寡”两句：“寡’和“贫”两字也可前后互易。《春秋繁露·度制》和《魏书·张普惠传》引用《论语》此文均作“不患贫而患不均，不患寡而患不安。”寡：人口稀少。贫：财富缺乏。

[20]“盖均无贫”三句：意谓因为财富平均分配，便无所谓贫穷；国内和平团结，便不觉得人口少；社会安定，国家便不会倾覆。盖：承接连词，在这里表示承接上文，解释原因。

[21] 夫如是：要是这样做。

[22] 修文德：讲究文教德化方面的工作。来之：使他们归顺。来：通‘徕”，招徕，吸引。

[23] 既来之，则安之：远人既然吸引来了，就得使他们安居下来。

[24] 邦分崩离析：国家四分五裂。当时鲁国不统一，被季孙、孟孙、叔孙三大家族所分割。

[25] 萧墙之内：宫殿之内，暗指鲁国国君鲁哀公。时季康子把持鲁国政权，鲁君不能容忍，内变将作。萧墙：宫殿当门的小墙（照壁），又叫做“屏”，借指宫殿。古时臣子进见国君，至屏而肃然起敬，故称“萧墙”。萧：古通“肃”，肃敬。

2.《如有博施于民》

如有博施于民

子贡曰：“如有博施于民而能济众[1]，何如？可谓仁乎？”子曰：“何事于仁[2]！必也圣乎[3]！尧舜其犹病诸[4]！夫仁者，己欲立而立人，己欲达而达人。能近取譬，可谓仁之方也已[5]。”

注释：

[1] 施：给予（钱物或恩惠）。济：帮助。

[2] 事：仅，止。

[3] 也：语气词，表示语气的强调。

[4] 其：或许，可能。病：难，为难。诸：表语气的语气词。此句谓：即使是古代的圣君尧、舜也难以达到呢。

[5] 立：登上某一位置。达：得志，显贵。

[6] 方：方法。也已：句末语气词连用，加强确定的语气。

3.《其恕乎》

其 恕 乎

子贡问曰：“有一言而可以终身行之者乎[1]？”子曰：“其恕乎[2]！己所不欲[3]，勿施于人。”

注释：

[1] 一言：一个字。

[2] 其：表估计、揣测的语气助词。恕：用自己的心推想别人的心。

[3] 所不欲：不想要的。

4.《饭疏食》

饭 疏 食

子曰："饭疏食[1]，饮水，曲肱而枕之[2]，乐亦在其中矣。不义而富且贵[3]，于我如浮云。"

注释：

[1] 饭：吃。疏食：粗糙的饭食。

[2] 肱（gōng）：胳膊。

[3] 义：适宜的，合理的，符合道德规范的。

5.《益者三乐》

益 者 三 乐

孔子曰："益者三乐[1]，损者三乐。乐节礼乐[2]，乐道人之善，乐多贤友，益矣。乐骄乐[3]，乐佚游[4]，乐宴乐[5]，损矣。"

注释：

[1] 益者三乐：有益的有三种快乐。

[2] 乐节礼乐：以有节制的礼仪音乐来调节生活为快乐。

[3] 乐骄乐：以骄傲自得为快乐。骄：放纵。

[4] 佚游：无节制的游荡。佚：同"逸"。

[5] 宴乐：饮食快乐。

6.《君子有九思》

君子有九思

孔子曰："君子有九思：视思明[1]，听思聪[2]，色思温[3]，貌思恭[4]，言思忠[5]，事思敬[6]，疑思问[7]，忿思难[8]，见得思义[9]。"

注释：

[1] 视思明：看东西要考虑是否看明白。

[2] 聪：听清楚。

[3] 色：脸色。温：温和。

[4] 貌：神态。恭：谦恭。

[5] 言：说话。忠：忠实，符合实际。

[6] 事：做事。敬：慎重。

[7] 疑：有疑惑。问：询问。

[8] 忿：忿怒，发火。难（nàn）：祸患，后患。

[9] 见得思义：看到有好处，要考虑是否应该得。

7.《恭宽信敏惠》

恭宽信敏惠

子张问仁于孔子[1]。孔子曰："能行五者于天下，为仁矣[2]。""请问之"。曰："恭、宽、信、敏、惠。恭则不侮[3]，宽则得众[4]，信则人任焉[5]，敏则有功[6]，惠则足以使人[7]。”

注释：

[1] 子张：孔子门人，姓颛孙，名师，字子张，曾经从孔子周游列国。

[2] 行：做，执行。五者：五个方面。天下：处处，任何地方的意思。

[3] 恭则不侮：恭谨就不会招致侮辱。

[4] 宽则得众：宽厚就能得到众人的拥护，

[5] 信则人任焉：诚实就能得到人们的信任。任：信任，或任用。

[6] 敏则有功：勤快就能取得好业绩。

[7] 惠则足以使人：仁爱就能使人听命。惠：仁爱。

二、墨子《非攻》选讲

提示：墨子（约前468—前376），名翟，相传为宋国人，曾长期居住鲁国。墨家学派的创始人，代表小生产者利益的思想家。主张兼爱、非攻、节用，反对礼乐繁缛。在弱肉强食的战国时代，他的主张在一定程度上反映了人民的要求和愿望。《墨子》一书，汉时有七十一篇，宋时尚存六十三篇，现在仅存五十三篇。他的文章虽然疏于文采，但逻辑性强，条理严谨，语言质朴。

非　攻（上）[1]

今有一人，入人园圃[2]，窃其桃李，众闻则非之，上为政者得则罚之[3]。此何也？以亏人自利也[4]。至攘人犬豕鸡豚者[5]，其不义又甚入人园圃窃桃李。是何故也？以亏人愈多。苟亏人愈多[6]，其不仁兹甚[7]，罪益厚[8]。至入人栏厩，取人马牛者，其不仁义又甚攘人犬豕鸡豚。此何故也？以其亏人愈多。苟亏人愈多，其不仁兹甚，罪益厚。至杀不辜人也[9]，扡其衣裘，取戈剑者[10]，其不义又甚入人栏厩，取人马牛。此何故也？以其亏人愈多。苟亏人愈多，其不仁兹甚矣，罪益厚。当此，天下之君子皆知而非之，谓之不义。今至大为不义攻国，则弗知非，从而誉之，谓之义。此可谓知义与不义之别乎？

杀一人，谓之不义，必有一死罪矣。若以此说往[11]，杀十人，十重不义[12]，必有十死罪矣；杀百人，百重不义，必有百死罪矣。当此，天下之君子皆知而非之，谓之不义。今至大为不义攻国，则弗知非，从而誉之，谓之义。情不知其不义也[13]，故书其言以遗后世[14]。若知其不义也，夫奚说书其不义以遗后世哉[15]？

今有人于此，少见黑曰黑，多见黑曰白，则必以此人为不知白黑之辩矣[16]。少尝苦曰苦，多尝苦曰甘，则必以此人为不知甘苦之辩矣。今小为非，则知而非之；大为非攻国，则不知非，从而誉之，谓之义。此可谓知义与不义之辩乎？是以知天下之君子也，辩义与不义之乱也[17]。

注释：

[1]《墨子》书中《非攻》有上、中、下三篇，这是上篇。春秋末年，各国间的兼并更加剧烈，掠夺性的战争十分频繁。墨家代表人民安居乐业的要求，反对侵略战争。对防御性的战争，则不仅没有反对，还曾表示竭力支持。

[2] 园圃：偏义复词，这里指果园。园：果园。圃：菜园。

[3] 得：捕获。

[4] 亏：损害。

[5] 攘（rǎng）：窃取，夺取。豕（shǐ）：猪。豚（tún）：小猪。

[6] 苟：如果，假使。

[7] 兹：通“滋”，更加。

[8] 厚：重。

[9] 不辜：无辜，无罪。辜：罪。

[10] 拖：夺取。

[11] 若以此说往：如果照这个说法类推。

[12] 重（chóng）：倍。

[13] 情：诚，的确。

[14] 书：记载。

[15] 奚：何，什么。说：论说，引申为“理由”。

[16] 辩：通“辨”，区别。

[17] 乱：是非颠倒，标准混乱。

三、《庄子》选讲

说明：庄子（约前369—前286），名周，战国时宋国蒙（今河南商丘东北）人，曾做过蒙漆园吏。他是老子以后道家的代表人物，后世把他和老子并称为“老庄”。庄子生活在战国中期，他对当时的社会和统治者十分不满，对统治阶级采取不合作态度，对当时黑暗现实也有所揭露和抨击。他强调事物的变化莫测，主张为人处世顺应自然，反对有所作为。在哲学上，他认为大小、美丑、荣辱、是非、生死等都是相对的，主张齐万物，等是非。《庄子》一书又称《南华经》，现存三十三篇，其中“内篇”七，“外篇”十五，“杂篇”十一。一般认为内篇七篇大都为庄子所作，外、杂篇则大部分是他的门人或后学所作。这些文章富有浪漫主义色彩，纵横恣肆，想像丰富，机智幽默，辞藻瑰奇，在先秦诸子散文中，有独特的艺术风格，对后世有很大影响。《庄子》中的作品最显著的特点是善于运用生动形象的比喻和情节性强的寓言故事来表述抽象的哲理。《庄子》在思想、文学风格、文章体制、写作技巧等方面对后世影响很大。

1.《庄子·秋水》

提示：《秋水》通过描写河伯的不知有大和北海若的知己之小的两相对照，揭示出宇宙无限、知识无限的道理。文章用比喻把深奥的道理讲得显豁明了，用笔流畅，文理清新。

秋　水

秋水时至，百川灌河[1]。泾流之大，两涘渚[2]崖之间[3]，不辩牛马。于是焉河伯欣然自喜，以天下之美为尽在己。顺流而东行，至于北海，东面而视，不见水端。于是焉河伯始旋[4]其面目，望洋向若[5]而叹曰：“野语有之曰：‘闻道百，以为莫己若[6]者’。我之谓也。且夫我尝闻少仲尼之闻[7]而轻伯夷之义者，始吾弗信。今我睹子之难穷也，吾非至于子之门，则殆矣[8]，吾长见笑于大方之家[9]。”

北海若曰：“井蛙不可以语于海者，拘于虚[10]也；夏虫不可以语于冰者，笃于时也；曲士不可以语于道者[11]，束于教也[12]。今尔出于崖，观于大海，乃知尔丑[13]，尔将可与语大理矣。天下之水，莫大于海，万川归之，不知何时止而不盈；尾闾[14]泄之，不知何时已而不虚[15]；春秋不变，水旱不知。此其过江河之流，不可为量数。而吾未尝以此自多者，自以比形于天地[16]，而受气于阴阳，吾在于天地之间，犹小石小木之在大山也。方存乎见少，又奚以自多！计四海之在天地之间也，不似礨[17]空之在大泽乎？计中国之在海内，不似稊米[18]之在太仓乎？号物之数谓之万，人处一焉；人卒九州，谷食之所生，舟车之所通，人处一焉。此其比万物也，不似豪末[19]之在于马体乎？五帝之所连，三王之所争，仁人之所忧，任士之所劳，尽此矣！伯夷辞之以为名，仲尼语之以为博。此其自多也，不似尔向之自多于水乎？”

注释：

[1] 河：黄河。

[2] 涘：水边。

[3] 渚：水中小洲。

[4] 旋：掉转、改变。

[5] 若：北海神。

[6] 莫己若：莫若己。

[7] 闻：见闻、知识。

[8] 殆：危险。

[9] 大方之家：见识、修养很高的人。

[10] 虚：通墟，指所居住的地方。拘：拘泥，限制。

[11] 曲士：乡曲之士，指生活在小地方见识少的人。

[12] 教：教育。

[13] 丑：此处指渺小、鄙陋。

[14] 尾闾：传说中海底泄水之处。

[15] 虚：空。

[16] 比：通庇。

[17] 礨（lěi）空：小穴。

[18] 稊（tí）米：小米粒

[19] 豪：通毫。

2.《逍遥游》

逍　遥　游[1]（节选）

北冥有鱼[2]，其名为鲲[3]。鲲之大，不知其几千里也；化而为鸟，其名为鹏。鹏之背，不知其几千里也；怒而飞[4]，其翼若垂天之云[5]。是鸟也，海运则将徙于南冥[6]；南冥者，天池也[7]。《齐谐》者[8]，志怪者也[9]。《谐》之言曰：“鹏之徙于南冥也，水击三千里[10]，抟扶摇而上者九万里[11]，去以六月息者也[12]。”野马也，尘埃也，生物之以息相吹也[13]。天之苍苍，其正色邪[14]？其远而无所至极邪？其视下也，亦若是则已矣[15]。且夫水之积也不厚[16]，则其负大舟也无力。覆杯水于坳堂之上[17]，则芥为之舟[18]，置杯焉则胶[19]，水浅而舟大也。风之积也不厚，则其负大翼也无力。故九万里，则风斯在下矣[20]，而后乃今培风[21]；背负青天，而莫之夭阏者[22]，而后乃今将图南[23]。蜩与学鸠笑之曰[24]：“我决起而飞[25]，枪榆枋[26]，时则不至[27]，而控于地而已矣[28]；奚以之九万里而南为[29]！”适莽苍者，三餐而反[30]，腹犹果然[31]；适百里者，宿舂粮[32]；适千里者，三月聚粮。之二虫又何知[33]！小知不及大知[34]，小年不及大年[35]。奚以知其然也[36]？朝菌不知晦朔[37]，蟪蛄不知春秋[38]，此小年也。楚之南有冥灵者[39]，以五百岁为春，五百岁为秋；上古有大椿者[40]，以八千岁为春，八千岁为秋，此大年也。而彭祖乃今以久特闻[41]，众人匹之[42]，不亦悲乎?

汤之问棘也是已[43]：

汤问棘曰："上下四方有极乎?"

棘曰："无极之外，复无极也。"

"穷发之北[44]，有冥海者，天池也。有鱼焉，其广数千里，未有知其修者[45]，其名为鲲。有鸟焉，其名为鹏，背若泰山，翼若垂天之云；抟扶摇羊角而上者九万里[46]，绝云气[47]，负青天，然后图南，且适南冥也。斥鴳笑之曰[48]：'彼且奚适也？我腾跃而上，不过数仞而下[49]，翱翔蓬蒿之间，此亦飞之至也[50]。而彼且奚适也?'"此小大之辩也[51]。

宋人有善为不龟手之药者[52]，世世以洴澼絖为事[53]。客闻之，请买其方百金[54]。聚族而谋曰："我世世为洴澼絖[55]，不过数金；今一朝而鬻技百金[56]，请与之。"客得之，以说吴王。越有难[57]，吴王使之将。冬，与越人水战，大败越人，裂地而封之[58]。能不龟手，一也，或以封，或不免于洴澼絖，则所用之异也。

注释：

[1]《逍遥游》是庄子思想中追求其所谓"绝对自由"的人生观的具体体现。文笔奔放，想像丰富，论述富有辩证思想。

[2] 北冥：即北海。海水深黑，故谓之"冥"。

[3] 鲲：本谓鱼卵，此处指大鱼。

[4] 怒而飞：奋翼而飞。怒：奋发。

[5] 垂天：天边。垂：通"陲"，边。此句形容鹏翼之大，像天边的一大块云。

[6] 海运：海动，指海水翻腾动荡。海动时必有大风，鹏鸟即乘此大风徙往南海。

[7] 天池：言此南海为天然造化所形成，不是人工所造。也可理解为天上的池，美丽的池。

[8]《齐谐》：古代齐国书名。一说，人名；姓齐名谐。

[9] 志怪：记载怪异。

[10] 水击：指鹏起飞时两翼击水而行。

[11]"抟（tuán）扶摇"句：意谓大鹏凭借暴风之力，鼓翅直上九万里的高空。抟：把东西捏聚成团，引申为：结聚，集中。这里意为"拍击"，同"搏"。扶摇：从地面迅疾上升的暴风，一名"飙"。

[12] 去以六月息：大鹏乘六月时的大风飞往南海。息：风。

[13]"野马也"三句：意谓野马、尘埃等细微之物，为生物之气息所吹拂而飘动不定。这与高飞九万里的大鹏相比，两者大小虽悬殊，但在任自然而动这一点上，则是一致的。野马：指春天野外林泽间的雾气。春天阳气发动，远望林泽间有蒸腾之气上扬如奔马之势，故称。尘埃：指飘扬在空中的细微尘土。息：气息。

[14]"天之"两句：意谓人们所见到的天空青苍的颜色，是它本身真实的颜色吗？苍苍：深青色。其：犹"岂"。正色：指本身原有的颜色。邪：通"耶"。

[15]"其视下"两句：意谓大鹏从高空俯视下界，也如同下界所视天空一样，不一定都能见到真相。其：指高飞九万里上空的大鹏。若是：如此。则已矣：用法同"而已矣"。

[16] 厚：多，深。

[17] 坳（ào）堂：堂屋地面的低洼之处。

[18] 芥：小草。

[19]"置杯"句：意谓如果把一只杯子放在坳堂的浅水之上，杯子就会胶着在地上，不能浮动。焉：相当于"于是"。胶：胶着。

[20] 这句说，大鹏之所以能飞上九万里的高空，是由于下面有着巨大的风力负托着它。斯：乃，就。

[21] 而后：然后。乃今：于是时。培：凭借。

[22] 夭阏（è）：阻拦，阻止。

[23] 图南：图谋飞往南方。

[24] 蜩（tiáo）：即蝉。学鸠：小鸟名。

[25] 决（xuè）：迅疾貌。

[26] 枪榆枋：意谓最高也不过突过榆树和檀树。枪：突过。榆枋（fāng）：榆树和檀树。枋：即檀木。

[27] 时则不至：有时也许达不到。则：犹“或”。

[28] 控：投，落下。

[29]“奚以”句：何必这样飞到九万里的高空而到遥远的南方去呢！奚以：何用。之：往，去。为：语气助词，表示疑问。

[30]“适莽苍”两句：意谓到近郊去的人，只要准备三顿饭就可以往返一次。适：往。莽苍：指郊野。反：通“返”。

[31] 果然：饱足貌。

[32] 宿（xiǔ）：夜，前一晚。舂（chōng）粮：用杵（chǔ）在臼中捣米，去掉稻谷的外皮。

[33] 之：此。二虫：指蜩与学鸠。

[34] 知：通“智”。

[35] 年：年龄，寿命。小年：短命。大年：长寿，高年。

[36] 然：如此。

[37] 朝菌：指朝生暮死的菌类；一说，指朝生暮死的小虫。晦：黑夜。朔：天明时。

[38] 蟪（huì）蛄：一名寒蝉，春生夏死，夏生秋死，故“不知春秋”。

[39] 冥灵：传说中的大树的名称。一说，海中大龟名。

[40] 椿：落叶乔木名，高三四丈，质料坚实。

[41] 彭祖：以长寿著称的古代传说人物。《列仙传》说：“彭祖者，殷大夫也。姓篯（jiān）名铿，帝颛顼之孙。历夏至殷末八百余岁。”乃今：如今。久：指长寿。特：独特，突出。闻：指闻于后世。

[42] 匹：比。

[43]“汤之问棘”句：意谓商汤询问棘的就是说的这类事。棘：人名，相传是商汤的贤大夫。今本《列子·汤问》作“夏革”。已：句末语气词，用法同“也”。

[44] 穷发：传说中位于极北的“不毛之地”。发：指草木。

[46] 修：长度。

[46] 羊角：旋风名；因盘旋上升，类似羊角，故名。

[47] 绝：超越。云气：指天空中的云层。

[48] 斥鴳（yàn）：此处泛指小雀。斥：与‘尺”通。一说，斥鴳：指小泽中的雀。斥：小泽。

[49] 仞：古以七尺或八尺为一仞。

[50] 飞之至：飞翔的最高限度。

[51] 辩：同辨，分别。小：指斥鴳。大：指鹏。

[52] 不龟（jūn）手之药：能防治手上皮肤冻裂的药。龟：同“皲，皮肤因水湿、寒冷或干燥裂口。

[53] 洴澼（pìng pì）：漂洗。絖（kuàng）：丝绵。祖祖辈辈以在水中漂洗丝绵为职业。

[54] 方：配制不龟手药的药方。金：古时黄金一方寸重一斤。百金，百斤黄斤。

[55] 聚族：召集全家人。

[56] 一朝：一早晨，一天。鬻（yù）技：出卖技艺，卖出药方。

[57] 难：构难，进犯。

[58] 裂地：划分土地作封邑。

四、《孟子》选讲

《孟子》是记述孟子及其弟子言行的对话式语录体散文集。孟子，名轲，邹（今山东邹县）人，生活于战国前期，是孔子以后最重要的儒家代表人物。孟子主张施仁政，使人民安居乐业。与孔子相比，他更注重“民贵君轻”的民本思想，认为“君有大过则谏，反复之，不听，则易位”、“君之视臣如手足，则臣之视君如腹心”、“君之视臣如草芥，则臣之视君如寇仇”。

孟子为人，锋芒毕露，好论辩。《孟子》文章富有气势，咄咄逼人。如《尽心》：“说大人，则藐之，勿视其巍巍然。堂高数仞，榱题数尺，我得志，弗为也；食前方丈，侍妾数百人，我得志，弗为也；般乐饮酒，驱聘田猎，后车千乘，我得志，弗为也。在彼者，皆我所不为也，在我者，皆古之制也，吾何畏彼！”运用大量排比句式，如长河大浪，磅礴而来。孟子善于用精当的譬喻来说理，通俗流畅，说服力强，其中的许多譬喻如“揠苗助长”、“五十步笑百步”等已成为后世的成语。《孟子》对后世影响深远，唐宋的韩愈、苏洵等散文家都受到他很大的影响。

《孟子·寡人之于国也》

提示：本文选自《孟子·梁惠王上》，《梁惠王》是《孟子》第一篇的篇名，《孟子》和《论语》一样，原无篇名，后人一般取每篇第一章中的前两三字为篇名。《孟子》共七篇，东汉末赵岐为《孟子》作注时，将每篇皆分为上、下，后人从之。梁惠王：即战国时魏惠王，魏国都城原在安邑（在今山西夏县西北），因秦国的压力，公元前361年迁都到大梁（在今河南开封西北），故魏也被称为梁，魏惠王也被称为梁惠王。“惠”是其死后的谥号。

孟子·寡人之于国也

梁惠王曰：“寡人之于国也，尽心焉耳矣。河内凶[1]，则移其民于河东[2]，移其粟于河内。河东凶亦然。察邻国之政，无如寡人之用心者。邻国之民不加少，寡人之民不加多，何也？”

孟子对曰：“王好战，请以战喻。填然[3]鼓之，兵刃既接，弃甲曳兵而走。或百步而后止，或五十步而后止。以五十步笑百步，则何如？”

曰：“不可，直[4]不百步耳，是亦走也。”

曰：“王如知此，则无望民之多于邻国也。不违农时，谷不可胜食也；数罟不入池[5]，鱼鳖不可胜食也；斧斤以时入山林，材木不可胜用也。谷与鱼鳖不可胜食，材木不可胜用，是使民养生丧死无憾也。养生丧死无憾，王道之始也。

注释：

[1] 河内：指黄河以北的今河南省沁阳、济源、博爱一带，当时是魏国的领土。凶：庄稼收成不好。

[2] 河东：指黄河以东的今山西省西南部，当时是魏国的领土。

[3] 填然：即填填然。填填：象声词，古汉语常用来形容雷声、鼓声。

[4] 直：仅，只是。

[5] 数罟（gǔ）：密网。（wū）池：大池。

思考题：

1．举例说明我国散文在先秦时的成就。

2．《庄子·逍遥游》中讲了一个“不龟手之药”的故事。用现代汉语翻译这段文字，并谈谈你从这个故事里得到什么启发？

3．阅读《伍举论台美而楚殆》一文，概括出中国古代关于“美”的思想。

第三章　汉、魏、晋、南北朝散文

第一节　汉魏晋南北朝散文概述

秦王朝历时甚短，加上轻视文化，焚书坑儒，推行极端严酷的思想统治，文学上几乎没有任何成就。

汉代是中国历史上最为鼎盛的封建王朝之一，这一时期的文学也蔚为大观。汉初散文成就最大的作家是贾谊（公元前200—前168），他代表性的作品为《过秦论》，文章总结了秦代灭亡的原因，汲取秦末农民起义的教训，发展了先秦的民本思想。他的散文说理善用比喻，富于形象性。除贾谊外，汉初其他散文家，政论文成就较大，这些文章或论秦之得失，或针对时弊，提出自己的主张，代表性的作家有晁错等。晁错以主张募民备塞的两篇散文《守边劝农疏》、《论贵粟疏》而闻名于世。汉武帝时，为与封建大一统的政治局面相适应，他在思想文化领域倡导罢黜百家，独尊儒术，力图给予大一统的局面以哲学和历史的解释。受时代思潮的影响，司马迁的《史记》应运而生（见本章第二节）。

汉文学的主流是赋。赋在汉代之所以空前繁荣，除了文体本身发展的原因外，也与汉帝国的强盛、统治者的爱好以及考赋取士的制度有关。

汉赋的发展大致可分为三个时期：一是形成期（自汉代初年至汉武帝初年，约60年）。这一时期的汉赋代表作是贾谊的《吊屈原赋》、《鵩鸟赋》，枚乘的《七发》，主要特点是追随楚辞的传统，故而可称这些作品为“骚体赋”。《七发》是汉代散体大赋正式形成的第一篇作品。二是全盛期（自武帝初年至东汉中期200余年的时间）。这一时期的作家作品很多，除号称“四大赋家”的司马相如、扬雄、班固、张衡外，还有东方朔、王褒、严助、枚皋、朱买臣等人，他们的作品多是“润色鸿业”、“劝百讽一”、极尽铺张之能事的散体大赋。武帝、宣帝时代，汉赋达到鼎盛。司马相如的《子虚》、《上林》二赋标志着汉赋兴盛期的到来。司马相如（约前179—前118）字长卿，蜀郡成都（今属四川）人。汉代最负盛名的辞赋家，代表作《子虚赋》、《上林赋》二赋使典型汉大赋的体制得到最后确立。两赋内容在一个虚构框架中以问答体形式展开。《子虚赋》说楚国使者子虚出使齐国，向齐国之臣乌有先生夸耀楚国的云梦泽和楚王在此游猎的盛况，乌有先生不服，于是夸称齐国山海之宏大以压倒前者；《上林赋》是承接《子虚赋》而来的，代表天子的亡是公又铺陈天子上林苑的壮丽与天子游猎的盛况，表明诸侯不能与天子相提并论，最后“曲终奏雅”，说出一番应当提倡节俭的道德教训。《子虚赋》、《上林赋》突出的艺术特点是极度的铺张扬厉。以四千余字，长篇铺写游猎一事，远胜以二千余字铺陈七事的《七发》。在语言方面，表现出高度的修辞意识与修辞技巧，自觉追求修辞效果。由于司马相如还是一位文字学家，故而在两赋中收集罗列了许多陌生而又整齐的词汇；在句式上，是夹杂着三字句和七字句的四字句，显示出整齐的美感。二赋由于文字艰深、罗列过度、夸张失实而显得呆板滞重。后来的大赋，或多或少都有这样的毛病。三是转变期（自顺帝至汉末的100余年）。这一时期的创作虽也间有大赋出现，但多是讽刺时世、抒情言志的小赋。像赵壹的《刺世疾邪赋》、蔡邕的《述行赋》、祢衡的《鹦鹉赋》等，都是其中的佳作。

魏晋南北朝时期，骈文盛行，散文衰落。但是郦道元的《水经注》和杨衡之的《洛阳伽蓝记》等，虽然属于学术作品，但是叙事质朴、抒情、写景优美，文学价值非常高，不妨看作是优美的散文。

第二节　司马迁与《史记》

一、司马迁生平简介

司马迁（前145—约前87年），字子长，左冯翊夏阳（今陕西韩城）人。其父司马谈学识渊博，任太史令。司马迁10岁时随父迁居长安，曾师从董仲舒学习《春秋》，师从孔安国学习古文《尚书》，这为他奠定了良好的学识基础。二十岁那年，他开始广泛漫游。据《史记·太史公自序》，这一次游历到达今天的湖南、江西、浙江、江苏、山东、河南等地，寻访了传说中大禹的遗迹和屈原、韩信、孔子等历史人物活动的旧址。漫游回来以后，仕为郎中，又奉使到过四川、云南一带。以后因侍从武帝巡狩封禅而游历了更多的地方。他的几次漫游，足迹几乎遍及全国各地。漫游开拓了他的胸襟和眼界，使他接触到各个阶层各种人物的生活，并且搜集到许多历史人物的资料和传说。这一切，对他后来写作《史记》起了很大作用。

汉武帝元封元年（前110），司马谈去世。临终前，把著述历史的未竟之业作为一项遗愿嘱托给司马迁。元封三年（前108），司马迁继任太史令。此后，他孜孜不倦地阅读国家藏书，研究各种史料，潜心于著史，并参与了《太初历》的制定工作。就在这过程中，发生了一场巨大的灾难。天汉二年（前99），李陵抗击匈奴，力战之后，兵败投降。消息传来，武帝大为震怒，朝臣也纷纷附随斥骂李陵。司马迁愤怒于安享富贵的朝臣对冒死涉险的将领如此毫无同情心，便陈说李陵投降乃出于无奈，以后必将伺机报答汉朝。李陵兵败，实由武帝任用无能的外戚李广利为主帅所致，司马迁的辩护，也就触怒了武帝。他因此受到“腐刑”的惩罚。对于司马迁来说，这是人生的奇耻大辱，远比死刑更为痛苦。在这一场事件中，他对专制君主无可理喻的权力、对人生在根本上为外力所压迫的处境，有了新的认识。他一度想到自杀，但他不愿宝贵的生命在毫无价值的情况下结束，于是“隐忍苟活”，在著述历史中求得生命的最高实现。这也正是一位学者对君主的淫威和残酷的命运所能采取的反抗形式。终于在太始四年（前93）左右，司马迁完成了《史记》这部空前的巨著。在大约写于这一年的《报任安书》中，司马迁对于自己的际遇和心情作了一个完整的交待，此后其事迹不清，大概卒于武帝末年。

二、《史记》评介

《史记》原名《太史公书》，东汉末始称《史记》。它是古代第一部由个人独立完成的具有完整体系的著作。总共一百三十卷，五十二万余字，又是到那时为止规模最大的一部名作。全书由本纪、表、书、世家、列传五种体例构成。“本纪”是用编年方式叙述历代君主或统治者的政绩；“表”是用表格的形式分理各历史时期的大事；“书”是天文、历法、水利、经济等各类事项的专史；“世家”，记载诸侯、世袭家族和对社会起过比较突出作用的人物及大事；“列传”为本纪、世家以外各种人物的传记，还有关于中国边缘地带各民族历史的专篇。《史记》通过这五种不同体例相互配合、相互补充，构成了完整的历史体系。

《史记》是我国第一部通史，记载了上起黄帝、下至武帝太初年间约三千年的历史。《史记》全书共130篇，包括专门记录大事的“10表”，论述典章制度的8《书》以及为各类人物作传的12《本纪》、30《世家》和70《列传》，其结构之完整、体例之严密、篇章之宏大，均为前所未见。司马迁首创主要以人物纪传来反映历史内容的写法，被称为“纪传体”，此后的正史，都承袭了这种体例。所以《史记》也被列为中国第一部“正史”。《史记》记事止于武帝太和年间，一些后学者如刘向、刘歆、扬雄等都曾试图续补《史记》，其中以班彪的《史记后传》六十五篇最为出名。班固便以《史记》中的汉代部分和其父班彪的《史记后传》为基础，编成了《汉书》。《汉书》记事起于汉高祖元年，讫于王莽地皇四年，是我国第一部断代史。《汉书》在内容上武帝以前部分多采用《史记》原文，又有一些改动补充；武帝以后部分多依照《史记后传》。在体例上多承继《史记》而略有变化，如改“书”为“志”，取消“世家”并入列传。全书共有十二帝纪、八表、十志、七十列传，总计一百篇，一百二十卷。后来的“正史”，体例基本以《汉书》为准，都是断代史。从《史记》对《汉书》的影响及后世对这两部著作的推崇，可以看出司马迁考察历史的思维方式具有独特的开创价值。

《史记》对文学的影响也极大，这种影响不仅体现在传记文学方面，也表现在小说的人物塑造方面和情节的矛盾冲突设计上，更主要的是，《史记》的内容是后世文学创作的源泉。《史记》虽然是史书，但语言充满感情，富有生气，在客观史实的叙述中，贯注了浓厚的感情色彩。司马迁本人有着浪漫的诗人气质，而《史记》的写作本身具有抒发情怀的目的。在《报任安书》中，司马迁把《周易》、《诗经》、《离骚》等归结为“大抵皆圣贤发愤之所为作”，“此人皆意有所郁结，不得通其道，故述往事，思来者”。他用一种独特的方式理解历史上的伟大著作，提出“发愤著书”之说，并确立起“究天人之际，通古今之变，成一家之言”的著书立说目标。所谓发愤著书，有两层含义，一是有所作为的发奋，二是历经磨难遭遇不平的怨愤。司马迁满腔的忧闷不平之气混合着他的喜怒哀乐和理想追求，贯注在全书中，形成整部《史记》悲壮苍凉的抒情基调。

三、《史记·项羽本纪》选读

提示：本文是对项羽一生功过的评价。项羽既是一个在战场上奔突驰骋、所向无敌的勇士，又是在政治斗争中很无知的失败者。本文指出项羽失败的原因并非如他所言的“天命”，而是以学者的客观、冷静分析出项羽刚愎自用、专恃武力，欲以力争经营天下的错误做法，显示了作者从历史实际出发评价人物的客观态度。文章以“暴”字作骨，以“兴亡”二字为线索，层层递转，褒贬兼具。下面节选自《史记·项羽本纪》的最后一节。

太史公曰：吾闻之周生[1]曰：“舜目盖重瞳子”，又闻项羽[2]亦重瞳子。羽岂其苗裔邪？何兴之暴[3]也！夫秦失其政[4]，陈涉首难，豪杰蜂起，相与并争，不可胜数。然羽非有尺寸，乘势起陇亩之中，三年，遂将五诸侯[5]灭秦，分裂天下，而封王侯，政由羽出，号为霸王。位虽不终，近古[6]以来，未尝有也。及羽背关怀楚，放逐义帝[7]而自立，怨王侯叛己，难矣！自矜功伐[8]，奋其私智而不师古，谓[9]霸王之业，欲以力征经营天下，五年[10]卒亡其国，身死东城[11]，尚不觉寤[12]，而不自责，过矣！乃引“天亡我，非用兵之罪也”，岂不谬哉！

注释：

[1] 周生：当系汉代儒者，其名不可考。一说是古代泛指地位低微的人。

[2] 项羽：秦末起义军领袖，下相（今江苏省宿迁县西）人，楚将项燕之子，项梁之侄。秦二世元年（前209年），从项梁起兵。秦亡后自立为西楚霸王，后在楚汉相争中失败，自刎于乌江。

[3] 兴：兴起，崛起，发达。暴：又猛又急，突然。

[4] 政：政治，政事。失其政：指统治失去了控制力。

[5] 五诸侯：指原来齐、赵、韩、魏、燕五国所在地的起义军。

[6] 近古：指春秋战国以来的时代。

[7] 义帝：楚怀王之孙，名心，项梁立之为君，以便号召。后来项羽自立为西楚霸王，都于彭城（今江苏徐州），名义上尊怀王为义帝，却又逼迫怀王迁离彭城，徙之于长沙郴县（今湖南郴州），并暗地里派人将其刺杀于江中。

[8] 矜：自尊自大，自夸。自矜功伐：自满于能征善战的功劳。

[9] 谓：叫做，称为。

[10] 五年：指自汉高帝元年至五年。

[11] 东城：今安徽省定远县东南。项羽兵败至此。

[12] 寤：同“悟”。

四、《史记·李将军列传》选读

提示：李广是西汉名将，为保卫汉王朝，几十年间，身经百战，立下了不朽的历史功绩。本文是李广的传记，司马迁精心选材，着重描写李广精习骑射、胆识过人、勇敢善战、抚爱士卒、清廉宽惠的事迹以及在重大战事里的光辉战绩。此外，作者也用了一定的笔墨，写出皇帝、将军们徇私嫉贤，压抑李广，使他遭遇坎坷，处境艰难，终陷于罪，李广含悲忍恨，自刭身死。这是一篇具有浓郁的抒情色彩和悲剧气氛的作品，其中寓涵着司马迁对李广的无限同情以及对封建统治者的批判精神。下面节选自《史记·李将军列传》文末篇。

太史公曰：传曰：“其身正，不令而行[1]；其身不正，虽令不从。”其李将军之谓也？余睹李将军悛悛如鄙人[2]，口不能道辞。及死之日，天下知与不知，皆为尽哀。彼其忠实心诚信于士大夫也[3]！谚曰：“桃李无言，下自成蹊。”此言虽小，可以谕大也[4]。

注释：

[1] 不令：不用发号施令。这一句的意思是说，一个人如能以身作则，不用整天连篇累牍地讲空话、大话，发号施令，用自己的正派行动就能影响人们跟从。

[2] 悛悛（xún）：同“恂恂”，诚恳谨敬的样子。鄙人：乡里人。

[3] 句意为：他的忠实的心的确比那些士大夫们更让人信赖。

[4] 谕大：说明大道理。谕：同“喻”。

五、《孔子世家》赞

说明：本文是《孔子世家》中的论赞之词。在这篇赞词中，司马迁有意地避开对孔子这一古代的圣人作正面评价，而是用侧面烘托的方式，先是引诗笼括全篇，进而写自己观遗书、观遗教申明向往之意，最后又用君王、贤人来与孔子对比，突出孔子对后世的巨大影响，表达自己的景仰之情。

太史公曰：《诗》有之：“高山仰止，景行行止。”虽不能至，然心乡往之[1]。余读孔氏书，想见其为人。适鲁，观仲尼庙堂、车服、礼器，诸生以时习礼其家，余祗回留之[2]，不能去云。天下君王至于贤人，众矣，当时则荣，没则已焉[3]。孔子布衣，传十余世，学者宗之。自天子王侯，中国言六艺者，折中于夫子，可谓至圣矣！

注释：

[1] 乡：同“向”。

[2] 祗（zhī）回：祗，恭敬。指恭敬徘徊的情状。或以祗作低，指徘徊义也通。

[3] 没：同“殁”。

第三节　曹丕与《典论·论文》

一、曹丕简介

曹丕（187—226），即魏文帝，三国时魏国建立者，公元220—226年在位；字子恒，谯（今安徽亳州）人。曹丕是曹操的次子，建安16年（211年）为五官中郎将、副丞相。公元217年立为魏王太子，220年曹操去世，袭位为丞相、魏王。不久废献帝为山阳公，代汉称帝，国号魏，都洛阳。在位期间，确立门阀士族在政治上的特权。爱好文学，其诗受民歌影响，语言通俗，描写细致，现存诗约四十首。他的《典论·论文》是我国较早的一篇文学批评专论。

二、《典论·论文》选讲

提示：《典论·论文》是曹丕的理论著作《典论》中的一篇。《典论》共二十篇，是一部兼论古代经典文事的著作，魏明帝时曾刻石立于洛阳太学。到了唐代，石碑不存，到了宋代连全书的写本也亡佚了。现仅存《自序》、《论文》一少部分内容。

《典论·论文》是一篇文学理论的专门论文，在中国文学批评史上占有相当重要的地位。它对作家和作品的关系、文学创作的地位和作用、文学批评的原则和方法等一系列的问题，作了广泛探讨和论述。它的篇幅虽然不长，但内容却相当精辟独到。

文人相轻，自古而然。傅毅之于班固[1]，伯仲之间耳[2]，而固小之[3]，与弟超书曰：“武仲以能属文为兰台令史[4]，下笔不能自休。”夫人善于自见[5]，而文非一体，鲜能备善[6]，是以各以所长，相轻所短，里语曰：“家有弊帚，享之千金[7]。”斯不自见之患也。

……

盖文章经国之大业，不朽之盛事[8]。年寿有时而尽，荣乐止乎其身[9]，二者必至之常期，未若文章之无穷。是以古之作者，寄身于翰墨[10]，见意于篇籍[11]，不假良史之辞[12]，不托飞驰之势[13]，而声名自传于后。故西伯幽而演《易》[14]，周旦显而制《礼》[15]，不以隐约而弗务[16]，不以康乐而加思[17]。夫然则古人贱尺璧而重寸阴[18]，惧乎时之过已。而人多不强力[19]，贫贱则慑于饥寒[20]，富贵则流于逸乐[21]，遂营目前之务[22]，而遗千载之功[23]，日月逝于上，体貌衰于下，忽然与万物迁化[24]，斯志士之大痛也[25]。……

注释：

[1] 傅毅：字武仲，茂陵（在今陕西兴平县东北）人。东汉章帝时为兰台令史，拜郎中，与班固、贾逵共同主持校雠内库藏书。班固：字孟坚，安陵（在今陕西咸阳县东）人。班彪子，官兰台令史，后迁为

郎，典校秘书。著有《汉书》、《白虎通义》等。

[2] 伯仲：兄弟的次序，长为伯，次为仲。伯仲之间，是说二者相差无几。

[3] 小之：以之为小，藐视他。

[4] 超：班超，字令升，班彪的少子。属（zhǔ）文：写文章。属：连缀。兰台：汉代宫中藏书之处，由御史中丞监管。后又设兰台令史六人，主持整理图书和办理书奏之事。

[5] 夫：发语词。善于自见：善于看见自己的长处。

[6] 鲜：少。备善：全都擅长。

[7] 里语：民间谚语。里：里巷、民间。弊帚：破扫帚。享：原指用食物供奉鬼神的迷信活动。这里意为珍藏、享受。

[8] 经国：治国。不朽之盛事：《左传》在论到古人三不朽时说："太上有立德，其次有立功，其次有立言，虽久不废，此之谓不朽。"文章属于立言，故说是"不朽之盛事"。

[9] 荣乐：荣誉、乐事。

[10] 寄身翰墨：谓从事文章写作。翰墨：犹言笔墨，引申为文辞。

[11] 见意于篇籍：在文章中表达心意。见（xiàn）意：表达心意。

[12] 假：借。史：史官。

[13] 飞驰之势：指飞黄腾达于仕途的达官贵人。

[14] 西伯：指周文王姬昌。殷之州长曰伯，姬昌为雍州之伯，而雍州在西，故曰西伯。幽：囚禁。史载，纣王曾将文王囚禁。周文王在被囚禁的时候，推演八卦而作《周易》。演：发展，扩充。《周易》由八卦而扩充为六十四种卦象。

[15] 周旦：即周公旦，文王子，武王弟。显：显达。制《礼》：创制礼法。

[16] 隐约：穷困。

[17] 加思：改变念头。加：移。

[18] 夫然：如此，这样。贱尺璧而重寸阴：用《淮南子·原道训》语意，谓时光难得而易失。

[19] 强力：努力。

[20] 慑：害怕。

[21] 流于逸乐：纵情享乐。流：放纵。

[22] 营目前之务：经营目前的事务。

[23] 遗千载之功：遗忘了千年不朽的功业（指文章著述）。

[24] 与万物迁化：随同万物一起变化，即死亡。

[25] 斯：这。

第四节　陶渊明的散文

一、陶渊明简介

陶渊明（365—427），字元亮，一说名潜，字渊明，浔阳柴桑（今江西九江）人。生活于东晋与南朝易代之际，早年曾出仕，后因厌倦官场黑暗，归隐田园。是我国文学史上著名的田园诗人。世称靖节先生。有《陶渊明集》。

二、《五柳先生传》选读

提示：陶渊明辞官之后，隐居田园，自号五柳先生。本文是表白其心志的一篇自传，描述了他不汲汲于富贵，甘守贫贱，平静淡泊的品格。文章简洁生动，富有情趣。

先生不知何许人也，亦不详其姓字，宅边有五柳树，因以为号焉。闲静少言，不慕荣利。好读书，不求甚解，每有会意，便欣然忘食。性嗜酒，家贫，不能常得。亲旧知其如此，或置酒而招之。造饮辄尽，期在必醉；既醉而退，曾不吝情去留。环堵萧然[1]，不蔽风日；短褐穿结[2]，箪瓢屡空[3]；晏如也。常著文章自娱，颇示己志，忘怀得失，以此自终。

赞曰：黔娄有言[4]：不戚戚于贫贱，不汲汲于富贵[5]。其言兹若人之俦乎！衔觞赋诗，以乐其志，无怀氏之民欤[6]？葛天氏之民欤[7]？”

注释：

[1] 环堵：指四面围合的墙，用来形容住室狭窄。

[2] 褐：粗毛纺织的衣服。

[3] 箪：圆形的盛饭的竹器。

[4] 黔娄：春秋时齐国的隐士，十分贫苦。

[5] 戚：忧愁，悲苦。汲汲：心情急切的样子。

[6] 怀氏：传说中的上古帝王，他治理下的人民生活安乐，恬淡知足。

[7] 葛天氏：传说中的上古帝王，他治理下的社会民风淳朴，“不言而信，不化而行”。

第五节　刘勰的《文心雕龙》

一、刘勰简介

刘勰（约465—约532），字彦和，祖籍东莞郡莒县（今山东莒县），世居京口（今江苏镇江）。其祖父刘灵真为宋朝司空刘秀之的弟弟，父亲刘尚做过越骑校尉，在刘勰早年便死去了。刘勰自幼贫寒，没有婚娶，后投奔定林寺佛学大师僧佑。精通佛学，崇尚儒学。一生经历了宋、齐、梁三代，梁朝时进入仕途，历任奉朝请、东宫通事舍人等职，晚年出家为僧，改名慧地，其《文心雕龙》是在齐朝末年完成的，全书五十篇，分上下两编。上篇论述文学的基本原则和阐明各种文体渊源流变，下篇为文学创作论。

二、《神思》选读

提示：《神思》是《文心雕龙》的第二十六篇，下编第一篇，也是创作论的第一篇，它是创作论的总纲。本篇主要论述了文学创作中的想像、构思问题。所谓“神思”，就是精神上的想像活动，它生动、形象地描写了创作构思的活动过程，从构思前的准备直到最后形成作品。论述了创作构思时必备的修养条件和构思对创作的巨大作用。

古人云：“形在江海之上，心存魏阙之下[1]。”神思之谓也。文之思也，其神远矣。故寂然凝虑[2]，思接千载[3]；悄焉动容[4]，视通万里[5]；吟咏之间，吐纳珠玉之声[6]；眉睫之前，卷舒风云之色；其思理之致乎[7]？故思理为妙[8]，神与物游[9]。神居胸臆[10]，而志气统其关键[11]；物沿耳目[12]，而辞令管其枢机[13]。枢机方通，则物无隐貌[14]；关键将塞，则神有遁[15]。是以陶钧文思[16]，贵在虚静，疏瀹五藏[17]，澡雪精神[18]，积学以储宝[19]，酌理以富才[20]，研阅以穷照[21]，驯致以怿辞[22]，然后使玄解之宰[23]，寻声律而定墨[24]；独照之匠[25]，窥意象而运斤[26]；此盖驭文之上首术[27]，谋篇之大端[28]。

夫神思方运，万涂竞萌，规矩虚位[29]，刻镂无形[30]。登山则情满于山[31]，观海则意溢于海[32]；我才之多少，将与风云而并驱矣。方其搦翰[33]，气倍辞前[34]；暨乎篇成[35]，半折心始[36]。何则？意翻空而易奇[37]，言徵实而难巧也[38]。是以意授于思，言授于意；密则无际[39]，疏则千里。或理在方寸而求之域表[40]，或义在咫尺而思隔山河[41]。是以秉心养术[42]，无务苦虑[43]，含章司契[44]，不必劳情也。

注释：

[1] 魏阙：指巍然高大的宫门。魏：高。阙，宫殿。魏阙引申为朝廷。“形在江海之上，心存魏阙之下”，意思是：形体居留在江海，心思却想着朝廷。

[2] 寂然凝虑：静静地聚精会神地思考。寂然：安静的样子。

[3] 思接千载：联想可以达于千年之前。

[4] 悄焉动容：悄悄地改变面部表情。

[5] 视通万里：视线好像看到了万里之外的情景。

[6] 吐纳：偏义复词，即吐，发出。

[7] 思理：构思的脉络。思：构思。致：达到。

[8] 思理为妙：构思的妙用。

[9] 神与物游：精神与外物一起活动。

[10] 胸臆：指内心。

[11] 统：率领，掌握。“志气统其关键”：意志和气质掌握着它活动的枢纽。

[12] 物沿耳目：外物接触人的耳目。沿：迎接。

[13] 辞令：动听的语言。管：控制。枢机：指活动的机关。枢：门上的转轴。机：机关。

[14] 物无隐貌：把事物的外貌完全刻画出来。

[15] 神有遁心：精神涣散。

[16] 陶：瓦器。钧：造瓦器的转轮。“陶钧”：在这里指酝酿文思。

[17] 疏瀹（yuè）：疏通。五藏：五脏。

[18] 澡雪：洗净。澡雪精神：即抛却杂念。

[19] 意思是说：积累学识以保存珍宝。即以学识为珍宝。

[20] 酌理：辨明事理。酌：斟酌、辨明。富才：即增长才干。

[21] 阅：阅历，经验。穷：探索到底。照：察看，引申为理解。“研阅以穷照”的意思是，参考自己的生活经验来获得对事物的彻底理解。

[22] 驯致：训练自己的情致。怿（yì）：也作绎，整理运用。“驯致以怿辞”的意思是，训练自己的情致来恰当地运用文辞。

[23] 玄解之宰：懂得深奥道理的心。宰：主宰，心。

[24] 寻：依照。墨：文墨，此处指作品。

[25] 独：独创的意思。“独照之匠”：有独特见解的工匠。

[26] 运斤：即“石匠运斤成风”，一个工匠挥舞斧子把一个人鼻子上沾的白土削去而不碰伤鼻子。见《庄子·徐无鬼》。斤：斧。“窥意象而运斤”：凭着想像中的样子运用工具。

[27] 驭：驾驭，控制。驭文：指写作。术：方法。首术：首要的方法。

[28] 端：端绪，开始。大端：重要的开端。

[29] 涂：道路，引申为途径，方法。规：画圆形的器具。矩：画方形的器具。规矩：此处是指赋予事物以方圆的具体形态。虚位：指抽象的东西。与下文的“无形”同义。“规矩虚位”：就是将一些抽象的意念赋予具体的形态。

[30] 刻镂（lòu）无形：把尚未定形的事物刻镂成形象。

[31] 登山则情满于山：一想到登山，脑子里便充满了山的景色。

[32] 观海则意溢于海：一想到观海，意想中便洋溢着海的风光。

[33] 方：将要。搦（nuò）翰：持笔。

[34] 气：指人的精神状态。倍：加倍。气倍：指人精神饱满。辞：文辞，指写成了作品。“辞前”：未写成之前。

[35] 暨（jì）：及。

[36] 心始：心中开始考虑的写作。“半折心始”：意思是刚开始考虑写的打了对折。

[37] 意翻空而易奇：在想像中构思意境容易出色。意：心意，心思。翻空：即空翻，凭空翻腾。

[38] 言徵实而难巧：用语言表达时却难以做到精巧。徵（zhēng）：同征，证明，验证。

[39] 无际：无空隙。

[40] 方寸：指心。域表：疆界之外。域，疆界。

[41] 咫尺：指眼前。咫：八寸。

[42] 秉：操持、掌握。“秉心”：用心。

[43] 务：专力。

[44] 含章：胸怀文采。含：心里怀有。章：文采。契：契约，规则。

第六节　王羲之的《兰亭集序》

说明：王羲之（321—379），字逸少，琅邪临沂（今属山东）人，后定居会稽山阴（今浙江绍兴）。在东晋时，官至右军将军、会稽内史，世称为王右军。他胸怀旷达，喜好山水，为我国历史上著名的书法家，有“书圣”之称。其文章具有高雅从容、清新朴实的风格。有《王右军集》。

晋穆帝永和九年（公元353年）三月初三日，王羲之与谢安、孙绰等41人，在会稽山阴县的兰亭集会，行修禊事，并且临流赋诗，后来将诗歌编成诗集，这就是《兰亭集》，王羲之为之写了序。文章描绘了兰亭的风景以及文人雅集的乐趣，抒发了由此引发的感想。文笔清丽流畅，议论充满感情。此文又有王羲之的法帖传世，是其书法名作。

永和九年，岁在癸丑[1]，暮春之初，会于会稽山阴之兰亭，修禊事也[2]。群贤毕至，少长咸集。此地有崇山峻岭，茂林修竹。又有清流激湍，映带左右，引以为流觞曲水[3]。列坐其次，虽无丝竹管弦之盛，一觞一咏，亦足以畅叙幽情。是日也，天朗气清，惠风和畅，仰观宇宙之大，俯察品类之盛，所以游目骋怀，足以极视听之娱，信可乐也。

夫人之相与，俯仰一世，或取诸怀抱，晤言一室之内；或因寄所托，放浪形骸之外。虽趣舍万殊[4]，静躁不同，当其欣于所遇，暂得于己，快然自足，不知老之将至；及其所之既倦，情随事迁，感慨系之矣！向之所欣，俛仰之间[5]，已为陈迹，犹不能不以之兴怀。况修短随化，终期于尽。古人云：“死生亦大矣。”岂不痛哉！

每览昔人兴感之由，若合一契[6]，未尝不临文嗟悼，不能喻之于怀。固知一死生为虚诞[7]，齐彭殇为妄作[8]。后之视今，亦犹今之视昔，悲夫！故列叙时人，录其所述。虽世殊事异，所以兴怀，其致一也。后之览者，亦将有感于斯文。

注释：

[1] 癸丑：东晋穆宗永和九年（公元353年）。

[2] 禊（xì），古代三月上旬的巳日临水祭神，祓除不祥。曹魏后改在三月三日。这里指按风俗举行禊祭礼仪。

[3] 流觞：古人的一种游宴方式，以酒杯盛酒放在水上漂流而下，聚会的人列坐水滨，酒杯停在谁的

跟前，谁便取而饮之。觞：酒杯。

[4] 志趣择弃，各各不同。

[5] 俛仰：同俯仰。

[6] 契：文契，分两半，双方各拿一半为凭证，验收时可合二为一。此处用和契来比喻人们产生兴致、受到感动的原因往往是一致的。

[7] 一死生：《庄子》中说“方生方死，方死方生”，否认生与死的区别，宣扬死生同等的虚无思想。

[8] 齐彭殇：彭，彭祖，传说他活了800岁；殇，殇子，指夭亡的儿童。齐，相等。《庄子·齐物论》：“莫寿乎殇子，而彭祖为夭”的虚无主义观点，在魏晋士大夫中十分盛行。

第七节　吴均的《与朱元思书》

说明：吴均（469—520)，字叔庠，吴兴故鄣（今浙江安吉县西北）人。他出身贫寒，好学，有俊才。他的文章很有名，现存的短小信札多以描写山水景物见长，风格清新挺拔。有《吴朝请集》一卷。我国山水文学六朝始兴，梁朝吴均所写的小品书札《与朱元思书》是六朝的山水文学的代表作之一。这封信生动、逼真地描绘了从富阳至桐庐一段富春江上的景色，仅仅140余字，就写出了一幅明净淡雅、天山一碧、秀丽雄奇的山水画，使人心旷神怡；同时也流露出了作者在当时门阀制度森严、政治昏暗的情况下淡泊名利、不愿同流合污，转而寄情山水的高洁情操。六朝的骈文，对偶往往多用典故，而该篇很少用典，不落俗套，清新自然，读来如置身其间，可称得上描写山水的佳作。

风烟俱静[1]，天山共色[2]，从流飘荡[3]，任意东西[4]。自富阳至桐庐，一百许里[5]，奇山异水，天下独绝。水皆缥碧[6]，千丈见底；游鱼细石，直视无碍。急湍甚箭，猛浪若奔[7]。夹嶂高山，皆生寒树[8]，负势竞上[9]，互相轩邈[10]，争高直指，千百成峰。泉水激石，泠泠作响[11]；好鸟相鸣，嘤嘤成韵。蝉则千转不穷，猿则百叫无绝。鸢飞唳天者望峰息心[12]，经纶世务者窥谷忘反。横柯上蔽[13]，在昼犹昏；疏条交映，有时见日。

注释：

[1] 风烟俱静：烟雾消散净尽。风烟，指云气雾气。

[2] 天山共色：蓝天与青山同一颜色。

[3] 从流飘荡：在富春江上乘船，随江流浮游。

[4] 东西：富春江的流向是由西南流向东北。

[5] 许：约数。

[6] 缥碧：淡青色。

[7] 奔：奔马。

[8] 寒树：耐寒常绿的树木。

[9] 负势竞上：山峰依傍着高峻的山势，争相朝上伸展。负：凭依。

[10] 轩邈：意为争比高下。

[11] 泠泠：形容水声清脆。

[12] 鸢飞唳天者：比喻有大志或有野心的人。

[13] 柯：草木枝干。

思考题：

1. 汉代散文的成就主要表现在哪几个方面？

2. 中国散文至魏晋南北朝时期有什么变化？

第四章 唐宋散文

第一节 概 述

唐宋是我国古代散文发展的重要阶段。先有韩愈、柳宗元倡导的唐代古文运动，改变了自六朝以来脱离现实追求华艳典雅的骈体文，后又有欧阳修领导的北宋古文运动使文坛风气为之一变。古代散文不断沿着平易流畅、清新自然而又舒展自如、多彩多姿的方向健康发展。他们的文章各具特色。韩愈的散文，写人物感情深厚，描绘动人，说道理则层层深入，论述有理有力，文风雄健奔放、明快犀利。柳宗元的散文，特别是山水游记，成就很高，以善于状物写景、语言优美著称。他的寓言小品，讽刺尖锐而又有形象性，他的游记也有相当成就。欧阳修的散文，或写景抒情，或者就史传发表议论，千锤百炼，流畅自然，都有极大的成就。苏轼的散文“如行云流水”，“意之所到，则笔力曲折无不尽意”。他不仅长于议论，写过不少有名的论说文，而且他叙事、写景、抒情的散文艺术性也很高，其中有不少名篇为人们传诵。苏轼的父亲苏洵和弟弟苏辙，也是当时有名的散文大家。

第二节 韩愈散文选讲

一、韩愈生平简介

韩愈（768—824），字退之，河阳（今河南孟县）人。世居昌黎（今属河北），宋时追封为昌黎伯，故又称韩昌黎。出身中小地主家庭，早年不得志，二十五岁中进士，四年后始登仕途。在政治上，他要求改革弊政，主张中央集权，反对藩镇割据；又积极倡导儒学，大力排斥佛教、道学。唐德宗贞元十九年（803）任监察御史时，上书请免徭役赋税，被贬为阳山（今属广东）令。宪宗元和十二年（817），曾随裴度平淮西藩镇之乱，得升为刑部侍郎。后又因谏迎佛骨，触怒宪宗，贬为潮州（今属广东）刺史。穆宗长庆元年（821），重回京城，为国子监祭酒，累官至吏部侍郎。卒年五十七岁。

韩愈是中唐古文运动的倡导者，他的理论和实践对于唐代文风的变化起过重要的推动作用。他强调文道合一，要求言之有物，反对骈俪，主张文体改革，在文学史上具有革新意义。他的散文不拘一体，或记事，或抒情，或议论，均有独到之处。总的说来，其优秀之作大都讲究布局，富于变化，气势奔放，雄健有力，语言则丰富而有创造性。诗歌方面，他“以文为诗”，诗作多为古体，具有汪洋奇崛的风格；但有些诗篇过于散文化和追求新奇，不免流于松散或险怪。有《韩昌黎集》。

二、《送李愿归盘谷序》[1]选读

太行之阳有盘谷[2]。盘谷之间，泉甘而土肥，草木丛茂，居民鲜少。或曰[3]：“谓其环

两山之间，故曰‘盘’。”或曰：“是谷也，宅幽而势阻[4]，隐者之所盘旋[5]。”友人李愿居之。

愿之言曰：“人之称大丈夫者，我知之矣：利泽施于人，名声昭于时[6]。坐于庙朝[7]，进退百官[8]而佐天子出令；其在外，则树旗旄[9]，罗弓矢，武夫前呵[10]，从者塞途，供给之人，各执其物，夹道而疾驰。喜有赏，怒有刑。才俊满前[11]，道古今而誉盛德，入耳而不烦。曲眉丰颊[12]，清声而便体[13]，秀外而惠中[14]，飘轻裾[15]，翳长袖[16]，粉白黛绿者[17]，列屋而闲居，妒宠而负恃[18]，争妍而取怜[19]。大丈夫之遇知于天子，用力于当世者之所为也。吾非恶此而逃之[20]，是有命焉，不可幸而致也。”

“穷居而野处[21]，升高而望远，坐茂树以终日，濯清泉以自洁。采于山，美可茹[22]；钓于水，鲜可食。起居无时，惟适之安[23]。与其有誉于前，孰若无毁于其后；与其有乐于身，孰若无忧于其心。车服不维[24]，刀锯不加[25]，理乱不知[26]，黜陟不闻[27]。大丈夫不遇于时者之所为也，我则行之。”

“伺候于公卿之门，奔走于形势之途[28]，足将进而趑趄[29]，口将言而嗫嚅[30]，处污秽而不羞[31]，触刑辟而诛戮[32]，侥幸于万一[33]，老死而后止者，其于为人，贤不肖何如也[34]？”

昌黎韩愈，闻其言而壮之。与之酒而为之歌曰：“盘之中，维子之宫[35]；盘之土，维子之稼[36]；盘之泉，可濯可沿[37]；盘之阻，谁争子所[38]？窈而深[39]，廓其有容[40]；缭而曲，如往而复。嗟盘之乐兮，乐且无央[41]，虎豹远迹兮，蛟龙遁藏；鬼神守护兮，呵禁不祥[42]。饮且食兮寿而康，无不足兮奚所望[43]！膏吾车兮秣吾马[44]，从子于盘兮，终吾生以徜徉[45]！”

注释：

[1] 此文作于唐德宗贞元十七年（801）冬，时韩愈三十四岁。他本人和一些有才智的友人遭遇不顺，故心情郁愤，借题发挥。本文语言流畅生动，音调铿锵和谐。开头一段通过阐述盘谷得名的由来，说明该处乃隐居胜境；最后一段是一首歌词，句式整齐骈俪而又参差错落，暗寓知足不辱之意；中间一大段采用两宾夹一主的手法，以得志的小人和不得志的小人来对比，衬托隐者的高洁，发泄作者对官场丑恶的不满。李愿：陇西隐者，生平事迹不详，非西平王李晟之子、曾为武宁节度使的李愿。序：赠序，用于临别赠言。可算作一种文体，创于唐初。

[2] 太行之阳：太行山的南面。盘谷：在今河南济源北。

[3] 或：有人。

[4] 宅幽而势阻：位置幽僻而地势阻塞。

[5] 盘旋：义同“盘桓”，流连，逗留。

[6] 利泽：利益恩泽。

[7] 庙朝：朝廷。

[8] 进退：这里指任免、升降。

[9] 旗旄（máo）：旗帜。旄：指旗杆上用牦牛尾装饰的旗。

[10] 呵：大声喊叫。这里指喝道，即吆喝行人让路。

[11] 才俊：才能出众的人。

[12] 丰颊：丰满的面颊。

[13] 便（pián）体：轻盈的体态。

[14] 惠中：聪慧的秉性。惠：通“慧”。

[15] 飘轻裾（jū）：飘动轻薄的衣襟。

[16] 翳（yì）：遮蔽，掩映。

[17] 黛：青黑色颜料。古代女子用以画眉。

[18] 负恃：这里指自恃貌美。

[19] 争妍：比赛美丽。妍：美好。取怜：求得宠爱。怜：爱。

[20] 恶（wù）：厌恶。

[21] 穷居：穷困家居。野处：住在山野里。

[22] 茹（rú）：食。

[23] 惟适之安：即“惟安适”，只求安于舒适的生活。“之”的作用是将宾语“适”前置。

[24] 车服：指代官职。官职的级别不同，乘的车子、穿的官服不同。维：系，用绳子缚住。

[25] 刀锯：古代的刑具，亦指刑罚。

[26] 理乱不知：治和乱与我无关。理：治。唐代避高宗李治的名讳，将“治”字改用‘理’字。

[27] 黜（chù）陟（zhì）：指官吏的进退升降。黜：降官或罢官。陟：登，升，往高处走。这里指进用或升官。

[28] 形势：权势。这里指有权势的人。

[29] 趑（zī）趄（jū）：踌躇不前。

[30] 嗫（niè）嚅（rú）：想讲，又吞吞吐吐不敢讲。

[31] 处污秽：指处在污浊低下的地位。

[32] 刑辟（pì）：刑法。辟：法，法律。

[33] 侥（jiǎo）幸：偶然获得成功或意外免除祸患。

[34] 两句意为：这种人在为人方面（你看）好坏怎么样（不言而喻）?

[35] 维子之宫：是你的房屋。

[36] 维子之稼：是你种谷的处所。稼：播种五谷；这里指种谷处。

[37] 可沿：可顺着泉水漫步游览。

[38] 子所：你的处所。

[39] 窈：幽远。

[40] 廓其有容：广阔而有所容。其：助词，无义。

[41] 无央：无穷尽。央：尽。一作“殃”。无殃：没有灾祸。

[42] 呵禁：吆喝，禁止。

[43] 奚：何。

[44] 膏（gào）吾车：用油抹我的车轴。秣（mò）吾马：用粮草喂我的马匹。

[45] 徜徉：任情徘徊、闲游。

第三节　欧阳修散文选讲

说明：欧阳修（1007—1072），字永叔，号醉翁，晚年又号六一居士，北宋吉州永丰（今属江西）人。仁宗天圣八年（1030）中进士；庆历三年（1043），任谏官。为人耿直，敢于谏诤。在开明派范仲淹和守旧派吕夷简的斗争中，站在范仲淹一边，受到排挤、打击，屡遭贬官。晚年官至枢密副使、参知政事。死后谥文忠。

欧阳修是北宋诗文革新运动的领袖。他积极培养后进，反对宋初浮艳晦涩的文风，提倡效法韩愈，在散文、诗、词等各方面都有很高成就，对当时的文学革新运动，做出了卓越的贡献。他的散文具有说理明白、平易流畅、委曲婉转的独特风格。他的《六一诗话》，开创了诗话这一文学形式。有《欧阳文忠公集》、《新五代史》和《新唐书》（与宋祁合撰）等。

朋 党 论[1]

臣闻朋党之说，自古有之[2]，惟幸人君辨其君子、小人而已[3]。

大凡君子与君子以同道为朋[4]，小人与小人以同利为朋，此自然之理也。然臣谓小人无朋，惟君子则有之，其故何哉？小人所好者，禄利也；所贪者，财货也。当其同利之时，暂相党引以为朋者[5]，伪也；及其见利而争先，或利尽而交疏，则反相贼害，虽其兄弟亲戚不能相保。故臣谓小人无朋，其暂为朋者，伪也。君子则不然，所守者道义，所行者忠信，所惜者名节。以之修身，则同道而相益；以之事国，则同心而共济[6]，终始如一。此君子之朋也。故为人君者，但当退小人之伪朋，用君子之真朋[7]，则天下治矣。

尧之时，小人共工、驩兜等四人为一朋[8]，君子八元、八恺十六人为一朋[9]。舜佐尧退四凶小人之朋，而进元、恺君子之朋，尧之天下大治[10]。及舜自为天子，而皋、夔、稷、契等二十二人并列于朝[11]，更相称美，更相推让[12]，凡二十二人为一朋，而舜皆用之，天下亦大治。《书》曰："纣有臣亿万，惟亿万心；周有臣三千，惟一心。"[13]纣之时，亿万人各异心，可谓不为朋矣，然纣以亡国。周武王之臣，三千人为一大朋，而周用以兴。后汉献帝时，尽取天下名士囚禁之，目为党人[14]。及黄巾贼起[15]，汉室大乱，后方悔悟，尽解党人而释之[16]，然已无救矣。唐之晚年，渐起朋党之论[17]，及昭宗时，尽杀朝之名士[18]，或投之黄河，曰："此辈清流，可投浊流"[19]。而唐遂亡矣。

夫前世之主，能使人人异心不为朋，莫如纣；能禁绝善人为朋，莫如汉献帝；能诛戮清流之朋，莫如唐昭宗之世；然皆乱亡其国。更相称美推让而不自疑，莫如舜之二十二臣，舜亦不疑而皆用之。然而后世不诮舜为二十二人朋党所欺[20]，而称舜为聪明之圣者，以能辨君子与小人也。周武之世，举其国之臣三千人共为一朋，自古为朋之多且大莫如周，然周用此以兴者，善人虽多而不厌也[21]。

夫兴亡治乱之迹[22]，为人君者可以鉴矣[23]。

注释：

[1] 庆历三年（1043），宋仁宗进用杜衍、富弼、韩琦、范仲淹等人，酝酿改革，得到欧阳修等谏官的大力支持，但遭到守旧势力的强烈反对。夏竦等又大造舆论，诬蔑富、范、欧等为"朋党"，谋倾陷之。欧阳修乃作此论，进呈仁宗，痛斥朋党之说，指出只有辨别邪正，"退小人之伪朋，用君子之真朋"，天下方能大治。

[2]《韩非子·孤愤》："朋党比周以弊主。"《战国策·赵策二》："臣闻明王绝疑去谗，屏流言之迹，塞朋党之门。"王禹偁《朋党论》："夫朋党之来远矣，自尧、舜时有之。八元、八凯，君子之党也；四凶族，小人之党也。"

[3] 人君：国君、皇帝。

[4] 同道：志同道合。

[5] 党引：结为朋党，互相援引。

[6] 共济：同舟共济，这里指共图事业的成功。

[7] 退：黜退。用：进用。

[8] 共工、驩（huān）兜等四人：系古史传说中的人物。据《史记·五帝本纪》："昔帝鸿氏（即黄帝）有不才子，掩义隐贼，好行凶慝，天下谓之混沌（即驩兜）。少皞氏有不才子，毁信恶忠，崇饰恶言，天下谓之穷奇（即共工）。颛顼氏有不才子，不可教训，不知话言，天下谓之梼杌（即鲧）。此三族，世忧之。至于尧，尧未能去。缙云氏有不才子，贪于饮食，冒于货贿，天下谓之饕餮（即三苗）。"《尚书·舜典》载

舜惩处四凶，“流共工于幽州，放驩兜于崇山，窜三苗于三危，殛鲧于羽山”。

[9] 君子八元、八恺十六人：《史记·五帝本纪》：“昔高阳氏有才子八人，世得其利，谓之‘八恺’。高辛氏有才子八人，世谓之‘八元’。此十六族者，世济其美，不陨其名。”

[10]“舜佐尧”三句：《左传·文公十八年》载“舜臣尧，举八恺，使主后土”；“举八元，使布五教于四方”；“流四凶族”。

[11] 皋、夔（kuí）、稷、契（qì）等二十二人：相传舜时，皋陶掌管刑法，夔掌管音乐，稷掌管农事，契掌管教化。二十二人皆舜臣。

[12] 更相推让：即互相谦让、礼让。

[13]《尚书·泰誓上》：“受有臣亿万，惟亿万心；予有臣三千，惟一心。”纣，名受，商（殷）朝的末代君主，为周武王所灭。《泰誓》：周武王伐殷，大军渡孟津时作。亿万：极言其多。

[14]“献帝时”：应为“桓帝、灵帝时”。欧阳修称史有误。桓帝时，宦官专权，遭到朝官和太学生的反对，宦官以“诽讪朝廷”罪，将李膺等二百多名“党人”逮捕。灵帝时，窦武、陈蕃合谋诛灭宦官，事泄被杀。后来，李膺、范滂等百余人被处死，并陆续杀死、流徙、囚禁六七百人。史称“党锢之祸”。

[15] 黄巾贼起：东汉后期政治黑暗，民不聊生。灵帝中平元年（184），爆发了以张角为首的农民大起义。起义军头裹黄色头巾为标志，故称“黄巾军”。“贼”，是封建统治者对农民起义军的污称。

[16]《后汉书·党锢传序》：“中平元年，黄巾贼起，中常侍吕强言于帝曰：‘党锢久积，人情多怨。若久不赦宥，轻与张角合谋，为变滋大，悔之无救。’帝惧其言，乃大赦党人，诛徙之家，皆归故郡。”

[17] 唐代穆宗至宣宗年间（821—859），统治阶级内部斗争激烈，分为牛、李两派，牛党以牛僧孺、李宗闵为首，李党以李德裕为首。史称“牛李党争”。此后，宦官、藩镇操持国柄，唐室日趋衰微。

[18] 欧阳修言“昭宗”有误，应为“昭宣帝（即哀帝）”。据《新五代史·唐六臣传序》载，昭宣帝天祐三（有说“二”）年，梁王（朱全忠）操纵朝政，与宰相裴枢意见不合，“是岁四月，彗出西北……归其谴于大臣，于是左仆射裴枢、独孤损，右仆射崔远、守太保致仕赵崇、兵部侍郎王赞、工部尚书王溥、吏部尚书陆扆，皆以无罪贬，同日赐死于白马驿。凡缙绅之士，与唐而不与梁者，皆诬以朋党，坐贬死者数百人，而朝廷为之一空”。

[19]《旧五代史·梁书·李振传》：“天祐中，唐宰相柳璨希太祖（朱全忠）旨，谮杀大臣裴枢、陆扆等七人于滑州白马驿。时振自以咸通、乾符中尝应进士举，累上不第，尤愤愤。乃谓太祖曰：‘此辈自谓清流，宜投于黄河，永为浊流’。太祖笑而从之。”清流：指负有时望、德行高洁之士。

[20] 诮：批评，责备。

[21] 多而不厌：再多也不满足。厌：满足。

[22] 迹：事迹，史迹。

[23] 鉴：鉴戒

第四节　苏轼的《前赤壁赋》

说明：苏轼（1037—1101），字子瞻，号东坡居士。眉州眉山（今属四川）人。北宋著名文学家、书画家。宋仁宗嘉祐二年（1057 年）进士，博学多才，政治上有改革的要求。神宗时因反对王安石新法，自求外任，先后两次通判杭州，历知密州、徐州、湖州等地，兴利除弊，饶有政绩。因“乌台诗案”受谤下狱，后贬谪黄州团练副使。哲宗时，旧党代表人物司马光为相，被召回京，但因不同意司马光尽反新法又开罪于旧党，只得再度自请外任。后哲宗亲政，启用新党，苏轼以作文讥斥先朝之罪，远谪琼州（今海南岛）。因徽宗即位蒙赦北还，翌年卒于常州。苏轼是中国文学史上的大家，其文学成就为历代所推崇。其诗歌成就为李、杜、韩、柳之后的又一高峰；他的散文与欧阳修并称为“欧苏”，又与其父其弟并称为“三苏”，并列入“唐宋八大家”；他开拓了人们对词体的认识，开创了豪放词派，与辛弃疾并称为“苏辛”。在学术上他是当时“蜀学”的代表，在书法、绘画方面也成就突出。苏轼在当时及后世文人中都产生了极大的影响。有《苏东坡集》。

《前赤壁赋》是苏轼的代表性作品，是作者谪居黄州时所作。写作者与客人在赤壁的名胜佳景中，一面纵情豪饮，放怀高歌；一面慨叹人生，俯仰今昔。在隐寓哀愁的同时，表现出豁达超脱的感受。作者以生动的笔触勾勒了皎洁月色下的赤壁夜色，描绘出一幅优美的山川月夜风景图。主客流连于朦胧的月色中，犹如在无际的天空里乘风归去，遗世独立，羽化而登仙，流露出对被贬谪的失意及隐含的对现实不满。本篇以赋体常用的主客问答的形式，象征了作者思想的两个方面：一则由赤壁联想到风云一时的英雄人物曹操、周瑜，为人生无常、生命虚度而慨叹；一则以“物与我皆无尽”的庄子的观点来说明世上万物变与不变均属相对的道理，因而不必哀叹人生的短暂，也不必羡慕江水、明月、天地的无穷，对于清风、明月，“造物者之无尽藏也”，应尽情享受，而外物“苟非吾之所有”，则“虽一毫而莫取”，表现了作者超然物外、豁达高洁的胸怀。这篇赋骈散结合，将叙事、写景、抒情、议论融为一体，富有理趣，历来为人们所传诵。苏轼在回顾自己写作经验时说：“吾文如万斛源泉，不择地而出，在平地滔滔汩汩，虽一日千里无难；及其与山石曲折，随物赋形而不可知也，所可知者，常行于所当行，常止于不可不止，如是而已矣。”（《自评文》）本文就是他这种风格的佐证。

壬戌之秋，七月既望[1]，苏子与客泛舟，游于赤壁之下。清风徐来，水波不兴，举酒属客，诵明月之诗，歌窈窕之章[2]。少焉，月出于东山之上，徘徊于斗牛之间櫂[3]。白露横江，水光接天。纵一苇之所如[4]，凌万顷之茫然。浩浩乎如冯虚御风[5]，而不知其所止；飘飘乎如遗世独立[6]，羽化而登仙。

于是饮酒乐甚，扣舷而歌之。歌曰：“桂櫂兮兰桨，击空明兮泝流光，渺渺兮予怀，望美人[7]兮天一方。”客有吹洞箫者，倚歌而和之。其声呜呜然，如怨如慕，如泣如诉，余音袅袅，不绝如缕，舞幽壑之潜蛟，泣孤舟之嫠[8]妇。

苏子愀然[9]，正襟危坐，而问客曰：“何为其然也？”客曰：“‘月明星稀，乌鹊南飞’，此非曹孟德之诗乎[10]？西望夏口，东望武昌，山川相缪[11]，郁乎苍苍，此非孟德之困于周郎者乎？方其破荆州，下江陵[12]，顺流而东也，舳舻千里，旌旗蔽空，酾[13]酒临江，横槊赋诗[14]，固一世之雄也，而今安在哉！况吾与子渔樵于江渚之上，侣鱼虾而友麋鹿；驾一叶之扁舟，举匏樽以相属。寄蜉蝣于天地，渺沧海之一粟。哀吾生之须臾，羡长江之无穷。挟飞仙以遨游，抱明月而长终。知不可乎骤得，托遗响于悲风。”

苏子曰：“客亦知夫水与月乎？逝者如斯[15]，而未尝往也；盈虚者如彼，而卒莫消长也。盖将自其变者而观之，则天地曾不能以一瞬；自其不变者而观之，则物与我皆无尽也。而又何羡乎？且夫天地之间，物各有主，苟非吾之所有，虽一毫而莫取。惟江上之清风，与山间之明月，耳得之而为声，目遇之而成色，取之无禁，用之不竭，是造物者之无尽藏也[16]，而吾与子之所共适。”

客喜而笑，洗盏更酌。肴核既尽，杯盘狼藉。相与枕藉乎舟中，不知东方之既白。

注释：

[1] 壬戌：相当于宋神宗元丰五年（1082年）。既望：夏历称每月十五为“望”，望日的后一天为既望，即十六日。

[2]“明月”“窈窕”：一说指《诗经·陈风·月出》篇，其第一章为：“月出皎兮，佼人僚兮；舒窈纠兮，劳心悄兮。”又一说为泛指。

[3] 徘徊：来回不进貌。斗牛：谓牛宿、斗宿，都是星宿名。

[4] 一苇：借指小船。

[5] 冯（píng）：通“凭”。御风：驾风飞行。《庄子·逍遥游》：“列子御风而行。”

[6] 遗世：离开人世。羽化：道教称成仙为羽化。

[7] 美人：借指作者思念的人。这里是摹拟《楚辞·九歌》，美人，亦即《离骚》所谓“香草美人”比喻君王、君子之辞。

[8] 嫠（lí）：孤居的妇女。

[9] 愀（qiǎo）然：神色严肃或不愉快。

[10]“月明”两句：见曹操的《短歌行》。孟德，曹操的字。

[11] 相缪（liǎo），环绕。缪，通“缭”。

[12] 荆州：东汉末年刘表据荆州，治所在襄阳（今属湖北）。江陵：今属湖北。

[13] 酾：（sī）斟酒。

[14] 元稹《杜子美墓系铭》：“曹氏父子鞍马间为文，往往横槊赋诗。”槊，长矛。

[15] 逝者如斯：《论语·子罕》：“子在川上曰：‘逝者如斯夫！不舍昼夜。’”逝，往。斯，指水。

[16] 无尽藏：佛家语，即无穷无尽的宝藏。

第五节 王安石的散文

说明：王安石（1021—1086），宋代改革家、思想家和文学家。字介甫，号半山。江西临川（今江西抚州）人，世称临川先生。庆历二年（1042年）进士第四名及第。任地方官多年。王安石认为宋代社会贫困化的根源在于兼并，倡导变法。神宗熙宁二年（1069年），王安石出任参知政事，次年，又升任宰相，开始大力推行改革，进行变法。变法触犯了大地主、大官僚的利益，受到保守派的抵制。熙宁七年王安石第一次罢相，次年复拜相。王安石复相后得不到更多支持，于熙宁九年第二次辞去宰相职务，闲居江宁府。宋哲宗元佑元年（1086年），保守派得势，新法都被废除。不久王安石便郁然病逝。

祭欧阳文忠公文

提示：本文为杂言韵文。文章高度赞扬欧阳修的文学成就和道德情操，词清韵幽，感叹欷歔，在当时各家所写的欧阳修祭文中，最为杰出。

夫事有人力之可致，犹不可期；况乎天理之冥漠，又安可得而推[1]？惟公生有闻于当时，死有传于后世，苟能如此足矣，而亦又何悲！

如公器质之深厚[2]，智识之高远，而辅学术之精微，故充于文章，见于议论，豪健俊伟，怪巧瑰琦[3]。其积于中者，浩如江河之停蓄；其发于外者，烂如日星之光辉；其清音幽韵，凄如飘风急雨之骤至；其雄辞闳辨，快如轻车骏马之奔驰。世之学者，无问乎识与不识，而读其文，则其人可知。

呜呼！自公仕宦四十年，上下往复[4]，感世路之崎岖。虽屯邅困踬[5]，窜斥流离，而终不可掩者，以其公议之是非[6]。既压复起，遂显于世。果敢之气，刚正之节，至晚而不衰。方仁宗皇帝临朝之末年，顾念后事，谓如公者，可寄以社稷之安危。及夫发谋决策，从容指顾，立定大计，谓千载而一时。

功名成就，不居而去，其出处进退，又庶乎英魄灵气，不随异物腐散，而长在乎箕山之侧与颍水之湄[7]。

然天下之无贤不肖，且犹为涕泣而歔欷[8]。而况朝士大夫，平昔游从，又予心之所向慕而瞻依。

呜呼！盛衰兴废之理，自古如此；而临风想望，不能忘情者，念公之不可复见，而其谁与归！

注释：

[1] 夫事有人力之可致四句：欧阳修《删正黄庭经序》："盖命有长短，禀之于天，非人力之所能为也。"此处用其意进一层说：人力可为之事，尚且不能期其必然；天意幽昧难明，更是无从捉摸。含意是说：想不到像欧阳修这样不应当死的人却故去了。

[2] 器质：胸襟、品质。

[3] 瑰琦：玉石，用来形容文章卓异不凡。

[4] 上下：指官位的提升和下降。

[5] 屯（zhūn）邅（zhān）：处境困难。《周易·屯》："屯如邅如。"困踬（zhì）：遭受摧折。

[6] 公议之是非：意思为是非自有公论。

[7] 箕山之侧与颍水之湄：《高士传》记载唐尧时隐士许由耕于"颍水之阳，箕山之下"后人因而称之为隐士所居的地方。

[8] 歔欷：叹气、抽泣的声音。

思考题：

1．如何评价韩愈《送李愿归盘谷序》中的隐居思想？

2．欧阳修的《朋党论》中谈到了"小人之朋"和"君子之朋"，两者有什么不同？你如何评价欧阳修的观点？

第五章　元明清散文

第一节　概　述

元明清三代散文基本上承继唐宋以来的文学传统。金元时期散文的成绩不大；到了明代，散文又取得一定成就。如明初期的刘基、宋濂的散文等，而以归有光成就较大。此外，袁宏道、张岱等人，也写有不少散文佳作。明清易代之际的顾炎武、王夫之、黄宗羲等，都有一些经世致用的好文章。在清代中叶，还出现了一个风行一时的散文流派“桐城派”，其代表人物有方苞、刘大櫆、姚鼐，他们均为安徽桐城人，“桐城派”因以得名。他们的文章，讲究“义法”，追求文风的雅洁，简洁平淡有余，而鲜明生动不足。当时一些作家学习桐城派而有所突破，如“阳湖派”的代表人物恽敬、张惠言写出了一些寓意深长的作品。晚清到近代，康有为等人的文章又进一步，梁启超更是倡导适合报章宣传的“新文体”，他们的散文，笔势奔放，行文激荡，议论深刻，开创了近代散文的新局面。

第二节　袁宏道散文选讲

说明：袁宏道（1568—1610），字中郎，明代著名文学家，湖北公安人。与兄宗道、弟中道并称“三袁”，开创了文学创作中的“公安派”。著有《袁中郎全集》。宏道文集最早为明万历刊本，今人钱伯城整理有《袁宏道集笺校》。

虎丘记

提示：《虎丘记》是明代后期“公安派”领袖之一袁宏道所写的一篇散文。本文并没有过多记述虎丘的自然景观，而是描写了当地的风土人情。本文的审美意趣不在林泉岩壑，而在于抒写旷达洒脱的人生感受。文章独抒性灵，不拘格套，集中体现袁宏道散文艺术的特点。

虎丘去城可七八里[1]。其山无高岩邃壑，独以近城故，箫鼓楼船，无日无之。凡月之夜，花之晨，雪之夕，游人往来，纷错如织，而中秋为尤胜。

每至是日，倾城阖户，连臂而至。衣冠士女，下迨蔀屋[2]，莫不靓妆丽服，重茵累席[3]，置酒交衢间，从千人石上至山门[4]，栉比如鳞。檀板丘积，樽罍云泻[5]，远而望之，如雁落平沙，霞铺江上，雷辊电霍[6]，无得而状。

布席之初，唱者千百，声若聚蚊，不可辨识。分曹部署，竟以歌喉相斗；雅俗既陈，妍媸自别。未几而摇手顿足者，得数十人而已。已而明月浮空，石光如练，一切瓦釜[7]，寂然停声，属而和者，才三四辈。一箫，一寸管，一人缓板而歌，竹肉相发，清声亮彻，听者魂销。比至夜深，月影横斜，荇藻凌乱[8]，则箫板亦不复用；一夫登场，四座屏息，音若细发，响彻云际，每度一字，几尽一刻，飞鸟为之徘徊，壮士听而下泪矣。

剑泉深不可测[9]，飞岩如削。千顷云得天池诸山作案[10]，峦壑竞秀，最可觞客。但过午则日光射人，不堪久坐耳。文昌阁亦佳，晚树尤可观。而北为平远堂旧址，空旷无际，仅虞山一点在望[11]，堂废已久，余与江进之谋所以复之，欲祠韦苏州、白乐天诸公于其中；而病寻作，余既乞归，恐进之之兴亦阑矣。山川兴废，信有时哉。

吏吴两载，登虎丘者六。最后与江进之、方子公同登，迟月生公石上[12]。歌者闻令来，皆避匿去。余因谓进之曰："甚矣，乌纱之横，皂隶之俗哉！他日去官，有不听曲此石上者，如月[13]！"今余幸得解官称吴客矣。虎丘之月，不知尚识余言否耶[14]？

注释：

[1] 虎丘：山名，在今江苏省苏州市。相传春秋时吴王葬于此，有虎踞其上，故得名。

[2] 蔀（pǒu）屋：贫穷人家昏暗的房屋，此处指贫民。

[3] 茵：垫褥。

[4] 千人石：虎丘山腰上的大石名。

[5] 樽罍（léi）：盛酒的器皿。

[6] 雷辊（gǔn）电霍：雷鸣电闪。辊，车轮滚动的声音。

[7] 瓦釜：喻粗俗的歌声。

[8] 荇藻：水草，比喻月下的树影。

[9] 剑泉：在千人石下，又称剑池。

[10] 千顷云得天池诸山作案：意思是千倾云得天池等山作为几案。千倾云：山名，在虎丘山上。天池：山名，距苏州三十里。

[11] 虞山：山名，在江苏省常熟县。

[12] 迟：等候。月：月出。生公石：生公讲坛，在千人石北。谓坐在生公石上待月出。

[13] 如月：以月为证。

[14] 识（zhì）：记忆。

第三节　黄宗羲散文选讲

一、黄宗羲生平简介

黄宗羲（1610—1695），字太冲，号南雷，又号梨洲，余姚（今浙江省余姚市）人。父黄尊素是明末著名的东林党人，被魏忠贤所害，所以他早年就参加了反对阉党的斗争，并成为继东林党而成的复社的领袖之一。清兵南下，他在家乡召募义勇，参加鲁王的抗清政权。失败后，屡遭迫害，四处逃亡。后来隐居专事著述、讲学，并且屡次拒绝清廷的征召。他是明末清初著名的思想家和历史学家，与顾炎武、王夫之并称。他的思想有鲜明的民主主义色彩。他的文章朴素、充实，文笔犀利，说理透辟，著有《明夷待访录》、《宋元学案》、《明儒学案》、《南雷文定》等。

二、黄宗羲的散文《原君》[1]选读

说明：本篇选自《明夷待访录》。这是作者晚年所写的一部政论集。在这部书里作者批判了封建君主专制制度，反对以"工商为末"的传统思想，并对土地、教育、军事财政等都提出了自己的主张。他的这些进步主张一直影响到二百年后清末的维新运动和旧民主主义革

命运动。

原君，就是探讨做君主的道理。在这篇文章里作者大胆地痛斥了后世君主把天下当成私产，给天下造成无穷的祸患，指出君主专制已成为“天下之大害”，并驳斥了小儒盲目忠君的谬论，在当时无疑是有进步意义的。但他抨击的只是暴君，另一方面还赞扬了古代的贤君，并把“自私自利”，“好逸恶劳”看成是人类的本性。这是他思想的局限。

有生之初[2]，人各自私也，人各自利也[3]，天下有公利而莫或兴之[4]，有公害而莫或除之。有人者出[5]，不以一己之利为利，而使天下受其利；不以一己之害为害，而使天下释其害[6]。此其人之勤劳，必千万于天下之人。夫以千万倍之勤劳，而己又不享其利，必非天下之人情所欲居也[7]。故古之人君[8]，去之而不欲入者[9]，许由、务光是也[10]；入而又去之者[11]，尧、舜是也；初不欲入而不得去者[12]，禹是也[13]。岂古人之有所异哉？好逸恶劳，亦犹夫人之情也[14]。

后之为人君者不然。以为天下利害之权皆出于我，我以天下之利尽归于己，以天下之害尽归于人，亦无不可。使天下之人不敢自私[15]，不敢自利，以我之大私为天下之大公[16]；始而惭焉，久而安焉[17]，视天下为莫大之产业，传之子孙，受享无穷。汉高帝所谓“某业所就，孰与仲多”者[18]，其逐利之情[19]，不觉溢之于辞矣[20]。

此无他，古者以天下为主，君为客，凡君之所毕世而经营者，为天下也；今也以君为主，天下为客，凡天下之无地而得安宁者，为君也。是以其未得之也，屠毒天下之肝脑，离散天下之子女，以博我一人之产业，曾不惨然[21]。曰：“我固为子孙创业也。”其既得之也，敲剥天下之骨髓，离散天下之子女，以奉我一人之淫乐，视为当然。曰：“此我产业之花息也。”然则为天下之大害者，君而已矣！向使无君[22]，人各得自私也，人各得自利也。呜呼！岂设君之道固如是乎？

古者天下之人爱戴其君，比之如父，拟之如天，诚不为过也。今也天下之人怨恶其君[23]，视之如寇仇[24]，名之为独夫[25]，固其所也[26]。而小儒规规焉以君臣之义无所逃于天地之间[27]，至桀、纣之暴[28]，犹谓汤、武不当诛之，而妄传伯夷、叔齐无稽之事[29]，视兆人万姓崩溃之血肉，曾不异夫腐鼠[30]。岂天地之大，于兆人万姓之中，独私其一人一姓乎？是故武王，圣人也；孟子之言[31]，圣人之言也。后世之君，欲以如父如天之空名，禁人之窥伺者[32]，皆不便于其言[33]，至废孟子而不立[34]，非导源于小儒乎。

虽然，使后之为君者，果能保此产业，传之无穷，亦无怪乎其私之也[35]。既以产业视之，人之欲得产业，谁不如我？摄缄縢固扃鐍[36]，一人之智力，不能胜天下欲得之者之众。远者数世，近者及身，其血肉之崩溃，在其子孙矣，昔人愿世世无生帝王家[37]，而毅宗之语公主，亦曰：若何为生我家[38]？痛哉斯言！回思创业时其欲得天下之心，有不废然摧沮者乎[39]？是故明乎为君之职分，则唐、虞之世[40]，人人能让，许由、务光，非绝尘也[41]；不明乎为君之职分，则市井之间[42]，人人可欲，许由、务光，所以旷后世而不闻也[43]。然君之职分难明，以俄顷淫乐，不易无穷之悲，虽愚者亦明之矣！

注释：

[1] 原君：推究、探讨做君主的道理。原：探求事物的开端和根本。

[2] 有生之初：有生命的开始，指人类社会开始的时候。

[3] 自私、自利：从下文看这两个词的意思和今天通常的理解稍有不同。它指的是自己管自己，不帮助别人，也不侵犯别人。

[4] 天下：指社会上。公利：指对公众有利的事。莫或：没有什么人。或，代词，指人。兴：举办。

[5] 有人者出：有这样一个人站出来。

[6] 释：免除，去掉。

[7] 这一句的意思是：按人情而论，谁也不愿意这样做。居：居住；居其位，即处于那个地位。

[8] 古之人君：古代的人类君王。这一句可以理解为：所以古人对待君主这种地位。

[9] 去之而不欲入者：推却而不愿就位的。去，推却，拒绝。入：就位。

[10] 许由、务光：都是上古的高士。据《庄子·让王》篇等书的记载，尧要把君位让给许由，许由逃走，隐居在箕山务农；汤要把君位让给务光，务光拒绝了，投在庐水里自杀。

[11] 入而又去之者：已经就位而又想离开的。

[12] 初不欲入而不得去者：起初不愿就君位而终于无法离开的。

[13] 禹：夏代开国君主。因治水有功，舜要把帝位让给他。他起初不肯接受，舜死，他终于做了君主。

[14] 亦犹夫人之情也：也和普通的人情一样啊。夫：语气助词。

[15] 不敢自私、不敢自利：不敢顾到自己的事，不敢顾到自己的利益。

[16] 意为：把自己的私利当做天下的公利。大私：最大的私利，指君主的私利。

[17] 久而安焉：久了就心安理得了。

[18] 汉高帝：指汉高祖刘邦。他的话的意思是：我的家业成就，与老二相比，谁多呢？这是刘邦做了皇帝以后对他父亲说的话。仲：老二，指刘邦的二哥。刘邦的二哥善于经营财产，以前常受他父亲的夸奖。(见《史记·高祖本纪》)

[19] 逐利：争利。

[20] 溢之于辞：充分表现在话语里。

[21] 曾不惨然：竟不觉得悲痛伤心。

[22] 向使：假使。

[23] 怨恶：怨恨。

[24] 这一句是借用孟子的话。《孟子·离娄下》说："君之视臣如土芥，则臣视君如寇仇。"

[25] 独夫：不受群众拥护的暴君。有时也写作"一夫"。《孟子·梁惠王下》："闻诛一夫纣矣，未闻弑君也。"

[26] 固其所也：本来应得的。所：宜。

[27] 小儒：眼光狭小的读书人。规规焉：拘谨地。以君臣之义无所逃于天地之间：以为君臣之间的伦理关系在天地之间无法逃避。宋理学家程颐说："父子、君臣，天下之定理，无所逃于天地之间。"(见《二程遗书》卷五)。

[28] 至：甚至。桀：夏代的暴君，被商汤推翻。纣：商代的暴君，被周武王推翻。

[29] 句意为：虚妄地传说伯夷、叔齐那样没有根据的事情。传说伯夷和叔齐是殷孤竹君的两个儿子，武王伐纣时，他们曾拦在马前劝阻，说臣不应该伐君。(见《史记·伯夷列传》。) 汉代以前的书中没有这种记载。所以说是无稽之事。无稽：无可考究。

[30] 句意为：竟然和腐烂的老鼠没有什么区别。曾：竟然。

[31] 孟子之言：指孟子议论君臣和君民关系的话。《孟子·梁惠王下》："齐宣王问曰：'汤放桀，武王伐纣，有诸？孟子对曰：'于传有之。'曰：'臣弑其君可乎？'曰：'贼仁者谓之贼，贼义者谓之残，残贼之人，谓之一夫。闻诛一夫纣矣，末闻弑君也。'"

[32] 窥（kuī）伺（sì）：指等待机会夺取君位。窥：偷看。伺：守候，等待机会。

[33] 句意为：都感到孟子的话不利于他们的统治。不便：有不方便，不利。其言：指孟子议论君臣、君民关系的话。

[34] 即废除孟子在文庙里的牌位。孔庙用颜子、子思、曾子、孟子四人配享。明太祖朱元璋见《孟

子》有“民为贵，社稷次之，君为轻”的话，便下诏毁掉孔庙里的孟子牌位。又在洪武23年和27年下诏修订《孟子》，凡含有“民贵君轻”的章节都予以删除。

[35] 私之：指据天下为己有。

[36] 摄缄縢固扃（jiōng）鐍（jué）：用绳子捆紧，用锁头锁牢。摄：收紧。缄：结。縢：绳。扃鐍：箱子上可以加锁的地方。扃：插关。鐍：能安锁的环。以上两句引自《庄子·胠箧》篇。这里用以比喻国君虽然设立许多法度来巩固统治，但也不能永远保住天下。

[37] 昔人：指南朝宋顺帝刘准。他被迫退位后，出宫时“泣而弹指曰：“愿后身世世勿复生帝王家！宫中皆哭。”（《资治通鉴·齐纪一》）

[38] 毅宗：即明崇祯皇帝朱由检。公主：指崇祯的女儿长平公主。若：你。何为：即为何。当李自成的农民起义军攻进北京时，“帝入寿宁宫，主牵帝衣哭，帝曰：‘汝何故生我家?’以剑挥斫之，断左臂。”（《明史·公主列传》）

[39] 废然：颓丧的样子。摧沮：伤心。

[40] 唐：尧的国号。虞：舜的国号。

[41] 绝尘：超绝尘世，高出一般人。

[42] 市井之间：泛指普通人居住的地方。

[43] 旷：空，绝。

思考题：

1．黄宗羲的《原君》探讨了解决中国封建社会几千年的君主专制统治问题，简要评介一下他的思想。

2．从黄宗羲的散文《原君》来看，虽没有汉、唐、宋时代散文的大器，但流露出最可贵的创新探索，结合社会时代评价这种散文写作变化趋向。

第二编

中国古代诗歌

- 《诗经》选讲
- 屈原和《楚辞》
- 汉、魏、晋、南北朝诗歌
- 唐诗选讲
- 宋词选讲

第一章 《诗经》选讲

第一节 关于《诗经》的评介

《诗经》是我国第一部诗歌总集，编成于春秋时代，它辑录了公元前六世纪以前的诗歌三百零五篇，被儒家奉为“六艺”之一。先秦时举其整数，也称“诗三百”或“三百篇”。《诗经》作为一部诗歌集，原本无“经”的尊号，到了汉代，儒家将其奉为经典，因此称为《诗经》。按照传统的分类法，《诗经》分为《风》、《雅》、《颂》三部分。大体上说，《风》是民间乐歌，《雅》是宫廷乐歌，《颂》是宗庙乐歌和舞乐。风，即国风，就是地方乐歌，包括周南、召南、邶、鄘、卫、王、郑、齐、魏、唐、秦、陈、桧、曹、豳十五国风，共160篇。雅，包括大雅、小雅，是朝廷宴享之乐，共105篇。颂，包括周颂、鲁颂、商颂，共40篇，是庙堂祭祀颂德之舞乐。

《诗经》犹如我国古代社会的百科全书，广泛地反映了当时的社会生活，具有极高的文学价值和社会研究价值。《诗经》中的作品多为四言，善用“比”、“兴”，常用叠唱，音节和谐，很有艺术特色。《诗经》堪称为我国古典诗歌的光辉起点，历代有成就的诗人无一不受到它的熏陶和影响。《诗经》里大量运用了赋、比、兴的表现手法，加强了作品的形象性，获得了良好的艺术效果。《诗集传》注解说：“赋者，敷陈其事而直言之也”。“比者，以彼物比此物也”。“兴者，先言他物以引起所咏之词也”。赋就是铺陈直叙，即诗人把思想感情及有关的事物直接表达出来，雅、颂中常用此手法。《国风》中，除《七月》等个别篇章，用铺排陈述的较少；大、小《雅》中，尤其是史诗，铺陈的场面较多。比就是比喻，说明事物时借另一个事物来作比喻。《诗经》中用比喻的地方很多，手法也富于变化。如《氓》用桑树从繁茂到凋落的变化来比喻爱情的盛衰；《鹤鸣》用“他山之石，可以攻玉”来比喻治国要用贤人；《硕人》用“荼荑”喻美人之手，“凝脂”喻美人之肤，“瓠犀”喻美人之齿。兴就是触物兴词。客观事物触发了诗人的情感，引起诗人歌唱，所以“兴”大多是诗歌的开端句。“赋”和“比”是一切诗歌中最基本的表现手法，而“兴”则是《诗经》乃至中国诗歌中比较独特的手法。如《关雎》开头的“关关雎鸠，在河之洲”，是诗人借眼前景物以兴起下文“窈窕淑女，君子好逑”的。又如《桃夭》一诗，开头的“桃之夭夭，灼灼其华”，写出了春天桃花开放时的美丽氛围，可以说是写实之笔，但也可以理解为是在烘托结婚时的热烈气氛。正是由于“兴”是这样一种微妙的手法，所以，后代的诗人对此也就特别有兴趣，各自翻陈出新，构成中国古典诗歌的一种特殊味道。甚至可以说，“兴”已经成为了中国诗歌的一种思维方式，如陕北民歌“信天游”中，郭小川、贺敬之的新诗中都有大量运用。

《诗经》的内容非常丰富，这些诗篇在内容上有对剥削压迫的揭露，有对战乱的控诉，有对劳动生活的歌颂，也有对爱情婚姻的抒写。在这里，几乎不存在凭借幻想而虚构出的超越于现实世界之上的神话世界，不存在诸神和英雄们的特异形象和特异经历，而是比较真挚地表达了人民群众的感受、爱憎和愿望，比较深刻地反映了社会现实，《诗经》是我国古典文学中现实主义传统的真正源头。

《诗经》除了《大雅》中的史诗和《小雅》、《国风》中的个别篇章外，几乎都是抒情诗。而且从诗歌艺术的成熟程度来看，抒情诗所达到的水准，也明显高于叙事诗。而与《诗经》大体属于同时代的古希腊的荷马史诗，却完全是叙事诗。正如荷马史诗奠定了西方文学以叙事为主的传统发展方向，《诗经》也奠定了中国文学以抒情为主的传统发展方向，抒情诗成为中国文学的主要样式。

《诗经》中的抒情诗，在表现个人感情时，总体上比较克制、平和。它不是强烈的悲愤和强烈的欢乐喷涌而出，一泄无余，而是委婉曲折、波澜起伏，在抒情表现方面显得细致、隽永，这一特点也深刻地影响了中国诗歌的风格。

第二节 《诗经》选讲

一、芣苢

提示：这是劳动妇女在采摘车轮菜（车前子）时唱出的一首即兴短歌，或可看做是有关舞蹈动作的记录。也有人认为是一首儿歌。这首诗用字不多，以重言叠唱见长，细腻准确地刻画了手的动作，很有生活实感。

采采芣苢[1]，薄言采之[2]。采采芣苢，薄言有之[3]。

采采芣苢，薄言掇之[4]。采采芣苢，薄言捋之[5]。

采采芣苢，薄言袺之[6]，采采芣苢，薄言襭之[7]。（《诗经·周南》）

注释：

[1] 芣（fú）苢（yǐ）：草本植物，车前子，俗称车轮菜。叶可食，种子可入药。“苢”也写作“苡”。

[2] 薄言：发语词；也说：读作“薄然”或“薄焉”，急急忙忙的样子。

[3] 有：收取归为己有。

[4] 掇（duō）：拾取；也说：用手指摘取。

[5] 捋（luō）：用手掌握住条状物向一端滑动，即把车前子的籽用手撸下来。

[6] 袺（jié）：用手提起衣襟兜东西。

[7] 襭（xié）：把衣襟掖在腰带上兜东西。

二、汉广

提示：这是一首音韵优美、情真意切的民间恋歌，表达了对恋人的爱慕和思念。也有人认为这是一首描写樵夫生活的抒情诗。

南有乔木[1]，不可休思[2]。汉有游女[3]，不可求思。汉之广矣，不可泳思[4]。江之永矣[5]，不可方思[6]。

翘翘错薪[7]，言刈其楚[8]。之子于归[9]，言秣其马[10]。汉之广矣，不可泳思。江之永矣，不可方思。

翘翘错薪，言刈其蒌[11]。之子于归，言秣其驹[12]。汉之广矣，不可泳思。江之永矣，不可方思。（《诗经·周南》）

注释：

[1] 乔木：高大的树木。

[2] 休：休息。思：语尾助词，没有实义。这句的意思是：（因为遥远）不能去树下休息。

[3] 汉：汉水。[游] 同遊，乘船行走。

[4] 泳：游泳渡河。

[5] 江：这里指长江。永：长。

[6] 方：用竹或木编排而成的筏子。这里是名词作动词用，即乘筏渡水。

[7] 翘（qiáo）翘：原指鸟尾上的长羽，这里用来比喻柴草杂木高出的样子。错薪：杂薪，指野地里丛生的杂柴。

[8] 言：关联词，意与“乃”、“则”相近；也有人解作第一人称代词“我”。刈：割。楚：荆条。

[9] 之子：“那个女子”。古时男女都可称为“子”。于归：出嫁。

[10] 秣：作名词用时，指喂牲口的饲料；这里作动词用，指喂养。

[11] 蒌（lóu）：一种蒿子，就是今天的柳蒿。

[12] 驹：两岁以下的小马；也有的说是高六尺的马。

三、关雎[1]（周南）

提示：这是一首恋歌，表达了一个男子对一位采荇菜的姑娘的深切爱慕之情。

关关雎鸠[2]，在河之洲[3]。窈窕淑女[4]，君子好逑[5]。

参差荇菜[6]，左右流之[7]。窈窕淑女，寤寐求之[7]。求之不得，寤寐思服[9]。悠哉悠哉[10]，辗转反侧[11]。

参差荇菜，左右采之。窈窕淑女，琴瑟友之[12]。参差荇菜，左右芼之[13]。窈窕淑女，钟鼓乐之[14]。

注释：

[1] 关雎：篇名，《诗经》的第一篇。《诗经》每篇都用第一句里的几个字（一般是两个字）作为篇名。周南：《吕氏春秋·音初篇》：“涂山氏之女（传说禹之妻），实始作为南音。周公及召公取风焉，以为‘周南’、‘召南’。”《诗经》中周南、召南，泛指洛阳以南江汉地区的民歌，称为南国之音。《诗经》收《周南》11 篇，《关雎》是第一篇。

[2] 关关：形容雎鸠和鸣的声音。雎鸠：水鸟类，据说这种鸟雌雄一经配合，即终身相伴，其一若死，其一也就憔悴而死。因此把它们作为夫妻笃情的象征。

[3] 河：指黄河。洲：水中高地。

[4] 窈窕：文静秀美的样子。淑：善良，美好。

[5] 君子：古时对男子的美称。好（hǎo）逑（qiú）：好的配偶。

[6] 参差：长短不齐的样子。荇菜：水草。

[7] 左右：或左或右，指荇菜这种水草在水流的缓缓冲动下左右摇摆的样子。也说：流即求，寻找、采摘的意思。

[8] 寤寐：即日夜。寤：睡醒；寐：睡着。求：寻找，寻求。

[9] 思服：思念。

[10] 悠：长。哉：语尾助词。这一句指“思绪深长”。

[11] 辗转：睡在床上不停地翻身转动。反侧：反过来侧过去。

[12] 琴瑟：用琴和瑟演奏。友：亲近。

[13] 芼（mào）：择取。

[14] 乐：使快乐、高兴。

四、桃夭（周南）

提示：这是一首送嫁诗，以美好的比喻，形象的语言，赞美了女子的美丽，祝愿姑娘出嫁将会给新家庭带来和睦、兴旺、幸福。

桃之夭夭[1]，灼灼其华[2]。之子于归[3]，宜其室家[4]。

桃之夭夭，有蕡其实[5]。之子于归，宜其家室。

桃之夭夭，其叶蓁蓁[6]。之子于归，宜其家人。

注释：

[1] 桃：桃树。夭夭：形容桃枝鲜嫩柔美的样子。

[2] 灼灼：灿烂光彩。华：花。

[3] 之子：这个姑娘。于归：出嫁。

[4] 宜：适宜，和乐。

[5] 蕡（fén）：即“蕡蕡”，形容桃果累累的样子。有：发语词，无义。也说：“有蕡”即“有斑”、“斑斑”，形容桃子将熟，红白相间，斑斓可爱的样子。

[6] 蓁蓁：形容桃叶茂密美好的样子。

五、蒹葭（秦风）

提示：这是一首缠绵、感伤的情歌。表达了渴望与怀念的意中人相会，而意中人却在可望而不可即的地方这样一种追寻、渴盼、怅惘的心绪。

蒹葭苍苍[1]，白露为霜。所谓伊人[2]，在水一方[3]。溯洄从之[4]，道阻且长[5]；溯游从之[6]，宛在水中央[7]。

蒹葭萋萋[8]，白露未晞[9]。所谓伊人，在水之湄[10]。溯洄从之，道阻且跻[11]；溯游从之，宛在水中坻[12]。

蒹葭采采[13]，白露未已[14]。所谓伊人，在水之涘[15]。溯洄从之，道阻且右[16]；溯游从之，宛在水中沚[17]。

注释：

[1] 蒹葭：荻，芦。另一解释：没长穗的芦苇叫“蒹”，初生的芦苇叫“葭”。苍苍：青色。另一解释：茂盛的样子。

[2] 伊人：即“那个人”。这句意为：“我所怀念的那个人”。“伊人”的性别难以确定。

[3] 一方：一边。

[4] 溯洄：逆流而上，这里指沿河岸陆行。从之：接近他（她），寻找他（她）。“之”是代词，代“伊人”。

[5] 阻：险阻。

[6] 溯游：顺流而下，这里指沿河岸陆行。

[7] 宛：宛如，好像。

[8] 萋萋：茂盛的样子。

[9] 晞（xī）：干。

[10] 湄：岸边，水与草交接的地方。

[11] 跻（jī）：登，升高。

[12] 坻（chí）：河中的小沙滩或高地。

[13] 采采：茂盛的样子。

[14] 已：完。未已：意思是仍旧有露。

[15] 涘（sì）：水边。

[16] 右：迂回。

[17] 沚：河中沙洲。

六、君子于役（王风）

提示：这是一首妻子怀念久役不归的丈夫的抒情诗。眼前景、心中事巧妙融为一体，诗中有画，富于田园生活气息。

君子于役[1]，不知其期[2]。曷至哉[3]？鸡栖于埘[4]，日之夕矣，羊牛下来。君子于役，如之何勿思！

君子于役，不日不月[5]。曷其有佸[6]？鸡栖于桀[7]，日之夕矣，牛羊下括[8]。君子于役，苟无饥渴！

注释：

[1] 君子：女子对其丈夫的称呼。于役：去服劳役。

[2] 期：指服劳役的期限。也说：指归期。

[3] 曷：同“何”。至：到来，回来。

[4] 埘（shí）：凿墙而成的鸡窝。

[5] 不日不月：没有日数没有月数，指丈夫服役时间很长。

[6] 佸（kuò）：相聚。也读作（huó）。

[7] 桀（jié）：木桩子，好比现代汉语的“柱”，这里指木架。

[8] 括：归来。

[9] 苟：副词，有“也许”或“但愿”的意思。

七、斯干（小雅）

提示：这是一首祝贺周王建筑宫室落成的诗。诗中对宫室的地势、结构、建筑情形、兄弟和睦、人口旺盛、占梦预祝未来、教育后代等等，进行全面的赞颂，被称为是我国最早的贺新居诗。

秩秩斯干[1]，幽幽南山[2]。如竹苞矣[3]，如松茂矣[5]。兄及弟矣，式相好矣[5]，无相犹矣[6]。

似续妣祖[7]，筑室百堵[8]。西南其户[9]，爰居爰处[10]，爰笑爰语[11]。

约之阁阁[12]，椓之橐橐[13]。风雨攸除[14]，鸟鼠攸去[15]，君子攸芋[16]。

如跂斯翼[17]，如矢斯棘[18]，如鸟斯革[19]，如翚斯飞[20]。君子攸跻[21]。

殖殖其庭[22]，有觉其楹[23]。哙哙其正[24]，哕哕其冥[25]。君子攸宁[26]。

下莞上簟[27]，乃安斯寝[28]，乃寝乃兴[29]，乃占我梦[30]。吉梦维何[31]，维熊维罴[32]，维虺维蛇[33]。大人占之[34]，维熊维罴，男子之祥[35]。维虺维蛇，女子之祥。

乃生男子[36]，载寝之床[37]，载衣之裳[38]，载弄之璋[39]。其泣喤喤[40]。朱芾斯皇[41]，室家君王[42]。

乃生女子，载寝之地[43]，载衣之裼[44]，载弄之瓦[45]。无非无仪[46]，维酒食是议[47]，无父母诒罹[48]。

注释：

[1] 秩秩；水清清流动的样子。斯：这。干：涧。

[2] 幽幽：深远的样子。南山：终南山，在周都镐（hào）京（今西安市）的南面。

[3] 苞：草木丛生、茂盛的样子。

[4] 茂：繁盛，美好。

[5] 式：语助词。相好：彼此和好。

[6] 犹：《广雅》："犹，欺也。"

[7] 似：嗣，继承。这里指后代。妣：亡母曰妣。妣祖：先妣先祖。

[8] 百堵：指宫室墙之多。

[9] 西南：面向西南。户：门。

[10] 爰（yuán）：乃，于是。居处：居住生活。

[11] 笑语：欢笑言谈。居处，指物质生活。笑语，指精神生活。

[12] 约：以绳束缚。阁：用木柴架于空中的道路。

[13] 椓（zhuó）：敲击，槌打。筑墙要用木桩打实泥土。橐橐（tuó tuó）：状声词，木桩槌打墙土的声音。

[14] 攸（yōu）：相当于现代汉语的"就"。除：消除，避开。

[15] 去：离开，被赶跑。

[16] 芋：借为"宇"，居住。

[17] 跂（qì）：企，踮起脚跟站立。形容宫室高高耸立。斯：那样。翼：庄严端正。

[18] 矢：箭头。棘：棱角。言宫室四隅有棱角，像箭头一样锋利向上翘。

[19] 革：翅膀。

[20] 翚（huī）：雉名。形容檐角华彩绚丽，形状高大轩敞，像雉的展翅高飞。

[21] 跻（jī）：升，登。

[22] 殖殖：平正的样子。

[23] 觉：高大而直。楹：柱子。

[24] 哙哙（kuài）：形容宫殿的轩豁明敞。正：向阳的房室。

[25] 哕哕（huì huì）：深广的样子。冥：深暗的内房。

[26] 宁：安。

[27] 莞（guān）：水草名，可以织席，这里指莞席。簟（diàn）：苇和竹丝编织的席。

[28] 乃：于是。安：安全，安稳，安逸。寝：睡。

[29] 兴：起。

[30] 占梦：占卜推断梦的吉凶。

[31] 吉梦：吉利的好梦。

[32] 维：是。罴：似熊，但更高大的一种动物。

[33] 虺（huī）：蛇类。

[34] 大（tài）人：太卜，专管卜卦占梦的官。之：代指梦。

[35] 祥：吉兆。

[36] 乃：于是。男子：男孩子。

[37] 载：则，就。之：代男孩子。

[38] 衣（yì）：作动词，穿。

[39] 弄：玩。璋：玉器。

[40] 喤喤：婴儿哭声洪亮。

[41] 芾（fú）：蔽膝，好像现在的围裙。朱芾：红色的蔽膝，是天子的服饰。皇：即"煌煌"，光彩的样子。

[42] 室家君王：有室有家为君为王。

[43] 地：地上。

[44] 裼（tì）：褓褓，包婴儿的小被。

[45] 瓦：瓦砖，纺砖，纺锤。

[46] 非：不对的，不合理的。这里指不好的行为和品德。

[47] 仪：礼节，仪式。从上下文推断，当时的女子地位较低下，不需要学习参与政治、祭祀等社会活动的礼节、仪式。

[48] 议：讲究，从事。

[49] 诒（yí）：给。罹：忧虑。

八、玄鸟（商颂）

提示：《诗经》有商颂五篇，《玄鸟》是其中之一。《玄鸟》是殷商的后人（宋国）歌颂他们祖先的诗，和《生民》、《绵》等篇章一样具有史诗性质，也有神话传说的成分。这类诗是诗与史和神话的结合体。

天命玄鸟[1]，降而生商[2]，宅殷土芒芒[3]。古帝命武汤[4]，正域彼四方[5]。方命厥后[6]，奄有九有[7]。

商之先后[8]，受命不殆[9]，在武丁孙子[10]。武丁孙子，武王靡不胜[11]。龙旗十乘[12]，大糦是承[13]。

邦畿千里[14]，维民所止[15]。肇域彼四海[16]。四海来假[17]，来假祁祁[18]，景员维河[19]。殷受命咸宜[20]，百禄是何[21]。

注释：

[1] 玄鸟：燕子。传说商的始祖契的母亲简狄，是有娀氏（古国名）的长女，也说是帝喾的次妃，因吞燕卵而生契（见《吕氏春秋》、《列女传》）。

[2] 据《郑笺》中记述：降，下也。天使燕子遗卵有娀氏之女简狄，吞之而生契，为尧司徒，有功封商。契，是商的始祖，所以说“生商”。

[3] 宅：居住。殷土：殷的土地。成汤（契的子孙）时居商，二十传至盘庚，迁都于殷，后代就称“殷商”。芒芒：广大的样子。

[4] 古：昔，从前。帝：帝喾。武汤：因汤有武德，所以称之为“武汤”。

[5] 正：治，统治。域：疆域，封邑。

[6] 方命：遍告。厥后：各诸侯。

[7] 奄（yān）：覆，全部。九有：九州之地。

[8] 后：帝，君。

[9] 殆：危险。也说：殆通怠，懒惰。

[10] 武丁：殷高宗。盘庚四传至武丁，修政行德，殷道复兴。(《史记·殷本纪》)。

[11] 武王：威武的王业。言高宗兴商之功，武功政绩没有不胜任的。靡：无。胜：胜任。

[12] 龙旗：画有蛟龙的旗子，是诸侯的旗子。乘：车辆。

[13] 糦（chí）：黍稷。承：奉献。

[14] 邦畿：国都附近郊区。

[15] 维：是。止：居住。

[16] 肇（zhào）：开始。域：疆界，封邑。这里是动词，意为“以那个四海为自己的疆界”。

[17] 假（gé）：至，指朝贡。

[18] 祁祁：众多的样子。

[19] 景：大。员：均。景员：即广运。东西为广，南北为运；即纵横。河：以黄河为界。

[20] 受：承受。命：天命。咸：都。宜：适合。

[21] 百禄：多种福禄。何（hè）：担负，承受。

第二章　屈原和《楚辞》

第一节　屈原评介

屈原，名平，出身于楚国贵族家庭，是楚著名公族昭、屈、景三氏中的屈氏的后裔。约生于公元前340年，亡于公元前277年左右。他大概在三十岁左右开始他的政治活动，做过三闾大夫（掌管公族的教育事务），曾一度被任为左徒，这是仅次于令尹的比较重要的政务官。后来因为受到上官大夫等人的谮毁，楚怀王就逐渐疏远他。这中间他还几度出使到齐国，在联齐抗秦的国策上起过一定的作用。直到楚怀王24年，楚又“背齐而合秦”。此后至27年这几年内，楚、秦处于亲睦阶段。屈原是一贯主张联齐抗秦的，很可能力谏不从，又遭到亲秦派子兰、靳尚等的攻击，怀王把他外放到汉北，而《离骚》的写作应该也在这几年内。怀王28年，秦又攻楚。38年，秦约怀王至秦相会，这时屈原也曾力谏，可见他已从汉北召回到朝中来了。在亲秦派令尹子兰等怂恿下，怀王竟行。至秦，为秦所扣留；过了三年，死在秦国。怀王的儿子顷襄王更是一个没有志气的人，亲秦派的子兰等仍然很得势，他们当然容不了屈原，就把他流放到江南。这时屈原已经五十多岁了。在被流放的十几年中，楚国的形势江河日下，屈原不忍看到楚国的危亡，乃作《怀沙》之赋，最后自投于汨罗江以死。屈原的作品有《离骚》、《九歌》、《九章》、《天问》等。

司马迁在《史记·列传第二十四·屈原》中对屈原作了很高的评价，一直为后世所尊重。其中写道：“屈平疾王听之不聪也，谗谄之蔽明也，邪曲之害公也，方正之不容也，故忧愁幽思而作《离骚》。离骚者，犹离忧也。夫天者，人之始也；父母者，人之本也。人穷则反本，故劳苦倦极，未尝不呼天也；疾痛惨怛，未尝不呼父母也。屈平正道直行，竭忠尽智以事其君，谗人间之，可谓穷矣。信而见疑，忠而被谤，能无怨乎？屈平之作《离骚》，盖自怨生也。《国风》好色而不淫，《小雅》怨诽而不乱。若《离骚》者，可谓兼之矣。上称帝喾，下道齐桓，中述汤武，以刺世事。明道德之广崇，治乱之条贯，靡不毕见。其文约，其辞微，其志洁，其行廉，其称文小而其指极大，举类迩而见义远。其志洁，故其称物芳。其行廉，故死而不容。自疏濯淖污泥之中，蝉蜕于浊秽，以浮游尘埃之外，不获世之滋垢，皭然泥而不滓者也。推此志也，虽与日月争光可也。”

屈原的创作代表了楚辞的最高成就，他的作品在西汉的刘向和东汉的班固的辑录中，共有25篇。但后人对屈原作品的一些篇目一直存有疑义。一般认为《离骚》和《九歌》中的作品不存在问题，《九章》中的一些篇目和其他一些篇章，各家有说法不一的质疑。

第二节　《楚辞》选讲

一、楚辞及其文化价值

战国后期，以屈原、宋玉为代表的一批楚国诗人，写诗采用楚国方言，句子长短参差，多用语气词‘兮’，内容也具有浓厚的地域文化色彩，后人把这种新诗体称为“楚辞”。“楚辞”之名，首见于《史记·张汤传》。可见至迟在汉代前期已有这一名称。其本义，当是泛指楚地的歌词，以后才成为专称，指以战国时楚国屈原的创作为代表的新诗体。这种诗体具有浓厚的地域文化色彩，如宋人黄伯思所说，“皆书楚语，作楚声，纪楚地，名楚物”（《东观余论》）。西汉末，刘向辑录屈原、宋玉的作品，及汉代人模仿这种诗体的作品，把书名题作《楚辞》。这是《诗经》以后，我国古代又一部具有深远影响的诗歌总集。另外，由于屈原的《离骚》是楚辞的代表作，所以楚辞又被称为“骚”或“骚体”。汉代人还普遍把楚辞称为“赋”。如《史记》中说屈原“作《怀沙》之赋”，《汉书·艺文志》中也列有“屈原赋”、“宋玉赋”等名目。与《诗经》比较而言，《楚辞》中的作品篇幅更长；句式由四言定格转变为参差错落、灵活变化；在内容上，由于楚地盛行巫教，对楚文化影响极大，因而楚辞具有浓郁的神话色彩和绚丽的浪漫情调。由于时代久远，《诗经》的作者多不可考，屈原因而成为中国文学史上的第一位伟大诗人。

二、《离骚》选讲

说明：《离骚》是屈原和楚辞的代表作，是屈原思想和创作成熟时期所作的自传性长篇抒情诗。关于“离骚”的含义，历代众说纷纭。今取班固之说：“离，犹遭也；骚，忧也。明己遭忧作辞也。”离骚，就是遭遇了忧患的意思。全诗共 373 句，2490 字，一般认为是创作于楚怀王疏远屈原时。全诗分为两大部分。第一部分叙述自己的身世，认为自己出身高贵，生于良辰佳日，有高洁的品质和情操。他勤勉不懈地坚持自我修养，希望导引君王，兴盛楚国，却由于党人的谗害和君王的动摇多变而遭受打击。在理想和现实的尖锐冲突下，他坚持高洁的本性，不向污浊的环境屈服。第二部分写他内心的痛苦无法排解，在向重华陈词之后，开始“周流上下”，“浮游求女”，然而均以失败告终。在又一次远涉中，最终由于眷恋祖国而流连不行。《离骚》通过精心塑造的抒情主人公形象，表达了作者的政治理想以及为实现这种理想所进行的不懈斗争；反映了屈原愤恨楚国的黑暗政治，愿为祖国效力却不可得的悲痛与哀怨；在揭露楚国社会的黑暗的同时，鞭笞了腐朽势力的恶德败行，表现了诗人崇高的爱国思想和不屈的追求精神。

《离骚》的艺术特点有三：其一，想像丰富、描写夸张，是具有强烈现实性的积极浪漫主义的作品。其二，继承并发展了比兴手法，创造出具有象征性质的香草美人手法。其三，突破了《诗经》四言诗的定格，诗体高度散文化，大量吸收了楚国方言，虚字用法灵活，创造出一种参差错落、灵活变化的“骚体”。

《离骚》首次提供了长篇抒情诗的样式，开辟了我国诗歌创作的新时代。浪漫主义的创作方法和多种艺术技巧的成功运用，创造了深邃而又奇丽的意境，抒发了深沉、炽烈的思想感情。《离骚》对后世的深远影响使它在文学史上占有承前启后的重要地位。

帝高阳之苗裔兮，朕皇考曰伯庸[1]。摄提贞于孟陬（zōu）兮，惟庚寅吾以降[2]。皇览揆余初度兮，肇锡余以嘉名[3]。名余正则兮，字余曰灵均[4]。

纷吾既有此内美兮，又重之以修能[5]。扈江离与辟芷兮，纫秋兰以为佩[6]。汨余若将不及兮，恐年岁将不吾与[7]。朝搴阰之木兰兮，夕揽洲之宿莽[8]。日月忽其不淹兮，春与秋其代序[9]。维草木之零落兮，恐美人之迟暮[10]。不抚壮而弃秽兮，何不改乎此度[11]？乘骐骥以驰骋兮，来吾道夫先路[12]。

注释：

[1] 高阳：是传说中黄帝的孙子颛顼有天下时的称号，是楚族的远祖。高阳（颛顼）的后人熊绎被周成王封在楚地，春秋时楚武王的儿子瑕受封在屈地，其后代便以屈为氏。屈原是屈瑕的后代，追本溯源，正是古帝高阳氏的后代。苗裔：子孙。兮：楚的地方音，语尾助词，相当于“啊”。朕：我。古代不分贵贱皆可自称朕，秦以后才成为帝王的专称。皇：伟大、光明。考：对亡父的尊称。伯庸：屈原父亲的字。

[2] 摄提：“摄提格”的省称。古代把木星作为岁星，以岁星运转中每年所经过的位置来纪年，岁星在寅格宫的那一年，也叫摄提格。贞：正当。孟：始。陬（zōu）：正月。孟陬，即初春正月。惟：句首语气词。庚寅：干支记日的名称，即庚寅日。降：古音“hóng”，诞生。这两句是说自己（屈原）诞生在寅年寅月寅日，古代有“人生于寅”为吉祥的说法。屈原独占“三寅”，被认为是极不寻常的事。

[3] 皇：皇考的省称。览：观察。揆（kuí）：估量，测度。初度：初生时的气度、姿态。肇：一开始。锡：赐给。嘉名：美好的名字。

[4] 正则：公正而合于法则，隐含屈原的名“平”之义。灵均：美好平坦的土地，隐含屈原的字“原”之义。

[5] 纷：盛多的样子，是修饰“内美”的，在此是状语提前到句首，以示强调。内美：内在的美好品质。重（chóng）：加上。修：修长，美好；引申为优秀、卓越。修能：优秀的才能。

[6] 扈（hù）：披上，楚地方言。江离：香草名，有说今名川芎（xiōng）。辟芷：辟同僻，幽僻之地。芷：香草名，即白芷。辟芷是指生长在幽僻处的白芷。纫：贯穿连缀。秋兰：兰草的一种，因秋天开花而得名。佩：古人佩带在身上的装饰物。以为佩：以之（秋兰）为佩。

[7] 汩（gǔ）：水流湍急的样子。比喻时间过得飞快。不及：赶不上。不吾与：不等待我。与：并列，引申为等待的意思。

[8] 搴（qiān）：拔取，摘取。阰（pì）：土坡。木兰：香木名，又叫辛夷，据说此树去皮不死。揽：摘采。洲：水中陆地。宿莽：一种经冬不死的香草。

[9] 忽：很快的样子。淹：久留。代序：序同谢，代序即代谢，就是交替、更替。

[10] 惟：想到。美人：美为壮美之义，指自己正处于壮年有为之时。迟暮：年老。

[11] 抚：及，趁。也说持有，引申为凭借。壮：壮盛之年。秽：脏东西；引申为恶行。弃秽：抛弃恶的品性和行为。也可解为消除社会上的污秽现象。此度：指现行的法律制度。也说屈原自称自己美好的气度。

[12] 骐骥：骏马。常用来比喻贤德之人。道：导。先路：前驱，引路人。

三、《九歌》选讲

说明：“九歌”这个名称的来源是很古老的，据传是夏启时代的伴舞乐曲。在广泛流传的过程中，民间祭神时也创作了许多新的《九歌》。屈原的《九歌》就是在民歌基础上的再创作，共有十一篇作品：《东皇太一》、《云中君》、《湘君》、《湘夫人》、《大司命》、《少司命》、《东君》、《河泊》、《山鬼》、《国殇》、《礼魂》。《九歌》之“九”是多数的代词，并非篇数的实指。其中末篇《礼魂》是配合前十篇反复歌唱的“送神曲”，其他十篇各自祭祀一种神灵。

《九歌》通过对娱神祈福的描写，反映了对美好理想的向往和对真、善、美的追求。清新俊逸的风格，真挚热烈的感情和凄楚哀怨的情调融会在一起，构成了《九歌》的思想和艺术特色。

1.《湘君》

提示：《湘君》与《湘夫人》是《九歌》中密切联系的姊妹篇，所祭为湘水的一对配偶神。诗中以深情的笔墨创造了优美的境界，对二神间那深挚的爱恋之情做了细致入微的描写，洋溢着浓厚的生活气息和动人的哀怨情调。湘江在楚地占有重要的地位，理所当然地成为楚人尊崇的神灵，同时又与传说中的虞舜及其二妃爱情悲剧结合在一起，久而久之，便演化成“湘君”与“湘夫人”这对配偶神了。《湘君》与《湘夫人》是两篇浪漫主义抒情诗的杰作。诗人在描写这极富神话色彩和浓重诗意的题材时，以丰富奇特的想像，艳丽的辞采构成了神奇缥缈的艺术形象。诗中在心理描写、情景交融及比兴手法的运用等方面都有很高的成就。《湘君》篇是描写湘夫人思念湘君的歌词。

君不行兮夷犹[1]，蹇谁留兮中洲[2]？美要眇兮宜修[3]，沛吾乘兮桂舟[4]。令沅湘兮无波[5]，使江水兮安流[6]。望夫君兮未来[7]，吹参差兮谁思[8]？

驾飞龙兮北征[9]，邅吾道兮洞庭[10]。薜荔柏兮蕙绸[11]，荪桡兮兰旌[12]。望涔阳兮极浦[13]，横大江兮扬灵[14]。扬灵兮未极[15]，女婵媛兮为余太息[16]。横流涕兮潺湲[17]，隐思君兮悱恻[18]。

桂櫂兮兰枻[19]，斫冰兮积雪[20]。采薜荔兮水中[21]，搴芙蓉兮木末[22]；心不同兮媒劳[23]，恩不甚兮轻绝[24]。石濑兮浅浅[25]。飞龙兮翩翩[26]。交不忠兮怨长[27]，期不信兮告余以不暇[28]。

朝骋骛兮江皋[29]，夕弭节兮北渚[30]。鸟次兮屋上[31]，水周兮堂下[32]。捐余玦兮江中[33]，遗余佩兮醴浦[34]；采芳洲兮杜若[35]，将以遗其下女[36]。时不可兮再得[37]，聊逍遥兮容与[38]！

注释：

[1] 君：湘君。不行：不来赴约会。夷犹：即犹豫；双声连词，犹豫不决，不肯行动的样子。湘君你迟迟不来赴约而犹豫不决。

[2] 蹇：发语词，楚地方言。谁留：为谁而留，等待谁。中洲：洲中，洲里。洲：水中的陆地。为了谁而滞留在小洲上啊？

[3] 美：美丽。要：同腰，即腰身。眇：通妙，美好的样子。也说：眇指眼睛脉脉含情而美丽动人。宜：适合。修：修饰，装扮。（我）美好的身姿修饰得体，美丽的眼睛脉脉含情而动人。

[4] 沛：船行顺流，快速轻捷的样子。桂舟：用桂木做成的船，有香洁美好之意。我驾着桂木小舟顺流迅速前进（去迎接湘君）。

[5] 沅（yuán）湘：即今湖南省境内的沅水和湘江。无波：不生波浪。在本句中“波”字用作动词。命令沅水和湘江不要掀波翻浪。

[6] 江；指长江。安流：平缓的流动。让那长江之水也平稳地流动。

[7] 望：盼望，期待。夫：发语词。君：指湘君。我期盼着湘君，但他仍未到来。

[8] 参差（cēn cī）：古乐器，即排箫，相传为舜帝所造。由二十三根竹管组成，长短排列，故名“参差”。谁思：思念谁，宾语前置，表强调之意。言外之意即思念湘君。我吹起排箫是在思念谁呢？

[9] 飞龙：飞快行驶的龙舟。北征：北行。从沅湘望涔阳，故曰北征。驾起龙舟飞快地向北方进发。

[10] 邅（zhān）：楚地方言，转弯。洞庭：指洞庭湖。转变行进的方向往西北洞庭湖继续寻找。

[11] 薜荔（bì lì）、蕙（huì）：都是香草名。柏，船舱的板壁。绸，帱的假借字，帷帐。我的船舱里挂满了芳香的薜荔，帐上也缀饰着芬芳的蕙草。

[12] 荪（sūn）、兰，都是香草名。桡（náo）：船桨。旌（jīng）：古代旗杆顶上用彩色羽毛做装饰的旗子。我的船桨散发着荪草的芳香，我的旗帜装饰着兰草。

[13] 涔（cén）阳：涔水北岸，江、河北岸称阳。极浦：遥远的水岸边。我望着涔水北岸那遥远的水边。

[14] 横：横渡。大江：指长江。扬：显示。灵：威灵，神灵。横渡长江时我让乘坐的小船大显神通。

[15] 显示神通也没能到达尽头。

[16] 女：指侍女。婵媛：假借字，楚地方言，表示因感情激动而呼吸疾促的情态。为：替。余：湘夫人自称。太息：太与大古时通用，即大声叹息。侍女感情激动地为我见不到湘君而大声叹息。

[17] 横：横溢，尽情之意。潺湲（chán yuán）：缓缓流动的样子。泪水尽情在面颊上流淌。

[18] 隐：为慇（yīn）之假借字，情意恳切深厚的样子。悱侧：同悱恻，形容内心悲苦。深切思念着湘君内心十分凄苦。

[19] 櫂（zhào）：即棹，船桨。枻（yè）：舵。扬起桂木的船桨，把稳木兰作的船舵。

[20] 斫冰：凿冰。如同凿冰、破雪前进一样艰难。

[21] 到水里去采摘原本生长在陆上的薜荔。

[22] 搴（qiān）：拔取，取。要摘取水中的荷花却到树梢上去找。这两句是说想迎见湘君如同涉水采薜荔，缘木求荷花一样徒劳无益。

[23] 媒：媒人。劳：徒劳。你与我心意不同致使媒人也徒劳无功。

[24] 恩：恩爱，情意。甚：严重，引申为深厚。绝：《说文》："断丝也。"轻绝，轻易地断绝关系。恩爱不深而轻易地断绝了关系。

[25] 石濑（lài）：砂石上的流水。浅浅（jiān）：水流迅疾的样子。湍急的流水迅疾地从砂石上穿越而去。

[26] 飞龙：指湘夫人所乘的龙舟。翩翩：轻快飞舞的样子。龙船翩翩飞翔。

[27] 交：交友。忠：真心，忠心。怨：怨恨。交友不忠就会产生长久的怨情。

[28] 期：定期的约会。信：讲信用。暇：空闲。和我约会却不守信用，反而推说没有空闲赴约。

[29] 朝（zhāo）：早晨。骋：直向奔驰。骛：乱跑，急速奔跑。皋（gāo）：水边地。

[30] 夕：傍晚。弭（mǐ）：停止。节：行进速度。渚（zhǔ）：水中的小块陆地。傍晚我停歇在长江北岸边的沙洲上。

[31] 次：止宿，栖息。鸟儿栖息在房顶上。

[32] 周：环绕。堂：住房。流水环绕在住房的四下。

[33] 捐：抛弃。玦（jué）：玉玦，环行而有缺口的佩玉。把我的玉玦扔到江水中。

[34] 遗，弃置不顾。佩：系在衣带上的装饰品。醴：洞庭湖的一条支流。浦：小河流入江海的入口处。把我的佩饰丢弃在醴水河口。

[35] 芳洲：长满花草的水中陆地。杜若：香草名。

[36] 遗（wèi）：赠与。下女：下界（凡间）女子；一说指湘君的侍女。

[37] 时：指与湘君会面的机会。

[38] 聊：姑且，暂且。逍遥：自由自在，无拘无束。容与：逍遥自在的样子。

2．山鬼

说明：《山鬼》是楚人祭祀山神的乐歌。山鬼即巫山神女。在这首优秀的抒情短诗里，作者赋予山鬼以人的性格，采用山鬼自述的手法，表达了她对爱情的忠贞不渝和诚挚、热烈，反映了楚地民间纯洁的爱情生活。诗的语言优美质朴，富于表现力，意境清新深邃，风格幽艳缠绵，在抒情形象的塑造上取得了很高的成就，

若有人兮山之阿，被薜荔兮带女萝[1]。既含睇兮又宜笑，子慕予兮善窈窕[2]。乘赤豹兮从文狸，辛夷车兮结桂旗[3]。被石兰兮带杜衡，折芳馨兮遗所思[4]。

余处幽篁兮终不见天，路险难兮独后来[5]。表独立兮山之上，云容容兮而在下[6]。杳冥冥兮羌昼晦，东风飘兮神灵雨[7]。留灵修兮憺忘归，岁既晏兮孰华予[8]？采三秀兮于山间，石磊磊兮葛蔓蔓[9]。怨公子兮怅忘归，君思我兮不得闲[10]。

山中人兮芳杜若，饮石泉兮荫松柏[11]。君思我兮然疑作[12]。雷填填兮雨冥冥，猿啾啾兮狖夜鸣[13]。风飒飒兮木萧萧，思公子兮徒离忧[14]。

注释：

[1] 若：好像。阿（ē）：山谷的弯曲处。被：同“披”。薜荔（bì lì），女萝：都是山间的草本植物，皆为蔓生。带：腰带，佩带。好像有人在远远的山弯里若隐若现，那人身披薜荔彩衣，腰系女萝做的花带。

[2] 睇（dì）：斜视。含睇：目光斜视，含情脉脉。宜笑：笑得十分得体。子：山鬼对其恋人的称呼。慕：爱慕。予：山鬼自称。善：美好，善良。窈窕：体态身段苗条娇美。（我）含情脉脉，面带妩媚动人的微笑，你爱慕我的美丽和娇美苗条的身材。

[3] 乘：驾。赤豹：毛皮红色带黑斑纹的豹。从：随从。文狸：带花纹的山猫。辛夷和桂：都是有香气的木本植物。结：打结，系。驾着赤豹拉的车，文狸作为随从跟在车后；车是用辛夷木打造的，旗帜系在桂木杆上（这一句也说：车上插着桂树做的旗）。

[4] 石兰：生长在山石间的兰草或兰花。杜衡：生长在山地里的草本植物。折：摘取。芳馨：指香花芳草。遗（wèi）：赠与。所思，所思念的人。身被石兰为衣，腰间系着杜衡为带，采了美丽芳香的野花准备送给我思念的人。

[5] 处：居住。幽篁，密集而幽暗的竹林深处。终：整天，长年。后来：来后，来迟。我生活在幽深的竹林里终日难见天日，因为道路艰险而独自来晚。因山鬼到达约会之处不见“子”，心中以为是自己路上耽搁而来晚。

[6] 表：突出。容容：形容云雾飞渡的样子。我特意高高地独立在山顶上，云霞在脚下翻涌。

[7] 杳冥冥：深沉而阴暗。羌：语助词。昼晦：使昼晦，使白天变得阴暗。飘：形容风吹得猛烈。神灵，这里指雨神。雨，这里用作动词，下雨。周围的幽暗使得白天如同夜晚一样昏黑，东风猛吹，神灵降下了大雨。

[8] 留灵修：为（见到）灵修而留下来；灵修：指山鬼所恋之人。憺（dàn）：安于，耐心。岁：年龄。既：不久。晏（yàn）：晚，迟，年龄大。孰：谁。华，同花，这里用作动词，使之年轻。为见到灵修我留下来耐心等待而忘记归去，不久会年老色衰，谁能给我青春年华呀！

[9] 三秀：灵芝。秀，植物开花结实叫秀。灵芝在一年中三次开花和结籽。磊：乱石堆积。葛：葛藤。蔓蔓：形容葛藤蔓延牵挂的样子。我在这山里摘取一年三次开花打籽的灵芝草，哪管它怪石嶙峋和葛藤缠绕。

[10] 怨：埋怨，责备。怅：失望惆怅。我抱怨公子不来相会而心神怅惘忘记归去，想来你一定是思念着我，只是没有空闲前来相会。

[11] 人：山鬼自称。杜若：香草，又名山姜。荫松柏，指山鬼以松柏为遮蔽而居住其下，寓有高洁之意。我这山里人啊像杜若一样芬芳，我喝着石缝中流出的甘美泉水，在四季常青的松柏树阴下生活。

[12] 然：然而。疑：疑虑。作：产生。这是山鬼对“君”思之深切但又不见来会产生的矛盾心理。你是真心思念我的，然而我现在又有点怀疑你的真心。

[13] 填填：打雷声，如“轰隆隆”。雨冥冥：雨中天空一片昏暗。啾啾：猿叫的声音。狖：一种黑色长尾猴。雷声隆隆，大雨倾盆，天昏地暗，黑沉沉的夜里，猿鸣啾啾，狖的叫声凄厉骇人。

[14] 飒飒（sà）：风声。萧萧，风吹树木发出的声响。徒：徒然，白白。离忧：遭受烦忧。风声飒飒吹得树木萧萧作响，我痛思恋人啊白白遭受这令人心碎的烦恼。

思考题：

1．我国古代的“六艺”指什么？

2．所谓《诗》中有“六艺”，这里的“六艺”指什么？

3．试比较《关雎》和《山鬼》在语言、诗体形式和抒情方式几个方面有什么不同？

第三章　汉、魏、晋、南北朝诗歌

第一节　汉魏晋南北朝诗歌概述

两汉四百年间的诗坛，以乐府民歌的成就最为辉煌。“乐府”原是音乐机关的名称，它的任务是训练乐工、制定乐谱和采集民间歌辞，这样就使得汉代一些民间歌谣得以保存下来。后来凡是由乐府这个音乐机关采集配乐的诗歌都叫做“乐府”。文学史家所谓汉乐府一般指的是汉代民歌。汉乐府成就高的有《陌上桑》与《孔雀东南飞》等。除汉乐府之外，汉代文人诗歌创作到东汉中后期，也开始出现初步兴盛的局面。代表作有《古诗十九首》等。

魏晋南北朝时期五言诗的成就比较突出。五言诗在建安时期奠定了坚实的基础，以后又经过左思、陶渊明等一系列诗人的努力，作家作品日益增多，艺术成就不断提高，诗歌风格纷纭复杂，形成了五言古诗的兴盛期。建安时期的著名诗人是三曹（曹操、曹丕、曹植父子）、七子（孔融、陈琳、王粲、徐干、阮瑀、应玚、刘桢）。曹操（155—220）字孟德，沛国谯（今安徽亳县）人。有《魏武帝集》。曹操作为杰出的政治家、军事家而又心怀雄图的领袖，他的诗歌气势宏大、眼界广阔。作品抒发人生情感，表达政治抱负，具有鲜明的个性特点。他的诗作如《短歌行》流动着悲凉慷慨、深沉雄壮的情调，代表了建安诗歌最为感人的一面。建安文学之后，是正始文学。其中阮籍、嵇康的文学成就最高。阮籍（210—263）字嗣宗，陈留尉氏（今河南尉氏）人。有《阮嗣宗集》。阮籍的文学成就主要是《咏怀诗》82首。《咏怀诗》把深刻的哲学观照与一系列艺术形象巧妙结合起来，使诗歌呈现出广阔的视野和丰富深沉的内涵。

西晋太康、元康年间，诗歌创作一度非常繁荣，有所谓“三张（张载、张协、张亢兄弟）二陆（陆机、陆云兄弟）两潘（潘岳、潘尼叔侄）一左（左思）”之说。其中，陆机、潘岳并称“潘陆”，在当时评价最高。

东晋时期（同时也是整个魏晋南北时朝）最杰出的文学家是陶渊明。陶渊明（365—427）字元亮，或云名潜，字渊明，浔阳柴桑（今江西九江）人。有《陶渊明集》，现存诗120余首。

南北朝时期，诗歌的发展进入了一个重要阶段。南朝齐永明年间出现了讲求声律的“永明体”，开启了格律诗的先声。南北朝最著名的诗人有谢灵运、鲍照、谢脁等。

第二节　汉代诗选讲

一、汉乐府诗选四首

说明：“乐府”是汉武帝时设立的掌管音乐的机关，它的任务是训练乐工、制定乐谱和采集歌词。乐府大量搜集各地的民歌，将其歌词保存在乐府机关，这些歌词便被后人称为

“乐府诗”，简称为《乐府》。实际其中也包括一些文人创作的诗歌。

汉代采诗的范围很广，遍及黄河与长江两大流域，据《汉书·艺文志》记载，乐府诗共有一百三十八首，宋代郭茂倩编的《乐府诗集》又有所增益。乐府采诗是统治阶级宫廷享乐和了解民情的手段，但客观上对民歌的保存和流传也有一定的积极作用。

汉代乐府民歌虽然被乐府机关进行了增删和润色，但它们仍能反映汉代人民的社会生活及思想感情，从中可以听到汉代人民的呼声，具有很高的思想价值和突出的艺术特色，在文学史上占有重要的地位。尤其是汉乐府使用了杂言体和五言体，成为一种新的诗歌体裁，其中杂言形式在艺术表现上灵活生动，表现出诗体形式的创新。东汉以后乐府诗多趋向于整齐的五言，艺术成就日益提高，同时模仿乐府的文人五言诗也日趋兴盛。由汉乐府和文人五言诗孕育成熟的五言诗体，成为后来魏晋南北朝诗歌的主要形式。

1. 长歌行

提示：这是一首咏物言志的寓言体抒情短诗。作者由向日葵想到草木之荣枯，继而联想到时光的去而不返，激励人们努力进取，珍惜时光。

青青园中葵，朝露待日晞[1]。阳春布德泽[2]，万物生光辉。常恐秋节至，焜黄华叶衰[3]。百川东到海，何时复西归！少壮不努力，老大徒伤悲[4]。

注释：

[1] 青青园中葵，朝露待日晞：园中生长的向日葵那深绿的叶子上露珠晶莹，正等待着和暖的阳光把它晒干。葵，向日葵。晞：晒干。

[2] 阳春布德泽：温暖的春光慷慨地布施着它的恩泽。阳春：温暖的春天。布；布施，给予。德泽：恩惠。

[3] 常恐秋节至，焜（hún）黄华叶衰：经常担心秋季的到来，植物的花叶会枯黄衰落。焜黄：枯黄。

[4] 少壮不努力，老大徒伤悲：少壮时期如果不努力进取，到了年华老大时一事无成，再追悔悲伤也没有用了。徒：徒然，白白的。

2. 东门行

提示：诗中塑造了一个不堪残酷剥削起而造反的贫苦市民形象，揭露了尖锐的阶级矛盾，表现了民众的反抗精神。

出东门，不顾归[1]；来入门，怅欲悲[2]。盎中无斗米储，还视架上无悬衣[3]。拔剑东门去，舍中儿母[4]牵衣啼；“他家但愿富贵，贱妾与君共餔糜[5]。上用仓浪天故，下当用此黄口儿[6]。今非[7]！”“咄[8]！行！吾去为迟[9]！白发时下难久居[10]。”

注释：

[1] 出东门，不顾归：走出城东门，一去再不回。东门，人物所居住的城市的东门。出东门，到东门外去，该地可能就是他要造反的地方。顾：念，考虑。此去铤而走险，生死未卜，当然归不归家就难以考虑了，顾不上家了。

[2] 来入门，怅欲悲：又回到家门内，（看到家中的情景）惆怅和悲苦油然而生。此句写主人公走出家门后，内心依依，矛盾心理使他回到家里，但看到家中饥寒交迫的景况，内心无比悲痛，遂下定决心铤而走险。

[3] 盎（àng）中无斗米储，还视架上无悬衣：米罐里没有粮食，回头再看看衣架，上面也没有悬挂衣物。盎，盛粮米的小瓦罐。还视：回头看。

[4] 舍中儿母：家里孩子他妈，即指主人公的妻子。

[5] 贱妾与君共餔（pǔ）糜：我情愿和你一起喝粥过穷日子。餔：吃粥。

[6] 上用仓浪天故，下当用此黄口儿：请你对上看在老天爷的份上，在下看在咱们可怜的孩子份上。用：为了，因为。仓浪：青（苍）色。黄口儿，幼儿。

[7] 今非：你现在的做法是不对的。

[8] 咄（duō）：主人公拒绝妻子的劝阻而发出的呵斥声。

[9] 行！吾去为迟：走啦，我已经去晚了。

[10] 白发时下难久居：我头发都熬白了，经常脱落下来，这样的日子怎么能过下去呢！下：脱落。

3．上山采蘼芜

提示：这首诗描述一对已经分离了的夫妻偶然相见后所进行的对话，从对话内容判断，他们都深念旧情，因此很可能是棒打鸳鸯，被迫离散。

上山采蘼芜[1]，下山逢故夫[2]。长跪问故夫："新人复何如[4]？""新人虽言好，未若故人姝[5]。颜色类相似[6]，手爪不相如[7]。""新人从门入，故人从阁去。[8]""新人工织缣[9]，故人工织素[10]。织缣日一匹[11]，织素五丈余，将缣来比素，新人不如故。"

注释：

[1] 蘼芜（mǐ wū）：香草名，花白色，可作药材。又名江蓠。

[2] 故夫：从前的丈夫。

[3] 长跪：直跪，表示尊重之意，为古时礼节。古人跪坐，两膝着地，臀部压在脚跟上面叫坐。挺起腰身，臀部离开脚跟，比跪坐时为高，叫长跪。

[4] 新人复何如：新娶的人怎么样？这是被遗弃的妇女问前夫的话。表面是问安，实含怨恨之意。

[5] 姝：美好。不专指容貌而言。

[6] 颜色类相似：容貌不相上下。

[7] 手爪不相如：织作的手艺可大不如你了。

[8] 从阁（gé）去：从屋院旁小门离开了夫家。旧事重提，怨屈之情溢于言表。

[9] 工织缣（jiān）：善于织黄色粗绢。

[10] 素：洁白的细绢。

[11] 一匹：汉代一匹布帛共有四丈长。《汉书·食货志》："布帛广二尺二寸为幅，长四丈为匹。"

4．十五从军征

提示：本诗描写一个在边疆沙场上征战服役大半生的老兵，退伍后无家可归的悲惨情景，反映了汉代社会征战不息的动乱局面及其给人民造成的痛苦。

十五从军征，八十始得归[1]。道逢乡里人[2]："家中有阿谁？[3]""遥看是君家，松柏冢累累[4]。"兔从狗窦入[5]，雉从梁上飞[6]，中庭生旅谷[7]，井上生旅葵[8]。舂谷持作饭[9]，采葵持作羹[10]。羹饭一时熟，不知贻阿谁[11]。出门东向看，泪落沾我衣。

注释：

[1] 十五从军征，八十始得归：十五岁就服兵役出征在外，到八十岁才得以退役回家。主人公在军中六十五年，虽可能是夸张之笔，但汉代兵役的时间之长可见一斑。

[2] 乡里人：同乡的人。

[3] 阿谁：谁。"阿"为助词，无实义。

[4] 松柏冢（zhǒng）累累：松柏下土坟一个连一个。冢：荒冢，土坟。这句是写主人公家里人都先后长眠地下，家破人亡，只剩他孤身一人。

[5] 兔从狗窦入：野兔出没院中，从狗进出的墙洞来往。窦：洞。这句是写荒凉破败的景象。

[6] 雉从梁上飞：野鸡从房梁上飞来飞去。雉：野鸡。梁：指房梁。可见房舍已露天。

[7] 中庭生旅谷：屋地上生长着野谷子。旅谷：野生的庄稼。

[8] 葵：一种野菜。

[9] 舂（chōng）谷持作饭：去掉野谷的皮壳拿来做饭。舂：用木杵在石臼中捣，以脱谷皮而成米。

[10] 羹：这里指用葵做的野菜汤。

[11] 饴阿谁：送给谁吃，因家中已无人，故做好饭菜，不知拿给什么人同吃。描绘出孤苦哀痛之极端惨状。

二、《古诗十九首》选讲

说明：《古诗十九首》是汉代无名氏作品，并不是一人一时之作。梁代萧统在编辑《文选》时将这些诗合在一起，收入《文选》，题名为《古诗十九首》。“古诗”是当时人对古人所作诗的统称，后代沿袭《文选》的称谓，便统称这十九首诗为《古诗十九首》。

这些诗的内容有一个共同的特点，即大都是抒写夫妇、朋友之间的离愁别绪和游子的思乡之情以及士人怀才不遇的感慨或对于生命短促的感伤，思想上稍显消极。诗的语言朴素自然，描写委婉曲折，感情深切动人，是我国早期文人五言诗的重要作品。对后代抒情诗的写作产生着深远影响，在诗歌史上占有一定地位。

1. 明月皎夜光

提示：这首诗以悲秋之情起兴，从自然节候的变化写到人情的反复，表达了主人公在郁愤失意中对于世态炎凉的无限感叹之情。

明月皎夜光[1]，促织鸣东壁[2]，玉衡指孟冬[3]，众星何历历[4]。白露沾野草，时节忽变易[5]。秋蝉鸣树间，玄鸟逝安适[6]？昔我同门友[7]，高举振六翮[8]。不念携手好[9]，弃我如遗迹[10]。南箕北有斗，牵牛不负轭[11]。良无盘石固，虚名复何益[12]！

注释：

[1] 皎夜光：皎洁的夜色。

[2] 促织鸣东壁：蟋蟀在东墙根鸣叫。暗指季节是秋天。促织：蟋蟀。

[3] 玉衡指孟冬：玉衡，北斗七星中第五星的名，这里代指北斗星。由于地球的转动，人们所看到的北斗星的方位每月都有变化，古人以这样的变化来辨别自然季节的变化。孟冬：初冬；按夏历是十月。一季三个月分称孟、仲、季。玉衡指向孟冬之时，时节正值秋冬交替。

[4] 何历历：多么分明。

[5] 时节忽变易：季节不觉很快由秋入冬了。

[6] 玄鸟逝安适：燕子飞到那里去了呢。玄鸟：燕子。逝：飞。安：什么地方。适：到……去。

[7] 同门友：同窗学友。

[8] 高举振六翮（hé）：高举起坚实有力的翅膀远走高飞了。六翮：指翅膀。

[9] 携手好：指过去携手同游的好朋友。

[10] 弃我如遗迹：如同行人留下脚印一样把我抛弃了。

[11] 南箕（jī）北有斗，牵牛不负轭：意思是说往日那些同窗好友都是徒有虚名，实际上并没有真正的情谊。箕：二十八宿之一，形如簸箕，在南天。斗：北斗星。牵牛：指牵牛星。《诗经·小雅·大东》：“维南有箕，不可以簸扬；维北有斗，不可以挹酒浆。”后来用“箕斗”表示徒有虚名。轭（è）：牛马等拉东西时架在脖子上的器具。

[12] 良无盘石固，虚名复何益：根本不是什么坚如磐石的友谊，虽然虚有朋友之名实际上又有什么用处呢？良：的确，实际上。盘石：大石头。

2. 迢迢牵牛星

提示：诗中以织女、牵牛二星隔着银河不得相会的遥思愁苦之情，暗喻热恋中的情人因相思所造成的痛苦。全篇只是写景，而愁绪一片，流溢其中。结束二句，委婉缠绵，情景难分。

迢迢牵牛星，皎皎河汉女[1]。纤纤擢素手，札札弄机杼[2]。终日不成章[3]，泣涕零如雨[4]。河汉清且浅，相去复几许[5]？盈盈一水间，脉脉不能语[6]。

注释：

[1] 迢迢牵牛星，皎皎河汉女：遥远的牵牛星啊，皎洁的织女星。迢迢：遥远。指牵牛星和织女星因隔银河而遥远。河汉：银河。女：指织女星。

[2] 纤纤擢（zhuó）素手，札札弄机杼（zhù）：织女摆动着她纤细柔长的手，札札地穿引着织布机的梭子不停地织布。擢：拔，抽。杼：梭。

[3] 终日不成章：织女虽整天不停地织；但因相思焦虑，却怎么也织不成布匹。章：布帛上的纹理，这里代表布帛。

[4] 泣：哭泣。涕：眼泪。零：下雨；引申为落下。

[5] 去：距，距离。几许：多少。

[6] 盈盈：水清澈的样子。间（jiàn）：间隔，间断，阻隔。脉脉：默默地用眼神或行动表示情意。河水盈盈，阻隔在中间，只能深情相望，不能相谈。

三、其他诗选一

刺巴郡太守

提示：本诗深刻揭露了汉代官府对人民残酷掠夺的罪行。统治阶级的惨重盘剥，不仅使人民一贫如洗，而且造成了精神上的恐惧心理。

狗吠何喧喧[1]，有吏来在门。披衣出门迎，府记[2]欲得钱。语穷乞请期[3]，吏怒反见尤[4]。旋步顾家中[5]，家中无可为[6]。思往从邻贷[7]，邻人已言匮[8]。钱钱何难得，令我独憔悴[9]。

注　释：

[1] 喧：惊叫喧哗的意思。何：多么。

[2] 府记：府吏。郡府中管理和催讨钱粮的小官。

[3] 语穷乞请期：乞告府吏说家贫无钱暂时延期交纳。期：期限。语：告诉。

[4] 见尤：被责备。

[5] 旋步顾家中：转身回头看看屋中已是家徒四壁。旋步：转身的意思。顾：回头看。

[6] 无可为：没有什么可以作为抵赋税之物。

[7] 贷：借贷。

[8] 匮：贫乏。

[9] 憔悴：困顿愁苦的样子。

第三节　魏、晋、南北朝诗歌

一、曹操诗选讲

说明：曹操（155—220），字孟德，小名阿瞒，沛国谯（qiáo，今安徽亳州）人，是三国时著名的政治家、军事家、诗人。东汉末，在镇压黄巾起义的过程中逐渐扩充军事力量，建安元年（196年）迎献帝建都许，此后便“挟天子以令诸侯”，打败了吕布、袁绍等大大小小的军阀，最后统一了中国北方，与吴、蜀相峙形成三国鼎足而立的局面。他崇尚刑名（古代指法律），抑制豪强，打破世族门第观念，“用人惟才”，兴修水利，广行屯田。这些政策对于中原地区恢复生产、发展经济都起了积极促进作用。

曹操在文学上也卓有贡献，他不仅竭力地提倡诗歌创作，他本人就是一位杰出的诗人。他继承和发展了汉乐府的优良传统，以乐府旧题描写现实生活，抒发自己的政治抱负，今存二十余首诗均为乐府。这些诗反映了汉末动乱的社会现实，表现了他统一天下的理想，语言质朴、气魄雄伟，风格悲凉慷慨。他的某些作品被后人誉为“汉末实录”、“真诗史”，但有些作品也流露了人生无常的消极思想。曹操的文章也很有特色，摆脱了东汉以来的典雅繁缛风气的影响，信笔直书，不加雕饰，故鲁迅称他是“改造文章的祖师”。

曹操的著作有辑本《曹操集》，诗歌注本以黄节的《魏武帝诗注》较详备。

1．蒿里行

提示：《蒿里行》是乐府古词，属《相和歌·相和曲》，是人们送葬时唱的挽歌。“蒿”（hāo），本当作“薨”（hōng），指墓地。其古辞为：“薨里谁家地，聚敛魂魄无贤愚。鬼伯一何相催促，人命不得少踟蹰。”本篇是曹操运用乐府古题写作的新辞。作品真实地描述了汉末关东各州军阀讨伐董卓时的各怀异心，观望不前，转而为扩大自己的势力互相火并，由此开始了长期的军阀混战，造成百姓的大量死亡和生产力破坏的历史事实，并对人民表示了同情。此诗被誉为“汉末实录”。

关东有义士[1]，兴兵讨群凶[2]。初期会盟津[3]，乃心在咸阳[4]。军合力不齐，踌躇而雁行[5]。势力使人争，嗣还自相戕[6]。淮南弟称号[7]，刻玺于北方[8]。铠甲生虮虱[9]，万姓以死亡[10]。白骨露于野，千里无鸡鸣。生民百遗一，念之断人肠。

注　释：

[1] 关东：函谷关（今河南省灵宝县东北）以东，包括今河南、山东等地区。义士：指关东各州郡起兵讨伐董卓的将领。

[2] 群凶：指董卓及其部将李傕、郭汜一伙。

[3] 盟津：即孟津，古黄河渡口，在今河南省孟县南。相传周武王起兵伐纣时，曾在此和八百诸侯会盟。这里用“会盟津”代指讨伐董卓的军队像当年盟津会师一样联军举兵。

[4] 乃心：他们的心。语出《尚书·康王之诰》：“虽尔身在外，乃心罔不在王室。”咸阳：秦的国都，此指长安。当时汉献帝（刘协）已被董卓挟持，由洛阳迁到了长安。乃心在咸阳：是说起兵讨伐的人心向汉朝王室，决心打到咸阳。

[5] 雁行：飞雁的行列，比喻讨伐董卓的各路兵马像飞雁一样排成一字，畏缩不前。

[6] 嗣还（xuán）：随即。还：同旋。戕（qiáng）：残杀。

[7] 淮南弟：指袁绍的异母弟袁术。他割据淮南，于建安二年（公元197年）在淮南寿春（今安徽寿县）称帝。

[8] 玺：皇帝的印。初平二年（公元191年），袁绍等图谋废黜汉献帝，立幽州牧刘虞为帝，并私刻金玺。北方：袁绍当时屯兵河内（今河南省沁阳县），故称北方。

[9] 铠甲：古代将士作战时穿的防护衣。

[10] 万姓：百姓。生民：人民。

2．苦寒行

提示：《苦寒行》是乐府曲调名，属《相和歌·清调曲》。曹操平定了冀州以后，袁绍的外甥高干以并州（今山西太原一带）投降曹操，曹操仍让他做并州刺史。后来他听说曹操北征乌桓，便乘机叛变了曹操；派兵据守壶关。建安十一年（公元206年）正月，曹操北上太行山，讨伐高干。三月，高干败亡。这首诗大约作于行军途中。诗中描写了军旅生活的艰苦和自己的感慨，格调悲凉。

北上太行山[1]，艰哉何巍巍[2]！羊肠坂诘屈[3]，车轮为之摧[4]。树木何萧瑟[5]，北风声正悲！熊罴对我蹲[6]，虎豹夹路啼。溪谷少人民[7]，雪落何霏霏[8]！延颈长叹息[9]，远行多所怀。我心何怫郁[10]？思欲一东归[11]。水深桥梁绝，中路正徘徊。迷惑失故路，薄暮无宿栖。行行日已远，人马同时饥。担囊行取薪，斧冰持作糜[12]。悲彼《东山》诗[13]，悠悠令我哀[14]。

注释：

[1] 太行山：蜿蜒于河南、山西、河北境内的一座大山。曹操讨伐高干是从邺（今河南安阳北）出发，翻越太行山，攻击高干据守的壶关（今山西长治县东南），方向是由南而北，所以说“北上太行山”。

[2] 何：多么。巍巍：高峻的样子。

[3] 羊肠坂：地名，在今山西长治县东南。诘（jí）屈：盘旋曲折。

[4] 摧：折断，损坏。

[5] 萧瑟：萧条冷落。

[6] 罴（pí）：棕熊，人熊。

[7] 溪谷：山中低洼近水之处，是山中居民居住的地方。

[8] 霏霏：雪下得很大的样子。

[9] 延颈：伸长脖子仰面朝天。

[10] 怫（fú）郁：忧愁不安。

[11] 东归：回归东方。

[12] 行：做，执行。斧冰：以斧砍冰。斧：作动词。糜：粥。

[13]《东山》：《诗经·豳风》中的一篇，这是一首描写久戍士卒还乡途中思念家乡的作品。毛苌说这首诗是赞美周公的。曹操在这里引出《东山》诗，含有以周公自比之意。

[14] 悠悠：思念深沉、长久的样子。

3．短歌行（选一）

提示：《短歌行》是乐府曲调名，属《相和歌·平调曲》，古辞已佚。它是在宴会上歌唱的乐曲。曹操的《短歌行》共两首，这里选的是第一首。有人推断此诗作于赤壁之战以后，由于曹操在军事上的失利，统一事业受到严重挫折，因此感到年华易老，壮志难酬，所以发出了“人生几何”和“去日苦多”的慨叹。诗中反映出曹操广泛延揽人才，使天下归心的急切心情。这表现出他雄才大略的一面。

对酒当歌[1]，人生几何？譬如朝露，去日苦多[2]。慨当以慷[3]，忧思难忘。何以解忧？惟有杜康[4]。青青子衿[5]，悠悠我心。但为君故[6]，沉吟至今[7]。呦呦鹿鸣[8]，食野之苹[9]。我有嘉宾[10]，鼓瑟吹笙[11]。明明如月，何时可掇[12]？忧从中来，不可断绝。越陌度阡[13]，枉用相存[14]。契阔谈宴[15]，心念旧恩[16]。月明星稀，乌鹊南飞，绕树三匝[17]，何枝可依？山不厌高[18]，水不厌深。周公吐哺[19]，天下归心。

注释：

[1] 对酒当歌：面对着酒和歌。当：与“对”同义。一说“当”为“应当”的意思，“歌”即放歌感慨。

[2] 去日苦多：对过去了太多的岁月而感到苦恼。

[3] 慨当以慷：慷慨的间隔用法；慷慨：形容激昂不平。当以：无实际意义。

[4] 杜康：相传是我国最早开始造酒的人，这里用以代指酒。

[5] 衿：衣领。青衿：周朝时学子的服装，这里代指学子。《诗经·郑风·子衿》："青青子衿，悠悠我心，纵我不往，子宁不嗣音。"写的是一个女子对情人的思念，责备他忘了自己。曹操引用此诗，借以表示自己对贤才的思慕。

[6] 但：只。君：所思慕之人。

[7] 沉吟：低声吟咏。

[8] 呦呦：鹿叫声。

[9] 苹：艾蒿。鹿找到苹便发出呦呦的叫声互相召唤。

[10] 嘉宾：尊贵的宾客。

[11] 鼓：弹奏。诗人引《诗经·小雅·鹿鸣》中"呦呦鹿鸣，食野之苹。我有嘉宾，鼓瑟吹笙"等诗句，表示自己将以极端的热诚期待着贤才。

[12] 辍：停止。一作"掇"，提取，拾取。

[13] 越陌度阡：取自古谚"越陌度阡，更为客主。"意为走了很多路，朋友之间相互往来。陌、阡：田间小路；南北为阡，东西为陌。

[14] 枉用：徒劳，屈驾。存：问候，拜望。

[15] 契阔：久别。谈宴：叙谈宴饮。

[16] 旧恩：旧日的情义。

[17] 匝（zā）：周，圈。

[18] 厌：饱，满足。引义"嫌"。《管子·形势解》："海不辞水，故能成其大；山不辞土石，故能成其高；明主不厌人，故能成其众；士不厌学，故能成其圣。"诗人的"山不厌高，海不厌深"的诗句从这里化来。

[19] 周公：姓姬，名旦，周武王之弟。武王死，他辅佐成王，建立了周朝的典章制度。吐哺：吐出口中正在咀嚼的食物。据《史记·鲁周公世家》记载，周公说他自己"一沐三握发，一饭三吐哺，起以待士，犹恐失天下之贤人。"此处曹操以周公自命。

二、陶渊明诗选讲

（一）陶渊明的人生与创作

陶渊明（365—427），一名潜，字元亮。世称靖节先生。浔阳柴桑（今江西九江西南）人。陶氏为浔阳的大族，他的曾祖陶侃是东晋初名将，封长沙郡公，死后追赠大司马。祖父陶茂官至太守，父亲亦曾做过县令一类的官。但到陶渊明时，因他年幼时父亲就去世了，家境日渐衰落，所以他自少年时起就过着穷困生活。二十九岁时陶渊明开始出仕，任江州祭酒，不久即归隐。中年时期曾先后做过镇军参军、建威参军等地位不高的几任小官，但由于他的抱负不得施展，又不肯与士族社会同流合污，实际过着时隐时仕的生活。后义熙元年（405）陶渊明四十一岁，出为彭泽县令，不过八十多天，便弃职而去，从此脱离了官场。开始时他的归隐生活还算自得，有自己的田庄和僮仆，有时他也亲自参加一些农业劳动，后来由于家里遭了火灾，农田又不断受水旱虫灾，家境愈来愈恶化。这使他能够体会到一些农村劳动者的疾苦。但他始终不愿再出来做官，晚年一直过着躬耕隐居的生活。

陶渊明并不是一个天生的隐士。他早年也是一个热心仕进，希望能够建功立业，在政治上有所作为的人物。他在《杂诗》里说"忆我少壮时，无乐自欣豫，猛志逸四海，骞翮思远翥。"但他走上仕途时正赶上一个动荡的时代，皇室内部斗争激烈，军阀混战，不仅给人民带来灾难，同时也给从政者严重的不安全感。晋安帝隆安二年（398），陶渊明到荆州刺史兼江州刺史桓玄手下当幕僚，当时桓玄掌握着长江中上游的军政大权，野心勃勃的要图谋篡位。这使陶渊明的政治雄心有所削减，逐渐产生了归隐的想法。他在隆安五年（401）所写的《辛丑岁七月赴假还江陵夜行涂口》中说："诗书敦素好，林园无世情。如何舍此去，遥遥至西荆。"对仕途生活产生了怀疑。这一年冬天因母孟氏卒，便回浔阳居丧了。此后政局又发生了很大的变化，元兴三年（404）刘裕起兵讨伐想篡权的桓玄，入建康，任镇军将军，掌握了国家大权，给晋王朝带来一线希望。于是陶渊明又出任刘裕的参军，在他赴任时所作的《始作镇军参军经曲阿作》诗中表现了当时的矛盾心情，一方面觉得时机已到，希望有所作为，"时来苟冥会，婉娈憩通衢"。一方面又很矛盾，眷恋着田园生活，说"目倦川涂异，心念山泽居。聊且凭化迁，终归班生庐"。由于当时刘裕正集中力量扫除桓玄及其残余势力，陶渊明在刘裕幕中恐难有大的作为，于是第二年他又改任建威将军江州刺史刘敬宣的参军。而在任建威参军时所作《乙巳岁三月为建威参军使都经钱溪》诗又说："园田日梦想，安得久离析？"身在仕途，心在园田。这年八月他又请求改任彭泽县令，但是在官仅八十余日，他便辞官归隐了。这次辞官的直接原因，据《宋书》本传记载："郡遣督邮至，县吏白：'应束带见之。'潜叹曰：'我不能为五斗米折腰向乡里小人。'即日解印绶去职。"而他自彭泽令解职时所作《归去来辞》中说出了更为深刻的原因，"归去来兮，请息交以绝游，世与我而相违，复驾言兮焉求。"把做官说成"深愧平生志"。以这一事件为契机，陶渊明彻底地觉悟到做官和自己崇尚自然的人生理想是相违背的，他无法改变自己的本性去迎合世俗，加上对政局的失望，于是就坚决地归隐了。他的归隐，实际是人生理想与当时的社会现实无法调和的结果。

陶渊明在诗歌、散文、辞赋的创作方面都有很高的成就，但对后代影响最大的还是他的诗，尤其是他的田园诗。陶诗主要可分为田园诗、咏怀诗、赠答诗等几类。田园诗是陶渊明为中国文学增添的一种新的题材。所谓的田园诗，是指陶渊明以其田园生活为内容，描写自己躬耕田亩及内心感受的诗作。他的田园诗通过写田园景物的美好，田园生活的简朴，表现自己身处其中的悠然自得的情怀。

陶渊明是中国文学史上的一位伟大诗人，他的诗歌作品反映了对腐败政治和龌龊官场的憎恶，表现了他热爱农村生活，不慕功名利禄的情操。不过他的作品也流露出"人生无常"、"乐天安命"等消极思想。他的诗平淡自然，精炼含蓄，韵味隽永，具有独特的艺术风格。散文以《桃花源记》为最著名。

陶渊明现存作品，有诗歌一百二十余首，散文六篇，辞赋两篇。《陶渊明集》有清陶澍的汇注本和今人王瑶的注本、逯钦立的校注本。

（二）陶渊明诗歌欣赏

1. 归园田居（选三）

《少无适俗韵》（其一）

提示：《归园田居》共五首，成一组。陶渊明怀着辅佐君主干一番事业的抱负步入仕途，从二十九岁做江州祭酒到四十一岁辞彭泽令归隐田园，在十二年的时间里，先后四仕四隐，逐渐认识到通过仕途实现自己的理想是不可能的，最后决定弃官归隐，在田园中度过自己后半生的岁月。这组诗就是他辞彭泽令归隐后的作品，大约作于晋安帝义熙二年（406年），时年四十二岁。

《少无适俗韵》是第一首，主要写诗人归田的原因以及他摆脱了官场羁绊后过农村生活的乐趣和愉快心情。他用饱含感情的笔墨，描绘出一幅让人神驰不已的乡居图。田野上简朴的居所，周围有各种树木环绕，放眼四望，雾霭弥漫的天幕下隐隐约约散落着宁静祥和的村庄，村民们做饭时升起的依依的炊烟牵动着人的遐想，还有小巷深处传出的鸡鸣狗吠声，既显示出生机，又点缀出空虚与辽远、宁静与和谐。不管是到没到过乡间的人，看了这一幅饱含深情的乡居图，都会引出缕缕的温情，让心灵得到无限放松，甚至产生归隐的渴望。这首诗的成功之处，就在于陶渊明不仅写出了农耕文明的祥和美好，更写出了人们灵魂深处那种渴望脱离尘嚣、回归自然的愿望及对精神家园的追寻，这是陶渊明所有的田园诗的共同意义所在。

少无适俗韵[1]，性本爱丘山。误落尘网中[2]，一去三十年[3]。羁鸟恋旧林[4]，池鱼思故渊[5]。开荒南野际[6]，守拙归园田[7]。方宅十余亩[8]，草屋八九间。榆柳荫后檐[9]，桃李罗堂前[10]。暧暧远人村[11]，依依墟里烟[12]。狗吠深巷中，鸡鸣桑树颠。户庭无尘杂[13]，虚室有余闲[14]。久在樊笼里[15]，复得返自然。

注释：

[1] 适俗：适应世俗。韵：气韵、风度。

[2] 尘网：指尘世，此处指仕途。

[3] 三十年：当作“十三年”。陶渊明二十九岁出任为江州祭酒，至四十一岁彭泽弃官，共十二年。次年作此诗，刚好十三年。

[4] 羁鸟：笼中之鸟。羁：马笼头；将马笼头套在马上。引申为：拘束，束缚。

[5] 池鱼：池塘之鱼。故渊：鱼原来生活的渊潭，此处比喻旧居。

[6] 际：边缘处。

[7] 拙：愚拙，这里是与世俗的机巧相对而言的，指纯朴。

[8] 方：旁。方宅：庭院。

[9] 荫：荫蔽。

[10] 罗：列。

[11] 暧暧：昏暗的样子。

[12] 依依：轻柔的样子。

[13] 户庭：门庭。尘杂：尘俗杂事。

[14] 虚室：虚空闲静的屋子。余闲：闲暇。

[15] 樊笼：关鸟兽的笼子，此处比喻仕途。

《野外罕人事》（其二）

提示：《野外罕人事》写的是诗人归田后，没有世俗交往，也屏除了世俗杂念，一心从事农田劳动，只期望着庄稼有好收成。作者的悲欢已经深深地与躬耕田亩的生活联系在一起了。而在躬耕生活的背后，隐含的是为官与归隐两种生活方式的对比以及作者的人生理想和人生选择。

野外罕人事[1]，穷巷寡轮鞅[2]；白日掩荆扉[3]，虚室绝尘想[4]。时复墟曲中[5]，披草共来往[6]。相见无杂言[7]，但道桑麻长。桑麻日已长，我土日已广，常恐霜霰至[8]，零落同草莽[9]。

注释：

[1] 罕：少。人事：指人与人之间交往的事。此指世俗交往。

[2] 穷巷：僻巷。轮：车轮。鞅：套在马颈上的皮带。“轮鞅”，指车马。

[3] 白日：白天。荆扉：柴门。

[4] 尘想：世俗的想法。

[5] 时复：有时又。墟曲：乡野。

[6] 披：拨开。“时复墟曲中，披草共来往。”这两句是说有时拨开草莽去同村里人来往。

[7] 杂言：尘杂之言，指仕途之事。

[8] 霰（xiàn）：小雪珠。

[9] 莽：草。

《种豆南山下》（其三）

提示：诗中描绘出了一幅典型的躬耕田亩图。写诗人在南山下种了一些豆子，只是可惜杂草非常旺盛，豆苗反倒是特别稀少，于是作者只好早出晚归努力劳作，晨曦即起出去除草，到了傍晚天色渐黑，月亮已经升起时才回来。乡间的小路狭窄，两边的草木旺盛，走在路上，夕露沾湿了衣服。“衣沾不足惜，但使愿无违。”作者无怨无悔，只有自食其力的充实满足感。

种豆南山下，草盛豆苗稀。晨兴理荒秽[1]，带月荷锄归[2]。道狭草木长，夕露沾我衣。衣沾不足惜，但使愿无违。

注释：

[1] 兴：起来，起。荒秽：“荒”指荒地，荒芜；“秽”指荒芜。“理荒秽”即整理荒地，清除杂草。

[2] 带：被围绕，带着。荷（hè）：扛，担，负。

2.《饮酒》并序（选二）

说明：《饮酒》诗共二十首，这里选两首。依据序文“顾影独尽，忽焉复醉。既醉之后，辄题数句自娱，纸墨遂多，辞无诠次，聊命故人书之”这些内容推断，这组总题为《饮酒》的诗歌不是一时而是一个时期的作品。又据诗中的“秋菊有佳色”、“凝霜珍异类”、“弊庐交悲风”和“披褐守长夜”等诗句判断，这组诗当写于由秋及冬的季节。据诗中的“行行向不惑，淹留遂无成”之句，可知这组诗写于四十岁左右。又据诗中说：“是时向立年，志意多所耻。遂尽介然分，拂衣归田里。冉冉星气流，亭亭复一纪。”向立年是三十岁，“复一纪”，又过了十二年，据此，可以推断是陶渊明四十二岁左右时的作品。

序　　文

余闲居寡欢，兼比夜已长[1]，偶有名酒，无夕不饮。顾影独尽，忽焉复醉。既醉之后，辄题数句自娱，纸墨遂多，辞无诠次[2]，聊命故人书之[3]，以为欢笑尔。

注释：

[1] 兼：并且。比：近来。

[2] 诠次：选择，次序。

[3] 故人：老朋友。

其一·结庐在人境

提示：《结庐在人境》原列第五首，描写诗人闲适的隐居生活和悠然自得的心境，前四句表达了对仕途官场的鄙视，后一部分通过景物描写，表达了一种豁达、崇尚自然、任运委命的人生境界。

结庐在人境[1]，而无车马喧[2]。问君何能尔[3]，心远地自偏[4]。采菊东篱下，悠然见南山[5]。山气日夕佳[6]，飞鸟相与还[7]。此中有真意[8]，欲辨已忘言[9]。

注释：

[1] 结庐：造房子，安家。人境：人间，世间，

[2] 车马喧：指世俗交往的纷扰。

[3] 君：诗人自称。尔：如此，这样。

[4] 心远地自偏：心如能远远地摆脱了世俗的束缚，即使处于喧嚣之境也如同住在偏僻地一样。

[5] 悠然：自得的样子。

[6] 日夕：傍晚。

[7] 相与还：结伴而归。

[8] 此：指眼前情景。真意：人生真正的意义。

[9] 欲辨已忘言：意思是已经领会了"真意"，但想要辨析，却不知如何用语言去表达了。

其二·清晨闻叩门

提示：《清晨闻叩门》原列第九首。此诗用设问作答式，表示自己决心隐居、拒绝出仕的意志。

清晨闻叩门，倒裳往自开[1]。问子为谁与[2]，田父有好怀[3]。壶浆远见候[4]，疑我与时乖[5]。"褴褛茅檐下[6]，未足为高栖[7]。一世皆尚同[8]，愿君汩其泥[9]。"深感父老言[10]，禀气寡所谐[11]。纡辔诚可学[12]，违己讵非迷[13]。且共欢此饮[14]，吾驾不可回[15]。

注释：

[1] 倒裳：穿颠倒衣裳。是说急忙迎客，来不及穿好衣裳。

[2] 子：指田父，即农夫。与：语气词。

[3] 好怀：好意。

[4] 壶浆：用壶盛的酒。远见候：远道前来问候。见：表示被动，相当于"被"。

[5] 疑：责怪。乖：违反，背离，不正常。

[6] 褴褛：也作蓝缕，破烂。《方言》："楚人谓贫人衣破丑敝为蓝缕"。

[7] 栖（qī）：本指鸟停在树上，泛指居住或停留。现用栖居。高栖：即高档次的隐居。

[8] 尚同：崇尚同流合污。尚：崇尚，以……为时尚。

[9] 汩（gǔ）：扰混。汩其泥：用《楚辞·渔父》中成语："世人皆浊何不汩其泥而扬其波?"意思是说，举世混浊，一个人怎能独清。即：希望你也随波逐流、浑水摸鱼混日子吧。

[10] 深感：深深感激。

[11] 禀（bǐng）气：天生的气质。谐：合，调和。寡所谐：难与世俗调和。

[12] 纡辔：驾车走回头路。喻指违心事人，即指出仕。纡（yū）：屈曲，绕弯。

[13] 讵：岂。"违己讵非迷"：违背了自己的本心，岂不走入迷途。

[14] 且共欢此饮：暂且一同痛快地喝这顿酒。

[15] 驾：车驾，喻指方向、道路。

（三）陶渊明诗歌的艺术成就

陶渊明诗歌的总体特征是自然。他这种自然的艺术风貌的形成，与他的写作态度、方式有关。宋人说"渊明先生所以不可及者，盖无心于非誉、巧拙之间也。"（《碧溪诗话》）这一评价十分准确地说明了陶渊明的写作特点。首先，他做诗不存祈誉之心，写诗只是为了抒发

自己在生活中的感触，并不是为了邀誉，因此没必要矫情矫饰，例如他自己在《五柳先生传》中说："常著文章自娱，颇示己志。忘怀得失，以此自终。"又在《饮酒序》中说："既醉之后，辄题数句自娱，纸墨遂多。"其次，陶渊明写诗多用内省式的话语，自然流露，一片神行。这是由陶渊明的"自然"哲学决定的。在他看来，人为的礼仪会破坏社会的自然性，矫饰的行为会破坏人性的自然性，而诗歌在外在形式上的过度追求，必然破坏感情的自然性。他的诗歌绝少使用有夸张色彩的语调，深奥生僻的语汇、典故，也往往没有大起大落，大开大合，而只是用舒缓的语调把自己内心的感触坦诚地记录下来，像前面提到的《归田园居》等都是如此。他往往用一种类似于意识流的结构，原原本本地流露出自己的人生体会。因为陶渊明本身人格的清高超逸，所以他把自己的感受直接写出来就很有感染力。

题材上，陶诗的特点就是将日常的生活诗化。在他以前的诗人，比如屈原、曹操、曹植、阮籍、陆机等都着重于写关乎国家政治的题材，而陶渊明第一次从日常生活中发现久而弥淳的诗味，用家常话写家常事，写得诗意盎然。

具体地说，陶诗的艺术特色可以概括为：

(1) 陶渊明的诗注重写主观的心境。他无意于模山范水，也不在乎什么似与不似，只是写他与景物融而为一的对人生了悟明澈的心境。在他诗中南风下张开翅膀的新苗，伴随他锄草归来的月亮，依依升起的炊烟，中夏贮满了清阴的堂前林，以及清琴、浊酒、青松、秋菊、孤云、飞鸟，都不再是平常的客观事物，而是染上了诗人强烈的主观感情色彩。如"采菊东篱下，悠然见南山"这样的句子，看似脱口而出，实则物我相融。他不经意中目遇南山，那亘古如此的南山，那从来都在自由自在飞翔的鸟儿，使他猛然对人生的真谛有所体悟。"采菊"两句写出了他在顿悟状态下消失了物我之间的界限，恍然间不知何为我，何为山。而有限的自我融入到无限的自然中去，在"无我"的审美境界中体会到自然的自在自足、圆满充实。这种心与境的瞬间感应以及由有限通向无限，与宇宙合而为一的愉悦感受，是难以落于言筌的，他无法用任何语言、文字表述出来，因为它不是一种认识、判断，而是一种体验、感受，所谓"欲辨已忘言"也。诗中日夕的天气，归还的飞鸟，都不再是客观事物，而是一种心境的投射，其中蕴含着人生的真谛。

(2) 陶渊明诗中描写的对象也往往打上了主观烙印。陶渊明诗中的形象大都是平常的事物，如村舍、鸡犬、豆苗、桑麻、穷巷、荆扉，一切如实说来，只是白描，朴朴素素，然而已经融入了陶渊明的内心感受，往往朴实中寓意深远。如"种豆南山下"，"今日天气佳"，"秋菊有佳色"，"春秋多佳日"，"平畴交远风，良苗亦怀欣"（《卯岁始春怀古田舍》），"众鸟欣有托，吾亦爱吾庐"（《读山海经》）等，都明白如话，然而，平淡之中可见绮丽。像上面句中的两个"亦"字，物我相融，耐人寻味。又如"山涧清且浅，可以濯吾足。漉我新熟酒，只鸡招近局。日入室中暗，荆薪代明烛"（《归园田居》其五）。平平常常的事物，经诗人点化，便把他对邻人的亲切，以及乡村淳朴的风俗和人们在随心所欲的生活中的可意心态都写出来了。

(3) 陶渊明诗的语言朴素、精炼，洗净了其中芜杂的成分，呈现出明净的单纯。他对自然的美有十分敏锐的感受，能够用准确朴素的语言将其再造为诗的形象。像"暧暧远人村，依依墟里烟"，写出乡村的恬静，"有风自南，翼彼新苗"写风的踪迹，都达到了高远的境界。再比如"及时当勉励，岁月不待人"（《杂诗》其一），"日月掷人去，有志不获骋"（《杂诗》其一），"霭霭堂前林，中夏贮清阴"（《和郭主簿》），其中的"待""掷""贮"字，都是常见的，看似平淡却精彩，不可更易。

三、鲍照

说明：鲍照（约414—466），字明远，东海（今江苏涟水县北）人。出身寒微。曾做过秣陵令、中书舍人，后为临海王刘子顼（xū）前军参军，故世称鲍参军。刘子顼谋反，鲍照为乱兵所杀。他是一位有抱负的才士，不甘心于屈从门阀制度而要争取自己的政治地位。但在世族豪门的压抑下，一直不得志。

鲍照是南朝宋代成就最高的诗人。他的诗充满了对门阀专权的社会现实的抗议，有些诗反映了人民的疾苦，表达了诗人要求保卫国家的愿望和对美好生活的向往。他的诗长于乐府，尤其是七言歌行，风格挺峭跌宕，对唐代诗人李白、岑参等均有积极影响。有《鲍参军集》传世。

拟行路难（其六）·对案不能食

提示：《行路难》本是汉代歌谣，据《乐府解题》说："《行路难》，备言世路艰难及离别悲伤之意。"鲍照的《拟行路难》是依照乐府古题创作的，这组诗共十八首，除一部分是写男女离别悲伤外，主要是写他对封建豪门世族统治的愤慨和不平，诗中也写了时光易逝、人生短促的悲伤。"拟"，就是"代"、仿作的意思。

《对案不能食》原列第六。本诗描写了在封建门阀统治下，有志之士与社会的尖锐矛盾，表现了诗人才高气盛，壮志不得施展的愤慨。

对案不能食[1]，拔剑击柱长叹息。丈夫生世会几时[2]，安能蹀躞垂羽翼[3]？弃置罢官去，还家自休息。朝出与亲辞，暮还在亲侧。弄儿床前戏[4]，看妇机中织。自古圣贤尽贫贱，何况我辈孤且直[5]。

注释：

[1] 案：古时放食器的小几，形如有脚的托盘。

[2] 会：能。

[3] 蹀躞（dié xiè）：小步行走的样子。意为：不能委曲求全，畏缩不前，虚度年华。

[4] 弄儿：逗小孩。戏：玩。

[5] 孤：指族寒势孤。直：人格耿直不屈。

四、北朝乐府民歌

说明：《北朝乐府民歌》主要是北魏以后用汉语记录的作品，保存下来的数量不多，总共约有七十余首，收录在《乐府诗集》的《梁鼓角横吹曲》以及《杂歌谣辞》和《杂曲歌辞》中。《北朝乐府民歌》的题材范围比南朝的广阔，内容较丰富，除恋歌外，还有战歌和牧歌以及反映人民痛苦生活的歌谣。这些民歌反映了北方的社会生活，描绘了北方辽阔壮丽的山川景物，抒发了北方各民族英勇豪迈的气概，风格豪放刚健，慷慨激昂。思想上和艺术上的成就均比南朝民歌高。

1．《企喻歌》（选一）

提示：《企喻歌》属《梁鼓角横吹曲》，《古今乐录》说："此歌是燕、魏之际鲜卑歌也。"

《乐府诗集》共收四首，这里选第一首《男儿欲作健》。该诗通过生动的比喻歌颂了一个敢于匹马单枪纵横驰骋的英雄。

男儿欲作健[1]，结伴不须多。鹞子经天飞[2]，群雀两向波[3]。

注释：

[1] 欲作健：想做健儿。

[2] 鹞子：似鹰而小的猛禽。

[3] 两向：向左右两边。波：同播，逃散。

2.《折杨柳枝歌》(选一)

提示：《折杨柳枝歌》属《梁鼓角横吹曲》，《乐府诗集》共收四首，这里选第二首《门前一株枣》。该诗描写一个女子想早日出嫁的愿望，坦率、风趣。足见北方人豪勇之性格在女子的婚姻观中也有体现。

门前一株枣，岁岁不知老。阿婆不嫁女，哪得孙儿抱。

3. 敕勒歌

提示：《敕勒歌》收入《乐府诗集》的《杂歌谣辞》中。据《乐府广题》说，北齐神武帝（高欢）为周军所败，令敕勒族人斛律金唱《敕勒歌》以激励士气。其歌词原为鲜卑语，后译成汉语。敕勒，古种族名，北朝时居住在朔州（今山西北部）一带的游牧民族。《敕勒歌》就是敕勒民歌。

敕勒川[1]，阴山下。天似穹庐[1]，笼盖四野。

天苍苍，野茫茫，风吹草低现牛羊。

注释：

[1] 川：平野。敕勒川是敕勒族游牧的草原。

[2] 阴山：在内蒙古自治区境内。

[3] 穹庐：毡帐，俗称蒙古包。

思考题：

1. 什么叫“乐府诗”？何谓“古诗十九首”？

2. 试结合作品论曹操的诗在思想和艺术两个方面的成就。

3. 陶渊明在他的诗《结庐在人境》中说：“此中有真意，欲辨已忘言。”其中的“真意”指什么？

4. 结合作品论述陶渊明诗歌的艺术成就。

第四章　唐诗选讲

一、唐诗写作概观

唐代是中国封建社会的一个强盛时期，诗歌在这个时期也形成了一个蔚为壮观的高峰。诗歌在唐代的繁荣，首先是社会安定、经济繁荣的表现；其次，国内各民族的融合和国际文化交流的频繁，促成了人们思想的自由和文化视野的开阔，这为诗人们提供了丰厚的创作资源；第三，唐代以诗取士这种科举考试制度也对诗歌创作的繁荣有很大促进。自公元618年唐帝国建立后，最初三十余年，诗坛上并没有表现出大的变化。武则天当政时期，唐诗开始呈现独特的面貌。王勃、杨炯、卢照邻、骆宾王、沈佺期、宋之问和杜审言等陆续登上诗坛。这些人在当时封建秩序以及道德规范、审美观念逐渐恢复正常的基础之上，改造了宫体诗，并继承了南朝诗人对于诗体的探索，完成了五七言律体（包括律化了的绝句——小律诗），完善了七言古体。经过他们的努力，诗歌的题材和主题由宫廷的淫靡改变为都市的繁华和正常的男女之爱，由台阁应制扩大到写江山之美和边塞之情，风格也由纤柔卑弱转变为明快清新。而陈子昂则从汉魏风骨中汲取素养来开辟唐诗的疆域。他是一位能够把握住对超现实的向往和对现实的执著这一基本矛盾，并且用新的语言和形象来加以表现的诗人，上承阮籍、曹植，下开李白、杜甫。

从玄宗即位到代宗登基（712～762），这半个世纪通常称为盛唐。但在公元七五五年安史乱前和乱后，诗坛的面貌并不相同。在这次战乱以前，诗人们在创作中都发散着强烈的浪漫气息。或者表现为希企隐逸，爱好自然，诗中的代表人物形象是隐士；或者表现为追求功名，向往边塞，诗中的代表人物形象是侠少。前人所谓“盛唐气象”，在很大的程度上，指的就是这种富于浪漫气息的精神面貌。

孟浩然、王维等的许多作品，都极为成功地描绘了幽静的景色，借以反映其宁谧的心境。这种诗使人脱离现实斗争，但对于热中奔竞、趋炎附势者流，也具有清凉剂的作用，而其所提供的自然美的享受则是不可替代的。这些人是以写田园山水诗得名的陶渊明、谢灵运、谢朓的后继者，气象的浑穆或有不及，而措语的精深华妙则有过之。其后的韦应物、柳宗元在这方面是他们的追随者。

集中反映了盛唐时代积极进取精神的，是出自高适、岑参、李颀、王昌龄等人之手的边塞诗。这类诗篇，塑造了许多边庭健儿的英雄形象。诗人们歌颂从军报国，建功立业，却并不无原则地讴歌战争，往往还流露出反对无限制的拓边政策的理智。在写胜利的喜悦或失败的痛苦时，也反映了战争对广大人民的和平生活的干扰和破坏。这些诗交织着英雄气概与儿女情长，极悲凉慷慨、缠绵婉转之情。其源出于鲍照、刘琨，更上一点，还可以追溯到建安作家群，虽然那时写边塞的作品还很缺少爱情成分。

唐代浪漫主义诗歌的最高成就首推李白。李白和屈原一样，绝不是一位超现实的浪漫主义诗人。他毫不掩饰他对功名事业的向往，同时又因为自己绝对无法接受那些取得富贵利禄的附加条件而弃之如敝屣。他热爱现实生活中一切美好的事物，而对其中不合理的现象毫无顾忌地投之以轻蔑。这种已处于现实困境中，却不愿意屈从，反过来还想征服现实的态度，是人们历来反抗黑暗势力与庸俗风习的一股强大的精神力量。这正是李白的独特性，它和杜甫那种以严肃、悲悯的心情关心和反映祖国与人民命运的现实主义精神，是相反相成的。

安史之乱是唐帝国由盛转衰的界标，也是唐代文学发展的一个转折点。活动于开元、天宝时代的重要诗人，除孟浩然外，大都死于乱后。他们都经历了这场由于统治者的昏聩荒淫而造成的地方军阀叛乱。在乱前，他们当中的多数人为社会表面的安定繁荣所迷惑，一意追求自得其乐的浪漫生活。乱后由于丧失了过那种生活所凭依的许多条件，转为意志消沉，再也唱不出热烈高昂或悠然自在的歌了。而另外少数人，乱前原就比较清醒，在朝野的沉酣中，对潜在的严重危机已有预感，残酷的战争、苦难的环境使他们受到锻炼、教育，使他们坚决地站出来，为国家的安危、人民的哀乐而歌唱。杜甫就是这少数人中的杰出代表。他以积极的入世精神，勇敢而忠实地反映现实生活，即使在大局极端危急的情况之下，也从来没有失去信心。而其所具有“尽得古今之体势，而兼人人之所独专”的高妙艺术手段，又足以充分地将这种高贵的思想感情表达出来。在我国诗坛上，杜诗的认识作用、借鉴作用、教育作用和美感作用都是难以企及的。这就是后人尊之为诗圣，将其作品尊为诗史的理由。

李诗大源出于《楚辞》，杜诗大源出于《诗经》和汉乐府，二人又在不同方面受到《文选》很深的影响。安史乱前以李白为代表的浪漫主义和乱后以杜甫为代表的现实主义双峰对峙，共同铸就了盛唐诗歌的辉煌。

代宗大历时期（766～779）的作者，由于生活在一个遭受了极大破坏的社会里，物质、精神两方面都未免贫乏。他们既不能如杜甫那样，在困厄之中依然奋发，所以便继承了王维、刘长卿诸人作品中适合于他们生活情调的那一部分，而着眼用力于写日常生活。时序的迁流、节物的变化、人事的升沉离合等方面的描绘，贯串于悯乱哀时的情绪之中，形成大历诗歌的基调。诗人们对这些方面具有特殊的敏感，寄以沉重的感慨，体物工致，抒情深刻，作品富有人情味，体现出安史乱后诗人普遍的幻灭感受。钱起、郎士元、李端、韦应物、司空曙、卢纶、戴叔伦、李益等的作品，虽然各有自己的个性，却都带有这种烙印。而韦应物之澄澹，李益之悲慨，尤为后人所称赏。

由德宗到穆宗计四十余年，这时，一度中衰的诗坛又逐渐重整旗鼓。其中宪宗元和时期（806～820）最为兴盛，所谓“诗到元和体变新”。虽然白居易所说“新体”可能仅指以自己为代表的那一类诗，然而按照我们今天的理解，元和新体主要指两个诗派：一派以白居易为首，元稹、张籍、王建、李绅等为羽翼；另一派以韩愈为首，孟郊、贾岛、李贺等为羽翼。其源都出于杜甫。从此以后，杜甫在中国诗坛上的影响就变得非常突出，而且历久不衰。

白居易一派诗人对杜甫的继承侧重在他敢于正视现实、抨击黑暗这一方面，并且进一步努力使自己的语言变得更为通俗流畅，生动感人。他们的乐府叙事诗，无论在题材的广阔上，或组织的复杂上，风格的平易上都有所发展，因而容易为读者所爱好和接受。与此相反，韩派诗人则继承了杜甫在艺术上刻意求新，富于创造性的精神，而特别致力于在杜甫胸中笔下还没有来得及开拓的境界。在内容上，他们写险怪，写幽僻，写苦涩，写冷艳，甚至写凶狠。在形式上，他们以散文句法入诗，并且大量使用一些非前人诗中所习见的词语。他们想通过自己的创造，迫使人们同意诗是可以这样写的。这个愿望，到了宋朝，在理论上和实践上获得了部分诗人的承认。在韩派中，李贺在意境和语言上的创新显得比他家更为突出。除了这两大派之外，柳宗元、刘禹锡也是这一时期有成就的诗人。柳诗峻洁而清腴，模山范水之篇，上承谢灵运。刘诗简练而沉着，讽刺时政之作，下启苏东坡。

文宗到宣宗（827～859）的三十余年里，是杜牧和李商隐活跃的时代。杜牧的诗在风格上深受杜甫、韩愈的影响，将清新峻拔熔为一炉，在表达上更富有激情。李商隐则尤长于七律，这种样式已经杜甫作了多方面开拓之后，还有可喜的发展。他以精心的结构、瑰丽的语言和沉郁的风格抒发自己的身世之感、宗国之哀，足以接席杜甫而无愧。虽然有时措意过深，不免晦涩难懂，和李贺一样被人所诟病，但懂与不懂，不单是作者一方面的问题，读者也有一个正确对待和习惯于新的表现手法的问题。与李商隐齐名的温庭筠，情思才力，都比不上李，但其轻艳的作风对唐末诗人颇有影响。

懿宗即位以迄唐亡（860～906），诗人不少，成就不大。其间不少作者追踪白居易，以通俗的语言反映社会问题，如杜荀鹤、罗隐等；还有一些人则以凄婉轻艳的风格伤悼乱离，如司空图、吴融、韩偓、韦庄等。而皮日休和陆龟蒙则每于吟咏个人生活的悠闲时，显出不忘世事的沉痛，有异于其他作家。但这些人都无法和他们的前辈较量。到了北宋，五七言古今体诗才又以一种新的面貌出现。

二、王勃

说明：王勃（650—675），字子安，绛州龙门（今山西省河津县附近）人。与杨炯、卢照邻、骆宾王文章齐名，时称“四杰”。曾任虢州参军，恃才傲物，为同僚所嫉。有“官奴”曹达犯罪，勃匿之，又惧事泄，乃杀以塞口，事发当诛，逢赦除罪。其父时为雍州司户参军，坐勃罪迁交趾（今越南北部地）令。上元二年（675 年），勃往交趾省亲，渡南海，堕水，惊悸而死。有《王子安集》传世。

送杜少府之任蜀州[1]

提示：杜少府，其生平不可考。王勃与杜某是朋友，同在长安当官，当杜某去蜀州任职时，王勃作诗为他送别。这首诗赞美京城形势壮阔，想像蜀州风光秀丽，别意真挚，劝慰深沉，充满傲岸峻拔的气魄，五、六两句，胸臆开朗，对仗工稳。整篇诗节奏分明，境界开阔。首先通过景物描写抒发出一种开朗乐观的情调，然后再写离别，这样就一改离别的悲伤情调，表现出一种旷达的胸怀和潇洒的人生境界。

城阙辅三秦[2]，风烟望五津[3]。与君别离意，同是宦游人[4]。海内存知己[5]，天涯若比邻[6]。无为在歧路[7]，儿女共沾巾[8]。

注释：

[1] 少府：县尉。古时方圆百里的县邑，县令治其俗，县尉督其奸，所以县令称明府，县尉称少府。（见《清波杂志》）。之任：赴任。蜀州：今四川省崇庆县。

[2] 城阙：指都城长安。辅：辅翼。三秦：项羽灭秦，封秦降将章邯为雍王、司马欣为塞王、董翳为翟（dí）王，分王秦地。后世称为三秦。（见《史记·项羽本纪》）。这句诗的意思是长安都城有三秦作为辅翼。

[3] 风烟：远望时所见的遥远、迷蒙的景象。五津：岷江自湔（jiān）堰下至犍为有五大渡口，即白华津、万里津、江首津、涉头津、江南津。（见《华阳国志·蜀志》）这里泛指蜀地的风光。

[4] 宦游：离开家乡，在外地当官。这两句诗的意思是我和你都是远离家乡在外地做官谋生、求志的人，我们离别的心情是最容易相互理解的。

[5] 海内：四海以内，指全中国。知己：相互知心的朋友。

[6] 天涯：天边。比邻：近邻。

[7] 无为：不要。歧路：岔路口，分手的地方。

[8] 儿女：偏义指女子。这里意为作儿女态。沾巾：落泪。

三、杨炯

说明：杨炯（650—692），华阴（今陕西省华阴县）人。曾在秘书省任主管典籍整理工作的校书郎。武后时为盈川（今四川筠连县）令，卒于官。杨炯工诗文，与王勃、卢照邻、骆宾王齐名。炯尝说："愧居卢前，耻居王后。"实际他在诗文的成就上不如王勃。有《盈川集》传世。

从军行[1]

提示：唐初在北方经常和突厥发生战争。诗作描写一个读书人在敌人入侵时，投笔从戎、出征边塞、参加战斗的过程。既有人物心理的揭示，又有环境气氛的烘托，笔力苍劲。

烽火照西京[2]，心中自不平[3]。牙璋辞凤阙[4]，铁骑绕龙城[5]。雪暗凋旗画[6]，风多杂鼓声[7]。宁为百夫长[8]，胜作一书生。

注释：

[1] 从军行：乐府旧题，属《相和歌·平调曲》。

[2] 烽火：古代边境告警的烟火。在边境到内地的大路上沿路筑高台，置烽火。唐制，根据敌情缓急，逐级增加烽火的炬数，最多四炬。一炬至所管州县，两炬以上到京城。这里写"烽火照西京"，表明敌情紧急。西京：指唐都城长安。

[3] 不平：不平静。

[4] 牙璋：用作信符。分两块，合处凸凹相嵌叫做牙。分别掌握在朝廷和主将手中，调动军队时用作凭证。凤阙：汉武帝所建建章宫的圆阙上有金凤，故称凤阙。后世常用作帝王宫阙的概称。这句是说接受牙璋，辞别凤阙。阙：皇宫前面两边的楼台，中间有道路。也泛指宫殿。

[5] 铁骑（jì）：精壮的骑兵。龙城：《史记·匈奴列传》云："五月，大会茏城，祭其先、天地、鬼神。"《汉书》作"龙城"。看来龙城自汉代起是匈奴人集会举行祭祀仪式的地方。这里泛指匈奴的要地。这句是说精壮的骑兵，围困敌人的龙城。

[6] 凋：凋落，在这里是褪色的意思。旗：军旗。画：旗上的绘画。这句的意思是雪天阴暗，旗帜上的绘画色彩不鲜艳。

[7] 杂：夹杂。鼓：战鼓。这句的意思是频频的风声夹杂着鼓声。

[8] 百夫长：卒率（见《史记·周本纪》集解）。即军队中的小官。

四、卢照邻

说明：卢照邻（637？—680?），字升元，号幽忧子，幽州范阳（今河北省涿州东北）人。曾任邓王（李元裕）府掌管文书的典签，调新都尉，因风疾去官。以后病愈重，手足残废，终于不堪病苦，与亲属诀别，自沉颍水。卒年四十岁，有《幽忧子集》传世。

春晚山庄率题二首[1]（选一）

提示：这首诗描写了田园风光和作者赏春的感受，别有一番情趣。

田家无四邻，独坐一园春。莺啼非选树[2]，鱼戏不惊纶[3]。山水弹琴尽[4]，风花酌酒频[5]。年华已可乐[6]，高兴复留人[7]。

注释：

[1] 率题：信笔题诗。

[2] 这句的意思是树树有黄莺歌唱。

[3] 纶：钓丝。这句的意思是游鱼见钓丝不惊怕。

[4] 尽：尽兴。这句说：在山水之间尽兴弹琴。

[5] 频：屡次。这句说：在春风吹动的花丛中频频酌酒。

[6] 年华：这里指时光。可：适合，合宜。乐：游乐。这句的意思是大好时光正适合游乐。

[7] 这句的意思是让人高兴的是主人还殷勤留客。

五、骆宾王

说明：骆宾王（约640—约684），婺州义乌（今浙江省义乌市附近）人，初为道王（李元庆）府属，迁侍御史，以讽谏武后，为当时所忌，系狱。遇赦后，除临海县丞。不久，弃官去。徐敬业起兵讨武后，宾王代他作《讨武曌檄》。武则天读后，惊愕地问道："谁为之？"有人以宾王对，武后说："有如此才不用，宰相过也。"徐敬业兵败，宾王逃亡，不知所终。有《骆宾王集》传世。

在狱咏蝉

提示：这首诗写在狱闻蝉，以蝉的高洁和困难自喻，希望有人为自己剖白心志，昭雪冤屈。

西陆蝉声唱[1]，南冠客思侵[2]。那堪玄鬓影[3]，来对白头吟[4]。露重飞难进，风多响易沉[5]。无人信高洁，谁为表予心[6]。

注释：

[1] 西陆：秋天。《隋书·天文志》："日循黄道东行，一日一夜行一度，三百六十五日有奇而周天。行东陆谓之春，行南陆谓之夏，行西陆谓之秋，行北陆谓之冬。"这句是说秋天蝉唱起来了。

[2] 南冠：楚冠，指代囚徒。据《左传》成公九年，晋平公巡视军府，见钟仪，问道："南冠而絷者谁也？"有司答说："郑人所献楚囚也。"后人用南冠者指代囚徒。客：指宾王自己。侵：深入。全句是说狱中囚徒愁思正深。

[3] 玄鬓：指蝉。《古今注》卷下：魏文帝宫人莫琼树，乃制蝉鬓，望之缥缈如蝉。

[4] 白头：指宾王自己。吟：在这里指蝉鸣。这两句的意思是不堪你这秋蝉，来对我这白头人吟咏。使我更加愁苦。

[5] 这两句写蝉的困难，借喻自己的困难。自己直言敢谏，不但未被采纳，反倒遭受牢狱之苦。

[6] 这两句以蝉为喻，希望有人相信自己的高洁（当时受贪赃官吏的诬陷），肯为自己表白衷心。

六、陈子昂

说明：陈子昂（661—702），字伯玉，梓州射洪（今四川省射洪县）人。开耀二年（682）进士。光宅元年（684），诣阙上书，武后见他才学出众，拜为麟台正字令（秘书省里相当于校书郎的官），迁右拾遗（谏官名，武则天时设置，分属门下省、中书省，主要职责是侍从规谏皇帝）。圣历初年，解官归乡里。县令段简窥其富，诈诬成案，收系狱中，以忧愤而死。《新唐书·本传》说："唐初，文章承徐（陵）、庾（信）余风，天下祖尚，子昂始变雅正。"韩愈《荐士诗》说："国朝盛文章，子昂始高蹈。"他对唐代诗文的改变卓有贡献。

有《陈伯玉集》、《陈子昂集》传世。

1. 登幽州台歌[1]

提示：这首诗抒发了作者登幽州台时产生的不遇知音、壮志难酬的感慨。以文笔行诗，雄浑悲壮，一脱六朝靡弱的诗风。

前不见古人[2]，后不见来者[3]。念天地之悠悠[4]，独怆然而涕下[5]。

注释：

[1] 幽州台：幽州，今北京市及附近地区。幽州台，即蓟北楼。

[2] 古人：古代圣贤。

[3] 来者：后来的贤明者。

[4] 悠悠：久远。

[5] 这句是说：孤独悲伤，流下了眼泪。

2.《感遇》诗三十八首（选二）

其　一

提示：这首诗原列为第三十四首，此诗写一幽燕子弟因尚义行侠，避仇海上，后被役边州。在远离故土的边疆，他忍受着对故乡的思念之情，从民族大义出发，英勇奋战，哪知也像汉李广一样，身经七十余战，白首未得封侯。可见知遇之难，也说明唐王朝贤才不获擢用，立功不得酬赏的政治现实。

朔风吹海树[1]，萧条边已秋[2]。亭上谁家子[3]，哀哀明月楼[4]。自言幽燕客[5]，结发事远游[6]。赤丸杀公吏[7]，白刃报私仇。避仇至海上，被役此边州[8]。故乡三千里，辽水复悠悠[9]。每愤胡兵入[10]，常为汉国羞[11]。何知七十战，白首未封侯[12]。

注释：

[1] 朔风：北风。海树：如海的树林。

[2] 萧条：形容秋天寂寥的景象。

[3] 亭：戍楼，防边战士守望用的岗楼。

[4] 哀哀：伤心的样子。明月楼：指明月下的戍楼。

[5] 幽燕客：幽燕地界来的外地人。幽燕：古幽州和燕国的地方，今河北省北部和辽宁省西部一带。当地人有崇武尚侠的风气。

[6] 结发：古时男子二十岁束发加冠。事：从事。事远游：离开家乡，从事远游。

[7] 赤丸杀公吏：汉时长安少年的游侠行为。据《汉书·尹赏传》记载，当时长安少年有一谋杀官吏的组织，事前把赤、黑、白三色弹丸混在一起，参加的人暗中探取一丸，探得赤丸的杀武官，探得黑丸的杀文官；倘若有人反被杀害，由探得白丸的人负责料理丧事。这里是借用，指敢于在城市里刺杀官吏无所畏惧。

[8] 被役：这里指应召服兵役。

[9] 悠悠：众多的样子。这句意为：故乡在三千里远的地方，辽地又有众多的河水阻隔着。

[10] 胡兵：历史上汉族对边地各民族士兵的通称。入：入侵。

[11] 汉国：汉朝建立的国家。

[12] 据《汉书·李广传》：李广是汉名将，屡次征讨匈奴，身经七十余战，立下了许多大功；但直至鬓发斑白，还没受到封侯的爵赏。

其　二

提示：这是《感遇》诗中的第35首，作于武则天垂拱二年（686年）。诗中描写一个年轻人胸怀报国之志，勇于到边疆建功立业，同时又深为国家边疆的不稳定而忧虑。格调慷慨沉郁。

本为贵公子[1]，平生实爱才。感时思报国，拔剑起蒿莱[2]。西驰丁零塞[3]，北上单于台[4]。登山见千里，怀古心悠哉[5]。谁言未忘祸，磨灭成尘埃[6]。

注释：

[1] 贵公子：豪富家庭的子弟。

[2] 蒿莱：野草。

[3] 丁零塞：唐朝设置有丁零州，属陇右道月支府，在今西伯利亚叶塞河上游。塞：边塞，要塞。

[4] 单于台：故址在今呼和浩特市的西面。

[5] 悠：忧虑。

[6] 祸：指战祸。这两句说，谁说记住了过去的灾祸呢，它们在漫长的岁月里被逐渐遗忘了。

七、张若虚

说明：张若虚（约660—约720），扬州人。兖州兵曹（即州司兵参军，掌管军防、门禁、田猎、烽候、驿传等事）。与贺知章、张旭、包融号称“吴中四士”。仅传诗二首，但因《春江花月夜》“孤篇横绝，竟为大家。”闻一多称《春江花月夜》是“诗中的诗，顶峰上的顶峰。”

春江花月夜[1]

提示：这首诗描写了春江月夜的景物及久别的夫妇在月下相思念的心情。先写春江夜月，次写月照花林，接着提出明月照人的三个问题，然后写月光下夫妇的相互思念。诗中每四句一个意境，情思深切，语言清丽，但伤感的情绪较重。

春江潮水连海平，海上明月共潮生。滟滟随波千万里[2]，何处春江无月明。江流宛转绕芳甸[3]，月照花林皆似霰[4]。空里流霜不觉飞[5]，汀上白沙看不见[6]。江天一色无纤尘，皎皎空中孤月轮。江畔何人初见月？江月何年初照人？人生代代无穷已，江月年年只相似。不知江月待何人，但见长江送流水。白云一片去悠悠，青枫浦上不胜愁[7]。谁家今夜扁舟子[8]？何处相思明月楼[9]？可怜楼上月裴回[10]，应照离人妆镜台。玉户帘中卷不去，捣衣砧上拂还来[11]。此时相望不相闻，愿逐月华流照君。鸿雁长飞光不度[12]，鱼龙潜跃水成文[13]。昨夜闲潭梦落花，可怜春半不还家。江水流春去欲尽，江潭落月复西斜。斜月沉沉藏海雾，碣石潇湘无限路[14]。不知乘月几人归，落月摇情满江树[15]。

注释：

[1] 春江花月夜：乐府旧题，属《清商曲·吴声歌》。

[2] 滟滟：水面闪光的样子。

[3] 芳甸：遍生花草的平野。

[4] 霰（xiàn）：雪珠。这里指朦胧的霜雾。

[5] 古时有人认为霜像雪一样是从空中飞落下来的，所以常称“飞霜”。这句是说半空中流动的月光，洁白如霜，但人不能像感觉霜的飞落那样觉察到月光的飞落。

[6] 月光平铺在沙汀上，掩盖了汀上的白沙，使人只看到银白色的月光，看不见白沙了。

[7] 去悠悠：自由自在而去。青枫浦：生长有青枫的江边渡口。

[8] 扁舟：小船。子：男子的美称。扁舟子：乘孤舟的人，飘泊江上的旅人。指在外的丈夫。

[9] 明月楼：指代在家的妻子。

[10] 裴回：同徘徊。

[11] 玉户：窗户的美称。砧：捣衣石。卷不去、拂还来：都指月光。这两句诗的意思是：离人的妻子在户内闲居或池边洗衣的时候，每逢看到月光都引起相思之感。为使不产生这种牵眷之情，所以要卷掩帘中的月光，拂拭砧上的月光。可是帘中的月光卷掩不去，砧上的月光拂拭还来，更增加相思之苦。两句诗情景交融，喻意深远。

[12] 长飞：远飞。光不度：即不度光。指鸿雁越不过月光照耀的地方，即飞不出月光影里。

[13] 水成文：文同纹。在月光下，鱼龙潜跃在水中，水面形成波纹。古代传说鱼、雁能够传书。如《汉书·苏武传》记载："汉求苏武等，匈奴诡言武死。（以）后汉使复至匈奴，常惠请其守者与俱，得夜见汉使，具自陈道（详细介绍了自己）。教使者谓单于言，天子射上林中得雁，足有系帛书，言武等在某泽中。使者大喜，如惠语以让单于，单于视左右而惊，谢汉使。"《古乐府·饮马长城窟》："客从远方来，遗我双鲤鱼。呼儿烹鲤鱼，中有尺素书。长跪读素书，书中竟何如？上言加餐食，下言长相忆。"王僧孺咏《捣衣》诗："尺素在鱼肠，寸心凭雁足。"鸿雁长飞两句诗的意思是希望鱼、雁为自己传书，以表达闺中忆念之情。实际上写出了长空寥廓，大地寂静，音讯难通。

[14] 碣石：碣石山，在辽西临榆县南，今已没入海中。潇湘：湖南省境内的湘江和潇水会合北流入长江，世称潇湘。碣石、潇湘相离很远，比喻妻子和丈夫相距遥远。

[15] 这一句是说：直至月落，情思还起伏动摇，充满江树。丈夫是在月将落时，面对着江边思念家中的妻子。这时，周围的环境很寂静，身外没什么干扰，所以情思起伏，充满江树。可见情之深，思念之切。实际上是把落月、江树人格化，化情思为景物。

八、崔颢

说明：崔颢（704？—754），汴州（今河南省开封市）人。开元十一年（723年）进士，做过尚书司勋员外郎（属尚书省吏部，主管官吏勋级，员外郎地位仅次于司勋郎中）。《全唐诗》存其诗一卷。

黄　鹤　楼[1]

提示：这首诗写黄鹤楼的传说、附近景色及登楼观感。以文笔行诗，高唱入云。相传李白游黄鹤楼见此诗说："眼前有景道不得，崔颢题诗在上头。"无作而去。（见《唐才子传》）。

昔人已乘黄鹤去[2]，此地空余黄鹤楼。黄鹤一去不复返，白云千载空悠悠[3]。晴川历历汉阳树[4]，芳草萋萋鹦鹉洲[5]。日暮乡关何处是[6]？烟波江上使人愁。

注释：

[1] 黄鹤楼：武昌西有黄鹤山，山西北有黄鹤矶，峭立江中，旧有黄鹤楼（故址在今武汉长江大桥武昌桥头）。旧传仙人子安乘黄鹤过此。

[2] 昔人：《齐谐记》："黄鹤山者，仙人子安乘黄鹤过此。"

[3] 悠悠：闲静的样子。

[4] 历历：分明可数的样子。汉阳：县名，东与武昌隔江相望。

[5] 萋萋：草木茂盛的样子。鹦鹉洲：在汉阳西南长江中。东汉末年，长沙太守黄祖在此地杀了弥衡。相传弥衡在这洲上作过鹦鹉赋，因此得名。

[6] 乡关：故乡。

九、王昌龄

说明：王昌龄（698—约757），字少伯，太原人，一说京兆长安人。开元十五年（727）

进士，授汜水县尉。又中宏词科，迁校书郎，调江宁丞，后以不获细行，贬龙标尉。安史之乱，回乡里，被刺史闾丘晓杀害（见《唐才子传》）。他和王之涣、高适、岑参等人都有交往。存诗一百八十首，《全唐诗》编为四卷。

1. 出塞二首[1]（选一）

提示：这首诗写守边士兵眷念家乡的思想感情，并抒发了保卫边疆的坚强决心。

秦时明月汉时关[2]，万里长征人未还[3]。但使龙城飞将在[4]，不教胡马度阴山[5]。

注释：

[1] 出塞：乐府《横吹曲辞·汉横吹曲》旧题。

[2] 秦汉时的明月，秦汉时的关。“秦”与“汉”互文义。

[3] 人未还：士卒死亡在边塞。

[4] 只要有像威震龙城的飞将军在。《史记·李将军列传》：“广居右北平，匈奴闻之，号曰汉之飞将军，避之数岁，不敢入右北平。”龙城：见杨炯《从军行》注释［5］。

[5] 阴山：今天的阴山山脉。汉时匈奴常据阴山侵扰边境。这两句是戍边士卒希望之辞。

2. 从军行七首[1]（选一）

提示：这首诗记录了一次战役的过程，在十分恶劣的气候环境下，军队奋勇出征，机智地战胜了敌人，擒获了敌人首领。

大漠风尘日色昏，红旗半卷出辕门[2]。前军夜战洮河北[3]，已报生擒吐谷浑[4]。

注释：

[1] 乐府旧题，属《相和歌辞·平调曲》。

[2] 辕门：古代行军扎营时用车环卫，车辕相向为门，称辕门。

[3] 洮河：即洮水，源出甘肃省临潭县西北的西倾山，流入黄河。

[4] 吐谷（yù）浑：晋时鲜卑族后裔，据有洮水西南等处，时常袭扰边境。这里指他们的首领。

十、孟浩然

说明：孟浩然（689—740），字浩然，襄阳（今湖北襄阳县）人。少好节义，工五言诗，隐居鹿门山。年四十，游京师。尝于太学赋诗，一座叹服。张九龄镇荆州，署为从事，开元末，病卒。有《孟浩然集》传世。

过故人庄[1]

提示：这首诗写自己受故人邀请来到田家，欣赏村景，闲话桑麻，并相约九月九日菊花开放时节，重来作客。诗中含蕴着闲适的崇尚自然的情调。

故人具鸡黍[2]，邀我至田家[3]。绿树村边合[4]，青山郭外斜[5]。开轩面场圃[6]，把酒话桑麻[7]。待到重阳日[8]，还来就菊花[9]。

注释：

[1] 过：经过，在这里有“过从作客”的意思。

[2] 故人：老朋友。黍：粘米，状如小米，俗称“黄米”，用来做年糕。

[3] 邀：邀请。

[4] 合：连合，这里的意思是合围起来。这句诗的意思是村边的绿树相连。

[5] 郭：城墙。这里指村庄的围墙。句意为：青山在村庄的围墙外斜着绵延远去。

[6] 轩：窗。面场圃：面对场圃。场圃：种蔬菜、瓜果、花草的较大的园子。

[7] 话桑麻：闲话植桑养蚕、种麻织布的事情。

[8] 重阳日：俗以九月九日为重阳日，也称重阳节。这一天赏菊，饮菊花酒。

[9] 就：接近。在这里有观赏菊花的意思。

十一、王维

说明：王维（701—761），字摩诘，蒲州（今山西省永济县）人。工诗善画。开元九年（721）进士，天宝末官给事中。安禄山陷两都，维被俘，授伪职，服药佯暗。安禄山宴于凝碧池，维潜赋诗悲悼，传闻至行在。两京收复，维以降贼三等定罪，特获宥免，官至尚书右丞。晚年，长斋奉佛，亦士亦隐，乾元二年卒。苏轼称他“诗中有画，画中有诗”。有《王右丞集》传世。

1．山居秋暝

提示：这首诗写初秋傍晚山村的景色，鲜明如画。

空山新雨后，天气晚来秋。明月松间照，清泉石上流。竹喧归浣女[1]，莲动下渔舟[2]。随意春芳歇[3]，王孙自可留[4]。

注释：

[1] 喧：喧嚷。竹喧：竹林里的欢笑声。归浣女：洗衣裳的妇女归家来了。

[1] 莲动：莲花动摇。下渔舟：渔夫们走下渔船。

[2] 随意：随人意愿，赏心悦目。春芳：春天的花草。歇：凋谢。

[4] 王孙：贵族子弟。留：停留。这里诗人劝王孙们“留”下来，已经不单单是为了观览秋景。《楚辞·招隐士》说：“王孙兮归来，山中兮不可久留！”诗人反其意而用之，他觉得“山中”比“朝中”好，洁净纯朴，可以远离官场而洁身自好。这里隐含了一种人生态度。

2．竹里馆

提示：这首诗是诗人的自我写照。月下在竹林里独自弹琴或啸歌。闲情逸致，情景交融。

独坐幽篁里[1]，弹琴复长啸[2]。深林人不知，明月来相照。

注释：

[1] 篁：竹丛。

[2] 啸：打口哨。这里有悠闲自得的含义。

3．观猎

提示：这是一首描写将军打猎的诗，将军能骑善射，英姿飒爽。诗人虽是一个旁观者，但情感世界里却豪气冲天，所以诗写得气势蓬勃，不见丝毫隐士气息。

风劲角弓鸣[1]，将军猎渭城[2]。草枯鹰眼疾[3]，雪尽马蹄轻[4]。忽过新丰市[5]，还归细柳营[6]。回看射雕处[7]，千里暮云平[8]。

注释：

[1] 风劲：风刮的强而有力。角弓：用兽角装饰的硬弓。

[2] 渭城：秦时咸阳城，汉改称渭城，在今西安市西北，滨渭水。

[3] 野草枯干，雉兔之类无处藏身，猎鹰发现的更快。

[4] 积雪融尽，原野平坦，猎马奔驰起来，显得蹄腿轻快。

[5] 新丰：故址在今陕西省临潼县东北。

[6] 细柳营：在今陕西省长安县，是汉代名将周亚夫屯兵的地方。（见《汉书·文帝纪》）。

[7] 雕：猛禽，飞得很高很快，不易射中。能射中的人，称赞为“射雕手”。

[8] 暮云之下铺展着千里平原。写打猎奔驰的地方很广阔。

4．送元二使安西[1]

提示：这是一首送别友人的诗，写景寓意深远，抒情豪迈感人。本篇被谱入乐府，并把末句反复叠唱，称《阳关三叠》，又称《渭城曲》。

渭城朝雨浥轻尘[2]，客舍青青柳色新。劝君更尽一杯酒，西出阳关无故人[3]。

注释：

[1] 元二：其人生平不可考。安西：《唐会要》：“贞观十四年，于西州置安西都护府，治交河城（今新疆维吾尔自治区库车附近）。”

[2] 浥（yì）：湿润。

[3] 阳关：故址在今甘肃省敦煌县西南。因在玉门关以南，所以称阳关。

5．使至塞上[1]

提示：开元二十五年（737 年），河西节度副大使崔希逸战胜吐蕃，唐玄宗命王维以监察御史的身份出塞宣慰，察访军情。这首诗作于赴边途中。全诗气势磅礴，景象壮阔，字里行间激荡着一股英雄豪情，同时也夹杂着漂泊在外的抑郁和孤独。

单车欲问边，属国过居延[2]。征蓬出汉塞，归雁入胡天[3]。大漠孤烟直，长河落日圆[4]。萧关逢候骑[5]，都护在燕然[6]。

注释：

[1] 使：出使。

[2] 单车：一辆车。这里表示行装简便，随从少。问边：慰问边塞将士。“问”，一作“向”。属国：西汉曾设置属国都尉以管理某些地区的少数民族。东汉时是郡一级的行政区域。东汉在凉州有张掖居延属国（今内蒙古额济纳旗嘎顺诺尔湖一带）。

[3] 蓬：蓬草，也叫“飞蓬”。古诗中常用飞蓬表示漂泊在外的游子。征蓬：随风远飘的蓬草。这里借喻作者不停地远行。归雁：雁每年春天飞到北方孵卵，秋天飞回南方过冬。作者用归雁表示往北方去，传达出一种感情色彩，既有离开朝廷问边的使命感，又有漂泊在外适得其所的雄心壮志。

[4] 大漠：广袤的沙漠。孤烟：一般解释为边塞联络信号的烽烟，但从王维问边时战事已平这一事实来看，孤烟可能不是指报军情的烽烟。笔者曾到过阴山北面的大漠，发现“落日圆”的确是大漠中极为壮观的景象；另一壮观景象就是旋风卷起沙尘形成的“孤烟”，那孤烟在蓝天下高挺入云，如城市里高耸的烟囱或电视塔。更神奇的是这孤烟既四处奔走，又可以长时间地耸立在一处，还可以走走停停，有时也会突然崩塌，如野马般飞腾远遁。因此，笔者推断王维所谓“孤烟”，可能就是大漠中的旋风卷起沙尘形成的一种雄壮的自然景观。另外，孤烟也可解释为“炊烟”，大漠中人烟稀少，日落时见驿站或客店，有烟火造饭烧水，四处是荒凉的原野，便形成孤烟。长河：一般人们解释为黄河，但从王维提到的“居延”的地理位置推断，长河应该是指发源于祁连山的黑河的下游弱水，看来今天已经成了时令河的弱水在唐代还是一条常年有水奔流的大河。

[5] 萧关：许多书籍解释为“古关名，故址在今宁夏固原县东南。”从王维诗的内容判断，“萧关”显然不是固原县附近的萧关。因为固原离西安并不远，既没出汉塞，也没入胡天。王维所谓萧关，应该在居延一带，显然不是一个实有的地名。萧：荒凉冷落。关：关口，要塞。候（hòu）骑（jì）：哨所里担任守望、通讯、侦察等职责的骑兵。候（hòu）：守望，放哨。

[6] 都护：官名，唐设六大都护府，都护是都护府最高军政长官。燕然：指燕然山，即杭爱山，在今蒙古人民共和国境内。

十二、岑参

说明：岑参（715—770），江陵（今湖北省江陵县）人。天宝三年（744）进士。天宝八年（749），在安西节度使高仙芝幕中掌书记。天宝末，封长清镇守伊西、北庭，岑参充伊西、北庭节度判官。后为嘉州（今四川省乐山县）刺史。罢官后客死成都。有《岑嘉州集》传世。岑参在我国西北边陲生活了较长时期，写出不少记述当年征战活动的诗。这些诗语言刚健，格调雄浑，把西北地区雄伟壮阔、奇丽多姿的自然景色描写得栩栩如生，特别是歌颂了边防将士不畏艰险、为保卫国家英勇抗敌的战斗精神。岑参历来被认为是唐代边塞诗人中成就最高者。

1．白雪歌送武判官归京

提示：这首诗是在轮台驻地的送别诗，雪天送别。诗中描述了深秋飞雪，风雪中的苦寒和天山、瀚海的壮丽雪景以及军中饯行的情况。

北风卷地白草折[1]，胡天八月即飞雪。忽如一夜春风来，千树万树梨花开[2]。散入珠帘湿罗幕[3]，狐裘不暖锦衾薄[4]。将军角弓不得控[5]，都护铁衣冷难著[6]。瀚海阑干百丈冰[7]，愁云惨淡万里凝。中军置酒饮归客[8]，胡琴琵琶与羌笛[9]。纷纷暮雪下辕门[10]，风掣红旗冻不翻[11]。轮台东门送君去[12]，去时雪满天山路。山回路转不见君[13]，雪上空留马行处。

注释：

[1] 白草：《汉书·西域传》颜师古注："白草似莠而细，无芒，其干熟时正白色，牛马所嗜也。"

[2] 忽然好像一晚上刮来了春风，那树木上的积雪就像是盛开的梨花。

[3] 珠帘：贯珠为帘。罗幕：缝罗为幕。罗：质地稀疏的丝织品。

[4] 锦衾：锦被。锦：有彩色花纹的丝织品。

[5] 角弓：饰有兽角的弓。控：挽拽。意为手冻得不能拉弓。

[6] 都护：官名，汉置西域都护，唐节度使相当于汉之都护。

[7] 瀚海：广大貌。阑干：通"栏杆"，阻挡，遮隔；纵横散乱的样子。广大的原野上纵横阻挡着百丈高的冰山。

[8] 中军：军中主帅所部，为全军发号施令的地方。归客：指武判官。

[9] 羌笛：出自古代的羌族，故名羌笛。

[10] 辕门：行军打仗时安营扎寨所留的门。

[11] 掣（chè）：掣动，拽动。这里形容大风吹刮红旗的样子。

[12] 轮台：地名，今新疆维吾尔自治区轮台县。

[13] 回：曲回。转：转折。

2．走马川奉送封大夫出师西征

提示：这是一首奉送封大夫出师西征的诗。诗中先写轮台附近的恶劣天气情况，然后描述将士出征打仗，歌颂了戍边将士的英勇顽强。全诗三句一韵，有如风发泉涌，气势磅礴。

君不见，走马川行雪海边[1]，平沙莽莽黄入天[2]。轮台九月风夜吼[3]，一川碎石大如斗[4]，随风满地石乱走。匈奴草黄马正肥，金山西见烟尘飞[5]，汉家大将西出师[6]。将军金甲夜不脱[7]，半夜行军戈相拨[8]，风头如刀面如割。马毛带雪汗气蒸，五花连钱旋作冰[9]，幕中草檄砚水凝[10]。虏骑闻之应胆慑[11]，料知短兵不敢接[12]，车师西门伫献捷[13]。

注释：

[1] 走马川：《唐宋诗举要》："走马川未详，疑即《水经河水》注之龟兹川。封大夫：即封常清，天宝十三载（754 年），摄御史大夫，权知北庭都护，持节充伊西节度使。行：路。雪海：在今新疆北部。

[2] 莽莽：无边无际。入天：指黄沙广阔辽远，一直望到地平线，好像延伸到了天空里。

[3] 轮台：今新疆维吾尔自治区轮台县。

[4] 斗：古时酒器，如今之大酒杯。

[5] 金山：阿尔泰山。烟尘：这里指战火。

[6] 汉家大将：指封大夫。

[7] 金甲：铁制的铠甲。

[8] 拨：碰撞。

[9] 五花：名马，毛色五花。连钱：名马，毛色斑驳像连钱的形状。旋：顷刻，形容时间短促。

[10] 幕，军帐。草檄：起草公文。

[11] 慑：惧怕。

[12] 短兵：刀剑等短武器。

[13] 车师：地名，故址在今新疆维吾尔自治区吐鲁番一带。伫：站着等待。献捷：献上所获的俘虏和战利品。

3．武威送刘判官赴碛西行军[1]

提示：唐玄宗天宝十年（751 年），西域地区的一些地方分裂者勾引大食国军队入侵中国西部边疆，安西节度使高仙芝闻讯，立即出师西征。岑参当时在安西节度使幕中，留驻武威，作此诗送行。该诗颂扬了高仙芝的勇武神威，预祝我方将士马到成功。

火山五月行人少[2]，看君马去疾如鸟。都护行营太白西[3]，角声一动胡天晓[4]。

注释：

[1] 刘判官：一随军西征的官员。碛（qì）：砂石积成的浅滩。碛西即沙漠西，泛指西域地区。

[2] 火山：又称火焰山，因夏季气候酷热得名。在今新疆吐鲁番附近，位于去西域的重要通道上。

[3] 都护：指高仙芝。太白西：即西方的形象说法。太白：即金星，夏季傍晚时见于西方。

[4] 角声：军队进军的号角声。这句意思是说，唐中央政府的大军一到，西域少数民族聚居的地区就天亮了，人们又重见光明了。

十三、李白

说明：李白（701—762），字太白，自号青莲居士，祖籍陇西成纪（今甘肃省天水县）人。他的先人于隋末流徙中亚，李白生于中亚碎叶（今哈萨克斯坦境内），五岁时随父迁居绵州彰明县（今四川江油县）清廉乡。李白"五岁诵六甲，十岁观百家"。（《上安州裴长史书》）"十五好剑术，遍干诸侯，三十成文章，立抵卿相"。（《与韩荆州书》）天宝元年（742 年），被召至京师，唐玄宗礼遇甚厚，待诏供奉翰林。天宝三年，因得罪权贵，赐金放还。安史乱起，白隐居庐山，永王璘起兵肃乱，被聘为僚佐，永王璘失败，白连坐浔阳狱，又长流夜郎，中途遇赦。此后来往金陵、宣城间，依族人当涂县令李阳冰，病卒，年六十一岁。诗文存集有《四部丛刊·分类补注李太白诗》、《四部备要·李太白诗集》、王琦《李太白全集》。

1．古风五十九首（第十九）

提示：这首诗借游仙凌空，用富有想像力的手法，揭露了安史之乱给中原人民造成的灾难，抨击了社会的动乱。前面十句超凡脱俗，最后四句急转直下切入现实，使仙界的自由美好和人间的灾难形成强烈对照。其艺术上的反差效果真如平川上陡起高山。这是天才的创作，令人瞠目结舌，大出所料，其天才笔法决非常人可企及。在这首诗中，李白把浪漫主义的超常想像和现实主义的深刻揭露融合得天衣无缝。

西上莲花山[1]，迢迢见明星[2]。素手把芙蓉[3]，虚步蹑太清[4]。霓裳曳广带[5]，飘拂升天行[6]。邀我登云台[7]，高揖卫叔卿[8]。恍恍与之去，驾鸿凌紫冥[9]。俯视洛阳川[10]，茫茫走胡兵[11]。流血涂野草，豺狼尽冠缨[12]。

注释：

[1] 莲花山：华山的最高峰。

[2] 迢迢：遥远的样子。明星：传说中华山的仙女。

[3] 素手：洁白的手。把：拿着。芙蓉：荷花。

[4] 虚步：凌空而行。蹑：登。太清；天空。

[5] 霓裳：像霓虹那样美丽的衣裳。曳：拖着。广带：宽阔的衣带。

[6] 飘拂：轻轻飘动。升天行：往天上升着行走。

[7] 云台：云台峰，华山东北部的高峰，两峰峥嵘，四面陡绝，风景秀丽。

[8] 高揖：即高高地行长揖礼。卫叔卿：传说中的仙人。

[9] 紫冥：高空。

[10] 川：平野。洛阳川：指中原一带。

[11] 走：奔跑，流窜。胡兵：安禄山率领的叛兵。

[12] 豺狼：指安禄山的伪官。冠缨：高级官吏的服饰。

2．将进酒[1]

提示：这首诗抒发了李白怀才不遇的郁闷和愤慨之情。全诗豪情奔放，真如醉后狂言，但表达出了人的绝对自由的精神境界。人生是短暂的，生命的自由最可贵。但在封建王权的控制下，人生难得自由，社会一片黑暗。李白深为人生的不自由而痛苦，却又无力改变现实。他是一个觉醒者，却无法看到人生的美好希望与前景。所以他的“万古愁”实际上是人类共同面对的一种人生境遇。李白的情绪当然也有些消极，但更主要的是非常深刻。

君不见黄河之水天上来，奔流到海不复回[2]。君不见高堂明镜悲白发，朝如青丝暮成雪[3]。人生得意须尽欢，莫使金樽空对月[4]。天生我材必有用，千金散尽还复来。烹羊宰牛且为乐，会须一饮三百杯[5]。岑夫子，丹邱生[6]。将进酒，君莫停。与君歌一曲，请君为我侧耳听。钟鼓馔玉不足贵[7]，但愿长醉不复醒。古来圣贤皆寂寞[8]，惟有饮者留其名。陈王昔时宴平乐[9]，斗酒十千恣欢谑[10]。主人何为言少钱，径须沽取对君酌[11]。五花马，千金裘[12]，呼儿将出换美酒[13]，与尔同销万古愁。

注释：

[1]《将进酒》：汉乐府诗题，属《鼓吹曲·铙歌》。

[2] 这两句比喻时光流逝，一去不回。

[3] 青丝：形容黑发。雪：形容白发。这两句是说人生易老。

[4] 这句的意思是不要使酒杯空闲起来。

[5] 会须：应该。

[6] 岑夫子：指岑勋，南阳人。丹邱生：即元丹丘。二人都是李白的好友。

[7] 钟鼓：古时富贵人家进食时作乐助兴，敲钟打鼓。馔玉：即玉馔，形容像玉一样珍贵的食品。

[8] 寂寞：这里指默默无闻。

[9] 陈王：三国时魏国曹植被封为陈王。平乐：寺名，故址在今洛阳。

[10] 曹植《名都篇》有“归来宴平乐，美酒斗十千。”恣欢谑：尽情欢歌笑谑。

[11] 径须：直须。

[12] 五花马：毛色五花的马，一种良马。千金裘：价值千金的皮袄。

[13] 将出：拿出。

3．子夜吴歌四首（选一）[1]

提示：这首诗描述妇女为远征的丈夫洗涤衣裳缝制征袍时的心理活动。她们身在家园，心系边关，盼望良人早平胡虏，罢兵归来。然而，君不见，青海边，古来征战几人回？所以凉秋明月下，千家万户深夜为边关的亲人拆洗衣物，准备冬衣。这看似平淡的城中小事，却被高超的叙述手法转化成了情景交融的艺术空间，其悲凉萧瑟之感令人毛骨悚然。全诗看似从客观的景和人物的心理活动落笔，把主观情感深藏起来，实则句句均含着对人民生活的关怀和对战争的关注。

长安一片月，万户捣衣声[2]。秋风吹不尽，总是玉关情[3]。何日平胡虏，良人罢远征[4]。

注释：

[1]《子夜吴歌》：据《旧唐书·音乐志二》："《子夜》，晋曲也。晋有女子夜造此声，声过哀苦"。因属吴声曲，又称《子夜吴歌》。

[2] 捣衣：洗衣时将衣服浸湿，放在砧石上，用木杵捶打，代替手的搓揉。

[3] 这句是说妇女们牵挂着在玉门关外戍边的丈夫。

[4] 良人：古时妇女对丈夫的称谓。

4．宿五松山[1]下荀媪家

提示：这首诗写诗人宿荀媪家的观感。他看到了农民秋收的辛劳和邻女寒夜舂米的劳苦。当荀媪进菰米饭时，他再三致谢，不能下咽。表现了诗人对农民生存境遇的同情，也流露出因不能救世济天下的惭愧之心。

我宿五松下，寂寥无所欢[2]。田家秋作苦[3]，邻女夜舂寒[4]。跪进雕胡饭[5]，月光明素盘[6]。令人惭漂母[7]，三谢不能餐[8]。

注释：

[1] 五松山：在今安徽省铜陵县南。荀媪（xún ǎo）：姓荀的老妇人。

[2] 寂寥：寂寞孤单。

[3] 秋作苦：秋天劳动十分辛苦。

[4] 夜舂寒：寒夜舂米。

[5] 跪进：跪着奉物，表示恭敬。雕胡：即菰（gū）米，是一种水生草本植物，籽粒可食，贫苦人家采作粮食。嫩茎的基部可做蔬菜吃，叫茭白。

[6] 皎洁的月光照着洁白的盘子里那白白的菰米饭。说明农家的食物很简单。

[7] 漂母：据《史记·淮阴侯列传》，韩信青年穷困时，垂钓淮阴城下，饥饿不得食，有一漂母给他饭吃，韩信很感谢，对漂母说："吾必有以重报母。"漂母说："大丈夫不能自食，吾哀王孙而进食，岂望报乎？"这里李白把荀媪比做漂母，表示感谢的心情；同时，也表明李白觉得自己在功名上远不及韩信，愧对荀媪的饭食。

[8] 三谢：再三致谢。

5．沙丘城下寄杜甫

提示：该诗作于天宝四五年间（约747年前后），当时李白已经快五十岁，但精神世界仍然很苦闷，从这首诗来看，杜甫是他惟一的知音。

我来竟何事？高卧沙丘城。城边有古树，日夕连秋声[1]。鲁酒不可醉，齐歌空复情[2]。

思君若纹水，浩荡寄南征[3]。

注释：

[1] 这两句连用“古树”、“日夕”、“秋声”三个意象，传达出一种人生暮年之感。

[2] 这两句表明李白在齐鲁一带难觅知音。俗话说酒逢知己千杯少，一醉方休。李白虽然一生嗜酒，但决非酒肉之徒，他在鲁地无心饮酒，因为无人可与他共饮。齐歌虽好，也是白白地重复着情感，唤不起他的共鸣，因为世间没有什么能够代替杜甫在他心目中的位置。

[3] 纹水：发源于山东莱芜县，西南流入运河。

6．独坐敬亭山[1]

提示：这首诗写诗人独坐敬亭山的观感。前两句写山中景象，后两句写物我相通的境界，有高与山齐，超尘出世之慨。

众鸟高飞尽，孤云独去闲[2]。相看两不厌，只有敬亭山。

注释：

[1] 敬亭山：山名，在今安徽宣城县北。

[2] 闲：悠闲。

十四、杜甫

说明：杜甫（712—770），字子美，河南巩县（今河南省巩县）人。祖父杜审言，唐武后朝官膳部员外郎，著名诗人。父杜闲，兖州司马、奉先令。杜甫少时，受家庭教育，“七龄思即壮，开口咏凤凰”（《壮游》），稍长，有诗名，“往昔十四五，出游翰墨场，斯文崔魏徒，以我似班扬。”（《壮游》）曾北游齐赵，南游吴越，熟悉祖国的社会情况、河山面貌及人民生活。开元二十三年（735），投考进士，不中。天宝三载（744），遇李白于洛阳，相从漫游，结成深厚的友谊。天宝五载，入长安，在长安困居十年。天宝十四载（755），授右卫率府胄曹参军，归家探亲。当年十一月，安禄山反，唐玄宗奔西蜀，肃宗即位于灵武。杜甫闻讯，赴国难，投奔肃宗。不幸为乱兵俘获，掠至长安。至德二载（757）潜赴凤翔，授左拾遗。因保释房琯，触怒唐肃宗，下三司推问，赖宰相张镐为之开解，得免处罪。乾元元年（758），贬华州司功参军，翌年，因饥馑弃官，挈家人入蜀，居成都草堂。严武镇蜀，辟参谋，授检校工部员外郎，不久去职。以后离成都，至云安，迁居夔州，又孤舟东下，病死于耒阳。年五十九岁。

杜甫一生，穷愁困顿，志不得伸，但热爱人民，热爱国家之心始终不渝。唐韩愈赞美说：“李杜文章在，光焰万丈长”（《调张籍》）。宋苏轼说：“古今诗人众矣，而子美独为首者，岂非以其流落饥寒，终身不用，而一饭未尝忘君也欤？”（《王定国诗叙》）诗集通行者有仇兆鳌《杜诗详注》、钱谦益《钱注杜诗》、杨伦《杜诗镜铨》等书。

1．望岳[1]

提示：这首诗是诗人漫游齐鲁时写的。赞美泰山高大雄伟，神奇秀丽，并写出攀登绝顶的希望，反映了诗人远大的抱负。

岱宗夫如何[2]？齐鲁青未了[3]。造化钟神秀[4]，阴阳割昏晓[5]。荡胸生层云[6]。决眦入归鸟[7]。会当凌绝顶[8]，一览众山小。

注释：

[1] 望岳：望泰山。

[2] 岱宗：泰山的尊称。《书·舜典》：“东巡守，至于岱宗。”

[3] 齐鲁：春秋时两个国名。泰山北是齐国，泰山南是鲁国。青：泰山的青色。未了：不尽。全句的意思是从齐到鲁泰山的青色观望不尽。

[4] 造化：天地，大自然。钟：聚集。神秀：神奇秀丽。大自然把神奇秀丽聚集于泰山。

[5] 阴阳：在此指泰山南北，山北为阴，山南为阳。割：分。昏：在此指山北背日，光线昏暗。晓：指山南向阳，明亮如晓。全句的意思是泰山高耸云霄，山北山南分如昏晓。

[6] 荡胸：荡涤胸襟。层云：云厚多叠起。全句的意思是层云叠起，荡涤胸襟。

[7] 决：裂开。眦（zì）：眼角。决眦：形容睁大眼睛。入：收入眼里。这句的意思是由于山的背景的辽阔高大，要想看清飞鸟得睁大眼睛。

[8] 会当：应当。凌：升，登。绝顶：最高的峰顶。

2．春日忆李白

提示：这首诗写于长安。744年夏，诗人与李白在洛阳相遇，随后同游梁（开封）、宋（商丘），结成深厚的友谊。翌年秋，李白赴江东，诗人去长安，从此分手。诗人倾心赞许李白的诗文，希望和他再次相会，樽酒论文。

白也诗无敌，飘然思不群[1]。清新庾开府[2]，俊逸鲍参军[3]。渭北春天树，江东日暮云[4]。何时一樽酒，重与细论文[5]。

注释：

[1] 飘然：飘动飞扬的样子。思：思绪。不群：不同一般人，超群出众。

[2] 清新：新颖，不俗气。庾开府：庾信，字子山，南北朝时著名诗人。先仕于梁，后仕于周，官至骠骑大将军。开府，职位等同三司（待遇同于司马、司徒、司空）。

[3] 俊：才智出众。逸：放纵，奔放。鲍参军：鲍照，字明远，南北朝时著名诗人。仕于宋，在荆州任前军参军，掌书记，后世称为鲍参军。

[4] 杜甫在渭北，李白游江东。这两句的意思是两人天各一方，睹景生情，互相忆念。

[5] 什么时候能聚在一起喝酒，重新细致地讨论作诗文的事情。

3．月夜忆舍弟

提示：这首诗是唐肃宗乾元二年（759）秋夜，在秦州（今甘肃省天水县）作的。据《通鉴·唐纪三十七》记载，这年九月，史思明从范阳引兵南下，攻陷汴州（今河南省开封市）、洛阳，附近诸州都在战乱之中。杜甫三个弟弟杜颖、杜观、杜丰都远在东方，彼此不通消息，所以有此怀念。全诗表现了诗人对弟兄的友爱和深切关怀。

戍鼓断人行[1]，边秋一雁声[2]。露从今夜白[3]，月是故乡明。有弟皆分散，无家问死生。寄书长不达，况乃未休兵[4]。

注释：

[1] 戍鼓：戍楼上的更鼓。断人行：夜间没有人行路了。

[2] 边塞的秋夜传来孤雁的声音。

[3] 露从今夜变成霜。

[4] 未休兵：当时史思明叛军西进洛阳，李光弼正讨伐叛军。

4．旅夜书怀

提示：唐代宗永泰元年（765），诗人从成都东下云安，在舟行途中，夜不能寐，写了这首感慨社会、人生的诗。全诗即景生情，慨叹老年漂泊的不幸，抒发了对个人境遇的不满。

细草微风岸，危樯独夜舟[1]。星垂平野阔[2]，月涌大江流[3]。名岂文章著[4]，官应老病休[5]。飘飘何所似？天地一沙鸥[6]。

注释：

[1] 危樯：高高的桅杆。独夜舟：夜间孤独的一只小船。

[2] 此句谓：星星低垂接近广阔的平野。（远望之景。）

[3] 此句谓：月亮随着大江的江流波动。（近看之景。）

[4] 此句谓：声名岂由文章好而显著？

[5] 此句谓：做官应该在老病时罢休。

[6] 此句谓：在天地间孤单盘旋的一只沙鸥。

5．新婚别

提示：这首诗通过描写一个贫家女在新婚第二天早晨即送别丈夫去从军的沉痛心情，揭示了战争对民众生活的破坏，也反映了这一女子刚强朴实的性格和对爱情的忠贞。

兔丝附蓬麻[1]，引蔓故不长[2]。嫁女与征夫，不如弃路旁。结发为妻子[3]，席不暖君床。暮婚晨告别，无乃太匆忙？君行虽不远，守边赴河阳。妾身未分明[4]，何以拜姑嫜[5]？父母养我时，日夜令我藏[6]。生女有所归[7]，鸡狗亦得将[8]。君今往死地，沉痛迫中肠。誓欲随君去，形势反苍黄[9]。勿为新婚念，努力事戎行[10]。妇人在军中，兵气恐不扬。自嗟贫家女，久致罗襦裳[11]。罗襦不复施[12]，对君洗红妆[13]。仰视百鸟飞，大小必成双。人事多错迕[14]，与君永相望[15]。

注释：

[1] 兔丝：草名，蔓生植物，攀附其他植物上生长。

[2] 此句谓：兔丝如果附生在松柏树上，藤蔓才能长。今附生在蓬麻之上，所以引蔓不长。

[3] 结发：古时女子嫁时上头称结发。少年结成的正式夫妻称结发夫妻。

[4] 妾：在此是妇女对丈夫的谦称。古时妇女嫁后三日，告庙上坟，谓之成婚，身份始明。

[5] 姑嫜：公婆。

[6] 令我藏：令我不出闺门。

[7] 归：女子出嫁。《诗·桃夭》："之子于归，宜其室家。"

[8] 将：扶，持。引申为被养育。全诗的意思是女子出嫁，不仅身有所托，鸡犬也得以存养。

[9] 形势：情况，情形。苍：青色。黄：黄色。苍黄：苍变黄，黄变苍，比喻变化。

[10] 戎行（háng）：军队。

[11] 因家境贫穷，好久才能准备好罗襦裳。致：取得，得到。罗：纱罗。襦：短上衣。裳：裙。

[12] 施：穿着。

[13] 红妆：女子新婚的装扮。也泛指妇女艳丽的装束。

[14] 错迕（wǔ）：差错，抵触。

[15] 望：盼望，期望，等待。

十五、白居易

说明：白居易（772—846），字乐天，晚年号香山居士，原籍太原，后迁居下邽（今陕西渭南县）。贞元进士；授秘书省校书郎。元和初，补周至尉。后任翰林学士，左拾遗及左赞善大夫。元和十年，李师道等勾结宦官杀害了宰相武元衡，白居易上书，遭当权者记恨，被贬为江州司马，后移忠州刺史。长庆间，由中书舍人，出任杭州、苏州刺史。晚年，以太子宾客和太子少傅分司东都，官至刑部尚书。

白居易是"新乐府运动"的积极倡导者之一，他主张"文章合为时而著，歌诗合为事而作"。《与元九书》和《新乐府序》等是他最主要的诗论著作。

他的一生，以被贬江州司马为界，分前后两期。前期写了大量政治讽喻诗，如《秦中吟》及《新乐府》等。这些诗有鲜明的思想倾向，对当时的许多社会问题，都作了较深刻的揭露与批判，是“新乐府”运动中最优异的诗篇。后期意志逐渐消沉，尤其晚年致仕洛下，以诗酒自娱。除讽论诗外，长篇叙事诗《长恨歌》和《琵琶行》，也是历代传诵的名篇。白居易的诗歌主题鲜明，题材广泛，形式活泼，语言通俗。在当时和后代都流传甚广，影响较大。有《白氏长庆集》。

秦中吟十首（选一）

重　赋

提示：这首诗写当时农民常年受着官府的重税压榨，已经贫困不堪，但贪官污吏为了邀功请赏，还巧立名目，对农民进行花样翻新的掠夺。表面上看，作者似乎在为皇帝辩护，指责贪吏，其实不然。老百姓寒冬腊月，衣不遮体，而皇帝的私库里堆积如山的缯帛丝絮，却“岁久化为尘”。实际上作者是把讽刺的矛头指向了皇帝。

厚地植桑麻，所要济生民。生民理布帛，所求活一身。身外充征赋，上以奉君亲。国家定两税[1]，本意在爱人；厥初防其淫[2]，明敕内外臣[3]：税外加一物，昏以枉法论[4]。奈何岁月久，贪吏得因循[5]；浚我以求宠[6]，敛索无冬春。织绢未成匹，缫丝未盈斤，里胥迫我纳[7]，不许暂逡巡。岁暮天地闭[8]，阴风生破村，夜深烟火尽，霰雪白纷纷。幼者形不蔽，老者体无温，悲端与寒气，并入鼻中辛。昨日输残税[9]，因窥官府门：缯帛如山积，丝絮似云屯[10]；号为“羡余”物[11]，随月献至尊。夺我身上暖，买尔眼前恩，进入琼林库[12]，岁久化为尘。

注释：

[1] 君：国君，君主。亲：亲人。两税：唐代在开元以前，实行租、庸、调的税法，到德宗建中元年，合租庸调为一，实行以钱纳税，分夏秋两季征收，名为“两税法”。

[2] 厥（jué）初：开始。防其淫：防其多收。

[3] 敕：皇帝的命令。

[4] 昏：糊涂。枉法：违法。论：论处。

[5] 因循：沿袭。

[6] 浚（jùn）：取，榨取。

[7] 里胥：里正。唐代每一百户编为一里，设里正。

[8] 天地闭：指冬天到了。《礼记·月令》：“天气上腾，地气下降，天地不通，闭塞而成冬。”

[9] 残税：尚未纳完的税。

[10] 屯：聚。

[11] 羡余物：官吏把额外征收来的财物献给皇帝，称之为羡余物。

[12] 琼林库：珍宝汇集之处。唐德宗曾在奉天（陕西乾县）修建琼林、大盈两个私库，另藏贡物。

十六、戎昱

说明：戎昱，生卒年不详，荆南（今川鄂湘交界地带）人，年少时经历安史之乱。唐代宗广德、大历年间曾任荆南节度使府（设在今湖北省江陵县）从事。德宗时任过刺史。他一生到过长安、蜀中、湖南等地，见闻颇广。诗作有很强的生活实感，又有独到的见解。《全唐诗》存诗120余首。

1．咏史

提示：安史之乱以后，唐朝国势大衰，吐蕃、回纥贵族统治者乘机侵扰。肃宗李亨、代宗李豫、德宗李适（kuò）都曾采取“和亲”政策，结果边地受侵扰愈烈，人民不堪其苦。作者在诗中回顾了历史上某些“和亲”政策（实际上是妥协苟安）的教训，对它提出了批评；同时感叹缺少维护王朝利益的得力大臣。诗题一作《和蕃》。

汉家青史上[1]，计拙是和亲[2]。社稷依明主，安危托妇人[3]。岂能将玉貌，便拟静胡尘[4]。地下千年骨，谁是辅佐臣[5]！

注释：

[1] 汉家：汉朝。这里以汉喻唐。青史：史册。古时在青竹简上纪事，后来就称史册为青史。

[2] 计：计策，政策。拙：愚笨。和亲：指我国历史上历代皇帝用皇族子女与其他民族统治者结亲的办法来谋求两族和好、避免侵扰的政策。

[3] 社稷：本义是古代天子诸侯祭祀土神、谷神的庙宇，后用来象征国家政权。这两句是说，国家的命运应该靠英明的君主来掌握，可是“和亲”政策却把它寄托在女子身上。

[4] 玉貌：美好的容颜，指“和亲”的女子。静胡尘：使胡尘静。指制止少数民族统治者的侵扰。尘：烟尘，指战争。

[5] 这两句说，古来历史人物中，有谁真称得上是辅国的重臣呢。

2．塞上曲

提示：这首诗以呼啸的北风、蔓延的山火为背景，描绘了守边的将军夜猎之后，在驻防士兵喧闹声中返回边城的情景。在一幅生动的边塞风光图画里，隐约包含有对将军疏于戒备的暗讽之意。今天看这首诗，主要是注意战争状态下军人对环境的破坏。他们为打猎而烧山，为阻敌而烧山，为攻敌而放火，往往造成森林、草原的灾难性破坏。

胡风略地烧连山[1]，碎叶孤城未下关[2]。山头烽子声声叫[3]，知是将军夜猎还。

注释：

[1] 胡风：指北风。略地：大风从地面上扫过。烧（shào）：打猎时，为驱赶野兽在山林中点燃的蔓延之火。

[2] 碎叶：城名，在今中亚细亚伊塞克湖西北，是一座古城，裴行俭曾刻石纪功，颇为有名。下关：关闭城门。

[3] 烽子：守卫烽火台的士兵。

十七、李贺

说明：李贺（790—816），字长吉，福昌（今河南宜阳县）人。他是唐宗室郑王之后，但家庭早已经没落，李贺的一生是在穷苦中度过的。他早年即工诗，其作品深得韩愈赏识。朝廷以其父讳不准其参加进士科考试，为此，韩愈曾作《讳辩》为之辩解。他的作品对藩镇割据、宦官擅权、统治阶级的昏庸腐败均予以揭露和讽刺，也表现了他政治上失意的悲愤。他的作品着意追求色彩的浓艳，想像丰富奇特，构思新颖，善于运用神话传说创造新奇瑰丽的意境，富于浪漫主义精神。有《昌谷集》。

李凭箜篌引[1]

提示：这首诗大约作于李贺在长安任奉礼郎职时。作者以奇特的想像和夸张、比喻的手法，对梨园弟子李凭弹奏箜篌的精妙技艺和感人至深的艺术效果给予热情的赞扬。该诗非常典型地表现了李贺浪漫主义的创作特点。

吴丝蜀桐张高秋[2]，空山凝云颓不流[3]。江娥啼竹素女愁[4]，李凭中国弹箜篌[5]。昆山玉碎凤凰叫[6]，芙蓉泣露香兰笑[7]。十二门前融冷光[8]，二十三丝动紫皇[9]。女娲炼石补天处，石破天惊逗秋雨[10]。梦入神山教神妪[11]，老鱼跳波瘦蛟舞[12]。吴质不眠倚桂树，露脚斜飞湿寒兔[13]。

注释：

[1] 李凭：当时擅长弹箜篌的梨园弟子。箜篌：一种弦乐器，形状不一，有多种，李凭所弹的是竖箜篌。箜篌引：乐府《相和歌》旧题。

[2] 这句是说在晚秋时节弹起箜篌来。吴丝：吴指江浙一带，那里盛产蚕丝，箜篌用来作弦。蜀桐：四川桐木是做乐器的优质木材，箜篌是用蜀桐做成。张：这里指弹奏。高秋：暮秋。

[3] 这句是说空山的行云为箜篌声所吸引，集聚停住不动了。颓：落下。这里指云低垂凝滞。《列子·汤问》有秦青“抚节悲歌，响遏行云”语。云颓不流，即用其意。

[4] 这句是说悲怨的乐声，感动了神女湘娥和素女，引起她们的伤感。江娥啼竹：江娥一作湘娥。传说舜南巡死于苍梧，葬在九嶷山。他的妃子娥皇、女英悲痛哭泣，泪珠洒在竹上，竹子上就生出了斑点。素女：传说中的神女。会弹瑟，乐调悲伤。

[5] 中国：即国中，指都城长安。

[6] 这句是说清脆悦耳的乐声像昆山玉碎和凤凰鸣叫的声音。昆山：昆仑山，出产美玉。

[7] 这句是说乐声幽咽时就像带露水的芙蓉在哭，明快时，又像芳香的兰花在笑。芙蓉：荷花。

[8] 十二门：长安城东西南北四面各有三座门。这句是说乐声可以使长安城的气候变得温暖。融冷光：使冷气消失。

[9] 紫皇：道家传说的神仙。句意是说李凭弹奏箜篌的曲调感动了天神。

[10] 这两句是说演奏到高潮时，乐音惊动了天空，使女娲用石补天的地方又破裂了，从那里降下了秋雨。逗：引。“石破天惊”后来成为人们称赞好诗文的术语。

[11] 神妪（yù）：古代神话传说中的女神名叫成妇人，爱好音乐，能弹箜篌。妪：年老妇女。句意是说乐声把听众引入了幻境，似乎李凭不是在人间演奏，而是在神山向神仙传授技艺。

[12] 动听的乐声感动得鱼跳跃蛟龙起舞。

[13] 吴质：神话传说中在月宫中砍桂树的吴刚，质，是他的字。露脚：从雨脚一词变化而来。雨脚，指一串串密密的连接落下的雨点。露脚，是说也像雨点一样连续落下来的露水。这显然是夸张，是说露很重。寒兔：玉兔，古代传说月宫中有玉兔捣药。这两句说吴刚被乐声吸引，身倚桂树听演奏，夜不成眠，夜很深了，月中的玉兔已被露水打湿。

思考题：

1．中国诗歌到唐代繁盛的原因有哪些？

2．试结合具体作品论述李白诗歌的思想价值和艺术成就。

3．为什么说李白的诗源出《楚辞》，杜甫的诗源出《诗经》和乐府诗？

4．李贺的《李凭箜篌引》是一首描写音乐的诗，找出其中表现音乐高潮的诗句。

第五章 宋词选讲

一、概述

词，作为一种配乐而歌唱的抒情诗体，它的兴起与音乐有着密切的关系。词的产生可以追溯到隋唐的“新声”（燕乐）或更早的汉魏乐府，直到晚唐五代才逐渐摆脱按曲拍谱词的束缚，发展成为一种独立的新诗体。在诗歌盛行的唐代，李白、白居易、刘禹锡等大诗人都有依乐而作的词，五代时的花间词派在词的写作上已小成气候，宋代时词发展成为一种成熟的诗体，呈现出盛大的写作景象。它由依附于音乐的唱词，上升为文情并茂的独立文体；由娱宾遣兴的文字游戏，提高到表现时代命运的重要篇章；由单纯的小令，繁衍为八百余调、二千三百余体的形式，使它更适于表现复杂曲折的感情与生活。

宋词的发展有它特定的历史背景和社会条件。首先表现在：北宋王朝结束了五代十国分裂的局面，统一全国，社会生产得到迅速恢复与发展，经济趋于繁荣。宋太宗至道三年(997年)，全国的岁出岁入相抵，尚余大半。首都汴京成为“八方争凑、万国咸通”（《东京梦华录》）的政治、经济、交通、文化中心。经济繁荣是文化繁荣的基础。其次，宋王朝在削平小国后，不仅俘其国主，掠其财富，而且将大批技艺高超的乐工歌伎掳入京华，“四方执艺之精者皆籍中”（《文献通考·乐考》)。宋太祖赵匡胤“杯酒释兵权”，劝开国的武将们“多积金帛田宅以遗子孙，置歌儿舞女以终天年”(《宋史·石守信传》)。在最高统治者的倡导下，许多达官显贵，或竞蓄歌伎，或流连坊曲，竞相填写新词；朝野上下，均以能词为荣。宋人以能词而得官爵，能词而受赏赐者，比比皆是。许多词人因有名篇佳句，而被传为词林佳话。如宋祁被誉为“红杏枝头春意闹尚书”，张先被称作“张三影郎中”，秦观被赞为“山抹微云秦学士”，贺铸被称为“贺梅子”。宋词就是在这种特定的社会、文化背景下繁荣、发展起来的。

二、李煜

说明：李煜（937—978)，五代时南唐最后的国主，词艺极高的词人。他精于书画，妙于音律，在文学方面颇具有才能。李煜二十五岁继承王位，在位十五年不修政事，宋师南下攻破金陵，终于国破家亡，投降北宋，被送至汴京，成为受软禁的阶下囚。李煜的词现存有三十多首，以国破被俘为界，前后呈现出不同的风格。前期词主要表现宫廷奢侈享乐生活，描写日以继夜的酣歌狂舞，充满粉黛裙钗的宫廷气息，风格柔靡，近于“花间词”。后期词抒发了亡国之痛和伤今忆往之情。李煜的词具有强烈的抒情性，善用比喻和白描手法。特别是入宋后，他的词直抒胸臆，既短小明朗，又含义无穷，语言凝练而明净，被称为是“神秀”之作（《人间词话》)。王国维说：“词至李后主而眼界始大，感慨遂深，遂变伶工之词为士大夫之词。”(《人间词话》)。宋初李煜和柳永的词在艺术结构和语言方面对后世影响极大。

虞 美 人

提示：这首词是李煜亡国后被俘到开封，封为违命侯时而作。据说，这首词写好后，于他生日七月七日那天晚上，在开封的寓所里宴饮奏乐，叫歌伎进行演唱，声闻于外。宋太宗知道这件事后，觉得他有故国之思，命人赐他毒药，把他毒死了。

春花秋月何时了？往事知多少。小楼昨夜又东风，故国不堪回首月明中。

雕栏玉砌应犹在，只是朱颜改。问君能有几多愁？恰似一江春水向东流。

浪 淘 沙

帘外雨潺潺，春意阑珊[1]，罗衾[2]不耐五更寒。梦里不知身是客，一晌贪欢。

独自莫凭栏，无限江山，别时容易见时难。流水落花春去也，天上人间。

注释：

[1] 阑珊：将尽；衰落的样子。

[2] 罗衾：丝被。罗：稀疏而轻软的丝织品。

三、柳永

说明：柳永是11世纪前期的词人，约生于宋太宗雍熙四年（公元987年）。原名三变，字耆卿，福建崇安人。他屡试不第，至宋仁宗时才中了进士，做过屯田员外郎，世称柳屯田。他对于功名本来很热心，但仕途坎坷，故他的词多失意无聊之作。他大量写作慢词，对宋词的发展颇有贡献。

雨 霖 铃[1]

提示：《雨霖铃》描写柳永离开汴京（开封）和他心爱的人分别的悲痛，表现了词人羁旅离别之情，是柳永的代表作之一。上片描写登程前与爱侣依依难舍的情景，下片是想像别离后的孤苦凄凉。作者使用白描手法，以景抒情，以情衬景，情景交融，感情缠绵感伤。其中"杨柳岸、晓风残月"，成为脍炙人口的名句。

寒蝉凄切[2]，对长亭晚[3]，骤雨初歇。都门帐饮无绪[4]，留恋处[5]、兰舟催发[6]。执手相看泪眼，竟无语凝噎[7]。念去去、千里烟波[8]，暮霭沈沈楚天阔[9]。

多情自古伤离别[10]，更那堪、冷落清秋节[11]！今宵酒醒何处？杨柳岸、晓风残月[12]。此去经年[13]，应是良辰好景虚设[14]。便纵有千种风情[15]，更与何人说[16]？

注释：

[1] 雨霖铃：词牌名，原为唐教坊曲名。

[2] 凄切：凄凉悲切，这里指秋蝉鸣声。

[3] 长亭：古代驿道上设置驿亭，供行人休息，十里一长亭，五里一短亭。古人送行，常在长亭饯别。

[4] 都门：京城的城门。这里指北宋都城汴京（今河南省开封市）的郊外。帐饮：设帷帐宴饮送别。

[5] 处：表示时间，即"当……时"。

[6] 兰舟：用兰木做的船，一般用作船的美称。这里代指船夫。

[7] 凝噎：悲泣时声气阻塞喉咙。

[8] 念：想。去去：有行行重行行的意思。烟波：雾气笼罩的水面。

[9] 暮霭：傍晚的云气。沈沈：同沉沉，浓厚的样子。楚天：泛指南方的天空。

[10] 多情：多情的人。

[11] 那堪：哪能经受得起。清秋节：冷落凄凉的秋季。

[12] 晓风残月：指别后想像中第一个黎明中的情景。

[13] 经年：指长时间的别离。

[14] 应：料想。

[15] 风情：情意。

[16] 更：一本作“待”。

四、苏轼

说明：苏轼（1036—1101），字子瞻，号东坡，四川眉山人。二十二岁中进士。他反对王安石新法，政治上比较保守。但任地方官时，对人民很关怀。他多才多艺，诗、词、散文、书法绘画都很擅长。他开创了宋词中的豪放派词风，扩大了词的题材和意境。

江城子·密州出猎

提示：这首词是苏轼在密州任太守的次年所作。上阕叙事，下阕言志。全词气势豪迈，场面壮阔，情绪昂扬，代表了苏轼的豪放词风。

老夫聊发少年狂，左牵黄，右擎苍[1]，锦帽貂裘，千骑卷平冈[2]。为报倾城随太守[3]，亲射虎，看孙郎[4]。酒酣胸胆尚开张[5]。鬓微霜，又何妨！持节云中，何日遣冯唐[6]？会挽雕弓如满月[7]，西北望，射天狼[8]。

注释：

[1] 左牵黄，右擎苍：左手牵着黄狗，右手举着苍鹰。黄狗和苍鹰都是古人打猎时用来追捕猎物的。

[2] 卷：席卷而过，指庞大的打猎队伍在宽广地区快速地奔驰过去。

[3] 报：报道。倾城：空城而出。这句的意思是说：据手下的人通报，满城的百姓都出来观看太守打猎的壮观场面。

[4] 孙郎，三国时的孙权。据《三国志·吴书·孙权传》记载：孙权一次骑马射虎，马为虎所伤，孙权用双戟掷虎，在随从的协助下，终于捉住了这只虎。这里，作者是以孙权自比。全句次序应是“为报倾城随太守，看孙郎，亲射虎”。因平仄押韵而倒装，主语是随太守的满城群众。

[5] 酒酣：酒喝得很多，兴致正浓的时候。这句说：因为喝了很多酒，胸怀开扩，胆气豪纵。

[6] 带着皇帝的符节命令去云中。云中是秦汉时的郡名，在今内蒙古自治区托克托县一带。冯唐：汉文帝时人，曾向文帝陈述自己的意见，认为云中太守魏尚征战有功，不应当为一点小差错（指报功时多报了六个敌人的首级）就治魏尚的罪。汉文帝便指派冯唐持节去云中赦免魏尚的罪，官复原职，并任命冯唐为车骑都尉。

[7] 会：将会。雕弓：射雕那样的大弓。满月：形容弓弦拉足时，形状像圆月一样。

[8] 天狼：星名，古代天文书上说，“天狼”象征侵略，象征有兵事。此处借喻辽国和西夏。

蝶恋花

提示：这是一首伤春小词。在绿水环绕、残花盛草的暮春季节，秋千架上传来佳人的柔媚笑声，搅动了墙外行人的绵绵情思，增加了旅途的怅惘。这种古代日常生活景象，经过苏轼的描绘，显得格外生动而有情趣。

花褪残红青杏小[1]，燕子飞时，绿水人家绕。枝上柳绵吹又少，天涯何处无芳草[2]？墙里秋千墙外道，墙外行人、墙里佳人笑。笑渐不闻声渐悄，多情却被无情恼[3]。

注释：

[1] 花褪残红：指春花逐渐枯萎脱落。

[2] 此句形容晚春景色，春草连绵直至天际。

[3] 多情：指行人。无情：指佳人。

五、李清照

说明：李清照（1084 — 1155?），号易安居士，山东济南人。是南宋著名女词人。其父李格非是当时的有名学者。李清照与当时的金石学家赵明诚成婚，两人都爱好文艺，情趣相投，共同致力于金石、书画的搜集整理工作。靖康二年（1127），金兵入侵，李清照避乱南方。建炎三年（1129）赵明诚病死，清照独自奔走于江南，颠沛流离，境遇孤苦。绍兴二年（1132）始居留于杭州。《金石录后序》即作于此时。后二年，又避乱西上，卜居金华，卒年不详。李清照的诗写得慷慨激昂，富有爱国热情；其词却以婉约为宗。所著《漱玉词》已散失。有李文裿辑本。

点绛唇

提示：这是一首富有生活气息的小词，词人以清新的笔调，塑造了一个活泼机敏而又有点淘气的少女形象。可以看出李清照青春活泼的心态。

蹴罢秋千[1]，起来慵整纤纤手[2]。露浓花瘦，薄汗轻衣透。

见有人来，袜刬金钗溜[3]。和羞走，依门回首，却把青梅嗅[4]。

注释：

[1] 蹴（cù）：踩。这句意为荡过了秋千。

[2] 慵整：懒得整理。慵：懒。王安石《初晴》诗："幅巾慵整露苍华。"纤纤手：细嫩柔美的手。

[3] 刬（chǎn）：同铲，铲除。这里的意思是没穿袜子，光着脚。金钗溜：意为急忙中头上的金钗也滑脱下来了。

[4] 把青梅嗅：假装闻青梅。

一剪梅

提示：录自赵万里辑本《漱玉词》，黄升《花庵词选》题作"别愁"。据说易安结婚不久，赵明诚即"负笈远游"，易安苦于离别，就在手帕上写了这首词送给明诚，以表示个人的怀念之情。

红藕香残玉簟秋[1]。轻解罗裳，独上兰舟[2]。云中谁寄锦书来[3]？雁字回时[4]，月满西楼。

花自飘零水自流。一种相思，两处闲愁。此情无计可消除，才下眉头，却上心头[5]。

注释：

[1] 红藕：荷花，也称莲花。玉簟（diàn）秋：玉簟是竹席的美称；玉簟秋即竹席有些凉了。

[2] 兰舟：船的美称。

[3] 云中：形容从遥远的地方。谁：指思念的丈夫。锦书：信的美称。

[4] 此句谓：大雁再飞回来的时候。

[5] 此句谓：才不皱眉头，却又在心头上想念起来。

声 声 慢

提示：《声声慢》是李清照的代表作。艺术上极为成熟，是她晚年孤苦心境的真实写照。词中表达的悲怆、挣扎心情，也是南宋国势式微、人民生活悲惨无依的反映。

寻寻觅觅，冷冷清清，凄凄惨惨戚戚[1]。乍暖还寒时候[2]，最难将息[3]。三杯两盏淡酒，怎敌他、晚来风急[4]！雁过也，正伤心，却是旧时相识[5]。

满地黄花堆积[6]，憔悴损，如今有谁堪摘？守着窗儿，独自怎生得黑[7]！梧桐更兼细雨，到黄昏、点点滴滴。这次第，怎一个愁字了得[8]！

注释：

[1]“寻寻觅觅”三句：写主人公寂寞无聊，想找寻失去的东西，但找不到，因此心情就更加凄凉悲伤。

[2] 乍暖还寒：一会儿暖，一会儿又变冷了，意谓秋天的天气阴晴寒暖不定。

[3] 将息：生活和休息。这句的意思是日子最难过。

[4] 敌：抵挡。这句说，怎么能抵挡得住晚上的寒风。

[5]“雁过也”三句：李清照在《一剪梅》中有：“云中谁寄锦书来？雁字回时，月满西楼”的词句，可见，当年她曾和分别的丈夫约定，“雁阵”和“满月”是他们相思的寄托。这里说“雁”是“旧时相识”，表明她年年相思，年年失望，伤心哀痛实在是太深重了。

[6] 黄花：菊花。

[7] 怎生：怎样，怎能。得：获得，得到。这里有“煎熬”、“等待”的意思。黑：天黑。

[8] 这次第：这种情况。全句说，在这种情况下，用一个愁字怎能概括得了呢！

六、陆游

说明：陆游（1125—1210），南宋杰出诗人，字务观，号放翁，越州山阴（今浙江绍兴）人。绍兴二十三年（1153年）参加进士考试，名列第一，因触怒奸相秦桧，第二年殿试被黜。孝宗即位，赐进士出身，长期做官，但因始终坚持抗金主张，屡遭排斥打击。晚年退居家乡，仍念念不忘恢复中原。一生创作诗歌很多，作品近万首，题材广阔。其中大量作品壮怀激烈，气吞山河，抒发了他的政治抱负，反映了人民疾苦，表现出忧国忧民的爱国情感。他曾学诗于江西诗派，但不为所拘，能博采众长，自创新路。其诗风格雄浑豪迈，在思想和艺术上均有光辉成就，在当时和对后代诗歌发展都有影响。

诉 衷 情

提示：陆游一生坚持抗战，反对投降，爱国热情至老不衰。这首词是他晚年退居山阴时写的。词中通过对当年从戎南郑一段军旅生活的回忆，抒发了国仇未报、壮志难伸的愤慨与不平，反映了追求统一的理想与黑暗现实之间的尖锐矛盾。词的笔调苍劲悲凉，音节与内在感情高度和谐统一，具有较强的艺术感染力。原词两首，选一首。

当年万里觅封侯，匹马戍梁州[1]。关河梦断何处[2]？尘暗旧貂裘[3]。

胡未灭，鬓先秋[4]，泪空流！此生谁料，心在天山[5]，身老沧洲[6]。

注释：

[1] 万里觅封侯：奔赴万里之外寻找封侯的机会；比喻建功立业。戍：守卫。梁州：中国古代九州之一，包括今陕西和四川部分地区。这两句是作者回忆乾道八年（1172）自己四十八岁时在汉中川陕宣抚使

司任职期间的战斗生活。

[2] 关河：关山，河防；泛指边地雄关要塞。梦断：谓梦也难到。这句意思说：当年那种生活，在梦中也难以梦到。

[3] 尘暗旧貂裘：是说当年从军时穿的貂鼠皮袄，上面已经积满了灰尘。这是表示自己闲置已久，报国无路。

[4] 鬓先秋：两鬓先染秋霜，即鬓发花白，说明年纪已大。

[5] 天山：在今新疆境内，清以前古籍中的天山包括了祁连山。这里泛指边防前线。

[6] 沧洲：水滨之地，多用为隐者居处。这里指山阴镜湖岸畔诗人居住的地方。

卜算子·咏梅

提示：这首词是陆游长期政治失意，累遭排斥、打击之后写成的。它托物寄志，通过对梅花的咏赞，表达了作者在险恶的环境中不肯委随时俗，坚决保持崇高志节的坚强精神和美好品质。它既是梅花风骨神韵的形象描绘，也是诗人思想情操的生动写照。词中咏物和抒情达到了高度的和谐统一。

驿外断桥边[1]，寂寞开无主[2]。已是黄昏独自愁，更着风和雨[3]。

无意苦争春[4]，一任群芳妒[5]。零落成泥碾作尘[6]，只有香如故[7]。

注释：

[1] 驿：驿站，古代交通要道上供人停脚和歇息的地方。

[2] 无主：不属于谁，意思是梅花是野生的，孤独地在野外独自开放；比喻政治上孤独无依。

[3] 着：遭受到。

[4] 苦争春：苦苦地与百花争占春光；比喻争宠取媚。

[5] 一任；任凭。群芳妒：百花的嫉妒；比喻受到投降势力和世俗小人的排挤、嫉恨。

[6] 零落成泥碾作尘：梅花飘零落地，混埋在泥土中，又被碾碎，化为灰尘。

[7] 香如故：芳香一如既往；比喻在政治上坚持自己的高尚节操。

钗　头　凤[1]

提示：这首词据说是陆游和他的前妻唐婉在沈园相遇时，题写在墙壁上的。陆游二十岁与表妹唐婉结婚，婚后两人感情很好，但因婆媳不和，被迫离异。绍兴二十五年（1155）春，陆游三十一岁时偶然与唐婉在沈园相遇，唐婉派人送来酒馔款待。陆游把盏伤怀，情不自胜，于是写下这首词。作者以哀婉凄切的笔调，描述了沈园相会时的难堪情景，表达了情深意重而不能如愿以偿，悔恨交加却又无可奈何的极为痛苦、复杂的思想感情。它是封建社会里青年男女婚姻不自由、爱情受摧残的黑暗现实的真实反映，也是对造成这种悲剧的封建宗法制度和封建礼教的沉痛控诉和悲愤抗议。词写得情长语重，缠绵悱恻，艺术感染力很强。

红酥手，黄滕酒，满城春色宫墙柳[2]。东风恶，欢情薄[3]。一怀愁绪，几年离索[4]。错！错！错[5]！春如旧，人空瘦，泪痕红浥鲛绡透[6]。桃花落，闲池阁[7]。山盟虽在，锦书难托[8]。莫！莫！莫[9]！

注释：

[1] 据说，唐婉看了这首词，也和了一首："世情薄，人情恶，雨送黄昏花易落。晓风干，泪痕残。欲笺心事，独语斜栏。难！难！难！人成各，今非昨，病魂常恨秋千索。角声寒，夜阑珊。怕人询问，咽泪

装欢，瞒！瞒！瞒！”不久便郁郁逝去。

[2] 酥：用牛羊乳制成的一种食品。红酥手：一种点心的名称；也说指红润而白嫩、细腻的手。黄縢（téng）酒：宋代一种官酿的酒，也叫黄封酒。宫墙：沈园在绍兴禹迹寺南，绍兴原为古代越王宫殿所在，宋高宗曾以此为行都，所以说“宫墙”。

[3] 恶：凶恶。“东风恶”是说东风无情。薄：少。“欢情薄”：心中郁郁寡欢。

[4] 离索：离散，分居。两句意是说：分别以来，这几年一直是满腔愁肠悲绪。

[5] 错！错！错：表示后悔莫及而慨叹。

[6] 人：指唐婉。浥（yì）：湿润。鲛（jiāo）：鲨鱼。绡（xiāo）：生丝织成的绸子。传说中的美人鱼“鲛”能织绡（一种丝织品）。这里代指丝织的手绢。这句说：沾染着胭脂的泪水把手绢都湿透了。

[7] 闲池阁：池台楼阁无人游赏，闲置一旁。

[8] 山盟：即海誓山盟；指男女双方表示忠于爱情的如高山大海般永不改变的誓言。锦书：书信的美称。难托：难寄。唐婉当时已改嫁宗室赵士程，所以不便以书信相通。

[9] 莫！莫！莫：算了！别提它了！这是表示无可奈何只好作罢的一种感叹。

七、辛弃疾

说明：辛弃疾（1140—1207），字幼安，号稼轩，山东济南人，二十一岁时聚众两千人参加耿京领导的抗金队伍，不久归南宋。历任建康通判、江西提点刑狱及湖北、湖南、福建、浙东安抚使等职。他一生坚决主张抗战，累遭排抑，曾在上饶、铅山一带落职闲居近二十年。韩侂（tuō）胄北伐，他以六十五岁高龄出任镇江知府，不久再受弹劾，卸任归返铅山，忧愤而死。

辛弃疾是南宋最杰出的爱国词人。他的词抒写了抗金复土的豪情壮志，谴责了投降派的专权误国，表达了英雄无用武之地的满腔郁愤和苦闷；也有一些词歌咏了农村风光和山川景物。词风多样，而以雄奇豪放、沉郁苍凉为其基本特色，确实“能于剪红刻翠之外，屹然别立一宗”，对后世影响甚大。今传词六百余首，收在《稼轩长短句》中。

菩萨蛮·书江西造口壁

提示：造口即皂口镇，在今江西省万安县西南。建炎三年（1129），金兵曾从湖北进军江西追踪隆祐太后（宋高宗的伯母），太后自洪州（今江西省南昌市）南奔，到皂口后弃舟登陆，逃往虔州（今江西省赣州市）。赣西一带受金兵掠杀甚剧。淳熙三年（1176），辛弃疾在江西提点刑狱任上经过皂口时，抚今追昔，感时伤怀，在墙壁上题写了这首词。上片回溯金兵南侵、血泪成河的历史，对中原地区长期沦陷敌手表示痛切的忧念；下片借滚滚东流的江水，表达自己对故国的向往和收复失地的决心，同时也抒发了由于投降派的阻挠和破坏，抗金抱负难以实现的悲愁和郁愤。词的笔调沉痛，情景交融，比兴手法的运用也十分成功。

郁孤台下清江水，中间多少行人泪[1]，西北望长安，可怜无数山[2]。青山遮不住，毕竟东流去[3]！江晚正愁余，山深闻鹧鸪[4]。

注释：

[1] 郁孤台：在江西省赣州市西南，也称望阙台，唐代赣州刺史李勉曾登此台北望长安。清江：赣江与袁江合流处叫清江。这里指赣江。赣江经郁孤台下北流入鄱阳湖。行人：指当年在金兵侵扰下四处逃难的人。

[2] 长安：今陕西省西安市，为汉唐故都。这里指北宋旧京汴京。可怜：可惜。这两句说，北望中原

故国，可惜无数山峰遮断了视线。实际上是慨叹中原地区长期被敌人占据，至今不得恢复。

[3] 青山挡不住奔腾的江水，它终究冲破重重山峰的阻碍，向东流去。这两句隐喻自己向往中原的心情和光复旧国的意志永远不可改变。

[4] 愁余：使我发愁。鹧鸪：鸟名，古人以为它的叫声像“行不得也哥哥”。这两句说，正值江上暮色苍茫，使我发愁的时候，又听见深山里鹧鸪在啼叫，令人更加愁苦不堪。这两句是化情思为景物，作者因抗战受阻，收复中原的理想无法实现而愁苦，这种深埋在内心的缠长的悲苦只好借鹧鸪的啼叫把它抒发出来。

西江月·夜行黄沙道中

提示：黄沙指黄沙岭，在上饶县西四十里。辛弃疾在那里建有书堂。作者闲居带湖时经常前往。这首词写的就是夜间去黄沙岭途中的见闻、感受及遇雨寻店的经过。上片描写出农村夏夜迷人的景象：月光如水，蛙鼓蝉鸣，稻香四溢；反映出作者当此丰收在望之际的喜悦心情。下片写走了一段路程以后，渐渐月隐星稀，疏雨滴落，意欲投宿，正在寻找记忆中的茅店时，转过溪桥，就忽然发现，心中不胜快慰。全词运笔轻灵，造语精美，情绪变化寓于景物描写之中，令人喜读。

明月别枝惊鹊，清风半夜鸣蝉[1]。稻花香里说丰年，听取蛙声一片[2]。七八个星天外，两三点雨山前。旧时茆店社林边，路转溪桥忽见[3]。

注释：

[1] 明月别枝：明亮的月亮升起来，渐渐地高出了树梢头。惊鹊：由于月光的明亮，惊醒了鸟鹊，有鸟在月色中飞动。清风：凉爽的风。鸣蝉：鸣叫的蝉。

[2] 此句谓：月光笼罩的田野上，稻花飘香，那热闹的蛙鸣，像是在欢唱着丰收的喜悦。

[3] 茆：通“茅”。“茆（máo）店”即小客店。社：土地庙。社林：庙旁的树林。这两句是说，由于雨来了，急于找避处，想起那家小客店就在土地庙附近的树林旁边，走过溪桥拐个弯，果然就看见了。

思考题：

1．宋词有“豪放”和“婉约”之分，结合具体词家作品，论述两种词风的特点。

2．赏析辛弃疾的《西江月·夜行黄沙道中》。

3．赏析陆游的《诉衷情》。

第三编

中国古代小说、戏曲

- 中国古代戏曲艺术概论
- 中国古代小说名著评介

第一章 中国古代戏曲艺术概论

戏曲是通过演员来表演人物和故事，融合文学、音乐、舞蹈、武术、杂术等众多艺术形式的综合艺术。我国戏曲的成熟虽然较晚，但它的发展却源远流长。早在原始社会，人类就有类似戏曲的娱乐歌舞和祭祀仪式活动。《吕氏春秋·古乐》记载："昔葛天氏之农，三人操牛尾，投足以歌八阕。"《诗经》中的《周颂·载芟》就是一首祈求丰收的祭歌，它的存在依托于一种古老的祭祀活动，当时已处于农耕时代的周部落每年春天都要祭祀土地神和谷神，在祭祀活动中不仅有歌舞，也有仪式操演。《楚辞》的《九歌》，也是巫觋（xí，男巫师）在祭祀仪式中表演歌舞时所唱的歌词。祭祀是古代社会普遍受重视的一项活动，可以把它看做是中国戏曲的起源。春秋、战国之际，产生了专门供人娱乐的俳优。俳优以滑稽的语言行动来替宫廷贵族制造笑料，有利于戏曲艺术中喜剧因素的积累。汉时以竞技为主的"百戏"流行，"百戏"中也有的带有简单的故事，具有某些戏剧的因素。南北朝开始，出现了合歌舞表演于一事的艺术形式，如"代面"、"拨头"'"踏摇娘"等。但与其说是戏，不如说是舞蹈性质的演唱。民间歌舞与各项表演艺术中虽然具备了戏剧的因素，但真正的戏剧并没有形成。

我国戏剧发展的形成期是从唐代到宋金时期。唐代多种艺术的高度发展，从多方面推动了戏曲的诞生。如"燕乐"集中了隋唐时期民间与外来音乐的成就，实现了中国音乐声律的大转变，宋元戏曲的乐调主要是按照燕乐的宫调来分配的。唐代舞蹈有"软舞"与"健舞"之分，有的演出故事性略有增强，如《樊哙排君难》戏。参军戏更为盛行。主要由参军、苍鹘两个角色作滑稽的对话或动作，引人发笑，有的也用以讽刺朝政或社会现象。两相比较：一以歌舞为主，一以对话为主；一则演出故事，一则讽刺时事；一为应节之舞蹈，一为随意的动作。这虽然不能说是完整的戏剧，但是对戏剧的发展都起了促进作用。

宋杂剧是各种滑稽表演、歌舞、杂戏的统称，金则称为院本。这种艺术形式是诸参军戏和其他歌舞杂戏的进一步发展，可以看做戏剧的雏形。演出一般由末泥、引戏、副末、副净四人组成或添一人，名装孤，但还没有独立的剧本与专门的剧作者。演员即兴表演较多，没有固定的脚本。金人《董西厢诸宫调》是一个完整的本子，由艺人以讲解者的身份说唱一个完整的故事，但缺乏扮演者，和代言体的剧本仍有本质的不同。但诸宫调体制宏大，曲调丰富，对元杂剧的形成颇有影响。

元杂剧是在金院本和诸宫调的基础上，融合各种表演艺术形式而成的一种完整的戏剧形式，杂剧文学剧本的创作吸收了唐宋以来话本、词曲、讲唱文学的特点，达到了极高的境界，形成了中国成熟的戏剧。元杂剧是在金院本和诸宫调的基础上广泛吸收了多种词曲和技艺发展而成的。剧本体裁分为四折，每折用一宫调的若干曲牌组成套曲，必要时另加"楔子"。一剧基本上由正末或正旦一种角色演唱到底，故有"末本"、"旦本"之分。元杂剧出现了大量的剧作家和独立的剧本。其发展一般分为前后两期。前期从13世纪50年代到14世纪初叶，这是元杂剧的鼎盛时期。关汉卿、王实甫、马致远、白朴、康进之、高文秀、纪君祥、石君宝等主要活动于这一时期。他们的作品题材广泛、风格多样、雅俗共赏，其中以关汉卿和王实甫的作品最为著名。

关汉卿，元大都人，曾任太医院尹，约生于金宣宗元光年间，卒于元成宗大德年间。关汉卿创作的现知剧目共63个，这些剧目展现了广阔的社会生活内容，尤其刻画了一系列女性形象，表现了她们顽强抗争的精神以及善良机智的品质，并对她们在黑暗社会中的不幸遭遇深表同情。代表性的作品有《窦娥冤》、《救风尘》、《望江亭》等。还有些作品以塑造历史上的英雄人物，来呼唤时代英豪，如《单刀会》、《蝴蝶梦》等。

王实甫，名德信，大都人，大约与关汉卿同时。现存的杂剧有《破窑记》、《贩茶船》、《芙蓉亭》、《西厢记》等，代表性剧目为《西厢记》。《西厢记》承袭唐代元稹《会真记》、金代董解元《西厢记诸宫调》以来的崔莺莺、张生故事，又加以改造，明确地提出“愿天下有情人都成了眷属”的主旨，使这个流传了几百年的题材，呈现出全新的风貌，代表了元代戏曲创作的最高水平。

从十四世纪初到元亡是元杂剧发展的后期。这时期的创作中心逐渐南移，临安（今杭州）成为创作中心。但这时的元杂剧衰落已开始，作家作品的数量日益减少，风格上也日益追求辞藻华丽，思想性、艺术性与前期相比较为逊色。本期最优秀的剧作家是郑光祖，他的《倩女离魂》以唐代《离魂记》故事为题材，是用浪漫主义笔调表现青年女子追求婚姻自主的佳作。后人把郑光祖与关汉卿、白朴、马致远并称为“元曲四大家”。

元代后期，杂剧渐定，而始于南宋的南戏兴起。南戏逐渐取代了杂剧的地位，成为最重要的全国性剧种。“南戏”又称“戏文”，是由南曲演唱的戏曲形成。南戏发展深受杂剧艺术的影响，但在体制上较杂剧自由，两者差异主要在杂剧“神气鹰扬，有刚健之气”，南戏则“流丽宛转，有柔媚之情”。元末，高明创作的《琵琶记》相当著名，被后人称为“南戏之祖”。元末明初还出现了《荆钗记》、《刘知远白兔记》、《拜月亭》、《杀狗记》四部重要的南戏，合称为“荆刘拜杀”四大传奇。

南戏在明代发展成为传奇。明清戏曲主要是传奇。传奇，唐代指文言短篇小说，后又用来指宋元时期一些敷衍故事的说唱或戏曲。明清时代则指以演唱南曲为主的一种新的戏曲形式。剧本结构大致与南戏相同，但更为紧凑、整齐，情节更复杂，人物刻画也更为细致。曲调、表演艺术、角色分行都有进一步发展，特别是用了些北曲调。每本传奇一般分四五十出不等。明嘉靖到清乾隆年间传奇戏最为盛行。当时的剧种如昆腔、弋阳腔、秦腔等，都以演唱传奇剧本为主。明清两代传奇作家七百余人，作品近两千多种，今存六百余种。

明代中叶开始，传奇创作进入黄金时期。其中较有影响的作品有王世贞的《鸣凤记》、梁辰鱼的《浣纱记》、李开先的《宝剑记》等。《鸣凤记》是时事政治剧，大约写于嘉靖年间严氏父子被诛之后，主要内容是写夏言、杨继盛等八谏臣与严氏父子的斗争。《浣纱记》写吴越兴亡的历史故事。《宝剑记》写林冲被逼上梁山的故事。万历年间，传奇得到了进一步发展，最杰出的戏曲家当推汤显祖。汤显祖（1550－1616），字义仍，号若士，江西临川人，他的代表作是《牡丹亭》。《牡丹亭》通过杜丽娘和柳梦梅生死离合的爱情故事，热烈歌颂了反对封建礼教、追求自由幸福的爱情和强烈要求个性解放的精神。除《牡丹亭》外，汤显祖还写了《紫箫记》、《紫钗记》、《邯郸记》、《南柯记》。后三种与《牡丹亭》合称为“临川四梦”。

清代初年，戏剧家李玉的传奇《清忠谱》将明末东林党人和魏忠贤的斗争搬上了舞台，这是我国戏曲史上第一部反映市民阶层政治斗争的剧作，有鲜明的时代特色。清代剧坛成就最高的是康熙年间孔尚任的《桃花扇》和洪昇的《长生殿》。《桃花扇》以侯方域和李香君的爱情故事为线索，抒写了明末亡国之痛；《长生殿》写唐明皇与杨贵妃的爱情故事。两剧都将描写男女恋情与社会政治、国家兴亡联系起来，极大丰富了作品的思想内涵。在表现手法上，《桃花扇》偏重于写实，《长生殿》则是写实与幻想的精湛结合。

杂剧自元末开始衰落，明清几乎没有佳作。比较好的作品有康海的《中山狼》和徐渭的《四声猿》（包括《狂鼓史》、《玉蝉师》、《雌木兰》、《女状元》）。

从清代中期开始，昆腔在长期的流行中逐渐衰落，而地方戏曲在民间艺人的培养下却日益丰富，舞台表演艺术日益提高，产生了京剧及其他有广泛影响的剧种。进入近代，京剧和各地方剧种的少数作家和艺人，受资产阶级改良运动、民主革命运动的影响，也曾经借用戏曲的艺术形式宣传爱国思想或改良社会风气，但由于这些剧本多是用杂剧或传奇的体裁写成的案头剧，文辞过于典雅，不适合舞台演出。五四新文化运动以来，随着西方话剧的输入，中国的戏剧艺术在话剧创作方面取得了令人瞩目的成就，产生了郭沫若、田汉、曹禺、夏衍等著名剧作家。不过，中国的传统戏剧仍然有极强的生命力，不断地有创新和发展。

思考题：

1．你怎样认识中国戏曲艺术的起源？

2．简要介绍一下中国古代戏曲艺术的成就。

第二章　中国古代小说名著评介

第一节　中国古代小说发展概况

我国小说溯源于古代神话和历史传说。产生于秦汉以前的《山海经》、《穆天子传》等神话传说可以说是小说的萌芽。先秦的寓言、先秦两汉的野史杂记及史传文学，杂有不少记事和有关人物言论行动的描写，这些都对魏晋以后志怪、志人小说的形成有直接影响。

魏晋南北朝时代，是我国小说发展史上最早的一个繁荣时期。这时期的小说一般分作两大门类："志怪"和"志人"两种；志怪小说是对上古神话传说、巫术文化的沿袭。本时期志怪小说数量很多，现存比较完整的有30余种，重要的有张华的《博物志》、干宝的《搜神记》、葛洪的《神仙传》、王嘉的《拾遗记》等。晋朝干宝的《搜神记》是其中的代表。《搜神记》内容庞杂，大都讲述一些神仙方术、鬼怪灵异的迷信故事。其中有些民间传说能反映社会现实，还颇有积极意义。志人小说则是承袭了先秦两汉寓言、史传文学中记载人物言行的传统，同时又与当时品评人物的风尚有关。志人小说着重宣传士大夫的志趣，大都是带有小品笔记性质的笑话、清言、轶事集，主要作品有刘义庆的《世说新语》、邯郸淳的《笑林》、裴启的《语林》、沈约的《俗说》、殷芸的《小说》等。其中刘义庆的《世说新语》是这类小说的代表。它集魏、晋轶事小说之大成，广泛地反映了由汉末至晋士族阶级的思想、生活面貌，创作中开始有想像和虚构的成分，作品大都有人物性格，有故事情节，结构也比较完整。志怪、志人小说对后代文学影响深远，唐传奇就是在志怪的基础上加以繁衍扩展而形成的。

到了唐代，我国小说发展进入了"有意为小说"的新阶段。产生了大量的文言短篇小说，文学史上称为唐传奇。中国有成熟的短篇小说，自唐传奇开始。唐传奇作家的创作有意识地突破六朝志怪题材的局限，开始面向社会人生，表现对象由神灵、怪异之物逐渐变成现实生活中的人物，从而给我们展示了社会生活的真实画面。唐传奇在形象塑造、情节结构和语言运用等方面，都较以前有明显进步。其中的《南柯太守传》、《枕中记》、《霍小玉传》、《柳毅传》、《李娃传》、《莺莺传》等，是脍炙人口的名篇。在中国小说发展史上，唐传奇起着里程碑的作用，它的出现标志着中国小说已从萌芽时期跨入成熟时期。

宋元两代，传奇趋于衰落，代之而起的是适应城市市民文化娱乐要求的话本小说即白话小说。白话小说由此成为古典小说的主要形式。宋元话本的出现是小说史上的一大变迁。小说的主角由原来传奇中豪门贵族的少爷、小姐或侠客、名妓变为话本小说的商人、店小二、手工艺人、流浪汉、普通妇女。小说的语言也由传奇小说典雅的文言变为话本生动、明快的口语。宋元话本小说，至今留存下来的仅有四五十篇。代表性的优秀作品有《碾玉观音》、《错斩崔宁》等。宋元话本小说的特色开辟了我国小说的新纪元，确立了中国小说的民族传统和民族特色。宋元话本的许多重要艺术特点，为后世小说所继承和发展，而其中以讲史为主的话本，还直接为后世长篇小说创作高潮的出现做了充分的准备。

明清两代为我国古代小说的繁荣期，这种繁荣主要表现为长、短篇小说的全面丰收。长篇小说有《三国演义》、《水浒传》、《西游记》、《金瓶梅》、《儒林外史》和《红楼梦》等，短篇白话小说有冯梦龙的“三言”（《喻世明言》、《警世通言》、《醒世恒言》）和凌濛初的“二拍”（《初刻拍案惊奇》、《二刻拍案惊奇》）等，短篇文言小说有蒲松龄的《聊斋志异》等。

从小说发展的角度看，明清小说是由大众的集体创作到文人的整理加工，进而到作家个人创作的过程。产生于元末明初的长篇章回小说《三国演义》和《水浒传》，作为明清小说的第一批硕果，其故事原型都是经过民间数百年的流传，不断丰富发展，最后经文人进行艺术加工和再创作，从而成为杰出的长篇小说。《三国演义》不仅是我国章回小说的开山作品，也是最有成就的长篇历史小说。它取材于重大的历史事件，通过描写魏、蜀、吴三国的兴衰变化，反映了三国时期政治、军事的复杂矛盾斗争。它在艺术结构上完整宏伟，在战争的描绘上，更是显示了独特的艺术成就。《水浒传》则通过生动的艺术描写，反映了我国历史上梁山泊农民起义发生发展直至失败的整个过程，成功地塑造了起义英雄的群像。它以众多鲜明逼真、富于个性化的艺术形象，曲折多变、引人入胜的故事情节，生动明快、口语化的语言及富于民族特色的艺术风格而为人们所喜好，在我国文学史上影响深远。这两部小说的问世开创了我国长篇小说创作的新时期。明中叶出现了吴承恩的长篇神话小说《西游记》，它是我国小说史上浪漫主义创作的优秀作品，也是群众集体创作和作家个人创作相结合的作品。《西游记》通过孙悟空大闹天宫、保护唐僧西天取经沿途降妖捉怪的描写，曲折地反映了对明代严酷的社会现实的不满及对自由光明的追求。书中把善意嘲笑、辛辣讽刺和严峻批判结合起来，运用浪漫主义方法塑造了既有社会化人性、又有动物特性和超自然神性的孙悟空以及各类神魔的形象，情节妙趣横生，想像丰富奇特，形成了神魔小说创作的高峰。到了明代末年才出现了第一部文人独自创作的长篇小说《金瓶梅》。从此文人独立的创作逐渐成为小说创作的主流。《金瓶梅》以土豪恶霸西门庆的发达暴亡为中心，描绘了上自封建最高统治阶层，下至市井无赖和城市贫民，对明朝晚期丑恶的社会风气及统治阶级的荒淫无比作了全面的暴露。小说的人物塑造比较成功，注重细节描写，创造出网状的小说结构，把复杂的故事组织得条理井然。但淫秽描写过多，削弱了小说本身的美学价值，影响了小说的流传。在小说发展史上，《金瓶梅》是第一部以家庭生活为题材的长篇小说，这对后来的《红楼梦》创作有所启发。此后的《儒林外史》、《红楼梦》，则完全是作家个人的杰作了。吴敬梓的《儒林外史》，以写封建科举制度和封建知识分子为中心，并旁及官僚制度、人伦关系、以至整个社会风尚，笔锋犀利，言辞幽默，“恢而能谐，婉而多讽”，代表了我国古代讽刺小说的最高成就。《儒林外史》深刻揭露封建社会的罪恶，具有现实主义的巨大批判力量。它是我国最优秀的古典讽刺小说，为以后讽刺小说的发展奠定了基础。曹雪芹的《红楼梦》，以贾宝玉的恋爱婚姻悲剧为主线，以贾、史、王、薛四大家族兴衰过程为背景，反映了封建社会末期的种种矛盾，形象地反映了整个封建制度由盛转衰、必然灭亡的历史趋势。本书以宏伟严密、双线多头的网式结构，富于创造性的人物塑造和语言表达艺术以及丰富深刻的思想内容，成为我国古代现实主义长篇小说的最高峰，丰富了世界文学的宝库。之后出现的优秀的小说还有李汝珍的《镜花缘》、陈忱的《水浒后传》、钱彩编写、金丰增订的《说岳全传》，也是写得比较好的小说。

短篇白话小说是在宋元说话的基础上发展起来的，开始是艺人集体创作的话本，如早期的《清平山堂话本》完全是民间艺人的集体创作，此后是经过文人改编的话本，最后是文人的独立创作。明代中叶以后，出现了大量的由文人模拟话本形式进行创作的白话短篇小说，这种小说后人叫做拟话本。其中最著名的有冯梦龙编辑的《喻世明言》、《警世通言》、《醒世恒言》和凌濛初编写的《初刻拍案惊奇》、《二刻拍案惊奇》，合称“三言”、“二拍”。冯梦龙的“三言”则是在话本基础上的整理、改编和创作，而凌濛初的“二拍”则已经完全是作家个人的独立创作，其脉络十分清晰。“三言”中大多数作品有人民性和现实主义精神，真实地反映了城市市民的生活和思想感情，里面有不少精彩篇目。“二拍”中有少数作品写得较好，其缺陷是有不少落后封建道德、迷信思想及色情描写。艺术技巧上，拟话本有话本的特点，并有所发展。

清代也产生了大量的文言短篇小说，其中最优秀的是蒲松龄的《聊斋志异》。《聊斋志异》是一部文言短篇小说集。全书绝大部分以狐鬼花妖的故事为题材，以超现实的形式来反映人间的现实生活。揭露政治的黑暗，官场的腐朽和科举制度的弊端，歌颂青年男女反对封建礼教、争取爱情幸福的斗争。它扎根于民间神话传说的土壤，继承六朝志怪和唐人传奇的优秀传统，情节委婉曲折、奇诡而合乎情理，人物刻画细致准确，语言清新生动、微妙传神，达到了文学史上短篇小说的最高峰。

除以上列举的代表作品外，明清长篇白话小说比较重要的有冯梦龙、蔡元放改编的长篇历史小说《东周列国志》、许仲琳编撰的《封神演义》、董说著的《西游补》、名教中人编次的《好逑传》、文康著的《儿女英雄传》、石玉昆述的《三侠五义》等。短篇白话小说有天然痴叟著的拟话本集《石头点》、酌元亭主人著的《照世杯》、草亭老人著的《娱目醒心编》等。短篇文言小说有瞿佑著的《剪灯新话》、纪晓岚著的《阅微草堂笔记》等。

总之，明清小说在小说文体上丰富多彩，具备笔记、传奇、拟话本和章回体等门类。其中传奇和笔记体在唐宋就已经出现，章回小说和拟话本则完全是明清时代在宋元话本基础上的创新。就总体上讲，明清小说将叙事、诗赋、议论最大限度地融合在一起，从而使小说无论在思想内容的复杂程度还是在表现的艺术技巧上，都具有百科全书的性质。从思想内容方面看，明清小说反映的社会生活极为宽广，逐渐摆脱因袭传奇的性质，将视野扩展到和人们日常见闻关系更密切的人生现象，以一种新兴市民的立场和观念，对封建社会的黑暗政治和伦理道德作了相当深刻的揭露和批判。代表作有以《三国演义》为代表的历史小说、以《西游记》为代表的神魔小说、以《红楼梦》为代表的世情小说、以《儒林外史》为代表的讽刺小说、以《水浒传》为代表的侠义公案小说等。另外，明清的优秀小说始终把塑造具有独特性格的典型人物作为中心课题，在六大长篇小说中，作者成功地塑造了诸葛亮、刘备、宋江、林冲、武松、孙悟空、猪八戒、西门庆、潘金莲、范进、贾宝玉、林黛玉、薛宝钗、王熙凤等一系列栩栩如生的艺术形象。这些人物形象或因在特定社会环境中形成的鲜明个性折射出社会本质的某些方面，加深了读者对人性和社会的理解，或因某些形象所具有的理想色彩而表达了大众的美好愿望，而永垂我国文学史册。

第二节　《世说新语》选讲

说明：《世说新语》，笔记小说集，本名《世说新书》，简称《世说》。南朝宋刘义庆撰，梁刘孝标注。原为八卷，刘注本分为十卷，今本作三卷。全书依内容分为德行、言语、政事、文学等三十六门，每门多者数十条，少者数条。在中国小说中它自成一体，为后代许多作家所仿效。

刘义庆（403—444），彭城（今江苏徐州）人。南朝宋武帝（刘裕）的侄子，袭封临川王，曾任南兖州刺史、都督、加开府仪同三司。爱好文学，招纳文士。所撰《世说新语》，主要记载汉末到东晋士族的轶事和言谈（其中只有几条是记载的西汉之事），反映了汉末到东晋这段历史时期社会的动荡和黑暗，记录了士族的放诞生活和清谈风气。对当时士族的思想风貌、心态、生活、情趣都有全面的反映。小说语言精炼传神、意味隽永。刘义庆还撰有《幽明录》等。

石崇与王恺争豪

提示：本则记述了又做官又当强盗靠搜刮和劫夺而致巨富的石崇，跟皇亲国戚王恺比富争豪的一件事情。在《世说新语》中，记载石崇与王恺比富争豪的事情还有一些，如王恺用丝做了一条四十里长的步障，石崇就用棉做了一条五十里长的步障；石崇用香料抹墙，王恺则以赤脂泥壁等等。这种比富争豪集中暴露了西晋士族统治集团的贪婪和腐朽。

石崇与王恺争豪[1]，并穷绮丽以饰舆服[2]。武帝，恺之甥也[3]，每助恺。尝以一珊瑚树高二尺许赐恺[4]，枝柯扶疏[5]，世罕其比[6]。恺以视崇，崇视讫[7]，以铁如意击之[8]，应手而碎[9]。恺甚惋惜，又以为疾己之宝[10]，声色甚厉[11]。崇曰："不足恨，今还卿[12]。"乃命左右悉取珊瑚树，有三尺、四尺，条干绝世[13]、光彩溢目者六七枚，如恺许比甚众[14]。恺惘然自失[15]。

注释：

[1] 石崇：字季伦，西晋士族，曾任荆州刺史，以劫夺客商致富。王恺：字君夫，西晋皇亲国戚，官至后军将军。

[2] 穷：尽。绮丽：华丽。舆服：车马、服装。

[3] 武帝：指晋武帝司马炎。司马炎母亲王皇后是王恺的姐姐。

[4] 珊瑚树：珊瑚虫结集而成的一种石灰质的物质，形状像树枝，通常所见多为红色，多产于热带海洋中，可做装饰品。高二尺许：高二尺左右。

[5] 枝柯：枝条。扶疏：繁茂的样子。

[7] 世罕其比：世上少有同它相比的。

[8] 讫：完毕。

[8] 如意：一种器物，头多为云叶形，柄微微弯曲，一般用玉、骨等制成，供指划或赏玩之用。

[9] 应手：顺着手的动作。

[10] 疾：通"嫉"，嫉妒。

[11] 声色：说话时的声音和脸色。

[12] 不足恨：不用遗憾。

[13] 绝世：举世无双。

[14] 许：如此，这样。比：相当，可比。

[15] 惘然：失意的样子。

石崇要客燕集[1]

石崇每要客燕集，常令美人行酒[2]。客饮酒不尽者，使黄门交斩美人[3]。王丞相与大将军尝共诣崇[4]。丞相素不能饮[5]，辄自勉强[6]，至于沉醉。每至大将军，固不饮[7]，以观其变。已斩三人，颜色如故[8]，尚不肯饮。丞相让之[9]，大将军曰："自杀伊家人[10]，何预卿事[11]？"

注释：

[1] 本篇选自"汰侈"门，通过王敦不肯饮酒、石崇残杀美人的行为，暴露了当时统治阶级中某些人物的残忍性格。要：同邀，约请。燕：饮酒，宴会。集：聚会。

[2] 行酒：斟酒劝客饮。

[3] 黄门：贴身侍卫。交：轮流。

[4] 王丞相：王导，字茂弘，元帝时为丞相。大将军：指王敦，字处仲，王导从兄，元帝时为征南大将军。诣：到。

[5] 素：平素，向来。不能饮：不会喝酒。

[6] 辄：每。

[7] 固：坚持。

[8] 颜色：面色。

[9] 让：责备。

[10] 伊家：他家。

[11] 预：干预。卿：你，指王导。这句话意为：跟你有什么关系？

第三节 《三国演义》评介

《三国演义》又名《三国志演义》、《三国志通俗演义》，产生于元末明初，是我国第一部长篇历史小说，也是我国长篇章回小说的开山之作。《三国演义》所描述的是东汉末年至晋统一前后近百年间魏、蜀、吴三国的历史故事。在长期众多群众传说和民间艺人创作的基础上，罗贯中"据正史，采小说，证文辞，通好尚"（高儒《百川书志》），创作了《三国志演义》这部历史演义的典范之作。《三国志演义》最早的版本，现存的是明弘治甲寅年序本，名为《三国志通俗演义》，全书二十四卷，二百四十则。此后版本繁多，仅明代刊本就不下二十余种，但在内容上大同小异。现在通行的本子是清初毛纶、毛宗岗父子增删评点的一百二十回本《三国演义》。毛本在回目、文词、论赞、诗文等方面对原有版本进行了加工，文字比较精详，因而成为最流行的本子。

《三国演义》的作者罗贯中，名本，字贯中，别号湖海散人，山西太原（或云钱塘、东原、庐陵）人。生活在元末明初。贾仲明《录鬼簿续编》说他南北漂流，行踪不定，与人寡合，遭时多故。他的小说除《三国演义》外，还编有杂剧《宋太祖龙虎风云会》等。今传世的《隋唐志传》、《残唐五代史演义》、《三遂平妖传》可能是后人伪作。

《三国演义》的主题主要表现在对刘备、曹操、诸葛亮、关羽等一系列人物的塑造上。刘备是《三国演义》中"仁德"之君的代表。曹操则是一个奸雄的形象。他雄才大略，讨董卓、诛吕布、灭二袁、定辽东，挟天子以令诸侯；同时他又奸诈、残忍、多疑、嫉妒、损人利己。关羽集中表现了作者的忠、义思想。诸葛亮则集中体现了作者智慧、忠贞的人格理想。毛宗岗称他能"达乎天时"、"尽乎人事"，为"古今贤相中第一奇人"。通常认为《三国演义》通过对三国间政治、军事、外交种种矛盾斗争的叙述，赞扬了贤臣良将的奇谋胜算与盖世武艺，表达了以"仁政"、"王道"治天下的政治理想，同时在客观上揭示了当时社会的黑暗和统治者的残暴，反映了人民的痛苦，表达了天下归一的愿望。

第四节 《水浒传》评介

《水浒传》成书于元末明初，描写的是北宋末年以宋江为首的农民军起义的历史故事。从南宋起，宋江故事就在民间广泛流传。元代，出现了大量的水浒戏。宋元以来的水浒故事丰富多彩并逐步趋向统一，小说戏剧家们不断地汲取创作素材并加以搬演。《水浒传》正是在这个基础上产生出来的。《水浒传》的作者不见于正史，历代学者见解纷纭。一般认为是施耐庵等人在水浒故事的基础上，加工编定而成的。关于施耐庵的生平现在没有清晰的了解。《水浒传》的版本有多种。简要言之，可分为两个系统。一是简本系统，一是繁本系统。所谓繁、简本的区别，是指文字描写的繁简而言。繁本细节生动，故事性强，但没有征王庆、征田虎故事；简本文字比较粗糙，叙事简约，但有征王庆、征田虎故事。明末金圣叹又将一百二十回本"腰斩"成七十回本，砍去了大聚义以后的内容，而以卢俊义一梦作结，名为《第五才子书施耐庵水浒传》。这本书正传七十回，楔子一回，实际上是七十一回，由于它保存了原书中的精华部分，在文字上又作了修饰，并且附有精彩的评语，于是成为此后最流行的本子。

《水浒传》的思想内容比较复杂，一般认为小说形象地反映了宋江起义的发生、发展、失败的全过程，揭示了农民起义的社会根源；通过一系列官逼民反的故事，揭示了人民反抗的正义性；成功塑造了许多光辉的英雄形象，热情讴歌了起义英雄敢于反抗的斗争精神。《水浒传》同情支持农民起义军，但又赞扬和提倡效忠朝廷，起义军首领宋江被塑造成一个忠义双全的形象，表现了其思想上的局限。

第五节 《西游记》评介

《西游记》是明代嘉靖、万历年间出现的一部优秀的长篇神话小说，描写了唐僧、孙悟空、猪八戒、沙僧师徒四人西天取经的故事。《西游记》取材于历史上实有的唐僧取经故事。宋代说话艺术兴起，唐僧取经故事被带入说话艺术舞台。之后，取经故事又被搬上戏剧舞台。吴承恩的《西游记》就是在民间长期流传的故事基础上加工整理成的。作者吴承恩(1510－1582)，字汝忠，号射阳山人，淮安府山阳县（今江苏淮安）人，有《射阳先生存稿》四卷。他一生屡遭挫折，仕途坎坷，对社会的腐败、黑暗有深刻认识，有强烈的铲除奸邪、报国安民的愿望，却无法实现，"胸中磨损斩邪刀，欲起平之恨无力"。这些都对他写作《西游记》有一定影响。

《西游记》的主旨主要是通过孙悟空的塑造体现出来的。孙悟空破石而生，他学得七十二般变化和十万八千里筋斗云，神通广大。他闹龙宫得到金箍棒，闹阴曹地府勾销生死簿上的名籍，要求过一种超越生死、绝对自由自在的生活。大闹天宫后，孙悟空保护唐僧西天取经，斗妖除怪。西行路上，他一心以事业为重，疾恶如仇，锄奸扶弱，除暴安良，坚信胜利，表现出非凡的智慧与坚忍不拔的精神。在克服九九八十一难过程中，他作为解除磨难的英雄出现，随机应变，善于斗智，真真假假，虚虚实实，与各种神通广大的妖魔鬼怪斗智斗勇，表现出一种大智大勇的英雄主义精神和为理想而奋斗到底的献身精神。孙悟空历经八十一难终成正果。他的形象已经成为执著追求理想、勇于反抗黑暗，具有大智大勇品格的美好人格象征。

第六节 《红楼梦》评介

《红楼梦》的作者曹雪芹（1715? －1764?），名霑，字芹圃，号雪芹，芹溪居士，又号梦阮。祖籍辽阳，先世原是汉人，明末入满洲籍，属满洲正白旗。后来他的祖先随清兵入关，得到宠幸，成为显赫一时的贵族世家。雍正皇帝即位后，曹家开始失势，后被革职抄家。曹雪芹十三四岁时，随全家迁回北京。家世衰落，曹雪芹也由富贵繁华的贵族公子，变为没落子弟。他晚年定居北京西郊，过着“茅椽蓬牖”、“瓦灶绳床”的生活，常常“举家食粥”。在艰苦的环境中，他以坚强的毅力，专心地从事《红楼梦》的写作和修订工作。乾隆二十七年，他的独子夭亡，由于悲伤过度，感伤成疾，“一病无医”，这年除夕，终于在贫病交加中离开人世。《红楼梦》并没有全部完成。

《红楼梦》原名《石头记》，最初只在为数很少的人手中传阅。后来以手抄本的形式流传于世，因为有脂砚斋、畸笏叟等的评语，一般称之为“脂评本”。《红楼梦》全书共一百二十回，后四十回文字，一般认为是高鹗所补。高鹗（1738－1815），字兰墅，祖籍辽东铁岭，属汉军镶黄旗。乾隆五十六年（1791），程伟元和高鹗将《红楼梦》前与后四十回八十回合成一个完整的故事，用木活字排印出来，书名《红楼梦》，通称为“程甲本”。第二年，二人又对甲本进行了一番补订、修辑，重新排印，称为“程乙本”。高鹗、程伟元增补的后四十回，写出了书中的主要人物、中心事件的结局，如黛玉之死、贾府之败、宝玉出家等，使《红楼梦》成为一个结构完整、首尾齐全的文学作品。后四十回也不乏描写精彩的段落，如潇湘惊梦、黛玉迷性、焚诗稿、魂归离恨天等，有很强的艺术感染力。不过安排贾府“兰桂齐芳，家道复初”的“大团圆”结局，却极大地削弱了原作“好一似食尽鸟投林，落了片白茫茫大地真干净”的批判精神。艺术描写上也较前八十回逊色。

一般认为，《红楼梦》主要是展示了一个层次繁多、意蕴丰富的悲剧世界。《红楼梦》又名《石头记》，而贾宝玉本是一个无才补天的顽石，它化为宝玉，在人间经历了与黛玉“木石前盟”、与薛宝钗“金玉良缘”的爱情悲剧，又亲眼看到了大观园中众多女孩子生命之花的凋零，体验了家族由富贵繁华到败落凋零的巨变，对人生和尘世有了深刻的认识和感受。《红楼梦》就是贾宝玉这块顽石在人间的传记。全书以贾宝玉的视角来透视人生，展示了他所经历的爱情悲剧、社会悲剧及人生悲剧。作品通过描写封建大家族中这个英俊少年的人生悲剧，揭示出了中国社会封建时代的衰亡。

思考题：

1．简要介绍一下中国古代小说的写作成就。

2．你怎样评价孙悟空这一艺术形象？

3．简要介绍一下《红楼梦》的创作主题。

第四编

20世纪中国文学

- 概述
- 20世纪中国诗歌
- 20世纪中国小说
- 20世纪中国散文选读

第一章　概　述

一、"20世纪中国文学"的含义

"20世纪中国文学"正在成为一个学科概念，成为研究20世纪里中国文学的理论阐释方式。从字面意义看，这是个十分白描化的词汇，不论是指称一门学问，还是一门课程，其含义就是要介绍、研究20世纪里中国社会的有关文学的情况。

"20世纪中国文学"这一观念的提出，是一种新尝试。它将通过建立一种新的关于文学的阐释体系，总结一百余年来中国文学和文化的发展历程。这种新的探索是80年代改革开放以来中国社会政治、经济、文化变化发展的结果。改革开放以来，中国社会思想大解放，经济大发展，文化大繁荣，社会的进步强烈地冲击着旧有的文化体系。社会的这种变化表现在文学研究领域，最突出的一个现象就是自80年代中期以来，重写文学史的呼声越来越强烈。所谓"重写文学史"，就是要打破在中国社会通行多年的中国现当代文学史阐释体系，以一种新的视野，建立一种新的阐释体系。

简单地说，"20世纪中国文学"是一种"非简单政治话语"的阐释方式，是对中国社会通行多年的中国现当代文学史体系的一种完善，也是对中国文学的一种新视角审察。中国社会通行多年的中国现当代文学史体系，基本是以毛泽东的《新民主主义论》为依据的。而毛泽东的《新民主主义论》在总结中国文化时主要是从"无产阶级革命"这样的政治角度进行的，文学在《在延安文艺座谈会上的讲话》中被明确地规定为"新民主主义革命的工具"。这样看来，在改革开放的新时代背景下，原来的以毛泽东的《新民主主义论》和《在延安文艺座谈会上的讲话》为基础的中国现当代文学史阐释体系，就急需要发展和完善。

"20世纪中国文学"以实事求是的科学态度，以继承与发展的态度，站在世纪交替的端点上，面向未来，反思历史，重建一种新的文学史体系。这种文学史体系首先要对一百余年来中国文化的主导方向及其流变过程做出判定。当我们寻找20世纪中国文化的主导潮流时，毫无疑问要选定"现代性"这样一个标准，即"现代性"是20世纪中国文化的主潮流。其实这个潮流自1840年鸦片战争后就在中国社会兴起。这可以从魏源、黄宗宪等封建地主阶级知识分子的改良、革新思想中看出。此后有严复、康有为等资产阶级维新思想，又有梁启超、孙中山等资产阶级民主革命主张，更有无产阶级革命理论最终以毛泽东思想的脱颖而出形成了强大的延安文化。一百多年来潮落潮起，但始终没有偏离一个方向，那就是建立民族独立的现代化国家。1840年以来，在追求"现代性"的方法上形成了两种力量，一种是革命的方法，即把旧的社会制度彻底摧毁，重新建立一种全新的社会秩序，然后一张白纸好做画，建设现代化国家。这种方法即无产阶级革命的方法。另一种方法就是改良、渐进的方法，即在尽量不造成大的社会动荡的基础上，使中国社会走向现代化。这种力量先是封建地主阶级改良派，后有资产阶级改良派。历史的实际情况是，改良失败了，革命成功了。

所以，"20世纪中国文学"作为一种文化阐释体系，将以"现代性"为价值取向，重新梳理中国文化的脉络。首先，从地域上考虑到三种块状结构，即今天人们可以清楚看到的：

中国大陆社会的文学、台湾文学、港澳文学。一百多年来，这三大地域的文学有交流，也有阻隔。自80年代改革开放以来，特别是1997年香港已经回归祖国，1999年澳门也已回归祖国，台湾问题也越来越成为国人关注的焦点，三地文化交流与融合越来越强劲。但是多年来，大陆社会通行的中国现当代文学史大多数版本对台湾文学和港澳文学关注不够，或者说根本就疏漏掉了。“20世纪中国文学”将弥补这一缺陷。其次，在时间结构上也将突破“1919年”、“1949年”这样的传统划分模式，原来的所谓“近代”、“现代”、“当代”思维模式将被打破，而代之以具体的文学思潮研究、流派研究、风格研究。实际上就是突破了原来的“阶级斗争”、“政治运动”理论模式，尽量从文化的角度、艺术的角度审视文学。这样我们会发现，五四新文化运动是1840年以来中国文化追求现代化过程的一次高潮，这次高潮孕育出了无产阶级革命性质的新民主主义文化。这种无产阶级性质的新民主主义文化以毛泽东的《新民主主义论》和《在延安文艺座谈会上的讲话》为标志，最终形成了强大的延安文化，即以马列主义、毛泽东思想为指导的“民族的科学的大众的”新文化。延安文化即当年的解放区文化，是1949年中华人民共和国成立后社会主义新文化的雏形。这个雏形在社会主义新中国曾得到充分发展，也受到过教条主义和左倾思潮的严重干扰和破坏。改革开放以来，中国社会的文化产生了新的变化和转型，我们正在经历着新的文化重建过程。21世纪的中国文化，将是高扬五四民主与科学精神的文化，也是弘扬延安时代自信自强、奋斗不息、艰苦创业、勇于创造新世界这些宝贵精神的文化，更是民主化与法制化的、民族性与世界性共融的多元互补、共同繁荣的文化。

文学是文化的重要表征。20世纪中国文学将反映出中华民族一百余年来的屈辱史、奋斗史、革命史和革新进步史。其中蕴藏着丰富的文化财富和精神食粮，它们是中华民族在追求现代化的过程中走向更高境界的基础和阶梯，值得我们认真地挖掘整理、批判继承。

二、“20世纪中国文学”的分期及各阶段的基本特征

（一）1840年鸦片战争爆发至1915年《新青年》创刊

1840年的鸦片战争使中国社会的性质开始发生变化，一个独立的封建王朝统治的以农耕经济为基础的国家开始沦为半封建半殖民地。最明显的表现就是割失香港、澳门、台湾及东北与新疆等边地的大片土地。清王朝的腐朽首先激起了一些爱国、进步的知识分子的变革意识。龚自珍、林则徐、康有为、梁启超、秋瑾等知识分子写下了大量诗篇，表达了中国社会进步力量对国家命运的忧虑和对清王朝的不满，反帝反封建的进步意识开始觉醒并逐渐成为社会的主导思潮。在1840年至“五四”新文化运动发生的半个多世纪里，各种社会力量为维护国家权益作了种种努力。首先是地主阶级改良派推行了“洋务运动”，主张“师夷长技以制夷”，“中学为体，西学为用”；其次是资产阶级改良派推行的“戊戌变法”运动；第三是资产阶级革命和以农民为主的民众暴动。这三种力量在这段时间里都没能改变中国社会的性质，不过，都从不同层面加速了清王朝的灭亡，也不同程度遏止和打击了帝国主义殖民势力。

就文学来看，这一时期的特征总的来说可以概括为：深重的忧患意识、激昂慷慨的悲壮格调、焦虑忧愤的探索苦闷与雄浑悲壮的革新追求并存。这一时期一般被称为中国近代时期。中国近代文化的本质变化或者说是最宝贵的变化，就是“现代性”因素的生成与发展。因此一般把近代文学看做是中国“现代性”文学的滥觞，称近代文化是中国“现代性”文化

的第一次大启蒙。考察近代中国社会，的确在东西文化的交汇中出现了一些从未有过的新因素，这种新因素的核心内容就是社会生产方式的工业化、商品化以及与工业文明相适应的以科学、民主、法制、平等、自由、博爱等为基本观念的社会意识。这种所谓的工业文明在近代开始在中国出现。

中国社会自秦汉以来，封建时代达两千余年之久。在这两千多年的封建时代里，中国文化和文学绝不是没有丝毫的“现代性”萌芽和暗潮涌动。小说和曲艺是一种典型的市民文化，市民文化是以市民社会为依托的，而市民社会又是与商品经济活动和资本经营活动紧密联系在一起的。中国的小说自魏晋志怪小说始至唐传奇已基本成型，唐代还出现了说唱故事的“说话”、“转变”等曲艺形式；可见中国的市民文化早有萌芽。这种萌芽到了元明清时代已经发展成为强大的暗潮，尽管小说和曲艺在明清时代仍属于“下九流”，然而其在社会上的影响特别是在民间的影响，已远甚于诗文。所谓“五大古典小说”的出现就是无可辩驳的事实。五大古典小说是中国古代文化自唐宋诗词后出现的又一个高峰，这个高峰体现了中国文化自我发展的强大能量。然而，中国文化自“五大小说”之后开始跌入低谷，这中间有很复杂的历史背景值得研究。

所谓“现代性”，就是以高度发达的商品经济和资本经营为特征的工业化生产社会属性。这个标准显然最早是由西方资本主义世界创立的，而且至今西方资本主义仍然处于所谓“现代性话语”的权威地位。因此，“五大小说”虽然标示出了一些“现代性趋势”或“情绪”，具备了现代市民文化的一些特征，但它们所承载的社会文化，终究还不是“现代文化”，这是由当时的社会政治、经济和主体文化根基决定的。当然我们可以由“五大小说”看出，“现代性”文化已经在社会生活中聚集成为暗潮，并开始涌动起来，它的前景必然是整个社会走向现代性，必然是寻找适当的时机爆发出来彻底清洗封建文化。可惜，中国文化的这个自然演进历程在1840年的鸦片战争中，被殖民主义的坚船利炮打破。由此开始，使中国文化开始染上深重的忧患意识，开始陷入救亡图存的灾难苦境。可见，侵略、扩张成性的资本主义殖民文化已经不容中国文化自生自长，要灭亡中国、瓜分中国、奴役中国。所以自1840年鸦片战争至1945年抗日战争胜利，中华民族经历了一百年有余的艰难困苦的历程，一百多年来，整个民族生活在屈辱中、灾难中、血与火的奋斗中，挣扎在亡种灭国的危险中。帝国主义的殖民侵略给中国人民带来了深重的灾难，这是不容抹杀的历史，也是永远值得中国人记取的教训。

但是，我们也不否认，1840年鸦片战争中英帝国主义的坚船利炮也打碎了中国社会封建王朝的尊严与权威，客观上促成了一些进步的地主阶级知识分子的猛醒，从而也就促动了中国社会封建文化迅速向现代性转型。正是在鸦片战争之后，魏源提出了“师夷长技以制夷”，“变古愈尽，便民愈甚”的观点。特别是后来崛起的洋务运动，给中国社会带来了一些真正意义上的现代工业；再后来的戊戌变法，演示了西方民主政治观念对中国封建社会的革新。然而帝国主义列强的侵略是要灭亡中国，永远奴役中国，封建制度的利益既得者又不甘心退出历史舞台，因而中国社会的走向“现代性”便不得不在血与火的抗争中、革命中进行了。无论是改良、改革，还是革命，总之是自1840年鸦片战争后，中国社会中一种明确以西方资本主义工业化社会为标准的所谓“现代性”文化开始崛起，并不断走向强大，最终结束了几千年的中国封建时代；尤其是缔造了五四文化这样的文化革新高潮，从而进一步孕育出了结束民族危亡历史的强大延安文化。

所以，我们讲“20世纪中国文学”的主潮是具有“现代性”特征的，或是以追求“现代性”为中心的，而这个“现代性”追求的直接源头，实际上在19世纪中期开始涌现。

因此，我们的“20世纪中国文学”实际上要从19世纪中期讲起，这虽然有点名不副实，但它能让我们完整地看到中国文化演变的全貌，更好地认清事物的本质。

我们所说的20世纪中国文化的“现代性”是以西方工业化社会为标准，这个标准不是一种现成的固定的单一模式，而是一种方向，即五四文化所倡导的科学与民主的方向。朝向这个方向的中国文化必然是中国特色的，而不是照搬照抄西方模式的所谓全盘西化。所以，20世纪中国文学首先是“民族的、科学的、大众的”，同时也必然具有世界性、多样性。这不仅是一百多年来中国文学发展的既成状态，也是我们面向21世纪建设中国文化时应该继续坚持和追求的方向。

（二）“五四”新文学运动的发动至1937年抗日战争爆发

鸦片战争到五四新文化运动，中国社会的知识界主要干了四件大事，即：洋务运动、维新运动、辛亥革命、五四新文化运动。这四件大事组成了中国社会19世纪中期至20世纪初期半个世纪的历史。这半个世纪中，中国社会的文化基本可以概括为五大思潮，即：洋务派以经济、军事、教育改革为主的“中体西用”社会改良文化思潮；维新派以西方民主政治为理想而进行的资产阶级思想启蒙与政治改良文化思潮；资产阶级革命派的资产阶级政治革命文化思潮；五四新文化运动以反封建伦理道德和封建文化制度为中心的面向平民的“科学与民主”文化启蒙思潮；五四时期，无产阶级的马克思主义社会革命观传入中国并开始孕育成长，形成无产阶级社会主义革命文化思潮。

半个世纪中，中国社会的文化思潮迭涌，但始终围绕着“现代性”这一主题。至五四时期，这种现代性文化已经孕育成了比较深厚的社会思想基础。五四文学的空前繁荣，正是中国社会现代性文化茁壮成长的明证。

五四新文学的发生是中国社会现代性文化半个世纪来长期变革的必然结果。早在19世纪末期，一些先进的知识分子就认识到广大国民思想意识的更新对于社会进步至关重要，因而发动了晚清思想启蒙运动和晚清文学改良运动。到了20世纪初期，经过了辛亥革命和“二次革命”失败的中国知识分子，更加深刻地认识到国民头脑中的封建伦理思想对于社会进步的巨大制约作用。他们开始把眼睛朝下，在普通民众身上寻找推动社会进步的力量。他们认识到，没有广大国民的觉悟和真正参与，中国社会的反封建就是不彻底的。因而要发动一次深刻而又广泛的反对封建伦理观念的思想启蒙运动。

1911年辛亥革命在形式上结束了清王朝的封建统治，但丝毫也没有改变中国社会半封建半殖民地的性质，军阀割据且连年混战，袁世凯妄图复辟帝制，日本帝国主义对中国的侵略日益深入，中国的民族危机极为深重，辛亥革命带给人们的新希望正在一天天暗淡下去。这种情况首先引起了知识分子的怀疑和抗争。他们认识到辛亥革命并没有在中国建立起民主政治，还需要大张旗鼓地宣传资产阶级民主主义思想，争取实现名副其实的民主共和国。《新青年》正是在这样的背景下，带着沉重的历史使命和勇于革新的精神出现在中国文化的舞台上。

《新青年》第1卷名《青年杂志》，1915年9月由陈独秀在上海创办，1917年迁往北京，1926年终刊。作为一个综合性的文化批判杂志，《新青年》集结了一批新文化和新文学运动的发难者和先驱人物，如李大钊、胡适、钱玄同、刘半农、周作人、鲁迅等。他们以《新青年》为阵地，系统而有组织地对旧文化、旧文学进行了广泛的批判，对新文化、新文学的建设进行了热烈的讨论，提出了许多具有历史意义和理论价值的观点，涉及了中国的社会、政治、文化、宗教、伦理、道德等众多领域，在社会的整个意识形态方面掀起了一场革命。可以说，《新青年》是五四新文化萌芽的温床，也是五四新文学的第一个社团流派的孵化器，它开启了中国社会和文化进步发展的新时代。

在《新青年》的带动下，五四新文学诞生了。五四新文学是中国新文化的重要载体和推动力量，它反映并传播了积极进步的思想观念，即拯救民族危亡的反帝反封建思想，推动民族进步的科学民主思想，革新儒家伦理文化的西方人权观念、人道主义思想和个性解放观念等。这些先进思想最终成为推动民族进步的强大动力。五四新文学的另一重大贡献是革新并促进了汉语言的发展。现代白话在五四时代经过诗歌、小说、散文、戏剧等文学样式的创作实验并获得成功，革新、促进了汉语言文字的书面语系统，创设了与民众贴近的、能够更好地促进全民族文化素质提高的新语言系统。文学主题和语言的革新，带动了文学形式的全面革新，最终促进了民族思维的革新进步。

总之，五四新文学是具有现代性的文学，是代表中国社会进步方向的文学，是拯救民族危亡的文学，是改造国民精神、促进民族素质提高的文学，是关心人并发展人的文学，是开放的、与世界各民族交流对话的文学。它的核心价值就是科学与民主。

（三）抗战时期的中国文学（1937 年 7 月 ~ 1945 年 8 月）

1937 年 7 月 7 日中国军队在卢沟桥对日本侵略者的坚决抵抗，拉开了全面抗战的序幕，至 1945 年日本政府宣布无条件投降，八年间中国政府和人民付出了巨大的牺牲，终于挽救了民族的危亡。抗日战争期间，中国文学以救亡图存为己任，高举爱国主义大旗，书写民族英雄的悲壮义举，鼓动民族斗志，批判和鞭挞卖国主义行径，发挥了很好的战斗作用和革命功效。

抗战时期的文学基本上改变了五四文学开创的启蒙主题，写作的焦点不再是反封建的资产阶级文化启蒙，以民族为本位的救亡图存成了时代的主旋律。从文学观念到创作都发生了较大的变化，“文章入伍，文章下乡”成了指导文学实践的口号，不论是诗歌、散文、小说、戏剧，都力求用通俗化的语言，用广大民众特别是农民和主要是来源于农民的士兵喜闻乐见的形式，书写时代的新篇章。抗战文学实际上是对五四文化和民族传统文化的一次重估与再整理。继承了五四反帝反封建的精神实质，在形式上却一改五四文学反传统的创新实验追求，表现出强烈的向民族传统回归倾向。抗战文学在整体上是豪迈雄健的，是慷慨激昂的，是宏伟悲壮的，显示出了中华民族坚忍不拔、意气风发、威武不屈的高贵品质和顽强的生命力。真所谓临难见英雄，在艰难困苦中，抗战文学体现出了中华民族的伟大精神和雄壮气势，其中蕴藏着十分珍贵的精神财富，值得我们继承、弘扬。

（四）延安文化的崛起与资产阶级文化在中国的衰落

1936 年 10 月，中国工农红军长征到达陕北，从而使陕北革命根据地进入了一个崭新的发展时期，中国共产党领导的无产阶级革命运动也从此开启了一个新阶段。延安文化是指 1937 年抗日战争全面爆发至 1945 年抗战胜利 8 年间，以陕北解放区为核心，以中共领导的工农联盟为主体的解放区民众所创造的文化。延安文化的形成标志是毛泽东的《新民主主义论》和《在延安文艺座谈会上的讲话》的发表。抗战胜利后延安文化在各个解放区继续成长，不断壮大，最终推翻了代表封建地主阶级和买办资产阶级利益的国民党政权，缔造了社会主义性质的中华人民共和国。

延安文化实际上已经构建成了中国社会当代文化的雏形。这个雏形后来随着新民主主义革命在中国的胜利而得到全面发展。延安文化是无产阶级的革命的文化，是对五四文化的批判继承和进一步发展。五四文化的革命性主要是对中国封建文化的革新与改造，五四文化的历史功绩也主要是对全民族的思想大启蒙。“五四运动，在其开始，是共产主义的知识分子、革命的小资产阶级知识分子和资产阶级知识分子（他们是当时运动中的右翼）三部分人的统一战线的革命运动。……这个文化运动，当时还没有可能普及到工农群众中去。它提出了‘平民文学’口号，但是当时的所谓‘平民’，实际上还只限于城市小资产阶级和资产阶级的知识分子，即所谓市民阶级的知识分子。”毛泽东在《新民主主义论》中首先肯定了五四文化是反帝反封建的爱国主义的科学的革命文化后，又批判了它的“所谓市民阶级的知识分子”的属性。这种属性显然是不完全符合新民主主义革命的新文化的要求的。因为“在‘五四’以后，中国的新文化，却是新民主主义性质的文化，属于世界无产阶级的社会主义的文化革命的一部分。”所以，到了1942年《在延安文艺座谈会上的讲话》发表时，毛泽东明确提出了文化要为人民大众服务。因而提出了改造知识分子和知识分子自身改造的问题。“在教育工农兵的任务之前，就先有一个学习工农兵的任务。”

毛泽东思想在延安时期已基本成形，是延安文化的核心。毛泽东思想把马克思主义中国化，它的实质是把中国社会封建时代几千年来一直居于统治地位的儒家传统文化彻底改造了，把中国人推上了创造世界的哲学观道路。毛泽东思想摆脱了五四文化的苦闷、彷徨，迷茫、探索，破坏、批判与抉择，明确地提出了“要建立一个新中国，建立中华民族的新文化。”这个新文化就是毛泽东在《新民主主义论》中提出的“民族的科学的大众的文化”。这个新文化就是延安文化的方向，它是中国文化经过五四革新后的必然结果，也是中国社会走向未来的坚强支柱。

延安文化崛起的过程，也是资产阶级文化在中国衰落的过程。1911年中华民国建立，资产阶级文化在中国的政治舞台上获取了中心地位。但是，由于国民党采取了与地主阶级和封建军阀妥协的政策，维护了少数人的利益而违背了大多数人的利益，再加上帝国主义殖民势力从经济上遏制中国民族资产阶级力量的成长，特别是日本帝国主义通过军事侵略直接打击中国的资产阶级政权，还有无产阶级革命力量的冲击，内外交困的多种因素最终促成了资产阶级文化在中国的衰落。

从1946年至1949年，中国文学随着社会生活的变化也发生了一些变化，总的来看，就是救亡主题让位于翻身主题，文学更多地表现出批判现实性和无产阶级革命性。

（五）50年代至60年代中期的中国文学

1949年10月1日，中华人民共和国宣告成立，延安文化成为了中国社会的主流意识；国民党政权退据台、澎、金等海岛地区，港澳问题留以待机。这样，整个中国社会在行政管理上存在着三大块：大陆社会为一块；台澎金等海岛地区为一块；港澳为一块。大陆走上了社会主义道路；台湾地区仍在国民党政权之下；港澳还是英、葡殖民地。在这种“三足”鼎立或称“二足一体”（大陆为主体）的社会状态下，中国文化和文学也自然地呈现出了三种状态。特别是台湾自1895年中日甲午战争后，曾被日本帝国主义割据长达50年之久，50年的外族统治，必然会给台湾社会的文化打上独特的烙印。台岛自1945年光复后，不久又于1949年底开始长期与祖国大陆社会处于隔离状态。自80年代大陆社会改革开放以来，两岸关系才有所松动。香港在1840年鸦片战争后沦为英国殖民地，澳门在1857年被葡萄牙强行租占，一百多年来，港澳长期处于世界自由港地位。特别应注意到，第二次世界大战期间，港澳地区是抗战文化的重要基地。中华人民共和国成立直到改革开放前，港澳与大陆基本处于隔离状态，文化交往很少。

50年代至60年代中期的中国大陆文学，是延安文化的自然延续和发展。理论界一般把1949年中华人民共和国成立以来的中国大陆文学称为当代文学，当代文学又被划分为三个发展时期：1949年10月至1966年文化大革命全面爆发为一个时期，称为“文革前十七年”；1966年至1976年10月粉碎“四人帮”为一个时期，称为“文革十年”；1976年10月粉碎“四人帮”至今为一个时期，称为新时期。50年代至60年代中期，又称“文革前十七年”，中国大陆社会的文学是社会主义性质的文学，它的直接源头是延安解放区所创造的延安文化，它早在40年代的抗战时期就已初具规模。延安文化在这一时期得到全面发展。

这一时期中国大陆文学十分繁荣。诗歌方面，歌唱新生活成了创作主潮；小说方面，革命历史题材的创作成就最大，其次是描写农民开创新生活和反映农村社会新问题的乡土小说十分兴盛。散文、戏剧等方面基本与诗歌、小说方面的情况类同，总体上是歌颂多于批评，怀旧多于对现实生活的严肃思考。革命时代革命者奋斗的事迹在革命成功后放射出更大的光彩，吸引了文学家的目光，也陶醉了一个时代。文学从观念到实践，都表现出强烈的时代感和比较狭隘的社会功利性。但就创作而言，总体上保持了写实的风格，这是十分可贵的。这一点使这一时期的文学具有了史诗的品格。特别是长篇小说的创作，大多气势恢弘，文笔朴实，真情激荡，具有涵盖一个时代的价值。

（六）“文革十年”的中国大陆文学

一般把1966年5月中共中央政治局扩大会议通过了《五一六通知》，确立了所谓“无产阶级专政下继续革命的理论”作为文化大革命正式爆发的起点，至1976年10月粉碎“四人帮”为止，整整十年有余的这段历史时期称为文化大革命十年。“文革十年”的中国大陆文学比较荒凉，创作不多，成果甚少。这主要是因为左倾思潮首先从理论上禁锢了文学的发展，文学创作完全成了图解政治观念的工具；另外，大批作家、文艺批评家及其他艺术工作者从1957年“反右”运动开始，相继遭迫害，文化工作者队伍遭到严重摧残。就创作而言，“文革十年”的真正文学主要来自两个群体：一是一些遭受迫害的作家在艰难困苦中进行了所谓“地下写作”，这些作品在“文革”后相继出版，为一个时代保留了十分珍贵的文学文本；二是以知青为代表的民间写作，这类创作纯粹是一个独特的青春群体在特殊的时代用文学表达了他们的躁动、苦闷、迷惘、思索、反抗和觉醒。知青文学在“文革”后有一部分由出版界公之于众，还有一些仍然流传在民间。“文革”中公开出版的文学作品，一类是有明显的、较严重的“左倾”思想错误，艺术上也十分粗糙的作品，如《初春的早晨》（1973）、《虹南作战史》（1972）等；另有少量作品，在描写和颂扬社会主义理想与精神的同时，较少有或基本没有“左倾”观念，较客观地反映了时代特征，如《摹新传奇》等，还有就是属于革命历史题材的作品，如《闪闪红星》（1974）等。

（七）70年代末以来的中国文学

1976年10月，粉碎了“四人帮”，中国共产党开始逐步纠正“左倾”错误，经过拨乱反正、真理标准大讨论等一系列工作，至十一届三中全会的召开，开启了中国社会的新时代。新时期以来，中国文学也进入了一个欣欣向荣的时代。首先是大陆文学对“文革”进行了控诉，并对1949年以来的大陆社会生活进行全面反省。与此同时，在改革开放的背景下，大陆文学与港澳台文学和世界各民族的文学进行全面对话。在这个过程中，中国文学再次高举起“五四”科学与民主的大旗，抓住“现代性”这一文化革新与创造追求，立足于民族文化的根源，勇敢走向世界，在民族性与世界化也就是现代化这两个支撑点之间，构筑着民族文化的新的生长基础。

这期间，特别值得注意的是，1997年和1999年，香港和澳门分别回归祖国，显示了中华文化的大团圆和伟大创新能力。在一国两制的政策下，港澳作为特别行政区，社会制度和社会生活方式保持资本主义性质不变；大陆社会坚持社会主义方向；台湾地区的回归也越来越成为国人关注的焦点。新的世纪已经来临，回望19世纪中期以来一百多年的历程，中国文化经过血与火的洗礼和种种艰难曲折的探索，在跨进21世纪门槛的时候，可以说已经彻底扫除了往日衰败、患难的沉重阴影，正在以崭新的姿态走向美好的未来。

思考题：

1．怎样理解“20世纪中国文学”的学科含义？

2．什么叫“中国现代文学”？

3．什么叫“中国当代文学”？

第二章　20世纪中国诗歌

第一节　晚清诗歌中现代性因素的孕育

诗歌在中国古代文学中一直居于正宗的主体地位，晚清时期特别是1840年后，随着社会文化整体背景的切换，诗歌写作也有了一些新的萌芽，主要表现在三个方面：一是语言形态的通俗化、大众化，即诗歌的语言由文言文开始向现代白话文过渡；二是诗体形式有了自由化倾向的萌芽，诗歌写作开始突破格律形式的束缚；三是内容上表现出明确的反传统追求，具备了真正反封建的现代人文精神。

一、龚自珍《己亥杂诗》(选一)

诗人简介

龚自珍（1792—1841），浙江仁和（今杭州）人，道光进士，历任内阁中书、礼部主事等职，晚年在江苏丹阳书院讲学。是清代著名思想家、文学家和维新思想的先驱者。在道光己亥十九年（1839）辞官南归，《己亥杂诗》是他在南归和后来北上接还家眷时陆续写成的，共115首。这些诗反映了中国封建社会总崩溃时期的矛盾和世俗生活，抒发了一个知识分子忧虑国家民族命运，渴望社会变革的心态。

九州生气恃风雷，万马齐喑究可哀。我劝天公重抖擞，不拘一格降人才。

二、谭嗣同诗选

诗人简介

谭嗣同（1865—1898），湖南浏阳人。曾广游南北各省，热心于创办新式企业。甲午战争后，谭嗣同参与在浏阳创立学会，宣传变法。1896年春，在北京结识了梁启超等人，投身变法救亡运动，并于7月到南京待缺候补知府。维新运动失败后，维新人士受到搜捕和屠杀，康有为在英国人保护下逃亡香港，梁启超在日本人掩护下逃往日本，谭嗣同面对生与死的抉择，留下一句刚烈撼乾坤的话："各国变法无不从流血而成，今中国未闻有因变法而流血者，此国之所以不昌也。有之，请自嗣同始。"1898年9月28日，谭嗣同、杨锐、林旭、刘光第、康广仁、杨深秀六人被杀害于北京菜市口。史称"戊戌六君子"。

世间无物抵春愁，合向苍冥一哭休。四万万人齐下泪，天涯何处是神州。

三、秋瑾诗选

诗人简介

秋瑾（1877—1907），近代民主革命烈士，女革命家。字璿卿，号竞雄，又称鉴湖女侠。浙江山阴（今绍兴）人。1896年依父母之命嫁湘潭富绅子弟王廷钧。1904年冲破封建家庭束缚，留学日本，投身资产阶级民主革命。创办《白话报》，鼓吹推翻清朝统治，提倡男女平权。1905 年，经徐锡麟介绍加入光复会。7 月加入同盟会，任评议部评议员和浙江主盟人。1906 年为反对日本颁布《清国留学生取缔规则》而归国。次年 1 月在上海发刊《中国女报》。1907 年主持绍兴大通学堂，任督办。联络金华、处州等地会党，组织光复军，拟与徐锡麟分头发动皖浙两省起义。7 月，徐在安庆举义失败，清政府探查到皖浙联系，派兵包围大通学堂。秋瑾 14 日被捕。次日凌晨，在绍兴轩亭口英勇就义。遗诗辑为《秋瑾集》。

黄海舟中日人索句并见日俄战争地图

万里乘风去复来，只身东海挟春雷。忍看图画移颜色，肯使江山付劫灰！浊酒不销忧国泪，救时应仗出群才。拼将十万头颅血，须把乾坤力挽回！

注：作于 1905 年作者第二次由东京返国途中

勉女权歌

吾辈爱自由，勉励自由一杯酒。男女平等天赋就，岂甘居牛后！愿愤然自拔，一洗从前羞耻垢。若安作同俦，恢复江山劳素手。

旧习最堪羞，女子竟同牛马偶。曙光新放文明候，独立占头筹。愿奴隶根除，知识学问历练就。责任上肩头，国民女杰期无负。

第二节　五四文学革命影响下的诗歌创作探索

一、“尝试”中的新诗——初期白话诗派

如果把《新青年》的创办作为“五四”新文化运动的开端，那么，在五四新文化运动影响下的文学革命则是始于诗歌的创作。这方面开先河者是胡适，他在 1917 年 2 月的《新青年》上率先发表《白话诗八首》。他的探索很快得到《新青年》同人的响应，刘半农、沈尹默、周作人、俞平伯、康白情、刘大白等人相继加入了新诗的写作行列，一批五四新文化运动的先驱鲁迅、陈独秀等也在 1918、1919 年间写了一些白话诗，为新诗的出现热情呐喊，鼓舞和推动了诗歌革新运动。现代白话新诗由此诞生。中国诗歌从此开始了以新诗为主的发展阶段。所谓新诗，也叫现代白话诗，即在语言上采用与现代口语相接近的白话，在形式上舍弃了旧体诗的格式，在内容上表现了现代人思想、情绪、追求的一种新式诗歌。作为五四新文学的先声，初期白话诗是中国现代新诗的最初形态，这一时期诗歌明白如话，在形式上表现出散文化倾向，大多采用白话散文的句式与章法，诗的意象之间有清晰的语义逻辑。在内容上，一类呈现出客观写实的倾向，用白描手法如实摹写自然景物或具体的生活场景，如胡适的《人力车夫》、刘半农的《相隔一层纸》等；另一类则通过比喻和象征的手法，托物寄兴，表现诗人对社会人生的感悟和思索，如胡适的《鸽子》、《老鸦》、周作人的《小河》、沈尹默的《月夜》等，也有直接表现某种抽象的意念的，如胡适的《一念》、鲁迅的《梦》等。初期白话诗成绩卓然，它打破了中国旧文学几千年的诗歌写作模式，显示了五四新文学的强大生命力。

(一) 胡适诗选

1. 诗人简介

胡适（1891—1962），原名胡洪骍，字适之，安徽绩溪人。早年肄业于上海中国公学，1910年留学美国，先就学于康乃尔大学，后转学于哥伦比亚大学，深受实用主义哲学家杜威的影响。1917年回国就任北京大学教授，同陈独秀、沈尹默、李大钊、钱玄同等执编《新青年》，是当年新文化运动的风云人物，对新文化运动的发展产生过重大影响。胡适是最早开始新诗写作的人，1920年他出版了第一本现代白话诗集《尝试集》。1938年出任中华民国驻美国大使，1942年任行政院最高顾问，1946年任北京大学校长，1948年去美国，后转往台湾。

2. 诗作赏析

(1)《蝴蝶》：可视为初期白话诗的开端之作。诗句整齐划一，讲究押韵，还留有从旧诗蜕化出来的痕迹，没能完全实现胡适关于“诗体大解放”的主张，但其明朗直白的语言风格，清新自然的诗歌内容，符合当时文学革命的要求，具有开风气之先，大胆尝试的价值。

蝴　蝶

两个黄蝴蝶，双双飞上天。
不知为什么，一个忽飞还。
剩下那一个，孤单怪可怜；
也无心上天，天上太孤单。

1916年8月23日

(2)《老鸦》：是胡适“尝试”的较为成功的作品。诗中塑造了鲜明生动、独具性灵的“乌鸦”形象。乌鸦在常人的眼中是令人讨嫌的，而诗人却以“乌鸦”自比，采用象征手法，把常人讨厌的乌鸦拟人化，借乌鸦的不愿装腔作势讨人喜欢，揭示新文化运动的倡导者们在“天寒风紧、无枝可栖”的严峻斗争环境中的思想风貌，表现五四时代对独立人格的追求，有着丰富的思想内涵。“老鸦”只会发出自己的声音，而且也只愿意发出自己的声音。诗人借对“老鸦”的理解，表达了追求人格独立、精神自由的愿望。

老　鸦

(一)

我大清早起，
站在人家屋角上哑哑的啼。
人家讨嫌我，说我不吉利：——
我不能呢呢喃喃讨人家的欢喜！

(二)

天寒风紧，无枝可栖。
我整日里飞去飞回，整日里又寒又饥。——
我不能带着鞘儿，翁翁央央的替人家飞；
也不能叫人家系在竹竿头，赚一把黄小米！

选自《尝试集》，亚东图书馆1922年4版

（二）沈尹默诗选

1. 诗人简介

沈尹默（1883—1971），原名君默，字中，号秋明，原籍浙江吴兴竹墩（今湖州市区下昂乡竹墩村）。曾赴日本留学。北京大学兼北京女子师范大学教授。沈尹默是新文化运动的一员猛将，“五四”运动期间，他与胡适、刘半农最早在《新青年》上尝试新诗创作，被誉为中国初期新诗创作的“三巨头”。民国17年，任河北省教育厅厅长。19年，改任北平大学校长。抗战胜利后，辞职到上海，以卖字为生。中华人民共和国成立后，先后任上海文物保管委员会委员，上海市人民政府委员，中央文史馆副馆长等职。1971年6月病逝上海。

2. 诗作赏析

(1)《月夜》：是新诗初创期充满象征性朦胧美的佳作。在朱自清的《新诗年选》中被称为“具备新诗美德”的“第一首散文诗”。全诗仅四行，用简洁的语言、白描的手法描绘出一个意境鲜明的画面：霜风浓重，月光清寒，一棵大树卓然挺立，抒情主人公“我”不倚不靠，孑然独立。在充满象征意蕴的物境中，诗人托物咏怀，流溢出美好的人格追求：在严寒下不妥协，在孤独中不退缩，在萧森的环境中独立不倚的坚强性格。这首诗分明使人感到了“五四”的时代脉搏：个性解放，人格独立。

月　夜

霜风呼呼地吹着，
　月光明明地照着。
我和一株顶高的树并排立着，
　却没有靠着。

1917年

选自《新青年》1918年第4卷第1号

(2)《三弦》：此诗曾入选当时的《国文教材》，广为传诵。胡适认为“这首诗从见解意境上和音节上看来都可以看做新诗中一首完全的诗。……”（胡适《谈新诗》）。这是一幅以人物为主，以景物音响为背景的画面。在炎炎烈日似火烧的夏午，灼热、烦闷、寂寞、在衰败破落的院子里，鼓荡着阵阵三弦的声浪，而一墙之隔的院外，坐着一个破衣烂裳，双手抱头、不声不响的老人。这个意象苍老、破败的画面实际上是当时社会人生的一个侧面，传达出世道的沉重、苍凉。第二节运用一连串声母为d、t的字，显示了三弦的抑扬顿挫，使全诗具有一种音乐节奏美。

三　弦

中午时候，火一样的太阳，没法去遮拦，让他直晒着长街上。静悄悄少人行路；只有悠悠风来，吹动路旁杨树。

谁家破大门里，半院子绿茸茸细草，都浮着闪闪的金光。旁边有一段低低土墙，挡住了个弹三弦的人，却不能隔断那三弦鼓荡的声浪。

门外坐着一个穿破衣裳的老年人，双手抱着头，他不声不响。

选自《新青年》1918年第5卷第2号

（三）刘半农诗选

1．诗人简介

刘半农（1891—1934），名复，字半农，江苏江阴人。1919年起任北京大学预科教授，1920年去欧洲留学。现代诗人，语言学家。他的诗面向现实，关注民生疾苦，以批判暴露为基本内容，具有清新、平易的艺术风格。

2．诗作赏析

《相隔一层纸》：诗人运用电影蒙太奇特写镜头的处理方法，摄取两个平常的生活镜头，通过生动入微的细节描绘，展示出一幅近乎残酷的生活图景，“老爷”和“叫花子”虽只有一纸之隔，却有天堂地狱之别。在贫与富的强烈对比中，浸透着诗人的人道主义感情，表达了对社会现实的批判精神。

相隔一层纸

屋子里拢着炉火，
老爷分付开窗买水果，
说“天气不冷火太热，
别任它烤坏了我。”
屋子外躺着一个叫花子，
咬紧了牙齿对着北风喊“要死”！
可怜屋外与屋里，
相隔只有一层薄纸！

1917年10月，北京

选自《新青年》1918年第4卷第1号

（四）周作人诗选

1．诗人简介

周作人（1885—1968），浙江绍兴人。鲁迅胞弟。1906年去日本留学，1911年回国后任中学教师，后任北京大学、燕京大学文科教授。“五四”前后，是文学研究会发起人之一，其《小河》一诗颇受时人瞩目。1937年后任北京大学文学院院长，华北教育总署署长，伪东北综合调查研究所理事长。日本投降后，被国民党政府逮捕。1949年出狱到北京定居。主要新诗作品有诗集《过去之花园》、《雪朝》等。

2．诗作赏析

《小河》：诗人围绕“小河”等一系列意象，细密地描摹了小河受阻后冲决坝堰的景象，以及稻、桑、草和蛤蟆们对小河受阻的复杂感情，“融景入情，融情入理”（朱自清语），暗示着一种生命的自然流动被阻塞、被压抑后，可能导致的痛苦和灾难，曲折表达出对生命的复杂理解。其高明之处在于采用象征、隐喻的创作手法，来深化新诗形象的思想内涵，避免了直接的说教，在推进白话诗的发展和成熟方面起过作用。《小河》是一首具有整体象征意义的诗，其中的“小河”可以作多种理解，比如理解为社会资源，或社会历史的前进方向等，而筑堰的农夫、稻、桑树等也就相应地可作多种理解。

小　河

一条小河，稳稳地向前流动。
经过的地方，两面全是乌黑的土，
生满了红的花，碧绿的叶，黄的果实。
一个农夫背了锄来，在小河中间筑起一道堰，
下流干了；上流的水，被堰拦着，下来不得；
不得前进，又不能退回，水只在堰前乱转。
水要保他的生命，总须流动，便只在堰前乱转。
堰下的土，逐渐淘去，成了深潭。
水也不怨这堰，——便只是想流动，
想同从前一般，稳稳地向前流动。

一日农夫又来，土堰外筑起一道石堰。
土堰坍了：水冲着坚固的石堰，还只是乱转。

堰外田里的稻，听着水声，皱眉说道，——
“我是一株稻，是一株可怜的小草，
我喜欢水来润泽我，却怕他在我身上流过。
小河的水是我的好朋友，
他曾经稳稳地流过我面前，
我对他点头，他向我微笑，
我愿他能够放出了石堰，
向我们微笑：仍然稳稳地流着，
曲曲折折地尽量向前流着，
经过的两面地方，都变成一片锦绣。
他本是我的好朋友，——
只怕他如今不认识我了；
他在地底里呻吟，
听去虽然微细，却又如何可怕！
这不像我朋友平日的声音，
——被轻风搀着走上沙滩来时，
快活的声音。
我只怕这回出来的时候，
不认识从前的朋友了，
便在我身上大踏步过去：
我所以正在这里忧虑。”
田边的桑树，也摇头说，——
“我生得高，能望见那小河，——
他是我的好朋友，
他送清水给我喝，
使我能生肥绿的叶，紫红的桑葚。——
他从前清澈的颜色，
现在变了青黑；
又是终年挣扎，脸上添出许多痉挛的皱纹。
他只向下钻，早没工夫对了我的点头微笑，
堰下的潭，深过了我的根了。
我生在小河旁边，
夏天晒不枯我的枝条，
冬天冻不坏我的根。
如今只怕我的好朋友，
将我带倒在沙滩上，
拌着他卷来的水草。
我可怜我的好朋友，
但实在也为我自己着急。”

田里的草和虾蟆，听了两个的话，
也都叹气，各有他们自己的心事。

水只在堰前乱转；
坚固的石堰，还是一毫不摇动。
筑堰的人，不知到哪里去了？

选自《新青年》1919年第6卷第2号

（五）康白情诗选

1. 诗人简介

康白情（1896—1945）字洪章，四川安岳县人。1916年入北京大学，1918年与他人组织

新潮社，主张文学革命，1919年编印《新潮》月刊，开始大量发表新诗。抗战末期病逝。主要作品有诗集《草儿》、《草儿在前》、《河上集》。其诗清新，自然，活泼，略有受古典诗词禁锢的痕迹。

2．诗作赏析

《和平的春里》：是新诗草创期艺术成就比较高的一首，前八句运用一连串充满动感的句式“……绿了”，写出了江南春天大地染翠，生意盎然，饱含诗情画意。正当读者沉醉在和平美好的意境中时，忽然第九句“穷人的饿眼儿也绿了”，在自然与现实人生之间形成强烈反差，令人猛醒。这哪里是和平的春天，分明是饥饿的、残酷的春天。一个“绿”字运用得妙不可言！

和平的春里

遍江北的野色都绿了。
柳也绿了。
麦子也绿了。
细草也绿了。
水也绿了。
鸭尾巴也绿了。
茅屋盖上也绿了。
穷人的饿眼儿也绿了。
和平的春里远燃着几团野火。

1920年4月4日津浦铁路车上

二、“开一代诗风”的新诗创作

（一）郭沫若诗选

1．诗人简介

郭沫若（1892—1978），原名郭开贞，号尚武，四川乐山人。“沫若”是1919年开始发表新诗时用的笔名。1914年赴日本学医。1918年开始新诗创作。1919年五四运动爆发，在时代的鼓舞下，进入了诗歌创作的爆发期，诗集《女神》的出版，确立了在我国现代文学史上的卓越地位，也为中国新诗开辟了一个崭新的时代。1921年和成仿吾、郁达夫等成立新文学社团“创造社”。1923年回国后倡导革命文学。1926年3月任广东大学文科学长，7月参加北伐。1927年参加南昌起义，加入中国共产党，积极倡导无产阶级革命文学运动。1928年起旅居日本十年，潜心研究中国古代历史和古文字学，取得重大成就。1937年抗战爆发后只身回国，负责抗战文化宣传工作，期间创作的六部历史剧影响极大。新中国成立后，历任政务院副总理兼文化教育委员会主任、中国科学院院长、全国人大常务委员会副委员长等职。主要作品有诗集《女神》、《星空》、《瓶》、《恢复》、《前茅》、《战声集》、《蜩螗集》、《新华颂》、《骆驼集》、《沫若诗词选》等。《女神》的出现，是中国新诗史上的第一座丰碑，而郭沫若则成为中国新诗的奠基人。早期诗作形式自由活泼，风格雄奇豪放，具有浓厚的浪漫色彩，表现了五四时代的革命精神。

2．诗作赏析

《女神》共分三辑。除《序诗》外，第一辑包括《女神之再生》、《湘累》、《棠棣之花》。第二辑在1921年《女神》初版本上分为三部分：自《凤凰涅槃》至《立在地球边上放号》共十篇为《凤凰涅槃之什》；自《三个泛神论者》至《我是个偶像崇拜者》共十篇为《泛神论者之什》；自《太阳礼赞》至《死》共十篇为《太阳礼赞之什》。第三辑在1921年《女神》初版本上分为三部分：自《Venus》至《晚步》共十篇为《爱神之什》，自《春蚕》至《日暮的婚筵》（其中《岸上》为三篇）共十篇为《春蚕之什》，自《新生》至《西湖纪游》（其中《西湖纪游》为六篇）共十篇为《归国吟》。

(1)《女神·序诗》

序　诗

我是个无产者：
因为我除个赤条条的我外，
什么私有财产也没有。
《女神》是我自己产生出来的，
或许可以说是我的私有，
但是，我愿意成个共产主义者，
所以我把她公开了。

《女神》哟！
你去，去寻那与我的振动数相同的人，
你去，去寻那与我的燃烧点相等的人。
你去，去在我可爱的青年的兄弟姊妹胸中，
把他们的心弦拨动，
把他们的智光点燃吧！

1921年5月26日

(2)《天狗》：这首诗想像丰富奇特，诗人以“天狗”自喻。“天狗”在这里是坚强意志和巨大力量的化身，感情惊心动魄，有排山倒海、气吞日月之势。这种火山爆发式的诗情喷发，强烈地抒发了要毁灭一切旧世界、旧我的叛逆精神和创造新世界、新我的社会理想，充分体现了狂飙突进的五四时代精神。

第二辑·天　狗

一

我是一条天狗呀！
我把月来吞了，
我把日来吞了，
我把一切的星球来吞了，
我把全宇宙来吞了。
我便是我了！

二

我是月底光，
我是日底光，
我是一切星球底光，
我是X光线底光，
我是全宇宙底Energy底总量！

三

我飞奔，
我狂叫，
我燃烧。
我如烈火一样地燃烧！
我如大海一样地狂叫！
我如电气一样地飞跑！
我飞跑，
我飞跑，
我飞跑，
我剥我的皮，
我食我的肉，
我吸我的血，
我啮我的心肝，
我在我神经上飞跑，
我在我脊髓上飞跑，

我在我脑筋上飞跑。

我的我要爆了！

四

我便是我呀！

1920年2月初作

(3)《炉中煤》：这是一首热烈而柔婉的爱国诗歌，意象的选择别具匠心，诗人自比燃烧的“炉中煤”，把眷恋着的祖国比喻成“年轻的女郎”。全诗以“煤”的口吻，向心爱的人儿倾诉满腔衷肠，抒发诗人远在异国他乡，对祖国积蓄已久的一腔挚爱之情。全诗共四节，每一节用“啊，我年轻的女郎”的复沓句式领起，通篇押韵，形成回环往复的音乐节奏，产生一种动人的力量。

第二辑·炉中煤

——眷念祖国的情绪

一

啊，我年轻的女郎！
我不辜负你的殷勤，
你也不要辜负了我的思量。
我为我心爱的人儿
燃到了这般模样！

二

啊，我年轻的女郎！
你该知道了我的前身？
你该不嫌我黑奴卤莽？
要我这黑奴的胸中，
才有火一样的心肠。

三

啊，我年轻的女郎！
我想我的前身
原本是有用的栋梁，
我活埋在地底多年，
到今朝总得重见天光。

四

啊，我年轻的女郎！
我自从重见天光，
我常常思念我的故乡，
我为我心爱的人儿
燃到了这般模样！

1920年1、2月间作

选自1920年2月3日《时事新报·学灯》

(4)《雷峰塔下》：这首诗鲜明地传达出了作者的社会价值选择，也就是无产阶级革命文化的价值追求。由此可以看出，左翼诗人是坚持民众立场的，是坚决代表广大民众利益的歌唱者。所以这首诗可以看做是延安文化崛起后所倡导的“文艺为工农兵服务”的先声，也是对五四平民文学的进一步发展。

第三辑·雷峰塔下

其　一

雷峰塔下

一个锄地的老人

脱去了上身的棉衣
挂在一旁嫩桑的枝上。
他息着锄头，
举起头来看我。
哦，他那慈和的眼光，
他那健康的黄脸，
他那斑白的须髯，
他那筋脉隆起的金手。
我想去跪在他的面前，
叫他一声：“我的爹！”
把他脚上的黄泥舔个干净。

（二）冰心诗选

1．诗人简介

冰心（1900—1999）原名谢婉莹，福建长乐人。1918年进北京女子协和大学学医，后改学文学。1920年起发表短篇小说、小诗。1921年参加文学研究会。1923年赴美国威尔斯利女子大学学习英国文学。1926年回国后在燕京大学、清华大学女子文理学院任教。抗战胜利后，东渡日本。1951年秋回国。1960年后曾任中国作协书记处书记。早期诗歌《繁星》、《春水》等多讴歌童心和母爱，文字清新，感情真挚，风格柔美而自然。富有人生感悟的小诗。

2．诗作赏析

(1)《繁星》：这是一首小诗。小诗是特定时代的产物，泛起于五四退潮后的1922年，是社会运动低潮期苦闷寂寥的低吟浅唱。由于泰戈尔诗歌的翻译介绍和日本俳句的传入，当时许多新诗人如朱自清、徐玉诺、宗白华等都曾经写过小诗，其中冰心的《繁星》、《春水》被公认为小诗的楷模。从形式上看，一般是三至五行，容量小，表现刹那感觉和情思，从对外部客观世界的描绘转向内心世界微妙感情的捕捉。深邃幽蓝的天空中，繁星闪烁，诗人展开想像的翅膀，使星光充满人情，仿佛它们在互相对语，互相赞颂。小诗充满哲理，蕴涵了冰心早年“爱的哲学”。星星尚且互敬互爱，那么人与人呢？

繁　星

（一）

繁星闪烁着——
深蓝的太空，
何曾听得见他们对语？
　沉默中，
　微光里，
他们深深地互相颂赞了。

选自《繁星》，商务印书馆1923年版

(2)《春水》：诗人运用拟人化的手法，通过“墙角的小花”这一意象，告诉人们不要孤芳自赏，满足现状，抽象的人生哲学和价值判断得以具象化、感情化。语言含蓄典雅，清莹秀丽，显示了女性诗人的细腻、温婉，令人回味。

春　水

（三三）

墙角的花！
你孤芳自赏时，
天地便小了。

选自《春水》，新潮社1923年版

（三）汪静之诗选

1．诗人简介

汪静之（1902—1996）安徽绩溪人。1920年就读于浙江第一师范学校。1921年在《新潮》、《小说月报》、《诗》杂志发表新诗，与潘漠华发起成立“晨光文学社”。1922年与潘漠华、应修人、冯雪峰等成立湖畔诗社。1926年任北伐军总政治部宣传科编纂，武汉国民政府劳工部《劳工月刊》编辑。1928年至1936年在上海、南京等中学任教。后历任上海复旦大学、杭州大学中文系教授。1952年调北京人民出版社古典文学编辑部任编辑。1955年调中国作协。主要诗作有《蕙的风》、《湖畔》（合集）《寂寞的国》、《诗二十一首》等。

2．诗作赏析

新诗发轫以来，“专心致志做情诗”，并成为流派的是“湖畔诗派”。1922年，应修人、冯雪峰、潘漠华、汪静之等青年诗人在“五四”思想解放潮流的影响下，成立“湖畔诗社”。在他们的诗中，热烈真诚地歌唱青春、生命、自由和爱情，给“五四”诗坛吹来一股清新的风。显示了浪漫主义诗的另一个层面。其中，汪静之是诗作数量最多、影响最大的一个。诗集《蕙的风》1922年初版，在全国掀起巨大反响，对于封建礼教具有很大的冲击力，在当时的文艺界引起了一场“文艺与道德”的论战。鲁迅很赏识他的诗作，曾亲自为他修改作品，热情肯定他的诗是情感的自然流露，天真而清新，是天籁，不是硬做出来的。《伊底眼》以“温暖的太阳、解结的剪刀、快乐的钥匙、忧愁的引火线”四个灵动别致的比喻，来写情人的眼睛，表现爱情给热恋中的青年带来的欢乐和甜蜜的忧愁。诗的形式有一种整饬美，共四节，每节三句，都使用两句作比加上一个反诘问句的形式，加强了感情上的回宕与缠绵。

伊　底　眼

伊底眼是温暖的太阳；
不然，何以伊一望着我，
我受了冻的心就热了呢？

伊底眼是解结的剪刀；
不然，何以伊一瞧着我，
我被镣铐的灵魂就自由了呢？

伊底眼是快乐的钥匙；
不然，何以伊一瞅着我，
我就住在乐园里了呢？

伊底眼变成忧愁的引火线了；
不然，何以伊一盯着我，
我就沉溺在愁海里了呢？

1922年6月4日

选自《蕙的风》，亚东图书馆1922年版

（四）冯至诗选

1．诗人简介

冯至（1905—1993），原名冯承植，河北涿州人。1922 年在北京大学学习时开始发表新诗。1923 年在上海参加创立“浅草社”。1925 年在北京与人创立“沉钟社”。1927 年大学毕业后先后在哈尔滨、北京担任中学国文教员。1930 年与废名合编《骆驼草》周刊，后留学德国。1935 年回国，1936 年在上海同济大学附设高中任教。1939 去昆明在西南联合大学任教授。抗战胜利后回北京大学任教授。1964 年后任中国社会科学院外国文学研究所所长、中国作协副主席等职。出版的诗集有《昨日之歌》、《北游及其他》、《十四行集》、《冯至诗选》等。朱自清称赞他是“从敏锐的感觉出发，在日常的境界里体味出精微的哲理的诗人。”鲁迅也曾称赞冯至是“中国最为杰出的抒情诗人”。

2．诗作赏析

(1)《蛇》：是诗人抒情诗中的代表作，充满细腻的情感和丰富的想像。在人们的心目中，蛇是为人厌恶的可怕之物。但诗人笔下的蛇却温顺可爱，诗人用“寂寞与长蛇”、“草原与乌丝”、“梦境与花束”一系列比喻，在本体和喻体的“似与不似”之间，巧妙地表达了“我”的寂寞与相思，“我”对姑娘浓浓的爱恋。以蛇为喻，使诗产生一种新奇之美。全诗三节，每一节都有相对独立的情节波澜，其中隐藏着浓郁的诗趣，内心激情不直接宣泄，表现出艺术上的节制。抒情大胆热烈。

蛇

我的寂寞是一条长蛇，
冰冷地没有言语——
姑娘，你万一梦到它时，
千万啊，莫要悚惧！

它是我忠诚的伴侣，
心里害着热烈的乡思：
它在想着那茂密的草原——
你头上的，浓郁的乌丝。

它月光一般轻轻地，
从你那儿潜潜走过；
为我把你的梦境衔了来，
像一只绯红的花朵。

选自《昨日之歌》，北新书局 1927 年版

(2)《我是一条小河》：假如把这首诗看做是写爱情的，那么，诗中所写应该是那种所谓遭遇爱情的一见钟情，“小河”与“彩霞般的影儿”建立的就是那种心心相印的爱情，他们有自然、和谐的关系，有时时刻刻都在相思相恋的真情。然而，诗的最后两节让风浪和海潮打碎了爱情美梦，制造出一种悲剧效果。生活中爱情经受挫折的故事很多，岁月只给人留下美好的记忆。如果考虑到冯至的诗大都具有深刻的哲理，这首诗也可以解读为是对人生和社会的感悟：人生中的许多事情，包括生命本身，就是这样一个令人感伤而又无奈的既美好又具有悲剧感的过程。

我是一条小河

我是一条小河，
我无心由你的身边流过——
你无心把你彩霞般的影儿
投入了我软软的柔波。

我流过一座森林，
柔波便荡荡地
把那些碧绿的叶影儿
裁剪成你的衣裳。

我流过一座花丛，
柔波便粼粼地
把那些彩色的花影儿
编织成你的花冠。

无奈呀，我终于流入了，
流入那无情的大海——
海上的风又厉，浪又狂，
吹折了花冠，击碎了裙裳！

我也随着海潮漂漾，
漂漾到无边的地方——
你那彩霞般的影儿
也和幻散了的彩霞一样！

1925 年
选自《昨日之歌》，北新书局 1927 年

三、新月诗派的创作

新月诗派的源头是 1923 年胡适、徐志摩、闻一多、陈西滢等人在北京发起成立的“新月”诗社。1926 年 4 月，闻一多、徐志摩在北京《晨报》副刊上创办《诗镌》，明确提出了现代新格律诗的理论主张，并集结了朱湘、刘梦苇、饶孟侃、林徽音、孙大雨等一批诗人，积极尝试新格律诗的创作。于是，以《诗镌》的创办为标志，新格律诗派即新月派形成。《诗镌》出了 11 期便于 1926 年 6 月停刊，但它所倡导的新格律诗的理论和众多诗人的创作实践，已经在诗坛上产生了极大的影响。所以一般把《诗镌》时期称为新月诗派前期。1928 年，徐志摩、梁实秋等人在上海创办《新月》月刊；1931 年，又由徐志摩、陈孟家创办《诗刊》季刊。这两个刊物积聚了方玮德、卞之琳、邵洵美等一批年轻诗人。1931 年底，徐志摩遇难后，新月诗派的活动渐告结束。上海时期一般被称为新月诗派后期。

新月诗派人员众多，思想倾向十分复杂。既有关注现实、追求个性解放的“五四”精神内涵，也有感伤、幽怨，沉醉于个人感情世界的贵族化写作倾向。新月诗派的主要成就在于艺术探索方面，提出“理性节制情感”的美学原则和形式格律化主张，强调新诗最主要的审美特征应是“和谐”、“均齐”，主张诗歌要讲究“建筑美”、“音乐美”、“绘画美”。这实际上是对“五四”早期的白话新诗过分直白化的反拨，也是对古典诗词在格律、意境等方面所取得的成就的继承和创新。从这一点上说，新月诗派对新诗发展的贡献是十分宝贵的。

（一）徐志摩诗选

1. 诗人简介

徐志摩（1897—1931），原名徐章垿，浙江海宁人。1916 年秋赴津、京读大学，曾拜梁启超为师。1918 年 8 月赴美国留学，获文学硕士学位。1920 年为追随思想家罗素而赴英国，后进康桥大学（即剑桥大学）皇家学院以特别生资格随意选课听讲，旅英期间开始创作新诗。1922 年回国，任北京大学、清华大学教授。1923 年参加文学研究会，同时与胡适等人成立新月社。1924 年迎泰戈尔访华。1926 年与闻一多、朱湘等创办《晨报》副刊《诗镌》周刊。1927 年先后在上海光华大学、大夏大学和南京中央大学任教。1928 年与胡适、梁实秋等人创办《新月》月刊。1931 年，与陈梦家等人创办《诗刊》，同年 11 月 19 日因飞机失

事遇难。主要作品有诗集《志摩的诗》、《翡冷翠的一夜》、《猛虎集》、《云游》等，其诗语句清新，韵律和谐，意境优美，讲究比喻。徐志摩是“新月”诗派最有代表性的诗人，也是中国现代最有影响的诗人之一。

2．诗作赏析

(1)《沙扬娜拉》：作于1924年，徐志摩担任泰戈尔的陪同和翻译去日本访问期间。这首玲珑之作初版时有十八个小节，后诗人拿掉了前面十七个小节，只剩下题为“赠日本女郎”的最后一节，体现了浪漫诗人的灵动和风流情怀。诗的伊始，以一个构思精巧的比喻，描摹了日本女郎在和诗人道别时低头鞠躬、温柔娇羞的动人风姿。“一低头的温柔”与“水莲花不胜凉风的娇羞”，两个并列的意象妥帖地重叠在一起，一股朦胧的美感透彻肺腑，那萍水相逢、执手相看的朦胧情意，被诗人淋漓尽致地发挥出来。接下来，是阳关三叠式的互道珍重，情透纸背。“蜜甜的忧愁”则是全诗的诗眼，矛盾修辞法不仅拉大了情感之间的张力，而且使其更趋于饱满。“沙扬娜拉”是对日语“再见”一词最美丽的移译，既是杨柳依依的挥手作别，又仿佛在呼唤那女郎温柔的名字。悠悠离愁，千种风情，诗人以寥寥数语，构建起一座审美的舞台，将司空见惯的人生戏剧搬演上去，让人们品味了其中亘古不变的世道人情。

沙扬娜拉一首

——赠日本女郎

最是那一低头的温柔，
像一朵水莲花不胜凉风的娇羞，
道一声珍重，道一声珍重，
那一声珍重里有蜜甜的忧愁——
沙扬娜拉！

选自《志摩的诗》新月书店1928年8月版

(2)《雪花的快乐》：这是一首脍炙人口的抒情诗。在这里，现实的“我”被彻底抽空，雪花代替“我”出场，“翩翩的在半空里潇洒”。但这是被诗人意念填充的雪花，被灵魂穿着的雪花，是人的精灵，它要为美而死，而它在追求美的过程中丝毫不感痛苦、绝望，恰恰相反，它充分享受着选择的自由、热爱的快乐。“飞扬、飞扬、飞扬——你看，我有我的方向！”这是多么坚定、欢快和轻松自由的执著，而这个美的“她”，住在清幽之地，出入雪中花园，浑身散发朱砂梅的清香，心胸恰似万缕柔波的湖泊！诗人自比纯洁晶莹的“雪花”，表达对“她”真挚专一，欢快愉悦的爱情。或许这不仅仅是爱情上的乐观自信，也是诗人当时向往光明理想的热烈情怀的写照。这首诗诗艺考究，诗节诗行排列既均匀整齐，又有灵活的变化，韵脚开放而柔和，风格潇洒飘逸，读来有和雪花飞舞相契合的旋律。

雪花的快乐

假如我是一朵雪花，
翩翩的在半空里潇洒，
我一定认清我的方向——
飞扬，飞扬，飞扬，——
这地面上有我的方向。

不去那冷漠的幽谷，
不去那凄清的山麓，
　也不上荒街去惆怅——
　飞扬，飞扬，飞扬，——
你看，我有我的方向！

在半空里娟娟的飞舞，
认明了那清幽的住处，
　等着她来花园里探望——
　飞扬，飞扬，飞扬，——
啊，她身上有朱砂梅的清香！

那时我凭借我的身轻，
盈盈的，沾住了她的衣襟，
　贴近她柔波似的心胸——
　消溶，消溶，消溶——
溶入了她柔波似的心胸！

选自《志摩的诗》新月书店 1928 年 8 月版

(3)《再别康桥》：这是徐志摩的名作。诗人 1920 ~ 1922 年在康桥（即英国的剑桥大学）读书学习，回国时曾作离别诗《康桥，再会吧》，1925 年重游欧洲后，写过散文《我所知道的康桥》；这首诗作于 1928 年第三次漫游欧洲后的归国途中，抒发对康桥难舍难分的离情。全诗共七节，开头、结尾采用重章复唱的手法，“轻轻”“悄悄”的反复运用，为全诗营造了一种轻柔静默的氛围。诗的二、三、四节描绘康桥旖旎秀美的风光：金柳、波光、青荇、榆荫、潭水、浮藻……康河如诗如画，诗人如醉如痴，“在康河的柔波里，我甘心做一条水草！”，可见诗人对母校的绵绵情意，情与景达到水乳交融的艺术境界。第五、六两节，诗人面对清幽绮丽的美景，禁不住要放声高歌，但又怕破坏了这宁谧的氛围，使全诗静默的情调浑然天成。在艺术形式上，这首圆润轻柔的成熟之作，充分体现了“新月诗人”关于诗的“建筑美、音乐美、绘画美”的诗艺追求。全诗的格调是忧郁的，感伤的，甚至是绝望的，诗人在追寻往日美好人生的同时，流露出对现实的无奈和痛苦，这不仅是有关个人感情的，也是关于社会的。一切美好都属于过去，属于外国，不属于当时的诗人，也不属于当时的中国。

再别康桥

轻轻地我走了，
　正如我轻轻地来；
我轻轻地招手，
　作别西天的云彩。

那河畔的金柳，
　是夕阳中的新娘；
波光里的艳影，
　在我的心头荡漾。

软泥上的青荇，
　油油的在水底招摇，
在康河的柔波里，
　我甘心做一条水草！

那榆荫下的一潭，
　不是清泉，是天上虹
揉碎在浮藻间，
　沉淀着彩虹似的梦。

寻梦？撑一支长篙，
　向青草更青处漫溯，
满载一船星辉，
　在星辉斑斓里放歌。

但我不能放歌，

悄悄是别离的笙箫；
夏虫也为我沉默，
沉默是今晚的康桥！

悄悄地我走了，
正如我悄悄地来；
我挥一挥衣袖，
不带走一片云彩。

1928年11月6日作于中国海上

（二）闻一多诗选

1. 诗人简介

闻一多（1899—1946），原名家骅，后改名一多。湖北浠水人。1913年入北京清华大学，1922年赴美留学，主攻美术，这一时期创作了不少爱国思乡的诗歌。1923年，出版第一本诗集《红烛》。1925年回国后任北京艺术专科学校教务长，并同徐志摩等在《晨报》上主办《诗镌》。1928年出版第二本诗集《死水》。1928年秋，任武汉大学文学院院长、中文系主任。1932年任清华大学中文系主任。抗战爆发后，到北大、清华、南开组成的长沙临时大学，不久南下昆明，在西南联大任教。抗战胜利后，出任民主同盟中央执行委员、云南支部宣传委员，兼民主周刊社社长。1946年7月15日，被国民党特务暗杀身亡。诗作风格沉郁凝重，语言绚丽精炼，对仗工整，“音乐美”、“绘画美”、“建筑美”的诗歌创作主张，曾产生一定影响。

2. 诗作赏析

(1)《红烛》：是一首热烈、深沉而又充满浪漫主义色彩的人生哲理诗篇。诗人翻古出新，把晚唐诗人李商隐关于爱情的名句“春蚕到死丝方尽，蜡烛成灰泪始干”重新演绎，给“红烛”这个中心意象赋予全新的内涵，抓住蜡烛流泪和燃烧这两个富有特征的象征意象，以红烛“莫问收获，但问耕耘”的无私奉献精神来暗喻人的精神品格，表达了诗人追求高尚人生境界的美好愿望。全诗采用自由体诗的形式，参差变化中呈现视觉的美感。

红　烛

“蜡炬成灰泪始干”
——李商隐

红烛啊！
这样红的烛！
诗人啊
吐出你的心来比比，
可是一般颜色？

红烛啊！
是谁制的蜡——给你躯体？
是谁点的火——点着灵魂？
为何更须烧蜡成灰，
然后才放光出？
一误再误；
矛盾！冲突！

红烛啊！
不误，不误！
原是要“烧”出你的光来——
这正是自然底方法。
红烛啊！
既制了，便烧着！
烧罢！烧罢！
烧破世人的梦，
烧沸世人的血——
也救出他们的灵魂，

也捣破他们的监狱！

红烛啊！
你心火发光之期，
正是泪流开始之日。

红烛啊！
匠人造了你，
原是为烧的。
既已烧着，
又何苦伤心流泪？
哦！我知道了！
是残风来侵你的光芒，
你烧得不稳时，
才着急得流泪！

红烛啊！
流罢，你怎能不流呢？
请将你的脂膏，
不息地流向人间，
培出慰藉的花儿，
结成快乐的果子！

红烛啊！
你流一滴泪，灰一分心。
灰心流泪你的果，
创造光明你的因。

红烛啊！
"莫问收获，但问耕耘。"

(2)《死水》：是闻一多最重要的代表作之一。1925年诗人从海外归来，面对黑暗现实，他把对祖国，对民族深沉的忧患凝聚成一个震人心弦的意象"死水"，借用现代诗的隐喻和象征手法，隐藏自己的感情，竭力不作外在呼喊，通过意象的具体呈现，强烈而典型地表达了那个时代留学返国的知识分子共同的思想情绪：感时伤怀，忧国忧民。诗人对"一沟绝望的死水"的诅咒，就是对腐朽、黑暗、垂死的社会现实的诅咒，借用波得莱尔"以丑为美"的创作原则和反讽的艺术手法，用"翡翠、桃花、罗绮、云霞、珍珠、歌声"等一连串美丽的喻体来反衬死水的凝滞、肮脏、腐臭、死寂，在美丑的强烈对比中，更激起对死水的憎恶之情，更加强了改造旧世界的决心。这是新格律体诗的代表作，是闻一多"戴着镣铐跳舞"诗歌主张的样板，符合"节的匀称和句的均齐"要求，呈现出"建筑美"；每节一韵，二、四句押韵，音尺的运用，是闻一多"在音节上最满意的实验"（闻一多《诗的格律》），体现了他主张的"音乐美"；而五光十色，鲜明艳丽的意象，则充分体现了"绘画美"的特征。

死　水

这是一沟绝望的死水，
清风吹不起半点漪轮。
不如多扔些破铜烂铁，
爽性泼你的剩菜残羹。

也许铜的要绿成翡翠，
铁罐上锈出几瓣桃花；
再让油腻织一层罗绮，
霉菌给他蒸出些云霞。

让死水酵成一沟绿酒，
漂满了珍珠似的白沫；
小珠笑一声变成大珠，
又被偷酒的花蚊咬破。

那么一沟绝望的死水，
也就夸得上几分鲜明。
如果青蛙耐不住寂寞，
又算死水叫出了歌声。

这是一沟绝望的死水，
这里断不是美的所在，
不如让给丑恶来开垦，
看他造出个什么世界。

1925年4月，选自《死水》，新月书店1928年版

(3)《静夜》：初版名为《心跳》。写诗人在夜深人静的书斋，怦然跳动的心声，是深幽而又炽热，悲怆而又激愤的爱国诗篇。诗人把抽象的感情具象化、人格化，运用“反衬”的手法，使诗作充满矛盾的张力，通过夜的宁静反衬内心的不宁静；用室内“尺方的和平”反衬四墙外“战争的喧嚣”；用个人生活的幸福反衬生灵涂炭，人生惨剧的不断。诗人不安于个人的休戚，不满足学者生涯的闲适，他关心着更广阔的世界，关心着国家的苦难、人民的安危。这首诗用词颇为考究，开头描写他工作的夜间环境：“这灯光，这灯光漂白了的四壁；这贤良的桌椅；这古书的纸香”，四个“这”如数家珍，既传神地写出诗人对宁静的书斋与和平的劳动的深情，又使诗的后半部分对并不和平与宁静的现实社会的诅咒更加有力。

静　夜

这灯光，这灯光漂白了的四壁；
这贤良的桌椅，朋友似的亲密；
这古书的纸香一阵阵地袭来；
要好的茶杯贞女一般的洁白；
受哺的小儿接呷在母亲怀里，
鼾声报道我大儿康健的消息……
这神秘的静夜，这浑圆的和平，
我喉咙里颤动着感谢的歌声。
但是歌声马上又变成了诅咒，
静夜！我不能，不能受你的贿赂。
谁稀罕你这墙内尺方的和平！
我的世界还有更辽阔的边境。
这四墙既隔不断战争的喧嚣，
你有什么方法禁止我的心跳？
最好是让这口里塞满了沙泥，
如其他只会唱着个人的休戚！
最好是让这头颅给田鼠掘洞，
让这一团血肉也去喂着尸虫，
如果只是为了一杯酒，一本诗，
静夜里钟摆摇来的一片闲适，
就听不见了你们四邻的呻吟，
看不见寡妇孤儿抖颤的身影，
战壕里的痉挛，疯人咬着病榻，
和各种惨剧在生活的磨子下。
幸福！我如今不能受你的私贿，
我的世界不在这尺方的墙内。
听！又是一阵炮声，死神在咆哮。
静夜！你如何能禁止我的心跳？

选自《死水》，新月书店1928年版

（三）朱湘诗选

1．诗人简介

朱湘（1904—1933），字子沅，祖籍安徽太湖人，1904年生于湖南沅陵县。其父朱延熹是清光绪年间的翰林第二名，饮赐进士，历任江西学台、湖南道台等职。朱湘是“五少爷”，三岁丧母，十岁随父及全家返回安徽太湖老家。1919年秋，朱湘在二嫂的帮助下进入清华学堂留美预科班学习。在清华学习期间，对诗产生浓厚兴趣，1922年曾加入文学研究会，和闻一多、梁实秋等人组织清华文学社；同时开始在《小说月报》等刊物上发表新诗，并翻译外国诗歌。1923年，朱湘因“抵制斋务处早点名制度达27次之多”被清华开除。离开清华后在上海以卖文为生，不久经大哥督促，与指腹为婚的刘家小姐刘采云结婚。1925年曾受聘于上海大学任英文课程教授，不久因五卅运动学生游行停课，朱湘也停了薪。这时朱湘

已做了父亲，家庭生活很窘困。在饶孟侃等朋友的帮助下，他到北平“适存中学”任教，并参与了《晨报》副刊《诗镌》的创办。1926 年夏，经孙大雨、罗念生等朋友力荐，清华大学恢复了朱湘的学籍。1927 年朱湘考取了赴美国留学的资格。先后在劳伦斯大学、芝加哥大学、俄亥俄大学就读。在美国学习期间，朱湘备感中国人在国际上的屈辱地位，于 1929 年毅然放弃了学位攻读，提前回国，任安徽大学外文系主任。1932 年离开安徽大学，辗转漂泊于北平、天津、上海、长沙等地，以写诗卖文为生，十分穷困潦倒。朱湘一生愤世嫉俗，处处不为世俗所容。1933 年 12 月 5 日夜，在由上海开往南京去的“吉和”轮上，朱湘手捧海涅诗集，边饮酒，边吟诵，一瓶酒饮尽后，一本诗也诵完了，于是投江自尽。朱湘的死，是一个深受五四新文化影响的知识分子、一个纯粹的人、一个“真人”对丑恶的世俗社会最沉痛的控诉。著有诗集《夏天》、《草莽集》、《石门集》及散文、论著等多种。

2．诗作赏析

《采莲曲》：这首诗具有东方古典民歌风味，对“江南可采莲”这个古老的诗题，诗人运用明畅自然的现代语言，长短不一有规律跳动的诗行，再现了行舟采莲的欢快节奏，描绘了一幅现代版的江南采莲图。这是一个如诗如画的优美意境：人面荷花交相辉映，莲舟划动，水面上漾起悠远的歌声，花芳、衣香在风里交融，小船飘逝于苍茫的夜色中……精致考究的诗行排列引起审美注意，适应读者的阅读心理，形成思索、玩味的回旋与过渡空间，短促诗行造成的视觉节奏转化成轻快的听觉节奏，使诗歌如行云流水，显现流畅的音乐美。朱湘的这首诗具有了过分浓重的文人墨客气息，缺少了一些时代感。他另有一些诗坚守了五四反封建、追求个性解放的时代精神，应该更值得关注。

采莲曲

小船呀轻飘，
杨柳呀风里颠摇；
荷叶呀翠盖，
荷花呀人样娇娆。
日落，
微波，
金丝闪动过小河。
左行，
右撑，
莲舟上扬起歌声。

菡萏呀半开，
蜂蝶呀不许轻来，
绿水呀相伴，
清净呀不染尘埃。
溪间
采莲，
水珠滑走过荷钱。
拍紧，
拍轻，
桨声应答着歌声。

藕心呀丝长，
羞涩呀水底深藏；
不见呀蚕茧，
丝多呀蛹裹中央？
溪头
采藕，
女郎要采又夷犹。
波沉，
波升，
波上抑扬着歌声。

莲蓬呀子多：
两岸呀榴树婆娑，
喜鹊呀喧噪，

榴花呀落上新罗。
　　溪中
　　采蓬，
耳鬓边晕着微红。
　　风定，
　　风生，
风飕荡漾着歌声。

　升了呀月钩，
明了呀织女牵牛；
　薄雾呀拂水，
凉风呀飘去莲舟。
　　花芳，
　　衣香，
消溶入一片苍茫；
　　时静，
　　时闻，
虚空里袅着歌音。

1925年10月24日

选自《草莽集》，开明书店1927年版

（四）林徽音诗选

1．诗人简介

林徽音（1903—1985）笔名林徽因，福建闽侯人。早年曾随在英国做寓公的父亲生活在海外。1923年赴美国入宾夕法尼亚大学学习建筑，后入耶鲁大学戏剧学院学习舞台美术。1928年回国，曾在东北大学任教。建国后任清华大学建筑系教授。其新诗创作深受英国唯美派诗歌影响，是新月派很有影响的女诗人，诗作风格委婉细致，讲究韵律，富有音乐性。

2．诗作赏析

《别丢掉》：这是林徽音诗作中最著名的一首。诗中咏叹的“过往的热情”无疑是一段已消逝的恋情。诗人把“过往的热情”具象化为“明月、流水、山泉、黑夜、松林、隔山灯火、满天的星”，在特殊的氛围中抒发诗人对逝情的缅怀与追忆。这首诗在浪漫抒情的同时，具有现代主义的风格特征，诗句错杂，意象离落，比喻隐曲。其主要意蕴可理解为：你别丢掉这一把过往的热情，虽然现在变得渺茫了，你仍要保存着那真！今夜依然是月明、隔山灯火、满天的星，只是没有了你这个人。你当时说过“我爱你”，黑夜作证，你即使要回这三个字，山谷中却仍留着那回音。

别　丢　掉

别丢掉
这一把过往的热情，
现在流水似的，
轻轻
在幽冷的山泉底，
在黑夜，在松林，
叹息似的渺茫，
你仍要保存着那真！
一样是月明，
一样是隔山灯火，
满天的星，
只使人不见，
梦似的挂起，
你向黑夜要回
那一句话——你仍得相信
山谷中留着
有那回音！

二十一年夏

选自1936年3月15日《大公报·文艺》

四、左翼诗歌

这里的所谓左翼诗歌，是一个广义的概念，不是指1930年3月中国左翼作家联盟（简称“左联”）在上海成立后，作为一个艺术家团体所创作的诗歌。左翼诗歌是指“五四”新诗发端以来至抗战以前，诗歌创作中带有强烈批判现实社会情绪、表现出较明显的无产阶级革命倾向的一类诗歌。代表诗人包括蒋光慈、殷夫、蒲风、田汉等。

（一）蒋光慈诗选

1. 诗人简介

蒋光慈（1901—1931），原名蒋光赤，又名蒋侠僧，安徽六安县人。1919年参加五四运动，不久加入中国共产党。后去苏联留学，开始新诗创作。1925年回国后在上海大学任教。1928年与阿英等组织“太阳社”，宣传革命文学。1931年病逝于上海。主要作品有诗集《新梦》、《哀中国》、《战鼓》、《乡情集》、《光慈诗选》等，诗风粗犷豪迈，为中国早期无产阶级优秀诗人之一。

2. 诗作赏析

《哀中国》：这是20世纪中国诗坛上较早的一首政治抒情诗。诗人怀着满腔热情从苏联回国以后，面对中华大地满目疮痍，民不聊生的社会现实，长歌当哭。全诗笼罩着悲愤凄怆之情。诗人悲痛于锦绣山河的不幸命运；愤怒于列强的入侵、军阀的混战以及中国人的失去反抗力；寄希望于中华民族的重新崛起。诗句雄壮有力，节奏分明，读后振奋人心，有一种崇高的悲壮美。

哀中国

我的悲哀的中国！
我的悲哀的中国！
你怀拥着无限美丽的天然，
你的形象如何浩大而磅礴！
你身上排列着许多蜿蜒的江河，
你身上耸峙着许多郁秀的山岳。
但是现在啊，
江河只流着很呜咽的悲音，
山岳的颜色更惨淡而寥落！

满国中外邦的旗帜乱飞扬，
满国中外人的气焰好猖狂！
旅顺大连不是中国人的土地么？
可是久已做了外国人的军港；
法国花园不是中国人的土地么？
可是不准穿中服的人们游逛。
哎哟，中国人是奴隶呀！
为什么这般自甘屈服？
为什么这般萎靡颓唐？

满国中到处起烽烟，
满国中景象好凄惨！
恶魔的军阀只是互相攻打啊，
可怜的小百姓的身家性命不值钱！
卑贱的政客只是图谋私利啊，
哪管什么葬送了这锦绣的河山？
朋友们，提起来我的心头寒，——
我的悲哀的中国啊！
你几时才跳出这黑暗之深渊？

东望望罢，那里是被压迫的高丽；
南望望罢，那里是受欺凌的印度；
哎哟，亡国之惨不堪重述啊！
我忧中国将沦于万劫而不复。
我愿跑到那昆仑之高巅，
做唤醒同胞迷梦之号呼；

我愿倾泻那东海之洪波，
洗一洗中华民族的懒骨。
我啊！我羞长此沉默以终古！

易水萧萧啊，壮士吞仇敌；
燕山巍巍啊，吓退匈奴夷；
回思往古不少轰烈事，
中华民族原有反抗力。
却不料而今全国无声息，
大家熙熙然甘愿为奴隶！
哎哟！我是中国人，
我为中国命运放悲歌，
我为中华民族三叹息。

寒风凛冽啊，吹我衣；
黄花低头啊，暗无语；
我今枉为一诗人，
不能保国当愧死！
拜伦曾为希腊羞，
我今更为中国泣。
哎哟！我的悲哀的中国啊！
我不相信你永远沉沦于浩劫，
我不相信你永无重兴之一日。

1924年11月21日

选自《战鼓》，北新书局1929年版

（二）殷夫诗选

1．诗人简介

殷夫（1909—1931），原名徐柏庭，笔名另有白莽、任夫、沙洛等，浙江象山人。1928年入同济大学学法文，并参加太阳社。1930年加入中国左联，为中国早期著名无产阶级诗人。1931年2月7日被国民党反动派秘密杀害于上海龙华。主要作品有诗集《孩儿塔》、《殷夫选集》等。

2．诗作赏析

《别了，哥哥》：这是一首慷慨激昂的政治抒情诗。殷夫的两个哥哥都是国民党的高官，大哥徐培根比殷夫年长15岁。在其父亲去世后，担任起照顾他的责任。殷夫参加革命后曾几次被捕入狱，大哥几次保释他。但因为政治理想不同，殷夫不得不与兄长痛苦地决裂，实际上是与兄长所代表的敌对阶级决裂。诗中对兄长曾给予自己的关怀照顾充满感激之情，真实表现了一个无产阶级革命者的人性美和坚定的革命立场，读后令人油然而生敬意。

别了，哥哥

（算作是向一个Class的告别词吧！）

别了，我最亲爱的哥哥，
你的来函促成了我的决心，
恨的是不能握一握最后的手，
再独立地向前途踏进。

二十年来手足的爱和怜，
二十年来的保护和抚养，
请在这最后的一滴泪水里，
收回吧，作为噩梦一场。

你诚意的教导使我感激，
你牺牲的培植使我钦佩，
但这不能留住我不向你告别，
我不能不向别方转变。

在你的一方，哟，哥哥，
有的是，安逸，功业和名号，
是治者们荣赏的爵禄，
或是薄纸糊成的高帽。

只要我，答应一声说，
“我进去听指示的圈套”，
我很容易能够获得一切，
从名号直至纸帽。

但你的弟弟现在饥渴，
饥渴着的是永久的真理，
不要荣誉，不要功建，
只望向真理的王国进礼。

因此机械的悲鸣扰了他的美梦，
因此劳苦群众的呼号震动心灵，
因此他尽日尽夜地忧愁，
想做个 Prometheus 偷给人间以光明。

真理和愤怒使他强硬，
他再不怕天帝的咆哮，
他要牺牲去他的生命，
更不要那纸糊的高帽。

这，就是你弟弟的前途，
这前途满站着危崖荆棘，
又有的是黑的死，和白的骨，
又有的是砭人肌筋的冰雹风雪。

但他决心要踏上前去，
真理的伟光在地平线下闪照，
死的恐怖都辟易远退，
热的心火会把冰雪溶消。

别了，哥哥，别了，
此后各走前途，
再见的机会是在，
当我们和你隶属着的阶级交了战火。

1929年4月12日

选自《拓荒者》，1930年第4、5期合刊

（三）田汉诗选

1．田汉简介

田汉（1898—1968），原名田寿昌，湖南长沙人。早年留学日本。诗人，剧作家。1932年加入中国共产党，任左翼戏剧家联盟党团书记，中国共产党上海中央局文化工作委员会委员。中华人民共和国成立后，曾任中国戏剧家协会主席，中国文联副主席。田汉创作的主要成就在话剧方面，诗歌方面影响最大的就是《义勇军进行曲》歌词，经聂耳谱曲后，成为中国人民抗日战争的战歌，后被确定为中华人民共和国国歌。

2．诗作赏析

该诗是1936年4、5月间田汉为新安旅行团写的团歌歌词，由张曙作曲。江苏省淮安县新安小学是我国著名教育家陶行知先生创办的一所学校。1935年，这所学校的部分师生在中国共产党的领导下，组成新安旅行团，到社会中做宣传、考察活动。从这首诗中，可以看到一种非常好的教育观念，就是“生活即教育，社会即学校”。也能看到当年江苏小学教育的优秀成果。从诗歌艺术上看，这可以看做是新诗发展中民歌化倾向的具体表现。

生活教育歌

——新安小先生旅行团团歌

同学们，别忘了！
我们的口号：
“生活即教育，
社会即学校。”

拼命的做工，
拼命的跳，
一边儿学习，
一边儿教，
别笑我们年纪小，
我们要把中国来改造！
来改造！

同学们，别忘了！
我们的口号：
“生活即教育，
社会即学校。”
我们的家破产了，
我们的国遇了盗。
听啊！
到处是敌人的飞机和大炮，
同胞们，别睡觉，
把一切民族敌人都打倒！
都打倒！

同学们，别忘了！
我们的口号：
“生活即教育，
社会即学校。”
不怕她水深，
不怕她山高，
向民众报告，
代民众喊叫，
我们是民众的小向导！
小向导！

1936 年

五、现代诗派

现代诗派也是一个广义的概念，包括 20 年代中后期的象征诗派和 30 年代初期的现代诗派。这也是一个拥有庞大创作群体的诗歌流派，代表人物主要包括李金发、王独清、穆木天、戴望舒、施蛰存、卞之琳、李广田、何其芳等。现代诗派的创作主要取法于当年法国象征诗派的手法，在思想情绪上也表现出深受西方现代主义艺术的影响。他们的诗讲究“暗示”和“朦胧美”，强调“诗的世界是潜在意识的世界”，要表现现代人在现代生活中所感受的现代情绪，追求所谓纯然的现代诗。

从内容来看，现代诗派的诗人们多写个人的内心世界，实际上就是小资产阶级知识分子的情绪，在二三十年代的中国社会，这种情绪往往很灰暗，很迷茫，很感伤，甚至有些病态。不过，在新诗艺术探索方面，现代诗派因其十分讲究借助意象来表达情绪，既避免了早期自由体白话诗的过于清楚明白，又突破了新格律诗的过分着眼于形式，所以，现代派诗大都写得情真意远，耐人寻味；富有较高的艺术审美价值。

（一）李金发诗选

1．诗人简介

李金发（1900—1976），又名李淑良、李遇安，广东梅县人。早年在香港受英式教育，1919 年赴法国学习雕塑艺术。1920 年始习新诗。1925 年回国后，参加文学研究会，后在上海美术专门学校、杭州国立艺术学院任教，并创办《美育》杂志。抗战后被国民党政府派往驻伊朗、伊拉克使馆工作。此后云游世界各国，定居纽约，1976 年殁于心脏病。主要作品有诗集《微雨》、《食客与凶年》等。李金发是把法国象征派的手法介绍到中国来的第一人，灵感爆发期写下的许多诗篇，深受法国象征派诗人波德莱尔和魏尔仑的影响，抒写直觉，重视艺术联想与艺术形式，突出暗示的功能，诗意朦胧，语言晦涩。《微雨》于 1925 年 11 月出版，成了中国象征派诗歌诞生的标志，而《弃妇》又是先于《微雨》与读者见面的第一首象征派新诗。

2. 诗作赏析

《弃妇》：写于1922年，是诗人的处女作，也是代表作。诗中塑造了一个被现实生活遗弃了的“弃妇”形象，采用“取象作喻”的手法，把夕阳、灰烬、烟突、游鸦、海啸、舟子之歌等一连串表面毫无联系的意象，用内心体验串联起来，形成连连不穷的自由联想，使诗作富于暗示和象征性。这些形象都有着一种颓丧、感伤色彩，用来渲染弃妇悲苦欲绝的内心情绪，世俗给她带来的沉重打击，她深藏的隐忧和无边的痛苦。“弃妇”形象是一个情感象征符号，“弃妇”的悲哀、孤独和绝望，隐含着诗人对自身被冷落而痛苦的人生命运的感慨。这首诗充分体现了象征主义诗歌的特点，意象罗织，奇警绝峭，通过物象直感地强化出人物的心理状态，语言文白夹杂，并时常打破语言逻辑的规范，用“最经济”的方法组织诗歌，句与句、节与节之间的联络时常中断、省略、跳跃，读者要加上许多想像，补充许多过渡内容，才能弄懂诗的意思。总之，该诗充分体现了李金发作为“诗怪”的特点。

弃　妇

长发披遍我两眼之前，
遂隔断了一切羞恶之疾视，
与鲜血之急流，枯骨之沉睡。
黑夜与蚊虫联步徐来，
越此短墙之角，
狂呼在我清白之耳后，
如荒野狂风怒号：
战栗了无数游牧。

靠一根草儿，与上帝之灵往返在空谷里。
我的哀戚惟游蜂之脑能深印着；
或与山泉长泻在悬崖，
然后随红叶而俱去。

弃妇之隐忧堆积在动作上，
夕阳之火不能把时间之烦闷
化成灰烬，从烟突里飞去，
长染在游鸦之羽，
将同栖止于海啸之石上，
静听舟子之歌。

衰老的裙裾发出哀吟，
徜徉在丘墓之侧，
永无热泪，
点滴在草地，
为世界之装饰。

选自《微雨》，北新书局1925年版

(二) 戴望舒诗选

1. 诗人简介

戴望舒（1905—1950），原名戴梦鸥，浙江杭州人，现代著名诗人，文学翻译家。1923年入上海大学学习，不久转大同学校学英文，1925年又转震旦大学学法文。1932年去法国求学，后又去西班牙。1934年回国。1936年与徐迟等创办《新诗》杂志。1937年抗战爆发后到香港，编辑过文艺刊物《耕耘》和《星岛日报》副刊《星座》，并积极参加各种宣传抗日的爱国活动。1940年创办《中国作家》（英文版），译介抗日文学作品。1941年被日寇逮捕入狱，在狱中坚持民族气节，后被友人营救出狱。抗战胜利后回到上海，1948年因从事民主活动遭国民党当局通缉，再次赴港。1949年春回到北京。先后出版的诗集有《我的记忆》(1929)、《望舒草》(1933)、《望舒诗稿》(1937)、《灾难的岁月》(1948)，共存诗九十余首。戴望舒早期的新诗创作多写爱情苦闷和个人忧郁，记录了一代知识分子的较普遍的一种心态。在艺术上，他早期的诗深受法国浪漫派和象征派的影响，追求诗的音乐性和形象的流动性以及主题的朦胧性，较多地应用了隐喻、暗示、通感等艺术手法，通过象征的意象与曲折隐藏的手法，委婉地展现主观心境，情绪被客观化。在其诗艺发展的第二阶段，诗人抛弃了"音乐性"的主张，认为"诗的韵律不在字的抑扬顿挫上，而在情绪的抑扬顿挫上"。诗的语言被赋予丰富的心理内涵，在感觉化的状态下呈现出奇幻之美。戴望舒成熟期的诗歌，摆脱了音乐的束缚，语言服从于情绪的内在结构，创造了具有散文美的自由体诗。抗战爆发后，戴望舒积极从事民族解放的斗争，诗的内容和格调也发生了较大变化，更多地关注国家民族的命运，在民族苦难中审视个人的不幸，回荡着爱国主义的激情，格调由幽玄、忧郁转变为明朗、雄健。

2．诗作赏析

(1)《雨巷》：诗人因此诗得"雨巷诗人"的雅号。这首诗表面是抒写对爱情的感伤，诗人描绘了一幅江南小巷在梅雨季节常见的画面：抒情主人公在狭长阴湿的雨巷孤独彷徨，追求一个像丁香一样美丽却忧怨的姑娘。实际上，这是一首重暗示，重象征的抒情诗，诗人汲取南唐李璟"丁香空结雨中愁"的诗情，并推陈出新，创造了一个有着浓重象征色彩的意境。"雨巷"是指当时阴暗沉闷的社会环境；"我"是黑暗社会里理想幻灭、找不到出路的一代青年的象征；而"丁香一样结着愁怨的姑娘"则象征着诗人彷徨求索而又无所获的忧苦内心。这首诗被叶圣陶誉为"替新诗的音节开了一个新纪元"。(杜衡，《望舒草·序》，引自孙玉石编《戴望舒名作欣赏》，北京：中国和平出版社，1993年版）全诗共七节，每节均六行，每行字数参差不齐，而在一定间隔后重复一次韵脚。"雨巷、姑娘、芬芳、惆怅、眼光"等在韵脚中多次出现，不仅构成一种回荡往返、慑人心魄的音乐旋律，同时也渲染了诗人低回迷茫、缠绵哀怨的心境。

雨　巷

撑着油纸伞，独自
彷徨在悠长，悠长
又寂寥的雨巷，
我希望逢着
一个丁香一样地
结着愁怨的姑娘。

她是有
丁香一样的颜色，
丁香一样的芬芳，
丁香一样的忧愁，
在雨中哀怨，
哀怨又彷徨；

她彷徨在这寂寥的雨巷
撑着油纸伞
像我一样，
像我一样地
默默彳亍着，
冷漠，凄清，又惆怅。

她静默地走近
走近，又投出
太息一般的眼光，
她飘过
像梦一般地，
像梦一般地凄婉迷茫。

像梦中飘过
一枝丁香地，
我身旁飘过这女郎；
她静默地远了，远了，
到了颓圮的篱墙，
走尽这雨巷。

在雨的哀曲里，
消了她的颜色，
散了她的芬芳，
消散了，甚至她的
太息般的眼光，
丁香般的惆怅。

撑着油纸伞，独自
彷徨在悠长，悠长
又寂寥的雨巷，
我希望飘过
一个丁香一样地
结着愁怨的姑娘。

选自《小说月报》1928年8月号

(2)《元日祝福》：这首诗写在抗战时期，当时的文化在整体上转向大众化、通俗化，戴望舒的诗也表现出明显的变化，不仅语言上变得明白晓畅，感情上也走出了《雨巷》时期的个人忧郁苦闷，开始与时代紧密站在一起，歌唱人民的自由解放。

元日祝福

新的年岁带给我们新的希望。
祝福！我们的土地，
血染的土地，焦裂的土地，
更坚强的生命将从而滋长。

新的年岁带给我们新的力量。
祝福！我们的人民，
艰苦的人民，英勇的人民，
苦难会带来自由解放。

1939年

(3)《偶成》：这首诗写在1945年抗战快要胜利的时候，诗人感觉到了民族救亡战争的成功走向，用凝重的笔写下了他对民族新生的喜悦和渴望，在美好的意象里，寄托了诗人诚挚的爱国之心，表达了对民族生存能量的深信不疑。

偶　成

如果生命的春天重到，
古旧的凝冰都哗哗地解冻，
那时我会再看见灿烂的微笑，
再听见明朗的呼唤——这些迢遥的梦。

这些好东西都决不会消失，
因为一切好东西都永远存在，
它们只是像冰一样凝结，
而有一天会像花一样重开。

1945年5月31日

（三）卞之琳诗选

1．诗人简介

卞之琳（1910—2000），曾用笔名季陵，江苏海门人。1929年考入北京大学英语系，并从事诗歌创作。1933年后，在保定育德中学和济南省立高级中学任教。1936年任戴望舒创办的《新诗》杂志编委。抗战初期，任四川大学讲师。1938年曾往延安等地访问，并在鲁迅艺术学院临时任教。1940年后，在昆明任西南联大讲师、副教授、教授。1949年任北京大学西语系教授。1952年起先后任北京大学文学研究所、外国文学研究所和中国社会科学院外国文学研究所研究员。作品主要有诗集《汉园集》（与李广田、何其芳合著）、《鱼目集》等。译作有莎士比亚的《哈姆雷特》等。

2．诗作赏析

(1)《断章》：作于1935年，是一首典雅美丽的象征诗。全诗仅四行，记录一刹那的意境。诗人精心选择日常生活中常见的景物作为意象，进行奇妙的组装搭配，构成一幅完整隽永的画面。诗的主旨曾引起歧义的理解，诗评家刘西渭认为重在“装饰”二字，写人生在感情上的悲哀。诗人自己解释此诗重在“相对”二字，借主体和客体位置互换的相对性，强化这样一种哲学沉思：宇宙万物乃至整个人生历程，一切都是相对的，都是相互依存，相互作用的辩证关系。在对诗艺的观照上，诗人继承了古典诗歌注重意境创造的传统，通过意象的呈现加强暗示性的效果，感情内敛克制、含蓄深沉，短小的篇幅涵纳开阔的想像空间和丰厚的思想内容，表现了诗人对艺术形式美的执著追求。

断　章

你站在桥上看风景，
看风景人在楼上看你。

明月装饰了你的窗子，
你装饰了别人的梦。

选自《十年诗草》，明日社，1942年5月版

(2)《古镇的梦》：这是一首风格冷峻的现代诗。诗人将西方小说的意识流手法和虚拟化的“戏剧性处境”相融会，在江南僻远的古镇上最底层的劳动者中，撷取了“算命瞎子”和“更夫”两个意象，用白天瞎子的算命锣和深夜更夫的梆子这两种声音，创造了一个凄凉悲苦的意境：无论是白天，还是夜晚，古镇都是一样的寂静，一样的清冷，古镇的生民也总是处在一种醉生梦死般的状态中。瞎子、更夫、母亲等贫瘠、封闭、愚昧的生活状态，代表了旧社会平民百姓普遍的悲剧人生，抒发了诗人悲悯痛苦之情。古镇是一个被封建迷信文化笼罩的世界，是愚昧落后、封闭僵死的中国旧社会某些地方的缩影。

古镇的梦

古镇上有两种声音
一样的寂寥：
白天是算命锣，
夜里是梆子。

敲不破别人的梦，
做着梦似的
瞎子在街上走，
一步又一步。
他知道哪一块石头低，
哪一块石头高，
哪家姑娘有多大年纪。

敲沉了别人的梦，
做着梦似的
更夫在街上走，
一步又一步。
他知道哪一块石头低，
哪一块石头高，
哪一家门户关得最严密。

“三更了，你听哪，

毛儿的爸爸，
这小子吵得人睡不成觉，
老在梦里哭，
明天替他算算命吧?”

是深夜，
又是清冷的下午:
敲梆的过桥，
敲锣的又过桥，
不断的是桥下流水的声音。

选自《十年诗草》，明日社，1942年5月版

（四）何其芳诗选

1．诗人简介

何其芳（1912—1977）四川万县人。1929年开始发表作品，1930年考入清华大学外文系，因被查出报考时借用了他人的中学毕业证，被取消了学籍。1931年重新考入北京大学哲学系。1935年毕业后在中学任教。抗日战争爆发后创办《川东文艺》和《工作》杂志。1938年夏到延安，在鲁迅艺术学院任教，并加入中国共产党。1941年发表诗《生活是多么广阔》、《我为少男少女们歌唱》，在青年中影响很大。1942至1947年，在重庆任《新华日报》副社长等职。1948年任朱德秘书。建国后历任全国文联委员，作协书记处书记，中国社会科学院文学研究所所长，《文学评论》主编等职。何其芳给诗歌一个较完备的定义，对新诗艺术特点和新诗格律问题颇有创见。他早期的诗风多冷艳的色彩，感伤的情调，完美而精致。到延安后，诗风转为热情、明朗。主要诗集有《汉园集》（与卞之琳、李广田合集）、《预言》、《夜歌》、《夜歌和白天的歌》、《何其芳诗稿》等。

2．诗作赏析

《预言》：这是一首缥缈悠远的梦幻之曲。在浪漫抒情的同时，吸收象征派诗歌注重感觉的特点，有浓厚的意象色彩。“预言中年轻的神”具有象征意蕴，可以理解为一种不确定的难得的、宝贵的东西，如爱情、理想等美好事物的化身。面对期盼已久的“神”悄悄降临，诗人惊喜，面对“神”的不可挽留，无语而去，诗人无限惆怅。整首诗音韵和谐，色彩斑斓，美不胜收。

预　言

这一个心跳的日子终于来临。
你夜的叹息似的渐近的足音
我听得清不是林叶和夜风的私语，
麋鹿驰过苔径的细碎的蹄声。
告诉我，用你银铃的歌声告诉我
你是不是预言中的年轻的神?

你一定来自那温郁的南方，
告诉我那儿的月色，那儿的日光，
告诉我春风是怎样吹开百花，
燕子是怎样痴恋着绿杨。
我将合眼睡在你如梦的歌声里，
那温馨我似乎记得，又似乎遗忘。

请停下来，停下你长途的奔波，
进来，这儿有虎皮的褥你坐!
让我烧起每一个秋天拾来的落叶，
听我低低唱起我自己的歌。
那歌声将火光一样沉郁又高扬，
火光将落叶的一生诉说。

不要前行!前面是无边的森林，
古老的树现着野萝身上的斑纹，
半生半死的藤蟒蛇样交缠着，

密叶里漏不下一颗星星。
你将怯怯地不敢放下第二步，
当你听见了第一步空寥的回声。

一定要走吗？等我和你同行！
我的足知道每一条平安的路径，
我可以不停地唱着忘倦的歌，
再给你，再给你手的温存。
当夜的浓黑遮断了我们，
你可以不转眼地望着我的眼睛。

我激动的歌声你竟不听，
你的足竟不为我的颤抖暂停！
像静穆的微风飘过这黄昏里，
消失了，消失了你骄傲的足音……
呵，你终于如预言中所说的无语而来，
无语而去了吗，年轻的神？

1931年秋天，北平

第三节 抗战时期的新诗创作

抗战的全面爆发，使中华民族蓄积已久的民族郁愤如江河决堤奔涌而出，诗歌成为这种民族情绪最适宜的表达，民族战争的烈火锻造了一大批诗人，30年代崛起的艾青、臧克家、田间等诗人，虽然艺术渊源不同，各自受过不同诗歌流派的影响，却一直走着坚实的现实主义的创作道路，并在抗战爆发后，共同汇入人民大众的抗战洪流中去。而诗人对诗歌个性的强烈而自觉的追求，使诗坛逐渐出现新的诗群和流派。其中出现最早、影响最大的是“七月诗派”。

一、七月诗派

七月诗派因一份叫《七月》的刊物而得名。1937年9月11日，《七月》文艺周刊在上海创刊，胡风出任主编。《七月》周刊在上海出了3期后因战事迁往武汉，改周刊为半月刊。从1937年10月16日在汉口出版第1集第1期至1938年7月16日出版第3集第6期，共出版了3集18期。1938年7月底迁往重庆，从1939年7月第4集第1期起，改半月刊为周刊，至1941年9月第7集第1期和第2期合刊出版后，被迫终刊。《七月》在抗战艰难时节许多刊物纷纷停办的情况下，辗转各地，坚持出版，团结了艾青、田间、丘东平、曹白、萧军、萧红、邹荻帆、绀弩、阿垅、天蓝、鲁藜、牛汉、路翎等一大批诗人、作家，他们以诗歌、报告文学和小说，揭露了日本侵略者的暴行，描绘了祖国和人民的苦难，歌颂了人民英勇战斗的不屈意志，在社会上产生了极大的影响，成为抗战文艺的重要力量。

七月派的活动分为前后两个时期，前期以《七月》为中心，自1937年至1941年；后期以《希望》为中心，自1945年至1946年。《希望》于1944年12月创刊于重庆，胡风任主编，抗战胜利后迁往上海，1946年10月终刊。在前、后期的间断中和《希望》停刊之后的几年里，则有重庆的《诗垦地》（邹荻帆、曾卓编辑）、桂林的《半月文艺》（聂绀弩、彭燕郊编辑）、成都的《呼吸》（阿垅、方然编辑）、北京的《泥土》（朱谷怀编辑）等，成了七月派的阵地。

七月派的主要成就在诗歌上。艾青是七月诗人中领唱的歌手。七月诗派诗歌的共同特征是强烈的战斗性和具有理性精神的现实主义诗风。七月派中的诗人，一部分在抗战开始后就奔赴延安，如天蓝、艾青、鲁藜、田间等，他们在人民的革命队伍中生活、歌唱，深受延安文化的影响，诗风逐渐变得激情飞扬、豪放刚健、朴素晓畅。大多数七月派诗人在国统区度过他们不寻常的岁月，如邹荻帆、孙钿、化铁、绿原等，他们的诗既有抗战前期的热情呼喊，也有后期对国统区黑暗现实的揭露和批判，诗的基调比较沉郁、悲愤。

(一) 艾青诗选

1. 诗人简介

艾青（1910—1996），原名蒋海澄，浙江金华人。1928 年考进杭州国立西湖艺术学院绘画系。翌年赴法国留学，专攻绘画艺术，此间接触大量的西方哲学和文学作品，受到惠特曼、波德莱尔等著名诗人的影响，学习绘画之余开始写诗。1932 年初回国，加入左翼美术家联盟，不久以“颠覆政府”的罪名被投进监狱，经受了三年牢狱之苦。在狱中他写下了《大堰河——我的保姆》这一著名诗篇。该诗以艾青的笔名发表后，引起了社会和文学界的普遍重视，艾青从此成名。艾青早期的诗带有明显的象征派色彩，这种风格在他的《透明的夜》中表现得最典型。他早期的诗主要表现对国家民族命运的悲伤与忧虑，格调忧伤沉郁，感情真挚而激越；甚至蕴含着悲愤。这一点在《雪落在中国的土地上》、《北方》、《手推车》、《马赛》、《大堰河——我的保姆》、《太阳》等诗篇中表现得极为充分。这些诗记叙与抒情融为一体，感人至深。从 1940 年开始，艾青的诗歌中蕴孕着一种转化，如《煤的对话》、《树》等，托物言志，具有战斗性；这种转化在 1939 年创作的《吹号者》中已有流露。艾青抗战爆发后曾在山西民族革命大学任教。从 1941 年到达延安后，最终完成了他诗歌风格的转化过程，从忧伤、悲愤中逐渐走出，转向歌颂革命者，从而进入了创作的中期阶段，写出了《黎明的通知》、《献给乡村的诗》、《毛泽东》等。建国后历任《人民文学》副主编、中国作协副主席。1957 年被划为“右派”，1958 年后下放黑龙江、新疆农场劳动。1978 年重返诗坛，随着整个社会“新时期”的到来，艾青也进入了创作的第三个时期，这时他虽已是人生暮年，却写出《光的赞歌》、《古罗马的大斗技场》、《在浪尖上》等富有批判精神和理性品格的诗。主要诗集有《大堰河》、《北方》、《献给乡村的诗》、《归来的歌》、《艾青诗选》等。

2. 诗作赏析

(1)《手推车》写于 1938 年抗战初期，当年诗人从长江下游北上，一直到达科尔沁草原一带，然后南下回到武汉。这一路漫游，目睹了北方广大地区人民的苦难和悲哀，认识了日本帝国主义侵略给中国人民造成的巨大灾难，一路创作了大量诗篇，抒发了诗人深广的忧患意识。“手推车”这个中心意象，是传达诗人悲哀忧愤感情的媒介，是挣扎在水深火热中广大北国人民的符号象征。在诗人设置的“枯干的河底、阴暗的天穹、冰雪凝冻、灰黄的土层”背景下，手推车发出的尖音和轧成的深深的辙印，使人自然联想起北国人民在日本军队的铁蹄下背井离乡、流离失所的悲惨命运。诗分两节，有分明的对称，于规律中又求变化，符合诗人依照“一定规律自由或者奔放”的诗歌主张。

手推车

在黄河流过的地域
在无数的枯干了的河底
手推车
以惟一的轮子
发出使阴暗的天穹痉挛的尖音
穿过寒冷与静寂
从这一个山脚
到那一个山脚

彻响着
北国人民的悲哀

在冰雪凝冻的日子
在贫穷的小村与小村之间
手推车
以单独的轮子
刻画在灰黄土层上的深深的辙迹
穿过广阔与荒漠
从这一条路
到那一条路
交织着
北国人民的悲哀

1938 年初

(2)《煤的对话》：作于 1937 年春天，中华民族正处在生死存亡的关头。这首咏物诗通过人和煤对话的方式，写煤的历史、煤的品格、煤的情感、煤对“火”的热切呼唤，借“煤”言志。“煤”是中华民族的象征，也可以是中国社会最底层民众的象征。诗人想要表达的是压抑已久的中华民族不甘屈辱、自强不息、呼唤光明、渴望新生的精神。

煤的对话

——AY. R.

你住在那里？

我住在万年的深山里
我住在万年的岩石里

你的年纪——

我的年纪比山的更大
比岩石的更大

你从什么时候沉默的？

从恐龙统治了森林的年代
从地壳第一次震动的年代

你已死在过深的怨愤里了么？

死？不，不，我还活着——
请给我以火，给我以火！

选自《旷野》，生活书店，1940 年 9 月版

(二) 田间诗选

1. 诗人简介

田间 (1916—1985) 原名童天鉴，安徽无为人。1933 年就读上海光华大学。1934 年参加左联。抗战爆发后参加抗日救亡运动。1938 年到延安，发起街头诗运动。建国后任中国作协创作部副部长、《诗刊》编委等职。主要诗作有《给战斗者》、《田间诗抄》、《赶车传》等。抗战时期的“街头诗”采用鼓点式的节奏，诗句短促有力，充满战斗激情，被称为“擂鼓诗人”。

2. 诗作赏析

街头诗是抗战期间新诗的一种特殊形式。1937～1939 年，在延安大街小巷的墙头、岩石上，写满了宣传抗日的街头诗。其特点是配合当时的革命斗争，通俗易懂，具有广泛的群众性。这两首诗是田间街头诗中的代表作，短小精悍，尖锐有力，像沉重而响亮的战斗鼓点，敲打在人们的心上，产生令人振奋的力量。两首诗呈现的意象形成对比鲜明的两幅画面：一

个是，敌人杀了我们的头，指着我们的骨头，说我们是奴隶；一个是，东北义勇军骑马杀敌，铁枪上挂着敌人的头。一个揭示假如不去打仗的危害性，一个写战斗者英武的形象，倔强的灵魂。语言干脆质朴，节奏铿锵，像抗战的动员令，充分发挥了诗歌的战斗作用。

假使我们不去打仗

假使我们不去打仗，
敌人用刺刀
杀死了我们，
还要用手指着我们的骨头说：
“看，
这是奴隶！”

1938年作

义 勇 军

在长白山一带的地方，
中国的高粱
正在血里生长。
大风沙里
一个义勇军
骑马走过他的家乡，
他回来：
敌人的头，
挂在铁枪上！

1938年作

(三) 阿垅诗选

1．诗人简介

阿垅（1907—1967)，原名陈守梅，又名陈亦门，浙江杭州人。著有诗集《无弦琴》，评论集《人与诗》、《诗与现实》等。阿垅是“七月”诗派的重要成员，1946年在成都编辑文学刊物《呼吸》，《孤岛》即作于此时。

2．诗作赏析

诗中抒唱的“孤岛”看似孤悬海中，远离“大陆”，无所归依，但实际上它却是大陆伸出的一部分，两者在海流深处“永远联结而属一体”。诗作通过描写这似断实连的自然景观，深情地表达了作者与正义力量保持着不可分割的血肉联系。该诗采用暗喻的手法，恰切的比喻，补充式的复句，散文式的自由抒唱，以深情的笔墨反复抒写“我”对于“大陆”的恋慕和认同，通过鲜明的意境创造，抒发了作者对正义事业坚定追求的情感。

孤 岛

在掀腾的海波之中，我是小小的孤岛，如同其他的孤岛
在晴丽的天气，我能够清楚地望见大陆边岸的远景
似乎隐隐约约传来了人声，虽然远，但是传来了，人声传来
有的时候，也有一叶小舟渡海而来，在我的岸边小泊
而在雾和冬的季节，在深夜无星之时，我
不能看到你了，我只在我的恋慕和向往的心情中看
见你为我留下的影子

我，是小小的孤岛，然而和大陆一样
我有乔木和灌木，你的乔木和灌木

我有小小的麦田和疏疏的村落，你的麦田和村落
我有飞来的候鸟和鸣鸟，从你那儿带着消息飞来
我有如珠的繁星的夜，和你共同在里面睡眠的繁星的夜
我有如桥的七色的虹霓，横跨你我之间的虹霓
我，似乎是一个弃儿然而不是
似乎是一个浪子然而不是
海面的波涛嚣然地隔断了我们，为了隔断我们
迷惘的海雾黯淡地隔断了我们，想使你以为丧失了
  我而我以为丧失了你
然而在海流最深之处，我和你永远联结而属一体，连
  断层地震也无力使你我分离
如同其他的孤岛，我是小小的孤岛，你的儿子，你的兄弟

1946 年于成都

二、臧克家诗选

1. 诗人简介

臧克家，1905 年生，山东诸城人。1930 年入山东大学，在闻一多指导下开始写作新诗。抗战爆发后，在前线从事抗日宣传工作。1946 年在上海主编《文讯》月刊，1948 年因国民党迫害而逃亡香港。1949 年回到北京。建国后任人民出版社编审、中国作协书记处书记、《诗刊》主编等职。主要作品有《烙印》、《罪恶的黑手》、《自己的写照》、《泥土的歌》、《宝贝儿》、《臧克家诗选》等诗集三十余种。在现代诗歌发展史上，臧克家是有着重大贡献的诗人之一。

2. 诗作赏析

(1)《三代》：臧克家被称为“农民诗人”，这首作于抗战期间的抒情短诗，就是反映农民生活的杰作。诗人以农民和泥土的关系作为构思的核心，从典型的农村生活中截取三个特写镜头：孩子在泥土里天真玩耍，父亲在泥土里辛勤劳作，老人在泥土里埋葬；实际上写出了农民悲凉的一生。全诗仅 21 个字，却内蕴丰厚，寄托了诗人对旧中国世世代代普通农民所重复的生活道路和悲惨命运的无限感慨。风格质朴简洁，冷峻深刻。

三　代

孩子
在土里洗澡；
爸爸
在土里流汗；
爷爷
在土里葬埋。

1942 年选自《泥土的歌》，今日文艺社 1943 年版

(2)《春鸟》：这是一首诅咒黑暗，呼唤光明的现实主义诗篇。作于 1942 年抗战最艰苦

的阶段，表达了诗人对国民党反动派钳制言论自由的罪恶行径的极大愤慨。诗歌汲取象征主义的创作手法，题近旨远，意味深长。"春鸟"是真理的象征。开头八句写诗人在黑暗的现实环境下，听到了春鸟真理一样的歌声。中间主体部分使用博喻、通感等修辞，彩笔描绘了春鸟动人的歌声以及歌声给大自然的春天所带来的生气，充满浪漫气息。结尾与开头遥相呼应，表达诗人受压抑的愤懑之情和为真理而歌唱的渴望，感情真挚而饱满。复沓、蝉联句式的运用，一泻如注，形成全诗回环往复的韵律美。

春鸟

当我带着梦里的心跳，
睁大发狂的眼睛，
把黎明叫到了我的窗纸上——
你真理一样的歌声。
我吐一口长气，
拊一下心胸，
从床上的噩梦
走进了地上的噩梦。
歌声，
像煞黑天上的星星，
越听越灿烂，
像若干只女神的手
一齐按着生命的键。
美妙的音流，
从绿树的云间，
从蓝天的海上，
汇成了活泼自由的一潭。
是应该放开嗓子
歌唱自己的季节，
歌声的警钟，
把宇宙
从冬眠的床上叫醒，
寒冷被踏死了，
到处是东风的脚踪。
你的口
歌向青山，
青山添了媚眼；
你的口
歌向流水，
流水野孩子一般；
你的口
歌向草木，
草木开出了青春的花朵；
你的口
歌向大地，
大地的身子应声酥软；
蛰虫听到你的歌声，
揭开土被
到太阳底下去爬行；
人类听到你的歌声
活力冲涌得仿佛新生；
而我，有着同样早醒的一颗诗心，
也是同样的不惯寒冷，
我也有一串生命的歌，
我想唱，像你一样，
但是，我的喉头上锁着链子，
我的嗓子在痛苦地发痒。

1942年2月22日早，万鸟声中写于河南叶县寺庄

选自《十年诗选》，现代出版社，1948年版

三、抗日民主根据地和解放区的诗歌

抗战时期，抗日民主根据地的诗歌创作十分活跃，涌现出许多诗歌社团和诗歌写作群体，如战歌社、新诗歌会、怀安诗社、战地社、铁流社、晋察冀诗人群等。其中怀安诗社是由林伯渠、谢觉哉等老一辈无产阶级革命家于1941年9月在陕甘宁边区发起的、专门从事旧体诗词创作的一个业余诗歌团体，成员由老革命、抗日志士和地方耆老组成。所谓"怀

安”，即陕甘宁边区政府主席林伯渠追求的边区民主政治的理想境界，那就是“使老者能安，少者能怀”。怀安诗社致力于旧体诗的改革，在订正诗韵、创新格律、推行大众化、提倡通俗化方面做了许多工作。战歌会和新诗歌会分别成立于1938年和1940年，代表人物有萧三、柯仲平、胡乔木、何其芳、公木、天蓝、郭小川等。战地社是以丁玲为首的西北战地服务团下属的一个诗歌团体，1938年开始活动，主要成员有田间、邵子南、方冰、史轮等。铁流社是东北挺进纵队干部队在由延安向边区行军途中成立的一个诗社，1938年12月召开成立大会，代表人物有钱丹辉、兰矛、叶正煊等。这几个社团都编印过出版物，创作主要是围绕当时抗日民主根据地的朗诵诗运动和墙头诗运动进行，时代感极强，带有鲜明的政治倾向性，艺术方法上表现出对民歌体的极大热情。

抗战后期和解放战争时期，随着延安文化的崛起，中国新文化的方向被毛泽东明确表述为“科学的、民族的、大众的”，“文艺为工农兵服务”这一方针在各个解放区得到广泛深入的推广，解放区的诗歌创作也沿着这一方向发生了明显的变化，主要表现在民歌体叙事诗获得巨大成功。这方面的代表人物是李季和阮章竞。民歌体叙事诗不仅在形式上体现了诗歌创作的大众化倾向，更重要的是在主题上表现了农民翻身闹革命的阶级斗争觉悟。

（一）李季的《王贵与李香香》节选

1．诗人简介

李季（1922—1980），河南唐县人。1938年到延安，入陕北抗日军政大学学习，毕业后到山西太行山区工作。1942年到陕北三边（定边、靖边、安边），当过小学教师，代理县长。1945年12月，他采用陕北民歌“信天游”形式，创作了叙事长诗《王贵与李香香》。这部长诗以深刻的革命内容和新颖独特的民族风格，受到了广泛的称赞，李季因此一举成名。长期以来，他被誉为是“自觉地以文艺为武器为工农兵服务，是实践毛泽东文艺路线、开拓新诗创作民族化大众化道路卓有贡献的诗人”[2]。（郭志刚、孙中田主编，《中国现代文学史》（下册），北京：高等教育出版社1993年版第216页）该诗有副标题叫“三边民间革命历史故事”，这鲜明地体现了作者的写作意图。

2．诗作赏析

长诗共分三部十二章：第一部的第一、二章，描写了死羊湾的地主崔二爷对农民的剥削和压迫，崔二爷为了逼租要债，活活打死了贫苦农民王麻子，并把王麻子的孤儿，十三岁的王贵带走，为崔二爷放羊。第三、四章写农家女李香香与王贵建立了恋爱关系。第五章写崔二爷想通过金钱和物质享受以及权势来威逼利诱李香香，娶她做小老婆，但遭到了李香香的拒绝。第二部的第一章，写“陕北起了共产党”，王贵秘密开始了闹革命。第二章写崔二爷打听到王贵闹革命的风声，像当年对待王麻子一样，把他捆绑起来毒打。第三章写游击队在李香香的通风报信下，打进了死羊湾，救下了王贵，但“崔二爷从后门溜跑了”。第四章写王贵与李香香通过闹革命赢得了个人的幸福，结婚后他们更加明白了“革命救了咱庄户人”的道理，王贵参加了游击队。第三部共三章，写崔二爷又回来了，强娶民女李香香，在大摆婚宴的当晚，王贵和游击队打了回来，活捉了崔二爷。王贵和李香香团圆了。

王贵与李香香·第二部

一　闹革命

三边没有树石头少，　　　　庄户人的日子过不了。

天上无云地下旱，
过不了日子另打算。

羊群走路靠头羊，
陕北起了共产党。

领头的名叫刘志丹，
把红旗举到半天上。

草堆上落火星大火烧，
红旗一展穷人都红了。
千里的雷声万里的闪，
陕北红了半个天。

紫红犍牛自带耧，
闹革命的心思人人有。

前半晌还是个庄稼汉，
黑夜里背枪打营盘；

打开寨子分粮食，
土地牛羊分个光。

少先队来赤卫军，
净是些十八九的年轻人。

女人们走路一阵风，
长头发剪成短缨缨。

上河里涨水下河里混，
王贵暗里参加了赤卫军。

白天到滩里去放羊，
黑夜里开会闹革命。

开罢会来鸡子叫，
十几里路往回跑。

白天放羊一整天，
黑夜不睒一睒眼。

身子劳累精神好，
闹革命的心劲高又高。

五个手指头不一般长，
王贵的心思和人不一样。

别人的仇恨像座山，
王贵的仇恨比天高：

活活打死老父亲，
而今又要抢心上的人！

牛马当了整五年，
崔二爷没给过一个工钱。

崔二爷来胡打算，
修寨子买马又招兵。

地主豪绅个个凶，
崔二爷是个大坏蛋！

庄户人个个想吃他的肉，
狗儿见他也哼几哼。

众人向游击队长提意见，
早早的打下死羊湾。

心急等不得豆腐烂，
定下个日子腊月二十三。

半夜先捉定崔二爷，
到天明大队开进死羊湾。

定下计划人忙乱，
——后天就是二十三。

第四节　40年代后期国统区的诗歌

一、国统区的政治讽刺诗

抗战后期和解放战争初期政治讽刺诗成为国统区诗歌创作的主流。主要内容是揭露国民党反动派勾结帝国主义抢夺抗战胜利果实，不断强化法西斯专政，对人民横征暴敛的种种罪行，同时也反映了广大人民群众反抗压迫，争取民主的强烈愿望和正义呼声。在艺术上，多采用民歌、民谣、小调等群众喜闻乐见的形式，笔锋犀利，含蓄深刻，幽默诙谐，能收到很好的讽刺效果，又能给人以诗美的享受。郭沫若、袁水拍、臧克家、绿原、邹荻帆等许多诗人都努力创作过，其中，袁水拍以马凡陀的笔名写的政治讽刺诗集《马凡陀的山歌》是国统区最有影响成就的讽刺诗集。

1．袁水拍简介

袁水拍（1916—1982），原名袁光楣，笔名马凡陀，江苏吴县人。上海沪江大学肄业。抗战爆发后，开始诗歌创作。1944～1948年在上海用马凡陀的笔名发表尖锐泼辣、幽默机智的政治讽刺诗。解放后曾在《人民日报》文艺部工作。著有诗集《马凡陀的山歌》、《马凡陀山歌续集》、《解放山歌》、《诗四十首》、《政治讽刺诗》等。

2．诗作赏析

《发票贴在印花上》：这首诗用生动俏皮的语言，夸张的笔触，像漫画一样画出了抗战胜利后，国民党统治的一系列丑恶而反常的现象：通货膨胀、工厂倒闭、苛捐杂税、贪污腐败、草菅人命、卖国投敌、人民生活每况愈下，全面真实描绘了当时的社会风貌，表达了人民的心声。正话反说的手法，具有尖锐的讽刺力量。

发票贴在印花上

发票贴在印花上，
寇丹拓在脚趾上，
水兵出巡马路上，
吉普开到人身上。

黄浦氽到阶沿上，
房子造在金条上，
工厂死在接收上，
鸟窠做在烟囱上。

演得好戏我来看，
重税派在你头上，
学生募捐读书钱，
教师罢工课不上。

仓库皮子一把火，
仓库馅子没去向，
廉耻挂在高楼上，
是非扔进大茅坑。

民主涂在嘴巴上，
自由附在条件上，
议案、协定归了档，
文章写在水面上。

游行学生坐卡车，
面包装在吉普上，
自由太多便束缚，
羊枣优待故身亡。
脑袋碰在枪弹上，

和平挑在刀尖上，
中国命运在哪里，
高高挂在鼻子上。

米粮落入黑市场，
面粉救济黄牛党，
财政躺在发行上，
发行发到天文上。

上海跳舞中国饿，
十九个省份都闹荒，
收购军米免征粮，
树皮草根啃个光。

百姓滚在钉板上，
汉奸坐牢带铜床，
曲线软性是救国，
地上地下往来忙。

南京复员拆蓬户，
广州迎驾砖砌窗，
力气使在市容上，
四强之一叮叮当！

1946年4月11日

二、九叶诗派

九叶诗派是80年代文学研究者对40年代后期国统区诗歌创作的某一现象的命名。1981年，江苏人民出版社出版了辛笛、杜运燮、陈敬容、杭约赫、唐湜、郑敏、唐祈、穆旦、袁可嘉九位诗人创作于40年代的诗歌选集《九叶集》，其中辑录的154首诗作以鲜明的流派特征引起了人们的关注，于是这些诗人被称为九叶诗派。其实，这九位诗人早在30年代初期就开始了诗歌创作。40年代后期，由于《诗创造》和《中国新诗》两份杂志的创办，使九位诗人得以聚集。《诗创造》于1947年7月创刊于上海，开始由臧克家领衔发起，杭约赫、林容、辛笛等集资筹办。后来，由于倾向于现代派的杭约赫、陈敬容、唐湜、唐祈、辛笛等人渐渐成了撑持这个刊物的主要支柱，在推广西方现代派艺术理论并加以创作实验方面与臧克家意见相左，杭约赫、陈敬容、唐湜、唐祈、辛笛五人与《诗创造》分道扬镳。1949年6月，他们在上海金城银行信托部负责人辛笛的支持下，另办了《中国新诗》丛刊，以森林出版社的名义刊行，穆旦、杜运燮、郑敏、袁可嘉四人给以鼎力相助，九叶诗派正式结成，“中国新诗”成了他们的主要阵地。

九叶诗派以流派形式存在的时间不到两年，但在新诗理论建设和创作探索方面做出了重要贡献。他们主张“新诗戏剧化”、“思想知觉化”，认为诗的创作应“尽量避免直截了当的正面陈诉而以相当的外界事物寄托作者的意志与情感”。（袁可嘉，《新诗戏剧化》，《诗创作》，1948年第12期）他们的诗歌写作既有对中国古典诗歌的继承，也有对五四以来诗歌创作的发展，更主要的是从西方现代派文学中汲取了营养，走出了自己的道路。总的来看，九叶诗派的创作表达了对现实生活的真情实感，描绘了社会和人民的苦难，传达出了人们对光明和自由的渴盼，对反动势力也进行了冷峻的批判、辛辣的讽刺。九叶诗人在三十年诗史上具有总结性意义，为中国现代诗歌划上了一个完满的句号。

(一) 穆旦诗选

1．诗人简介

穆旦（1918—1977），原名查良铮，浙江海宁人。九叶诗人的代表。1940年毕业于昆明西南联大，后留校执教。1948年赴美国留学，入芝加哥大学英文系学习。1953年回国，在南开大学执教。1958年在《人民日报》发表《九九家争鸣记》，被打成“历史反革命”。40年代初开始在《诗创造》和《中国新诗》发表作品，《诗八首》、《赞美》等在表现方法上具有新颖的现代派的独特风格，成为当时最受瞩目的青年诗人之一。在外国诗歌翻译方面也有较大成绩。主要作品有诗集《探险者》、《穆旦诗集》、《旗》。译作《青铜骑士》、《普希金抒情诗选》、《拜伦抒情诗选》、《雪莱抒情诗选》、《济慈诗选》、《艾略特和奥登诗选》等十余种。

2. 诗作鉴赏

《春》：以春为意象载体，将大自然的春天与人的青春期相类比，在对春意盎然的大自然的描绘中，呈现出人类二十岁生命的独特形态，即年轻的生命在走向成熟的过程中，伴随着无处归依的迷茫和痛苦。诗人把他对青春期生命的理解形象化，在抒情中蕴藏着浓厚的个人生命感悟，体现了九叶诗人“多思者”的特点。

春

绿色的火焰在草上摇曳，
他渴求着拥抱你，花朵。
反抗着土地，花朵伸出来，
当暖风吹来烦恼，或者欢乐。
如果你是醒了，推开窗子，
看这满园的欲望多么美丽。

蓝天下，为永远的谜蛊惑着的
是我们二十岁的禁闭的肉体，
一如那泥土做成的鸟的歌，
你们被点燃，卷曲又卷曲，却无处归依。
呵，光，影，声，色，都已赤裸，
痛苦着，等待伸入新的组合。

（二）郑敏诗选

1. 诗人简介

郑敏，1920年生，福建闽侯人，1942年开始诗歌创作，1943年毕业于西南联合大学，后赴美国留学。1956年回国，在中国科学院文学研究所工作。1960年后任北京师范大学教授。她的诗深受德国诗人里尔克的影响和西方音乐、绘画的熏陶，善于从客观事物深入哲理境界。80年代她的现代派诗歌又有新的发展，产生了重大影响。出版的诗集有《诗集1942－1947》（1949）、《寻觅集》（1986）、《心象》（1991）、《早晨，我在雨里采花》（1991）、《九叶集》（与袁可嘉等合著），文论《英美诗歌戏剧研究》等。

2. 诗作赏析

《寂寞》：这首诗充沛淋漓地表达了“寂寞”这种个体生命的本真状态，表现了对于“寂寞”情绪的种种哲思与体悟，两条线索交缠在一起贯穿全诗，形成了情思与思想的互相渗透，产生了强大的阅读震撼力。作品所表现的“寂寞”具有哲学的深度和广度：“寂寞”是与生俱来的，个体生命孤零零地面对整个世界，你所感受到的恐怖、痛苦、憧憬和欢乐，一如你的梦，别人无法参与，即使是爱情和友谊，即使是在陌生或熟悉的人群中也无法根除。但同时，“寂寞”又是生命忠实的伴侣，陪伴整个人生旅途，使生命庄严沉静而有力。整首诗意象丰富、新奇、幽深，节奏流畅，犹如行云流水，而平静的、反刍似的沉思哲语，充分体现了郑敏作为“九叶诗人”卓越的艺术创作才能。

寂　寞

这一棵矮小的棕榈树，
他是成年的都站在
这儿，我的门前吗？
我仿佛自一场闹宴上回来
当黄昏的天光
照着它独个站在
泥地和青苔的绿光里。
我突然跌回世界，
他的心的顶深处，
在这儿，我觉得
他静静地围在我的四周
像一个下沉着的池塘
我的眼睛，
好像在深夜里睁开，
看见一切在他们
最秘密的形影里；
我的耳朵，
好像突然醒来，
听见黄昏时一切
东西在申说着
我是单独地对着世界。
我是寂寞的。
当白日将没于黑暗，
我坐在屋门口，
在屋外的半天上
这时飞翔着那
在消灭着的笑声，
在远处有
河边的散步
和看见了：
那啄着水的胸膛的燕子，
刚刚覆着河水的
早春的大树。

我想起海里有两块岩石，
有人说它们是不寂寞的；
同晒着太阳，
同激起白沫
同守着海上的寂静，
但是对于我，它们
只不过是种在庭院里
不能行走的两棵大树，
纵使手臂搭着手臂，
头发缠着头发；
只不过是一扇玻璃窗
上的两个格子，
永远地站在自己的位子上。
呵，人们是何等地
渴望着一个混合的生命，
假设这个肉体里有那个肉体，
这个灵魂内有那个灵魂。

世界上有哪一个梦
是有人伴着我们做的呢？
我们同爬上带雪的高山，
我们同行在缓缓的河上，
但是谁能把别人，
他的朋友，甚至爱人，
那用誓约和他锁在一起的人
装在他的身躯里，
伴着他同
听那生命吩咐给他一人的话，
看那生命显示给他一人的颜容，
感着他的心所感觉的
恐怖、痛苦、憧憬和快乐呢？
在我的心里有许多
星光和影子，
这是任何人都看不见的，
当我和我的爱人散步的时候，
我看见许多魔鬼和神使，
我嗅到了最早的春天的气息，
我看见一块飞来的雨云；
这一刻我听见黄莺的喜悦，
这一刻我听见报雨的斑鸠；

但是因为人们各自
生活着自己的生命
它们永远使我想起
一块块的岩石，
一棵棵的大树，
一个不能参与的梦。

为什么我常常希望
贴在一棵大树上如一枝软藤？
为什么我常常觉得
被推入一群陌生的人里？
我常常祈求道：
来吧，我们联合在一起
不是去游玩
不是去工作
我是说你也看见吗
在我心里那将要来到的一场大雨！
当寂寞挨近我，
世界无情而鲁莽地
直走入我的胸膛里，
我只有默默望着那丰满的柏树，
想道：他会打开他那浑圆的身体，
完满的世界，
让我走进去躲躲吗？
但是，有一天当我正感觉
“寂寞”它啮我的心像一条蛇
忽然，我悟道：
我是和一个
最忠实的伴侣在一起，
整个世界都转过他们的脸去，
整个人类都听不见我的招呼，
它却永远紧贴在我的心边，
它让我自一个安静的光线里
看见世界的每一部分，
它让我有一双在空中的眼睛，
看见这个坐在屋里的我：
他的情感和他的思想。
当我是一个玩玩具的孩童，
当我是一个恋爱着的青年，
我永远是寂寞的；
我们同走了许多路
直到最后看见
“死”在黄昏的微光里
穿着他的长衣裳
将你那可笑的盼望的眼光
自树木和岩石上取回来罢，
它们都是聋哑而不通信息的，
我想起有人自火的疼痛里
求得“虔诚”的最后的安息，
我也将在“寂寞”的咬噬里
寻得“生命”最严肃的意义，
因为它，人们才无论
在冬季风雪的狂暴里，
在发怒的波浪上，
都不息地挣扎着。
来吧，我的眼泪
和我的苦痛的心，
我欢喜知道他在那儿
撕裂、压挤我的心，
我把人类一切渺小，可笑，猥琐
的情绪都掷入他的无边里，
然后看见：
生命原来是一条滚滚的河流。

1943年于昆明

（三）陈敬容诗选

1．诗人简介

陈敬容（1917—1989），原名陈懿范，四川乐山人。1935～1936年曾在清华大学、北京大学旁听，开始文学创作。1948年在上海任《中国新诗》、《森林诗丛》编委。建国后主要从事翻译工作。出版的诗集有《交响集》、《盈盈集》、《老去的是时间》等。

2. 诗作赏析

《力的前奏》：诗的前三节选用一系列丰美生动的意象，充满哲理思索：歌者为唱出洪亮的歌声凝蓄“力”，舞者为追求完美的姿势拼聚“力”，大自然在风暴降临之前积攒“力”，这三组内涵丰富的意象表明：“力”在爆发前必有片刻的寂静与沉默，一旦爆发，将迎来一个新的时代。第四节，诗人站在人类的、历史的高度，召唤人们蓄积力量，以坚定的信念守候即将降临祖国大地的、降临全人类的黎明。在诗艺追求上，使思想知觉化，强调智性与感性的融合。把思想寄托于新颖的意象和活泼的想像，将抽象的力和具体可感的形象相联结，说理不陷于枯燥，抒情又不陷于显露，内蕴深厚，诗意盎然，增加了读者的阅读兴趣。

力的前奏

歌者蓄满了声音
在一瞬的震颤中凝神

舞者为一个姿势
拼聚了一生的呼吸

天空的云、地上的海洋
在大风暴来到之前
有着可怕的寂静

全人类的热情汇合交融
在痛苦的挣扎里守候
一个共同的黎明

1947年4月于上海

选自《交响集》，森林出版社1947年版

(四) 辛笛诗选

1. 诗人简介

辛笛，1912年生，原名王馨迪，江苏省淮安县人，生于天津。1935年毕业于清华大学外文系。1936年去英国留学，专攻英国文学。1939年回国，先后任上海暨南大学、光华大学教授。解放战争时期，从事民主运动，任《中国新诗》(月刊)、《美国文学丛书》编委。解放后一直在上海从事编译工作。诗作熔铸古典诗歌和外国现代派诗风于一炉，主要诗集有《手掌集》、《辛笛诗稿》、《印象·花束》等。

2. 诗作赏析

《风景》：是诗人1948年夏在沪杭旅途中所见。抒写了旧中国民生凋敝的社会现实，表达了诗人的忧愤之情。意象的象征意味新颖而独特：“列车轧在中国的肋骨上”是一种超然的主观感觉，用“肋骨”来象征中国的贫瘠和灾难的沉重；用“一节一节的车厢”来象征众多的社会问题。“比邻而居的是茅屋和田野间的坟”，生与死的距离是那么近，巧妙地暗示中国人民在死亡线上挣扎的悲惨命运。“兵士的新装黄得旧褪凄惨”暗示着连年的战争。“瘦的耕牛”，则写出了农村的衰败。结句“都是病，不是风景”点明题旨，呈现反讽的魅力。整首诗运用现代派诗象征、暗示、时空跳跃的表现手法，形象和议论交错重叠，个人的现实情境与远距离的场景相嫁接，造成一种奇特的叙述效果。

风　景

列车轧在中国的肋骨上
一节接着一节社会问题
比邻而居的是茅屋和田野间的坟
生活距离终点这样近
夏天的土地绿得丰饶自然
兵士的新装黄得旧褪凄惨
惯爱想一路来行过的地方
说不出生疏却是一般的黯淡
瘦的耕牛和更瘦的人
都是病，不是风景！

1948年夏，在沪杭道上

选自《辛迪诗稿》，人民文学出版社1983年版

（五）袁可嘉诗选

1．诗人简介

袁可嘉，1921生，浙江慈溪人。1946年毕业于昆明西南联大外文系，中国作家协会会员，我国研究美英现代文艺思潮及诗歌的专家。他的主要诗作辑入《九叶集》、《八叶集》中。译诗集主要有《彭斯诗抄》、《米列诗选》、《英国宪章派诗选》等。

2．诗作鉴赏

《上海》：这首“十四行”有深刻的现实意义。诗人以解放前夕在国民党统治下通货膨胀，物价飞涨的上海为背景，运用现代派诗歌大跨度取比的手法，通过“上升的魔掌、绝望的战争、错乱的神经、红色的呵欠”等一系列新奇妥帖的象征意象把商业竞争的本质、物价的飞涨、百姓的饥饿、富豪的贪婪做了广泛的对照，尖锐地讽刺了当时囤积居奇、大发国难财的豪绅权贵，暴露了国民党统治的危机。

上　海

不问多少人预言它的陆沉，
说它每年都要下陷几寸，
新的建筑仍如魔掌般上伸，
攫取属于地面的阳光、水分

而撒落魔影。贪婪在高空进行；
一场绝望的战争扯响了电话铃，
陈列窗的数字如一串错乱的神经，
散布地面的是饥馑群真空的眼睛。

到处是不平。日子可过得轻盈，
从办公房到酒吧间铺一条单轨线，
人们花十小时赚钱，花十小时荒淫。

绅士们捧着大肚子走进写字间，
迎面是打字小姐红色的呵欠，
拿张报，遮住脸：等待南京的谣言。

一九四八年

选自《中国新诗》1948年第2期

第五节　50年代至60年代中期的中国大陆诗歌

50年代至60年代中期，即建国后至“文革”前的17年，大陆的诗歌创作总的来说是繁荣的。这段历史一般又以1957年“反右”为界限，分为两段。1957年“反右”运动前，诗歌创作较繁荣，主调是歌颂，歌颂国家民族的新生，歌颂中国共产党及其领袖，歌颂人民军队，歌颂社会主义建设的新面貌、新成就。应该说诗人们当时的这种歌颂是真诚的，发自肺腑的，表达了时代的声音，人民的心声。石方禹的《和平的最强音》、邵燕祥的《我爱我们的土地》、郭小川以《致青年公民》为总题的包括《投入火热的斗争》、《向困难进军》等7首组诗以及贺敬之的《放声歌唱》、《雷锋之歌》等政治抒情诗在当时产生广泛影响。郭小川、贺敬之是最主要的代表，他们的作品构成了这一时期诗坛的基本风貌，并广泛地影响着同代诗人的创作。这期间，在1956年，“百花齐放，百家争鸣”这一指导文艺创作与学术研究的方针被提出并受到文化界的热烈拥护。但是，1957年“反右”开始后，艾青、公刘、流沙河、邵燕祥等许多诗人遭到粗暴批判，被划为“右派分子”，被迫停止了歌唱。过火的政治运动的压力，简单化、教条主义式的批判，束缚了诗人的头脑，更多的诗人不怎么敢于尽情抒怀了。

总的来看，“17年”的诗歌发展有起有落，成就是主要的，教训主要有两点：其一，片面强调诗歌为政治服务，破坏了艺术民主，损害了诗歌与人民更深切的联系和艺术上的独创性。其二，诗歌的风格、流派被人为地单一化，限制了诗人审美追求的多样化，阻碍了诗歌发展的多种可能性。

一、郭小川诗选

1. 诗人简介

郭小川（1919—1976），原名郭恩大，河北省丰宁县人。中学期间参加抗日救亡运动，开始写诗。1937年参加八路军。1941至1945年在延安马列学院学习，曾列席延安文艺座谈会。1945年至1948年回家乡任丰宁县县长。1948至1954年先后任《大众日报》、《天津日报》负责人，与陈笑雨、张铁夫合作，用“马铁丁”笔名写作“思想杂谈”，产生过较大影响。1954年7月调任中国作协党组副书记、作协书记处书记兼秘书长，开始了专业文学创作道路。从1954年至“文化大革命”前，郭小川曾出版了《火热的斗争》、《致青年公民》，《鹏程万里》、《月下集》、《将军三部曲》等十余本诗集。

2. 诗作赏析

(1)《向困难进军》：郭小川的政治抒情诗，感情炽热，斗志昂扬，紧扣时代脉搏，催人前进；被誉为时代的战鼓，进军的号角，报晓的晨钟。在新诗形式上，他博采百家之长，不拘一格，无论是民歌体，新格律体，楼梯式，还是自由体，他都能驾驭自如，并努力做到民族化与大众化。他十分讲究诗的音乐性、形象性，尽力捕捉事物内在的神韵，语言质朴但乐感强劲，做到了通俗、鲜明、朗朗上口。《向困难进军》是组诗《致青年公民》中的一首，诗中充满着革命的豪情，闪耀着理想的光辉，它激励青年们在社会主义建设中要勇于“向困难进军”，这样，“伟大的社会主义”才会“向我们飞奔”。在形式上，它借鉴了“楼梯式”，节奏明快，简洁有力，便于诵读，使内容产生了强烈的鼓动力。

向困难进军
——再致青年公民

骏马
在平地上如飞地奔走，
有时却不敢越过
　　　　　　湍急的河流；
大雁
在春天爱唱豪迈的进行曲，
一到严厉的冬天
　　　　　　歌声里就满含着哀愁；
公民们！
你们
　　在祖国的热烘烘的胸脯上长大，
　　会不会
　　　　在困难面前低下了头？
　　不会的
　　　　我信任你们
　　　　　　甚至超过我自己；
不过
　　我要问一问
　　　　　　你们做好了准备没有？
我
　比你们年长几岁
　　　　　　而且光荣地成了你们的朋友，
禁不住
　　要把你们的心
　　　　　　带回到那变乱的年头。
当我的少年时代
生活
　　决不像现在这样
　　　　　　自由而温暖，
我过早地同我们的祖国在一起
　　　　　　　　负担着巨大的忧患，
可是我仍然是稚气的，
人生的道路
　　　　在我看来是如此的一目了然，
仿佛
　　只要报晓的钟声一响，

神话般的奇迹
　　　　就像彩霞似的出现在天边，
一切
　　都会是不可思议地美满。……
呵，就在这个时候
　　　　　　严峻的考验来了！
抗日战争的炮火
　　　　在我寄居的城市中
　　　　　　　　卷起浓烟，
我带着泪痕
　　　投入红色士兵的行列
　　　　　　　走上前线。
……真正的生活开始了！
可惜
　它开始得过于突然
我呀
　几乎是毫无准备地
　　　　　　遭遇到一场风险。
在一个雨夜的行军的路上，
我慌张地跑到
　　　　最初接待我的将军的面前，
诉说了
　　我的烦恼和不安：
打仗嘛
　　我还不能自如地往枪膛里装子弹
动员人民嘛
　　　我嘴上只有书本上的枯燥的语言。
我说：
　　“同志，
　　　　请允许我到后方再学几年！”
于是
　将军的沉重的声音
　　　　　　在我的耳边震响了：
“问题很简单——
不勇敢的
　　　在斗争中学会勇敢，
怕困难的
　　　去顽强地熟悉困难。”
呵呵

这闪光的话
像雨点似的打在我的心间，
我怀着感激
回到我们的队伍中
继续向前……
现在
十八年已经过去了，
时间
锻炼了我们
并且为我们的祖国带来荣耀，
不是我们
被困难所征服，
而是那些似乎很吓人的困难
一个个
在我们的面前跪倒。
黑暗永远地消亡了，
随太阳一起
滚滚而来的
是胜利和欢乐的高潮。
公民们
我羡慕你们，
你们的青年时代
就这样好！
你们再不要
赤手空拳
去夺敌人手中的三八枪了，
而是怎样
去建造
保卫祖国的远射程的海防炮；
你们再不要
趁着黑夜
去挖隐蔽身体的地洞了，
而是怎样
寻根追底地
到深山去探宝；
你们再不要
越过地堡群
偷袭敌人控制的城市了，
而是怎样

把从工厂中伸出的烟囱
筑得直上云霄；
你们再不要
打着小旗
到地主庭院去减租减息了，
而是怎样
把农业生产合作社
办得又多又好。……
是呵
连你们遭遇的困难
都使我感到骄傲，
可是我要说
它的威风
决不会比从前小。
社会主义的道路上
并非
平安无事，
就在阳光四射的早晨
也时常
有风雨来袭，
帝国主义者
对着我们
每天都要咬碎几颗吃人的牙齿，
生活的河流里
随处都可能
埋伏着坚硬的礁石，
旧世界的苍蝇们
在每个阳光不曾照进的角落
生着蛆……
新生的事物
每时每刻都遇到
没落者的抗拒……
然而我要告诉你们
凭着我所体味的生活的真理：
困难
这是一种愚蠢而又懦怯的东西，
它
惯于对着惊恐的眼睛
卖弄它的威力，

而只要听见刚健的脚步声
就像老鼠似的
　　　　　　悄悄向后缩去，
它从来不能战胜
　　　　　　人们的英雄的意志。
那么，同志们！
让我们
　　　以百倍的勇气和毅力
　　　　　　　　　　向困难进军！
不仅用言词
　　　　而且用行动
　　　　　　　　说明我们是真正的公民！
在我们的祖国中
　　　　　　困难减一分
　　　　　　　　　　幸福就要长几寸，
困难的背后
　　　　伟大的社会主义世界
　　　　　　　　　　正向我们飞奔。

1955年11月草成，1956年1月9日定稿。原载《中国青年》1956年第3期；
选自《郭小川诗选》，人民文学出版社1979年版

(2)《祝酒歌》：这首诗是1962年底郭小川采访小兴安岭林区时的感事书怀之作，它同《大风雪歌》、《青松歌》合称为“林区三唱”。诗人以奔放的激情赞美了林区工人忘我劳动、大干社会主义事业的豪情壮志，热情歌颂了他们为祖国建设献身的高尚情操和乐观主义精神。诗篇感情浓烈真挚，节奏铿锵有力。作品吸收了民歌体与自由体的长处，还从中国古典诗歌中汲取了比、兴手法，句式整齐而又富有变化。作品在具有强烈时代感的同时，也具有时代的局限性。从诗作的内容可以看出当年滥伐森林的情况，诗人在情绪上也流露出1958年大跃进民歌中的狂热与虚浮。

祝　酒　歌

——林区三唱之一

三伏天下雨哟，
雷对雷；
朱仙镇交战哟，
锤对锤；
今儿晚上哟，
咱们杯对杯！
舒心的酒，
千杯不醉；
知心的话，
万言不赘；
今儿晚上啊，
咱这是瑞雪丰年祝捷的会！

酗酒作乐的
是浪荡鬼；
醉酒哭天的

是窝囊废；
饮酒赞前程的
是咱们社会主义新人这一辈！

财主醉了，
因为心黑；
衙役醉了，
因为受贿；
咱们就是醉了，
也只因为生活的酒太浓太美！

山中的老虎呀，
美在背；
树上的百灵呀，
美在嘴；
咱们林区的工人啊，
美在内。

斟满酒，
高举杯！
一杯酒，
开心扉；
豪情，美酒，
自古长相随。

祖国是一座花园。
北方就是园中的腊梅；
小兴安岭是一朵花，
森林就是花中的蕊。
花香呀，
沁满咱们的肺。

祖国情呀，
春风一般往这儿吹！
同志爱呀，
河流一般往这儿汇。
党是太阳，
咱是向日葵。
广厦亿万间，
等这儿的木材做门楣；
铁路千百条，
等这儿的枕木铺钢轨。
国家的任务是大旗，
咱是旗下的突击队。

骏马哟，
不用鞭催；
好鼓哟，
不用重锤；
咱林区工人哟，
知道怎样答对！

且饮酒，
莫停杯！
三杯酒，
三杯欢喜泪；
五杯酒，
豪情胜似长江水。

雪片呀，
恰似群群仙鹤天外归；
松树林呀，
犹如寿星老儿来赴会。
老寿星啊，
白须、白发、白眼眉。

雪花呀，
恰似繁星从天坠；
桦树林呀，
犹如古代兵将守边陲。
好兵将啊，
白旗、白甲、白头盔。

草原上的骏马哟，
最快的是乌骓；
深山里的好汉哟，
最勇的是李逵；
天上地下的英雄啊，

最风流的是咱们这一辈！

目标远。
大步追。
雪上走，
就像云里飞；
人在山，
就像鱼在水。

重活儿，
甜滋味。
锯大树，
就像割麦穗；
扛木头，
就像举酒杯。

一声呼，
千声回；
林阴道上，
机器如乐队；
森林铁路上，
火车似滚雷。

一声令下，
万树来归：
冰雪滑道上，
木材如流水；
贮木场上，
枕似山堆。

且饮酒，
莫停杯！
七杯酒，
豪情与大雪齐飞；
十杯酒，
红心和朝日同辉！

小兴安岭的山哟，
雷打不碎；
汤旺河的水哟，
百折不回。
林区的工人啊，
专爱在这儿跟困难作对！

一天歇工，
三天累；
三天歇工，
十天不能安生睡：
十天歇工，
简直觉得犯了罪。

要出山，
茶饭没有了味；
快出山，
一时三刻拉不动腿；
出了山，
夜夜梦中回。

旧话说：
当一天的乌龟，
驮一天的石碑：
咱们说：
占三尺地位，
放万丈光辉！

旧话说：
跑一天的腿，
张一天的嘴；
咱们说：
喝三瓢雪水，
放万朵花蕾！

人在山里，
木材走遍东西南北；
身在林中，
志在千山万水。
祖国叫咱怎样答对，
咱就怎样答对！

想昨天：
百炼千锤；
看明朝：
千娇百媚；
谁不想干它百岁！
活它百岁！

舒心的酒，
千杯不醉；
知心的话，
万言不赘；
今儿晚上啊，
咱这是瑞雪丰年宣誓的会。……

1962年12月记于伊春，1963年改于北京。原载《诗刊》1963年3月号

二、闻捷诗选

1．诗人简介

闻捷（1923—1971），江苏丹徒人。少年家境贫寒，当过煤场学徒。1937年流亡武汉，参加抗日救亡演剧活动。1940年到延安，进入陕北公学学习。后参加西北文工团当过演员。1945年开始从事新闻工作，发表过散文、小说、剧本等文学作品。解放战争初期，随军转战到西北战场，直到天山脚下。新中国成立后任新华社新疆分社社长、作家协会兰州分会副主席等职务。1955年，闻捷在《人民文学》杂志上发表了一些歌颂新疆各民族新生活的抒情诗，后结集为《天山牧歌》（1956）出版。这些风格独特的新生活赞歌，带有西域边塞特有的风情，为诗人赢得了荣誉。1958年始，闻捷在河西走廊一带创作，先后出版了诗集《祖国，光辉的十月》、《东风催动黄河浪》（1958）、《河西走廊行》（1959），还有诗歌选集《生活的赞歌》（1959）。另有长篇叙事诗《复仇的火焰》第一部《动荡的年代》（1959），第二部《叛乱的草原》（1962），第三部只发表了部分章节，其余散失。“文革”期间诗人受到迫害，1971年含冤逝世。

2．诗作赏析

《天山牧歌》：是闻捷最有代表性的抒情诗总辑。它具有那一年代的颂歌格调，但保存着真切朴实的生活气息，具有柔和、轻快、明朗的牧歌风格，通过提炼单纯而明朗的艺术形象和生活情节，表现了西北地区少数民族的地方风情和精神风貌。《吐鲁番情歌》是《天山牧歌》五组抒情诗中的一组，共有七首，通过歌唱新疆少数民族男女青年的劳动和爱情生活，折射出时代的活力与朝气，被誉为清新优美的“轻音乐”。

吐鲁番情歌（选二首）

苹果树下

苹果树下那个小伙子，
你不要、不要再唱歌；
姑娘沿着水渠走来了，
年轻的心在胸中跳着。
她的心为什么跳呵？
为什么跳得失去节拍？……

春天，姑娘在果园劳作，
歌声轻轻从她耳边飘过，
枝头的花苞还没有开放，
小伙子就盼望它早结果。
奇怪的念头姑娘不懂得，
她说：别用歌声打扰我。

小伙子夏天在果园度过，

一边劳动一边把姑娘盯着，
果子才结得葡萄那么大，
小伙子就唱着赶快去采摘。
满腔的心思姑娘猜不着，
她说：别像影子一样缠着我。

淡红的果子压弯绿枝，
秋天是一个成熟季节，
姑娘整夜整夜地睡不着，
是不是挂念那树好苹果？
这些事小伙子应该明白，
她说：有句话你怎么不说？

……苹果树下那个小伙子，
你不要、不要再唱歌；
姑娘踏着草坪过来了，
她的笑容里藏着什么？……
说出那句真心的话吧！
种下的爱情已该收获。

葡萄成熟了

马奶子葡萄成熟了，
坠在碧绿的枝叶间，
小伙子们从田里回来了，
姑娘们还劳作在葡萄园。

小伙子们并排站在路边，
三弦琴挑逗姑娘心弦，
嘴唇都唱得发干了，
连颗葡萄子也没尝到。

小伙子们伤心又生气，
扭转身又舍不得离去：
“悭吝的姑娘啊！
你们的葡萄准是酸的。”

姑娘们会心地笑了，
摘下几串儿没有熟的葡萄，
放在那排伸长的手掌里，
看看小伙子们怎么挑剔……

小伙子们咬着酸葡萄，
心眼里头笑眯眯：
“多情的葡萄！
她比什么糖果都甜蜜。”

1952～1954年，乌鲁木齐——北京

第六节　“文革”十年的中国大陆诗歌

“文革”十年，公开的诗歌创作基本沦为政治传声筒或政治运动的武器，图解政治概念，虚夸粉饰之风盛行，满世界的诗大都结构单一，体式雷同，语言和形象也缺乏新意。诗歌创作进入僵化状态。优秀的诗人大都处于“地下写作”状态，他们在诗中传达了在特殊年月中被压制、被禁锢的真实心声，表达了对国家、民族、个人命运的忧愤与思索。这一类诗人包括两部分，一部分是被迫害、被剥夺写作权利的“右派”诗人，蔡其矫、流沙河、绿原、曾卓、牛汉等在动乱的年代里，都留下了记录他们真实思想感情的诗作；另一部分是上山下乡的“知青”诗人，北岛、舒婷、顾城、芒克、食指等，诗作揭示了他们独特的心灵轨迹，回响着呼唤民族未来的心声。民歌写作中蕴藏着多方面的价值，特别是1976年的“天安门诗歌”，仿佛划破黑暗天空的信号弹，预示着中国社会新时代的到来。另外，毛泽东等老一代无产阶级革命家的旧体诗曾在“文革”期间广为传颂；还有“红卫兵”的诗，是认识“文革”社会和青年人心灵状态的有价值资料。

一、流沙河诗选

1．诗人简介

流沙河，生于1931年，原名余勋坦，四川金堂县人。1948年开始发表短篇小说。四川解放后，参加报纸副刊编辑工作，创作兴趣逐渐转向诗歌。1957年因发表组诗《草木篇》和编辑《星星》诗刊被划为右派。1966～1978年被迫返乡当木匠为生。著有诗集《农村夜曲》、《告别火星》、《流沙河选集》等。组诗《故园六咏》曾获1979～1980年中青年诗人优秀诗歌奖。

2．诗作赏析

《故园六咏》："故园"是诗人在风雨飘摇之中安身立命的"窝巢"，那里留下了诗人的血泪与心酸，也留下了与诗人共患难的妻儿的身影与足迹。诗人用真实的笔墨，白描的手法画出一组彩色连环画，入木三分地描刻了荒诞岁月中知识分子的穷愁潦倒。当年流沙河被劳动改造，痛苦地告别了知识分子的生活方式，体验了人生的磨难。在这个过程中，他的灵魂是清醒的，因而才能对造反派的"一阔脸就变"进行道德判断，才能有连累家小的痛苦自责，以及无力回天的苦涩和悲哀。他这时的诗愤怒中带点苦笑，严肃中带点调侃。这一组真实的生活画面，浓缩了一代人的遭遇和苦难，具有深刻的社会内涵。

故 园 六 咏

——写在十年浩劫中

我 家

荒园有谁来！
点点斑斑，小路起青苔。
金风派遣落叶，
飘到窗前，纷纷如催债。

失学的娇女牧鹅归，
苦命的乖儿摘野菜。
檐下坐贤妻，
一针针为我补破鞋。
秋花红艳无心赏，
贫贱夫妻百事哀。

中 秋

纸窗亮，负儿去工场。
赤脚裸身锯大木，
音韵铿锵，节奏悠扬。
爱他铁齿有情，
养我一家四口；
恨他铁齿无情，
啃我壮年时光。

啃完春，啃完夏，
晚归忽闻桂花香。
屈指今夜中秋节，
叫贤妻快来窗前看月亮。
妻说月色果然好，
明晨又该洗衣裳，
不如早上床！

哄 小 儿

爸爸变了棚中牛，
今日又变家中马。
笑跪床上四蹄爬，
乖乖儿，快来骑马马！

爸爸驮你打游击，
你说好耍不好耍？
小小屋中有自由，

门一关，就是家天下。

莫要跑到门外去，
去到门外有人骂。
只怪爸爸连累你，
乖乖儿，快用鞭子打！

焚　书

留你留不得，
藏你藏不住。
今宵送你进火炉，
永别了，
契诃夫！

夹鼻眼镜山羊胡，
你在笑，我在哭。
灰飞烟灭光明尽，
永别了，
契诃夫！

芳　邻

邻居脸上多春色，
夜夜邀我作客。
一肚皮的牢骚，
满嘴巴的酒气，
待我极亲热。

最近造反当了官，
脸上忽来秋色。
猛揭我的“放毒”，
狠批我的“复辟”，
交情竟断绝。

他家小狗太糊涂，
依旧对我摇尾又舔舌。
我说不要这样了，
它却听不懂，
语言有隔阂。

断断续续写在70年代中期
选自《流沙河诗集》，上海文艺出版社，1982年版

二、红卫兵诗选

《这是四点零八分的北京》

说明：该诗作者郭路生，笔名食指，1948年生于北京一个干部家庭。诗人当年的确坐在那列1968年12月20日下午四点零八分开出北京的火车上，跟成千上万的红卫兵一起去当知青，去“上山下乡”。当火车开动，脚下的土地发生飘移时，强烈的心灵震颤突然产生，有依恋，有迷茫，有恐慌，有朦胧的觉醒。诗人以高度个性化的人格形象和独立的语言姿态，表达了与狂乱的年代格格不入的真实感受，饱含丰富的生存内涵和人生启示。该诗十分典型的记述了红卫兵向知青转变的现实情景和心灵历程。

这是四点零八分的北京

这是四点零八分的北京，
一片手的海洋翻动；
这是四点零八分的北京，
一声尖厉的汽笛长鸣。

北京车站高大的建筑，
突然一阵剧烈的晃动；
我双眼吃惊地望着窗外，
不知发生了什么事情？

我的心骤然一阵疼痛，一定是
妈妈缀扣子的针线穿透我的心胸；

这时，我的心变成了一只风筝，
风筝的线头就在妈妈的手中。

线绳绷得太紧了，就要扯断啦！
我不得不将身子探出车厢的窗棂；
这时，直到这时，我才明白了
刚才车站上发生了什么事情：

——一阵阵告别的声浪，
　就要卷走车站，
　北京在我的脚下，
　已经缓缓移动。

我再次向北京挥动手臂，
想一把抓住她的衣领，
然后向她大声地叫喊：
听见吗，记着我，妈妈，北京！

终于抓住了什么东西，
管她是谁的手，不能松；
因为这是我的北京，
这是我的最后的北京。

1968年12月20日

三、知青诗歌选

1.《誓言》介绍

说明：该诗作者郭小林，男，1948年10月生，原籍河北省丰宁县，是诗人郭小川的儿子。1960年入北京男二中，次年转入北京景山学校。1964年初中毕业报名赴北大荒国营852农场（后改为黑龙江建设兵团320团）垦荒。在边疆12年中曾写过不少诗篇，有些在知青中被传抄。1976年转调至河南林县，任农村中学教师。1981年回北京，现为《中国作家》杂志社编辑。

该诗写于1971年夏，当时东北建设兵团在佳木斯兵团总部召开“文艺创作学习班”，这是北大荒知青的一次“群英会”。郭小林在这次活动中拿出了一首600行的政治抒情长诗《誓言》，引起轰动。该诗主要记述了一个红领巾见到了毛泽东，送给他一个红苹果。后来，红领巾长大了，经过艰苦的斗争生活，把对毛泽东纯真的感情升华到了对毛泽东思想理性的认识。这个故事基本是郭小林的亲身经历。全诗有连贯的情节，也有强烈的个人色彩。感情是真挚的，情绪是狂热的，内容既有时代的理想，也有时代的虚浮。

誓　　言

自从我游过了无知的河流，
登上理智的彼岸。
我才第一次看到了，
毛主席的伟大是辽阔的大陆一般。
……
我看见，发电量七亿瓦的汽轮机，
正源源不断地向全世界供电；
我看见，毛泽东思想的太阳灯，
已经把光明送到了地球边缘；
……
怎么会，万吨水压机像厨师一样，
随意地揉着火红的钢铁的面团？
怎么会，各地的小工厂像母鸡一样，
不停地生产着宝贵的单晶硅的鸡蛋？
……
且不说智慧的工人能让地下通车，
且不说勤劳的农民可叫桥上行船；
姑娘们正用绣花的巧手，

把祖国每座山岭装扮。
小伙子正在用担山的铁肩，
挑来亿万块碧玉把大地镶嵌。
……
不，这些又算得什么？
毛主席胸中更有伟大的雄图十万：
当无产阶级得到整个世界之后，
当资本主义已被我们收拾入殓；
我们不光是要高山造湖、南水北调，
还要让风云雷电听候调遣。
削平“世界的屋脊”，
造就一个新的华北大平原。
填满那巨大的太平洋，
让海水只占地球的十分之三。
然后，我们将高举马列主义的太阳，
驱散笼罩宇宙亿万年的严寒。
用我们创造一切的双手，
把整个银河系都变成人民的乐园。
……
用生命和鲜血的红花去迎接
全世界无产阶级在天安门广场
庆祝最后的胜利凯旋！

2．郭路生的《相信未来》

说明：郭路生笔名食指，男，1948 年 11 月生，原北京五十六中 1968 届高中毕业生。1968 年 12 月赴山西杏花村插队。现为中国作家协会会员。《相信未来》写在红卫兵们成了知青之后，昔日狂热的政治激情被严酷的现实击得粉碎，苦闷、惆怅、失落、迷茫，难以阻挡地袭上心头。表面上看，好像所有人的语言都被统一在了最高指示下，然而，知青们的理智开始复苏了，他们开始思考。尽管仍然呼喊着相信未来，期盼着未来给他们公正的评价，但这种呼喊本身流露出一种空虚，传达出了一种盲目，他们的期盼本身也表明了心虚，表明了对自己历史的怀疑。据说食指这笔名的意思就是当人们的意志被统一为一个高高竖起的拇指的时候，他伸出了他的食指，这根指头代表了对抗、反叛、指控。

相信未来

当蛛网无情地查封了我的炉台，
当灰烬的余烟叹息着贫困的悲哀，
我顽固地铺平失望的灰烬，
用美丽的雪花写下：相信未来！

当我的紫葡萄化为深秋的泪水，
当我的鲜花依偎在别人的情怀，
我仍然固执地望着凝露的枯藤，
在凄凉的大地上写下：相信未来！

是呵！相信未来，
这是最温暖的手臂，
是啊！相信未来，
这是最迷人的色彩。

我要用手指——指那滚向天边的波浪，
要用手掌——托起那太阳的大海，
我摇曳着曙光——那枝漂亮而温暖的笔杆，
用孩子的笔记本写下：相信未来！
我之所以坚定地相信未来，
是因为我相信未来人们的眼睛。
他们有拨开历史风尘的睫毛，
他们有看透岁月篇章的瞳孔。

不管他们对于我们这些
迷途的惆怅和失败的痛苦
是给以感动的热泪、深切的同情，
还是给以轻蔑的微笑、辛辣的讽

刺。

我相信他们，
对于我们那无数次的探索，
一定给以热情、
公正、客观的评定！

亲爱的朋友啊，相信未来吧，
相信不屈不挠的努力，
相信战胜一切的青春，
相信永不衰竭的斗志！

相信未来，相信生命！
前程啊，一定光明，
未来啊，一定美好，
生命啊，永远前进！

1968年

3. 其他知青诗选

(1) 鲁双芹（女）的诗。

生活并不卑贱
然而对于过去，我们连一分钟也不是圣洁的
我的生命像块被开垦的土地
拿去吧，走开吧，我再也无话可说……

(2) 鲁燕生的诗。

一切
都那样平庸
那样合理
那样不能让我容忍
沿着看不见的道路
我走着，走着
隐约地
我感到了
淡淡的怡人的悲哀……

(3) 赵哲诗选。

说明：赵哲，女，1948年生，原北大附中1968届高中毕业生。1969年赴白洋淀插队。1972年回京。现为医生。赵哲的《无题》和《耕耘》两首小诗十分典型地流露出“文革”期间知青的心态。他们已经彻底觉悟了，清醒地认识到了时代的错误，一方面对未来感到迷茫和心灰意冷，一方面又在挑灯夜读，进行着知识能量的储备。这在那个“读书无用”、“知识越多越反动”的时代，是难能可贵的。

无　题

撕下六九年最后一页日历，
像刚刚结束一场可怕的梦魇
灵魂在痛苦中苏醒
希望又迎来新的一年。
夕阳爬上了东边的断壁，
即将来临的，又是

长夜的凄寒，
长夜的幽暗。

1970 年元旦

耕　耘

一闪一闪，是天上疏朗的星星，
一眨一眨，岸边渔火朦胧，
疲劳的耕耘者睡了，
睡梦里如从前一样在书本里播种。

村头敲响了上工的古钟，
惊醒了盏盏如豆的昏灯，
耕耘者停止了梦里的笔耕。
揉揉肩头的红肿，
再去拉那拉不动的犁绳。

日后将会有怎样的收获？
泛着新绿的苇叶上，
叹息似的溜过五月慵懒的风。

1971 年写于白洋淀

（4）梁京生诗选。

说明：梁京生，男，1955 年生。曾在内蒙古伊克昭盟当军垦战士，后毕业于北京大学中文系。现为《中国科协报》副编审、副刊主编兼社会文化部主任。严格地说，《野营队伍走过来》不应属于知青诗，把这首诗选在这里，是为了让人们看到“文革”中另一类青年的另一种心态。作为军垦战士，梁京生们依然怀有饱满的政治热情，坚定的理想信念，他们是时代的宠儿。

野营队伍走过来

雄壮的战歌响天外，
野营队伍走过来。
乌拉山的晨霜披肩头，
荒沙滩的晚风涌满怀；
水壶里凝着黄河浪，
行装上背来了百里埃。
走着毛主席指出的路，
军垦战士好气派。

大步开拓革命程，
五洲河山胸中揣。
红太阳光辉照心头，
艰苦中造就新一代。
踏碎冰川与雪谷，
铁流勇进志不衰。
军号奏起凯旋曲，
红旗引路向前迈。

1971 年 1 月 24 日

第七节　新时期以来的中国大陆诗歌

新时期以来，诗歌迅猛发展，形成新诗少见的黄金时代，先后掀起三次主要的诗歌浪潮：现实主义诗歌的勃兴、朦胧诗歌的崛起、新生代诗歌的涌现，相互并存，共同发展，构成多元化的诗歌美学形态。“归来者”、“朦胧诗人”、“新来者”构成群星璀璨的诗坛景观。特别引人注目的是80年代以来的所谓“朦胧诗”和其后的“先锋诗”，以全新的面貌使中国当代诗歌大放异彩。90年代以来，诗的外在环境发生大变化，传统的人文精神在某种程度上被现代商业精神所代替，大陆诗歌在整体的社会文化重建背景下，从文化的中心滑向边缘，似乎陷入了徘徊、思索、整理的境地，新诗再次面临调整和适应，诗艺理论与创作实践都还未见新的重大动向。

一、现实主义诗歌的勃兴

1980年，艾青把他的一本诗集定名为“归来的歌”，“归来”成为此间一个普遍性的诗歌主题。被称为“归来者”的诗人群，艾青、牛汉、曾卓、穆旦、郑敏、杜运燮、公刘等，他们的新作与刚刚从文革中走出来的读者心灵相通，从自己的切身感受出发，执著于灵魂的真诚歌唱，反思历史、反思社会、反思民族。同时，一批诗坛新秀迅速成长，熊召政、叶文福、叶延滨、雷抒雁、李小雨、梅绍静、吉狄马加等，坚持现实主义的美学原则，在诗的使命感上与归来者相通。

（一）艾青诗选

诗作赏析：《鱼化石》是诗人从自己坎坷的经历中，获得的对于生命价值的独特感受。诗人有感于“这些年变成化石的人太多了”，通过“鱼化石”这个寓意深刻的象征性意象，暗示了一代遭受冤屈的知识分子的命运，写出了受难者在被迫缄默的岁月中痛苦的生存状态和心理状态，阐释了“活着就要斗争”这一令人深思的客观真理，富于启示性的形象闪烁着哲理的光芒，抒情中增强了思辨的力量。小诗淳朴流畅，读来朗朗上口。

鱼　化　石

动作多么活泼，
精力多么旺盛，
在浪花里跳跃，
在大海里浮沉；

不幸遇到火山爆发，
也可能是地震，
你失去了自由，
被埋进了灰尘；

过了多少亿年，
地质勘探队员
在岩层里发现你，
依然栩栩如生。

但你是沉默的，
连叹息也没有，
鳞和鳍都完整，
却不能动弹；

你绝对地静止，
对外界毫无反应，
看不见天和水，
听不见浪花的声音。

凝视着一片化石，
傻瓜也得到教训：
离开了运动，
就没有生命。
活着就要斗争，
在斗争中前进，
当死亡没有来临，
把能量发挥干净。

选自1978年8月27日《文汇报》

（二）杜运燮诗选

1．诗人简介

杜运燮，1918年生于马来西亚农村，祖籍福建古田。“九叶诗派”诗人之一，40年代抗战时与穆旦、郑敏同为西南联大校园三诗人。1951年到北京新华通讯社任职。后被下放农村劳动。1979年回北京。其诗作注意借鉴现代欧美诗歌的艺术手法，诗集有《诗四十首》（1946）、《晚稻集》（1988）、《你是我爱的第一个》（1993）等。

2．诗作赏析

《秋》运用“散点透视”的手法，尽情描绘了自然之秋的成熟可爱：湛蓝的天空、明净的山川、醉人的花树、闪烁的秋阳、悦耳的鸽哨……实际上这是“移情入景”，是诗人经过多年下放劳动，落实政策回到北京后，欢欣愉悦心境的写照。诗人从季节的成熟，看到的是经历过十年劫难后民族的成熟，看到的是伟大祖国美好的未来前景。

秋

连鸽哨都发出成熟的音调，
过去了，那阵雨喧闹的夏季。
不再想那严峻的闷热的考验，
危险游泳中的细节回忆。

经历过春天萌芽的破土，
幼芽成长中的扭曲和受伤，
这些枝条在烈日下也狂热过，
差点在雨夜中迷失方向。

现在，平易的天空没有浮云，
山川明净，视野格外宽远；
智慧、感情都成熟的季节啊，
河水也像是来自更深处的源泉。

紊乱的气流经过发酵，
在山谷里酿成透明的好酒；
吹来的是第几阵秋意？
醉人的香味
已把秋花秋叶深深染透。

街树也用红颜色暗示点什么，
自行车的车轮闪射着朝气；
塔吊的长臂在高空指向远方，
秋阳在上面扫描丰收的信息。

1979年秋

（三）曾卓诗选

1．诗人简介

曾卓，原名曾庆冠，1922生，湖北武汉人。1940年与邹荻帆创办《诗垦地》，是“七月派”重要诗人。1955年因“胡风集团”案被错误地投入狱中。1961年至1979年任武汉话剧院编剧。1979年平反，复任武汉市文联副主席。诗风沉郁、语言精炼。出版的诗集有《门》

(1944)、《悬崖边的树》(1981)、《老水手的歌》(1983)等。

2. 诗作赏析

《悬崖边的树》：这首诗咏物言志。描写了一棵被“奇异的风”吹到悬崖边上，临深渊而不惧，处逆境而坦然的树，那孤独的倔强的“似乎即将倾跃进低谷，却又像是要展翅飞翔”的树的形象，其实是人的形象，是一代经历苦难而对真理怀着坚定信念的中国知识分子的生动写照，是“当代”受难者的姿态和心境的象征。诗的意象超拔，格调冷隽。

悬崖边的树

不知道是什么奇异的风
将一棵树吹到了那边
平原的尽头
临近深谷的悬崖上

它倾听远处森林的喧哗
和深谷中小溪的歌唱

它孤独地站在那里
显得寂寞而又倔强

它的弯曲的身体
留下了风的形状
它似乎即将倾跌进深谷里
却又像是要展翅飞翔……

选自《悬崖边的树》，四川人民出版社 1981 年版

(四) 熊召政诗选

1. 诗人简介

熊召政，生于 1952 年，湖北人。中学毕业后曾到农村插队，1979 年写政治抒情诗《请举起森林般的手，制止》，被诗坛瞩目。后在中国作协湖北分会从事专业写作。诗集有《在深山》、《为少女而歌》等。

2. 诗作赏析

《请举起森林般的手，制止》：这是一首义正词严、感情激愤的正义之歌，发表后，曾引起广泛社会影响。诗歌高张现实主义旗帜，披露了曾用鲜血和生命养育过革命的苏区老根据地在 20 世纪 70 年代后期陷入黑暗的深渊，因为当地“土皇帝，新贵族”们欺上瞒下，贪赃枉法，造成了老区人民不仅没有摆脱物质生活的贫困，在政治上也陷入了水深火热中。该诗揭示出了中国社会反腐败问题的严峻性，具有震撼人心的力量。

请举起森林一般的手，制止

——致老苏区人民

熊召政

阳光灿烂，
　　百花缤纷。
但是，在我们中国
　　还有这样一个县境！

一

“苏区学大寨”
五个金闪闪的大字，

在这片土地上
镌刻深深;
"旧貌变新颜"
一行红扑扑的新句,
在这片土地上
逗引行人。
客厅里:
颂词篇篇,
祝酒殷殷,
大路上:
红闪花环,
彩舞绸裙
但是,
十里车尘,
怎盖得住:
土圆仓凄凉的蛛网,
卖嫁女泪湿的衣襟;
一笛秋风,
不忍传递:
报纸力夺的丰收,
白发饥病的呻吟。
呵!我的亲爱的
苏区的人民哪,
难道你们当年,
用仅有的一根线
缝补红旗的弹洞
用仅有的一把米
挽救饥饿的革命,
就只是为了
换回这千古不移的
——贫困?!
难道当年
苏维埃主席
讲述过的幸福,
你们用土铳和梭镖
从大地主噬人的
狼斗里
从资本家吸血的
酒杯中,
抢出来的幸福,
竟变成了:
镜中之花、
水底之月、
天上之云?!
难道你们的鲜血,
只能染红新中国的大印
却不能染红
你们生活的阳春?!
难道你们只能为革命
肩负牺牲的使命,
却不能为革命
掌握国家的权柄?!
难道是怕你们变修,
草鞋、破衣、
稀饭、瓜菜,
才成为你们生活的水准?!
难道革命是用
饥饿、
贫困,
来报答你们抚养的恩情?!

二

你——
一个革命的母亲,
仅因为三只
"吃了社会主义"的母鸡
被逼得离乡背井。
当年,
蒋介石的百般屠杀、
千种酷刑,
也不能把你从苏区赶跑。
你熬了多少罐鸡汤,
一勺勺都喂给了革命。
现在,你不得不去异乡村头,
在乞食中打发残生。
你——

一个烈士的儿子，
仅因为一杆
“资本主义牌号”的土铳
被罚得家产全倾。
当年，
还乡团的百般清剿、
千种禁令，
也不能使你的枪口哑默。
你打了多少只禽兽，
一回回都送给了红军。
现在，你只得忍痛砸毁土铳
在牛棚里泪听狼鸣。
至于你，
我们可敬的
双目失明的红军老人呵！
请不要在你补丁重叠的
土布衣上
挂上你的勋章
走进民政局的大门。
民政局长的记事本里，
急需救济的有：
县委书记的远亲，
区委书记的老表，
公社书记的外甥。
双目失明的红军老人啊，
还是请你回去吧，
去用你的一个鸡蛋
换取：
二两拌菜的盐、
一枚补衣的针。
呵，你也不要说
走得太累，
歇一个晚上再登归程。
县里的小车虽多
然而载不尽：
上司视察、
记者光临；
县里的客房虽好
然而住不进：
破衣红军，
在野功臣。
双目失明的红军老人呵，
你还是回去吧！
请急速地登程。
只是要注意：
山路的崎岖，
薄暮的猿吟，
用你手中的拐杖，
用你未灭的心灯。

三

假如是花神，
欺骗了大地，
我相信，
花卉就会从此绝种，
青松就会烂成齑粉！
假如是革命
欺骗了人民，
我相信
共和国大厦就会倒塌，
烈士纪念碑就会蒙尘。
但是，不！
革命——
并不是忘恩负义的
薄幸儿。
领导革命的共产党，
无时不在惦念
苏区的人民。
一场暴雨
洗劫了这片土地，
党立刻送来大批的物资，
营救蒙难的乡亲。
但是，这些物资却被人篡夺，
营建起：
“土皇帝”的别墅，

"新贵族"的客厅；
百日大旱
龟裂了这片园林，
党立刻运来大批的粮食，
救济受灾的人民。
但是，这些粮食却被人盗用，
变成了：
增产的指标，
丰收的凭证。
为什么这些人
能够像强盗一样，
抢走人民的血汗，
党的恩情？
为什么这些人
能够像骗子一样，
骗取革命的外衣，
红色的大印？
就因为，
他们长了一条
会撒谎的舌头，
他们生了两只
会观风的眼睛。
他们的手下，
也有一个小小的"王守信"式的人物
帮他们送礼，请客。
将搜刮来的民脂民膏
去换取自己的高官厚禄，
去赢得上司的至亲宠信。
在那狼奔鼠窜的十年，
他们为虎作伥，
坏事干尽。
"四人帮"一朝覆倾，
他们却将责任
推得一干二净。
但是，人民怎能忘记
他们和"四人帮"骨干
亲密合影的欢颜？
他们和"四人帮"骨干
举杯痛饮的时辰！
起来揭露他们！
起来控告他们！
可是，一些胆敢宣战的勇士
却被他们关进
私设的监狱，
让青春陪伴着
绳索捆绑的真理，
镣铐锁住的晨昏。

四

我的亲爱的
苏区的人民哪，
那些只用一只左眼
看路的人，
决不会怜悯
你们的贫困。
他们
不似强盗剪径，
恶似强盗剪径，
出外巡游
身边总带着：
监狱、镣铐、警棍；
他们
不似诸侯分庭，
狠似诸侯分庭，
对抗中央
私自搞一套：
政策、条例、法令。
他们可以不懂
1+2=3，
但他们必须懂得，
革命
就是斗争！
斗争
就是专政！
如果谁要打破这个公式
他们就咒骂你
反对社会主义革命，
仇视无产阶级专政。

跟你嗜血成仇，
把你怀恨在心。
所以，在他们的手下，
昨日的苏区
——火坑！
春雨浇不灭鬼火淫淫。
今日的苏区
——冰坑！
骄阳穿不透千丈坚冰。
呵，写到这里
愤怒的泪水，
淋湿了我的衣襟
我多么地希望
我的诗能长上
强健的翅膀，
飞到省委领导同志的
办公桌上、
飞到“中央纪检”的
公文袋里。
让我们的党知道：
中国
有这么一个县境，
党内
有这么一个小小的佞臣。
让我们敬爱的党知道哇，
在这片烈士鲜血
浸红的土地上，
闪动着几十万双
悲愤的眼睛！

1979．9．1 愤笔 （原载《长江文艺》1980年1期）

二、“朦胧诗”选

“朦胧诗”是80年代初期一些诗评家对一种他们认为是“难懂的诗”的命名。这种诗在写法上反叛了50年代以来新诗在追求大众化、民族化的方向上过分直白的倾向，有意识地借助意象抒情，造成诗在表达上的“非直接性”，也就是诗在关注人生、社会时，被更强烈的个人感觉化和陌生化，在整体上具备了象征性、隐喻性、多意多解性。当年，朦胧诗的出现使中国的诗坛表现出了新景观。朦胧诗的写作者主要是一些经历过文化大革命的知青，像舒婷、顾城等人的诗在“文革”中已在知青群中流传；“文革”结束后，他们的诗开始大量公开出版，并引发了有关新诗写作的一场大辩论，从而赢得了“朦胧诗”的称谓。朦胧诗诗人们首先在观念上有了新的觉悟，表现出反传统、对抗正统的叛逆精神。应该说，这种观念上的觉醒，在改革开放初期是具有时代先声的进步意义的。为了承载冲破旧的文化机制的观念，朦胧诗诗人一反几十年来诗歌写作的直露浅白的颂歌风格，也就是否定了诗歌过分直接的政治工具作用，以觉醒者、思索者、叛逆者的姿态让新诗打上了个性化的深深烙印，从而开启了新诗写作在形式上多元探索的又一个新时代。朦胧诗诗艺的源头可以追溯到20世纪20年代中期以李金发为代表的象征派诗和30年代以戴望舒为代表的现代派诗以及40年代的九叶派诗。由于特殊的社会时代背景，从总体上看，朦胧诗的主题还是宏大的，表现出英雄品质和崇高的社会责任感。这正是它赢得时代和社会认可的一个重要原因。

（一）舒婷诗选

1．诗人简介

舒婷，原名龚佩瑜，1952年出生于福建石码镇。1969年下乡插队时开始写诗，诗作多在知青中传抄。1972年返城当工人。1979年发表《致橡树》，得到广泛好评。1980年调福建省文联从事专业创作。是中国作家协会会员，中国作家协会福建分会副主席。诗作《祖国啊，我亲爱的祖国》获1979年～1980年全国中青年优秀诗作奖。她的诗以自己内在的情思意绪、深邃的思想和精巧新奇的意象为特征，意境优美，诗味浓郁。其诗曾被译成瑞典、德、法等多国文字。主要诗集有《双桅船》、《会唱歌的鸢尾花》、《始祖鸟》、《舒婷顾城抒情诗选》等。

2．诗作赏析

(1)《致橡树》：这是一首脍炙人口的爱情诗。强烈的抒情中闪耀着理性的光辉，诗人在否定了“凌霄花借高枝炫耀自己”的依附式，“痴情鸟儿之于绿阴”的奉献式，以及“用高峰衬托自己的威仪”的陪衬式等陈腐的爱情观后，提出自己不同凡响的爱情观：那就是像“木棉”和“橡树”一样，“根，紧握在地下。叶，相触在云里”，共同分担“寒潮，风雷，霹雳”，又共享“雾霭，流岚，虹霓”。诗人笔下的伟大爱情是心心相印，同甘共苦，是建立在人格独立、互相平等基础上的共同理想与信仰。而这种对于个体（尤其是女性）的人生价值和生命独立性的追求，大大超越了爱情的范围，在那个特殊的时代有着特殊的意义，对我们的人生态度和人际交往也有极大启示。诗人选取“凌霄花、木棉”等极富南方地域色彩的意象，新颖而有表现特征，抒情气氛浓郁，阴柔美中富阳刚之气。

致橡树

我如果爱你——
绝不像攀援的凌霄花，
借你的高枝炫耀自己；
我如果爱你——
绝不学痴情的鸟儿，
为绿阴重复单调的歌曲；
也不止像泉源，
常年送来清凉的慰藉；
也不止像险峰，
增加你的高度，衬托你的威仪。
甚至日光。
甚至春雨。
不，这些都还不够！
我必须是你近旁的一株木棉，
作为树的形象和你站在一起。
根，紧握在地下，
叶，相触在云里。
每一阵风过，
我们都互相致意，
但没有人
听懂我们的言语。
你有你的铜枝铁干
像刀，像剑，
也像戟；
我有我红硕的花朵，
像沉重的叹息，
又像英勇的火炬。
我们分担寒潮、风雷、霹雳，
我们共享雾霭、流岚、虹霓。
仿佛永远分离，
却又终身相依。
这才是伟大的爱情，
坚贞就在这里：
爱——
不仅爱你伟岸的身躯，
也爱你坚持的位置，足下的土地。

1977年3月27日，选自《诗刊》1979年第4期

(2)《神女峰》：这首诗典型地体现了“文革”后社会观念的变革，人的个体生命意识的觉醒。神女峰是长江三峡的一道风景，是古往今来许多文人吟咏过的题材，诗人以现代女性的独特感悟，对几千年来编织过的童话重新解读，掀去附丽在“神女峰”上的虚幻、神话的

光环，从中洞见千百年来女性的悲剧命运，把“神女”还原成人，注入人的性灵和应有的情感，不相信人心会僵冷成石头，而坚信人性和爱情终会复苏。“金光子和女真子的洪流，正煽动新的背叛”，这是对传统的妇女地位和爱情观念的背叛，诗人用野花无拘无束、烂漫开放的生命力来表现这种背叛的汹涌。结句力透纸背，发出了叛逆者振聋发聩的呼声。对一个与“神女”对立的女性形象的呼唤，肯定了女性对现世幸福的追求，传达出新的时代精神，表现了长期受压抑的女性对传统观念的思索和反叛，愤激和忧伤。

神　女　峰

在向你挥舞的各色花帕中
是谁的手突然收回
紧紧捂住了自己的眼睛
当人们四散离去，谁
还站在船尾
衣裙漫飞，如翻涌不息的云
江涛
　　高一声
　　　　低一声

美丽的梦留下美丽的忧伤
人间天上，代代相传
但是，心
真能变成石头吗？
为眺望远天杳鹤
而错过无数次春江月明
沿着江岸
金光菊和女贞子的洪流
正煽动新的背叛
　　与其在悬崖上展览千年
不如在爱人肩头痛哭一晚

（原载《绿洲》1982年10月号）

(3)《祖国啊，我亲爱的祖国》：这首诗典型地传达出朦胧诗诗人写诗的“大我”情怀，诗中的“我”就是知青一代人的代称。他们虽然经历过人生磨难，但对祖国依然保存着深厚、真挚的赤诚之心，对社会依然存留着强烈的社会责任感，他们的心灵中有一种挥洒不尽的英雄情怀。该诗在抒情时大量使用意象，使思想和情感在形象的衬托下变得更具有感动力。

祖国呵，我亲爱的祖国

我是你河边上破旧的老水车，
数百年来纺着疲惫的歌；
我是你额上熏黑的矿灯，
照在你历史的隧洞里蜗行摸索；
我是干瘪的稻穗；是失修的路基；
是淤滩上的驳船
把纤绳深深
勒进你的肩膊；
——祖国呵！

我是贫困，
我是悲哀。
我是你祖祖辈辈
　　痛苦的希望呵，
是飞天袖间
千百年来未落在地面的花朵；
——祖国呵！

我是你簇新的理想，
刚从神话的蛛网里挣脱；
我是你雪被下古莲的胚芽；
我是你挂着眼泪的笑涡；
我是新刷出的雪白的起跑线；
是绯红的黎明

正在喷薄；
——祖国呵！

我是你的十亿分之一，
是你九百六十万平方的总和；
你以伤痕累累的乳房
喂养了，
迷惘的我、深思的我、沸腾的我；
那就从我的血肉之躯上
去取得
你的富饶、你的荣光、你的自由；
——祖国呵，
我亲爱的祖国！

1979年4月

（二）顾城诗选

1．诗人简介

顾城（1956—1993），祖籍上海。朦胧诗主要代表诗人。“文革”前开始诗歌创作。1988年赴新西兰讲授中国古典文学。1993年隐居激流岛，自杀身亡。作品译成英、法、德、西班牙、瑞典等十多种文字。主要诗集有：《黑眼睛》、《顾城诗集》、《北岛顾城诗选》等。

2．诗作赏析

(1)《一代人》：该诗作于1979年4月，被广为传颂。诗题“一代人”是指包括作者在内，十年动乱中饱受磨难却依然坚定地寻找理想与光明的一代青年。“黑夜”象征了“文革”那个特殊年代，“黑色的眼睛”不是实写，而是虚写。眼睛是心灵的窗户，“黑色的眼睛”隐含了“文革”一代人心灵的愚昧、阴沉、悲哀和苦难。他们的眼睛被欺骗，受蒙蔽，一旦觉悟，便成为茫茫黑暗中寻找光明的叛逆者。全诗仅两句，体制虽小，却有巨大的历史容量和概括力。在艺术表现上运用隐喻、象征手法，三个意象“黑夜—眼睛—光明”在叠加组合中显示出巨大的逆差，构成深层意象整体，唤起人广阔的联想空间。这首诗带给人的审美震撼，充分体现了现代诗的价值取向。

一 代 人

黑夜给了我黑色的眼睛
我却用它寻找光明

选自《黑眼睛》，人民文学出版社1986年版

(2)《迷途》：这首诗题作《迷途》，内容却写找到了“深不可测的眼睛”。眼睛是人看世界的窗户，诗人在湖泊的倒影中找到了“眼睛”，这里至少有两层含义：一是湖泊可以反观人影，也就是反观自我，因此，“湖泊”可能象征了一种可以观察自我的艺术世界或生活状态，或是可以进行心灵交流的朋友。二是“我”在追寻中成熟了，“我”的眼睛像湖泊一样能够折射出自我，“我”找到了真正的自我价值，“我”不再是迷途者，而是清醒的、有自我意识和独立判断能力的人。

迷 途

小路上
一颗迷途的蒲公英
把我引向蓝灰色的湖泊

在微微摇晃的倒影中
我找到了你
那深不可测的眼睛

(3)《远和近》：诗中的“云”可以理解为与人有益无害的美好的大自然，“你”和“我”是一种人际关系，当“你”像云一样以自然世界的状态存在时，“我”很愿意亲近“你”，与“你”没有任何隔膜；当“你看我时”，我们却很隔膜，很难有心灵的相通，因而“远”。诗中隐含着一种感伤的人生态度，对社会生活中的人际关系有一种困惑和苦闷，表达出一种人生孤独情绪。

远　和　近

你
一会看我
一会看云

我觉得
你看我时很远
你看云时很近

选自《中国现代朦胧诗赏析》，花城出版社，1988年版

(三) 北岛诗选

1. 诗人简介

北岛，原名赵振开，1949年生于北京。曾就读于北京第四中学，1969年进北京一家建筑公司工作。1970年开始写诗，1976年参与天安门事件，写出《回答》。80年代末移居国外。北岛在他的诗作中建立了一个自己的、真诚而独特的、正义和人性的“理性法庭”，以理性和人性为准绳，重新确定人的价值，恢复人的本性；悼念烈士，审判刽子手；反思历史和现实；寻找“生命的湖”和“红帆船”；反映了从迷惘到觉醒的一代青年的心声。清醒的思辨与直觉思维产生的隐喻、象征意象相结合，是北岛诗显著的艺术特征。诗作被译成多种文字。著有诗集《太阳城札记》、《北岛顾城诗选》、《北岛诗选》等。

2. 诗作赏析

《回答》：是北岛公开发表的第一首诗作。诗人采用独特的“冷抒情”方式，表达了以“我”为代表的觉醒的一代，对“四人帮”倒行逆施的强烈不满，誓与祖国同呼吸共命运的心声。诗的前两节对十年动乱所造成的怪异和荒唐的世界进行了尖锐的讽刺，冷峻的批判，“卑鄙是卑鄙者的通行证，高尚是高尚者的墓志铭”，这具有高度概括力的悖论式警句，造成了独有的振聋发聩的艺术力量。中间两节，四个“我不相信”组成气势恢弘的排比，是对那个“世界”做出的回答，体现了挑战者毫不妥协的意志。最后两节以出奇的冷静和深刻的思辨性表现了悲壮的英雄气概，回旋着诗人对真理和正义勇敢追求的心声和对中国美好未来的坚定信念。奇警的意象、形象的比喻、隐曲的象征、邈远的联想，体现了诗人含蓄冷峻的审美风格。

回　答

卑鄙是卑鄙者的通行证，
高尚是高尚者的墓志铭。

看吧，在镀金的天空中，
飘满了死者弯曲的倒影。

冰川纪已经过去了，
为什么到处都是冰凌？
好望角发现了，
为什么死海里千帆相竞？

我来到这个世界上，
只带着纸、绳索和身影，
为了在宣判之前
宣读那被判决的声音：

告诉你吧，世界，
我——不——相——信！
纵使你脚下有一千名挑战者，
那就把我算作第一千零一名。

我不相信天是蓝的；
我不相信雷的回声；
我不相信梦是假的；
我不相信死无报应。

如果海洋注定要决堤，
就让所有的苦水都注入我心中；
如果陆地注定要上升，
就让人类重新选择生存的峰顶。

新的转机和闪闪的星斗，
正在缀满没有遮拦的天空。
那是五千年的象形文字，
那是未来人们凝视的眼睛。

（四）江河诗选

1．诗人简介

江河，原名于友泽，1949年生，北京人，朦胧诗代表诗人之一。现旅居国外。其代表作为《祖国啊，祖国》、《纪念碑》、《太阳和他的反光》、《从这里开始》等。

2．诗作赏析

《追日》：取材于《山海经》中夸父追日的神话传说。诗人用平实舒缓的语言对古老的神话文本进行了主观想像的解读，表达了对中国传统文化的个人理解和对神话英雄的崇敬。夸父形象作为中华文化的一个原型，他身上隐含着敢于挑战生命极限、勇于追求奇思异想的文化信息，是中华民族生生不息，大智大勇，追求光明未来的象征。诗人把夸父转化成现代诗中的形象，实际上是抒情主体的个性借祖先的躯体得以外化。这种写作追求既有对英雄祖先的缅怀，也表达了以诗人为代表的一代青年追回自己青春的冲动。诗中自我与神话人物和谐融为一体，表现了一种与宇宙合一的交融，一种对自然和人生的领悟。

追　日

上路的那天，他已经老了
否则他不去追太阳
青春本身就是太阳
上路的那天他作过祭祀
他在血中重见光辉，他听见
土里血里天上都是鼓声
他默念地站着扭着，一个人
一左一右　跳了很久
仪式以外无非长年献技
他把蛇盘了挂在耳朵上
把蛇拉直拿在手上
疯疯癫癫地戏耍
太阳不喜欢寂寞

蛇信子尖尖的火苗使他想到童年
蔓延地流窜到心里

传说他渴得喝干了渭水黄河
其实他把自己斟满了递给太阳
其实他和太阳彼此早有醉意
他把自己在阳光中洗过又晒干
他把自己坎坎坷坷地铺在地上
有道路有皱纹有干枯的湖

太阳安顿在他心里的时候
他发觉太阳很软，软得发疼
可以摸一下了，他老了
手指抖得和阳光一样
可以离开了，随意把手杖扔向天边
有人在春天的草上拾到一根柴火
抬起头来，漫山遍野滚动着桃子

选自诗集《太阳和他的反光》，1985年版

（五）梁小斌诗选

1．诗人简介

梁小斌，生于1955年，曾下乡插队落户，后当工人。1979年开始发表诗作。朦胧诗派代表诗人。作品收入朦胧诗选。其中《雪白的墙》、《中国，我的钥匙丢了》颇有影响。

2．诗作赏析

《中国，我的钥匙丢了》：作品具有丰厚的象征意蕴。核心意象“钥匙”能够开启美好未来的时光，“红色大街”暗示了“钥匙丢了”的时代背景是在疯狂荒诞的“文革”动乱年代。全诗的精神内涵是：“文革”中一代青年经历过狂热、迷乱后，开始寻找灵魂归宿，追寻人生意义。诗人以单纯的大孩子的姿态进入诗歌，拟用儿童口吻，语气舒缓，好像是对“中国”母亲的娓娓倾诉，在日常化情境的营造中，展开独白式的回忆：在大街上疯狂奔跑后；丢掉了钥匙不能回家、不能读书，甚至不能恋爱；在阳光下努力去重新找回丢失的钥匙。诗的情感脉络清晰呈现：狂热—失落—迷惘—焦虑—忏悔—希望，展示了生命的内部冲突。

中国，我的钥匙丢了

中国，我的钥匙丢了。

那是十多年前，
我沿着红色大街疯狂地奔跑，
我跑到了郊外的荒野上欢叫，
后来，
我的钥匙丢了。

心灵，苦难的心灵
不愿再流浪了，
我想回家
打开抽屉，翻一翻我儿童时代
的画片，
还看一看那夹在书页里的
翠绿的三叶草。

而且，
我还想打开书橱，
取出一本《海涅歌谣》，
我要去约会，
我向她举起这本书，
作为我向蓝天发出的
爱情的信号。

这一切，
这美好的一切都无法办到，
中国，我的钥匙丢了。

天，又开始下雨，
我的钥匙啊，
你躺在哪里？

我想风雨腐蚀了你，
你已经锈迹斑斑了。

不，我不那样认为，
我要顽强地寻找，
希望能把你重新找到。

太阳啊，
你看见了我的钥匙了吗？
愿你的光芒
为它热烈地照耀。

我在这广大的田野上行走，
我沿着心灵的足迹寻找，
那一切丢失了的，
我都在认真思考。

1979．12～1980．8

三、"先锋"诗选

所谓先锋诗的"先锋"，就是处在前沿，也就是在诗歌写作上堪称最具有创新性和实验性。先锋艺术出现在80年代中期，随着改革开放事业的不断深入发展，西方文化思潮如潮水般涌来，中国大陆社会的艺术创作获得了更广阔的参照空间，也有了更加自由的艺术实践氛围。长期被许多禁区困扰的文化领域爆发出了蓬勃活力，反传统、反正统、实验性，一时成了艺术创作的时尚。先锋诗、先锋小说、先锋戏剧、先锋电影、先锋美术，在现代化、创新追求的旗帜下，纷纷出场。这些所谓的先锋艺术，在短短几年内把西方现代派艺术几十年内的创作成果草草演练了一遍。总体上说，先锋艺术思潮引进了全新的艺术思维和艺术实践方法，打破了中国大陆社会长期以来艺术领域过分单一沉闷的气氛。就先锋诗来说，作为一次新诗写作的实验性浪潮，其高峰出现在1986年。当时，《深圳青年报》和《诗歌报》举办了一次"现代诗群体大展"，一下子推出了60多个自立流派，如"非非主义"、"莽汉主义"、"真人文学"、"整体主义"等等。其后，在一些诗歌刊物上又相继亮出数十种旗号。这些自己命名的"流派"，既有宣言又有作品，有些还有自己的诗歌刊物和诗评家。这一诗群自称"第三代"或"新生代"，他们写诗以创新性的实验为最高总则，是名副其实的先锋诗派。

先锋诗出场的时候，曾喊出"打倒舒婷"、"Pass北岛"的口号，以否定朦胧诗为目标。今天回过头来看，其实先锋诗与朦胧诗同属于新诗潮，如果把二者作一比较，可以看出，先锋诗正是对朦胧诗的继承和发展。朦胧诗的功绩在于，把诗从政治工具中解放出来，恢复了诗的审美特质，显示了肯定自我的价值观。诗人将具有人道主义精神和忧患意识的"自我"引入诗中，通过展示自我心灵而折射时代。为了实践这一诗歌观，他们汲取并融会了东、西方诗艺中常见的意象、象征、隐喻、通感、变形、超现实主义等表现技法，增加了诗的暗示性和多义模糊性，使得诗更富诗味和弹性。从这个意义上说，朦胧诗不仅揭开了当代新诗潮的序幕，而且与曾一度断裂了的30年代、40年代的中国现代诗相续接。然而，由于受特定社会背景、文化背景的制约，朦胧诗必然有它的局限。尽管从颂"神"到颂人是一个进步，但朦胧诗派所特别关注的，是群体人的社会意识。他们的诗中流露出鲜明的英雄意识和理想主义呼喊，以及理想主义失落者的感伤。这里当然也有合理的因素，但也说明个体的人的解放在他们的意识中虽有觉醒，却并不彻底。诗中那个鲜明的"自我"，多呈现一代人对自我价值从失落到寻觅的心灵历程，而没能体现出改革开放时期更为复杂多变的现代人的灵魂。

朦胧诗的欠缺，恰好由先锋诗作了补充。也就是说，先锋诗正是在朦胧诗把诗从政治工具中解放出来的基础上进一步向前发展的。在改革开放时代登上诗坛的先锋诗派，不再去寻找“红帆船”和“生命的湖”，也不为船的搁浅、浆的丢失而叹息，他们没有幻想、没有奢望，只是想用诗句表现自身及一般人的生存状态，并由此上升到表现人类的生存状态。先锋派诗人认为诗就是生命存在方式。宋琳说“诗是生命瞬间的展开”；韩东宣称“诗表达什么，它本身就是一个人的灵魂，就是生命”；于坚认为“一首诗使人获得美感，只因为它自身是一种生命，是灵魂的撞击”。这种诗歌观和传统诗论把诗当做言志、抒情、载道的工具不同，和朦胧诗派把诗看做沟通人的心灵的桥梁也不同。新的审美意识表现了一种新的价值观念。先锋诗从生命角度理解诗歌，这符合诗的艺术本质。艺术美的最高层次应是生命之光的闪耀，超语义的美本应由生命灌注。生命意识的觉醒，是先锋诗最根本、最显著的特色，从中体现出诗歌审美意识的变异。

先锋诗还从另一特征体现出诗美的嬗变，这就是与生命意识相联系的语言意识的觉醒。先锋诗派认为语言与生命是同构关系，他们不去追求新鲜的意象和精致的修辞，而追求灌注着生命意识的语感、语调、语势，追求语言与生命相互融合的美感。先锋诗中的佼佼者，其语言貌似随手拈来，实则经过心灵的严格选择。经过选择提炼的口语，平易、自然、亲切，又不乏生命的分量和情感的分量，淡漠中往往能咂出不好言说的复杂感情。应该看到，语言变构是生命意识觉醒的必然结果，是诗的又一次解放。诗界革命往往从语言开始。“五四”时期白话诗的诞生是语言的彻底革命，然而那时的白话诗尚未完全摆脱洋味和古味。今天的口语诗终于能与现代汉语总体上一致，是一大进步。

像任何新生事物一样，先锋诗也有自己的局限和弱点。创作倾向的极端化、过分的随意性，削弱了作品的美学价值。例如：强调个体生命体验，对社会意识弃置不顾，造成有些作品在写出奇特潜意识的同时，也比较难懂；强调感觉、悟性，则对理性有意弃置不顾；强调关怀人的存在，忽略艺术对生活的提炼，以粗俗为创新等等，以致到目前为止没有能够出现有继往开来气魄的力作，他们的理论主张也使自身陷入困境，如反文化都离不开文化，反理性却离不开理性，反变形却离不开变形，反意象却离不开意象。主张的偏激束缚了创作的手脚。

由于先锋诗创作上充分的个体生命意识化，必然导致题材上的多样化。我们再也无法像归纳五六十年代的诗歌那样，把先锋诗归纳为反映工农业生产的、表现边防战士情怀的、描写边疆少数民族风情的、呼唤世界和平的等这样几大类型。先锋诗人把整个世界都作为他们表现自我的对象或手段，在内容和创作风格上更加走向大众化、通俗化、自由化。先锋诗的创作群体空前庞大，“先锋诗诗人”这一代人，几乎没有谁把写诗当成是个多么了不起的神圣的事情或职业。“诗是生命瞬间的展开”，不论谁，在什么时候，都可以“展开”自己的生命，因而也就都可以成为诗人。其实是越来越少的人专门以写诗为生。

（一）于坚诗选

1．诗人简介

于坚，1954年生，云南昆明人。曾与韩东、吕德安、王寅、小君、陆忆敏等在南京创办“他们”诗派，是80年代诗歌运动的积极参与者。坚持用口语写诗，坚持关注当前的“日常生活”。出版的诗集有《诗六十首》、《O档案》、《对一只乌鸦的命名》、《一枚穿过天空的钉子》等。

2．作品简介

《尚义街六号》：是所谓第三代诗人的代表作，拒绝比喻、象征等手法，主张诗回到语言本身，让读者在诗中读到一种流动的语感，即生命自然呈现的描述状态。这是一幅80年代的世俗心态图，诗人以日常的口语，调侃的语调，客观化的叙述，写生活中大量存在的普通人平庸琐屑而不乏乐趣的生活内容以及他们既不轻松也不颓废的心理状态。

尚义街六号

尚义街六号
法国式的黄房子
老吴的裤子晾在二楼
喊一声　胯下就钻出戴眼镜的脑袋
隔壁的大厕所
天天清早排着长队
我们往往在黄昏光临
打开烟盒　打开嘴巴
打开灯
墙上钉着于坚的画
许多人不以为然
他们只认识凡·高
老卡的衬衣　揉成一团抹布
我们用它拭手上的果汁
他在翻一本黄书
后来他恋爱了
常常双双来临
在这里吵架　在这里调情
有一天他们宣告分手
朋友们一阵轻松　很高兴
次日他又送来结婚的请柬
大家也衣冠楚楚　前去赴宴
桌上总是摊开朱小羊的手稿
那些字乱七八糟
这个杂种警察一样盯牢我们
面对那双红丝丝的眼睛
我们只好说得朦胧
像一首时髦的诗
李勃的拖鞋压着费嘉的皮鞋
他已经成名了　有一本蓝皮会员证
他常常躺在上边
告诉我们应当怎样穿鞋子
怎样小便　怎样洗短裤
怎样炒白菜　怎样睡觉　等等

八二年他从北京回来
外衣比过去深沉
他讲文坛内幕
口气像作协主席
茶水是老吴的　电表是老吴的
地板是老吴的　邻居是老吴的
媳妇是老吴的　胃舒平是老吴的
口痰烟头空气朋友　是老吴的
老吴的笔躲在抽桌里
很少露面
没有妓女的城市
童男子们老练地谈着女人
偶尔有裙子们进来
大家就扣好纽扣
那年纪我们都渴望钻进一条裙子
又不肯弯下腰去
于坚还没有成名
每回都被教训
在一张旧报纸上
他写下许多意味深长的笔名
有一人大家都很怕他
他在某某处工作
“他来是有用心的，
我们什么也不要讲！”
有些日子天气不好
生活中经常倒霉
我们就攻击费嘉的近作
称朱小羊为大师
后来这只手摸摸钱包
支支吾吾　闪烁其词
八张嘴马上笑嘻嘻地站起
那是智慧的年代
许多谈话如果录音
可以出一本名著

那是热闹的年代
许多脸都在这里出现
今天你去城里问问
他们都大名鼎鼎
外面下着小雨
我们来到街上
空荡荡的大厕所
他第一回独自使用
一些人结婚了
一些人成名了
一些人要到西部
老吴也要去西部
大家骂他硬充汉子
心中惶惶不安
吴文光　你走了
今晚我去哪里混饭
恩恩怨怨　吵吵嚷嚷
大家终于走散
剩下一片空地板
像一张空唱片　再也不响
在别的地方
我们常常提到尚义街六号
说是很多年后的一天
孩子们要来参观

1984．6

(二) 韩东诗选

1．诗人简介

韩东，1961 年生，江苏南京人。“他们”诗派的代表，曾提出“诗到语言为止”的诗学论题，一度引起争议。主要作品有《有关大雁塔》、《你见过大海》、《这个晚上》等。

2．诗作赏析

《有关大雁塔》：大雁塔是唐代留下的建筑，而唐代是中国历史上最强盛的时期，今天的中国人不知道“大雁塔”，也就是忘记了祖先的荣耀，忘记了中华民族在历史上的辉煌。很多人爬上大雁塔，又很快消失在大街上，生活是如此平庸！惟有清醒者面对大雁塔感到羞愧和悲哀，意识到今天的中国人实在应该面对祖先的荣耀感到惭愧，于是诗歌用艺术假定性创造了一种悲剧效果，让清醒者做了一个“有种的当代英雄”，在大雁塔前羞愧而死。从而激励活着的人们思考民族的复兴问题。也有人说该诗着意与“朦胧诗”以及中国古典诗隐喻性积淀太厚的语言传统背道而驰，诗人摒弃了沉甸甸的崇高、超越之类的英雄情绪，还原个体对历史命运的真实状态和真实体验。大雁塔并没有什么深刻含义，人们登临大雁塔就是为了做一做英雄，在一种漫不经心的叙述中呈现后现代“反英雄”的价值观，散发嘲世和自嘲的反讽味道，具有鲜明的后现代“反意象”、“口语化”形式特征。

有关大雁塔

有关大雁塔
我们又能知道些什么
有很多人从远方赶来
为了爬上去
做一次英雄
也有的还来做第二次
或者更多
那些不得意的人们
那些发福的人们
统统爬上去
做一做英雄
然后下来
走进这条大街
转眼不见了
也有有种的往下跳
在台阶上开一朵红花

那就真的成了英雄
当代英雄
有关大雁塔
我们又能知道些什么
我们爬上去
看看四周的风景
然后再下来

选自《关东文学》1987年7期

（三）李亚伟诗选

1．诗人简介

李亚伟，生于1963年，与万夏、胡冬等在四川创立“莽汉”诗派。诗作收入《后朦胧诗全集》(1993)。

2．诗作赏析

《中文系》：这是“莽汉主义”的代表作。在充满怀疑的诗人笔下，学问、师长、女性、爱情一切都失去了原有的价值，甚至降级、流浪、死亡等种种不幸也都丧失了悲剧意义，表现出浓郁的文化亵渎和怀疑一切倾向。黑色幽默式的语言、率直刚性的风格，对惯于风花雪月、托物隐晦的诗语传统，无疑是一种反叛。因此该诗十分典型地表现了先锋诗的创作倾向。在他们的笔下，一切都成了无所谓，再也没有什么不可以成为诗，生活本身就是一首千姿百态、随心所欲而又无可奈何的诗，只要你用生命的激情去体验它，无论崇高还是懒洋洋的沉沦都将是一首绝妙的与众不同的诗。“诗是生命瞬间的展开”，不论先锋诗人的生命是如何粗俗地感知了生活，只要人们冷静地对待，还是能够从他们的声音中听出生活的真实。《中文系》表达了80年代大学校园里年轻一代的心声，有自嘲，也有对高等教育状况的不满。

中　文　系

李亚伟

中文系是一条撒满钓饵的大河
浅滩边，一个教授和一群讲师正在撒网
网住的鱼儿
上岸就当助教，然后
当屈原、李白的导游然后
再去撒网
要吃透《野草》《花边》的人
把鲁迅存进银行，吃利息

当一个大诗人率领一伙小诗人在古代写诗
写王维写过的那块石头
蠢卿鱼或傻白鲢在期末渔汛中
挨一记考试的耳光飞跌出门外

老师说过要做伟人
就得吃伟人的剩饭背诵伟人的咳嗽
亚伟想做伟人
想和古代的伟人一起干
他每天咳着各种各样的声音从图书馆
回到寝室后来真的咳嗽不止

诗人胡玉是个调皮捣蛋鬼
就是溜旱冰不太在行，于是
常常踏着自己的长发溜进
女生密集的场所用腮
唱一首关于晚风吹了澎湖湾的歌

二十四岁的敖歌已经
二十四年都没写诗了
可他本身就是一首诗

永远在五公尺外爱一个姑娘
由于没记住韩愈是中国人还是苏联人
敖歌悲壮地降了一级，他想外逃
但他害怕爬上香港的海滩会立即
被警察抓去考古汉语
力夏每天起床后的问题是
继续吃饭还是永远
不再吃了
和女朋友卖完旧衣服后
脑袋常吱吱地发出喝酒信号

大伙的拜把兄弟小绵阳
花一个月读完半页书后去食堂
打饭也打炊哥
中文系就是这么的
学生们白天朝拜古人和黑板
晚上就朝拜银幕或很容易地
就到街上去凤求凰兮

诗人杨洋老是打算
和刚认识的姑娘结婚老是
以鲨鱼的面孔游上睹饭票的牌桌
这根恶棍认识四个食堂的炊哥
却连写作课的老师至今还不认得
他曾精辟地认为
知识就是书本就是女人
女人就是考试
每个男人可要及格啦

中文系就这样流着
老师命令学生思想自由命令学生
在大小集会上不得胡说八道
二十二条军规规定教授要鼓励学生
创新成果
不得污染期终卷面

中文系也学外国文学
着重学鲍狄埃学高尔基，有个晚上
厕所里奔出一神色慌张的讲师
他大声喊：同学们！
快撤，里面有现代派
中文系就这样流着
像亚伟撒在干土上的小便的波涛
随毕业时的被盖卷一叠叠地远去啦

选自《朦胧诗后——中国先锋诗选》，李丽中等选评，南开大学出版社，1990年1月版

(四) 李胡、张锋、陈东东的诗选读

1．李胡《拎水上楼的人》评介

诗人用极朴素的语言，实录的叙述方法，把平凡人生的一个镜头排成了诗行，抒发了一种博爱之心，一种对普通民众的关注情怀，表达了对劳动力量的赞美与美好祝福。诗中设计了一封没有打开的“信”，使这首朴实无华的诗具有了深刻的哲理：如果把拎水上楼看做一次人生奋斗旅程，那么，未知的信件是否暗示了命运的难以把握？

拎水上楼的人

李　胡

拎水上楼的人
提着两个桶
拎水上楼的人
是个瘦子
拎水上楼的人
赤着大膊
在楼下拿到一封信
就叼在嘴里
一层一层往上爬
拎水上楼的人
爬到第五层
对面下来一个女人

鞋子很漂亮
拎水上楼的人
赤着大膊
叼着信
不让路
把人家吓了一大跳
拎水上楼的人
到了最后一层
突然发了疯
跑得飞快

跑到了家门口
大叫一声
拎水的人
大叫一声
而没有死
叫得很快活

拎水上楼的人
你真不错
愿你收到一封好信

2. 张锋《本草纲目》评介

该诗通过选择大量的中国古代文化信息评价了中国社会的历史和文化，流露出对中国文化的革新追求。

本草纲目

张 锋

杨贵妃　深红醉花
剧毒不可服
梁山伯祝英台两只蝴蝶
可愈千年中国的
　　相思病
一两马致远的枯藤老树昏鸦
三钱李商隐家的寒蝉
半勺李煜的一江春水煎煮
所有的春天喝下
都传染上中国忧郁症

古苏州
见于隋炀帝这条运河的阴湿地带

全草入药可安眠
谭嗣同　落叶乔木
其根可治贫血
中国地图在清朝也患过重病
那贴李鸿章开的处方上
只有赔款的黄金
所以只一夜
它就瘦了一百万平方公里

人人都相信中医
虽然二三江湖郎中
卖过假药

3. 陈东东《一江渔火》评介

作者陈东东，男，1961 年 10 月生于上海。1981 年开始写诗。1984 年毕业于上海师范大学中文系。现在上海工作。该诗就像宣言一样表达了诗人先锋诗诗人的民间立场。“江中入夜的石头”和“林中不为人知的浆果”象征性地传达出了诗人对平民或弱势群体的关注情怀。

一 江 渔 火

应该去理解入夜的石头。在江里
这石头

冰凉而沉重

比它更平静，如林中的浆果不为人知
当车过铁桥
一江渔火在黑暗里闪现
过道上，那些陌生的脸
那些阴沉的脸。当车过铁桥
一江渔火在黑暗里闪现
此刻
此刻假如有一只大鸟
火红的大鸟假如这时候撞进了车窗
只能是我，我会喊出它的名字

四、诗歌的雅趣追求

在先锋诗纷纷扬扬轰动诗坛的同时，与先锋诗诗人同龄的人中，有一些人却在探索着诗的另一种写法，比如海子、西川等人的诗，具有高雅的文化品位，流露出鲜明的雅气。一般把诗歌写作中的这种追求称为“知识分子写作”。

（一）海子诗选

1．诗人简介

海子，原名查海生，男，1964 年 3 月生于安徽怀宁县。1979 年考入北京大学法律系，大学期间开始诗歌创作。1983 年毕业后任教于中国政法大学。1989 年 3 月在山海关卧轨自杀。著有《河流》、《传说》、《但是水、水》、《土地》和《太阳·七部诗》等诗和诗剧。

2．诗作赏析

(1)《亚洲铜》：这首诗充满幻想和激情。跳跃的思维，丰富而隐秘的意象“亚洲铜、青草、白鸽子、月亮”使诗歌包孕多重的含义。“亚洲铜”作为核心意象，是孕育生命的黄土地，植根于“亚洲铜”的青草则是中华民族生生不息的精神，“那两只白鸽子是屈原遗落在沙滩上的白鞋子”，是黄土地孕育的中华文明。这是诗人唱给土地的情歌，是对中华民族的悠久历史和文化的向往，而“击鼓之后，我们把在黑暗中跳舞的心脏叫做月亮”，则是诗人对生命燃烧之后的平静、和谐的追求。诗歌在文化和哲学的层面追寻精神的故乡，探索生存的本质，具有浓郁的思辨色彩。

亚　洲　铜

亚洲铜，亚洲铜
祖父死在这里，父亲死在这里，我也会死在这里
你是惟一的一块埋人的地方

亚洲铜，亚洲铜
爱怀疑和飞翔的是鸟，淹没一切的是海水
你的主人却是青草，住在自己细小的腰上，守住
　野花的手掌和秘密

亚洲铜，亚洲铜
看见了吗？那两只白鸽子，它们是屈原遗落在沙
　滩上的白鞋子
让我们——我们和河流一起，穿上它吧

亚洲铜，亚洲铜
击鼓之后，我们把在黑暗中跳舞的心脏叫做月亮
这月亮主要由你构成

1984年，选自《海子的诗》，人民文学出版社，1995年4月版

(2)《给母亲》(组诗)：这组诗集中体现出海子天才的想像能力，我们从中可以发觉他感知自然事物的奇特思维方式。

给母亲（组诗）

1 风

风很美　果实也美
小小的风很美
自然界的乳房也美

水很美　水啊
无人和你
说话的时刻很美

你家中破旧的门
遮住的贫穷很美

风　吹遍草原
马的骨头　绿了

2 泉水

泉水　泉水
生物的嘴唇
蓝色的母亲
用肉体
用野花的琴
盖住岩石
盖住骨头和酒杯

3 云

母亲
老了，垂下白发
母亲你去休息吧
山坡上伏着安静的儿子
就像山腰安静的水
流着天空

我歌唱云朵
雨水的姐妹
美丽的求婚
我知道自己颂扬情侣的诗歌没有
了用场

我歌唱云朵
我知道自己终究会幸福
和一切圣洁的人
相聚在天堂

4 雪

妈妈又坐在家乡的矮凳子上想我
那一只凳子仿佛是我积雪的屋顶

妈妈的屋顶
明天早上
霞光万道
我要看到你
妈妈，妈妈
你面朝谷仓
脚踩黄昏
我知道你日见衰老

5 语言和井

语言的本身
像母亲
总有话说，在河畔

在经验之河的两岸
在现象之河的两岸
花朵像柔美的妻子
倾听的耳朵和诗歌

长满一地
倾听受难的水

水落在远方

1984～1986年

二、西川诗选

1．诗人简介

西川，1963年生，男，江苏徐州人，毕业于北京大学。曾与人创办《倾向》诗刊。是“知识分子写作”的代表。出版诗集《星柏之路》、《中国的玫瑰》等。

2．诗作赏析

《中国的玫瑰》：这首诗具有一种宗教般的宁静与安详，在诗人的笔下，人与自然同一，诗人把抽象的理想状态的美具象化为一株开放在仙界中的玫瑰，一位在虚无缥缈间时隐时现的美妇，时光虽然让她老去却不曾削减她的魅力，引发了包括“我”在内的“善良人们”走遍千山万水去不断追寻。诗人笔下的这株“中国的玫瑰”象征了中国古老的历史和文明，是灿烂辉煌的文化传统的象征。诗歌融入丰厚的文化底蕴和诗人独特的冥想与哲思，意境博大、深邃又冷峻、神秘，显示了“知识分子写作”的倾向。

中国的玫瑰

——纪念一位老妇人

宁静中开放的中国的玫瑰
在月光里弹琴的中国的玫瑰
没有道路通向你
我的指南针上盖满苔藓
那过去的道路上盖满荆棘

但是诱惑的芳香却从烛台上
一瓣一瓣的剥落到门前
善良的人们开始跋涉——
遥远的山谷，遥远的星辰
马儿迷失了方向，不住地喘息

我从一本书中寻找一位
品德高尚的陌生女人
有一夜，床头的星光黯淡
这位品德高尚的朋友
在一个山谷中栽下一株玫瑰

那玫瑰带来灿烂的日子
带来爱情和翻山越岭的远足者
背上的三瓶葡萄酒
于是我怀念一位老妇人的青春
一株古老的青铜玫瑰

那么道路在哪里
在哪一片荆棘拦断流水的地方
曾经蜿蜒一条幽静的道路
哪里有篝火的遗迹，黑色的灯
指引我的马队迤逦前行

最初的日子如今是手中的幻影
玫瑰在幻影中开放
在梦中，我打开一位先人的棺椁
睡在里面的不是尸体，而是一朵
中国的玫瑰，芳香冷凝

选自诗集《中国的玫瑰》，中国文联出版公司，1991年版

第八节　港澳台诗歌

港、澳、台三地由于特殊的历史经历在文化上表现出各自不同的特殊性，但并没有割断与大陆文化的联系。在“五四”新文化运动的影响下，台港澳地区也开始了新文学的发展历程。就诗歌而言，台湾的创作成就最大，香港居中，澳门在后。

台湾的新诗写作开始于20年代，不过，在1945年前的日据时代，由于受到日本侵略者的“皇民化”运动的摧残和“战时体制”的钳制，台湾文学的主潮“乡土文学”的创作实绩主要表现在小说写作方面，张我军、杨华、赖和、吴新荣等也有新诗写作，但成就远不及小说。这主要是因为社会环境太严酷，所以张彦勋、林亨泰等人组建的“银铃会”被称为是“开在断层上的诗花”，台湾新诗开创时代的诗人们被称为是“盐分地带诗人群”。

台湾新诗创作的兴盛开始于50年代，那是由一些文学青年推动起来的一股西方现代派诗写作浪潮。1953年至1956年之间，首先由纪弦于1953年2月在台北独资创办了《现代诗》季刊，聚集了郑愁予、羊令野、蓉子、罗门等一批青年诗人，至1956年1月“现代诗社”在台北成立，形成了台湾诗歌写作的现代派；1953年冬，覃子豪、钟鼎文等筹办诗社，创办《新诗》周刊，1954年正式成立蓝星诗社，《新诗》改名《蓝星诗刊》，余光中、梁云波、郑愁予、周梦蝶等诗人在该刊发表了大量诗作；1954年10月，“创世纪”诗社于台南成立，发行《创世纪》诗刊，作者多为军中诗人，主要有洛夫、痖弦、张默、管管、季红等。从此，“现代派奇风大畅，管领台湾诗坛达二十年之久”。（流沙河，《台湾诗人十二家》，重庆：重庆出版社1983．3）不过，此期间台湾诗坛的论争与新的建设追求从没有间断过，至60年代初期，实际上已经孕育成了新的转化。

1962年以文晓村和王在军为代表的一群台湾诗人，组成了“葡萄园诗社”，创办了《葡萄园诗刊》，主张写作“明朗、健康的中国新诗”。另有女诗人涂静怡也在这一时期创办了《秋水诗刊》，与葡萄园诗社风格大体相同，诗人群也互有交叉，以秋水般明净的中国化作品赢得了社会的肯定。1964年，一大批台湾本土诗人成立了“笠诗社”，创办《笠诗刊》，提出了现实主义的“新即物主义创作路线”。他们的作品充满浓郁的乡土气息。不过，该诗社的部分成员在90年代开始倾向于“台独”，这是台岛乡土文学的不幸。

70年代初至80年代初，台湾诗坛掀起了一次更加规模宏大的青年诗人运动。几年之间由数百位青年诗人组成了数十个诗社，创办了数十家诗刊。主要的诗社有：龙族诗社、主流诗社、大地诗社、草根诗社、绿地诗社、喷泉诗社、诗潮诗社、掌门诗社、心脏诗社、诗脉诗社、阳光小集诗社等。这些诗社都基本一致地反对新诗的西化道路，主张创造中国化的新诗。比如“龙族诗社”以象征中华民族的龙自居，提出“敲我们自己的锣，打我们自己的鼓，舞我们自己的龙”。到了1977年5月，台湾新诗民族化的理论以高准为代表的“诗潮诗社”成立，逐渐完整而系统。《诗潮诗刊》创刊号上的发刊词共有五条：“（1）要发扬民族精神，创造为广大同胞所喜闻乐见的民族风格与民族形式。（2）要把握抒情本质，以求真求善求美的决心，燃起真诚热烈的新生命。（3）要建立民主心态，在以普及为原则的基础上去提高，以提高为目标的方向上去普及。（4）要关心社会民主，以积极的浪漫主义与批判的现实主义，意气风发地写出民众的呼声。（5）也要注意表达技巧，须知一件没有艺术性的作品，思想性再高也是没有用的。”（古继堂，《民族魂主宰的一次新诗革命》，北京：台湾研究，

1998（2）：86～94）“诗潮”的这五条主张，基本含纳了台湾新诗中国化追求的内容，标志着70年代以来台湾诗歌新的发展方向，实质上是台湾本土文化也就是中华文化对西方文化的一种胜利。

香港和澳门与大陆有着十分便利的交通，再加港、澳一直是世界自由港，两地便成了大陆、台湾及海外华人往来的重要通道，也是文化人活动的理想之所。1949年以前，港澳文学特别是香港文学与大陆文学密不可分，许多文化人经常往来于港澳和大陆之间。1949年后，港澳文学与台湾文学基本结为一体，一些文化人经常来往于港澳台之间活动。50年代以来的半个世纪里，港澳文学与台湾文学的最大差别是港澳文学具有更鲜明的都市情怀和远离意识形态的纯文学倾向。港澳文化的市民性本质决定了两地的文学园地里最繁盛的不是诗歌，而是小说、散文，还有影视文学。

（一）纪弦诗选

1．诗人简介

纪弦，本名路易，1913年生，祖籍河北。1933年毕业于苏州美专。1936年与现代派诗人戴望舒、徐迟在上海共同创办《新诗》月刊，这时常用的笔名是路易士。1945年开始用纪弦的笔名。1948年11月去台，任《和平日报》副刊编辑。1953年独资创办《现代诗》季刊，提出“新诗乃是横的移植，而非纵的继承”等六大信条。1962年“现代派”解散，1964年《现代诗》也宣告停刊。1976年底移居美国。有《纪弦诗选》、《纪弦诗论》等多种著作。

2．诗作鉴赏

（1）《窗》，这是一首直接用想像写成的诗，也是认识想像力的最好媒介。“窗”是人们看世界的一个角度，也是映照世界的一个存在体，不同的“窗”里世界不尽相同。这就是诗的寓意。纪弦之《窗》表面上写“青空”和“云”，实际上写“国立疗养院的草地上”不同人们的活动，读后让人觉得疗养院里的生活有云之闲逸。

窗

青空如国立疗养院的草地，辽阔而宁静。
散步的云
以医师的姿态出现；
以护士小姐的姿态出现；
以肺病患者的姿态出现，而且以银鬓的
老园丁的姿态出现。

1953年

（2）《一片槐树叶》，表达了思乡恋土的情绪。这是自古以来就被诗文传达的一种美好、忧伤的感情。纪弦作为台岛诗人在1954年写出这样一首诗，含有了特殊的积极意义，它传达出台湾文化人对祖国大陆的思念。

一片槐树叶

这是全世界最美的一片，
最珍奇，最可宝贵的一片，

而又是最使人伤心，最使人流泪的一片，
薄薄的，干的，浅灰黄色的槐树叶。

忘了是在江南，江北
是在哪一个城市，哪一个园子里拣来的了，
被夹在一册古老的诗集里，
多年来，竟没有些微的损坏。

蝉翼般轻轻滑落的槐树叶，
　细看时，还沾着些故国的泥土哪。
故国哟，啊啊，要到何年何月何日
　才能让我再回到你的怀抱里
　去享受一个世界上最愉快的
　飘着淡淡的槐花香的季节？……

1954年

(3)《阿富罗底之死》，这是一首在形式上表现出鲜明现代派特色的诗。它用一种富有个性的、独特的理解方式，表达了诗人对20世纪人类精神生活的评价：20世纪里，人类使用机器的能力越来越高超，但在精神生活上，人们依然很贫乏，人们只学会从希腊文明中抽取“美”的要素，在艺术美和精神文明方面毫无建树。这可以看出纪弦对20世纪人类社会的评价，他对20世纪的人类艺术和精神活动成就持有批判态度，认为人类在20世纪，在艺术和精神活动领域是缺少创新与创造力的。

阿富罗底之死

把希腊女神 Aphrodite 塞进一具杀牛机器里去
切成
块状
把那些“美”的要素
抽出来
制成标本，然后
　　　　一小瓶
　　　　一小瓶
分门别类地陈列在古物博览会里，以供民众观赏
并且受一种教育
这就是20世纪：我们的

1957年

(二) 郑愁予诗选

1. 诗人简介

郑愁予，原名郑文滔，1933年生，北京人。1949年随父去台，在新竹上完中学，入中

兴大学法商学院，1958年毕业。15岁开始发表诗作，曾加入“现代派”和“创世纪”诗社。1958年去美国，获爱荷华大学艺术硕士学位。后在美国耶鲁大学东亚语文学系任教授。他的诗中贯穿着两种互补的气质神韵。一种是豪放、爽快、豁达的“仁侠”精神，另一种则是曲折动人，情意绵绵，欲语还羞的婉约情韵，这两种气质充分显示了诗人深厚的古典文学修养。正是这种修养使他避免了台湾现代诗派的缺点，把中国的传统意识和西方现代派的表现技巧结合得浑然一体，使他的诗具有了鲜明的中国特色。出版诗集有《梦土上》、《衣钵》、《窗外的女奴》、《燕人行》、《莳华刹那》等。

2. 诗作赏析

(1)《错误》：这是一首凄婉柔美的爱情诗。抒写云游在外的男主人公对闺中娇妻（或情侣）的刻骨思念。构思新颖，采用“戏中戏”的结构，把描绘现实时空的四行诗句一分为二，一半置于开头，一半置于结尾，寓想像中女子心态的具象，描绘于自己的行旅神驰中，通过内省凝聚男子的真情。首先是现实的男子所处的时空，“我”骑马奔驰在江南道上。接着是想像的场面，“你”幽居在闺房之中的寂寞，令“我”情动于衷而又歉意深深。因为我不是归人，是个过客，“达达的马蹄”把我带向远方，两相不能相慰，这不是一个“美丽的错误”吗？诗人从江南常见物景中选择意象，写女子的寂寞，颇具情致，与“江南”二字暗合，妙不可言。而“莲花的开落”，“恰若青石的街道向晚”，“你的心是小小的窗扉紧闭”一系列变句，将“开落、向晚、紧闭”这些动词倒装，不仅去俗生新，加强了语言变化，而且也婉曲地表现了思妇的怀人心理，使诗意明朗而又蕴藉，读来则朗朗上口。

错误

我打江南走过
　　那等在季节里的容颜如莲花的开落

东风不来，三月的柳絮不飞
你的心如小小寂寞的城
恰若青石的街道向晚
跫音不响，三月的春帷不揭
你的心是小小的窗扉紧掩

我达达的马蹄是美丽的错误
我不是归人，是个过客……

(2)《小小的岛》，这是一首语言优美、抒情含蓄的爱情诗，在写法上很独到。作者没有直接抒发对恋人的思念，比如说：“我日夜在思念着你呀，你是多么的美丽”，而是说“你住的小小的岛我正思念”，然后尽力去描写小岛的美丽：五彩缤纷的鱼群，像琴键跳响一样起落在枝头的小鸟，披垂着长藤如发的山崖，铺缀着野花如果盘的草地，蓝蓝的阳光，绿绿的清爽的海风。这看似有些离题太远，怎么思念的人物总不露面？这美丽的岛上住着的人儿究竟是个啥模样？始终不肯拿出来让人们正面瞧一瞧，真所谓“金屋藏娇”。把心爱的“美丽”小心翼翼地保藏起来，一点点也不肯示人，只拿云遮雾罩的风景来牵引人们的想像。正是这种侧面描写和若即若离的表达，引发了读者无限联想：如此美丽的地方，一定住着一位绝代佳人吧。

小小的岛

你住的小小的岛我正思念
那儿属于热带，属于青青的国度
浅沙上，老是栖息着五色的鱼群
小鸟跳响在枝上，如琴键的起落
那儿的山崖都爱凝望，披垂着长藤如发
那儿的草地，都善等待，铺缀着野花如果盘
那儿浴你的阳光是蓝的，海风是绿的
则你的健康是郁郁的，爱情是徐徐的
云的幽默与隐隐的雷笑
林丛的舞乐与冷冷的流歌
你住的那小小的岛我难描绘
难绘那儿的午寐有轻轻的地震
如果，我去了，将带着我的笛杖
那时我是牧童而你是小羊
要不，我去了，我便化作萤火虫
以我的一生为你点灯盏

1963年

(3)《厝骨塔》，这是一首写法独特的现代派诗，全诗共分三节。第一节描写审美主体的观察和对客体的想像理解。第二节审美主体完全退出，让“幽灵”直接与读者对话。第三节描写“幽灵”眼里的世界，“幽灵”是一个战死的军人，是得到社会承认的受祭奠者，然而后来的人们又有多少能够理解往日的战争和牺牲了的英雄？在重视科学技术的时代，人们对历史及其文化含义越来越缺少热情，英雄的骨灰在一些人的头脑里已没有任何思想文化意义。这是英雄的悲哀，更是人们的人文精神越来越贫乏的反映。

厝 骨 塔

幽灵们静坐于无叠席的冥塔的小室内
当春风摇响铁马时
幽灵们默扶着小拱窗浏览野寺的风光

我和我的战伴也在着，挤在众多的安息者之间
也浏览着，而且回想最后一役的时节
窗下是熟悉的扫叶老僧走过去
依旧是这三个樵夫也走过去了
啊，我的成了年的儿子竟是今日的游客呢
他穿着染了色的我的旧军衣，他指点着
与学科学的女友争论一撮骨灰在夜间能燃烧多久

1957

（三）余光中诗选

1．诗人简介

余光中，生于1928年，福建永春人。1947年考入金陵大学外文系，次年转学厦门大学外文系，开始发表诗作。1948年7月，随父母迁居香港，1949年5月去台湾。1951年毕业于台湾大学外文系。1953年与覃子豪、钟鼎文、夏菁等共创“蓝星”诗社并出版诗刊。1958年赴美国进修，获爱荷华大学艺术硕士学位。返台后在师大等校任教。1974年去香港，在中文大学任教。1985年回台湾，任高雄中山大学文学院院长。余光中是那种人们常说的教授作家，写诗和散文，也有文学评论文章和译作。

2．诗作赏析

(1)《新大陆之晨》：这是一首较为情绪化的诗，但作为现代派诗人，余光中没有把情绪直接用语言记录下来，像郭沫若那样，或者像郭小川那样；而是从心理体验写起，巧妙地交代了审美主体所在的时空背景，生活状态以及对当下生活的内心感受，表达了海外游子在西方文明中难以割舍对祖国的思念之情，通过对中国心理和西方环境的交错描写，传达出一个中国人在海外难以抛却民族感情的忧苦心境。

新大陆之晨

零度。七点半。古中国之梦死在
新大陆的席梦思上。
摄氏表的静脉里，
一九五八年的血液将流尽。
风，起自格陵兰岛上，
以溜冰者的来势，滑下了
五大湖的玻璃平原。
不久我们将收到，自这些信差的袋里，
爱斯基摩人寄来的许多
圣诞卡片。
早安，忧郁。早安，寂寞。
早安，第三期的怀乡病！
早安，夫人们，早安！
烤面包，冰牛奶，咖啡和生菜
在早餐桌上等我们去争吵，
去想念燧人氏，以及豆浆与油条。
然后去陌生的报上寻吝啬的消息。
然后去信箱里寻希望的尸体。
然后去林阴道上招呼小松鼠们。
然后走进拥挤的课堂，在高鼻子与高鼻
子，
在金发与金发，在 Hello 与 Good morning
之间，
坐下。

坐下，且向冷如密歇根湖的碧瞳
　　　　　　　　碧瞳
与碧瞳，照出五陵少年的影子，
照出自北回归线移植来的相思树的影子。

然后踏着艺术馆后犹青的芳草地
(它不认识牛希济)，
穿过爱奥河畔的柳荫
(它不认识桓温)，
向另一座摩天楼
(它不认识王粲)。

当千里目被困于地平线，我说：
“虽信美而非吾土兮，
曾何足以少留！”

火车来自芝加哥，
驰向太平洋的蓝岸。
汽笛的长嘶，使我的思想出轨——
我在想，一九五九年的初秋，
旧金山的海湾里，

有一只铁锚将为我升起，
当它再潜水时，它会看见
基隆港里的中国鱼。

而此刻，七点半，零度。
摄氏表的静脉里，
一九五八的血液还没有流尽。
早安，忧郁！早安，寂寞！
早安，第三期的怀乡病！
早安，黑眼圈的夫人们，早安，早安！

1958. 11. 5

（2）《乡愁》，这是一首韵律齐整、节奏悠扬的抒情诗，凝练而意味深长，具有浓郁的民族色彩。情绪层层递进，步步加强，形成了强烈的感染力。

乡　愁

小时候
乡愁是一枚小小的邮票
我在这头
母亲在那头

长大后
乡愁是一枚窄窄的船票
我在这头
新娘在那头

后来啊
乡愁是一方矮矮的坟墓
我在外头
母亲在里头

而现在
乡愁是一湾浅浅的海峡
我在这头
大陆在那头

1972. 1. 21

（3）《长城谣》，关于《长城谣》的主题，有两种不同的解释。海外诗评家温任平认为，此诗嘲讽了那些“以打牌度日，置国事以脑后”的赌棍们。大陆诗人流沙河在《隔海说诗》中认为：“此诗写于1972年，显然是针对‘文革’动乱写的。”这两种解读都有一定道理，可以共存。本来，主题的多义性是现代派诗的一个特点。

说此诗讽刺“打牌误国”，这层意思很显见。因为诗的第二节已经指明：楼上的一阵洗牌声把“我”惊醒。这就是说诗的第一节写的是诗人的主观感觉世界，用长城倾倒比喻推倒牌墙，用砖石崩裂比喻噼噼啪啪的打牌声，用大风沙比喻牌桌上的“东”、“西”、“南”、“北”四张风牌。国人迷恋打牌，不思进取，把生命耗费在所谓“修长城”的娱乐中，诗人认为这种世风隐藏着巨大的灾难，把它比喻为在“摇撼比战国更大的黑影”。因为战国时期中华大地上战乱不止，灾难深重。可见，诗人实际上是在批评国民的生存方式和精神状态，对国家民族的前途命运深感忧患。

流沙河认为此诗针对大陆的“文革”，是因为长城作为中国古代社会的国防设施，是一项伟大的可以代表人类创造力的工程，千百年来，它已逐渐被人们看成是民族精神、民族文化或整个中华民族的象征。“文革”内乱给中国带来的灾难是深重的，把“文革”描写成长城的崩塌，比喻为比“战国”更大的黑影，也不为过。

长城谣

长城斜了，长城歪了
长城要倒下来了啊长城长城
堞影下，一整夜悲号
喉咙叫破血管
一腔热血
嘉峪关直溅到山海关
喊人，人不见
喊鬼，鬼不见
旋天转地的昏眩，大风沙里
砖石一块接一块
一块接一块砖石在崩裂
摇撼比战国更大的黑影
压下来，压向我独撑的血臂
最后是楼上，众人推墙
霹霹雳雳的一阵洗牌声
拍我惊醒

1972. 10. 20

（四）痖弦诗选

1．诗人简介

痖弦，本名王庆麟，1932年生，河南南阳人。1949年读中学时随国民党军队去台湾。1953年在台湾政工干校影剧系就读，同时参加中华文艺函授学校学习，覃子豪等为指导教师。1954年开始发表诗作，并与洛夫、张默等创办《创世纪》诗刊。1966年赴美国爱荷华大学研究二年。1976年再赴美学习。后回台任台湾《联合报》副刊主编。著有诗集《痖弦诗抄》、《深渊》、《痖弦自选集》等，另有史料性的《中国新诗研究》。

2．诗作赏析

(1)《上校》，这是一篇具有讽刺和社会批判意义的诗。“上校”在1943年的一场战斗中失去一条腿，成了残废人，可以断定他是参加了反法西斯的正义战争，因为“他曾听到过历史和笑”。然而，随着时光的流逝，社会渐渐淡忘了这个民族英雄和人类英雄，“上校”陷入了生活的困境，他心灰意冷，除了晒太阳再没有什么能唤起他对生活的激情。

上　校

那纯粹是另一种玫瑰
自火焰中诞生
在荞麦田里他们遇见最大的会战
而他的一条腿诀别于1943年
他曾听到过历史和笑
什么是不朽呢
咳嗽药刮脸刀上月房租如此等等
而在妻的缝纫机的零星战斗下
他觉得惟一能俘虏他的
便是太阳

1960年8月26日

(2)《盐》，从形式上看，这是一首散文诗；从内容上看，这是一篇严峻的批判现实主义力作。格调悲怆、凄婉，揭示了中国社会受压迫者的凄惨命运。作品开篇一句极为巧妙："二嬷嬷压根儿也没见过陀斯妥也夫斯基"，这既说明二嬷嬷是个文盲，又指出了二嬷嬷生活的时代。因为陀斯妥也夫斯基是19世纪俄国作家，以描写"被侮辱与被损害者"著称。二嬷嬷不知道陀斯妥也夫斯基，属于愚昧无知的普通民众，对自己的现实处境毫不自觉，他们长年累月挣扎在死亡边缘，连最基本的生活保障也得不到，一旦遇上豌豆不开花的灾荒年景，就只好饿死荒野。"盐"在作品中显然是一个象征性物象，代指最基本的活命条件。当民众陷入灾荒困境时，大臣们过着天使般的生活，不仅不救济民众，而是把"雪"摇给他们，使他们陷入更艰难的境地。"1911年党人们到了武昌"，进一步点明了二嬷嬷生活的时代。辛亥革命并没有改变民众生活的困境，二嬷嬷凄惨地死了，成了野狗、秃鹫的美餐。豌豆开出了遍野的白花，烘托出感伤、哀悼的气氛。最后一句"陀斯妥也夫斯基压根儿也没见过二嬷嬷"，突出了作品的反讽寓意和批判现实主题；言外之意：陀氏《穷人》一类小说描写的普通民众的生活固然十分悲惨，但比起二嬷嬷的生活状态来，还差得很远。

盐

二嬷嬷压根儿也没见过陀斯妥也夫斯基。春天她只叫着一句话：盐呀，盐呀，给我一把盐呀！天使们就在榆树上歌唱。那年豌豆差不多完全没有开花。

盐务大臣的骆队在七百里外的海滩走着。二嬷嬷的盲瞳里一束藻草也没有过。她只叫着一句话：盐呀，盐呀，给我一把盐呀！天使们嬉笑着把雪摇给她。

一九一一年党人们到了武昌。而二嬷嬷却从吊在榆树上的裹脚带上，走进了野狗的呼吸中，秃鹫的翅膀里，且很多声音伤逝在风中，盐呀，盐呀，给我一把盐呀！那年豌豆差不多完全开了白花。陀斯妥也夫斯基压根儿也没见过二嬷嬷。

1958. 1. 14

（五）羊令野诗选

1．诗人简介

羊令野，生于1923年，安徽泾县人。1948年在浙江《兰溪导报》创办《诗阵地》周刊。1950年随军到台湾，主持军中《前进报》。1956年与叶泥、郑愁予在嘉义出版《南北笛》诗刊。1968年，国民党军队成立诗歌队，他任队长，并创办《诗队伍》周刊。1973年出席在台北召开的第二界世界诗人大会。诗集有《血的告示》、《贝叶》等，另有散文集和杂文集数种。

2．诗作赏析

《屋顶之树》：怀乡、恋土、寻根，这是人之常情。羊令野作为台岛诗人，写这类主题就有了特殊的意义，至少表明了一种维护祖国统一的态度。"屋顶之树"是一个有象征意义的形象，它孤悬在高处，没有根基，寓示了孤悬海外的台岛和岛上的中国人。诗中的"你的名字呢？/你的家族呢？/你不落脚于土地"这些诗句既是沉痛的反省、自责与诘问，又是对台湾命运的深重忧患。羊令野用诗歌说出了台岛上许多人内心的苦闷：离开了大陆，离开了家乡、亲人，在台岛上生活，即使高官厚禄，地位在一般人之上，犹如"屋顶之树"有着"云的闲逸"和"星之孤高"，还享受着"不属于丛林"的极端自由以及"呼吸着每座星球土壤"的特殊待遇，但毕竟没有名字，脱离了家族，无花无果，形影相吊，十分孤独。作品形象地表达了台湾人对他们生存状态的忧虑，流露出对祖国的认同情绪。

屋顶之树

星。
孤独的，照着
屋顶之树。而那一撮
根须，遂有亚热带梦之孤独享受

你的名字呢？
你的家族呢？
你不落脚于土地。

很像你的弟兄们，
云之闲逸。
星之孤高。
你们是孪生的，那样呼吸着。
呼吸着每座星球之土壤。
而你：
不属于辽远的丛林。
不属于哪一只手植。
不属于这都市的
屋顶之树。

乃如我的额发一样孤独的：
无花。
无果。
一种不属于土壤之植物。

1962．9．

（六）辛郁诗选

1．诗人简介

辛郁，本名宓世森，1933年生，浙江慈溪人。50年代开始写诗，早期为“蓝星诗社”成员，后加入“创世纪”。60年代为“诗宗社”编委。出版有诗集《军曹手记》（1960）。

2．诗作赏析

《豹》：诗人通过一只天性刚烈，生命强悍的豹，在人工化的旷野中生命的钝化、退化，甚至消失殆尽，表达对人类生命的思考。现代人陷于物质文明的桎梏，人的良好个性被庸俗的社会所吞没。“旷野消失”，诗人对此表现出深深的忧虑。幻想人性之初的复活，幻想返璞归真，返回自然。诗歌饱含对现实的谴责和批判，表现了诗人对美好生存空间的追求。构思颖异，语言凝练，拟人化的手法取得良好艺术效果。

豹

一匹
豹　在旷野尽头
蹲着
不知为什么

许多花　香
许多树　绿
苍穹开放
涵容一切

这曾啸过
　　掠食过的
豹　不知什么是香着的花
或什么是绿着的树

不知为什么的
蹲着　一匹豹
　　苍穹默默
　　花树寂寂

旷野
消　失

1972年3月，《现代文学》46期

（七）叶维廉诗选

1．诗人简介

叶维廉，生于1937年，广东中山县人。1948年去香港，在港读书期间开始发表诗作。1959年毕业于台湾大学外文系。1963年进美国爱荷华大学诗创作班，翌年入普林斯顿大学攻读比较文学，后获博士学位。曾在加利福尼亚大学讲授比较诗学、中国诗、英美现代诗等课程。在台湾大学外文系任过客座教授，是台湾著名诗人兼文艺理论家。提倡“纯诗”，追求文字的音乐性和意象的扩展性。出版有诗集《赋格》、论文集《秩序的生长》等多种。

2．诗作赏析

《野花的故事》：这是一首凭吊历史的诗，也可以说是反思历史。“野花”是过去战争中倒下的士兵的鲜血，历史已远去，历史也已被一次次艺术地改写。今天的人们，是否能像“我”一样认真地、真诚地对待那些消失的生命。珍惜生命，就会反对战争。“我”“采了一大丛野花”，“抱在怀里/如抱着满是血伤的士兵/凝立在山头”。这里有对战争的思考，也有对人的生命价值的尊重。

野花的故事

野花
在熊熊的炮火沉灭后
热烈地开放
春雨把血水和仇恨
灌溉着
希望的根须
呼喊在废墟破瓦中
隐约的回响
痛苦
是犁翻的土块
在季节风中培养
山坡上
“野花红似火”，
歌声
一排一排的麦浪
涌山头
许多年以后
乡间的老人
在大榕树下的石凳上
用许多艺术的形式去编述：
“炮火啊原是气候的巨变！”
“仇恨啊原是为了剧情的需要！”
慢条斯理的南音
把急骤的炮战
唱得大珠小珠落玉盘的好听
听众们真好
把同情的泪
洒给敌友两方全部阵亡的战士
因为他们说
死亡啊
死亡是无法更改的现实！
“炮火啊原是气候的巨变！”
“仇恨啊原是为了剧情的需要！”
听众们
随着南音的起伏
摇荡激昂
而只有我这个不会真戏假做的听众
一口气跑到山上采了一大丛野花
抱在怀里
如抱着满是血伤的士兵
凝立在山头
“野花红似火！”
歌声
一排排的麦浪
悠扬地涌过

1974．9

(八)管管诗选

1. 诗人简介

管管，本名管运龙，1928年生，山东胶县人。曾在商业学校读书，后在部队电台从事文艺创作。是《创世纪》诗刊的健将。他的诗作大部分写于金门。1975年曾获台湾第二届“中国现代诗奖”。著有诗集《荒芜的脸》、《管管诗选》等。

2. 诗作赏析

《草原上之小树呀》。管管的诗大都比较晦涩难懂，惟有这首《草原上之小树呀》情况稍好一些，但诗意也还是很朦胧。解读这首诗，关键是仔细体会“吾”对“小树们”的感情，这样就能发掘出其中蕴涵的象征意义。作品中描写的“空原上的小树”，象征了社会生活中的弱者或顽强者，他们怯怯地或勇敢顽强地立在孤立无援的境地中，受着冷风的扑打，烈日的暴晒，干旱的困扰，与命运进行着最顽强的抗争。太阳就要落下去了，黑暗要来，茫茫空原上的黑暗中，可能会有暴风雪等种种灾难，“小树们”能挺过去吗？“吾”看见这种情况，同情之心油然而生。“吾”不做冷眼旁观者，而是恨不得跑上前去与他们共担命运。虽然在这个世界上，“瘦瘦的小树”很多很多，但“吾”愿意把爱心与关怀送到他们所在的每个地方。这是多么仁慈博大的胸怀啊！这种胸怀让我们不禁想起了杜甫的诗句：“安得广厦千万间，大庇天下寒士俱欢颜”。在社会生活中，当人们面对孤独的弱小者或苦难中的顽强奋斗者，每一个高尚的人、善良的人、纯真的人，都会产生出强烈的责任感，激起与他们同呼吸共命运的愿望。这首诗感情真挚，语言质朴无华，是标示管管诗艺最高境界的力作。特别是在诗行排列上匠心独运。那些长长的诗行和短短的诗行形成鲜明的对比，文字本身成为了构图符号，使诗行本身成为了情绪感很强的画面。

草原上之小树呀

之一

每当吾看见那种远远的天边的空原上
在风中
在日落中
站着
几株
瘦瘦的
小树
吾就恨不得马上跑到那几株小树站的地
方
望

虽然
在那几株小树站的地方吾又会看见远远
的天边的空原上
在风中
在日落中
站着
几株
瘦瘦的
小树

虽然
吾恨不得马上跑上去
虽然
虽然
那另一个远远的天边的空原上
也许是
一座
塔

虽然
那人
越跑
越小
像一只星

之二

每当吾看见那种远远的天边的空原上
在风中
在日落中
站着
几株
瘦瘦的
小树
吾就恨不得马上跑上去
与小树们
站在
一起
像一匹马
或者
与小树们
站在一起
哭泣

（九）舒巷城诗选

1．诗人简介

舒巷城，祖籍广东惠阳，1923年生于香港。诗集有《我的抒情诗》、《回声集》、《都市诗抄》等，另有长篇小说、散文随笔集、报告文学集多种。

2．诗作赏析

《复活》：台港现代诗继承了20年代以来中国新诗中的现代派手法，善于通过象征、变形和错觉等艺术手法，写出有象征意义的诗作。《复活》把表面毫不相干的事物联系在一起，通过生动形象的比喻把读者引入用变形构成的意境中。诗中说“朝霞”是“采珠人悲伤的血之回光”；从婴孩闪着幸福与微笑的瞳孔里，看见了曾被埋葬的春天；树倒下了，但“我们有煤”。这显然是一种错觉想像，是在追求一种生活哲理。它的寓意就是：凡是美好的东西，都来之不易；没有经历过艰难困苦的人，就难得理解幸福的真正含义。世界上一切美好的东西，都将永存，即使遭受磨难或破坏，也终将要复活。人间美好的东西是不朽的、永恒的。

复　活

你知道吗？
在迷蒙的海天相接处的
缓缓地升起的朝霞
是多少世纪以前
采珠人悲伤的血之回光

你知道吗？
我从一个闪着幸福与微笑的
婴孩的瞳孔里
看见一万年前被打得遍体鳞伤
然后被埋葬了的春天
你知道吗？
树倒下来了，树倒下来死了。
我们有煤，我们有煤。

1966年5月

（十）席慕容诗选

1．诗人简介

席慕容，原名穆伦·席连勃，蒙古族。1943年生于四川，1949年由内地到香港，不久到台湾。先后毕业于台湾师范大学艺术系和布鲁塞尔皇家艺术学院。著有诗集《七里香》、《心灵的探索》和《昼诗》等。

2．诗作赏析

《一棵开花的树》：这首美丽隽永的抒情诗，充分体现了女性诗人情感的细腻和富于想像的特质，把青春少女寻求意中人的火一样的情愫具象化为“一棵开花的树”，意象和情境构成一种象征，新颖脱俗，耐人寻味。赋予树以情感和生命，以树自述的口吻，剖白女子对爱情的虔诚和执著。诗的题旨还可以有更深层次的理解，即赞颂人们对世上一切美好事物的热烈追求。

一棵开花的树

如何让你遇见我
在我最美丽的时刻

为这
我已在佛前求了五百年
求佛让我们结一段尘缘
佛于是把我化做一棵树
长在你必经的路旁

阳光下
慎重地开满了花
朵朵都是我前世的盼望

当你走近
请你细听
那颤抖的叶
是我等待的热情

而当你终于无视地走过
在你身后落了一地的
朋友啊
那不是花瓣
那是我凋零的心

思考题：

1．结合作品评价“新月诗派”对中国新诗写作的贡献。
2．什么是“朦胧诗”？
3．什么是“先锋诗”？
4．简述中国当代诗歌的发展脉络。

第三章　20 世纪中国小说

第一节　晚清梁启超等对小说发展的推动

中国小说在历史上不及诗文有影响，小说家也多属混迹于市井、潦倒于民间或闲居于乡野的说书、讲史、志怪艺人，社会地位很低。晚清文学改良运动中，梁启超等大力倡导“诗界革命”、“文界革命”、“小说界革命”，通过创办刊物，大量介绍西方的政治学说及其他学术思想，批判中国的封建专制与旧学，讲求改造国民性的“新民”之道。1898 年，梁启超创办《清议报》，从该报的第一期起即连载他翻译的日本政治小说《佳人奇遇》，并在该报发表提倡政治小说创作的论文《译印政治小说序》。1902 年，梁启超创办了 20 世纪中国第一种重要的小说杂志《新小说》，并在创刊号上发表了堪称“小说界革命”宣言书的《论小说与群治之关系》，强调小说对改良群治、开通民智的巨大功效。梁氏还创作了中国第一部政治小说《新中国未来记》（未完）在《新小说》刊发。从此，小说作为改造国民性的重要工具这一观念得以确立，并受到文化人和社会的重视。其实，小说对社会生活的作用远没有梁启超说的那么大，所谓“欲新一国之民，必先新小说；欲新一国之政治，必先新小说”，显然是一种矫枉过正的口号，但他对于改变国人过去对小说的看法，推动小说创作的繁荣还是起了积极的作用。

近代以来，文化革新的呼声使文学承担起了救世的使命。特别是梁启超把小说的社会影响作用强调到了前所未有的程度，他在《论小说与群治之关系》中认为：“欲新一国之民，不可不先新一国之小说。故欲新道德，必新小说；欲新宗教，必新小说；欲新政治，必新小说；欲新风俗，必新小说；欲新艺术，必新小说；乃至欲新人心，欲新人格，必新小说。何以故？小说有不可思议之力支配人道故”，“故今日欲改良群治，必自小说界革命始；欲新民，必自新小说始。”在梁启超看来，改造社会要先从改造文化做起，特别是先从改造小说做起，这种思维方式对五四时代的许多新文化革新者和整个五四新文化运动是有影响的；对毛泽东在《新民主主义论》中提出的“建立中华民族的新文化，这是我们在文化领域中的目的”也是有影响的；对新中国成立后文化领域进行的种种新的建设性尝试都是有影响的。其实，一百多年来的中国社会发展史已经证明，真正推动中国社会进步的力量并不是文化启蒙或文化革命，而是生产力的发展。没有社会生产力的进步，一切新文化的建设企图都只能是空中楼阁，只能是少数社会精英们的事情，最终不能解决整个社会的现实发展问题。反过来说，只有在社会生产力进步的基础上，新文化的建设才能够最终完成，这就是为什么新时期以来文学和文化研究领域重提五四科学与民主口号、重建中国社会价值系统的原因。

第二节　鲁迅的小说创作

一、鲁迅生平与创作介绍

鲁迅生于1881年9月25日，浙江绍兴人，姓周，名樟寿，字豫山，后改字豫才。1898年5月在南京考取江南水师学堂前，改名树人。因不满水师学堂的教育，于1898年10月转考入设在南京陆师学堂里的矿路学堂，1902年1月毕业，3月被派往日本留学。先学医，后学文，并开始参与留学生中的反清活动。1909年8月回国，先在浙江两级师范学堂任教员，1910年7月辞职到绍兴府中学堂任监学。辛亥革命后，到山会师范当监督，不久，经在南京教育部工作的许寿裳的推荐，于1912年2月间往南京教育部任职，后随教育部迁入北京。

辛亥年冬，鲁迅用文言文写了第一篇小说《怀旧》，描写在革命军将要到来的背景中，社会不同阶层人们的不同表现，初露他着力描写"上流社会的堕落与下层社会的不幸"的端倪。1913年，《小说月报》以周逴的笔名发表了《怀旧》，编者恽铁樵给以极高的评价。

1918年5月，周树人在北京的《新青年》发表第一篇白话小说《狂人日记》，署名鲁迅，从此，鲁迅成了中外文化界的名人，且声名越来越大，经近百年而愈加显赫。

鲁迅的一生可以划分为三个阶段来认识：1881年~1918年，求学、立志、立业阶段；1918年~1927年，北京、广州活动期，教育部官员兼作家、大学兼课教员、社会文化名人；1927年~1936年，世界著名作家、社会文化名人、自由撰稿人。

鲁迅的全部著述（包括翻译）达800多万字，可以分为四类：第一类是文艺创作，包括小说、杂文、散文、散文诗、诗歌；第二类是学术论著和有关古籍的辑录、考订、整理；第三类是翻译，既有东欧、前苏联的文学作品，也有学术论著；第四类是序跋、书信、日记等。以上四类著作各有不同的价值，主要的标示出鲁迅文学家、思想家、革命家地位的成果还是在创作方面。他的创作成就包括15本杂文集，3本小说集，2本散文集。显然，杂文写作是他创作的主体部分，他的杂文也的确是一个庞大的思想宝库，蕴藏着极大的文化价值和艺术价值。不过，在世界范围内成就鲁迅作家盛名的却是他的小说创作。

鲁迅的三本小说集分别题名《呐喊》、《彷徨》、《故事新编》。除《呐喊》中的《阿Q正传》可算中篇外，其余都是短篇小说。

二、《呐喊》与《彷徨》评介

《呐喊》中收录的作品有《狂人日记》（作于1918年4月）、《孔乙己》（作于1919年3月）、《药》（作于1919年4月）、《明天》（作于1920年6月）、《一件小事》（作于1920年7月）、《头发的故事》（作于1920年2月）、《风波》（作于1920年10月）、《故乡》（作于1921年1月）、《阿Q正传》（作于1921年12月）、《端午节》（作于1922年6月）、《白光》（作于1922年6月）、《兔和猫》（作于1922年10月）、《鸭的喜剧》（作于1922年10月）、《社戏》（作于1922年10月）、共计14篇小说，另有《自序》（作于1922年12月）1篇。

《彷徨》中收录的作品有《祝福》（作于1924年2月）、《在酒楼上》（作于1924年2月）、《幸福的家庭》（作于1924年2月）、《肥皂》（作于1924年3月）、《长明灯》（作于1925年3月）、《示众》（作于1925年3月）、《高老夫子》（作于1925年5月）、《孤独者》（作于1925

年10月)、《伤逝》(作于1925年10月)、《弟兄》(作于1925年11月)、《离婚》(作于1925年11月)共计11篇作品。

《呐喊》、《彷徨》中的25篇小说，可以作为一个整体系统来看。除了《兔和猫》、《鸭的喜剧》两篇是描写市民社会世俗生活的俗小说，在主体上流露出明显的娱乐性和游戏性外，另有《社戏》描写了乡村少年们的一次夜间撑船看戏、煮蚕豆活动，笔调轻松欢快；其他作品都可以看做是严肃的思想小说，在主题上表现出对国民精神状态的审察和救治思考，具有强烈的社会批判性和文化批判性。这些所谓严肃的思想小说，基本可以分为两类。一类是以农村社会生活为主体，揭示了农民的悲苦命运，暴露了农村宗法制度的黑暗和农民生存状态的愚昧落后，批判了儒家伦理文化对农民特别是对劳动妇女的毒害。另一类作品以城市小知识分子和市民生活为题材，描写了旧文人在科举制度毒害下的悲惨命运和荒唐人生境遇，表现了新知识分子的觉醒、苦闷、迷茫，也批判了其中一些人的荒唐和堕落；同时也暴露了市民社会的黑暗、麻木和愚昧。总之，《呐喊》、《彷徨》这两部小说集比较全方位地揭示出了旧中国社会的腐朽没落，表现出明确的社会批判性和革新社会追求，并试图通过改造国民精神来拯救国家民族，这显然带有五四那一代知识分子的追求特点。其实这是有一定空想成分的，当然，在思想启蒙上的价值是不可低估的。历史已经证明，真正能够拯救国家民族命运并使国民精神得到改造的，不是文化批判运动，而是社会革命行动和生产力的解放与发展。

三、《故事新编》评介

《故事新编》共收录8篇作品，并有《序言》1篇。它们是《补天》(作于1922年11月)、《奔月》(作于1926年12月)、《理水》(作于1935年11月)、《采薇》(作于1935年12月)、《铸剑》(作于1926年10月)、《出关》(作于1935年12月)、《非攻》(作于1934年8月)、《起死》(作于1935年12月)。

关于《故事新编》，这几年来引起了研究者的更大兴趣和广泛关注。需要注意的是，八篇小说在篇章排序上没有按照创作的时间先后编排，而是依据了各篇小说中主要历史“故事”发生的历史时序。鲁迅《故事新编》中的八篇小说，如果按照各篇的创作时间进行排列，它们的顺序应该是:《补天》(作于1922年11月)、《铸剑》(作于1926年10月)、《奔月》(作于1926年12月)、《非攻》(作于1934年8月)、《理水》(作于1935年11月)、《采薇》(作于1935年12月)、《出关》(作于1935年12月)、《起死》(作于1935年12月)。其中最后三篇都作于1935年12月，如果只考虑写作时间因素，他们在编排上应该可以任意调换位置。然而，鲁迅在编辑出版《故事新编》时，并没有依照各篇作品的创作时间先后顺序来编排作品，而是做了很大调整，把它们的顺序编排为:《补天》、《奔月》、《理水》、《采薇》、《铸剑》、《出关》、《非攻》、《起死》。一本小说集不按创作的时间顺序编辑，肯定隐含着其他的编排依据，不可能是随意组合。大量事实表明，《故事新编》是鲁迅长期酝酿、精心制作的一本小说集。他在《故事新编·序言》中写道:“这一本很小的集子，从开首写起到编成，经过的日子可以算得很长久了:足足有十三年。”他在日记中也多次提到《故事新编》，如在1935年12月26日的日记中写道:“晚编《故事新编》并作序讫，共六万余字。”在1936年1月16日的日记中写道:“校《故事新编》毕。”另外，鲁迅在与萧军、萧红、黎烈文、增田涉、王冶秋等多人的通信中多次提到《故事新编》的创作、编校、出版。这些事实表明，《故事新编》从创作到编成，鲁迅都是十分用心的，可以说八篇作品倾注了他作为一个小说家的极大智慧和才情、精力。因此，可以断言，鲁迅在创作和编辑《故事新编》时，在篇章排序上是有过通盘考虑的。《故事新编》的篇章排序是他精心安排的艺术绝唱，符合“故事”的历史顺时性逻辑。这种顺时性逻辑隐含着鲁迅考察中国文化的思想轨迹和对社会历史的深刻、独特理解，既具有天然有序的流动美感，又具有内在的思想逻辑力量，形成了完美统一的艺术效果。也可以说，《故事新编》的篇章排序有两个依据：一是“故事”的历史时序逻辑；二是作品的主题逻辑，也就是作者借小说思考、评价中国文化所形成的有机的思想系统。这两者就像“形式”和“内容”一样被有机地统一了起来。

《故事新编》中的八篇作品首先应该被界定为历史小说，这已是学界共识。各篇小说所选取的神话传说、历史故事都有大致的历史年代，有些篇章中的历史人物已被考证出了准确的生卒年代。鲁迅在编辑《故事新编》时，依据的正是各篇作品中主要人物的生活年代，或主体故事的历史年代，按照他们在历史上存在的先后顺序，将八篇小说排列起来，使小说集的内容在整体上形成了顺时性特征。这是一个连贯有序的逻辑化过程，使小说集的主题也得到了完美整合，最后使整部作品集形成一体化的艺术空间，表现出完整的隐喻效果。

《补天》作为一篇小说，单从叙述的故事来看，时间跨度很大，从女娲造人一直写到秦汉以至“直到现在”(《故事新编·补天》)，但是，主要人物是女娲，主体故事是女娲造人和女娲炼石补天。从中华历史文化的发展脉络来看，女娲是我国最早的文化形态古代神话中的人类始祖，在历史时序上自然应排第一。因此这一篇被编为《故事新编》的首篇。《奔月》中的羿是我国古代传说中为人间消除过灾难的英雄。“据史书记载，帝喾时有羿，尧时和夏朝太康时也有羿，他们都以善射著称，而事迹又往往混为一人。”（孙昌熙主编，《〈故事新编〉试析》，福州：福建人民出版社，1982．9．第45页）这样看来，羿生活的历史时代不太好确定，至少是与《理水》难分前后。令人叹服的是，在《奔月》中，羿与那位养母鸡的老太太有一段对话道出了鲁迅取材的背景和整体构思的良苦用心：“夷羿？……谁呢？我不知道。”“有些人是一听就知道的。尧爷的时候，我曾经射死过几匹野猪，几条蛇……”这样，作为一篇历史小说，主要人物羿的生活年代就被明确在了“尧”后不久的时代，也就是“舜”的初期。这表明鲁迅小说中的“羿”是取自《淮南子·本经训》中的记载：“尧之时，十日并出，焦禾稼，杀草木，而民无所食。尧乃使羿诛凿齿于畴华之野……上射十日……断修蛇于洞庭，禽封豕于桑林。万民皆喜。”而《理水》开篇明确交代了“这时候是‘汤汤洪水方割，浩浩怀山襄陵’；舜爷的百姓，倒并不都挤在露出水面的山顶上”；结尾描写到“舜爷坐在龙位上，原已有了年纪”，已托“禹”管理国家大事，禹的儿子“启”也出生了。这显然已开始进入“禹”的时代。我国历史传说中先有“尧”，然后是“舜”，再后才有“禹”。所以《奔月》排为第二篇，《理水》为第三篇。第四篇《采薇》中“周武王伐纣”这一重大历史事件为作品提供了明确的时代背景，即在商代末西周初期。第五篇《铸剑》取材于眉间尺复仇的传说，这个故事在相传为魏曹丕所著的《列异传》和晋代干宝《搜神记》卷十一及相传为后汉赵晔所著的《楚王铸剑记》等典籍中都有内容大致相同的记载。从这则历史传说所记载的事件和人物来看，历史年代应该是在东周前期，也可以说是在历史上的春秋时代，或者更准确地说，就是在春秋五霸时代，故事中的楚王可能就是楚庄王（？—前591年）或其前后的国君。这种推断的理由是：据《吴越春秋》卷四记载：“干将者，吴人也，与欧冶子同师，俱能为剑。”而楚国只有到了楚庄王或其前后的国君的时代，国力才开始强大，势力范围才到达长江下游一带。国力强大有了聚集天下能工巧匠的资本，疆域扩展在空间上更便于网罗天下名士，这样才能够与吴人干将发生联系。第六篇《出关》涉及了春秋时代两位著名的思想家老子和孔子（前551—前479年），据有学者考证，孔子在公元前518年“于3月时前后赴京师洛邑，问礼于老聃，问乐于苌弘，并于同年返鲁。”（张秉楠著，《孔子传》，长春：吉林文史出版社，1989．12．第330页）。一般认为老子应稍长于孔子，据孔子的生活年代推断，孔子、老子生活在楚庄王时代后，因此，《出关》编在《铸剑》后。另外，《出关》、《非攻》、《起死》三篇作品的主要人物都是古代的大知识分子，物以类聚，人以群分，这可能也是《出关》编在后的一个原因。最后两篇是《非攻》和《起死》，《非攻》中的墨子生活在约公元前468年至376年，《起死》中的庄子生活在约公元前369至286年。这两位思想家的生活年代一前一后，决定了这两篇作品的先后顺序。

以上分析表明，《故事新编》的八篇小说在篇章排序上体现出了内容上的整体顺时性特征，使整部小说集体现出观察历史的顺时性流动美感，这是鲁迅打乱作品的创作时间编排小说集篇章的重要原因之一。《故事新编》中各篇作品描写的主要历史人物具有历史时序性，这不大可能是随意创作后的巧合结果，基本可以断言是鲁迅开始创作《故事新编》时就胸有成竹的成果。也就是说，《故事新编》的创作是整体构思在前，具体篇章的创作在后。这就为他有序地选取历史题材进行创作提供了条件。这一点可以从《故事新编·序言》中所说的“预备足成八则《故事新编》”得到印证。鲁迅在1926年秋在厦门时就决定写八篇新编故事，这说明除已发表的《补天》外，其他七篇作品在厦门时都已完成了构思。

《故事新编》从传说中的女娲编起，一直到战国时的庄子，通过拾取中华民族历史长河中遥远古代的几朵浪花，依照历史时序，像串珍珠一样把它们编排起来，让今天的人们面对这八则用现代白话写成的“故事”，就像是面对用现代科技手段保存下来的反映出古人类一段完整历史的化石，可以脉络清晰地把握到历史长河的流动。《故事新编》通过篇章排序形成的这种整体的叙述空间，产生了以少胜多、以点连线的结构效应，使古远神奇的历史转化成了完美的艺术世界，呈现出天然有序的流动美。

《故事新编》包含着鲁迅两个写作用意：一是评价中国传统文化，二是批判现实。当然，这两个写作意图可以说是鲁迅一生都在为之奋斗的目标，它们在《呐喊》、《彷徨》和杂文中已经表现得很充分。问题的关键是就鲁迅的三个小说集来看，《故事新编》与《呐喊》、《彷徨》在文本形式上反差极大，这种变化肯定不止于探索小说艺术的新方法。《故事新编》的创作隐含着鲁迅对中国传统文化态度的转变，表明他思考中国文化的视野已由《呐喊》、《彷徨》中主要是对秦汉以来封建时代儒家伦理文化的抨击、揭露，转向了对中国文化远古起源时代和春秋战国时代的发掘、整理、评价。这种视野的扩展和转向，说明鲁迅对中国传统文化的认识有了新的内容：即中华民族的文化根源不是儒家经典，哺育中华文化的原始乳汁是那些美轮美奂、激情飞扬、放射着理想主义光芒、表现出勇武神威和无畏无私的奋斗精神的远古神话、历史传说和先秦人文精神。正是基于这样一种新的观念，鲁迅创作了《补天》、《奔月》、《理水》、《非攻》，通过女娲、羿、禹、墨翟等人物的塑造，在久远的历史中发掘出闪光点，为古老的中华传统文化找到了健壮发达的根系，使悠久的中华文化得以正本清源。女娲、羿、禹、墨翟这些古人身上焕发出来的英雄光辉，英雄的品质与性情，英雄的奋斗与追求，英雄的精神，是铸就中华文化的原始根基。

鲁迅即使认识了中国古代文化的博大精深，从中发掘出了一些辉煌的东西，也没有沉浸在过去而忘记现实的责任，作为“五四”一代革旧图新的知识分子，他一面做着整理、评价、传承中华文明的工作，一面又在“借古事的躯壳来激发现代人之所应憎与应爱”（茅盾，《〈玄武门之变〉序》）。正是由于这种“双重”责任的驱使，使《故事新编》的文本呈现出古今融会的景观。鲁迅曾在1933年作的《我怎样作起小说来》中说：“我仍抱着十多年前的‘启蒙主义’，以为必须是‘为人生’，而且要改良这人生。我深恶先前的称小说为‘闲书’，而且将‘为艺术的艺术’，看做不过是‘消闲’的新式的别号。所以我的取材，多采自病态社会的不幸的人们中，意思是在揭出病苦，引起疗救的注意。”（鲁迅，《南腔北调集》）可见，他的小说创作始终坚守着“五四”知识分子救世的精英意识和革新中国传统文化的理想；而且，还以他独特的个性在体现“五四”精神的同时，表现出锐利、坚韧的战斗性。这种风格在《呐喊》、《彷徨》中孕出，在《故事新编》中得到深化、发展和创新。所以，从题材上看，《故事新编》与《呐喊》、《彷徨》风格迥异，但题旨是基本一致的。

《故事新编》和《呐喊》、《彷徨》一样流露出鲜明的文化批判性和对国民精神的审察、批判及救治追求。这就是为什么《故事新编》本来“是神话，传说及史实的演义”（鲁迅，《南腔北调集（自选集）自序》），鲁迅在创作中却“无论如何，止不住……从认真陷入了油滑”，而且“过了十三年，依然并无长进”（鲁迅，《故事新编·序言》）。“故事”与“现实”杂糅的所谓“油滑”最终成了他坚守“五四”立场的一种方式。

因此，《故事新编》实际上存在着两个创作意图：一是挖掘中华文化的优秀根源，这相对于《呐喊》、《彷徨》来说，是主题上的深化、发展和创新；二是沿着《呐喊》、《彷徨》的创作思路，继续对传统的以儒家文化为基础的社会价值系统进行批判，对国民精神进行分析、救治。这两个创作意图，是鲁迅在长期研究中国传统文化、思考中国文化革新的过程中，一直通过小说创作探索的两个方面。《呐喊》中曾收录过《补天》（原名《不周山》），这篇被称为“纯文艺”（成仿吾，《〈呐喊〉的评论》，《创造季刊》第2卷第2期，1924年）的与《呐喊》中其他作品风格迥异的小说突然在1922年出现，表明他已确立起了这样的创作思路，即：在批判儒家伦理文化的同时，也开始探寻民族文化的优秀根源并加以弘扬；同时，《补天》中“道士”的出现表明他已认识到了中国传统文化的多元性。如果说《呐喊》、《彷徨》中的主要篇章意在暴露、批判封建专制制度的黑暗和儒家伦理文化的罪恶，那么，到了《故事新编》中，鲁迅描写“古衣冠的小丈夫”，打着“女娲氏之肠”的禁军，弄虚作假、瞒上欺下、庸俗不堪的理水大员，“文化山上”的学者，首阳村里的一等高人小丙君，喜怒无常的暴君楚王，诸如此类的大量反面人物被描绘出来，就是要继续“把那些坏种的祖坟刨一下”（鲁迅，《致萧军萧红》，1935年1月4日）。如果说《一件小事》表明鲁迅已开始关注民众中蕴藏着高尚、伟大的力量，那么，《故事新编》中女娲、羿、禹、墨翟等英雄形象的塑造，则显示出他“要表彰‘中国的脊梁’”（王瑶，《鲁迅〈故事新编〉散论》，《纪念鲁迅诞生一百周年学术讨论会论文选》，长沙：湖南人民出版社，1983．2．第73页）。这就是辩证法，鲁迅用小说创作显示了他对中国传统文化和中国民众一分为二的评价态度。

当我们按照八篇作品的编排顺序解读《故事新编》时，可以清晰地把握到鲁迅思考中国传统文化的思维脉络，《补天》中的女娲是真、善、美的化身，寄托了鲁迅对美好人性的理想。女娲是鲁迅对人类源头的假想，她拥有自由、天然的生命形式，纯真、健美、青春，本能地具有不畏艰辛的劳动品质，富有高尚的创造精神和强大的创造能力。鲁迅用充满激情的赞美笔调描绘了女娲的“醒来”和她如何以伟大母性的爱在忘我的劳动中对人的创造以及她以本能的不畏艰辛的劳动品质和不畏世俗任何阻力完成了补天的使命。然而，女娲这样一位美丽、崇高、至善的英雄，在为人间补天时，“有时到热闹处所去寻些零碎，看见的又冷笑，痛骂，或者抢回去，甚而至于还咬伊的手”（《故事新编·补天》），更有“顶长方板的”诬蔑她“裸裎淫佚，失德蔑礼败度，禽兽行”（《故事新编·补天》）。在这里，对救世英雄的赞美和对世俗社会的批判被统一了起来。女娲的悲哀不仅在于活着时就受到那些被儒家伦理文化世俗化了的人们的说三道四，得不到丝毫的帮助，也不被理解；更大的悲哀在于她死后，最大的受惠者竟然是那些背离她品质和精神最远的人们。富有理想精神的“神”创造了人，而人却成了“神性”的异化力量。人类在原始时期具有的“神”性色彩正在消亡，这是《补天》作为开篇之作为《故事新编》确立的基调。这种基调反映了鲁迅对人类历史的感伤思考。他通过《补天》发掘、追寻着神性的光辉，却又冷静、清晰地看出了现实中人性的异化和退化。作为“五四”启蒙文化的倡导者，鲁迅其实是在通过女娲形象及其所处的境遇，写自己的理想追求与感伤情怀。

《奔月》中的羿是个英雄，为了救世曾射落令天下禾稼枯黄的九颗太阳，为保世界平安也曾射杀过封豕长蛇，然而，历史的演进却让他成了末路英雄，当农耕时代到来的时候，羿这个狩猎时代的英雄陷入了无用武之地的困境，是那么轻易地就被人们遗忘了。更可悲的是，他的学生不仅盗用他的名誉，而且还向他施放冷箭，极尽能事陷害他。而普通人比如“养母鸡的老太太”，又是那么轻信盲从，被“一月就听到四五回”的真正谎言欺骗了，反说“羿”是骗子。羿陷入了生存危机，不为俗世所容。最后只有选择“再去找道士要一服仙药”，追随嫦娥去月宫，离弃了这人世。羿作为一个神射手，他怎能忍受得了“满眼是胡蜂、粉蝶、蚂蚁、蚱蜢，哪里有一点禽兽的踪迹”这样平庸的生活？凶禽猛兽是动物中的精灵，世上精灵越来越少，或竟至无，羿陷入了无敌的悲哀中。没有了高强的对手，原本存在于人间的神力便开始消亡。创造了人类且能够补天的神圣英雄女娲累死了，美的化身嫦娥飞到月宫去了，有英雄性情且带有神性的羿离弃人间而去了，世界正越来越失掉高贵、至善、美丽与崇高，剩下的、越来越多的就是平庸、争名夺利、轻信盲从、阴谋陷害，或是隐世逃遁。这样的世界，怎能不遭受灾难！于是有“汤汤洪水方割，浩浩怀山襄陵”，上天用洪水来洗劫人间的罪恶。不过，人毕竟还是苍天爱惜的子民，于是治水英雄禹出现了。

从《理水》的描述来看，禹已不再如女娲、羿是神性的英雄，而是人性的英雄。他身上有神性光辉，同时也有人的俗套，他的妻子则完全变成了一个会骂街的俗女人，这与《奔月》中嫦娥的美丽和飞升成仙形成鲜明对比。他在治水时决定“非‘导’不可”，表现出一种坚毅、果敢、创新的宏大气魄，但是，“禹爷自从回京以后，态度也改变了一点：吃喝不考究，但做起祭祀和法事来，是阔绰的；衣服很随便，但上朝和拜客时候的穿着，是要漂亮的。”禹成功以后，开始变得俗套起来。这种俗套表明他已无力摆脱俗世的围困，他身上的神性光辉开始丧失。这和女娲、羿基本上跟凡间难以沟通形成鲜明对比。禹这样一个人性英雄，跟神性英雄一样，也是一开始不为世俗所容。当他在艰苦卓绝的奋斗中治水的时候，俗世的人们，特别是那些文化山上的学者们，不仅怀疑他的救世能力，甚至否定他的存在，用所谓的考据学问、遗传学问诬蔑他。一旦他成功了，立刻就被俗世神化。而俗世对他的神化，恰恰是“神”被俗化，被“非神性”化。当他被传为一只黄熊疏通了九河时，他作为人原本存在的“神性”光辉便消亡殆尽了。治水英雄禹，先遭受了诬蔑性的怀疑，后又被神化的过程，表明了鲁迅对中国文化中否定人性英雄而神化英雄的批判性思考。禹是女娲和羿的精神品质的继承者，或者说，扶危救世的英雄情怀在人间本来还有流传，在禹及其追随者那里得到了体现，但是他们一旦被世俗神化，实质上已变成了统治阶级对自己的神化，也就是对人的本质力量的否定，是对民众的欺瞒和政治诈骗。鲁迅通过描述禹的成功及其成功后被官僚机构神化和围隔离世的过程，批判了人类社会演进过程中、特别是中国社会中神化英雄的消极因素。《故事新编》中蕴藏着的悲剧气氛至此已被渲染得十分浓重。在中国社会的历史进程中，最能体现人的本真和本质力量的神性光辉正在消亡，人在自觉自愿或无可奈何地做着由非自然的权力和机制创造出来的“神”的奴隶，原本属于人的“神力”正在被异化，因而开始消亡。

《采薇》中的伯夷、叔齐是两个君子，他们能诚心恪守礼让与孝悌之道，实属难能可贵。然而在英雄消亡、王道已坏的世界上，又哪里有君子的容身之所？饿死荒野是他们的惟一下场。伯夷、叔齐固然迂腐，可是人们生活的世界不是更可悲吗？人们呀，你们将往哪里去？我们仿佛听到鲁迅那沉重的慨叹和质问？鲁迅让伯夷、叔齐在人各为己、争争抢抢、见风使舵、惟名利是图、谣言四起的世界里，为“礼让”与“孝悌”唱了最后一首挽歌。历史行进到商、周时代，奴隶制社会已开始由盛转衰，统治阶级尽管兴礼作乐，建立了一整套的典章制度，然而，真正的如伯夷、叔齐那样的君子亡了国，社会的统治权掌握在商纣王那样的暴虐者手中。除暴者周武王既是英雄，又是破坏礼典的犯上做乱者。到这时，世上不仅再也没有了女娲、羿那样的神性英雄，连禹那样的人性英雄也没有了。

英雄难道真的消亡了吗？让我们沿着鲁迅的思想脉络，翻开《铸剑》篇。《铸剑》中的眉间尺和宴之敖，完全是靠了“守义”建立起生死与共的关系，复仇的大业是完成了，然而，义士的头颅却与残暴的楚王之首搅成了一锅汤，义士与暴虐者难以分辨。在宴之敖身上已经没有了救世的英雄情怀，有的只是那种“路见不平拔刀相助”的义气。宴之敖不是英雄，而是侠客。侠客是隐遁的英雄，他们本领高强，除强扶弱，却少有崇高的社会责任感，往往我行我素，独来独往，游离于社会之外。《铸剑》这篇充满魔幻色彩的小说，历来被看做是象征手法高超、寓意深远的佳作。它被编在《故事新编》八篇作品的中间部位，从历史时序上看，具有承上启下的总结性和过渡性作用。如果顺着前面四篇作品主题的逻辑思路梳理下来，至《铸剑》表现的历史年代时，我们再也看不到以天下为己任的神性或人性英雄，世界上已没有英雄，也不存在君子、义士。道义与私仇，救助与利用，暴虐者与反抗者，都没有了界限，成王败寇，这就是世界的生存法则。以天下为己任的神性的英雄光辉已永远消失了，世界上充斥着人与人相争的是是非非；实际上是无是无非，乱七八糟，一团糟。所谓“三王陵”者，传说也好，事实也罢，在文化意义上都是最深刻的讽刺。启蒙者鲁迅把这样一个世界呈现在人们面前，难道不发人深省吗？

《故事新编》主题的整体寓意至《铸剑》篇已渐趋明显，到了《铸剑》所表现的春秋时代，社会已陷入了灾难的泥淖，崇高的神性精神逐渐消亡，人的美好天性已被人性之恶所遮蔽，人类面临着新的抉择，人类社会需要新的秩序。于是鲁迅把救世的目光投向了知识分子，在知识分子身上寻找拯救社会的理性光芒。他首先在《出关》中否定了老子的方式。老子作为一个文化人，是有独立人格的，作品中象征性的反复描写他“毫无动静地坐着，好像一段呆木头。”也许他看透了王权的本质，看破了俗世的混乱，所以才主张“无为”，要独善其身，但是，不论是要逃出那王权象征的“关”，还是要逃避俗世的是非，逃避者都不是英雄，也没有了义士的血性和刚烈，基本上就是一个弱者了。

《非攻》中的墨子是一个有英雄情怀的人，他自觉担当起了救世的责任，并依靠自己的才干挫败了公输般的战争武器，说服楚王不再进攻宋国，从而实现了他的维护和平的抱负。《非攻》原名《扶危》，这可以看出鲁迅在墨子身上寄以厚望。可以说，墨子是鲁迅塑造的扶危济世的理想知识分子典型，寄托了他对人类社会新英雄的理想。墨子把知识与技巧应用到救世扶危上，显然寄托了鲁迅的人生价值观与理想。墨子这一光辉形象在编末的出现，表明鲁迅还是认为人间有英雄，英雄的精神还是流传了下来，只不过他们已被深深地埋没在了民间。墨子就是这样一个隐没在民间的英雄，这位说服了楚王不再进攻宋国，拯救了宋国的英雄，“一进宋国界，就被搜检了两回；走进都城，又遭到募捐救国队，募去了破包袱；到得南关外，又遭着大雨，到城门下想避避雨，被两个执戈的巡兵赶开了，淋得一身湿，从此鼻子塞了十多天”（《故事新编·非攻》）。他的境遇一如女娲、羿和禹，一方面忘我地为社会做着贡献，一方面却遭遇着不公正的对待，经受着俗世带给的种种屈辱，甚至是陷害。而女娲、羿和禹是神性的英雄，他们完全可以超凡脱俗，墨翟却是个地地道道的平民百姓。英雄真是越来越难做了，鲁迅一方面呼唤着英雄的诞生，一方面也感慨着英雄的艰难。

最后一篇名曰《起死》，显然有起死回生之意。那“汉子”就是当年被西方人称做东亚病夫的中国的象征，当中国社会在“五四”启蒙文化的激荡下醒来时，面对世界真如一个赤条条的汉子，贫弱窘迫到了极点。谁来拯救这个世界？庄子式的知识分子只能借来“神力”唤醒这个世界（这里大概隐喻了“五四”资产阶级知识分子凭借西方文化所进行的启蒙活动），他们无力拯救这个世界，因为他们身上根本就缺乏英雄品质。庄子是文化人中那种极端自私者，他有一套深得统治者赏识的所谓高深学问，但缺乏对人的基本生存权利的尊重和肯定。当被他救活的汉子需要衣服时，他用“王瓜茄子赤条条”一类的理论企图蒙蔽愚弄那汉子，消除他对做人的基本要求；而他自己则既要有衣又要有袍，不肯施舍一件，因为见楚王得体面。庄子的所谓学问，包括他的存在本身，实际上成了统治者愚弄民众的工具。这里的确有鲁迅作为“五四”启蒙者的感伤与无奈，鲁迅大概想通过庄子这个人物形象告诉人们，“五四”一代知识分子像庄子一样只从精神上救世是行不通的。这里可能有对资产阶级文化与中国民众的实际生存状态存在着距离的讽刺。

综合以上分析，《故事新编》中隐含的思想脉络简单地说，就是追忆和挖掘中国文化中几乎被埋没了的英雄意识，关怀英雄的境遇，思考英雄品质在人间的衰落和几近消亡的过程，关心现实社会的生存状态和未来出路，通过艺术地展现英雄情怀与俗世的矛盾冲突，批判了庸俗与堕落，歌颂了英雄的精神，呼唤着英雄的诞生。这八篇作品在主题上连贯有序地组合成了一个有机整体，存在着内在的逻辑合理性，形成了整体的思想表达效果，使鲁迅对中国传统文化的思考、评价得到了充分完整的表达，寄托了一个“五四”启蒙者传承民族优秀文化、救治国民精神、振兴民族的理想与感慨。

第三节　茅盾的小说创作

一、茅盾生平与创作介绍

茅盾生于1896年7月4日，浙江省桐乡县乌镇人。原名沈德鸿，字雁冰。少年时沈雁冰就读于推行新式教育的学校，1913年考取北京大学预科，1916年7月，他完成在北京大学的学业，到上海商务印书馆编译所英文部工作。1919年，沈雁冰接手编辑商务印书馆主办的《小说月报》，大胆改革，一举成名。

在1927年前的20年代里，沈雁冰活跃在上海、广州、武汉等地，参与了大量社会政治活动，结识了毛泽东、董必武等政治家。1927年国共两党分裂，中国革命受挫折，沈雁冰也成了国民党政府的通缉犯。这时他躲在上海的家中开始了小说创作。1927年9月至1928年6月，完成了《蚀》三部曲，包括《幻灭》、《动摇》、《追求》三部中篇小说，第一次使用茅盾这一笔名。从此，沈雁冰以作家茅盾的大名闻于世。

1928年7月，茅盾为避国内政治之难去了日本。在日本期间，茅盾写了一些小说、散文，其中长篇小说《虹》较有影响。1930年底，茅盾回到上海，与鲁迅、瞿秋白等有交往，并参与了左联的一些活动。1931年10月，茅盾正式动笔创作长篇小说《子夜》，1932年12月脱稿。1933年1月《子夜》由开明书店出版，立即在全国引起轰动。不到3个月重版4次，初版3000部，再版5000部。1934年2月，国民党中央党部以"鼓吹阶级斗争"的"罪名"查禁了149种著作，《子夜》及茅盾的其他作品计7种在查禁之列。后经一些书店老板力争，《子夜》列为应删之书。

1937年12月，茅盾携妻去了香港。1938年9月，完成长篇小说《腐蚀》。1938年底，离港经越南至昆明，1939年1月经兰州到了新疆。1940年往重庆途中在西安见到了朱德、周恩来，转往延安。在延安期间，见到了毛泽东等许多中共高层领导人。1940年10月去重庆从事抗战文化工作。1941年1月皖南事变后，茅盾再去香港。1941年12月太平洋战争爆发，茅盾回到大陆，1942年8月在桂林着手写长篇小说《霜叶红似二月花》。1946年5月茅盾到了上海，11月底往苏联访问，1947年4月回国到上海。中华人民共和国成立后，茅盾任第一任文化部长。

茅盾的创作另有短篇小说"农村三部曲"：《春蚕》、《秋收》、《残冬》。还有《林家铺子》以及历史小说《大泽乡》、《豹子头林冲》、《石碣》。茅盾还有大量散文和文学评论方面的著述。

二、《子夜》评介

茅盾被称为是"社会剖析派"小说家的代表人物，他的确也是在通过小说创作研究着社会，为社会寻求着出路。他的代表作《子夜》深刻地揭示出了20世纪30年代中国社会的一些问题，暴露了社会的黑暗。小说的中心人物是民族工业资本家吴荪甫，他出身于上海附近的大地主家庭，曾出国留学，有工业救国的思想，雄心勃勃，本领高强，想让工厂那高大的烟囱遍布全中国，让自己工厂的产品流进每个村落。可惜吴荪甫生不逢时，当时的中国社会由于国民党统治的腐败，外有帝国主义的军事侵略和经济侵略，内有军阀混战和无产阶级的革命暴动，在这样的社会背景下，吴荪甫的工业救国只能是一种空想，必然要以失败告终。

小说以上海和上海附近的吴桥镇为背景，写出了一部"白色都市和赤色农村的交响曲"。作品从吴荪甫的父亲吴老太爷因乡下闹暴乱到在上海开工厂的儿子家避难写起。吴老太爷是个像干尸一样的老封建地主，一进了大上海，就因受不了城市里花花绿绿的景象刺激，死了。大资本家吴荪甫的老爹死了，自然引起了上海工商业界和金融界的注意，于是借吊丧之机，杜竹斋、冯云卿、赵伯韬等各色人物纷纷登场。赵伯韬是官僚买办资产阶级的代表，他既和帝国主义势力紧密勾结，又同军阀政要关系密切，他与民族资本家吴荪甫是天生的死对头。赵伯韬因拥有得天独厚的社会地位而变得狂妄不可一世，他宣称："中国人办工业没有外国人帮忙，都是虎头蛇尾。”在与吴荪甫的争斗中，他始终掌握着主动权，他可以买通军阀，依托南京的政治势力，操纵公债市场。他毫不掩饰地说：“吴荪甫会打算，就可惜还有我赵伯韬要故意同他开玩笑，等他爬到半路，就扯住他的腿！”事实也是这样，中国的民族工业在帝国主义势力和官僚买办资产阶级的夹缝中，一直难以有大的发展。吴荪甫纵有雄才大略，也难以敌过来自帝国主义和官僚资本主义的双重压迫，他又无力改变当时中国社会的政治制度，最后只好在破产中自杀。小说通过吴荪甫的奋斗与失败，批判了国民党统治的反动性，暴露了社会的黑暗，寓示了无产阶级革命的合理性。

第四节　巴金的小说创作

一、巴金生平与创作介绍

巴金于1904年11月25日出生在四川成都一个封建地主家庭，名尧棠，字芾甘。少年时开始受到五四新文化的影响。1920年秋，巴金进入了成都外国语专门学校，这大大便利了他接受新思想。这一时期，巴金阅读了俄国著名的无政府主义革命家、理论家克鲁泡特金（1842—1921）的《告少年》，这是一篇用宣传的笔调、雄辩而通俗的语言写成的对青年人的“谈话”。在这篇长文中，克鲁泡特金号召资产阶级家庭出身的青年们“到民间去”，献身于“在民众中间为真理，为正义，为平等”斗争的崇高事业。巴金后来追忆道：“从《告少年》里我得到了爱人类爱世界的理想，得到了一个小孩子的梦幻，相信万人享乐的社会就会和明天的太阳同升起来，一切的罪恶都会马上消灭。”（巴金，《信仰与活动》，《水星》月刊，第2卷第2期，1935年5月10日）少年意气的巴金一旦确立了某种信仰，就难以抑制住用实际行动来反抗旧社会的激情，可是又不知道从何做起，于是他给《新青年》的编者陈独秀写了一封信，“恳求他给指一条路”。尽管去信石沉大海，他并没有灰心，与当地出版的《半月》杂志建立了联系。1921年4月，巴金在《半月》第17号上，发表了平生第一篇文章，署名芾甘，文章的题目叫《怎样建设真正自由平等的社会》。这篇稚气十足的千字短文传达了少年巴金的勇气，也流露出无政府主义思想对他的影响。1921年至1922年，巴金还参与创办了《警群》和《平民之声》两个刊物，发表了一些攻击黑暗、希望改变现实一类的文章。就思想实质来看，仍然没有超越无政府主义的影响。巴金青少年时期的这些活动，为他后来走上文学道路打下了良好的基础。

巴金从1922年开始发表第一首诗歌起，在20年代和30年代都有诗歌创作，不过他的诗大都是抒发政治激情的，特别是20年代的诗，直陈观念，在形式上又过分自由、松散，因此，在诗坛上他几无影响。

1923年4月初，巴金和三哥尧林一道走出四川，到上海、南京求学，1925年夏，兄弟俩一道从东南大学附中毕业。巴金只身往北京报考北京大学，不料在检查身体时发现肺部患病，只好回到上海，边养病边读书、翻译、写作。开始体验职业作家的乐趣。

1927年1月15日，巴金在黄浦江边登上法国邮轮，与朋友一道自费去法国。34天新奇而有趣的海上旅行，使他那艺术家的感觉得到了驰骋的机会，一路写出39篇短文，包括收入中小学语文课本的《海上的日出》、《繁星》等脍炙人口的美文。在巴黎，巴金继续过着读书、翻译、写作、养病的生活。1928年夏，整理完成了中篇小说《灭亡》，并第一次使用

"巴金"这个笔名。《灭亡》在1929年1月出版的《小说月报》第20卷第1期开始连载，引起读者和批评界的注意，巴金也以他的第一部小说成了名。

1928年12月，巴金从法国回到上海定居。开始了真正的职业作家生活和文化活动家生活。1931年春，巴金答应为上海《时报》副刊写一部连载小说。4月18日，一部题为《激流》的长篇小说开始连载。连他自己也没料到"竟然把这一年的光阴差不多完全贡献在写作上面了"。（《写作生活的回顾》，《巴金短篇小说集·第一集》，开明书店，1936年2月版）他后来曾说："从这一年起我才开始'正式地'写起小说来，以前我只是在读书、翻译或旅行的余暇写点类似小说的东西。"（《爱情的三部曲·总序》，《雾》，良友图书印刷公司，1936年4月版。）1931年是巴金创作的一个丰收年，他写成了第一部长篇小说《家》，还有两部中篇小说：《新生》（第一稿）和《雾》，另有《老年》、《墓园》、《亚丽安娜》、《光明》、《狗》、《我的眼泪》等九篇短篇小说。30~40年代，是巴金创作的高峰期，影响较大的作品有长篇小说"激流三部曲"：《家》（1931）、《春》（1938）、《秋》（1940）；"爱情三部曲"：《雾》（1931）、《雨》（1932）、《电》（1933）；"抗战三部曲"：《火》（第一部）（1938~1940）、《火》（第二部）（1941）、《火》（第三部）（1943）；《寒夜》（1945~1947）；中篇有《春天里的秋天》（1931）、《憩园》（1944）、《第四病室》（1945）等。

巴金在1934年11月至1935年8月先后在日本的横滨和东京住了近十个月，过了一段闲适、平淡、孤寂、思索的时光。回国后做了大量编辑工作。抗战期间，他积极地参与了抗战文化工作。1948年6月巴金曾到台湾做过一次短期旅行。1950年、1954年、1956年，巴金作为中华人民共和国的文化使者多次出国到波兰、苏联、民主德国、越南等地访问。抗美援朝战争期间，他两次赴朝鲜采访，创作了大量散文、通讯、短篇小说，后辑为《生活在英雄们的中间》（散文集）、《英雄的故事》（小说集）、《保卫和平的人们》（散文集）、《明珠与玉姬》（小说集）。"文革"期间，巴金成为"审查对象"，经受迫害与折磨。1976年秋，巴金随着大陆政治生活的新变化开始了新的生活。1979年出访法国，1980年出访日本。1978年12月至1986年8月，巴金完成了五本总题为《随想录》的散文集，计40多万字。耄耋之年，有此所为，实属难能可贵。

二、《寒夜》评介

《寒夜》是巴金优秀的长篇小说，写于1944年到1946年。小说以抗战胜利前后的国民党"陪都"重庆为背景，描写了一个由一对年轻夫妇和他们的儿子以及丈夫的母亲组成的四口之家的离散悲剧，控诉了日本帝国主义的侵略给中国普通民众带来的生活灾难和心灵创痛。主人公汪文宣是一个善良正直、忠厚老实又性格懦弱的小职员。他在大学时代曾有过美好的理想和爱情，和他的妻子曾树生曾一起憧憬过教育救国的美好人生前景。但是严酷的社会现实，尤其是抗战的爆发，粉碎了他的梦想，他无钱无势，又不会钻营投机，只能一直当一名小校对员。在艰难的生活重压下，他染上了肺病。长年累月，拖着病体，在主任科长之流的歧视和欺压下，战战兢兢，拼命工作，以保住一份低微的薪金。由于生活困难，他的肺病日益恶化，引起年青而充满活力的妻子曾树生的烦躁不满，婆媳之间也经常发生争吵。这一切使汪文宣经受着更大的情感折磨，终日不得安宁。后来汪文宣被解雇，他妻子曾树生又在公司经理的安排下，离开家庭远去兰州工作。这使汪文宣遭受到更严重的伤害，终于在剧烈的病痛和悲伤中死去。等抗战胜利后，曾树生回到重庆，儿子和婆婆已不知去向，丈夫也不知葬在何方。

《寒夜》作为悲剧性的作品，其中没有惊心动魄的冲突，也没有可歌可泣的斗争，所有的只是一个"吐尽了血痰死去的人"及其家庭的平凡而不幸的生活。作品中的人物都有各自的缺点，但都屈服在生活的重压下，没有一个人起来为改造生活而斗争。作品的意义正如作家所说："我对这三个主角全同情。要是换一个社会，换一个制度，他们会过得很好。生活这样苦，环境这样坏，纠纷就多起来了。我写《寒夜》就是控诉旧社会，控诉旧制度。"（见《关于〈寒夜〉》）作家正是通过小人物的悲剧，揭示出了社会悲剧的普遍性和深刻性，更显示出对普通民众的同情和关怀。

第五节　老舍的小说创作

一、老舍的生平与创作

老舍（1899—1966），原名舒庆春，字舍予，满族。1899 年 2 月 3 日生于北京一个城市贫民家庭。其父是清皇城的一名护军，1900 年八国联军侵入北京时阵亡。他母亲靠给人缝洗和在小学校当佣工来维持一家人的生活。贫寒的家境使他在幼年和少年时代就十分熟悉北京下层市民的生活。这决定了他后来文学创作的视野和风格。1913 年，老舍考入北京师范学校，1918 年毕业后，担任北京方家胡同小学校长，后又被提为北京市北郊劝学所劝学员。1922 年至 1923 年春，在天津市南开中学任国文教员，这期间创作了一篇白话小说《小铃儿》，发表在 1923 年 1 月《南开季刊》第二、三合期。

1921 年老舍加入基督教。1923 年回到北京，在教育会里任文书，并在北京一中任国文教员，晚间到燕京大学旁听英文，这期间结识了一位英籍朋友艾文思。1924 年夏赴英国，在伦敦大学东方学院任华语教员。在英国期间创作了《老张的哲学》、《赵子曰》、《二马》三部长篇小说。

1929 年，老舍离开伦敦，游历了欧洲一些国家。后到新加坡，在一所华侨中学教国文，创作了长篇童话《小坡的生日》。1930 年初回国至抗战爆发前，老舍先后在济南齐鲁大学、青岛山东大学任教。1931 年写成长篇小说《大明湖》，可惜书稿在商务印书馆付排时，被"一·二八"沪战炮火焚毁。这期间老舍的其他主要创作有：政治寓言体长篇小说《猫城记》（1932）、长篇《离婚》（1933）、长篇《牛天赐传》（1934）等。中篇《月牙儿》、《阳光》、《我这一辈子》。1936 年夏，老舍辞去教职，开始正式写作《骆驼祥子》，1937 夏完成。

1937 年抗日战争爆发后，老舍只身离开济南奔赴武汉，参加了中华全国文艺界抗敌协会（简称"文协"），并被推举出来主持"文协"的日常工作，组织出版了"文协"会刊《抗战文艺》。抗战期间，老舍创作了长诗《剑北篇》，话剧《残雾》、《张自忠》、《面子问题》、《归去来兮》，短篇小说集《火车集》、《贫血集》，长篇小说《火葬》、《四世同堂》第一部《惶惑》（后改名《小羊圈》）和第二部《偷生》。

1946 年受美国国务院邀请，老舍和曹禺一起赴美讲学一年。期满后老舍继续留美从事创作，完成《四世同堂》第三部《饥荒》（后改名《事在人为》）和长篇《鼓书艺人》。

1949 年回国，五十年代的创作有话剧《龙须沟》、《茶馆》。"文革"开始即受迫害致死。

二、《骆驼祥子》评介

《骆驼祥子》是老舍早期创作中最优秀的作品。它描写了20~30年代北京城里一个人力车夫的悲剧，表达了作者对挣扎在社会最底层的劳动人民命运的深切关怀和同情。作品中的主人公祥子原本是个农民，健康、诚实、质朴、善良，还有些木讷、保守，从农村进了城以后，他就再也不愿回去了，他认为凭着劳动，他“可以有饭吃”，“娶上老婆”，建立自己美满的小家庭。于是他开始了拉车生涯。身体强壮，力气大，拉车本领高超，又能吃苦耐劳的祥子，终于买到了一辆属于自己的车，可是不久他的车就被军阀部队抢去了，他本人也被强征了民夫。冒着枪林弹雨逃回了北京，顺手牵了几只骆驼，半路卖了几十块大洋，使他第一次买车还算赔得不是太多。第二次买车的钱快要积攒够时，被特务敲诈走了。第三次买车用的是虎妞的私房钱，结果也因为埋葬虎妞把车卖了。小说以祥子买车的三起三落为情节发展的中心线索，通过祥子与兵匪、祥子与暗探、祥子与车厂主、祥子与虎妞、祥子与其他车夫的多重关系，淋漓尽致地表现了旧社会人力车夫的苦难生活，艺术地概括了祥子从充满希望到挣扎苦斗，直至精疲力竭，走向堕落的悲剧的一生，有力地说明了在黑暗的社会里，想仅凭个人奋斗，劳动发家，只不过是一种幻想。祥子由一个劳动力旺盛的有生活憧憬的人，一个自爱、自强，努力奋斗的人，最后变成一个懒散的、自暴自弃、堕落的人，这完全是社会的黑暗造成的。作品通过描写祥子的人生历程，暴露和鞭挞了社会的罪恶，能激起人们对旧世界的极大的义愤。

三、《四世同堂》评介

老舍于1944年正式动笔写作《四世同堂》，1946年在美国期间完成全部创作。作品共100段，约百万字。小说描写了抗战八年间北平市民屈辱苦难和抗争的生活，通过祁家、钱家、冠家等市民家庭各类人的生活变迁和心灵变化历程，展示了市民社会中各种人在国家危亡时期的不同选择，歌颂了普通市民中蕴藏的强大的爱国主义精神，讽刺和批判了投敌叛国的民族败类，展示了民族的新生。

小说从“七七”抗战那年写起，以北平西城护国寺附近的“小羊圈”胡同里一个四世同堂的祁家为主体，塑造了75岁的祁老太爷、50岁的祁老爹、50多岁的钱默吟、李四爷等老一代市民形象，他们中的钱默吟由一个整天养花种草、守着文房四宝度日子的“隐士”，后来变成了一个从事抗日活动的战士，这是老一代市民在民族危难中觉醒并得以新生的代表。祁家孙子辈的老三祁瑞全，冠家的大女儿高弟，是小羊圈胡同里年轻一代在抗战洗礼中得以新生的代表，他们都成长为了为民族解放事业而奋斗的抗日战士。作品也表现了许多普通市民的觉醒和反抗，尽管他们的反抗结局大都是悲剧，如人力车夫小崔被砍头，剃头匠孙七被活埋，但正是由无数普通人的反抗悲剧，酝酿成了全民族的觉醒与新生。作品在表现普通市民的苦难和觉醒与新生的同时，也刻画了冠晓荷、大赤包儿、蓝东阳、胖菊子、招弟等民族败类的丑态。

《四世同堂》没有正面描写轰轰烈烈的抗日斗争，而是通过描写沦陷区北平的种种亡国惨象，较深刻地着重从文化层面剖析了造成民族灾难的根源。可以说，《四世同堂》是一部文化反思的文学巨著，丰富而深刻的文化内涵，使之具有独特的价值。

作品所描写的祁家是中国传统的农耕文化的典型代表，祁家人的伦理文化和社会心态，是民族传统文化心理的一种典型状态。祁老太爷这一形象典型地体现了这种传统文化心理。他是胡同里一位颇有影响的人物，生于清朝末年，一辈子信奉“磕头说好话”的处世哲学，并且还将这种处世哲学传授给子孙们，形成了“祁家文化”。在血与火的斗争中，祁老太爷逐渐明白了“磕头说好话不见得准有好处”。“祁家文化”的另一核心内容就是“孝悌之道”。中国传统文化是“以家为本”，以“孝悌”为核心。正是这种“孝悌之道”使祁家的长孙祁瑞宣陷于极端矛盾之中。祁瑞宣是作品所描写的最有深度的形象。他是一位“温雅自然”的知识分子，在平静的日子里，他是一个持家敬老，安于本分的人。“七七”事变的发生使他失去了平日的沉静，家与国的矛盾，使他处于极度的“惶惑”中。他不愿留在北平当亡国奴，但又不愿离家出走。他的祖父的理想是“四世同堂”，作为长孙、当家人，他觉得自己有义务维系这“四世同堂”的家庭。他对即将出走的祁瑞全说：“只好你去尽忠，我来尽孝了！”他在北平“苦混”，不想当亡国奴，但又在承受着亡国奴的屈辱。所谓“偷生”，指的就是这种屈辱的生活。他自己也明白，是“全民族的传统的孝悌之道使他过分地多情——甚至可以不管国家的危亡！他没法一狠心把人伦中的情义斩断，可是也知道，家庭之累使他，或者还有许多人，耽误了报国的大事！这样‘偷生’，使他十分痛苦，他的‘心’受着苦刑。”当然，他后来从痛苦的矛盾中挣脱了出来，效法钱默吟，做了许多有利于抗战的事。作品通过展示“祁家文化”和塑造祁老太爷、祁老爹、祁瑞宣、祁瑞全、小顺子妈和小顺子、妞子，也包括祁家的另类祁瑞丰和胖菊子，说明了传统文化的消极面使中华民族积贫积弱，在遭受帝国主义侵略时必然要经受痛苦的抉择，才能奋起自救。好在祁家的抉择是成功的，除了孙子辈的老二祁瑞丰和他的妻子胖菊子成了民族的罪人外，其他人都在抗战的洗礼中得到了新生。作品第二部第四段中有一个细节，小顺子被两个日本小孩撞倒了，骑在身上当马玩，小顺子哭着喊妈。小顺子的妈跑出来，这个一向贤惠、温顺的家庭妇女愤怒了，“她的眼，一看到小顺子变成了马，登时冒了火。在平日，她不是护犊子的妇人；当小顺儿与别家孩子开火的时候，她多半是把顺儿扯回家来，绝不把过错安在别人家孩子的头上。今天，她可不能再那样办。顺儿是被日本孩子骑着呢。假若没有日本人的攻陷北平。她也许还不这么生气，而会大大方方地说：孩子总是孩子，日本孩子当然也会淘气的。现在，她却想到了另一条路儿上去，她以为日本人灭了北平，所以日本孩子才敢这么欺负人。她不甘心老老实实地把小孩儿扯回来。她跑了过去。伸手把‘骑士’的脖领抓住，一抡，抡出去；骑士跌在了地上。又一伸手，她把小顺儿抓起来。拉着小顺儿的手，她等着，看两个小仇敌敢再反攻不敢。两个日本孩子看了看她，一声没出地开始往家中走。她以为他们必是去告诉大人，出来讲理。她等着他们。他们并没出来。她松了点劲儿，开始骂小顺儿：‘你没长着手吗？不会打他们吗？你个脓包！’小顺儿又哭了，哭得很伤心。‘哭！哭！你就会哭！’她气哼哼地把他扯进家来。祁老人不甚满意韵梅这样树敌，她更挂了火。对老人们，她永远不肯顶撞，今天，她好像有一股无可控制的怒气，使她忘了平日的规矩。是的，她的声音并不高，可也能听得出她的顽强与盛怒：‘我不管！他们要不是日本孩子，我还许笑一笑就拉倒了呢！他们既是日本孩子，我倒要斗斗他们！’”从这段描述可以看出，一个家庭妇女也在压迫中做出了义无反顾的反抗，民族意识觉醒了。

《四世同堂》写的虽然是一个时代的悲剧，但却哀而不伤，既写出了民族的深重危机，也表现了民族的自信心。作品虽然批判了传统文化的消极面，但也颂扬了传统文化积极的一面。“钱家文化”主要体现了传统文化积极的一面。钱默吟原是一位旧知识分子，在他身上当然也反映出传统文化的一些消极东西。他身穿大褂，写作旧诗，避世隐居，与世无争，虽身居都市，但“他的每天的工作便是浇花，看书，画画，和吟诗”，高兴时，“喝两盅自己泡的茵陈酒”，不仅不关心国家大事，而且对谁都“维持着相当的距离”。然而他却很重气节，宁肯受穷，也不丧失气节，“饿死事小，失节事大”。他恪守的气节就是民族意识，也就是传统的爱国主义精神。他把自己与北平的关系比喻为花与树的关系：“一朵花，长在树上，才有它的美丽；拿到人的手里就算完了”，“假若北平是树，我便是花，尽管是一朵闲花。北平若不幸丢失了，我想我就不必再活下去。”在他身上，反映了民族传统文化的二重性。钱默吟最后由隐士变成了战士，生动地揭示了民族传统文化在争取民族生存的血与火的斗争中发生了裂变，得到了新生。

第六节　萧军、萧红的小说创作

一、萧军、萧红的人生与创作

萧军（1907—1988），原名刘鸿霖，1907 年 7 月 3 日生于辽宁义县沈家台镇下碾盘沟村，家境贫寒。1917～1925 年，跟随在长春谋生的父亲生活，曾在吉长道立商埠国民高等小学校上了一段时间学，不久被开除。1925 年春，十八岁的萧军经乡亲介绍，到吉林城当了骑兵，开始了“诗酒生活”。后因沈阳“东北陆军讲武堂”所属的“宪兵教练处”招考学兵，改名刘羽捷考取，到了沈阳。训练八个月后，1928 年春到哈尔滨开始实习生活，当了一名宪兵。1928 年冬，改名刘蔚天考入东北陆军讲武堂第九期炮兵科。1929 年 5 月 11 日，在《盛京时报》副刊发表了第一篇散文《懦……》，用笔名酡颜三郎。该文记叙了一个东北兵下士死后身首异地，头被一群兵士当球踢的事情，并发表了议论：“……那些军阀们，利用你们的性命夺地盘，发财致富，他们买姨太太，吃喝玩乐，你们死了，却在这里被狗啃，脑袋被大家当球踢，你们就这样甘心，难道你们就这样怯懦吗？……”之后，又接连写出《鞭痕》、《端阳节》、《汽笛声中》、《孤坟的畔》等。其中，《鞭痕》也是写旧军队非人的生活；《端阳节》、《汽笛声中》对妇女的悲惨命运表示了深切同情，前者就是萧军母亲的悲剧（萧军幼年时，其母受其父毒打，不堪辱，抛下只有七个月的萧军吞食鸦片而亡）。

1930 年春，在一次野外训练时，因看不惯军官体罚犯规学员，跟长官理论，受长官殴打时有反抗行为，差点用铁锹劈了长官，获罪，差点丢了命。后被开除。1931 年“九一八”夜，萧军与从乡下来的妻子住在一起，他当时是东北宪兵教练处的武术教官。

“九一八”后，萧军去了哈尔滨，与正在逃婚的北满娜拉萧红萍水相逢。救出萧红后，在他的鼓励下，萧红写出第一篇小说《王阿嫂的死》，署名悄吟。1933 年 10 月，二萧由朋友集资出版合集《跋涉》，收萧军作品有《桃色的线》、《烛心》、《孤雏》、《这是常有的事》、《疯人》、《下等人》；收萧红作品《王阿嫂的死》、《广告副手》、《小黑狗》、《看风筝》、《夜风》。《跋涉》中的作品大都描写失业的小资产阶级的苦闷、追求和社会底层民众的苦难与抗争，出版不久遭禁毁。

1934 年 5 月，二萧离开哈尔滨，辗转月余经大连去了青岛。在青岛，萧军写出《八月的乡村》，萧红完成《生死场》。1934 年 11 月，二萧离开青岛往上海。1935 年，《八月的乡村》、《生死场》和叶紫的《丰收》，作为“奴隶丛书”由鲁迅作序自费出版。萧军、萧红从此在中国文坛上成名。遗憾的是，这时两人的感情也出现了裂痕。

1936年7月15日，鲁迅一家为萧红饯行，三天后，萧红去日本疗养。8月，萧军到青岛，写出长篇小说《第三代》（第一、二部），另有《为了爱的缘故》、《未完成的构图》等短篇。期间与萧红有书信往来。

1937年9月，二萧乘船离开上海往武汉，十多天后蒋锡金在武汉码头迎接了他们，并把自己的两间屋腾出一间给他们。在武汉二萧与胡风、绀弩等筹办了《七月》。不久，二萧到了山西临汾的民族革命大学。1938年，萧军去了延安。

1946年，萧军回东北到佳木斯任东北大学鲁迅艺术文学院院长。不久辞职回哈尔滨创办刊物和鲁迅文化出版社。1947年5月4日，萧军主编的《文化报》创刊，1948年11月被迫停刊。后到鞍山、抚顺，1950年回北京，经彭真安排到市府文教委员会文物组担任考古研究人员，写出《五月的矿山》，并完成《第三代》之第三部《过去的年代》。当时这两部作品均无法出版，萧军给毛泽东、周恩来写信，经毛泽东批示才有出版社肯出版。

1957年，萧军成为与丁玲、冯雪峰、艾青等并列的“右派”分子遭受批判。期间他坚持写作，写出《吴越春秋史话》、《中国历史故事拾遗》，修改京剧《武王伐纣》。但都无法出版。萧军决定弃文从医，并通过了北京卫生局的行医资格考试，但市府未准其行医，将其调往北京戏曲研究所当研究员。

1988年6月22日，萧军去世。

萧红在1938年与萧军分手后，与端木蕻良生活在一起，后去香港，写出《小城三月》、《马伯乐》、《呼兰河传》等。1942年病逝于香港。

二、萧军的《八月的乡村》评介

《八月的乡村》在出版时署名田军，鲁迅在《田军作〈八月的乡村〉序》中说：“我却见过几种说述关于东三省被占的事情的小说。这《八月的乡村》，即是很好的一部，虽然有些近乎短篇的连续，结构和描写人物的手段，也不能比法捷耶夫的《毁灭》，然而严肃，紧张，作者的心血和失去的天空，土地，受难的人民，以至失去的茂草，高粱，蝈蝈，蚊子，搅成一团，鲜红地在读者眼前展开，显示着中国的一份和全部，现在和将来，死路与活路。”《八月的乡村》的确与俄国作家法捷耶夫的《毁灭》有相似之处，堪称一部英雄的战斗史诗。小说展示了“九一八”后东北民众的屈辱和抗争，描写了一支抗日武装的战斗生活，控诉了日本帝国主义在侵略东北时犯下的滔天罪行。这是一支在中国共产党的领导下正在成长的抗日队伍，由爱国的青年知识分子、原东北军军人、农民和一些曾参与过土匪活动的农民组成，他们中既有铁鹰队长、萧明、朝鲜族姑娘安娜等知识分子，也有唐老疙瘩、李七嫂、小红脸等在经受了日寇的凌辱后站起来的农民。小说特别描写了这些农民的民族意识的觉醒过程和投身战斗的心理历程。这些农民是那么的普通，甚至有些粗陋，但是，当他们扛起了枪，走上了抗击侵略者、保卫家国的征程后，我们看到了他们那不畏任何艰难与牺牲的顽强战斗品格；从他们身上，我们看到了民族的生机，看到了中国的民魂是不可能被征服的。在艺术上，作品具有浓郁的东北地方特色，表现出粗犷、雄宏的气象，蕴涵着壮美的英雄主义精神，流露出一种朴实、真切的“原生态”历史感。

三、萧红的《生死场》评介

萧红（1911—1942），原名张乃莹，黑龙江呼兰县人。1934 年在上海出版《生死场》时“萧红”这一笔名第一次被使用。鲁迅在为《生死场》写下的序言中评价萧红的创作说：“这自然还不过是略图，叙事和写景胜于人物描写，然而北方人民的对于生的坚强，对于死的挣扎，却往往已经力透纸背；女性作者的细致的观察和越轨的笔致，又增加了不少明丽和新鲜。”鲁迅所说的萧红小说的“越轨笔致”，就是指《生死场》把小说与散文的构架契合起来，情节被淡化，抒情性的叙述使小说具有了过分鲜明的散文色彩。作品显然不追求叙述的故事性和人物的直感性，而是在散文化的抒情中，强化出了诗的韵味，创造出了极富张力的艺术空间，为读者留下了广阔的想像和回味的空间。这种诗意化的小说笔法，体现出萧红女性作家特有的细腻和稚拙。她的疏淡自然，她的冷静客观中的深刻与独特，使她的小说具有一种天才式的魅力和独特风格。作品中写了王婆、赵三、金枝、二里半、李青山等众多东北乡村中的普通人物，很难说他们中的哪一个是主角，似乎都是主角又都不是主角。可以说，作品的艺术主体或主角就是它所表现的中国北方的乡野。这里有着北国的土地和牲灵，有着在日寇蹂躏下的死亡线上挣扎着的人群。作者并不美化他们，而是真实地展示出他们沉滞、愚昧、苦难但并没有彻底绝望的人生，显示出他们因落后而承受的“报应”和“惩罚”，从而呈现出北方人民的生命精神，呈现出一个独特的民俗社会。在日寇的铁蹄下，苦难中的东北民众并没有屈服，在他们几乎被生活重负压垮的躯体里，流淌着反抗的血液，他们有着顽强的生命精神，他们要做自己家园的主人。这些慵懒的农民，这些粗陋的农民，包括跛脚的二里半，最后都觉醒了，他们毅然地走上了反抗自救的道路，他们是在救自己的家园，也是在救自己的灵魂，更是在挽救着国家民族的危亡，他们在抵抗日本的侵略中得到了新生。

四、萧红的《呼兰河传》评介

《呼兰河传》是萧红关于她幼年生活记忆的一部自传体长篇小说，全书约有 15 万字，共七章，另有短短的尾声。除第一章、第二章外，其他内容都是用第一人称的笔调写成。整部作品可以分为三个部分。第一、二章写呼兰河城的地貌人情，风俗习惯。第三、四章描写了“我家是荒凉的”，并记叙了“我”的童年生活。第五、六、七章描述了“我”所看到的呼兰河城中人们的生活，每章各记叙了一个中心人物。第五章记叙的是跳大神的胡家娶回一个只有十二岁的女子做儿子的童养媳，这个被称为小团圆媳妇的活泼天真的女子，进了胡家的门不到一年，就在婆婆的毒打中，在封建迷信巫术的折磨中，凄惨地死去了。第六章以“性情很古怪”的有二伯为中心人物。有二伯是个六十多岁的独身老人，他在“我”家为祖父做了三十多年雇工，依然一无所有，他的一生是受剥削的苦难的一生。他在晚年对自己的处境有了自觉的认识，有一回生气了骂我说：“你们家里没好东西，尽是些耗子，从上到下，都是良心长在肋条上，大人是大耗子，小孩是小耗子……”第七章描写住在磨房里的冯歪嘴子的人生。冯歪嘴子是个更夫，会拉胡琴，也会做黄米黏糕赚钱。冯歪嘴子和穷苦人家的王大姐自由恋爱结了婚，把孩子生在了冬天冻裂瓦盆的磨房里，祖父开恩，让他们住进了磨房南头的装草的房子里。冯歪嘴子和王大姐顶住了世俗人们的种种议论，相依为命，苦熬着他们的苦难人生。冯歪嘴子的女人在生下第二个孩子后就死了，冯歪嘴子顽强地拉扯着两个孩子，满怀希望地过着他艰难的人生。

《呼兰河传》记叙了萧红幼年时的故乡社会生活，实际上反映出了20世纪初期中国东北小城镇的社会面貌。作品具有极高的社会学认识价值。也可以说，作者真实描写的呼兰河，就是旧中国的一个缩影。《呼兰河传》也有很高的艺术成就，首先在形式上体现出萧红天才的独创性。前面的部分像优美的散文，后面的部分则像三个独立的短篇，但它又是一个整体。茅盾评价《呼兰河传》，说它是“一篇叙事诗，一幅多彩的风土画，一串凄婉的歌谣”。作品的语言生动，叙述亲切自然，风格朴实而又清丽。对中国东北最初级的市民社会的描写，深刻而富有批判力，既暴露了国民的不幸的生存状态，又揭示出了他们生活苦难的精神根源。引人深思，使人哀愁。

第七节　丁玲的小说创作

一、丁玲的生平与创作

丁玲（1904—1986），原名蒋伟，字冰之，湖南临澧人，出身于没落的官僚地主家庭。读中学时在桃源、长沙等地接受了五四新文化思潮的影响。1922年在上海平民女校、1923年在上海大学读书时，进一步受到现代文化观念和革命思想的熏陶。1924年暑假，丁玲到了北京，与胡也频相识，结婚。当时二人都无固定职业，胡也频参与编辑《民众文艺周刊》，写诗和小说。1927年12月，丁玲发表第一篇小说《梦珂》，引起文坛注意；1928年1月，发表成名作《莎菲女士的日记》。此后发表《在黑暗中》、《自杀日记》、《一个女人》，基本是莎菲式人物的补充和延伸。

1928年1月，丁玲和胡也频一同离开北京，到了上海，依然从事同人性质的杂志编辑、出版工作和创作活动。1930年5月，二人参加了中国无产阶级左翼文艺运动的组织——左翼作家联盟。胡也频被选为执行委员，并担任工农兵通讯委员会主席，不久加入中国共产党。1931年1月，胡也频被捕并遭杀害。1932年，丁玲加入中国共产党，同年下半年担任了左联的党团书记，并出任“左联”机关刊物《北斗》的主编。这时创作的中篇小说《水》表明她已摆脱知识者、女性的个人生活天地，看到了广大的社会和社会底层民众的力量；标志着她艺术视野的扩大和风格的转化。此后写出《消息》（1932）、《法网》（1932）、《奔》（1933）等小说，都描写了劳动人民的斗争生活，具有现实战斗性。

1933年5月，丁玲被秘密绑架后囚禁于南京。1936年9月，在党组织的帮助下逃离南京，奔赴陕北革命根据地。抗战期间，她写出《一颗未出膛的枪弹》（1937）、《新的信念》（1939）、《秋收的一天》（1939）、《我在霞村的时候》（1941）等小说，另有报告文学《田保霖》（1944）和一些诗歌。

1948年完成长篇《太阳照在桑干河上》，这是作者自觉实践文艺为工农兵方向的重要成果。该作荣获1951年度斯大林文学奖金二等奖。中华人民共和国成立后，曾任中央宣传部文艺处主任，中国作家协会副主席，《文艺报》和《人民文学》主编等职。创作多为散文。

二、《莎菲女士的日记》评介

《莎菲女士的日记》备受关注的重要原因在于它大胆地暴露了女性在爱情需要上的心理状态，在主题上超越了“五四”时期女性文学中的“母爱”和“自然的颂赞”这种母题模式。作品以女性的自我觉醒意识为起点，向世俗挑战，塑造了现代女性莎菲的形象。莎菲作为20~30年代的女性，她是游离于时代大潮之外的，她没有把个人的人生和社会需要结合起来，因而只能陷入难以自拔的苦闷与困惑之中。作品主要通过两性关系来描写莎菲的性格，以日记体的形式和心理描写的方法来展示女青年莎菲的恋爱心理。这可以看出中国女子在“五四”文化影响下，个人生命意识的觉醒和自主选择意识的逐渐成熟。

三、《太阳照在桑干河上》评介

1946年至1948年，丁玲参加了晋察冀中央局组织的土地改革工作队，到怀来、涿鹿等地从事农村土地改革工作，获得了丰富的创作素材。在社会实践的基础上，她写出了反映解放区土地改革运动的著名长篇《太阳照在桑干河上》。这部小说一出版就受到广大读者的热烈欢迎，产生了极好的政治宣传效果。

《太阳照在桑干河上》通过描写华北地区桑干河畔暖水屯土改运动的曲折过程，真实而深刻地反映出中国农村所发生的伟大历史变革，再现了40年代解放区农民推翻封建土地制度而获得彻底解放的过程。作品所写的暖水屯地处涿鹿县，抗战后期是八路军活动的敌后根据地，共产党在那里有较好的群众基础。解放战争中，当土地改革运动轰轰烈烈开展起来时，暖水屯社会中的各种势力开始表现出不同的态度，不同的阶级开始为各自的利益展开斗争。作品没有停留在简单地描写土地改革中的发动群众、开斗争会、分田地等事件过程，而是把握到了整个社会正在发生着巨大的历史变革这种时代背景，在宏大的时代背景下，展示了支部书记张裕民、农会主任程仁、妇联会主任董桂花等农民中的先进分子和许多贫苦农民，在土改运动中逐步冲破封建思想和伦理人情关系的束缚，不断提高阶级觉悟和民主革命热情，勇敢斗争，最终改造了农村封建土地制度的心理变化过程。当然，农村干部和农民的成长过程得到了共产党的下派干部文采、杨亮、章品等的帮助，而这些上级干部也在参加农民的翻身解放运动中得到锻炼成长。作品还描写了钱文贵、江世荣等地主阶级在土改中的挣扎和反抗，他们一方面对国民党统治集团心存幻想，一方面又企图利用政治投机、物质收买和伦理关系的牵扯来消除农民的阶级斗争意识。但农民要彻底翻身的要求最终打碎了他们的谋划和安排，几千年来封建地主阶级统治农村社会的历史，由共产党领导下的广大贫苦农民为其画上了句号。不过，当年中国农民的解放还不是完全自觉自主的解放，或者说他们的解放还只是物质需求这种基本生存权的满足，在精神素质上他们并没有具备真正的“现代人”品质。我们注意到作品中有一个细节，当农民们高兴地拥有了土地以后，农会主任程仁提议说：

“这个办法，是咱们毛主席给想出的，毛主席是天下穷人的救星，他坐在延安，日日夜夜为咱们操心受累。咱们今天请出他老人家来，你们看，这就是他老人家画像，咱们要向他鞠躬，表表咱们的心。”

“鞠躬！给毛主席。”

“给毛主席鞠躬是应该的！”

“……”底下纷纷地答应着。

程仁转过身去，恭恭敬敬望着毛主席像，喊道：“鞠躬！”台底下男男女女没有一点声音，都跟着把头低下去了。一共鞠了三次。程仁再转过身来，还得说下去，底下不知是谁领导着喊起来口号了：“拥护毛主席！毛主席万岁！”

从这段描写可以看出，当年中国农民的解放还远没有达到民主、人权、平等、自由的追求高度。从他们“神化”政治家的行为来看，他们还没有具备工商业社会中现代人的精神素质。而这种缺陷恰恰成为了中国社会走向现代化的障碍。这一障碍的解决，只有通过发展社会生产力，改变农村社会生产方式，才能使农民的思想素质和精神品质得到进一步改造和提高。

《太阳照在桑干河上》在艺术上也有鲜明的独创性。作品从顾涌驾着女儿婆家富农胡泰寄存的胶皮大车回到暖水屯写起。这辆胶皮大车的到来引起了不同人们的种种猜测，由此引出了解放区掀起的土改运动和国民党军队进犯的大环境，在社会大动荡的背景下，展示出封建宗法制和地主阶级统治下的农村社会复杂的社会关系。作者着重展示的是农村社会这个小环境在外力的推动下，开始发生翻天覆地的变化。随着土地改革工作组进村，紧张气氛有增无减，各种力量纷纷聚合，诸多冲突围绕着农民和钱文贵的斗争这一主线而渐次展开。从酝酿发动群众，几经曲折确定斗争对象，直至斗倒地主、分配土地财物以及农民为保卫胜利果实而参加战争，整个情节尖锐紧张而又波澜起伏，线索纷繁复杂却又层次分明，既生动地反映了党所领导的农民群众在土改中获得解放和胜利的基本过程，也显示出农村社会错综复杂的矛盾冲突。在人物刻画方面，细腻的心理描写体现了作家的一贯风格。把人物的内心矛盾与外部冲突交织起来，使二者互为因果，递相推进，通过历史的暴风雨在各阶层人物的心灵中激起的巨大变化，描绘出了农民的逐渐觉醒过程，表现出了时代的本质。作品没有超越时代和生活环境而拔高人物，而是把真实性看做文学典型的最高总则，比较准确地把握到了农民在特定历史条件下的精神品质和农村社会的面貌。

第八节　赵树理及农村题材小说的创作

一、赵树理的生平与创作

赵树理（1906—1970），原名赵树礼，出身于山西沁水县尉迟村一个农民家庭。从小喜爱民间艺术，早年读过私塾，14 岁上高级小学。1925 年考入长治省立第四师范学校初级班，开始接触五四以来的新文艺。在校期间参与了共产党领导的学生运动，并于 1927 年加入中国共产党。大革命失败后，被迫逃离学校。1929 年春，以共产党嫌疑分子被捕，因证据不足被释放回家。1930 年，他流浪到太原，在生活无着的情况下，开始了他早期的文学创作活动。1931 ~ 1936 年间，改名“树理”写作了《铁牛之复职》、《蟠龙峪》、《忧心的日子》等通俗小说。1936 年夏，到上党公立简易乡村师范学校当教员。

抗战爆发后，他参加了长治县“牺盟会”，不久到共产党在太行山开辟的敌后根据地担任特派员、区长等职务。1939 年开始，先后负责《黄河日报》副刊《山地》、《人民报》通俗副刊、《中国人》报副刊《大家看》的编辑工作，几年间共写了几十万字的小鼓词、小说、杂文、小戏等通俗作品。1943 年 5 月，写出《小二黑结婚》，彭德怀看到后为它的出版题词赞扬说：“像这样从群众调查研究中写出来的通俗故事还不多见。”这对赵树理是极大的鼓舞。1943 年 10 月，又写出中篇《李有才板话》。1944 年冬，赵树理在太行山区群英会上，经过采访创作了《孟祥英翻身》。1945 年冬，完成长篇《李家庄的变迁》。1947 年 8 月，赵树理的小说获得晋冀鲁豫边区政府颁发的特别奖，被誉为“农民作家”，“赵树理方向”开始成为边区文艺界创作的一个口号。

1945年6月，赵树理任华北新华书店《新大众》杂志编辑，1949年3月，随改名为《新大众报》的编辑部进入北平。不久，《新大众报》改为《工人日报》，赵树理仍为编辑。1949年10月，随中国作家代表团访问苏联。这几年的创作主要有：短篇《小经理》（1946）、《福贵》（1948）、《邪不压正》（1948）、《传家宝》（1949）、《田寡妇看瓜》（1949）。

中华人民共和国成立后，赵树理的创作仍然以农村题材为主。他经常深入农村，1964年开始还兼任农村干部。创作的小说主要有：长篇《三里湾》（1955）、《灵泉洞》（1958）；短篇《登记》（1950）、《锻炼锻炼》（1958）、《老定额》（1959）、《套不住的手》（1960）、《实干家潘永福》（1961）、《互作鉴定》（1962）、《卖烟叶》（1964）。

赵树理是大陆农村题材小说家的最杰出代表，他的创作不同于鲁迅等五四精英知识分子，总是带着俯视的眼光关注农民和农村社会；他是站在农民的立足点上，或者说，他就是一个农民，在用小说表现着自己和与自己息息相通的人们的生活。赵树理的成功，一定意义上说，就是中国农民文化也就是中国本源文化的成功和崛起。他在50～60年代的创作，代表了大陆农村题材小说创作的主要成就。土地改革之后，随着封建地主阶级被推翻，从根基上动摇了封建主义的传统观念，中国农民和农村社会正在发生着巨大的革新、进步。赵树理反映农村生活的小说，正是从土地上人们的爱情观念和方式的变化作为基本的、重要的关注点，成功地表现出解放了的农民摆脱封建思想的束缚，追求民主自由新生活和幸福爱情的强烈要求以及为此所做的执著努力。只有深深了解中国农民的人，才懂得千百年来土地和爱情一直是他们苦苦追求的基本生存权。一旦拥有了一个机会，一个新希望，中国的农民们，怎能不欣喜若狂？而赵树理作为一个农民艺术家，自然要在他的艺术世界里抓取这最根本的变化。所以，他的作品看似在反复演变着相同的主题，几十年一贯而无变化，这正说明他抓住了一个重大的问题，一个中国社会长期没有解决、当时刚刚开始解决、到21世纪仍然需要继续努力解决的问题。

在赵树理的带动下，50～60年代的中国文坛有个十分响亮的小说流派，被冠以十分土气的名字叫“山药蛋派”，主要作家有：马烽、西戎、束为、孙谦、胡正等，他们都是山西土生土长或是长期在山西工作生活的作家，所以又被称为“山西派”，他们发表作品的主要阵地是《火花》，也称“火花派”。他们的作品带有鲜明的北方地域色彩和浓郁的乡土气息，始终认真地关注着中国农民的现实生活，表现出真诚、严肃的现实主义创作态度。赵树理的《登记》、谷峪的《新事新办》、马烽的《一架弹花机》和《结婚》是这方面的优秀作品。这些作品通过家庭关系和恋爱婚姻问题的矛盾冲突，鞭挞了封建思想和旧的习惯势力，暴露了新政权中的阴暗面，歌颂了正在生长起来的新人物、新风尚。

二、《小二黑结婚》评介

关于《小二黑结婚》的创作素材，在一本《赵树理传》中有如下记载：

一九四三年四月，敌人大“扫荡”，文化机关分散到山里，赵树理随调查研究室住到辽县（左权县）政府驻地的村子里。有一天房东家来了个亲戚，赵树理和他拉闲话，他说他是来县政府告状，说有人把他侄儿打死了。

他侄儿名叫岳冬至，是村里的民兵小队长，有一天下午，村干部叫岳冬至去开会，整夜没有回来。第二天早晨，他发现牛圈门朝外插着，一看不是自己插的，就开开到里面去看，他侄儿吊在梁上死了。牛圈低，吊的人半条腿还跪在牛粪里，这绝不能是自己吊死的。问村干部，都说开完会就回去了，不知道他死在牛圈里。

赵树理问他，平时谁跟他有仇？这个老汉又说了这么一段情况：村里的干部都是青年，大家都好到一个俊闺女那里去耍。她叫智英祥，原是河北武安县人，因为她家离敌人据点很近，就搬进山里来住，她的母亲入了“三圣道教会”，男女不同居，她的父亲便在外面流浪着。有一天智英祥的母亲回武安县去，碰到走关东的一个商人，年纪都四十多了，图人家有钱，就把智英祥许给人家了。这人送的彩礼很贵重很多，智英祥说死说活不愿意，跟她母亲吵着说：“谁拿了人家的东西，谁就跟人家去。”

智英祥还有两个哥哥，都厌烦她妈信那神神道道，每逢敬神花钱，也和她妈经常吵吵闹闹。加上智英祥死不从这门亲事，她拿着彩礼没法处置，一气之下在去年上吊死了。老婆子死了，父亲还是不回家，两个哥哥尽顾在地里忙活，智英祥白天在家独自一人，便造成了进行自由恋爱的好环境。

岳冬至，十九岁，在村里也是数一数二的俊俏后生，家里父亲已给收养了一个九岁的童养媳。为这，也成天跟他父亲闹气。岳冬至和智英祥两人情投意合，便恋爱上了。

这村的村长是富农的孩子，村里惟一无二的高小毕业生，不过早已成家了。他有事没事也好往智英祥那里跑，智英祥不答理他。他就恨上岳冬至，常找岔子。村里的青救会秘书和村长一样，也好到智英祥家去，照样碰钉子。这青救会秘书的老婆，是妇救会秘书，不愿叫自己的男人到智英祥家去，也常好找智英祥的岔子。还有两个村干部对智英祥倒没啥邪念，却跟村长是亲戚，愿帮村长的忙，他们就联合起来欺侮岳冬至、智英祥。

老汉把这情况说了之后，赵树理就帮老汉到县政府打听受理案件后办案的情况，还亲自到村调查过一次。经过县政府几次的侦察审讯，岳冬至的死情已弄明白了，而且已经决定依法惩办杀人凶手。

原来，就是这几个村干部暗地开了个斗争会，硬说岳冬至身为民兵小队长搞腐化，是犯了法，要立保不再跟智英祥来往。岳冬至顶住不认有错，说自己跟智英祥恋爱是正当的，合法行为。斗到半夜，岳冬至一直不改口，就动手打，本来是想以“武力征服”，谁知竟给打死了。他们急忙想了个办法，把他吊到他家的牛圈房里。他们这时慌里慌张，事办得也就傻，人吊得没离了地，还又把门朝外插上，谁看了也能断定，这绝不是自杀。

案子了结后，赵树理又去村里调查了一番。人们的反映是岳冬至和智英祥“伤风败俗”，教训一顿是可以的，只是不该打死，连两家的家人也是这样的调门。

对于人们普遍存在着这样浓厚的封建思想，赵树理不但不惊讶，相反，他以为还不够强烈、典型。抗战四年了，根据地各村也建立了民主政权，但不少老实的农民一来对新政权摸不清底子，二来还不相信八路军果然能“坐稳天下”，一些地、富、流氓分子就乘机表现积极，常常哄骗了我们一些不了解农村情况的同志，当他是积极分子，提拔成村干部。赵树理在一些村就看得明明白白，他们蛮横霸道，和旧乡绅、旧政权的作法一模一样，名义上说的是我们的话，行动上办的是地主、恶霸的事。人民还没有真正掌握了政权，所以人民仍然没有得到解放。

上面的这段社会生活，是赵树理创作《小二黑结婚》的原始材料。真实的生活是一个悲剧，赵树理把它改造成了一个喜剧。小说中描写的是一对男女青年小二黑和小芹，他们双方的家长都有旧的封建迷信思想。小二黑的父亲二诸葛原本叫刘修德，满脑子封建迷信思想，

“抬脚动手都要论一论阴阳八卦，看一看黄道黑道”。他竭力反对小二黑和小芹的婚姻，认为他们“命相不对”。他把父母包办婚姻视为天经地义的事，不顾小二黑的反对，自作主张为小二黑收养了一个难民带来的八九岁的小姑娘做童养媳。小芹的母亲三仙姑是个好逸恶劳，轻浮放荡，借装神弄鬼来掩盖自己行为不轨的农村妇女，她在吸引年轻人的注意上和女儿争风吃醋，自作主张把小芹许给了一个国民党退职军官做续弦。小二黑和小芹被描写成两个解放区有觉悟的新农民形象，为了争取婚姻自主，他们不仅要跟满脑子封建思想的家长做斗争，还敢于同农村中的恶霸势力做斗争，最后终于在人民民主政权的支持下取得了胜利，使恶霸势力得到应有的惩罚，二诸葛和三仙姑也受到了教育和改造。

三、《三里湾》评介

赵树理的《三里湾》是当代文学中最早的一部在较大规模上反映农业合作化的长篇小说。这部小说以传统的民族形式和幽默风趣的艺术风格，反映了在合作化过程中人民内部的复杂微妙的矛盾冲突、新人物的出现和成长、生产的发展以及农民对知识和技术的要求等。同时通过几种不同类型家庭关系的描写，特别是通过对马家院内外矛盾和纠纷的生动描写，深刻地揭示了封建宗法思想在农民中的影响，形象直观地阐明了农民的思想改造问题是社会主义建设中的长期而艰巨任务。特别是作品中塑造的“糊涂涂”、“常有理”、范登高这样一些普通农民形象，具有深刻的典型意义；他们更贴近农民的真实品性，具有生活气息，而少有阿Q形象的抽象寓意。因而也更易于农民理解、接受。这正是立志要成为“地摊文学家”的赵树理苦心追求的，的确产生了“老百姓喜欢看，政治上起作用”（荒煤，《向赵树理方向迈进》，《论赵树理的创作》）的良好社会作用。

四、赵树理小说的艺术风格及其他农村题材的小说

赵树理的文学创作，在艺术成就上首先表现为具有鲜明的民族风格与独创的地方特点。他的小说在形式上具有中国传统章回体小说和话本说唱文学的长处，故事性强而又通俗易懂，创造出一种群众喜闻乐见的小说新写法。他写小说如讲故事，整部作品是由一段一段的故事组成的，每个故事都有头有尾，首尾连贯，其间又有伏笔，有悬念，曲折起伏，引人入胜。其次，赵树理的小说具有明确的社会功用目的，这是他自觉追求的结果。他在创作中十分注意反映农村社会生活中存在的问题，而在揭示问题时，又常常表现出深刻的现实主义精神。他的小说忠实地描绘了农民在社会变革中的觉醒与斗争和成长，同时也如实地写下农民的狭隘与局限。第三，幽默风趣，具有浓郁的泥土气息，也是赵树理创作的独到之处。他十分注意作品的情趣，尤其善于应用富有乡土风味的农民口语，创造出一种诙谐、朴实、精炼、晓畅的符合农民口味的文学语言，这使他的作品具有丰富的表现力。赵树理笔下的农村与农民，不仅生活环境、生活方式、风俗习惯具有华北地区的特色，更重要的是人物的语言、行为、性格气质、心理特征等都表现出了鲜明的地方风格，形成了明显的中国气派。

反映农村合作化运动的长篇小说，还有周立波的《山乡巨变》（1959）值得注意。作品忠于生活的描写，为我们提供了反省历史的宝贵资料。柳青的长篇《创业史》（1959）和中篇《狠透铁》，也是农村题材小说中善于揭示问题的作品，显示了小说家对农村社会变革和社会主义建设的思考、探索，表现出崇高的理想、真诚的信念、认真的社会责任感。比如在《狠透铁》中，柳青揭示出了农村所有制改变后实行社会主义民主的迫切性以及如何防止领导包办和群众性强制等不良现象，这些问题都是随着社会生活的发展而提出来的新问题。以赵树理为代表的一批乡土作家们，在理想与信念的框架中，认认真真探索农村社会进步的出路，正如赵树理在短篇《锻炼锻炼》中揭示的那样，他们主要还是从农民的私有观念和旧的精神负担改造方面，或者说，他们试图抓住这一关键点，来完成对农村社会的改造。这显然是他们最大的局限性，当然也可以说这是时代的局限性。这恰恰表明了他们的思想还没有超出社会的局限，这一点是他们无法与鲁迅一代启蒙知识分子相比的，表明了他们在文化视野上过于狭窄，这是极大的缺憾。不过，就赵树理来说，他的务实本性还是使他在50~60年代成为了较早的觉醒者和坚决的反抗者。1964年后，他再没有写作品，他曾说："真话不能说，假话我不说，只好不写。"（《回忆历史，认识自己》，《赵树理文集》第4卷，第1844页）此外，胡正的《汾水长流》、康濯的《水滴石穿》、陈残云的《香飘四季》、于逢的《金沙洲》也从不同方面反映了合作化时期的农村生活。

第九节　50年代和60年代的革命历史题材小说的兴盛

中华人民共和国成立后，作家们有了安稳的生活，可以从容不迫地回忆过去。在社会主义的文化坐标中，他们回望缔造新时代的历程，许多作家发现，在刚刚经历过的民主革命岁月里，蕴藏着极为丰富的小说创作宝藏。于是，在整个50年代和60年代初期，革命历史题材的小说创作一直持续着蓬勃发展的局面。

首先兴起的是中、短篇小说，它们用饱含赞颂的笔调直接描写革命战争，记述革命者的事迹。比如，刘白羽的中篇小说《火光在前》，描绘了鄂西渡江战役的宏伟场面，赞颂了人民解放军的指挥员和战士们高昂的战斗情绪，作家以近乎速写的笔调写出了战争的进程和瞬息万变的气氛。马加《开不败的花朵》叙述了抗战胜利后，一支干部队伍在进军东北途中，在内蒙草原上与敌人展开一场惊心动魄的遭遇战。陈登科的《活人塘》以苏北敌后斗争中一个真实的故事为基础，讲述了一个普通妇女舍女救护被敌人活埋了的解放军战士的感人故事，赞美了人民的崇高、伟大，折射出人民的选择。柳青的《铜墙铁壁》以陕北解放战争中沙家店战役为背景，直接表现人民群众在战争中的活动，深刻地揭示了"战争伟力之最深厚的根源，存在于民众之中"的主题思想。

在革命历史题材的中、短篇小说创作如火如荼之时，长篇巨制也如雨后春笋般涌现了出来。孔厥、袁静的《新儿女英雄传》先声夺人，1949年在《人民日报》连载，在社会上引起较大反响，为这类题材的长篇写作开了好头。该作以传统的章回体和曲折生动的故事情节，描绘了抗日战争中冀中平原上人们可歌可泣的斗争事迹。

一、梁斌的《红旗谱》评介

《红旗谱》是反映农民革命运动的史诗性长篇小说，作品成功塑造了朱老忠、严志和等北方农民艺术形象，深刻地揭示了现代史上农民从自发反抗到在中国共产党的领导下自觉斗争的历史过程。1957年《红旗谱》（第一部）出版，第二部《播火记》出版于1962年，第三部《战寇图》"文革"前已完稿。梁斌于1978年还出版了反映土改运动的长篇小说《翻身记事》。

《红旗谱》作为一部长篇小说，是作者在长期的短篇、中篇小说写作基础上综合而成的。

梁斌在回顾《红旗谱》的创作过程时曾说："这部小说里的人物、故事、情节，绝大部分在我的短篇、中篇、剧本中不止出现过一次，他们的形成都有较长的过程。如果没有这些人物和故事情节做基础，我是写不出这本书的。"（《漫谈〈红旗谱〉的创作》，《作家谈创作经验》，中国青年出版社，1959年版）早在三十年代，梁斌就以自己熟悉的冀中农民革命斗争为题材，写出第一篇反映有名的高蠡暴动的短篇小说《夜之交流》。一九四二年又写了短篇小说《三个布尔什维克的爸爸》及同名中篇，继续反映高蠡暴动，并开始塑造朱老忠这一英雄形象。同年又根据小说创作剧本《千里堤》等，扩充了生活内容，增加了地主冯贵堂作为反面形象。经过这些短篇、中篇的写作，作者的思路不断得到开拓，确立了用长篇的形式完整地再现冀中平原农民革命的壮阔图景这一宏大写作动机。于是，他于一九五三年着手准备提纲，接着又去革命旧地访问、考察，并多次与老战士座谈话旧。在进一步熟悉和理解斗争史实的基础上，正式动笔。正是这二十年的生活积累和艺术准备，才使《红旗谱》的创作获得了很大的成功。

《红旗谱》的史诗性表现在它关注生活的历史视野比较开阔，时间跨度大。它在广阔的历史背景下，通过对冀中平原锁井镇两家农民三代人和一家地主两代人的尖锐矛盾和斗争过程的描写，对大革命前后中国北方农村和城市的阶级斗争和革命运动，进行了历史性的艺术概括。小说按照历史发展的线索，从"朱老巩大闹柳树林"的序幕起笔。"朱老巩大闹柳树林"是老一辈农民反抗斗争的缩影，表明没有先进思想作指导的农民斗争只能以失败告终。朱老忠、严志和继承、发扬了父辈的斗争精神，但他们处于新旧交替的时代，在没有找到正确的斗争道路前，仍然改变不了和前辈一样的悲惨命运；朱老明、严志和串连二十八户农民三告冯老兰的失败和朱老忠回乡后的忍让，再现了这一严酷的现实。运涛、江涛等是新的一代农民，生活在中国共产党登上历史舞台领导中国革命的新时期，他们不但继承了前辈的斗争精神，更从党那里接受了马列主义的指导，并且把这种革命思想输送给自己的父辈，这就从根本上改变了农民的精神面貌，使他们能够走上崭新的斗争道路。从此，冀中平原上出现了农民革命的新局面。小说通过展现以朱、严两家为代表的农民阶级对以冯老兰父子为代表的地主阶级前仆后继的曲折斗争过程，深刻地反映了中国农民由为了生存而开始与地主阶级进行斗争，最后在中国共产党领导下，自觉地为了阶级的解放进行有组织的斗争，成为有理想信念的革命者这种历史性转折，歌颂了中国共产党在农民翻身求解放中的伟大作用。

梁斌1942年起多年从事农村工作，曾任蠡县县委副书记，对农民十分熟悉。所以他创作的农民形象有真实感人的力量，小说写出了农民思想感情的变化，展示了他们思想感情的发展历程。在写作上不是那种局外人式的文化审察方式，不具有那种文人式的理性思考力量，这使小说的思想层次大受局限。但有厚重的生活和鲜活的人物，质朴的叙述以及中国传统小说的引人入胜的故事，语言也富有地方特色和乡土气息，在整体上形成了鲜明的中国气派。

二、欧阳山的《一代风流》评介

1957年，欧阳山经过十五年的酝酿，开始创作多卷本长篇巨著《一代风流》。这部作品以打铁工人出身的知识分子周炳为中心人物，通过他的人生经历，反映出1919～1949年这三十年来，中国革命的进程和社会的历史变迁。全书计划为五卷，包括《三家巷》、《苦斗》、《柳暗花明》、《圣地》、《万年春》。第一卷《三家巷》出版于1960年1月；第二卷《苦斗》

出版于1962年12月，后三卷在1981~1985年间出版。这里评介一下《三家巷》。

《三家巷》描写的生活背景与《红旗谱》大致相同，都表现大革命前后中国动荡的历史风貌，不同的是《红旗谱》侧重于表现北方农村，而《三家巷》侧重表现南方的都市。欧阳山选取了当时革命的策源地广州的一个小胡同三家巷作为关注社会人生的艺术舞台，通过三个家庭之间错综复杂的关系，深刻地概括了大革命前后我国南方的革命形势，社会各阶级力量的变化消长和政治的风云变幻。作品以磅礴的气势真实地描写了省港大罢工、沙基惨案和广州起义等震惊世界的事变，使这些伟大的历史斗争画面第一次在当代小说创作中得到生动的展现。

作品中的三家巷，是当时中国南方半封建半殖民地都市社会的一个缩影。周家是手工业工人，陈家是买办资产阶级，何家是官僚地主。他们正代表了当时城市中几个主要阶级的社会势力。尽管这几个家庭有着千丝万缕的联系，既有连襟的亲戚，也有儿女们恋爱婚姻的纠葛，还有多年的同窗至交，但是，在革命洪流的冲击下，这些关系又是那么迅速地发生着急剧的变化。不管是姨父或外甥，岳父或女婿，也不管是换帖盟誓的兄弟或是曾经热恋的情侣，都纷纷按照一定的阶级意愿和各自的生活态度，抉择不同的道路，阶级矛盾的尖锐化终于撕破了笼罩在他们之间温情脉脉的面纱。显示出在社会的巨大政治动荡面前，阶级利益被明确地摆在了每一个人面前，揭示了阶级压迫的残酷性和革命的艰巨性以及革命对旧有的一切社会关系的破坏性。

《三家巷》写出了市民社会的变迁，展示了都市生活和都市青年的人生抉择，表现了革命者的艰难奋斗历程。周炳是一个出身在三代铁匠的手工业工人家庭的青年，生活在社会底层，为人正派善良。为了寻求生活出路，他当过学徒、皮鞋匠和草药铺的伙计，还为地主家放过牛。他不妥协于社会的邪恶势力，可是到头来总又处处碰壁，生存问题总是困扰着他。这使他形成了对社会的不满心理，产生了本能的反抗欲望。但是，他又是一个多愁善感，意志脆弱，在光怪陆离的社会现象面前易受欺骗的人，因而在思想性格上表现出复杂性。在沙基惨案中，他曾无条件地加入了反对帝国主义的群众行列，但区桃牺牲的鲜血又使他在痛苦与绝望中不能自拔，当他重新振作，带着复仇的愿望投入新的斗争后，却又抱着革命速成的幻想，对投机革命的分子陈文雄、陈文婷等人也表现了盲目的轻信。当然，无情的现实毕竟使周炳逐渐清醒，特别是陈文雄、何守仁等人彻底变成洋奴和刽子手的帮凶后，他终于懂得了世界上的人分成两类："一类是为自己的利益活着的，另一类是为别人的利益活着的"这个真理，明确表示他想走为大众事业而奋斗的道路。这表明他已经确立起了崇高的革命理想。在广州起义的枪林弹雨中，他以大无畏的精神向旧世界开火，决心用鲜血"换来一个苏维埃政权"。不过，对于在这条道路上需要付出多少代价，他还是朦胧的，所以在广州起义后他又一度陷入新的苦闷。对于周炳这样的革命者来说，他从革命意识的萌芽，到在革命征途上的迷惘、苦闷，最后成为一个成熟的革命者，这是切合他身份的，是符合生活真实的。任何革命者都是在革命历程中不断改造自我，逐渐成熟的。

作品在展示具体的社会关系环境和政治动荡时代背景下，始终以写人为中心。对于陈万利的利欲熏心、何守仁的庸俗卑鄙、陈文婷的骄纵善变，都刻画得入木三分。尤其是买办资产阶级代表陈文雄形象的塑造更为成功。作家摆脱了那种描写反面人物的类型化手法，遵循生活的逻辑，逐步地展示出他思想性格的发展过程。陈文雄在作品中刚出现的时候，少年英俊，风度翩翩，满口豪言壮语，既有才干魄力，又善施小恩小惠，曾使不少人受到迷惑。随着革命风暴的迅猛发展，他的阶级本质逐渐暴露出来。作家写他从投机革命到出卖革命，从高喊“三民主义”到在洋人主子面前奴颜婢膝。揭示出了他的阶级立场和人生道路选择。

《三家巷》的结构是中国特色的，采用小标题来串连情节，显示出板块式的故事性。语言流畅奔放，但人物语言有疏离人物身份的倾向，表现出过分明显的叙述者思想感情间入作品的倾向。

三、杨沫的《青春之歌》评介

1950年，杨沫开始写作《青春之歌》，初稿完成后，经过几次修改，1957年定稿，1958年1月出版。作品以“九一八”事变到“一二·九”运动这一历史时期为背景，通过描写女青年林道静由反抗个人命运到走上革命道路的生活历程，表现了青年知识分子追求光明、追求进步的愿望，歌颂了他们的革命意识的觉醒和最终投身于大众解放事业的勇敢革命精神。

林道静身上体现出了五四启蒙思想影响下的女权思想，在特定的时代，把女子的权益阐释为爱情和革命，这大概不只是一种政治时尚，也是有时代典型意义的。

小说中其他知识分子形象的塑造比较类型化。江华、卢嘉川是稳健、质朴、英勇、机智的共产党员形象。许宁、王晓燕父女、李槐英等是具有革命性和动摇性的知识分子，但在党的教育指引下，他们逐渐走上了革命道路。于永泽、白莉苹、戴愉是知识分子中的反面形象。

小说前半部以女权思想为基础，写的有生活，人物性格鲜明，情节紧凑；有打动人的个人体验贯穿在行文中。后半部在切入过多人物和社会事件后，感觉不及前一部分好。

四、曲波的《林海雪原》评介

曲波生于1923年，山东蓬莱人。十五岁高小毕业后参加了八路军。1943年进入胶东抗日军政大学学习，毕业后在胶东军区报社当记者。1945年，他在牡丹江军区二团任副政委。1946年冬，他亲自带领一支小部队，数次深入林海雪原，追歼国民党特务控制的土匪，经过半年的艰苦战斗，肃清了顽匪。1955年2月，转业到地方工作的曲波开始利用业余时间写作长篇小说《林海雪原》，记叙他当年和战友们所进行的光辉战斗事迹。1956年8月完稿，1957年9月出版。

《林海雪原》以惊险曲折的英雄战斗故事赢得了广大读者。作品描写了一支36人的解放军小分队深入茫茫无际的林海雪原中，在极其恶劣的自然环境下，与“鲨鱼性、麻雀式”的数股顽匪展开生死较量，塑造了少剑波、杨子荣等英雄形象，歌颂了他们大智大勇、大无畏的英雄气概。

五、杜鹏程的《保卫延安》

1949年杜鹏程开始《保卫延安》的创作，到1954年夏完成并出版。这是一部带有战争史诗性的作品。他自己曾说：“在四年多的漫长岁月里，九易其稿，反复增删何止数百次。”（杜鹏程，《〈保卫延安〉重印后记》，人民文学出版社，1979年版）该作把延安保卫战放在整个解放战争的背景上，在较大规模上反映了这场战争的历史进程，不仅看出了陕北之战的重要战略地位，也窥见了整个解放战争战略转折的必然发展趋势，其规模和深度构成了一部气势雄浑的画卷。作品生动地刻画了周大勇、王老虎等英雄形象，还描写了彭德怀将军运筹帷幄、巧布战局、朴素无华、平易近人的亲切、高大形象。对我军高级指挥员形象的描绘，在当时的小说创作中还是较少出现的，杜鹏程做出了较成功的探索。

顺便提一下同样是以解放战争为题材的长篇《红日》。《红日》的作者吴强，曾亲身参加了莱芜、孟良崮、淮海、渡江等著名战役。这些经历是他创作《红日》的生活基础。该作1956年动笔，1957年定稿出版。它是继《保卫延安》之后又一部正面描写革命战争史实的鸿篇巨制，气派宏大，情节舒张有序，真实地反映了华东战场从战略撤退到战略反攻的历史演变。在千军万马中成功地塑造了沈振新、梁波等我军高级指挥员形象以及团长刘胜、连长石东根等英雄人物；特别是对敌方的高级将领也作为小说的主要人物加以刻画，这对丰富作品内容起到了很好的作用。

《保卫延安》和《红日》是两部直接描写解放战争重大战役的小说，叙事重于写人，尽管也塑造了一些英雄形象和反面人物形象，但人物基本被纪实性的战争场面所淹没。对战争本身及其价值的关注，重于对人物及其命运和人与社会的关系的关注和思考。作为革命历史题材的小说，它们体现了《三国演义》所创立的“七分史实，三分虚构”的文学写史传统，但历史视点的狭窄使题材所涉及的人物不具有鲜明的历史典型性，即使是彭德怀这样的英雄人物具有历史典型性，也由于过分具体的题材选择而难以使人物性格全面展开。再加叙述上表现出过分鲜明的无产阶级革命倾向性，使这两部小说的文学阅读价值一般。但尊重具体历史事件的记叙使它们具有史料价值和军事教科书价值。

六、罗广斌、杨益言的《红岩》

《红岩》出版于1961年，作者罗广斌、杨益言都在“重庆中美合作所集中营”里的白公馆、渣滓洞经受过牢狱磨炼，目睹了许多革命者坚忍不拔的斗争情形和为革命壮烈牺牲的场面，所以作品的描写感人至深。特别是该作后来被改编成了电影，许云峰和江雪琴的形象塑造都十分成功，大大加强了作品在社会上的影响；江姐已是家喻户晓的女烈士。

七、孙犁的《风云初记》评介

《风云初记》写成于50年代，第一、二集曾于1953年合出单行本；1954年第三集写成，1962年由作者重新编定后，与前二集合为一部出版。这是一部独特的具有孙犁一贯的清新隽永风格的长篇小说，描绘了冀中人民抗日斗争的生活画卷，其艺术的成熟为革命历史题材的小说增添了光彩。

孙犁生于1913年，河北安平县人，2002年7月11日在天津去逝。高中毕业后，在白洋淀一带当过小学教员。抗战期间，他参加了革命队伍，在白洋淀一带从事宣传抗日的工作。长期在一个地方生活，对那里的民众生活和风土人情有了深刻了解，产生了热爱之情。于是从30年代末开始，孙犁写出了《芦花荡》、《荷花淀》、《嘱咐》、《采蒲台》等短篇小说集和中篇小说《村歌》；用轻松的笔调、充满诗情画意的描绘，表现了白洋淀一带人民的劳动和斗争生活，赞美了他们的美好心灵和勇敢、坚强的性格。这些作品已经形成了鲜明的乡土特色和独特风格。新中国成立后，孙犁主编《天津日报·文艺周刊》，培养和聚集了刘绍棠、从维熙、韩映山、房树民等一批青年作家，形成了较相近的创作风格。因此，在70年代末，文学界便称他们为“荷花淀派”。

长篇小说《风云初记》以抗日战争为背景，描写了敌后抗日根据地的建立过程，展示了抗日风云到来时，中国北方农村社会各种势力的反应。特别表现了农民在中国共产党领导下，纯朴的阶级意识转化成了自觉求解放的阶级觉悟，民族意识也被充分调动了起来，积极投身于抗战的民族解放和翻身的土地革命洪流中。作品以河北滹（hū）沱河岸边的五龙堂和子午镇为背景，描写了五龙堂村一个革命家庭一家人的投身革命的历程，塑造了农民高四海及其儿子高庆山、高翔等革命者形象，在革命者的带动下，高庆山的妻子吴秋分和吴秋分的妹妹吴春儿及吴春儿的恋人芒种，也最终成为了民族解放的战士和农民翻身的领路人。作品还描写了子午镇的地主田大瞎及其儿子田耀武、土匪高疤等反面人物，特别是描写了田耀武的妻子李佩钟背叛了反动、丑恶的家庭，走上了拯救民众的革命道路，赞美了一个知识女性在人生道路上的明智抉择。作品通过对人物命运的关注，显示了国家民族的命运和时代风云。

孙犁是个擅长写人物的小说家，尤其善于写女性心理。作品中的吴秋分、吴春儿、李佩钟三位女性形象的性格塑造体现了“荷花淀派”领头人的细腻作风。

孙犁的小说不以故事见长，而是通过人物来串连事件，又由于他较多地用对话来写人物性格和心理，所以事件的情节往往被淡化。不过在松散的故事底层，还是有人物命运这样一根线索可以捕捉到。

《风云初记》有孙犁个人生活传记的影子，其中的人物变吉哥作为知识分子出身的共产党员，是个文化人，从事写写画画的宣传工作，小说结尾部分关于变吉哥在山区的生活和思想的描写，散文化笔法十分浓重。

另外，冯德英的《苦菜花》、李英儒的《野火春风斗古城》、雪克的《战斗的青春》、冯志的《敌后武工队》等，都是反映革命历史题材的较好作品。特别是李劼人的《大波》和李六如的《六十年的变迁》，都是卷帙浩繁的小说，把革命历史题材小说的历史跨度向前推移到旧民主主义革命时期。

50年代，刚刚成立的共和国还经受了抗美援朝战争的考验。这一重大事件也成为小说创作关注的焦点。一批批作家在爱国主义、国际主义思想的感召下，奔赴朝鲜战场，写出了大量反映志愿军战斗生活和歌颂中朝人民友谊的作品。影响较大的作品有：杨朔的长篇《三千里江山》，陆柱国的长篇《上甘岭》；短篇有巴金的《黄文元同志》，路翎的《初雪》和《在洼地上的“战役”》，较有特色。

第十节　50年代的“干预生活”小说创作

一、“百花齐放，百家争鸣”方针影响下的文艺新气象

1956年，大陆社会完成了对农业、手工业、资本主义工商业的社会主义改造。1956年9月，党的第八次代表大会召开，提出今后的主要任务是大力发展社会生产力。在新的历史形势下，毛泽东代表党中央提出了“百花齐放，百家争鸣”的方针。这个方针的精神实质是：“艺术上不同的形式和风格可以自由发展，科学上不同的学派可以自由争论。……艺术和科学中的是非问题，应当通过艺术界科学界的自由讨论去解决，通过艺术和科学的实践去解决，而不应当采取简单的方法去解决。”（毛泽东，《关于正确处理人民内部矛盾的问题》，《毛泽东选集》第五卷，人民出版社，1977年版）这是对建国初期用简单的政治批判方法处

理艺术创作和学术研究中存在的问题的自觉纠正，对文学艺术界是一个极大的鼓舞。首先从文艺理论上进行了突破禁区的有益探索，何直（秦兆阳）、钱谷融、巴人（王任叔）、刘绍棠等人发表文章，对文艺批评中的简单化、庸俗化倾向，文艺创作中的公式化、概念化倾向，文艺组织领导工作中的官僚主义、主观主义倾向，提出了大胆的批评，表述了各自的见解。理论上的探索打破了只准“歌颂”不准“暴露”的禁区，接通了所谓“社会主义现实主义”与传统现实主义之间的联系，通过强调“写真实”、“写人性”，反对把文学只作为政治工具。理论上的探索为创作铺平了道路。一些作家勇敢地开始了“干预生活”的写作，表现出积极担起社会责任的良好愿望。

这一时期，短篇小说创作中，出现了一批反映社会生活中的新矛盾，揭露生活中的阴暗面，鞭挞官僚主义、保守主义的作品。王蒙的《组织部新来的青年人》是最有代表性的一篇。白危的《被围困的农庄主席》、耿简的《爬在旗杆上的人》、李国文的《改选》、李准的《灰色的帆篷》、南丁的《科长》、耿龙祥的《明镜台》、刘绍棠的《田野落霞》等作品，都大胆地、尖锐地触及了社会弊端，揭示了官僚主义、教条主义、思想僵化以及各种封建旧思想对社会主义事业的危害。《组织部新来的青年人》中所刻画的刘世吾这个形象，反映了革命队伍中出现的意志衰退和思想老化现象，虽属少数，但这个人物却有警醒作用。这一时期还比较集中出现了一批从爱情的角度反映情操和道德问题的小说，对小说题材的多样化是一个开拓，如邓友梅的《在悬崖上》、宗璞的《红豆》、陆文夫的《小巷深处》、丰村的《美丽》等作品。

“干预生活”写作是“百花齐放，百家争鸣”方针直接推动的结果，拓展了50年代文学写作的新空间，丰富了大陆社会的社会主义文学。可惜，1957年“反右”运动开始后，创作这类作品的大多数作家，还有最初的理论探索者，大都被打成了“右派”，失去了写作自由，遭受了种种人生磨难。1979年，上海文艺出版社出版了作品集《重放的鲜花》，收录了这些曾经被打成“毒草”的大部分作品。

二、50年代至60年代中期小说写作的其他情况

50年代至60年代中期，总的来说是社会主义事业蓬勃发展的时期。大批作家以满腔的热情投身到火热的生活中去，用小说创作反映社会生活的新变化。这一时期反映工业建设和工人生活的小说有：草明的《火车头》、《乘风破浪》，白朗的《为了幸福的明天》，周立波的《铁水奔流》，雷加的《春天来到了鸭绿江》，萧军的《五月的矿山》，艾芜的长篇《百炼成钢》，陆俊超的《幸福的港湾》，罗丹的《风雨的黎明》等等。这些作品描绘了沸腾的工人劳动生活场景，歌颂了工人中忘我的劳动精神，表现出火热的激情，具有鲜明的时代感。但是，这类题材的作品中普遍存在着模式化的矛盾冲突，思想深度不够，过多地表现生产过程，人物形象的塑造大都比较苍白。这些较大的弱点使他们在文坛上的影响远不及农村题材和革命历史题材的小说。但这些作家勇于开拓文学创作的新领域，为表现工人阶级的生活所做的努力是值得肯定的。另外，周而复的《上海的早晨》第一、二部描写了对民族资本家和资本主义工商业改造的过程，在小说的题材上是值得注意的。

社会主义文艺的繁荣也带动了少数民族文学的发展，各个少数民族的新一代作家也开始成长起来。玛拉沁夫的《科尔沁草原的人们》、朋斯克的《金色的兴安岭》、李乔的《欢笑的金沙江》都受到了社会的注意。另外，儿童文学的创作也有新发展，张天翼的《罗文应的故

事》，高玉宝的自传体小说《高玉宝》等，都是较有影响的作品。

总的看来，从50年代至60年代中期的一段时期里，小说创作出现了一个蓬勃发展的好势头。当然，也应看到公式化、概念化的倾向还在不少作品中存在，文艺批评中的简单粗暴的作风和庸俗社会学的习气，也给文学创作带来了不良影响。这些倾向虽受到了批评家和作家们的抵制，但是不同时期仍以不同的面貌表现出来。不过，这些局限并不能掩盖小说创作的整体繁荣。特别是出版了大量优秀的长篇小说，为一个时代留下了十分宝贵的精神财富。

另外，还应该特别提一下，50年代至60年代中期，短篇小说的创作也很繁荣。李准的《李双双小传》、王汶石的《风雪之夜》短篇集、马烽的《我的第一个上级》、杜鹏程的《延安人》、茹志鹃的《百合花》和《静静的产院》，反映部队生活面貌的有林雨的《五十大关》和任斌武的《开顶风船的角色》比较著名。老作家在短篇创作中也为文学带来了不少名篇，赵树理的《套不住的手》、周立波的《山那面人家》、沙汀的《过渡》、艾芜的《野牛寨》、刘澍德的《老牛筋》、骆宾基的《山区收购站》、欧阳山的《乡下奇人》等。小说题材的扩大还产生了比较有影响的历史小说，如陈翔鹤的《陶渊明写挽歌》和黄秋耘的《杜子美还乡》。

不过，1958年的"大跃进"在许多短篇小说中打上了浮夸虚假的烙印，即使在一些尚属优秀的作品中也难以避免。1960年以后，一些作家开始重新认识刚刚走过来的现实。王汶石的《沙滩上》虽然还没有完全摆脱"大跃进"的影响，但已开始思考"我们"是不是做错了事情。张庆田的《"老坚决"外传》和西戎的《赖大嫂》触及到了如何对待农民的问题。1962年邵荃麟、赵树理等人的"现实主义深化"的主张就是针对"左倾"文艺思潮的弊端提出来的，但不久受到批判。1962年后，阶级斗争理论的绝对化、扩大化，使后来产生的一些作品受到深刻影响。最有代表性的作品应是浩然的长篇《艳阳天》(1965)，这一作品表现了作家描写农村生活、刻画各种人物的才能，但由于作者是从"以阶级斗争为纲"的思想出发，作品所描绘的东山坞的社会生活有明显的图解政治理论的倾向，所以构成整部作品的矛盾冲突的现实根据严重不足。

第十一节　"文革"时期的小说创作

"文革"时期，小说创作大多是按现成的政治概念演绎而成，作者大多是"某某大批判组"或"某某写作组"，很难说是小说。1972年出版的《虹南作战史》就是这类小说的代表。它是由当时的上海市委写作组直接插手拼凑"土记者"、基层干部等所谓"三结合"创作组炮制出来的。当时报刊载文说此书是"农村社会主义革命的壮丽画卷"、"农村路线教育的好教材"，说主人公洪雷生是"农业合作化运动中涌现出来的大批群众领袖人物代表"。事实上全书以"路线斗争"为纲，作品中的人物、情节都是图解政治斗争的工具；书中到处都是政治说教，使人们想起当年风行的"讲用稿"和"大批判稿"。其他的如《初春的早晨》、《金钟长鸣》、《一篇揭矛盾的报告》、《典型发言》、《严峻的日子》等，或写上海一月风暴，或写1976年的北京天安门事件，都是有严重左倾思想错误的作品。

浩然在1972年、1974年分别出版了《金光大道》第一部、第二部，1974年又出版了中篇《西沙儿女》，在错误的方向上比《艳阳天》走得更远。

在"文革"十年这种极不正常的政治形势下，也产生了几本现实主义风格的小说。如张扬的小说《第二次握手》曾以手抄本的形式流传，1979年正式出版；莫应丰的《将军吟》

和姚雪垠的长篇历史小说《李自成》第二卷都是在“文革”期间写成。这些应该算作十年“文革”小说创作难得的收获。

另外，近年来“文革”中的知青“地下写作”也开始浮出水面。从目前能看到的资料来看，这方面的写作主要是诗歌，小说方面也有一些。据说有两部小说在“批判现实主义”的方向上达到了一定高度，“文革”期间曾在较大范围内传抄，“得到普遍欣赏、认同”。一部叫《九级浪》，作者毕汝协是老红卫兵。该作“有十万字上下，但是其内容和历史跨度已基本构成长篇”。作品中的“我”是个能够坐在自家的二层小楼里看书绘画的中学生，后来与心灵中圣洁的“女神”司马丽开始交往，于是发生了许多堕落的故事。小说再现了一代青年人“在文化大革命中的迷惘、幻灭、扭曲和堕落”。另一部是佚名作者创作的《逃亡》，记述了在东北插队的几名知青扒火车返城的经历，描述了他们在火车上对人生往事的回忆。小说结尾：在东北某小站，人们在一节货车厢里，发现几个紧紧抱在一起的青年人，已经被冻成了僵尸。

第十二节　新时期以来的大陆小说创作

新时期以来的小说创作，打破了长期以来“左”倾文艺思想的种种束缚，在广阔的历史背景和新的现实面前，以它蓬勃的生机和真实的力量，显示出新的面貌。

从1976年以来大陆小说的创作，可以看出中国社会的进步，也可以看出改革开放的中国社会在政治、经济、文化等方面的转型与艰难重建。特别是通过众多的文学形象，我们可以认识不同阶层的中国人的心灵和生存状态。

二十余年来的中国文学，不断开拓着中国人的新视野。新时期开始那一年，小说不仅数量少，质量也一般，没有出现太引人注目的好作品。这种情况，直到《班主任》一出，方有显著改观。刘心武的《班主任》发表于1977年11月号的《人民文学》上。作品一发表，就在社会上引起强烈反响。它揭露了“文革”文化专制对青年一代灵魂的毒害和摧残。这在当时是“人人心中有，个个笔下无”的社会问题，《班主任》以艺术形象把它提了出来。作品通过一个中学教师的感觉和思考，塑造了宋宝琦和谢惠敏这样两个中学生形象，揭示出他们是被扭曲了灵魂的时代畸形儿，是体格健全但心灵荒芜、精神空虚愚昧的青年蒙昧者。尤其是谢惠敏这样一个品行端正、头脑简单的青年形象，更使很多人从中照见了自己的影子。小说再次喊出了“救救孩子”的呼声，反映了教育上亟需要“拨乱反正”这一重大社会问题。《班主任》作为一篇小说，读起来显然会给人欠洗练的感觉，但在特殊的历史时期，它成了文学新潮流的“潮头”作品。

另一篇有影响的作品是卢新华的《伤痕》。小说写了知青王晓华母女的生离死别。王晓华的母亲来信告诉她自己“叛徒”问题已经改正，现在病重希望能见她一面，可王晓华竟不敢回去。等到她终于回到母亲身边，母亲已经寂寞地死去了。小说尽管在艺术上还比较稚嫩，但人物感情深处的伤痛触动了人们的灵魂。《伤痕》一出，乃有“伤痕文学”之说，成为新时期文学大潮的“潮头文学”。代表作除《班主任》、《伤痕》外，还有莫应丰的《将军吟》、孔捷生的《在小河那边》、陈国凯的《我应该怎么办》、郑义的《枫》、竹林的《生活的路》、韩少功的《月兰》、刘心武的《醒来吧，弟弟》等。

“伤痕文学”是痛定思痛的文学，也是控诉文学。人们郁积于心的愤懑之情由“伤痕文学”而得以宣泄。这是对“左倾”思潮的勇猛一击，也是新时期文学关心人民疾苦、敢于直面现实的开端。

如果说“激愤”是“伤痕文学”的特点的话，那么“反思文学”便是由激愤之情的宣泄进入冷静的历史沉思。张弦的《记忆》写了一个先整别人后来自己也被整的宣传部长秦慕平。作者没有停留在对主人公不幸遭遇和心灵创伤的描写上，而是通过他的自责自省，提出“应该把自己对人民犯下的过错、造成的损失，牢牢地铭刻在心里”。这就超越了“伤痕文学”而上升到对历史教训的沉思。“反思文学”的发轫之作不是一两篇而是一大批类似的作品群体出现在70年代末80年代初。他们起初和“伤痕文学”并存，后来便取代了它而成为引人注目的创作潮流。它出现在重大的历史转折时期，反映了这个时期政治上拨乱反正、思想上破除现代迷信和教条主义精神束缚的历史要求，标志着新时期文学理性的觉醒。

“反思”在这里特指对建国以来历史行程的回顾与反省，即站在新的高度对历史进行再认识、再评价，思考和探讨怎样防止“文革”这样的大悲剧重演。代表作有刘真的《黑旗》，茹志鹃的《剪辑错了的故事》，鲁彦周的《天云山传奇》，李国文的《月食》、《冬天里的春天》，高晓声的《李顺大造屋》和《“漏斗户”主》，冯骥才的《铺花的歧路》和《啊!》，金河的《带血丝的眼睛》，张弦的《记忆》、《被爱情遗忘的角落》，张一弓的《犯人李铜钟的故事》，王蒙的《悠悠寸草心》和《蝴蝶》，周克芹的《许茂和他的女儿们》，王毅、锦云的《笨人王老大》，古华的《爬满青藤的木屋》和《芙蓉镇》等。这些小说对历史道路思考的特点是：其一，在时间上冲破了“伤痕文学”止于“文革”十年的界限，思考的触角上溯到1957年的“反右”、1958年的“大跃进”、1959年的“反右派”、1964年的“四清”等，从而将文学的视野延伸到了历史的纵深。其二，思考的内容涉及历史是非和党与人民群众的关系以及农民历史命运等重大问题，其思考的深度和广度，以及作家承担社会责任的勇气与主动精神，在建国以来的文学史上都是前所未有的。其三，“反思文学”以思考为其特征，但这种思考是文学思考，是文化思考，体现出了大陆作家思想的成熟与理性的复苏。

作家的思考必然通过形象的手段。反思文学通过人物命运思考历史教训，将历史进程中政治上的失误还原为普通人的不幸和痛苦，尽管有些作品在这样做的时候有简单化之弊病，如历史道路和人物命运形成一种简单的对应印证，但他们的创作总体上是成功的，体现出了对人的极大关怀，写出了一些成功的人物形象。如方丽茹（《记忆》）、罗群和宋薇（《天云山传奇》）、李铜钟（《犯人李铜钟的故事》）、张种田（《西望茅草地》）、许茂和许秀云（《许茂和他的女儿们》）、胡玉音和王秋赦（《芙蓉镇》）、李顺大（《李顺大造屋》）、陈奂生（《“漏斗户”主》）、吴仲义（《啊!》）等。人们通过这些活生生的文学中的人物及其命运，来思考经历过的人生，思考自己的生存状态。应该说，这些文学形象仿佛一面面镜子，让人们看见了自己的生活，看清了历史，从而能够在自我审视中寻找到超越自我、完善自我的力量、勇气和途径。

“改革文学”的发轫之作是蒋子龙的《乔厂长上任记》，发表于1979年7月，正是“反思文学”方兴未艾之时，而且其社会反响之强烈不亚于《班主任》、《伤痕》等。这说明改革顺应民心，说明文学在回顾、反思历史的同时也在热切地关注着现实的出路。乔光朴是敢想敢干敢于承担责任的实干家，这样的人正是百废待举时期面对问题成堆、麻烦成堆、困难成堆的现实人们心目中的理想人物。这类小说满足了社会一时的心理期待，所以在一段时间内引起了人们的广泛关注。

“改革文学”的兴盛，是社会生活重心转移到现代化建设上来的反映。不过，随着改革的深入发展，当年兴旺一时的改革文学，逐渐显示出它反映生活的肤浅和对改革理解的不深刻。具体表现在作家的视野不够开阔，观念比较陈旧，往往局限于一定的改革事件的层面而缺少文化意识的烛照，渐渐形成了一套把改革生活简单化为改革与反改革的斗争模式（外加一点爱情纠葛或家庭生活波澜）。在改革者形象塑造上，还可以看到过去英雄主义思想的影子，夸大了改革者个人的作用。比如，“清官”李向南在古陵县上任伊始便一路罢官撤职，而古陵人民却只能仰望“新星”解救，便是这种带有封建意识烙印的陈旧的改革观念的集中表现。

后来，“改革文学”发生了一些变化。有些作家开始把目光转移到变革中的社会心理和改革者自身的文化心理上，对改革中的社会问题、人心世态进行多层面的审察，出现了“改革文学”世俗化、人生化苗头。这大概表明作家们已经意识到了改革其实是一个长期的过程，是一项艰巨的任务。如蒋子龙的《阴错阳差》，达理的《眩惑》，谌容的《走投无路》、《减去十岁》，贾平凹的《浮躁》，何士光的《苦寒行》，陶正的《假释》，张炜的《古船》，柯云路的《夜与昼》、《衰与荣》等，都从不同角度加强了作品的文化意识和审美意识。90年代以来，改革文学又有新发展，注重于更深层的社会体制、社会管理方式等问题的思考，如《年底》、《年初》、《大厂》等。

1985年，小说出现了“寻根热”。它是“反思文学”的继续和深化，即由政治反思推进到文化反思，由对政治影响社会生活的思考、批判，深入到对民族传统文化和民族文化心理的思考，试图从社会文化深层探寻民族革新、社会进步之路。这是80年代中期，西方文化再次以汹涌之势冲击中国社会，中西文化大碰撞、大交融背景下出现的一种文学现象。它的倡导者是当年的中、青年作家，代表者主要有阿城、郑义、韩少功、郑万隆、贾平凹、洪峰等。由于理论思考的不成熟和创作选材上的局限，他们往往给人以主张文学背离现实到远古洪荒、深山老林去寻根的错觉，少数作品也确实存在着这个问题。但是就整体而言，“寻根文学”所要寻的是民族文化心理之根，其创作的深层心理动因还是为了民族的自强和振兴；也可以说是对“反思文学”只局限于政治反思的一种超越，也是对“改革文学”就改革写改革的一种反拨。就创作实际而言，开始比较偏重于对民族传统文化否定，也就是在主观上勇于批判、摒弃传统，而忽略了弘扬与继承的一面；偏重于破坏而少于建设。例如，比较注重从民俗民风、地理生态、神话故事、传说野史、性爱方式等方面寻根，对当代社会生活的文化土壤和现实人的文化心理积淀有所忽略，对民族的活力、民族精神的支柱（即鲁迅所说的“中国的脊梁”）的追寻也注意不够。这也就是人们所说的偏重了寻找“劣根”。后来，这种情况有所改变。比如冯骥才《神鞭》中的傻二，当认识到洋枪洋炮的威力后，毅然抛弃了祖宗传下的“神鞭功夫”，剪掉鞭子，但“‘神’却留着”；正是靠了这“神”气，他才能照样把洋枪也“玩到家”，玩得如“神鞭”一样出神入化。

“寻根文学”的代表作有阿城的“三王”（《棋王》、《树王》、《孩子王》）、《遍地风流》，韩少功的《爸爸爸》、《女女女》、《归去来》，王安忆的《小鲍庄》，郑万隆的《异乡异闻》，李佩甫的《红蚂蚱，绿蚂蚱》，李锐的《古墙》、《厚土》，郑义的《老井》，扎西达娃的“西藏魔幻”小说，贾平凹的“商州系列”小说，冯骥才的《神鞭》、《三寸金莲》，吴若增的“蔡庄系列”小说等。有论者指出：“寻根文学”的主导倾向是“挖根”，实乃鲁迅探索“国民性（“挖出病苦以引起疗救注意”）主张的继续。寻根文学方兴未艾，创作领域又出现“除根派”文学，试图通过文学写作力排儒家文化的历史积淀，用多元文化克服独尊儒术，用现代科学思维、科学精神冲击愚昧、保守、僵化的迷信文化，探讨传统人向现代人的转变。显然，“寻根小说”与“除根小说”在否定传统封建文化这一点上是殊途而同归，其终极目标都能归结到改造国民精神这个“五四”老话题上去。

80年代末90年代以来，随着先锋小说等现代主义文化思潮的衰落，中国小说兴起了一种新的创作流派，那就是新写实小说。新写实小说最早在1987年下半年开始出现。1989年《钟山》杂志社举办新写实小说大联展，将新写实小说正式推出。新写实小说是对现代主义小说的反拨，因为现代主义作为西方文化的一种翻版，在中国社会显得充满贵族气，朦胧多义，难以理解。实际上造成文学与广大普通读者的隔离。新写实就是要消解这种隔离。新写实也是对传统现实主义的反拨。传统现实主义的说教性、主题意识被排除。新写实作家讲究客观化，“零度”写作，主张让英雄退役，不写理想，不要英雄色彩。为了追求生活的逼真，不惜采用自然主义外观。注重生活过程的客观流动，不注重编故事，也不提供问题及其答案。写生活流、生活原色，追求“毛茸茸的真实”。例如池莉的《烦恼人生》、《不谈爱情》、《冷也好热也好，活着就好》，方方的《白雾》、《祖父在父亲心中》、《黑洞》，刘震云的《单位》、《塔铺》、《一地鸡毛》等等。

二十余年来中国小说的发展从篇幅上来看，首先是短篇小说活跃和繁荣了起来。“伤痕文学”的代表作大都是短篇小说，这是因为短篇小说篇幅短小，轻便易成。后来，中篇小说大量产生，“反思文学”的首批代表作品大多是中篇小说。随即长篇小说也年复一年兴盛起来。同时，更为轻便灵活的小小说（微型小说或称微篇小说）也成为小说园地中一种活跃的形式，并日益赢得了读者的喜爱。特别是90年代以来，长篇小说大量涌现，其中结构宏大、反响强烈的力作也很有几部。如陈忠实的《白鹿原》，莫言的《丰乳肥臀》，贾平凹的《浮躁》、《废都》，路遥的《平凡的世界》，霍达的《穆斯林的葬礼》等等。另外，梁晓声的《雪城》、《浮城》，张承志的《金牧场》，高建群的《最后一个匈奴》，王蒙的《活动变人形》，汤吉夫的《朝云暮雨》，刘心武的《钟鼓楼》，张炜的《我的葡萄园》，王安忆的《长恨歌》，肖亦农的《黑地界》等等，也都是较有影响的长篇作品。据说90年代以来，平均每年都产生五百多部长篇小说，中短篇小说更是多如牛毛。这当然首先显示了中国文学的繁荣，表明了中国社会政治的开明、民主，经济的发展，社会的稳定、进步。不过，这么多的文学作品竞相涌现，肯定是泥沙俱下，鱼龙混杂，需要经过时间的淘洗，真正的优秀作品才能浮现出来。

第十三节　台湾的小说创作

一、台湾与台湾文学

台湾古称夷洲或夷州，后汉书的《东夷传》、《倭传》里都提过夷洲。公元7世纪时期，隋朝的《隋书》把夷洲改称为流求，现在的琉球（冲绳）则称为小流求。台湾这个名称正式在我国公文上使用，始于明朝万历年间，即17世纪初。国际上台湾还有个名称叫“福尔摩萨”，这是因为在16世纪时，欧洲殖民者向东扩张，葡萄牙人到达澳门后，在继续北上的途中眺望到青葱秀丽的台湾岛，不由自主地喊到“Formosa”（福尔摩萨）。这葡语的意思是

"美丽之岛"。明朝末年，荷兰殖民者进兵占领澎湖和台湾，西班牙殖民者也出兵占领了台湾北部一些地方。双方经过一番争夺，荷兰殖民者把整个台湾据为殖民地，长达三十八年之久，直到1662年，郑成功收复了台湾。1683年，清政府收复台湾。1895年，台湾和澎湖列岛又被割给日本，二战后，台湾及其周围岛屿又回归中国政府。

历史上，台湾因属边地，经济与文化极不发达。据魏源《圣武记·康熙戡定台湾记》记载："会闽大旱，郑芝龙言于巡抚熊文烂以舶徙饥民数万至台湾，人给三金一牛，使垦荒岛，渐成邑聚……鸿荒甫辟，土膏坟盈，一步三熟，厥田惟上上，漳泉之人，赴之如归市。"可见，台湾在清朝时经济文化仍不发达。五四新文化运动前，台湾的文学主要是旧体诗文和民歌及民间故事。

1895年日本帝国主义侵占台湾后，推行独裁统治，强迫台湾同胞学日语，强迫作家用日文写作。1937年后，更是推行所谓"战时体制"，明令禁止中国的语言文字在台湾使用和流传，强行废止台湾的所有汉文文学机构，还规定台湾青年如读大学，不得学习政治、法律专业。独裁统治和奴化压迫并没有征服台湾同胞，反而促成台湾民众的民族意识空前觉醒。他们从日本军队踏上台湾土地那天开始，就进行着坚决的反日斗争。先是武装起义，后来转入文化斗争。大约在1915年至1920年间，针对日本侵略者的"皇民化运动"，台湾掀起了反同化运动，即用中华文化反对大和文化，形成了汉学运动。当时以岛内的封建地主阶层为主体，大办私塾，大写汉字，大修家谱，大造祠堂。其间正值大陆社会发生了五四新文化运动，台湾的反同化运动、汉学运动也受到了五四新文化运动的影响，后来发生了新文学运动。

台湾新文化运动首先由一些台湾留学生在东京发起。1919年秋，台湾留学生在东京成立了"声应会"，即"同声相应"大陆的新文化运动，代表人物是蔡惠如。1919年末，"声应会"一些人成立启发会；1920年1月又成立了新民会，带有强烈的政治色彩。新民会是台湾新文化运动的组织者和发动者，"政治革新、启发民智、认同祖国"是其纲领。1920年7月，《台湾青年》刊物创立，与大陆《新青年》杂志相对，是台湾新文化运动的摇篮，发表了《论普及白话文的新使命》等文章。1921年10月在台湾成立了"台湾文化协会"，是台湾的第一个新文学社会团体，骨干由留学生"新民会"和台湾本土一些有民主思想的进步人士组成。代表人物有蒋渭水、林献堂等。蒋渭水是个医生，以台北医专为据点开展活动。台湾文化协会是个具有统一战线性质的组织。

《台湾青年》于1922年4月改为《台湾人》，1923年，又创办了增刊《台湾民报》，使台湾新文学由倡导阶段转入创作实践阶段。《台湾民报》广泛介绍大陆五四新文学运动的作品，也广泛介绍世界各种创作流派。一般称《台湾民报》为台湾新文学的摇篮，因其最早发表了用白话文进行创作的作品。在台湾与旧文学派进行论战的是张我军，相当于大陆的陈独秀、胡适。张我军生于台湾，曾多次到大陆。大陆发生五四政治运动时，他正在北平。台湾的第一本新诗诗集就是张我军的《乱都之恋》。在台湾新文化运动中，还发生了台湾方言与国语之争。有人主张用台湾方言写作，张我军主张用国语。

台湾新文学从20世纪20年代开始，经过一个短暂的模仿期，到20年代后期已开始走上成熟。直到1945年光复前，其间虽然经历过"皇民化"运动与"战时体制"，即由日本侵略者发动的目的在于消灭台湾民众的民族意识，用大和文化代替中华文化的文化渗透与文化绞灭行径，但是台湾文学的主潮流始终还是保存着中华文化的传统与属性。其中最有影响、成果卓著并以流派现象显示了其强大生命力的便是台湾乡土文学。

二、台湾乡土文学

台湾乡土文学始于20年代，其作品具有强烈的反日意识；用现代汉语中的白话文进行创作，并追求具有台湾地方特色的语言风格；在内容上表现的基本是台湾乡村和小城镇民众的生存状态，自然景色和风土人情的描写都很有地方特色。主要作家有赖和、杨魁、钟理和、陈映真、吴浊流等。

台湾乡土文学的主要创作成就在小说方面。在整个日据时期，台湾小说从大的方面区分，有两类。一是台湾作家创作的小说；一是移居到台湾的日本作家创作的小说。台湾作家创作的小说又有两种情况：主要是写实的，真实地反映了帝国主义、封建主义压迫下台湾人民的苦难生活，表现出反帝反封建的意识。这类作品被称为台湾现代乡土小说，属于中国新文学的范畴。也有少数台湾作家接受了日本帝国主义的殖民宣传和奴化教育，丧失了民族观念，创作了一些美化殖民统治、为日本帝国主义的侵略行径制造舆论的作品，这属于所谓“皇民文学”的范畴。日本作家创作的小说，既有“皇民文学”，也有进步文学。从创作实绩来看，乡土文学特别是乡土小说，占据了整个日据时代台湾文学的主体地位。

1. 赖河及其创作

赖和，笔名赖河，字懒云，1894年生，1943年去世。生于台湾彰化。读过私塾，他的启蒙老师黄师倬在台汉学界很有名气，有民族气节。赖和在读小学时因为是优秀生，可以做所谓“补大人”，但他拒绝了。后考入台北医专，1914年毕业后在家乡开办“赖河医院”。1917年至1919年下半年，在厦门博爱医院工作，受到五四运动影响。1919年下半年赖和回到彰化，一方面继续办医院，同时着手搞文化事业。1921年台湾文化协会成立，赖河被选为理事；1926年主编《台湾民报》文艺栏；1927年与蒋渭水等成立台湾民众党；1934年台湾文艺联盟成立，赖和被推为理事长。

赖和1923年12月第一次被捕；1941年12月第二次被捕；1943年因心脏病被保就医，但不久去世。死后被葬在彰化八卦山。

赖和一生的创作不多，主要有短篇小说14篇，新诗11首，散文13篇。他的白话小说成就较高，语言具有社会变革意义。1926年《台湾民报》发表他的小说《斗闹热》，标志着台湾新小说创作进入了成熟期。赖和是台湾乡土文学的奠基者，被誉为“台湾的鲁迅”。不过纵观赖河的一生，他主要是一个社会活动家。他的作品的思想性极强，但艺术性一般。主要作品有《斗闹热》、《一杆秤仔》、《可怜她死了》、《惹事》、《不如意的过年》、《丰作》、《善讼人的故事》等。

赖和的创作多为写实主义作品，作品的思想性和社会功利性较明显。概括起来看，赖和的创作基本表现了以下几个主题：①揭露了日本殖民者对广大民众的残酷剥削、压迫，批判了殖民统治者的卑劣行径和凶残本性。②反映出台湾底层社会民生的艰难，塑造了各类受压迫的弱者形象，表现了弱者的反抗。③赖河小说中也有对封建陋习的批判。

另外，赖河的诗多是格律诗，新诗不多。他的新诗创作的宗旨与小说一样，就是为民众疾苦申冤。他认为：文学要“表现社会待解决的问题，要以民众为对象”。

就艺术特色而言，赖河的小说具有浓郁的乡土特色，不过作为台湾新小说的创始人，赖河的小说具有草创期的欠丰满。手法上多用白描，继承了民族传统的描绘手法。作品在结构上多是单线索的封闭式。在人物性格的表现上，继承了我国情节小说的特点，在情节发展中表现人物性格。语言朴素、风趣，具有浓厚的乡土风味。

2. 杨逵及其创作

杨逵（1906—1985），本名杨贵，又名杨建文。1906年生于台南县新化，台南二中毕业。1924年东渡日本，半工半读，在日本大学读夜大学的文学专业。1928年返台参加抗日农民运动，被选为台湾农民组织的中央常务委员。1931年被捕，出狱后于1932年在贫困中创作了短篇小说《送报夫》，但因有抗日倾向，在《台湾新民报》刊登一半后即遭禁止；1934年在日本的无产阶级文学刊物《文学评论》上全文发表，并被评为当年该刊优秀作品。1936年被胡风译为中文。1936年后，还写了《水牛》、《模范村》、《泥娃娃》等作品。1936年还创办并主编《台湾新文学》。1937年卢沟桥事变后，他又被捕入狱。出狱后在家乡创办首阳农园，以种花草树木为生。他创办首阳农园时，即在《台湾新闻》发表《首阳园杂记》，暗示他“不食周粟”抗日到底的决心。40年代，杨逵先后共有十多次被捕坐牢，他都毫不屈服，继续写了《鹅妈妈出嫁》（1942）等文学作品，抨击日本侵略者。

1945年台湾光复后，他高兴地把“首阳园”改为“一阳农园”，并创办《一阳报》。1949年被捕，在火烧岛关押12年，1961年刑满出狱。70年代有人在香港发表文章号召为穷困中的杨逵募捐。1982年到美国出席会议，1983、1984两年获台湾文学创作奖。1985年病逝。

杨逵的创作成就主要在小说，也有少量散文、戏剧。他的创作以“光复”为界分为前后两段，前期以《送报夫》、《鹅妈妈出嫁》等为代表，显示了台湾乡土文学的创作成就。后期的代表作品有小说《春光关不住》（《压不扁的玫瑰花》），散文《我的小先生》、《太太带来的好消息》，剧本《牛犁分家》等。他的作品具有鲜明的中国特色，以逼真的写实见长，力求接近生活，朴实无华，充满感人的写实力量。在描写客观状况中的事物时，也写人物对事物的体察和决断，以体现人物的积极行动。相当数量的作品带有自叙传的色彩。在人物形象的塑造上，采取传统小说一人一台戏的手法；在结构上多采取封闭式结构，故事情节按逻辑发展，线索清晰。写实主义作品吸取了现代派表现手法，往往在结尾用象征性描写，设立象征性的意象。

3. 吴浊流及其创作

吴浊流（1900—1976），名建田，号饶耕，生于台湾新竹县。其父是当地名医，吴浊流的出身可算书香门第。1916年考入台北师范学校，毕业后担任小学教员19年。1941年，因不满日本人担任的郡视学在一次校运动会上公然殴打台籍教师，投诉无果，愤然辞职，奔赴祖国大陆。先在南京的日本商工会议所谋得翻译工作，后任南京《大陆新报》记者，一年后回台湾任《日日新报》记者。1948年，任大同工业职业学校训教主任。1964年在台北创办《台湾文艺》杂志。1969年用自己的退职金设立“吴浊流文学奖”，致力于培养乡土文学新秀。1976年病故于台湾。

吴浊流37岁开始写小说，算是大器晚成。代表作品有：短篇《先生妈》、《陈大人》、《功狗》等，长篇《亚细亚的孤儿》。

三、光复后的台湾文学

1945年8月15日，抗日战争胜利了，台湾长达半个世纪的“日据时代”结束了，台湾又回到祖国怀抱。但是，由于二战期间日本帝国主义为了支持侵略战争，拼命搜刮台湾的民脂民膏，已使台湾经济濒于破产。国民党接收官员抵台时，台湾经济一片凋敝。物价从1945年10月至1946年11月，平均涨了一百倍。其中，生活基本用品的价格更是涨得吓人：米涨了420倍，煤涨了430倍，糖涨了790倍，盐涨了1600倍，火柴涨了1000倍。在这种情况下，人人都苦于生计，为一日三餐而奔波劳碌，往日的作家也只有去从工从商从政从教从农，谁还能顾得上舞文弄墨？另外，日本在台统治五十年，推行文化专制与绞灭政策，使许多青年人已不识中文，过去的作家，许多人既需要克服“孤儿意识”，也需要从头学习中文写作。所以，台湾光复后的最初几年里，乡土文学比较沉寂，整个台湾文坛也十分冷落。

1949年前后，随着国民党人不断逃到台湾，台岛的经济文化渐显活跃。然而，由于国民党推行所谓“反共复国”“国策”，台湾文化一时被国民党变成了政治的附庸，台岛兴起了所谓“战斗文学”，即“反共文学”。整个50年代，“战斗文艺”是台湾文化的主潮。不过，乡土文学并没有至此消亡，仍然在台湾文学中占有一席之地，而且在创作上有了新的变化。比如钟理和（1915—1960）的小说，流露出追踪寻根的“原乡人”意识，表现出台湾同胞和大陆同胞的血肉关系，抒发了对祖国的深情厚谊。可惜，这类文学当时处在受压抑的地位，钟理和的小说在他死后才得以出版。而且，钟理和这样一位被称为“台湾农民文学的巨擘”的人，一生穷困潦倒，以致生命临终时对儿子说：“吾死后，务将所存遗稿付之一炬，吾家后人不得再有从事文学者。”（封祖盛著，《台湾小说主要流派初探》，第43页，福建人民出版社，1983年10月版）这真是我中华文学的令人伤心处。庆幸的是，他死后，由林海音、钟肇政等人组成钟理和遗作出版委员会，陆续把他的全部作品印刷发行。

60年代，台湾盛行现代派文学，也可以说是盛行现代主义文化。不仅是文学，在电影、音乐、绘画、舞蹈等其他文艺领域，都深受西方现代主义文艺思潮的影响。就文学而言，现代派诗最为兴盛，其次就是现代派小说。台湾主张“纯文艺”的现代派文学的兴起，实际上是对“战斗文艺”的背离，一定程度上显示了台湾文化的积极走向。

台湾的现代派小说和西方的现代主义文学一样有两种情况：一种是完全的反传统，正如19世纪末20世纪初西方的现代主义艺术一样，一方面具有重大的艺术实验价值，一方面又在思想上显得很颓废、很消沉、很稀奇古怪，往往沉浸在个人感觉里折射生活，彻底抛弃了传统的艺术价值观。在艺术上往往表现为荒诞、变态、意识流；生活真实被肢解，艺术空间又很深奥、难懂，据说是一般都隐含着深藏在现实生活表层下面的深刻哲理，而这哲理又与普通大众的生活关系不大，但又在每个人的心灵深处的阴暗角落里徘徊着。说穿了就是非现实逻辑理性，反常规理性。现代派艺术就是要转向人的内心深处，挖掘表层生活下面的“深刻真实”。台岛有这方面创作倾向的作家主要是王文兴、欧阳子、七等生等。另一种正如20世纪20～30年代的西方现代派艺术那样，既有对传统的背离，又有对传统的继承，试图把现实主义与现代主义融会在一起，也就是不愿放弃艺术的新手法，但不能不讲点艺术家的社会责任。白先勇、於梨华、聂华苓等台湾现代派小说家的创作可归入此类。他们的作品虽不同程度地打上现代主义的烙印，但内容保留着明确的中国色彩，也可以说流露出深深的中国情结。白先勇的《游园惊梦》、《谪仙记》，聂华苓的《千山外，水长流》等作品，细读起来，总感觉到一种挥不去的乡愁飘动在字里行间。作者的这种大陆情结和写作心境，应该是值得肯定的。

台湾的现代派小说一经产生就与乡土文学形成对立的走势，60年代中期，吴浊流、陈映真等即对“现代文学”进行批判，但反响不大。70年代初，由关杰明等对“现代诗”的批判引发了对“现代文学”的批判高潮。于是，“回归乡土、反映现实、揭示矛盾”这些口号成了乡土作家用来反对“现代文学”的价值趋向，尤其是反对它逃避和脱离台湾社会现实，忘我于西洋文化之中，把外国人的问题和台湾还没有发生的问题一窝蜂地接收过来，把别人的病当成自己的病，从而把文学变成了一种和实际生活、实际问题脱了线的把戏。这样，在70年代，台湾乡土文学又获得了新生。产生了黄春明、王祯和、陈映真、王拓等许多有影响的乡土作家。

文学上乡土派与现代派的论战，表明了台湾文化的整合与重建，也表明了台湾文学的繁荣与多样化发展。这样看来，台湾文学从70年代开始就进入了一个多元化发展时期。

第十四节　香港和澳门的小说

香港和澳门一左一右位于珠江口边上，在19世纪后期先后分别沦为英国和葡萄牙的殖民地。香港于1997年7月1日已回归祖国；澳门也于1999年12月20日由中国政府恢复行使主权。在过去的一百多年间，港、澳特别是香港，逐渐发展为世界重要的自由贸易港，成为高度发达的商业化社会。中国政府对港澳地区恢复行使主权后，仍将其作为特别行政区，保持其自由港地位。因此，港澳地区基本可以看做一个整体，其中以香港为主体；就文学而言，港澳文学也可以看做一个整体，其中香港文学较繁荣，为主体。

港澳作为高度发达的商业社会，又是自由港，人口流动一直很大。所以港澳文学的界定一般是指反映港澳社会生活并在港澳地区出版发行的文学艺术作品。就作家而言，主要看其是否在港澳成名，出生何地则无所谓。

港澳文学的发展基本可以划分为两个阶段。第一个阶段以1928年港岛出版《伴侣》杂志为开端，至1949年中华人民共和国成立，可称为“拓荒阶段”，也就是新文学在港澳的生长阶段。这一阶段里，大陆的许多作家和文化人多次出入香港、澳门，如郭沫若、茅盾、章太炎、许地山等。第二个阶段自1949年至今，属于独立发展阶段。这个阶段又可概括为四个时期，即：50年代出现的“自立期”；60年代“现代主义文学传播期”；70年代“通俗文学繁荣期”；80年代“多元化文学活动期”。在第二个阶段里，大陆作家和文化人曾两次较众数地移居香港，一次是50年代前后，一次是70年代末。另外，台岛一些作家和文化人也经常来往于港台之间，成为“两栖”作家或学者。

港澳地区由于受到高度商业化的社会价值取向的影响，作家的价值取向也较少考虑社会功用和教化作用，而注重娱乐性、趣味性、消遣性。这与大陆和台湾的文学有明显不同。在审美原则上更注重通俗化。因此，港澳主要是香港的通俗文学极发达，其中的武侠小说成就尤高，而这方面影响最大的是金庸。

香港作家较为自由，尽管有许多小圈子，但没有形成对立的派别；大都信奉独立思考和创作的自由，但为了生计和作品的生路，不得不迎合市场和出版商的口味。1987年，香港才成立了作协。港澳文学的优势在都市文学方面，都市文学作为市民文化，其通俗性是在所难免的。所以港澳文学主要是武侠小说、言情小说、科幻小说。值得特别提出的是，香港的这些通俗文学在语言上极精致、优美，格调上也比较高雅。这大概也能看出香港作家的艺术素质较好，社会阅读群体的素质也较高。

第十五节　20世纪中国乡土小说的三种状态

一、乡土小说及其在中国的萌发

文学上的乡土概念实际上有两个层面的含义：一指地域性，即本乡本土。这时的乡土文学是有特定文化指认价值的概念，既可以指乡村，也可以指城市，强调的是地域文化色彩或民族、群落的文化个性。比如可以说欧洲乡土色彩、大洋洲岛国风情、非洲黑人格调；也可以说大上海风采、老北京气度、巴黎情调。正如邱华栋所论："每个地方的作家，必定带着那个地区的很多特点、气质和风貌。通过一个作家，你可以感受到来自他背后的那片土地的性格和气质。阅读这些优秀的拉丁美洲小说家的作品时……渐渐地看到了一整块大陆的形状和气质……我是把拉丁美洲小说，当作一个整体来看待的。拉丁美洲作家的小说，有着一种宏阔的大陆气质。"（邱华栋，小说的大陆气质，《世界文学》，2004年1期，287页）很显然，"大陆气质"被当作了拉丁美洲小说的乡土特色。二是特指以农民、牧民、渔民为活动主体的乡村社会属性，或与以工商业为主要社会活动内容的城市和城镇相对应的乡村社会存在形态。这时的乡土文学虽然也有一定的类型化的社会文化指认价值，但更强调城与乡的两级对立社会存在形态中的乡村社会属性。从第二种含义讲，所谓乡土小说是以农民或在乡村背景下生活的各种人为主要描写对象，表现乡村社会和乡村人的生存境遇，关怀乡村民众的生存状态，思考和探求农村社会进步发展道路的小说。

20世纪中国新文学的乡土小说是在五四文学革命的背景下诞生的。在现代白话小说诞生之前，中国基本没有乡土小说。尽管中国古典小说也有描写到农民和农村社会的，比如较典型的《水浒传》，梁山水泊英雄不少都有农村背景或就是农民（包括渔民、猎户），作品也关怀了农民的生存状态；作为一部以史载的宋江农民起义事实为基础的小说，其事件本身也含有了一定思考和探求农村社会进步发展道路的价值。然而，《水浒传》并不是一部以农村社会为主要描写对象的小说，它涉及的社会生活是全景式的，人物还包括了城市贫民、手工业者、小商人、流民、知识分子、僧人、道士、地主、官吏、军官，等等。整部作品更应该被判定为描写社会暴动事件，揭示封建社会腐化动乱、官逼民反的社会历史情状，宣扬侠义精神和封建伦理思想，有一定武侠气质的作品。至于五四之前民国初年的小说，虽有如林纾的《舒南云》、《鲁菊花》这样的描写农民和农村社会的作品，人物描写"不像才子佳人那么扭扭捏捏……也少迂腐的礼教味。但这些小说在林氏全部短篇中，是十不居一的。"（杨义，中国现代小说史（第一卷），北京：人民文学出版社，1986：38－39）林纾凤毛麟角的关注乡土之作堪称中国乡土小说的滥觞，可惜由于时代的局限和他本人囿于成见），他在乡土小说方面的开创之举后世几无人知，更无从谈引领风气了。"林纾基本上是站在士大夫立场，以政局的旁观者的眼光看世界。他的社会理想大体上是对清康、雍、乾年代的向往。他是以清朝遗民身份出现的。他的很多短篇小说也往往是用来保守孔学、阐扬礼教的。这些反映出他企图把国势民风拉回到清朝道光年代以前状态的思想。所以，他对传统的儒家文化的认同远远大于疏离。"（杨义，中国现代小说流派，北京：人民出版社，1998：36－37）说到底，林纾只能属于近代的旧知识分子。正如他属于的那个时代一样，现代的气息已经萌动，"科学方法，实验精神，自由解放的思想……这些美贵的东西"（茅盾，茅盾全集（第十八卷），北京：人民文学出版社，1989：166）已经传入中国，然而，“近代文明的发展，太偏于物质方面”（茅盾，茅盾全集（第十八卷），北京：人民文学出版社，1989：166），尽管在思想文化建设方面也春风浩荡，却只有一场一场的风沙，偏偏就缺少一场透彻的滋润种子萌发的雨。五四新文化运动这场催动中国现代文化种子勃发的喜雨终于降临在了古老的中华大地，中国的乡土小说在这个万物竞发的春天里破土而出。在这种历史机缘下，中国现代白话小说的开先河者鲁迅名副其实地完成了乡土小说的发轫之举。

二、五四“平民文学”观念影响下的乡土小说

中国乡土小说在五四时代萌发得益于社会观念和文学观念的转变。在漫长的封建社会，小说自产生后一直不受正统文人的重视，作为一种文体远不如诗文那样堂而皇之。它一方面供帝王将相、达官贵人、巨贾富商们私下里听着消遣解闷，一方面在城市的茶楼书坊供市民百姓听愁听乐、感喜感忧、咀嚼人生百态。由于这种特殊的“市场”需要，小说长期以来与乡土和农民无缘，不像诗文那样富有泥土气息。考察中国封建时代的小说，人物主要是帝王将相、才子佳人、鬼怪狐妖、市民、工匠、财主、兵丁、书生、游侠，《水浒传》里的农民英雄和《红楼梦》里的刘姥姥的确在旧小说的人物画廊中只占有很小的篇幅。从这个细微的文化历史印痕可以看出城乡两极社会在文化活动方面的不对等、人的生存权利方面的不平等和农民在文化资源占用上的无足轻重。农民撑起了农耕文明的天地，然而，当后人在翻检农业社会的历史时，会发现许多历史文化成就对他们轻描淡写，甚至根本无视他们的存在。小说的这种城市品性、历史情状是由它的消费本性决定的。“章回小说，创于元而实昉自宋。大宋嘉祐年间，国家无事，命朝臣每日进讲一奇异之事以为娱。头回之后，继以说话，然犹短章而非长篇也。元人延而用之，复变汉以来之短章体，连贯错亘，成为巨帙，其于改良小说之功，可谓伟矣！其时最脍炙人口，沿至六百年而不敝者，则为《水浒传》、《三国演义》。”（朱一玄，明清小说资料选编（上），济南：齐鲁书社，1990：133）可见小说不同于诗文，并非先天地与农耕文明浑然一体而具有乡土精神。长期以来，诗文乃中国文学的正宗，为文为诗的读书人即所谓士，“将懂得稼穑、农事作为一种教养。读书人即使不耕，亦应知耕。士虽以读书求仕为事，却不但不耻于耕，且以不知耕为耻。中国士大夫鄙商不鄙农。‘耕读传家’，耕与读都不卑下。土地乃衣食之源，食不卑下，农作即不卑下。因而以农事入诗自成一种诗体，自号‘老圃’亦是一种文人的风雅。这也是农业文明所培植的价值态度。”（赵园，地之子·自序，北京：北京十月文艺出版社，1993）所以，自《诗经》以来就有乡土诗，陶渊明、李白、杜甫、白居易、韩愈等文人学士身上都有乡土精神，他们既用大地之子的情怀关注土地，又在乡村世界的闲暇、亲近自然、放纵自我中获得生命的自由与超拔。《诗经》中大量的劳动歌谣、情诗、怨妇诗，都有浓浓的乡土色彩。汉乐府诗、古诗十九首也多有乡间民情。陶渊明酷爱乡土，李白宿五松山下慨叹田家秋作苦，杜甫以《三吏》、《三别》显示了对乡村社会的关怀，白居易作过《秦中吟》为农民呼号，韩愈也深以李愿归盘谷为然（见韩愈《送李愿归盘谷序》）。而小说由于其文体的叙述性和需求的娱乐性，在其古典时代长期未能获得类似诗文的乡土品格。

晚清和民国初年，小说在社会生活中的地位开始发生变化，但农民这一中国社会的主体并没有引起小说家的重视。梁启超倡导小说的社会革新功能，注意到了小说改良群治的价值，并身体力行创作了一些政治小说，但小说的城市性并没有改变。五四新文化运动扭转了

中国文化的历史乾坤，“发端于‘五四’新文化运动的现代小说，比以往历代小说更为饱含时代芬芳，它是觉醒者和战斗者的艺术。”（杨义，中国现代小说史（第一卷），北京：人民文学出版社，1986：38－39）正如陈独秀所说：“余甘冒全国学究之敌，高张‘文学革命’大旗，以为吾友之声援。旗上大书特书吾革命军三大主义：曰推倒雕琢的阿谀的贵族文学，建设平易的抒情的国民文学；曰推倒陈腐的铺张的古典文学，建设新鲜的立诚的写实文学；曰推倒迂晦的艰涩的山林文学，建设明了的通俗的社会文学。”（陈独秀，文学革命论，新青年，1917，(2)：6）从此，文学的观念为之一变。“国民的”、“写实的”、“通俗的”社会文学便如火如荼地兴盛起来。在这个变革的萌发阶段，蔡元培、李大钊的“劳工神圣”思想和“博爱的生活是无差别的生活，是平等的生活”（李大钊，李大钊文集，上，北京：人民出版社，1984：632）的主张，周作人的《人的文学》和《平民文学》主张“讲人的意义，从新要发现‘人’……希望从文学上起首，提倡一点人道主义思想……我所说的人道主义，并非世间所谓‘悲天悯人’或‘博施济众’的慈善主义，乃是一种个人主义的人间本位主义。”（周作人，人的文学，新青年，1918，(5)：6）它是源于“欧洲关于‘人’的真理的发见”，也就是要讲人的平等、自由、个性解放。这实际上是资本主义工商业社会崛起以来关于人的基本价值观念，在反“王权”、“神权”方面具有人类社会普遍的进步意义。“所以我说的人道主义，是从个人做起。要讲人道，爱人类，便须先使自己有人的资格，占得人的位置”（周作人，人的文学，新青年，1918，(5)：6）；文学“只应记载世间普通男女的悲欢成败”，“记真挚的思想与事实”（周作人，平民文学，每周评论．1919年1月19日，第5号），“用人道主义为本，对于人生诸问题，加以记录研究的文字，便谓之人的文学”（周作人，人的文学，新青年，1918，(5)：6），这些思想和主张导引着现代白话小说的走向。鲁迅在《我怎样做起小说来》中说：“在中国，小说不算文学，做小说的也决不能称为文学家，所以并没有人想在这一条道路上出世。我也并没有要将小说抬进‘文苑’里的意思，不过想利用他的力量，来改良社会。……我仍抱着十多年前的‘启蒙主义’，以为必须是‘为人生’，而且要改良这人生。我深恶先前的称小说为‘闲书’，而且将‘为艺术的艺术’，看作不过是‘消闲’的新式的别号。”由于小说的创作者具有了新的理想和素质，看清了所处的社会的文化落后性，加之新的社会文化变革思潮的推动，新的小说诞生了。

当五四时代的进步知识分子站在国民平等的立场，大力倡导“凡自己的劳力作成有益他人的事业，不管他用的是体力、是脑力，都是劳工。所以农是种植的工，商是转运的工，学校职员、著述家、发明家，是教育的工，我们都是劳工。我们要自己认识劳工的价值。劳工神圣”（蔡元培，劳工神圣（1918年11月16日在天安门前庆祝协约国取得大战胜利的演讲大会上的演讲），北京大学日刊，第260号，1918－12－27。参见：中国现代史资料选编，哈尔滨：黑龙江人民出版社，1981：31）这样的新思想时，他们不会不注意到根本不平等的现实生活，于是他们只好把现代知识分子的同情、爱心、理想熔铸到那场文化启蒙运动中，以唤醒更多的人的觉醒和行动，创造一个新世界。他们是先从自己的身边发现这种不平等的，这些住在城里的有“劳工神圣”新思想的知识分子，首先看见了人力车夫和城市乞丐，于是短小简明的现代白话诗承载了开启新文学的历史使命，成为表达新思想的先驱。刘半农的《相隔一层纸》（1917）、胡适的《人力车夫》（1918）、沈尹默的《三弦》（1918）把知识分子的良知送给了那些他们视野所及的最贫弱的人。鲁迅因为自己家庭的变故，其实早已注意到了农村社会的不幸。可能正是因为独特的人生背景，使他能够进一步放开眼光，发现更广大的农村社会的苦难并自觉用文学描写关注农民的命运，“改变他们的精神”（鲁迅．呐喊·自序。)。《狂人日记》作为中国现代白话小说的开山之作，从涉及农村社会和农民的角度看是间接的，很难说不是乡土小说，也并非严格意义上的乡土小说。《狂人日记》中的农村社会生活通过狂人的心理活动折射出来，很模糊，与其说狂人心理折射出来的是农村社会，不如说是中国封建历史。小说的楔子里有“故乡”、“村人”这样的字句，应该可以判定作品的背景是农村；但狂人的心理世界很复杂，既有“狼子村”、“佃户”，也有“知县”、“绅士”、“衙役”。狂人看见的是村与城结合的完整的封建社会。狂人充其量只是有农村背景的读书人，病愈后就“赴某地候补矣”，便不再是农民，狂人的离开农村决不是普通农民的出路。然而，学而优则仕或学而成材也就是成为某种专业技术人才，从此不再为农民，这又的确是中国农民长期以来的一种出路。既然到如今农民工还是农民，他们虽然可以在城里做一辈子工，但没有城市户口就只能是城市的流民，不但不能得到最低生活保障等任何救助，还必须花钱办城市暂住证，他们的子女在城市上学必须掏赞助费，所以应该明白高加林为什么走不出农村是那么痛苦，“知识青年”返城为什么那么不择手段，下放乡村的老干部、“右派分子”落实了政策重回城市为什么那么感恩戴德。农村苦啊，当农民低贱呀！狂人在清醒后的选择绝对是聪明的农民的明智之举。伟大的艺术品留给人们无限的遐想，鲁迅以深广的忧愤一出手便不同凡响，以短短几千言勾勒出了中国社会几千年的历史。正如《狂人日记》所创造的艺术世界一样，农村社会在漫长的“吃人”的封建时代虽然是社会财富的主要创造基础，却只是一个模糊的、只突出极少数核心人物的遥远背景。

狂人形象的意义不在于他的现实选择，而在于他思想的觉醒和对社会历史人生的思考。五四时代革新社会历史的潮流汹涌澎湃，狂人是时代的象征。《长明灯》里的狂人成为乡村社会的囚徒，象征性地传达了现代意识在中国的处境。没有知识分子的现代意识的觉醒和启蒙救助社会的自觉追求，也就不会产生狂人这样的艺术形象。

鲁迅着力描写乡村社会的小说还有《风波》、《故乡》、《阿Q正传》、《社戏》、《祝福》、《离婚》，这些作品已经成为了中国乡土小说的经典。鲁迅为中国乡土小说的发展奠定了两个基本走向：一是揭示民间疾苦，救治国民灵魂，重在人的社会生存苦境描绘；二是体察乡俗民风，揭示文化痼疾；重在文化的反思与批判。鲁迅的小说往往能将这两个方面有机熔铸在一起。《风波》通过鲁镇近郊很见过些世面的村民七斤和其家人在辫子问题上的无自主性和诚惶诚恐，揭示了封建皇权对民众生活的严酷钳制，不仅在物质生活上造成了农村社会的极度贫困，也使农民在精神上愚昧、落后。在七斤生活的乡村社会里，看似只有辫子、裹脚、赵七爷的衣着、院落里吃饭、老太太发牢骚这样一些琐屑之事，然而文化风俗的描写已跃然纸上。这“风波”测出了国民灵魂的状态：人们只有对皇权的畏惧，却没有丝毫人权观念、自我意识和平等意识，尽管老糊涂了的九斤老太对她的后辈儿孙忿忿不平，不住地抱怨“一代不如一代”，似乎有了一点对人的生存状态的自觉，然而这决不是人的生命意识的觉醒，只是一种稀里糊涂、不着边际的抱怨，至多是鲁迅小说的一种有寓意的描写。鲁迅曾在《摩罗诗力说》中讲道：“人有读古国文化史者，循代而下，至于卷末，必凄以有所觉，如脱春温而入于秋肃，勾萌绝朕，枯槁在前，吾无以名，姑谓之萧条而止。”这种思想通过九斤老太的“一代不如一代”传达出来，表明了鲁迅对民族衰落的感伤，“故所谓古文明国者，悲凉之语耳，讽刺之辞耳！”（鲁迅，鲁迅全集（第一卷）·坟，北京：人民文学出版社，1981：65）这是深爱着人民和土地、对国家民族怀着深厚的感情、自觉担负起拯救民族前途的崇高义务的鲁迅对封建专制统治的猛烈批判。

《故乡》和《社戏》既有鲁迅对乡村社会的温馨记忆和美好祝愿，更有对农民生存疾苦的揭示。《祝福》和《离婚》表达了鲁迅对妇女命运的思考和对封建礼教的批判。《阿Q正传》对农村社会和农民的出路做了深刻的考察和思考。鲁迅作为五四新文化运动的猛将，他对乡土的关注体现了时代的反封建精神，具有拯救国民精神的知识分子精英意识，流露出改造社会的崇高责任感和关怀民间疾苦的民间立场。在鲁迅的带动下，整个20年代，直到"30年代，是中国现代文学的全盛期。以地域为'支点'的'乡土文学'作家群体的涌现，使'乡土文学'呈现出前所未有的纷争局面和丰收景象。而最引人注目的是四川乡土作家群、东北流亡作家群、'京派'作家群和以茅盾为代表的'左翼'乡土作家"。(赵学勇等，新文学与乡土中国，兰州：兰州大学出版社，1993)

五四平民文学观念引导下的乡土小说"从总体上看，仍然是'五四'个性解放思潮对'人'的发现的产物，在其本质上它属于'人'的自觉、'人性的解放'的文化运动"。(赵学勇等，新文学与乡土中国，兰州：兰州大学出版社，1993)正是由于接受了外来文化的先进知识分子发现了封建伦理文化的专制性和反人道性的一面，大力倡导改造国民精神和重新立人，小说家们仿佛有了一种看世界的新仪器一样，凭借这种思想武器，他们发现了乡村社会人生的深重悲哀。当鲁迅听到他的少年朋友润土喊他"老爷"的时候，他意识到了封建官本位文化对人性的扭曲和对人的生命力的摧残，他满怀深情地对乡村社会的后代宏儿和水生、实际上就是对乡村社会的未来的人生，寄寓了新的希望。经过1840年以来半个世纪的社会变革，五四时代的中国知识分子认识到了封建文化像一团厚重的迷雾，罩住了国民的心胸和眼光，阻碍着社会的发展进步。通过改造文化来改造人，从而实现国家民族的振兴，这已成为那个时代的共识。小说家们不论是寓居北京还是混迹上海，只要他有过乡土生活背景，就难以忘记自己生命的根本，他们在写出乡愁的同时，也传达了知识分子的良知和人文关怀。鲁迅对七斤、阿Q的批判，对润土、祥林嫂、爱姑的同情和无奈，对平桥村的眷恋，形成了平民文学观念引导下的乡土小说的基本格调。

"北京虽然是'五四运动'的策源地，但自从支持着《新青年》和《新潮》的人们，风流云散以来，一九二〇至二二年这三年间，倒显着寂寞荒凉的古战场的情景。《晨报副刊》，后来是《京报副刊》露出头角来了，然而都不是怎么注重文艺创作的刊物，它们在小说方面，只绍介了有限的作家：蹇先艾，许钦文，王鲁彦，黎锦明，黄鹏基，尚钺，向培良。"(鲁迅，中国新文学大系·小说二集·导言，(影印本)，上海：上海文艺出版社，1980)这些作家成为乡土文学京派作家群的基本力量。此外还有台静农，鲁迅在《中国新文学大系·小说二集·导言》中做了特别介绍，不仅引录了他《地之子》的后记内容加以推荐，还进一步评价说："要在他的作品里吸取'伟大的欢欣'，诚然是不容易的，但他却贡献了文艺；而且在争写着恋爱的悲欢，都会的明暗的那时侯，能将乡间的死生，泥土的气息，移在纸上的，也没有更多，更勤于这作者的了。"台静农的《天二哥》和《红灯》也的确别具风格，把乡村人生的无意义和死的不明不白描绘得令人不忍再看。那是一个鬼神主宰着一切的世界，得银的娘在深重的苦难中惟有靠迷信鬼神的仪式来摆脱生的艰难，乡民们都屈服在迷信鬼神的乡俗中过着卑贱的非人的日子。这里没有丝毫的对乡俗民风的陶醉，有的只是对民间疾苦的暴露和对乡村人的生存状态的鞭打。"凡在北京用笔写出他的胸臆来的人们，无论他自称为用主观或客观，其实往往是乡土文学，从北京这方面说，则是侨寓文学的作者。但这又非如勃阑兑斯（G. Brandes）所说的‘侨民文学’，侨寓的只是作者自己，却不是这作者所写的文章，因此也只见隐现着乡愁，很难有异域情调来开拓读者的心胸，或者炫耀他的眼界。”（鲁迅，中国新文学大系·小说二集·导言，（影印本），上海：上海文艺出版社，1980）鲁迅的认识是深刻的。乡土文学的真正价值在“乡愁”，而不是简单地写出“异域情调”。这沉重的“乡愁”呀，简直就要压碎觉醒了的土地的儿女们的心。所以鲁迅特别摘录了台静农的感慨：“其实在我倒不大乐于走这一条路。人间的酸辛和凄楚，我耳边所听到的，目中所看见的，已经是不堪了；现在又将它用我的心血细细地写出，能说这不是不幸的事么?”（鲁迅，中国新文学大系·小说二集·导言，（影印本），上海：上海文艺出版社，1980）只有清醒才有忧愁，才能觉出苦痛。当有人肯用心血细细地写出沉醉在烂污的文化氛围里、不觉悟的乡村社会时，乡村里的人们就有了将来和希望。所以鲁迅在比较王鲁彦和许钦文的创作时，又特别摘录了“秋雨的诉苦”：“地太小了，地太脏了，到处都黑暗，到处都讨厌。人人只知道爱金钱，不知道爱自由，也不知道爱美。你们人类的中间没有一点亲爱，只有仇恨。你们人类，夜间像猪一般的甜甜蜜蜜的睡着，白天像狗一般的争斗着，撕打着……”（鲁迅，中国新文学大系·小说二集·导言，（影印本），上海：上海文艺出版社，1980）这是对人性的审判，是小说家对人的新境界的呼唤。文学像一面镜子，乡土小说照出了民族的丑陋与污秽，显示了国民灵魂的脆弱与扭曲。当中国人敢于端起这面镜子看自己的时候，进步的时代开始了。

寓居上海的乡土写实作家以许杰、彭家煌为代表。大概因为他们的居所是中国社会的工商业中心吧，所以尽管同样是写乡土生活，感受还是别样的。许杰在20年代写出《赌徒吉顺》的时候，那“枫溪村”周围膨胀的工商业气息与蹇先艾、台静农、许钦文记忆中的沉静、慵懒、迷信、麻木的乡村社会已截然不同。在“枫溪村”那片土地上，对金钱的欲望正在摧毁人们的心智与健康，金钱的魔力开始使人们陷入迷乱与堕落，这是中国乡村社会出现的新问题。吉顺（许杰《赌徒吉顺》）本来是幸运的，他不必像《石宕》里的农人用艰辛的甚至是自杀般的损害自我的劳动来延续生命、养家糊口；采石场那危险的工作常常让山民们死得轻贱而不明不白，然而他们除了做这种危险而回报低劣的工作，别无选择。但吉顺是“既占有他父亲的遗产”，又“是一个上好的禀有灵巧的匠心的泥水匠”，还有子女繁庶的家室，如此优越美好的生活他并没有珍惜，堕落的人性和对金钱的贪欲使他坠入赌窟，终于落到了接受丧尽尊严的“典子”境地。不过，吉顺面对穷苦中的妻儿，能够“眼泪又不觉而然的走出眼眶来”，可见他的心智与天二哥（台静农《天二哥》）、老赵（蹇先艾《在贵州道上》）还是有稍许差别的。当许杰在30年代写出《贼》时，人们在生活窘困的乡民身上还是能看到健康的心智在活动，善良与怜悯之心让他们赦免了一个落魄无助的“贼”，这与“文明的桐村”（蹇先艾《水葬》）的“水葬”相比，还是让人们看到了乡村社会的可救与可爱之处。也许“老远的贵州”的冷酷的乡间习俗只是在狭小的范围存在吧，但毕竟也是令人忧愁的。其实，属于“北京范畴”的乡土小说家也不是全然对拜金主义侵袭乡村社会毫无察觉，王鲁彦的《黄金》所描绘的“陈四桥”“虽然是一个偏僻冷静的乡村，四面围着山，不通轮船，不通火车。村里的人不大往城里去，城里的人也不大到村里来”，这里并不能感到“枫溪村”周围的那种工商业崛起的气息，可是人们天生的爱财势利，与生俱来、从来如此地欺贫尊富，本能地酷爱官与财，无原则地屈服于官与财。史伯伯在因变穷而倍受欺辱以致陷入昏死的绝境的景况下，幻想的依然是他的儿子升官发财。这是对农耕社会官本位文化的又一次嘲讽。可见，同样是写人性中的贪欲，“枫溪村”与“陈四桥”的确有所不同。彭家煌的“谿鎮”小說如果説有什么特别之處的話，就是在描寫宗法制的鄉村社會家族之間和鄉村社會各種勢力之間的争斗方面爲后來的四川鄉土作家艾蕪、沙汀等提供了範本，也就是在鄉土小说的题材方面开拓出了新景观。

通过对鲁迅及寓居北京和上海的乡土小说家的创作考察，可以看出五四新文化发端以来至30年代左翼力量崛起前，乡土小说的生成与发展。小说描写乡土风俗是五四文学革命时代小说家们自觉地革新文化、启蒙民众追求的必然选择。梁启超早在《论小说与群治之关系》中就提出小说对道德、宗教、政治、风俗、学艺、人心，皆有“不可思议”的支配力，从而在知识界确立了小说是改良社会的重要工具的理念。正如鲁迅在《我怎样做起小说来》中所说，他是想利用小说的力量，来改良社会，抱着“启蒙主义”，“为人生”，而且要改良这人生。茅盾在1921年也曾大声呼吁：“中国文学不发达的原因，在于一向只把表现的文学看作消遣品……一向只把各种论文诗赋看作文学，而把小说等都视为稗官野乘街谈巷议之品；现在欲使中国文艺复兴时代出现，惟有积极地提倡为人生的文学，痛斥把文学当作消遣品的观念……这种运动到今日方才提倡……只可惜现今的出版界中除了今年的《小说月报》而外，其余的尚都在那里做梦，挂起新招牌的，也不过条理不清不楚地卖些非驴非马的杂货，连新招牌都不敢挂的，更不消说，是往文化倒退的路上走；国内的出版界情形如此，我们对之，真不胜寂寞之感了。”（茅盾，茅盾全集（第十八卷），北京：人民文学出版社，1989：100）所以当他主持《小说月报》之后，就大力倡导“写实主义的文学”，认为“就国内文学情形言之，则写实主义之真精神与写实主义之真杰作实未尝有其一二”（茅盾，茅盾全集（第十八卷），北京：人民文学出版社，1989.56），后来还倡导用自然主义来担负起开拓“真文学”的使命。可见，“革新学术，砥砺品行，改良人心风俗”（张允侯等，五四时期的社团（一），北京：生活·读书·新知三联书店，1979.4）已成为五四时代知识分子的共同宗旨。

除了启蒙主义、平民主义这种社会功利追求外，乡土小说的兴盛应该也跟民俗学、人类文化学的引进和研究的兴起有关。在民俗描写方面取得卓著成就的乡土小说作家当首推沈从文，他的以《边城》为代表的对湘西社会的认真仔细的描绘，既有心如止水令人沉醉的静穆与宁远，又有撼人胆魄的大气磅礴。他绘出了中国社会的一种精神气质，揭示出了中国民间文化的多样性和底层民众中隐藏着的力量。他不像鲁迅所说的寓居北京的乡土小说家那样有一种刻骨铭心的“乡愁”焦虑，他的心态是平和的；他也不像所谓寓居上海的乡土小说家如许杰、彭家煌，包括后来的四川乡土作家群，或着力从乡土生活中挖掘人性的善——也就是穷人之间的一种相互悲悯，或注重乡村社会各种势力之间的利益纠葛，暴露的还是人性的恶；他对乡村社会似乎是一种无欲的、超然的爱恋。正是因为他与乡土世界没有明显的距离，也就是在作品中并不流露知识分子的那种启蒙理想，因而造就了乡土小说的一种别样的境界。但是，在他尽心竭力描绘出的世界里，人们同样能感觉出那绵远深厚的“乡愁”，只不过“愁”的方式不同罢了。当老七（沈从文《丈夫》）的憨厚的丈夫突然决意从妓船上带走了老七，谁能说这不是人的觉醒呢？当贵生（沈从文《贵生》）的房子突然烧起大火，谁敢说沈从文的乡土世界就不会有变化呢？其实，在沈从文之前，冯文炳的小说在较纯粹的乡间风俗描绘方面已经取得了一些成就，如《河上柳》描写了乡间凡人俗事，揭示了普通人的心理世界的变化；《竹林的故事》在描绘乡村风俗画的同时，“三姑娘”的人性美已跃然纸上。

三、无产阶级革命文学观念影响下的乡土小社

如何确认乡土文学中的无产阶级革命因素？无产阶级革命文学观念影响下的乡土文学始于何时，哪些人或哪个人是开创性的代表作家，代表性的作品又有哪些？解决这些问题是论述乡土文学发生转型的起点和关键。

按照茅盾所论："描写无产阶级生活的文学，自近代俄国诸作家——特别是高尔基——而确立。可是英国的狄更斯，早就做了许多描写无产阶级生活的小说。批评家把两者不同之点指给我们看道：读了狄更斯的小说，只觉得作者原来不是无产阶级中人，是站在旁边高声唱道：'你们看，无产阶级是这般这般呀！'但是读了高尔基等人的作品，我们读者却像走进了贫民窟，眼看着他们的污秽褴褛，耳听着他们的呻吟怨恨。为什么呢？因为狄更斯自身确不是无产阶级中人，而高尔基等则自己是无产阶级，至少也曾经历过无产阶级的生活。"（茅盾，茅盾全集（第十八卷），北京：人民文学出版社，1989：496－497）所以，"在无产阶级（工农）不能执笔做小说前，我们将没有合意的无产阶级小说可读。"（茅盾，茅盾全集（第十八卷），北京：人民文学出版社，1989：496－497）"在十九世纪后半，描写无产阶级生活的真正杰作——就是能够表现无产阶级的灵魂，确是无产阶级自己的喊声的，究竟并不多见。最值得我们称赞的，大概只有俄国的高尔基（Gorky）罢。"（茅盾，茅盾全集（第十八卷），北京：人民文学出版社，1989：500－507）"无产阶级艺术决非仅仅描写无产阶级生活即算了事，应以无产阶级精神为中心而创造一种适应于新世界（就是无产阶级居于治者地位的世界）的艺术。无产阶级的精神是集体主义的，反家族主义的，非宗教的。"（茅盾，茅盾全集（第十八卷），北京：人民文学出版社，1989：500－507）这样说来，无产阶级的文学应该是表达了无产阶级即工农劳动大众的社会理想、阶级情感和生活追求的文学。这里隐含着一个核心的因素——政治。因此，无产阶级文学不同于五四时代的"平民文学"、"人的文学"。当然，"平民文学"、"人的文学"里并不是没有政治价值观念，其中也隐含着反封建的资产阶级人权观念。这些观念推动了人类历史的进步，也是无产阶级需要的。对于中国这样一个有着漫长封建历史的社会结构体来说，她在文化革新的时机上陷入了两难境地。由于1840年以来的社会变革"太偏于物质方面"，所以那时虽然只有西方资本主义世界一个参照系统，却由于封建文化的惯性而使资产阶级合理的文化内容没能得到应有的充分发展。当五四时代开始全面文化革新时，又恰逢汹涌澎湃的世界无产阶级革命浪潮兴起，于是，五四新文化运动便娩出了一对势不两立的孪生兄弟或孪生姐妹。从此，无产阶级文化和资产阶级文化陷入了谁主中原的抗争。

"在一九一九年五四运动以前（五四运动发生于一九一四年第一次帝国主义大战和一九一七年俄国十月革命之后），中国资产阶级民主革命的政治指导者是中国的小资产阶级和资产阶级（他们的知识分子）。这时，中国无产阶级还没有当作一个觉悟了的独立的阶级登上政治舞台，还是当作小资产阶级和资产阶级的追随者参加了革命。""在五四运动以后，虽然中国民族资产阶级继续参加了革命，但是中国资产阶级民主革命的政治指导者，已经不是属于中国资产阶级，而是属于中国无产阶级了。这时，中国无产阶级，由于自己的长成和俄国革命的影响，已经迅速地变成了一个觉悟了的独立的政治力量了。"（毛泽东，毛泽东选集（第二卷），北京：人民出版社，1991：663－673）无产阶级一旦成为了一种独立的政治力

量，就必然要在中国新文化的建设方面发出自己的声音。尽管“我们要建立一个新中国。建立中华民族的新文化，这就是我们在文化领域中的目的”（毛泽东，毛泽东选集（第二卷），北京：人民出版社，1991：663-673）。这样的与政治追求紧密结合的口号，是在1940年由中国共产党的领袖提出来的，但是，在19世纪末20世纪初那个中西文化大碰撞的时代，中国知识界对世界文化的关注基本上是全方位的，因此，具有世界意义的无产阶级革命文化的引进与酝酿，早在20世纪初就开始了。“1902年，梁启超在《新民丛报》第18号发表的《进化论革命者颉德之学说》一文中提到：‘麦喀士（按即马克思），日耳曼国社会主义之泰斗也’，并引颉德的话：‘……今之德国，有最占势力之二大思想，一曰麦喀士之社会主义，二曰尼志埃之个人主义。麦喀士谓今日社会之弊，在多数之弱者为少数之强者所压伏。’”（丁守和，殷叙彝，从五四启蒙运动到马克思主义的传播，北京：生活·读书·新知三联书店，1979：158-162）“革命派的著名政论家朱执信在《民报》第2号上发表过《德意志社会革命家小传》，介绍了马克思、恩格斯的生平及《共产党宣言》的要点和‘十条纲领’。这是中国第一次介绍《共产党宣言》”（丁守和，殷叙彝，从五四启蒙运动到马克思主义的传播，北京：生活·读书·新知三联书店，1979：158-162）。“1919年4月6日出版的《每周评论》第16号，摘译了《共产党宣言》中的一段，并在文前按语中说：‘这个宣言是马克思和恩格斯最先最重大的意见……其要旨在主张阶级战争，要求各地的劳工联合。是表示新时代的文书。’同年5月，在李大钊的主持下《晨报副刊》创辟了《马克思研究》专栏……与此同时，他又在《新青年》编辑了《马克思主义专号》。有些报刊还先后发表过马克思、恩格斯、列宁、倍倍尔、李卜克内西、卢森堡等的传记材料和其他有关社会主义的文章。……通过这些报刊的介绍，中国人开始对无产阶级的伟大导师马克思、恩格斯、列宁和他们的学说有了比较系统的了解。”（丁守和，殷叙彝，从五四启蒙运动到马克思主义的传播，北京：生活·读书·新知三联书店，1979：158-162）在无产阶级革命学说迅速传播并在中国掀起了马克思主义思潮的五四时代，虽然还没有立刻产生相应的无产阶级革命文学，但中国文学已经开始显露新的景象。比如郭沫若的《女神·序诗》，不仅出现了“我是个无产者”、“我愿意成个共产主义者”这样的新鲜词语，而且与这些词语相匹配的战斗者的姿态、革命者的激情，都是“平民文学”、“写实文学”所不曾有的。如果说作为一个知识分子，鲁迅在《一件小事》中已经意识到了民众中蕴藏着给人“勇气和希望”的力量，并开始调整自己的“启蒙者”姿态，那么，郭沫若在《女神·雷峰塔下》对农民的姿态已经完全不是一个“启蒙者”。他面对杭州西湖南岸的乡野，发出的是令整个世界震惊的完全异样的声音：“雷峰塔下/一个锄地的老人/脱去了上身的棉衣/挂在一旁嫩桑的枝上/他息着锄头/举起头来看我/哦，那慈和的眼光/他那健康的黄脸/他那斑白的须髯/他那筋脉隆起的金手/我想去跪在他的面前/叫他一声：‘我的爹！’/把他脚上的黄泥舔个干净。”这就是无产阶级的思想感情，这就是无产阶级革命文学的胚芽。就乡土文学而言，郭沫若的《女神·雷峰塔下》预示了新的方向。

“无产阶级革命文学的倡导发生在1928年初，但其渊源可以追溯到1923年前后。那时，共产党人邓中夏、恽代英、萧楚女、沈泽民、蒋光慈等就提出过无产阶级文学的主张，1924年还出现过有明显革命倾向的文学社团春雷社。1925年‘五卅’运动之后，沈雁冰等人已经试图用马克思主义阶级论来解释文学现象。革命文学运动的发生是马克思主义传播的结果，从‘文学革命’到‘革命文学’的转变是有迹可寻的”（钱理群，温儒敏，吴福辉，中国现代文学三十年（修订本），北京：北京大学出版社，1998：193）。早在1918年，在苏联召开了“无产阶级文化教育组织第一次全俄会议”，会上根据波格丹诺夫的建议做出了“无产阶级与艺术”的决议。该决议的基本内容是：“一、艺术通过活生生的形象的手段，不仅在认识领域，而且在情感和志向的领域组织社会经验。因此，它乃是阶级社会中组织集体力量——阶级力量的最强有力的工具。二、无产阶级为了在社会的工作、斗争和建设中组织自己的力量，必须有自己阶级的艺术。这一艺术的精神是劳动的集体主义：它从劳动的集体主义观点出发，认识和反映世界，表现其情感的联系及其战斗的和创造的意志的联系。三、不应当消极地接受旧艺术的宝藏，不然它们就会以统治阶级文化的精神，从而也就是用屈服于他们所创造的生活制度的精神去教育工人阶级。无产阶级接受旧艺术宝藏时应做出自己的批判说明和自己的新的解释，通过这种解释去揭示其隐藏的集体基础及其组织意义。这时候它们才是无产阶级的珍贵遗产，才是无产阶级反对造就他们的那个旧世界的斗争武器，才是建立新世界的工具。这种艺术遗产的移交，应由无产阶级的批评来完成。四、一切从事于发展新艺术和新批评事业的组织和机关，都应当建立在同志式的相互合作上，这种合作直接用社会主义理想的方针教育它们的工作人员”（白嗣宏选编，无产阶级文化派资料选编，北京：中国社会科学出版社，1983)。这一纲领在 1928 年由李初梨在《怎样地建设革命文学》一文中加以进一步阐发，成为了无产阶级革命作家的创作指针，也成为了后期创造社和太阳社批判清算鲁迅、茅盾、叶圣陶、郁达夫等作家的理论依据。经过鲁迅和茅盾对创造社和太阳社全盘否定五四文学的反批评，特别是共产党内部的干预，关于“革命文学”的论争暂且画上了一个句号，比较广泛的无产阶级革命文学阵营“左联”成立了。

在这段历史时期，在乡土小说创作方面，洪灵菲的《在洪水中》（原载《新流月报》1929 年 4 月 1 日，第二期）最早流露出无产阶级革命文学的倾向。该作在描绘灾难中的农村社会时一扫忧郁的格调。阿进的母亲在二十四岁时丈夫“给地主二老爹拿去知县衙门坐监，后来被说是土匪拿去砍头”，六十岁了她一直“很少发笑过”。然而，苦难中的她性格是坚强不屈的，是豁达的，思想是清醒的，并不计较家庭的坛坛罐罐的损失。当她最珍视的儿子向她讲清楚“穷人唯一的希望”时，她“镇定起来了”，“变成了一位半神性的巨人了。而这巨人是一切灾难所不能够折磨的，在她里面有了一种伟大的力量，而这种力量是在把人类催进到光明的大道上去的……”小说中的这些描写和议论虽然因为短篇小说的容量制约而缺少更多的事由铺垫和支撑，从而使人物形象显得不够丰满，但阿进显然已不是一般的农民，他是“能够在群众大会上演说”的“农匪”，也能够“拿起枪在战场上射击”。这篇小说之所以不同于黎锦明的《复仇》或向培良的《在堤上》一类的作品，就是因为它丝毫也不含有“还是绿林清明，还是草莽高洁；这一去我把王基重建”（黎锦明《复仇》）这样的古旧的思想情绪；阿进的行为也决不同于拙朴的农民泰生（夏征农《禾场上》）在被地主郑老板逼上绝路后突然爆发出的那种“原始的、野兽性的心理”（黄修己，中国现代文学简史，北京：中国青年出版社，1984：209），他已经是一个无产阶级革命战士，而他的母亲，令人们想起高尔基的小说《母亲》中的“母亲”形象。

在洪灵菲之后，陆续有茅盾的《春蚕》，丁玲的《水》、《田家冲》、《奔》，蒋光慈的《田野的风》，吴组缃的《一千八百担》等具有无产阶级革命倾向的乡土小说问世。由于茅盾另外还创作了《子夜》、《林家铺子》一类的“社会分析”小说，声名显赫，所以他的《春蚕》（原载《现代》1932 年 11 月 1 日第二卷第一期）往往掩盖了洪灵菲的《在洪水中》而被看作是具有无产阶级革命情绪的乡土小说的发轫之作。“不是自鲁迅而是自茅盾始，新文学——

尤其是乡村文学——才明确地追求中国社会、中国乡村社会的结构性（而且是社会经济、社会阶级结构）呈现……将社会学‘全局’、‘局部’的观点和分析方法直接移用于文学，并形成自身传统的。这种以文学模式直接对应于社会理论模式的情况，是中国文学发展中极特殊的现象，在其初现之时，倒是理所应当地被看作对于既有文学传统、审美传统的‘反叛’的。……模式并未形成在茅盾手里。所谓‘模式’的形成当在个体趋向群体化，理论立场已无须‘选择’的那时侯，因为已经有了唯一标准。……至于这模式之于创作的意义，更不可简单论之。直到十七年，长篇小说的优秀之作多为农村题材，不能说不与上述传统和艺术积累有关。”（赵园，地之子，北京：北京十月文艺出版社，1993：129－130）如此说来，洪灵菲堪称中国乡土小说无产阶级革命叙述模式的开山人。

随着无产阶级革命势力的不断发展壮大，特别是左联成立前后，鲁迅、茅盾、瞿秋白等人在创作理论和批评理论方面做了一些纠偏工作，左翼乡土小说日益兴盛起来，产生了萧军、萧红、叶紫、沙汀、艾芜等一批成就卓著的作家。抗战时期当延安成为无产阶级革命文化的中心后，随着毛泽东《在延安文艺座谈会上的讲话》的发表和传播，中国乡土小说中的无产阶级革命倾向则又具备了更鲜明的特色和更高的表现形式。也就是大众化和民族化再加上更明确的社会政治理想。由于战争造成特殊的政治形势，一方面在国统区和沦陷区坚持五四传统的乡土小说进一步深化发展，代表作家有沙汀、艾芜、路翎、李劼人、萧红、端木蕻良等；一方面在抗日民主根据地及后来不断扩大的解放区，赵树理、孙犁、丁玲、周立波、西戎、马烽、柳青等开创了全新的中国乡土小说写作道路。从赵树理的《小二黑结婚》开始，乡土小说的政治化倾向日渐加强，文艺的“革命工具论”、“文艺组织生活论”或“艺术组织阶级力量论”成为了革命文艺家的基本信念，演义农村和农民的解放历史成为了乡土小说的基本创作模式。从小二黑和小芹开始（尽管现实生活中的岳冬至和智英祥的爱情是一场人生悲剧），中国农民的精神风貌斗转星移，一扫历史的枯萎旧态。他们成为了自救者，战斗者，国家民族解放的栋梁。这既是文学的想像，也是革命的启蒙，最终造就了无数现实世界中活生生的小二黑和小芹、王贵和李香香（李季的长篇革命故事叙事诗《王贵和李香香》），他们成为了农民中的先进分子，带动着农民的翻身解放事业。这是文学与政治合作的黄金时代，在无产阶级革命的政治力量的带动下，正如梁启超所说，文学在改造生活方面表现出了“不可思议”的支配力。

中华人民共和国成立以后直至20世纪70年代，中国乡土小说沿着抗日民主根据地和解放区的文学开创的道路，首先，完成了对土地革命的合理性的想像表述，与此同时，也就基本完成了对中国革命历史的缅怀和对无产阶级革命英雄史诗的叙述；这方面的代表性作品有：孔厥、袁静的《新儿女英雄传》，马加的《开不败的花朵》，陈登科的《活人塘》，白桦的《山间铃响马帮来》，冯德英的《苦菜花》、《山菊花》，梁斌的《红旗谱》，孙犁的《风云初记》，峻青的《黎明的河边》，知侠的《铺草》，茹志鹃的《三走严庄》等。其次，对农村的社会主义改造的合理性做了政治理论图解式的描述。这类作品往往把农村青年的爱情选择与政治路线选择接合起来，通过年轻人的选择来“劫持”老一代人的选择；把现实生活的“甜”与历史上的“苦”对比起来，通过忆苦思甜来寻求农民对现实政治的情感上的感恩和精神上的服从。代表性的作品有：刘澍德的《桥》，孙犁的《正月》、《铁木前传》，李准的《冰化雪消》、《不能走那条路》，柳青的《创业史》、《狠透铁》，刘真的《春大姐》，周立波的《三乡巨变》，赵树理的《三里湾》等。这类小说文本大都很复杂，既有现实主义精神指导下对生活的真实描写，又有“革命工具论”和“文艺组织生活论”影响下的对现实生活的强行改造。因此，很容易从小说中看出真理与政治要求之间的矛盾。比如刘澍德的《桥》中，高正国原本是淳朴实在的农民，他有能力靠勤劳致富，过上比一般人更好的日子，这本是农民最基本的合理正当的要求，但是，一种乌托邦的政治理想力量最终改造了他，使他不得不放弃天然与真理贴近的本性，跟着“路线”走了。类似的农民形象还有范登高（赵树理《三里湾》）、菊咬精、秋丝瓜（周立波《三乡巨变》）等。今天看来，这些人恰恰是农村里会过生活的有头脑的农民，恰恰要靠这类人为农民走出示范性的致富道路，只有允许一些人先发家致富了，才可能最终产生出孙少安（路遥《平凡的世界》）这样的辅助乡村教育的英雄。第三，也有少数作品对农村和农民的落后方面展开了批评，特别难能可贵的是有极少数作品批评了官僚主义和形式主义在农村的危害。赵树理作为一个小说家，也是认真研究农村社会和农民问题的专家，他早在40年代就写出的《李有才板话》已现露出他认真关注农村政权建设和农民深层问题的批判精神，五、六十年代，受时代的影响，他写出《登记》、《“锻炼锻炼”》等，把批评的重点放在了农村老一代人的旧思想观念上。类似的作品还有周立波的《山那面人家》，作品记叙了一对农村青年的结婚场面，写实手法使作品反映出了山区农民物质生活的艰难，但在翻身解放的社会背景下，他们的精神是愉快的，新的社会制度给了他们新的希望。作品的现实主义叙述方法让人们看到了政治对社会生活的过多介入。通过描写一个兽医在婚礼上大讲套话、空话，对空头政治进行了批判。这可能是作者的一种有意的错位安排，其实在现实生活里，讲空话、套话、大话的往往是那些所谓的“革命干部”。让一个本无资格这样做的人满嘴“放空炮”，可见社会上这种病已很严重了，其讽刺也是深刻的。第四，“文革”期间的有些农村题材小说陷入了反乡土精神的境地，因而也就背弃了无产阶级革命文化的起点和基本规定性。如果说在土地革命、抗日战争和解放战争的背景下着力描写农民和农村社会的变迁，这类小说完全具备了乡土精神的话，那么，“文革”期间的有些小说，完全从阶级斗争观念出发，从时事政治出发，直接具体地用阶级斗争理论切割生活，产生出一些类似“讲用稿”的所谓小说，例如《虹南作战史》、《三探红鱼洞》等，则完全背离了乡土精神，彻底堕落为了政治斗争的工具。

四、新时期以来乡土小说的转型与突破

乡土文学的再次转型与社会政治的变革紧密相关。20世纪70年代末期，随着对极“左”思潮的批判和改革开放时代的到来，乡土小说顺应时代的大潮，再次举起五四文学呼唤人性、启发民智的大旗，与政治上的拨乱反正协调一致，开启了重写乡土的新浪潮。首先是伤痕文学在控诉“文革”中写出了乡村社会的另一种真实。当韩少功的《月兰》讲述出“发生在1974年”的湖南农村的一个叫月兰的妇女的悲惨故事时，那曾经用几十年筑成的政治神话顷刻间土崩瓦解。从文本的叙述来看，这决不是在讲述一个偶然的、意外的、普通的伤亡事故，这是在控诉“极”左政治给农村社会带来的灾难，是在痛陈人民的苦难，它的意义远远超出了政治改革所要求的那种叙述。一个农村妇女因为养几只鸡而被“割资本主义尾巴”，在经受了种种屈辱后投湖自杀了。当一个家庭家破人亡后，人们怎能忘记：“长顺做事一个当两个。月兰也是个好女子。只说那年春插，队上的牛乏了力睡在田里，她一气拿出十几个鸡蛋、两斤甜酒把牛吃，还硬不要钱……”因为家里老人有病，“他家是个超支大户！去年刮起一阵风要还清超支，他就把柜子、床、椅子都作价还到大队上去啦！”“一个妇女从那屋里闪出来，约莫三十来岁，身子瘦弱，皮肤黑黑的，长辫子，脸相不怎么好看，看着我的时候眼中透出惊慌和畏怯，两只冻得红红的手正在黑色的围兜上急急地擦着。她点头赔笑道：'哦哦，是干部同志，真是，对不起！……'"这些描写让人们看见如此质朴、善良、勤劳、谦卑的农民，却在经受着怎样恶劣的摧残，他们既经受着物质的穷困，更经受着精神的非人的凌辱，因为他们面对着这样的"革命干部"："一个姓杨的瘦个子副队长喷了口烟，哈哈笑道：'你真是个书呆子！不晓得放一把农药就索索利利了么？告诉你，对付农民一要吓，二要蛮，平平和和是斗不倒资本主义的……"月兰终于在"吓"和"蛮"的"斗"中自杀了，她死得不明不白呀！韩少功的文本让有的人（小说中的"我"）面对月兰的死懂得忏悔，然而，人们真的忏悔了吗？人们真的都有良知和"人"心吗？回望五四以来的乡土小说，月兰的生存境遇和不幸遭遇比历史上的任何"不幸者"有过之而无不及。呜呼！带血的批判止于韩少功吧。类似的乡土小说还有高晓声的《李顺大造屋》，周克芹的《许茂和他的女儿们》，莫言的《透明的红萝卜》，锦云、王毅的《笨人王老大》等。其中，莫言的《透明的红萝卜》是一个较鲜明的返回了五四精神的乡土文本，粗砺而锐气十足。那贫困的乡村和艰难生存的乡民，还有"公社里这些狗娘养的""刘副主任，刘太阳"，还有那可怜的"小瘦猴"，这些都是对"文革"政治所营造的乌托邦社会的莫大讽刺，是对"文革"给中国乡村社会带来的巨大灾难的无情暴露和尖锐批判。莫言的小说缺少韩少功的深沉理性，但民间生存的粗野本性和民众中蕴藏的那种原始般的旺盛生命力却得到了充分的张扬。韩少功和莫言基本可以代表乡土小说的两种伤痕状态，他们的终极指向却是一样的对人的存在状态的认真关怀。追问人的价值和尊严是伤痕文学在政治批判意义下的深层主题，这与五四"人的文学"、"平民文学"的价值追求一脉相承。所以不能简单地因为它是一种与政治合拍的体现了意识形态要求的写作，就看不到它相对于"文革"甚至十七年的转折意义。尽管中国出过令人谈虎色变的"左"倾政治思潮，曾使文学沦为"傀儡"，但不能因此否定政治也会有进步的时候，与政治合作的文学也会有自己的独立品格。从伤痕文学的写作来看，作家和他们的作品是无愧于历史的，是富有独立精神的。

反思文学方面的乡土小说也成就卓然。尽管伤痕文学和反思文学的界限很难划清，但人们还是能够举出一些代表性的作品区分他们的范围。比如韩少功的《西望茅草地》属于反思文学，这绝不是说《月兰》里没有"反思"、"思考"，即对历史的反省和理性认识，而只有批判控诉。事实上反思和批判控诉是很难截然分开的。所以反思和伤痕只是一种命名，勉强可以从作品产生的时间、批判控诉的情感力度和理性思考的价值趋向这两方面的比重关系上做出区分。因为揭出伤痕不仅需要郁积已久的情感，也往往需要认识历史的理性；而反思也总要依托着历史的伤痕。反思性的乡土小说另外还有古华的《芙蓉镇》、茹志鹃的《剪辑错了的故事》、张一弓的《犯人李铜钟的故事》等。这些作品总的来说理性色彩很浓，对生活的"剪辑"超出了"文革"十年的范围，创作的动机很明确，就是通过一些人物的命运对中华人民共和国成立以来的重大社会生活事件进行再评估，特别是通过重温中国共产党的优良传统，对其在社会主义建设中所犯的错误做出了惋惜的感叹和认真批判。比如韩少功的《西望茅草地》，对革命英雄张种田场长给予了应有的尊敬和惋惜，但最终还是坚决地为这个末日英雄所追求的乌托邦理想画上了悲壮的句号，尽管这个句号画得那么心事重重。当英雄的蓝图被卷起以后，人们不一定都具备或做好了自己走新征程的能力，但他们（农场的知青）还是嘻嘻哈哈地上路了；至于前途是什么，如何背负起自己的历史和革命者的历史，这只是少数像韩少功这样的作家们忧虑的事情。而当他们的忧虑转化成小说的时候，反思式的启蒙便诞生了。

寻根文学是作家们基于重建中华文化的理性认识而掀起的一股创作思潮。在控诉了“文革”和反思了历史之后，文化上的重建就成为必然选择。而中华文化的根在农村，所以寻根文学的主要成就仍然在乡土小说方面。作家们在乡土中寻到了优秀的千年古参一样珍贵的民族文化之根，尽管它们深埋在穷乡僻壤、荒山野岭，往往是由粗俗的、原始野性的歌谣滋养着，甚至是由“打伙计”、“拉边套”（郑义《远村》）、“招夫养夫”（贾平凹《天狗》）、“高粱地劫持”（莫言《红高粱》）、“集体疯狂地械斗吃人肉”（韩少功《爸爸爸》）、“配干丧”（李锐《合坟》）这样一些粗野荒蛮的故事遮盖着，然而那真诚的叙述还是描绘出了中华大地最深层的根基的模样。这些文本至少有三个主旨是明确的：一是充分肯定了民间蕴藏着健康的、强大而顽强的生存能量，作家们试图把它们挖掘出来，垒筑成现代化未来的根本，以固定全球化、现代化背景下的民族性，如郑义的《老井》，莫言的《红高粱》，史铁生的《我的遥远的清平湾》。如果说悲壮的打井和豪勇的抗日充满了英雄色彩的话，那么平凡而善良的白老汉（史铁生《我的遥远的清平湾》）和他生活的清平湾则代表了那母性的大地，她让一个回了城的知青忆念难忘，似乎从被一般理解为“伤痕”的经历中获得了灵魂的拯救。这既可以看作是对历史的反思，又是对现实给出的一般结论的抗争。这和张承志的《北方的河》、《黑骏马》一样，对泥土之根充满敬意。所以，如果从知青写作的立场看，说他们创作的是反思小说，并且说出了他们对自己历史的独特看法，这是完全可以的；但是，如果另外换个角度，从他们创作的文化价值趋向看，那又显然是寻根文学了。二是清醒地认识到乡村文化中坚硬而古旧的封建意识对民族现代化的阻碍，沿着五四启蒙文学的道路，继续批判民族性中的“劣根性”，对乡村社会完成进一步的启蒙。考察寻根文学的文本，会发现“劣根性”和“优根性”相生相伴，难以剥离。这的确也是中国传统文化的实情。如陈源斌的《万家诉讼》，表面上看讲述了农民以法维权终获胜利的故事，可是当警察真把村长拷走后，何碧秋却惊疑道：“我上告他，不过想扳平个理，并没要送他去坐牢呀?”这就是农民不健全的法律意识，他们永远生活在乡村社会那个千年不变的“道理”里，为了那个他们习惯的“道理”，他们表现出了百折不挠的令人叹服的执著。韩少功的《爸爸爸》是篇历史背景模糊的有寓意的文本。荒蛮的“鸡头寨”和“鸡尾寨”野蛮而愚昧，人们稀里糊涂地互相厮杀，鸡头寨的人们稀里糊涂地把命运交给一个天生只会说一句荒唐话的傻子丙崽手里，命中注定使他们陷入绝境之后，他们求生的选择又是那么大义凛然而气贯长虹。该走的都走了，该死的都死了，丙崽却出人意料地活了下来，他这个“劣根”竟然不死，而且传出了他自己的顽劣的声音。这是《爸爸爸》留给人们的最大苦恼。以上两类创作往往给出一个封闭的古远却有寓意的乡土世界，在不可询问历史位置中完成对历史和文化的拷问；或者在清晰的历史背景中挖掘出新的景观，讲述出新的意蕴。如果说那些荒蛮之地的乡俗民情和人生尴尬是现代化文化重建的障碍，那么贫苦艰难中挣扎的人们所表现出来的情义与操守，却又是珍贵而难以割舍的。这就是中国社会的根基的状态，当“老革命”杨万牛（郑义《远村》）无奈地“拉边套”的时候，不论他曾经得过多少勋章，我们都不能承认他是一个合格的“解放者”；然而，他又的的确确是个历史的解放者。这就是中国的现状！寻根作家们陷入了赞美与启蒙的二难境地，于是他们就只好既不“赞美”，也不启蒙，那就只有记实了。因此，寻根文学在乡土写实方面，达到了一个新高度。这也是新乡土小说得名的原因。其实细究起来，寻根小说应该是既有赞美，也有批判和启蒙。只不过他们不再像40年代的赵树理、孙犁或十七年和“文革”那样，对农民赞美的终极指向是政治价值。他们选择了一个新角度，从文化继承和人性美的发觉方面选择赞美的对象；在批判方面也不单纯瞄准“左”倾思潮，更注重民族文化、社会心理中的惰性、劣根性，总之是通过文化的再清理来实现启蒙追求。三是尽量客观地展现乡土状态，以来自城市的知识者的姿态认识和命名乡村的意义。有沟通城乡两极社会的动机，而最终的目的似乎不在于改造乡村，却是要纠正城市。这方面较典型的代表是王安忆的《大刘庄》、《小鲍庄》，基本上是城乡对话的文本。特别是《小鲍庄》，城市的画面几乎没有，但反复出现的记者和各种政府官员被描写成小鲍庄的外来客，他们来自乡村之外的城市，从他们发现并开始叙述捞渣到鲍仁平英雄地位的确立，王安忆最终象征性地完成了他的“寻根”之旅，乡村有“根”的价值观念得到了确认。

90年代兴起的新历史主义小说在乡土小说创作方面也具有开创性意义。陕西作家的新历史主义小说创作最引人注目，产生了陈忠实、高建群、费宏达等影响较大的作家。他们的创作如陈忠实的《白鹿原》，高建群的《最后一个匈奴》，费宏达的《弟兄们》、《情人们》、《女人们》等都流露出鲜明的审察历史的新视野。文学上的这种重写历史是与改革开放背景下的文化重建追求分不开的，这实际上也是一种反思，只不过没有了反思文学的那种鲜明的政治色彩。《白鹿原》中的地主白家轩与《高玉宝》中的地主周扒皮完全不同，《弟兄们》、《情人们》中的农民和小商人与《春蚕》里的老通宝和《林家铺子》里的林老板也大不一样。在《白鹿原》展示的世界里，既能看到儒家伦理文化对社会秩序的强大规范作用，也能看到它的罪恶与脆弱，还能看到它在人格建设和理想人性造就方面的强大力量。一种多元的历史文化视野表现在作家的叙述中，这是对长期以来以阶级斗争观念分析社会并按阶级斗争模式表现生活的艺术思维的突破。在《弟兄们》、《情人们》这两部小说中，可以看到20世纪初期陕西农村社会的繁荣和农民向工商业者转变的历程。尽管局部的景象不能代表中国社会的整体，但小说的描绘毕竟让人们看到了中国社会复杂的现实，与过去许多描述无产阶级革命合理性的小说相比，的确开拓了一种截然相反的新景观。这些小说中的农民主体上是清醒的自觉者，是坚强的自救者，他们拥有独特的真正属于中国农民的世界。另外，莫言的《丰乳肥臀》也是一部产生了较大影响的新历史主义小说，它彻底颠覆了五、六十年代的“革命历史题材”小说的叙述模式，与《苦菜花》一类的作品比较起来，由于展现了历史的复杂性和人物的立体状态，使小说与历史真相之间更加接近，更具有了鲜活的生命气息，阅读的魅力也就增加了。

总之，中国乡土小说自20世纪70年代末以来，从伤痕文学、反思文学到寻根文学、新历史主义，逐步完成了质的蜕变，最终达到了一个新高度。如果说伤痕文学、反思文学还没有摆脱政治话语的支配——尽管这时的政治具有历史进步性，文学积极参与政治意图的表达表现了崇高的社会责任感，但是，毕竟作家的自主性、独立性没有表现出应有的成熟，这注定了伤痕文学和反思文学的简单性、平面化和缺乏深度性。自寻根文学一出，一个世纪以来的乡土小说踏着历史的阶梯，迈上了一个新高度。之所以这样说，是因为寻根文学和新历史主义小说在文化认识上达到了新的理性境界。它们不止是超越了因为比较接近“文革”而显得先天不足的伤痕文学和反思文学，摆脱了附属性而具有了自主性和独立判断精神；更重要的是，它们在认识传统文化上超越了五四时代形成的“整体黑暗论”和“基本否定论”，也超越了无产阶级革命文化崛起以后形成的“盲目乐观论”和“全面赞美论”，它们对中国乡村社会的认识更全面，更客观，因而对于改造乡村社会也更有价值。特别是作家自主性和独立判断精神的确立，并摆脱了五四时代的焦虑，这将有助于中国文学在深厚的乡土基础上构筑出雍容大度的宏伟的中华景观。

补论：应该说明，台湾省的乡土小说情状与内地不尽相同。20世纪台湾乡土小说的变化不像内地这样有明显的政治参与性，但文化思潮式的转变还是存在的。台湾乡土小说受五四新文化的影响而崛起，反殖民、反封建的主旨一直延续到光复后。赖和的《一杆"秤仔"》、杨逵的《水牛》、吴浊流的《先生妈》等是其中的代表作。国民党政权退据台湾后，乡土小说在50年代基本上停留在一般意义的关注民生疾苦、描绘民间情状状态，如钟理和的《贫贱夫妻》。60年代以后，随着台湾经济的腾飞，台湾乡土小说出现了城乡互渗的景观，作家们在这种大背景下关注农村和农民；受现代派的影响，写法也多样化了。这种变化比内地要早20年。

思考题：

1．简要评介一下鲁迅的小说《故事新编》。
2．简要评介一下茅盾的小说《子夜》。
3．你如何评价骆驼祥子这一人物形象？
4．如何评价50～60年代的"革命历史题材"小说？
5．简述新时期大陆小说的创作思潮。
6．评述台湾乡土文学的思想价值和艺术成就。
7．你如何评价曾树生这一女性形象？
8．结合具体作品评价一下萧红的小说创作。
9．如何认识新时期以来中国乡土小说的转型与突破？

第四章　20世纪中国散文

五四时期中国现代散文实现了从古代向现代的转变，在创作方面出现了前所未有的盛况，体现在作品数量多，质量高，名家、派别林立。

著名的散文作家有鲁迅、周作人、冰心、朱自清、郁达夫、林语堂等。他们的创作风格各异，朱自清在《论现代中国的小品散文》中曾评价：五四阶段散文著作的派别林立，“有种种的样式，种种的流派，表现着，批评着，解释着人生的各面。迁流蔓延，日新月异；有中国名士风，有外国绅士风，有隐士，有叛徒，在思想上是如此。或描写，或讽刺，或委曲，或缜密，或劲健，或绮丽，或洗练，或流动，或含蓄，在表现上是如此”。

为什么五四时期散文特别兴盛呢？众所周知，中国现代散文与古代文学有着很深的渊源关系，从先秦诸子散文、历史散文到明、清的“公安派”、“桐城派”，散文经历了漫长的发展历程，是一种十分成熟的文体。另一方面，散文在发展中不断革新，古代白话小说、晚明小品也为中国现代散文提供了许多借鉴。再一方面，五四新文化运动中思想领域新名词和外国语种的引进，对于中国现代散文的发展至关重要。鲁迅在《南腔北调集·小品文的危机》中指出：五四时期的散文小品“常常取法于英国的随笔（Essay）。”英国随笔的介入和其他外国散文的体式的影响，使当时的中国散文作家很快就掌握了这种比较自由的文体，写出了一系列体现五四时代精神的战斗檄文，对于当时的思想启蒙起到了重要的作用。

可见，五四时期的散文是“国语的文学”与世界文学相结合的产物，充分吸收了中国的古典散文和外国散文的优势，无论在思想内容还是在艺术形式上，都有别于中国古代散文的新的独立艺术形式，她从起步之初，在鲁迅等一批优秀作家的努力下走上了一条散文现代化的道路。

第一节　鲁迅的散文

鲁迅的散文创作起步于五四新文化运动时期。1918年4月《新青年》率先设立“随感录”栏目，专门刊发散文，形成了《新青年》“随感录”作家群。主要人物有李大钊、陈独秀、刘半农、钱玄同、周作人等，他们大多是新文化运动的倡导者，而其中鲁迅的杂文最具有代表性。在《新青年》的带动下，其他杂志报纸也竞相设立散文专栏，散文创作蔚然成风。鲁迅等人写出了大量泼辣深刻的文章，体现了五四时期强烈的反帝反封建的时代精神，也反映了当时尖锐的社会矛盾、民众的思想面貌以及现实生活中的风云变幻。

杂文是中国现代文学中最早的散文作品，多是议论时政的杂感短论。鲁迅是《新青年》的主将，是《语丝》派坛主之一，鲁迅开创了杂文这种文体，他的杂文最具有代表性。他又开创了现代散文诗，特别是《野草》成为现代散文诗经典之作。鲁迅的散文创作丰富了中国现代散文的文体，并使之达到很高的艺术境界。

一、鲁迅的杂文评介

（1）《热风》，收录1918～1919年在《新青年》发表的"随感录"式的短文27篇，1921～1924年间在《晨报副刊》上发表的随感录式的短文14篇，编成于1925年11月。

（2）《坟》，收录1907～1925间创作的"论文及随笔"23篇，1926年10月在厦门编成。其中《人之历史》、《科学史教篇》、《文化偏至论》、《摩罗诗力说》用文言写成。

（3）《华盖集》，收录1925年创作的杂文31篇，编成于1925年12月。其中的作品主要与"女师大事件"和"五卅运动"有关。"华盖"，本是星名，意思是说像花那样盖在头上的运气。后世的星象家以人的运道好，有吉星照命，说是"交华盖运"。本书题名"华盖"，实际上是反其意而用之。鲁迅在《题记》中说："我平生没有学过算命，不过听老年人说，人是有时要交'华盖运'的。……这运，在和尚是好运：顶有华盖，自然是成佛作祖之照。但俗人可不行，华盖在上，就要给罩住了，只好碰钉子。我今年开手做杂感时，就碰了两个大钉子：一是为了《咬文嚼字》，一是为了《青年必读书》。署名和匿名的豪杰之士的骂信，收了一大捆，至今还塞在书架下。此后又突然遇见了一些所谓学者，文士，正人，君子等等，据说都是讲公话，谈公理，而且深不以'党同伐异'为然。可惜我和他们太不同了，所以也就被他们伐了几下——但这自然是为'公理'之故，和我的'党同伐异'不同。这样，一直到现下还没有完结，只好'以待来年'。"从这段话和他后来的《自嘲》一诗中有"运交华盖欲何求，未敢翻身已碰头"这样的诗句来看，鲁迅以《华盖集》名书，表达了他对自己遭受迫害和污蔑的嘲讽式的抗议，表示尽管碰钉子，但仍要作韧性的战斗的决心。

（4）《华盖集续编》，主要收录1926年创作的作品，1926年10月在厦门编成，共33篇，除最末一篇《海上通信》作于1927年外，其余全是1926年在北京和厦门的作品。《华盖集续编》与《华盖集》在写作时间和作品内容上是紧密相联的，这两本集子内不少篇章是鲁迅同现代评论派陈源、徐志摩围绕段祺瑞政府及其教育界代理人，就女师大事件、"三一八"惨案所进行的论战。鲁迅曾在1934年5月22日致杨霁云的信中说："但读者不察，往往以为这些是个人事情，不加注意。或则反谓我'太凶'，我的杂感集中，《华盖集》及续编中文，虽大抵和个人斗争，但实为公仇，决非'私怨'。"

（5）《而已集》（1926～1927年），1928年10月编成于上海。《而已集》是1927年鲁迅于广州和上海两地所作的杂文集，除《题辞》外，共收29篇，另外付录1926年1篇。《而已集》的大部分作品写在"四一二"反革命政变以后，记录了鲁迅对这一历史逆转的最初反映，表现了他对于从革命人民血泊中建立起来的国民党新军阀统治进行坚决斗争的勇气。《而已集》的《题辞》附录了1926年10月编成《华盖集续编》后写下的一段话，鲁迅苦心孤诣地将它们进行了诗歌形式的分行排列：

"这半年我又看见了许多血和许多泪，
然而我只有杂感而已。

泪揩了，血消了；
屠伯们逍遥复逍遥，
用钢刀的，用软刀的。
然而我只有'杂感'而已。

连‘杂感’也被‘放进了应该去的地方’时，

我于是只有‘而已’而已！”

这是多么沉重而震撼人心的文字啊！它表达了鲁迅对黑暗社会愤慨至极的控诉。特别是他在《题辞》里还说了一句：“以上的八句话，是在1926年10月14日夜里，编完那年那时为止的杂感集后，写在末尾的现在便取来作为1927年杂感集的题辞。”这句话暗示出了1927年的社会形势与1926年的形势基本相同，新军阀与旧军阀没有本质的区别，鲁迅要一如既往，进行顽强战斗。鲁迅后来在《三闲集·序言》中说：“在二七年被血吓得目瞪口呆……那些吞吞吐吐，没有胆子直说的话，都载在《而已集》里。”从这些文字可以看出鲁迅的不屈的战斗精神。《而已集》是对国民党新军阀的严正声讨。那场反革命叛卖将轰轰烈烈的大革命完全葬送了，鲁迅的悲愤自然也就更为深广。这本集子鲜明而且强烈地反映了鲁迅的民众立场和进步追求。所以，一般认为这本书是鲁迅从资产阶级民主革命者向共产主义战士转变的开始。

(6)《三闲集》（1927～1932年），共收杂文35篇，另有《序言》1篇。除最后一篇是1932年4月编辑本书时写成外，其余都写于1927～1929年。鲁迅在《序言》中说：1927年的部分是“《而已集》的补遗”。所以一般也认为《三闲集》和《而已集》一样，可以看出鲁迅思想的转变。《三闲集》书名的由来是因为成仿吾在1927年1月《洪水》第3卷第35期上曾发表《完成我们的文学革命》一文，对鲁迅“以省青年的检查之力”而编印的《小说旧闻钞》进行错误的批评时，曾说过这样的话：“这种以趣味为中心的生活基调，它所暗示着的是一种在小天地中自已骗自己的自足，它所矜持的是闲暇，闲暇，第三个还是闲暇。”鲁迅于是把这本杂文集定名为《三闲集》，以影射成仿吾的批评。

(7)《二心集》(1930～1931年)，鲁迅思想上的变化，也引起了敌对势力的关注，有人讥讽他为“投降”，作《文坛二臣传》进行攻击。鲁迅巧妙地利用这种诬蔑之词，依照《三闲集》之例，把这本杂文集题名《二心集》，表示了与自己的过去坚决决裂的革命胸怀，也是对诽谤者的有力回击。鲁迅后来在1933年8月10日致胡今虚的信中说，《二心集》中的文章“比较好一点”。1935年4月23日致萧军、萧红的信中再次说：“我的文章，也许是《二心集》中比较锋利。”

(8)《南腔北调集》(1928～1933年)，这本集子的题名也是借用了有人奚落鲁迅的话，该集的“题记”中说：“一两年前，上海有一位文学家……常常拉别人为材料，挥写她的所谓‘素描’。我也没有被赦免。据说，我极喜欢演说……至于用语，则是南腔北调。……真的，我不会说绵软的苏白，不会打响亮的京腔，不入调，不入流，实在是南腔北调。”鲁迅借此隐喻自己说话做文章处处与国民党反动派以及自命为“革命家”的机会主义者相悖，体现出一种大无畏的精神。

(9)《伪自由书》(1933年1月至5月)，本书共43篇，是鲁迅给《申报》副刊《自由谈》写的短评的合集。其中的杂文形式短小，每篇都在千字以内；内容集中，大都是揭露国民党对外卖国投降，对内实行军事“围剿”和文化“围剿”的反动政策和手法。这些短文的特点正如鲁迅在《前记》中自我评价的那样：“论时事不留面子，砭锢蔽常取类型。”

(10)《准风月谈》(1933年6月至11月)，这本集子收录的是紧接《伪自由书》之后所写的杂文，共64篇，绝大部分陆续发表于1933年6月到11月间《申报》副刊《自由谈》，

1934 年底出版。

当年在国民党统治区内，在文化专制制度的压迫下，《自由谈》编者于 1933 年 5 月 25 日发表启事，表示“这年头，说话难，摇笔杆子尤难”，“吁请海内文豪，从兹多谈风月，少发牢骚，庶作者编者，两蒙其休”。鲁迅在《后记》中说：“想从一个题目限制了作家，其实是不能够的。”“有趣的是谈风云的人，风月也谈得，谈风月就谈风月罢，虽然仍旧不能正如尊意。”他“另用各种笔名”，继续为《自由谈》撰文，在不到半年的时间里先后写了 60 多篇，一共用了 20 个笔名。

鲁迅把本书称为《准风月谈》，意在说明虽然表面上在议论“风月”，实际上还是议论“风云”。而从“风月”谈出“风云”，即通过日常生活现象和事件，揭示重要的社会政治课题，抨击国民党的反动统治，这是本书的主要特色。

《准风月谈》可以说是《伪自由书》的续编，内容与《伪自由书》基本相同。所论多为社会批评和文化批评及文艺批评。

(11)《花边文学》(1934 年)，共收杂文 61 篇，序言 1 篇，1936 年出版。这本书的名称也是暗含着讽刺。当时和鲁迅同在左翼文艺阵营里的廖沫沙化名林默，错误地批评鲁迅是“买办”，把鲁迅的杂文称为“花边文学”，借“花边”是银元的别名，暗示作文的目的在于金钱。鲁迅在该书的“序言”中说：“这一个名称，是和我在同一营垒里的青年战友，换掉姓名挂在暗箭上射给我的。那立意非常巧妙：一，因为这类短评，在报上登出来的时候往往围绕一圈花边以示重要，使我的战友看得头疼；二，因为‘花边’也是银元的别名，以见我这些文章是为了稿费，其实并无足取。”

(12)《且介亭杂文》(1935 年)，鲁迅用“且介亭”题名的杂文集有三本，即《且介亭杂文》、《且介亭杂文二集》和《且介亭杂文末编》。写作这些作品时，鲁迅住在上海北四川路施高塔路（今山阴路）大陆新村九号，属于“租界”当局越“界”筑路，擅自扩张地盘的区域内。“且介”各取“租界”二字的一半，借指“半租界”之意，鲁迅有时还把自己的工作室称为“且介亭”。租界本是帝国主义殖民侵略的产物，鲁迅生活在中华民国时代，用“半租界”的意思为自己的作品集子题名，这里含有对帝国主义侵略的抗议和对国民党政府的批评。

《且介亭杂文》和《花边文学》写于同一时期，内收 1935 年“发表于日报的短论以外”的文章（《且介亭杂文二集·序言》)，计 36 篇，另有《序言》和《附记》。内容主要是抨击帝国主义和国民党反动派。

(13)《且介亭杂文二集》（1935 年），收集 1935 年所写的杂文，除“序言”和“后记”外，共 48 篇。鲁迅在《序言》中说：“今年，为了内心的冷静和外力的迫压，我几乎不谈国事了，偶尔触着的几篇，如《什么是讽刺》，如《从帮忙到扯淡》，也无一不被禁止。别的作者的遭遇，大约也如此的罢，而天下太平，直到华北自治，才见有新闻记者恳求保护正当的舆论。我的不正当的舆论，却如国土一样，仍在日即于沦亡，但是我不想求保护，因为这代价，实在是太大了。

单将这些文字，过而存之，聊作今年笔墨的纪念罢。”

这段话非常鲜明地显示出鲁迅对独立人格和精神自由的追求。鲁迅在《后记》和不少书信中，把当时自己的写作比喻为“带着枷锁的跳舞”，可见当时国民党政府对文化界控制的严酷。本书内的作品，主要也是从文化领域内的斗争写出了民族斗争和阶级斗争的“国事”。

(14)《且介亭杂文末编》(1936年1月至10月)，是鲁迅的最后一本杂文集，收集1936年1月至10月的作品共35篇，其中一部分鲁迅生前已收集在一起，另一部分由许广平收集并结集出版。

(15)《集外集》，收录1933年前出版的各集中遗漏的作品，是杂文、小说、新诗和旧体诗的合集。

(16)《集外集拾遗》(一)，这本集子鲁迅生前已动手收集资料，准备再编一本补遗集，工作因病中断，未能完成，后由许广平编成。共有杂文57篇，小说1篇，翻译3篇，旧体诗39篇和附录6则。

(17)《集外集拾遗》(二)，今人编辑的鲁迅佚文。

(18) 近年来又有人编辑出版了鲁迅的佚文，共3册。

二、鲁迅的散文诗《野草》与“独语体”散文

鲁迅在1919年8月至9月开始用散文体式表现诗意题材，写了《自言自语》、《古城》等优秀篇章，这些散文诗借景抒情，托物言志，思想深沉，文笔隽永，是现代散文诗最早的精品，创造了“独语体”的散文形式。他的散文诗集《野草》可以看作是“独语体”散文。

“独语体”是现代中国散文的重要形式之一，它是作者的内心独白，以捕捉作者内心感觉、情绪、心理为主，是对作者的内心审视。“独语体”与以朱自清为代表的“闲话风”散文不同。“闲话风”亲切自然、贴近生活，“独语体”则依靠作家自身艺术想像创造一个绮丽奇特的世界，在艺术手法上运用象征、变形、通感等。

《野草》共收入鲁迅1923年9月至1926年4月的散文诗23篇。鲁迅曾说过：“我自爱我的野草。”

《野草》的思想内涵十分丰富，它既是鲁迅对个体生命的思考，也是对当时黑暗反动统治和腐朽黑暗势力斗争的体现，显示了鲁迅在斗争中坚韧顽强的战士形象和勇于审问自己的可贵品质。

首先，《野草》歌颂了“永不肯休”的顽强战斗精神。《这样的战士》(1925年12月)是具有代表性的篇章。鲁迅曾说它是“有感于文人学士们帮助军阀而作”。作品强调“这样的战士”“他只有自己，但拿着蛮人所用的，脱手一掷的投枪”，在与敌人的战斗中，他目光敏利、经验丰富，看穿了敌人的谎言欺骗，“举起了投枪”。他坚韧顽强，“锲而不舍”，不沮丧、不动摇，“纠缠如毒蛇，执著如怨鬼”。即使终于在“无物之阵中老衰，寿终”，他也要“举起投枪”，决不妥协或退却。这正是鲁迅“永不肯休”的韧性战斗精神的体现。《过客》(1925年3月)也表现了顽强战斗精神。作品塑造了一个艰苦跋涉、孤独困顿的“过客”形象。在黄昏、在荒原，“过客”“脚早已走破了，有许多伤，流了许多血”，“力气太稀薄了”，但他不肯停下来休息，连充满人间温情的小女孩的帮助也拒绝了，在苍茫暮色中，“昂了头，奋然向西走去”，即使他不知道“前面是怎么一个所在”。在写《过客》之后第九天，鲁迅在《两地书》给许广平的信中写道，“走人生的长途，最易遇到的有两大难关”：“歧路”和“穷途”。“倘是墨翟先生，相传是恸哭而返的”，“听说阮籍先生也大哭而回”，“我是不哭也不返”，“还是跨进去，在刺丛里姑且走走”。在两个月后，鲁迅在《华盖集·北京通信》中写道：“我自己，是什么也不怕的，生命是我自己的东西，所以我不妨大步走去，向着我自以为可以走去的路；即使前面是深渊，荆棘，峡谷，火坑，都由我自己负责。”

其次，《野草》是作者内心矛盾的流露。《野草》写作时，鲁迅正经历着思想感情上的彷徨苦闷，内心经历着激烈的矛盾斗争。鲁迅无情地审视自己的灵魂，如《影的告别》、《希望》等。《影的告别》（1924 年 9 月）写了一个昏睡着的人的影子向“人”进行诀别时的自白，表现了内心的激烈矛盾斗争以及宁愿承担一切后果的牺牲精神。“影”积极求索，不满于“人”的昏睡不醒，不肯和“人”一起沉睡下去，但它知道离开了“人”，它将“彷徨于无地”。因此“天堂”、“地狱”和“将来的黄昏世界里”，都有它所不乐意的，它决意独自远行。影“不愿彷徨于明暗之间”——不愿在现实中敷衍，苟活。他宁愿在同黑暗搏斗中献身，“不如在黑暗里沉没”，“在这不知道时候的时候独自远行”，并决心“将向黑暗里彷徨于天地”。这里，也反映出作者反复选择时矛盾彷徨的情绪，体现了鲁迅勇于自我剖析的可贵精神。

《希望》（1925 年 1 月）是“因为惊异于青年之消沉”而作，作品通过第一人称的自我批评，自我抒情方式表达，抒写了希望、失望以致绝望的矛盾，最后否定了“绝望”。他鼓励中国青年“都摆脱冷气，只是向上走，不必听自暴自弃者流的话。能做事的做事，能发声的发声。有一分热，发一分光”（热风：随感录四十一）。他写道，“绝望之为虚妄，正如希望相同”，彻底否定了绝望，体现了鲁迅锲而不舍的顽强战斗精神。

第三，《野草》中有几篇以浓郁的抒情笔调描写了自然景物，如《秋夜》、《雪》、《好的故事》，这些文章借景抒情，托物咏怀。《秋夜》（1924 年 9 月）是《野草》的首篇，作品中秋夜的肃杀萧索景象，象征着当时中国黑暗势力的浓重和反动统治的冷酷。“小粉红花”、“小青虫们”这些在秋夜里挣扎的小生命，是在黑暗中抗争的青年们的写照。鲁迅对它们所代表的青年寄予了深切的同情和极大的敬意，但又有所批评。作者赞美了枣树的形象，“默默地铁似地直刺着奇怪而高的天空，一意要制他的死命”，这是鲁迅一贯描写的锲而不舍的坚强战士形象。

总之，《野草》在艺术上运用了散文诗这种独特文学样式，具有散文格调，又兼有诗的要素，把散文的抒情风格和咏怀诗的含蓄蕴藉融合在一起。作品构思奇特，想像丰富，富有诗的意境和形象；语言凝练，文辞优美，节奏和谐，是中国现代散文的珍品。特别是它还大量运用象征的暗喻。诗人把自己的生活感受、思想感情，巧妙地寄寓在这些景物、故事、生活场景的描写之中，在描写中见抒情，并富于深刻的人生哲理。在笔法上许多篇章运用现实主义的细致、逼真、生动的描写增强了作品的感染力。《野草》中有些作品借梦境抒写自己的感受，并运用多种修辞方法，如重复、排比等，增强文章的表达力。有些篇章比较隐晦，难于理解。《野草》以深远的寓意、深刻的思想、浓郁的抒情、精湛的艺术，成为中国现代散文的珍品。

三、《朝花夕拾》与“闲话风”散文

《朝花夕拾》共收 10 篇散文，写于 1926 年 2 月至 11 月间，鲁迅称它为“回忆文”，完整地记录了鲁迅个人从童年到青年（约 1886 ~ 1912）年这一时期的主要社会经历和思想变化。

作者在自然、亲切、和谐、宽松的气氛中与读者对话，使读者看到了鲁迅的内心世界、真实的欢乐与痛苦。作者既是说话者，又是听话者。这种平等、开放，充满真率之气的散文即为“闲话风”散文。《朝花夕拾》体现鲁迅对人类生存基本命运“爱”与“死”的童年体验的回忆与思考。在这类散文中，借鉴英国随笔和魏晋文学“清峻、通脱”的特点，力图在

纷扰中寻求一点闲静，显出从容气度。在语言方面丰富、生动，易于为读者接受。

艺术方面，作为“回忆性”散文，以叙述为主，记叙与抒情、描写、议论相结合。在描写方面细致、逼真，塑造极其鲜明的人物性格，如长妈妈、范爱农，运用了白描手法和性格化的语言，使读者如见其人、如闻其声。语言简洁清晰，生动自然，文字优美，寓庄于谐，形象生动，蕴涵哲理，开创了“闲话风”散文的典范。

第二节　周作人的散文

一、周作人生平及创作介绍

周作人（1885—1968），原名周櫆寿，是鲁迅的二弟。少年时代在三味书屋接受启蒙教育，喜读野史、闲书，在文化领域具有强烈的反叛性格。1906念，东渡日本求学，广泛接触西方文化，以“人道主义的理知精神”进行创作。回国后受蔡元培邀请到北大任教，五四期间成为新文化运动的风云人物，是中国现代文学史上第一个文学团体——文学研究会的发起人之一。五四后周作人仍坚持人道主义立场，反对封建旧文化旧道德，撰写杂文集《谈虎集》、《谈龙集》，散文集《雨天的书》、《自己的园地》、《泽泻集》。抗战全面爆发后在沦陷的北平与日本侵略者合作，出任伪北京大学文学院院长、伪华北政府教育总署督办。日本投降后被国民党政府逮捕。

周作人最早把西方的“美文”概念引入中国现代散文，提倡“记述的”、“艺术的”叙事抒情散文。在散文理论方面提倡“言志”的小品文，并以自我为中心。个人创作分为“浮躁凌厉”与“冲淡平和”两类，后者是周作人创作主流。散文风格自然隽永，是一种艺术化的闲谈。在创作中周作人常把口语、文言和欧化语杂糅于自己的小品中，于简单、涩味中富有韵味，在内容方面善于把淡淡的青涩与淡淡的喜悦交织在一起，让人体会到一种苦中有乐的人生境界。三、四十年代周作人散文创作风格变为“文抄公体”，主要形式为古文加周作人的评点，这样，古文和现代白话同时出现于周作人的散文中，使文章兼具两种文体的美感。郁达夫曾评论其为“一变为苦涩苍老，炉火纯青，归入古雅、遒劲的一途了”。

周作人的散文取材非常广泛，“无意不可入，无事不可言”。他的散文表现出闲适、清涩、趣味性、知识性的风格。

但周作人早期散文有的失之于炫卖知识，有的失之于一味追求幽默；后期散文有的则以“掉书袋”或叙市井琐闻为乐趣，缺乏深刻的思想性。

二、《水里的东西》赏析

作者在这篇散文中谈论了“鬼”，是一篇“散化”的散文，写作方法体现了周作人散文“不切题”的特点。这一写法与散文所推崇的“形散而神不散”的理念相悖。这篇散文没有一个共同的主题，但每一段都有自己所谈的重点。周作人在谈散文创作时曾经说过：“我写文章，向来不以切题为宗旨，至于手法则是运用古今有名的赋得方法，找到一个着手点来敷陈开去，此乃是我的作文金针。”这种“不切题”的写法让读者在阅读他的散文时有一种自然而随意的感觉，使文章更加生动有趣具有自由美。旁征博引、娓娓道来、环环相扣也是这篇文章的显著特点。描写方面写河水鬼时用淡淡勾勒的笔法，写出了他们的可爱，把民间想像力的活泼表现出来。文章结尾富有寓意，通篇文章写的是鬼，实则是谈生，用对河水鬼的分析，期望人们用社会学与民俗学的“明灯”来分析人们的思想，达到抛砖引玉的目的。

第三节　冰心的散文

一、冰心生平及创作介绍

冰心（1900—1999），原名谢婉莹，1900 年 10 月生于福建福州市的一个和睦开明的富有家庭，童年的爱与被爱的生活为她后来的散文、小诗创作打下了基础。1919 年在北京协和女子大学弃医从文，1923 年赴美国威尔斯利大学学习英国文学，1926 年回国在燕京大学、清华大学女子文理学院任教。1937 年抗战爆发后赴重庆，抗战胜利后赴日本东京大学任教，1951 年秋回国，专事写作。曾任中国作协书记处书记。

冰心是中国现代文学重要散文家、小诗作家、五四问题小说作家。散文集有《寄小读者》、《往事》、《南归》等。

冰心散文多以歌颂母爱和童心为主题，表现为“爱的哲学”。此外，冰心的散文还抒写了大自然的美妙景致，特别是对大海的无限深情，日月星辰、朝霞落照、微雨碎雪、清风淡雾尽在笔下。冰心的散文作品歌颂童心，宣扬母爱，赞美自然，充满柔情忧伤，清丽脱俗，语言将文言文、白话文与西文完美结合于一体，形成独具特色的“冰心体”散文。

二、《山中杂记（七）说几句爱海的孩气的话》赏析

冰心的这篇散文是较能体现“冰心体”特点的一篇。文章主要表现了冰心对自然的爱，并用对比的手法，表现了作者对海的深挚的爱。冰心曾说过：“海唤起了我童年的回忆”，“海好像是我的母亲。”（《通讯》七）这样看来，歌颂自然与赞美母爱就有了必然的联系。

在文章中，作者把海与山进行了多方面的对比，从颜色、动静、主观感受，从而得出“海比山强得多”的结论。在字里行间，流露出极其强烈的主观色彩和个人感情倾向，正如冰心自己所言是“孩气的话”，而且具有浓厚的女性色彩，富于阴柔之美。结尾写出了作者对“妩媚、遥远、璀璨”的海上生存状态的向往，实则也反映出当时身在异国他乡的冰心对祖国的思念。

本文的语言主要是口语化的白话文，在文章中恰到好处地引用了两首古诗“南山塞天地，日月石上生”，“海上升明月，天涯共此时”，增强了文章的表达效果和美感。文章的词汇句式体现了“欧化”的特点，使整篇散文的语言富有韵律感，典雅凝练，又婉转流动。

第四节　朱自清的散文

一、朱自清生平及创作介绍

朱自清（1798—1948），原名自华，字佩弦，号秋实。1898 年出生于江苏东海，在扬州长大，1916 年考入北京大学预科，在哲学系读书时开始诗歌创作。1924 年出版长诗《毁灭》和诗文集《踪迹》。1925 年任清华大学教授，致力于散文创作，1928 年散文集《背影》出

版，成为文坛著名的散文作家。1931年赴英国留学，周游欧洲。1932年回清华继续任教。1937年抗战爆发后，朱自清随校南迁在西南联合大学任教。1946年返京在清华大学任教，参加反帝民主运动。1948年拒绝接受美国救济粮贫病而逝，表现了崇高的民族气节和爱国主义精神。

朱自清在《〈背影〉序》中说，写散文是因为"有话要说"，散文可以"随便说一点"。朱自清的散文从内容上分为三类：第一类是反帝反封建、体现时代精神的作品，如《生命的价格——七毛钱》、《白种人——上帝的骄子》、《执政府大屠杀记》，体现了朱自清爱国进步的人生观。第二类是体现亲情的生活散文，如《背影》、《悼亡妇》、《儿女》，这些题材是朱自清最能驾驭自如的。第三类是描绘湖光山色的，如《桨声灯影里的秦淮河》、《河塘月色》，前一篇写于1923年，已经显示出朱自清在散文创作方面的卓越才华；后一篇文笔绮丽自然，是一副美妙变幻的图画，从中也折射出大革命失败对他的影响。

朱自清的散文在中国现代散文史上具有极其重要的地位，他的散文清新简约、细腻委婉，文体缜密。语言质朴平淡、生气盎然，在20年代起就被公认为白话文创作的典范。

二、《背影》赏析

这篇散文是朱自清散文的代表性作品，李广田在《最完美的人格》中评论《背影》，"论行数不满五十行，论字数不过千五百言"，不仅在当时誉满文坛，而且"历久传诵而有感人至深的力量"。通过对往昔父亲为儿子送行一事的记叙，表现了真挚动人的父子亲情。作品表现的至亲深情，无论在当时还是以后，都深深地打动了为生活颠簸挣扎的人们，获得历久不衰的艺术生命。

文章开篇点破"背影"题旨之后，从回家奔丧写起，写到父亲为"我"买橘子的场面，用笔精雕细刻，婉转曲折，把自己的瞬间的心理感受细致地呈现于读者面前。文中流露出淡淡的感伤与深深的自责，白描手法的运用，使这篇散文具有浓郁的抒情氛围。散文语言质朴自然，蕴含丰富，深切地表达了父子之间的深情。文章开头写家庭窘迫，结尾写父亲晚景孤苦，使文章笼罩在一种阴冷的氛围中，在小资产阶级颠簸动荡的生活境遇和凄凉的心情中，烘托出父子亲情的真挚可贵。结尾处又写到"背影"，使全文首尾照应，并给读者留下回味的余地。

第五节　林语堂的幽默闲话小品

一、林语堂生平及介绍

林语堂（1895—1976），幼名和乐，又名玉堂，1895年10月生于福建漳州和平县，父亲是基督教牧师，1919年赴哈佛大学比较文学研究所攻读，获莱比锡大学博士学位。1923年在北京大学英文系任教授。

上世纪20年代，林语堂是《语丝》重要撰稿人。这一时期林语堂的散文慷慨激昂、泼辣大胆、无所顾忌，出版散文集《剪拂集》，进行社会批评与文明批评。30年代，林语堂创办《论语》、《人间世》、《宇宙风》，以发表小品文为主，提倡幽默、闲适和独抒性灵的创作，使当时文坛上的幽默风盛行起来。林语堂也被称为"幽默大师"。从1932年《论语》创刊到

1936年去美国，林语堂发表散文近300篇，多收入《大荒集》和《我的话》中。

林语堂的散文拓展了现代散文的审美领域，自言“两脚踏东西文化，一心评宇宙文章”，他习惯于从中西比较的眼光看问题，力求对国民性改造和中华传统文化转型的思考中寻求突破。他的散文幽默中透出从容睿智，行文轻松自如。林语堂主张小品文应“以自我为中心，以闲适为格调”，他自己创作了闲适的散文笔调。他把谈话的艺术引入散文创作中，是中国现代散文“闲话风”一派的代表人物，读他的散文不仅使读者兴趣盎然，又能从文化方面得到启迪。

鲁迅在《小品文的危机》中指出不该把小品文当成“小摆设”，应当警惕“幽默”的沦落，以免“将屠户的凶残，使大家化为一笑，收场大吉”。

二、《忆狗肉将军》赏析

这篇文章通篇皆用反语，达到了很强的幽默效果。句法上有明显的“欧化”色彩，活泼俏丽，极具讽刺性，读来让人忍俊不禁。

文章也看出林语堂很深的英文修养和古典文学底蕴，体现了他以自由主义立场“热心人冷眼看人生”的写作心境，他的文章与现实是有距离的。正如鲁迅所批评的那样，对张宗昌这一反面人物的凶残，不免有流于“化为一笑”的倾向。

第六节　左翼作家群的散文创作

左翼作家是中国现代文学史上的生力军，形成了气势恢宏的创作群体。20年代后的散文创作主要可以分为左翼作家群和自由主义作家群。左翼作家群以瞿秋白、茅盾、唐弢、徐懋庸、聂绀弩等为代表；自由主义作家群以周作人、林语堂、梁实秋等为代表。这主要是从政治态度上划分的。还有一种情况，就是比较纯粹的抒情散文创作，比如郁达夫在30年代后，成为山水游记作家。他的游记多写家乡富春江的美景，清新秀美、极富神韵。文章可贵的是忧国忧民的士大夫情结，但不够洗练，收入《屐集处处》、《达夫游记》中。还比如京派散文作家，以何其芳、李广田、沈从文、萧乾为代表。他们比较注重对散文艺术的追求，在创作中力求完美，在现代抒情散文方面成就较高。

左翼作家受鲁迅杂文创作影响很大。瞿秋白杂文收入《乱弹及其他》一书中，他把中国的杂剧、诗词、寓言和民歌融入杂文创作中，特别是普通话与方言的融合方面独有所长。茅盾的散文多为全景式反映社会现实，具有很强的思想性和时代性，如《香市》、《白杨礼赞》、《风景谈》。萧红的散文优美动人，《回忆鲁迅先生》是她散文中的名篇，她在文章中具体描写了鲁迅先生生活化的细节，感情细腻真挚，在一个个片断中使鲁迅先生的形象栩栩如生，流露出对鲁迅先生的深深怀念。文中说：“鲁迅先生的笑声是明朗的，是从心里的喜欢。若有人说了什么可笑的话，鲁迅先生笑得连烟卷都拿不住了，常常笑得咳嗽起来。”

1937年全面抗战爆发后，左翼文学在全国一致抗战的旗帜下得到迅猛发展。散文创作成就主要体现在报告文学的勃兴。全面抗战爆发初期，新闻性战地报告和纪实性散文风行一时，著名作家有丘东平、骆宾基、范长江、萧乾等。特别是随着抗日民主根据地和后来的解放区的发展，左翼文学成为中国文学的主导。

报告文学作为迅速反映现实斗争的文体，在战火纷飞的岁月里顺应时代和人民的需要，一跃而成为战时文艺的主流。几乎所有投入抗战洪流的作家、记者和文化人，都写过通讯报告。从芦沟桥事变开始，头两、三年印行的通讯报告集即有200种左右，如《芦沟桥之战》、《上海抗战记》、《西线血战记》、《东线血战记》、《血战台儿庄》、《在汤阴火线》、《黄河北岸》、《太行山边》、《在轰炸中来去》、《飞将军抗战记》、《战地随笔》、《随军生活》等，这些作品真实地记录了抗战时期中国社会各个层面的生活。它们“写出了前方战士的英勇和牺牲的战斗，也写出了后方民众的忠诚和热心的服务；写出了伤病的将士的凄惨和痛苦，也写出了颠沛的难民的悲哀和苦难；写出了敌人的凶残和横暴，也写出了沦陷区的民众的惨痛的殉难和坚决的反抗；写出了战区落后的民众的胆怯和贪婪，也写出了前方进步的民众的奋勇和慷慨；写出了敌后方民众的艰辛和苦斗，也写出了敌后武装的发芽和成长；写出了胜利的进军的神威和勇迈，也写出了溃败的退却的仓惶和镇定；写出了后方政治的腐败堕落的一面，也写出了后方生产的突进的断片；写出了旧人物的垂死的暮气，也写出了新人物蓬勃底的生机；写出了知识青年的不惧艰苦的逃亡和流浪，也写出了知识青年的不知疲倦的学习和工作……”（以群，《抗战以来的报告文学——〈战斗的素绘〉代序》，《战斗的素绘》，以群选编。重庆作家书屋，1943年版）

一、国统区报告文学的成就

1. 关于长江中下游战场的报道

丘东平的《第七连》、亦门的《第一击》、曹白的《呼吸》、骆宾基的《大上海的一日》、曹聚仁的《大江南北》等较有影响。其中的亦门（1907—1967），即“七月派”诗人阿垅，原名陈守梅，浙江杭州人。他亲自参加了上海“八一三”抗战，以笔名S. M. 在《七月》上发表《闸北打了起来》、《从攻击到防御》、《斜交遭遇战》等战役报告，前两篇曾收入《闸北七十三天》（1940年），后来一并结集为《第一击》（1947年）出版。他的报告不仅真实地反映了上海军民英勇抗击侵略者的壮烈场面和战斗热情，也深刻揭示了上海战役指挥上的失策和无能。作品对战地生活写得相当逼真、细密和亲切，富有实感和激情，同丘东平的报告和小说一样，体现了“七月派”诗文的现实战斗精神。

曹白（1909—），江苏常州人，参加了上海难民营的救济工作和江南游击队的抗战活动，所写报告文学大多发表在《七月》上，由胡风辑为《呼吸》（1941）出版。上集《呼吸之什》，着重描写了难民生活，写了难民的困苦和抗争，其中《这里，生命也在呼吸……》一文就传达了底层受难者的战斗要求；下集《转战之什》则叙写了上海失陷后游击区错综复杂的斗争生活，其中《访江南义勇军第三路》报道了敌后人民抗日武装斗争的发展。曹白的报告不仅写场景和事件，还着意刻画了人物。例如《杨可中》写出了一个报国无门的进步青年的悲愤和挣扎，人物的内心世界得到了较深入的揭示。胡风在为《呼吸》写的序文《小引》中指出：“在他笔下出现的那些人物，是受难的人物，战斗的人物，或者在受难里战斗，在战斗里受难的人物，却都那么生动，那么亲切，一一被作者的情绪活了起来，如像在我们的眼前出现。”曹白善于捕捉日常生活中的细节，通过对片断场景的描绘，写出生活的真实情形和人物的真实面貌，在平淡如实的记述中饱含着自己的爱憎喜怒，可说是以散文的笔法写报告文学，这在当时的报告文学中别具一格，文学性较强。

骆宾基也参加过上海抗战，所写报告主要发表在茅盾主编的《烽火》上，结集出版了《大上海的一日》（1938）和《夏忙》（1939）。《大上海的一日》中的作品，通过伤兵救护工作的见闻，反映了伤员的战斗意志。如《“我有右胳膊就行”》，描写一个战士左胳膊负伤后坚决不下火线，叫着“我有右胳膊就行”，从担架上跳下来，又冲上前线的动人故事，表现了中国士兵崇高的爱国精神和英雄气概。作品写得热烈激昂，节奏快速，场面虽多为粗线条勾勒，却传达出战地救护的紧张气氛，确是“用血用怒火写成的作品”。（茅盾，《大上海的一日》，《文艺阵地》，1938年第1卷第9期）

曹聚仁（1900—1972），浙江金华人。30年代前期主要写杂文和历史小品，抗战后投笔从戎，活跃在大江南北的东线战场，成为一位著名的战地记者，著有战地通讯集《大江南线》（1941年）。该书收1938年至1940年间的作品52篇，分为8辑：《大武汉的命运》、《赣江行住》、《浙皖新行程》、《春夏之交》、《沿海风景线》、《经济线》、《抚顺行进》、《赣江之行》。从上述各辑的名目可见作者行程万里，采写广泛。曹聚仁认为，报告文学“并不是纯文艺，乃是史笔。它的成分，要让‘新闻’占得多；那艺术性的描写，只有加强对读者诱导的作用，并不能代替新闻的重要位置”，因此，他把报告文学称为“新闻文艺”。（曹聚仁：《报告文学论》，《中国现代散文理论》，俞元桂主编，广西人民出版社，1984年版）他的通讯注重事实，讲究剪裁，善于分析，质朴无华，是典型的“新闻文艺”，的确以“史笔”见长。

2. 关于华北战场的报道

（1）范长江的报道。反映华北战场的通讯报告也很多。范长江以《大公报》记者身份，深入内蒙、陕西、河北、山西等地采访，写了《塞上行》（1937年）和《西线风云》（1938年，与孟秋江等合集）等作品，不仅报道战况，更注意反映和分析社会状况，表现出新闻记者视野的开阔和眼光的敏锐。

范长江原名范希天，1909年10月出生于四川省内江县赵家坝村。少年时代的家庭是没落地主。他先后在内江中学和四川省六中上初中和高中，学习期间，成绩优异。1927年年初，他转入吴玉章所办中法大学重庆分校学习。入校不久，重庆发生四川军阀制造的“三三一”惨案。学校被封，革命学生尸体枕藉街头。他从血腥屠杀中脱身之后，抱定参加革命的决心离开家乡，乘船前往当时的革命中心武汉。在武汉加入二十军的学生营，随军进入南昌。部队编入贺龙为军长的二十军第三师教导团，参加了南昌起义。以后，学生营在潮州被打散，他在汕头寻找主力部队未果，遂流落于广州、福建、江西、安徽一带，以讨饭为生，后重病几死。为糊口计，他又入军队医院当看护兵。1928年下半年，为了生活和进一步学习，范长江考入了南京中央政治学校，选学乡村行政系。当时他希望以著名进步教育家陶行知创办“晓庄师范”的精神为模本，走出一条救国救民的路来。然而，当时日本帝国主义对中国的侵略危机愈益加深，国民党的统治日趋反动，人民生活每况愈下，这一切使他逐步感觉到，他所受的教育绝不能回答他所关心的民族命运和人民前途的大问题。

1931年，“九一八”事变发生以后，全国人民掀起轰轰烈烈的抗日救亡运动。而中央政校校方奉行蒋介石不抵抗政策的意旨，对此无动于衷。范长江在一个晚上军训点名以后，站了出来，对数百名同学慷慨激昂地发表演说，愤怒斥责国民党的不抵抗主义，号召学生开展抗日救亡运动。但学校的学生运动很快被压制了下去，他因此进一步认清了国民党当局的反动性。他决定脱离中央政治学校。利用一个星期日，他换掉制服，秘密潜逃。

1931年底，他来到当时的文化中心北平。度过了一段艰苦的工读生活之后，于1932年夏秋际进入北大哲学系学习。1933年下半年，他开始为北平《晨报》、《世界日报》和天津

《益世报》投稿，内容多为文化教育新闻。这是他投身新闻事业的开端。一年之后，他成为《大公报》的撰稿人。在这一时期，他主要致力于抗日军事问题的研究。

1935年7月，他以《大公报》特约通讯员的名义，从成都开始了他著名的中国西北地区考察旅行。这次考察旅行，西达敦煌，北至包头，全程四千余里，历时十个月，足迹及于川、陕、青、甘、内蒙等广大地区。他的旅行游记陆续在《大公报》发表，在全国引起很大轰动，他的游记首次向全国广大读者公开报道了红军和二万五千里长征，对于增进人们对红军的正确了解起了重要作用。他在游记中对国民党统治的西北地区政治的黑暗，人民的疾苦，日本帝国主义侵略的危机作了淋漓尽致的披露。他的报道谈古论今，意趣横生，涉及宗教、民族关系等范围广泛的问题。其中引人入胜的描述，入木三分的议论，广博充实的知识，特别是字里行间表现出来的正直高尚的民族民主主义精神，获得广大读者的称颂。这些游记在1936年6月汇集成《中国的西北角》一书出版。《中国的西北角》一书在几个月内连出七版，一时脍炙人口。

这次旅行结束以后，他回到天津成为《大公报》正式记者。1936年8月，为了解日本帝国主义觊觎内蒙西部的实况，他长途跋涉深入额济纳旗，后骑骆驼穿行千里戈壁返抵阿拉善旗。绥远抗战期间，他担任战地采访工作，从百灵庙和红格尔图一带抗日前线写出很多通讯。

1936年12月12日，西安事变发生。范长江从宁夏飞抵兰州，又由兰州进入举世瞩目的事变中心西安。在那里他经过杨虎城找到周恩来，后在博古、罗瑞卿的陪同下，驱车前往延安。1937年2月9日夜晚，毛泽东在延安的窑洞里接见了范长江。毛泽东主席与他作了通宵的谈话，讲解了十年内战的经过，并详细地阐述了中共抗日民族统一战线的方针政策。这次谈话促使他思想发生了重大的转变。

除美国记者斯诺外，他是以正式新闻记者名义进入延安的第一个人。他所写的《陕北之行》打破了蒋介石的新闻封锁，以极大的热情向国民党统治区的广大读者介绍了陕北革命根据地生气勃勃的面貌，介绍了中国共产党的著名领袖人物，宣传了共产党民族统一战线的主张，对全国各界产生了重大影响。

1937年抗战爆发以后，他奔赴抗日前线采访新闻。在枪林弹雨之中，写出大量通讯。

1938年3月，他与徐迈进、陈同生、恽逸群等同志在汉口共同发起创办了“中国青年新闻记者学会”（简称“青记”）。在党的支持和周恩来的亲自领导下，“青记”成为团结抗日的进步青年记者的中心。

1938年10月，武汉弃守前夕，他因与《大公报》张季鸾、胡政之等人的政治观点分歧已达不可调和的地步，于是公开脱离《大公报》。随即在周恩来的领导下，他与胡愈之、孟秋江等创办国际新闻社。1939年5月，范长江在重庆经周恩来等同志介绍加入中国共产党。1940年12月，范长江与沈钧儒的女儿沈谱在重庆结婚。

1941年皖南事变发生后，“中国青年新闻记者学会”和国际新闻社被政府封闭，蒋介石下令逮捕范长江。他得到李克农的通知转移到香港，在廖承志的领导下主办中国共产党在海外的机关报《华商报》。香港沦陷后，他辗转到达苏北解放区，担任了新华社华中分社、华中总分社和《新华日报》（华中版）社长、华中新闻专科学校校长等职。解放战争期间，他跟随毛泽东和周恩来同志转战陕北，负责中央的部分宣传工作。中华人民共和国成立后，他历任《新华社》总编辑、《解放日报》社社长、新闻总署副署长、《人民日报》社社长、政务院文化教育委员会副秘书长、国务院第二办公室副主任等职。文化大革命期间，范长江受迫害长期被关押，于1970年10月在河南确山被迫害致死。1978年12月，党和国家为他平反昭雪，恢复名誉。

（2）碧野的报道。碧野（1916—），原名黄潮洋，广东大埔人。抗战初期，参加过华北游击队和河南农村巡回演剧队，著有报告文学集《太行山边》、《北方的原野》和《在北线》三部。《太行山边》主要写一支地方部队行军、作战的情形，其中《滹沱河夜战》一篇，描述了激烈多变的战场景况，在《文艺阵地》发表时得到了好评。《在北线》中的《红缨枪》，把农民自发组织的队伍誓师抗日的场面写得有声有色。代表作《北方的原野》包括《一支火箭》、《血辙》、《牛车上的病号》和《午汲的高原》4篇相对独立又互相连贯的短篇，描写了一支从北平血战出来的学生大队与晋冀一带游击队配合作战的英雄事迹，展开了一幕幕转战北方原野的动人画面，既“悲壮凄绝”，也不缺少“激昂和欢愉”。（茅盾：《“北方的原野”》，《文艺阵地》，1938年第1卷第5期）作者善于利用紧张战斗的空隙，从容地揭示人物的精神境界。在众多的人物中，青年农民黑虎、农家孩子桂儿和红枪会头领朱司令写得很有声色。碧野的报告文学具有豪放的艺术风格。他善于以抒情笔调描写悲壮的战斗图景，把惊心动魄的紧张战斗与雄浑壮观的北方景色交融在一起，渲染出浓郁的战场气氛。此外，田涛的《黄河北岸》、白朗的《我们十四个》等报告文学也是反映华北战况的有名作品。

3．关于华南、华中、西南战场的报道

反映华南抗战生活的报告文学，值得注意的是司马文森的《粤北散记》（1940年）等。

司马文森（1916—1968），原名何章平，福建晋江人。战前曾以林娜为笔名发表过小说和散文。抗战爆发后，在广州开展工农兵文艺通讯运动，写过论著《文艺通讯员的组织与活动》，并著有随军见闻《粤北散记》。他在本书《题记》中说：“因为自己是在广东部队中工作，并且有极多的机会去呼吸这一动荡中跳跃着的气息。这气息曾使我懂得更多世故，学会做人，使自己从狭隘的世界中摆脱出来，使自己成长了！”这部报告记录了作者所在部队从广州撤退到粤北山区的经历，侧重于记事。连载于1940年《文艺阵地》上的人物特写《记尚仲衣教授》很有影响。尚仲衣原是清华大学教授，参加抗战工作后，不满旧式的官僚制度，立志改革，为国民党及其追随者所不容，不断受到打击、排挤，以致最后悲惨地死去。作品通过尚仲衣教授的遭遇控诉了黑暗势力对正直、进步的爱国知识分子的迫害，在当时引起了强烈的反响。司马文森的报告文学作品写得朴实自然，细致真切，有散文品质。另外，写香港沦陷的，有华嘉的《香港之战》，茅盾的《劫后拾遗》等。

报道华中战区战况和武汉撤退的作品，有姚雪垠的《四月交响曲》、《随枣行》，孙陵的《鄂北突围记》，黄源的《随军生活》等。揭露湘桂溃败情形的，有洛文的《受难的人们》等。

萧乾于1939年春采访滇缅公路的建设，写了《血肉筑成的滇缅路》，反映了西南地区的抗战生活。

二、抗日民主根据地和解放区的报告文学

1．报告文学集《冀中一日》（1941年5月）

延安文艺整风以后，解放区的报告文学写作在中共中央宣传部的直接推动下，出现了一个创作高潮。这原因正像中共中央宣传部在《关于执行党的文艺政策的决定》中所预示的：

“在目前时期，由于根据地的战争环境和农村环境，文艺工作各部门中以戏剧工作与新闻通讯工作为最有发展的必要与可能。……报纸上迅速反映现实斗争的长短通讯，在紧张的战争中是作者对读者的最好贡献，同时对作者自己的学习与创作的准备也有很大益处。”这《决定》还强调指出：“那种轻视新闻工作，对于这一工作敷衍从事，满足于浮光掠影的宣传而不求深入实际、深入群众的态度，应该纠正。”“新闻通讯工作者及一般文学工作者的主要精力，都应放在培养工农通讯员、帮助鼓励工农与工农干部练习写作，使成为一种群众运动。”(1943 年 11 月 8 日《解放日报》) 正是在这种需要与可能相结合的条件下，又在党中央的大力号召下，大批报告文学作品涌现出来。许多工农群众和干部在专业工作者的帮助下，也都拿起笔来，参加了这个写作运动。

这些作品都是作者们深入实际、调查研究以后才写作出来的，有的是英雄事迹的真实记录，有的是作者的亲身经历，有些综合性报道，也是以真人真事为基础概括写出来的。这些作品以粗犷的笔调，从各个方面反映了抗战后期到解放战争时期的历史进程，记载了我解放区军民艰苦卓绝的斗争，显示了中华民族敢于同敌人血战到底的英雄气概，揭露了日本帝国主义灭绝人性的罪行，斥责了投降派卖国求荣、反共倒退、残害人民的反动勾当，歌颂了各条战线上涌现出来的许多英雄人物和英雄事迹，为年轻一代提供了革命英雄主义和革命传统教育的好教材。它们的战斗性和真实性是统一在一起的。这里的人物已经不是上海工厂里呻吟的“中国奴隶的冤魂”，而是在党的领导下觉悟了的广大军民。正如丁玲在《三日杂记》中所说：“革命给了我好日子，我就听革命的话。”这已经成了抗日民主根据地和解放区人们的共同信念。此外，新的人民英雄形象和革命战争场景的描绘，群众语言的运用，也是以前报告作品中所不具备的新的特色。

当时影响最大的是群众性的大型报告文学集《冀中一日》。这部书就是冀中区党政军领导人受了茅盾主编的《中国的一日》的启示，发动冀中人民开展群众性的写作运动的成果。作品预定的写作内容是 1941 年 5 月 27 日个人见闻，选择这个平常的日子，是为了反映出敌后军民通常的生活和斗争。广大冀中军民积极地投入了这个写作活动。为了在这一天获得一个好题材，有些连队经上级批准打下了敌人的据点，有些人则以各种方式开展了多方面的斗争。不识字不能写的人就请人代笔写稿。这虽然有些形式主义的嫌疑，但就写作来说还是促成了丰硕的成果。当时的稿件，多到用麻袋装，用大车拉。为了保护这些稿件，有的同志甚至流血牺牲。初选出的待审订稿，收作品 200 多篇，约 30 万字，分为 4 辑，于 1942 年春用麦秸纸油印出 200 部。但审订工作未开始，日寇即开展了空前残酷的长时间的“五一大扫荡”。经过一个夏天，多数被坚壁起来的审订稿都朽烂不能翻阅。后经多方搜求，才得以重新出版。这是一部经魔历劫的书，是冀中人民用鲜血和生命写成的书，也是他们用英勇斗争保存下来的书，是特别珍贵的。这里的每个作品，都是一份真实的战斗记录，篇章短小，文字朴素，具有浓重的生活气息。《她》、《刺刀下的殉难者》、《一个英勇沉着的青年班长》、《不稀奇的故事》、《夜过平汉路》、《据点附近的学校》、《轿车里呆了半天》、《微笑》等，都是生动感人的作品，写出了中国人民宁死不屈的性格，揭露了帝国主义的凶残，描绘了冀中人民的斗争生活场景，赞扬了艰苦不皱眉的革命乐观主义精神。这个写作运动影响是深远的，它鼓舞了群众的斗志，锻炼了写作人才，为革命文艺增添了新的血液。自此以后，冀中地区还发动过类似的多次写作活动。直到建国以后，这里的群众性的写作活动仍然很活跃。

2．报告文学集《渡江一日》(1948年4月)

《冀中一日》印出七年后，在解放战争胜利高潮中，由第三野战军政治部动员全军同志“在渡江作战中动笔为文”，便产生了另一部群众性的大型报告文学集——《渡江一日》。全集收作品120篇，20余万字，反映了我军渡江作战的艰苦而英勇的过程以及战役规模巨大、战役组织复杂等情况。每个作品篇幅不长，只用朴实的文字写下了指战员们的实际战斗过程，没有更多的分析和议论。其中《炮击江防》一组文章生动地报道了我炮兵部队的成绩，写出了人民炮兵以迅雷不及掩耳之势摧毁敌人苦心经营十个月的江防工事的过程，威武雄壮，有声有色。《炮兵俘敌舰》一组文章，反映了一场英勇的保卫战，我炮兵严惩了横行在长江里的帝国主义舰艇，捍卫了祖国主权，显示出中国人民不畏强暴的严正立场。《渡江突击队中的一个向导》、《聂春台和他的小船》、《一个水手的日记》，赞扬了船工们的斗争精神，生动地写出了军民同心同德奋勇渡江的热烈场景，说明了这是一场真正的人民战争，也是一场必然要胜利的革命战争。

从《冀中一日》到《渡江一日》的历史，是中国人民坚持斗争走向胜利的历史。这些用艰苦斗争推动历史前进的人们，还用文字记载了这个战斗，这是一件很值得纪念的事情。这是人民群众创造历史、创造文化的生动证明，也是革命文学事业在急风暴雨式的阶级斗争中成长壮大的例证。

3．其他有关抗日战争和解放战争的报告

除了《冀中一日》和《渡江一日》这两部大型的群众性的报告文学集以外，抗日民主根据地和解放区还出版了其他通讯报告和散文的专集，后来由中国人民文艺丛书曾把其中的优秀作品向新中国的读者作过广泛的介绍，产生过很大的影响。下面介绍一些优秀作品。

(1) 周游的《冀中宋庄之战》(见人民文艺丛书《解救》)

作品报道了1942年冀中空前激烈的反“扫荡”中一次惊天动地的模范战斗。我游击队仅以两个连的兵力，依据宋庄这个平原上孤立的村落，抗击了2 500名拥有精良装备的绝对优势的敌人，战斗从白天到黑夜，整整坚持了14个钟头。我英勇果敢的子弟兵，杀伤了敌新任冀渤特区“扫荡”司令官坂本旅团长以下官兵1 100人之多，而自己只伤亡了73人，最后胜利突围出来。这一仗极大地挫伤了敌人“剿灭”冀中的“雄心”。作品反映的内容甚为广阔，开头交代了战斗的起因，结尾说明了战斗胜利的意义和影响。文笔活泼，记叙中夹以议论抒情，把战场上敌我双方优劣形势的转变情况反映得尤为细致生动，既写出了敌人的嚣张气焰，又写出了我军英勇沉着应战的过程，它是报道抗日游击战争的一篇佳作。

(2) 冠西的《南北岱崮保卫战》(见人民文艺丛书《没有弦的炸弹》)

作品反映了一支由93名游击队员组成的游击队，为了粉碎日寇扶植汉奸吴化文建立反革命据点的阴谋，而展开了一场英雄的保卫战。战斗的情形是，我英勇的游击队坚守在八百平米左右的南北岱崮崮顶上，抗击了敌人三个步兵大队、一个炮兵中队、一个空军中队、一个伪军团的持续半个月的疯狂攻击，在敌人进攻最猛烈的时刻，“南北岱崮像火海中的孤舟，暴乱地颠簸着”。即使如此，这支英雄队伍仍然坚守在阵地上。最后，由于完成了任务，他们在黑夜里从敌人纵深五里的包围圈里突围出来。作者深怀敬意地写道：“像一切革命记载里写着的一样，除了共产党的军队，历史上再也找不出这样的战斗！再也找不出这样的军队！”

作品对子弟兵英勇战斗的作风的描绘是生动感人的，文笔流畅明快。但没能对这一场战斗进行分析研究，比如指出它在鲁中地区的作用和意义等，这是个不小的缺憾。

(3) 华山的《窑洞阵地战》(见人民文艺丛书《英雄的十月》)

作品全面综合地报道了太行武乡地区广大民兵开展窑洞阵地战的情况。以简洁的文字，记述了这个地区人民利用窑洞打击日寇的发展过程。1940年起，敌人施行离间民兵和群众的阴谋，民兵们停止了活动，特务汉奸横行起来。1942年2月武乡人民便遭到敌人残酷的血洗。血的教训，使人民觉醒起来，“不打活不成”。他们在党的领导下组织起来，挖出了各种“保险窑”，安全地转移了群众和粮食，组织民兵开展灵活斗争，有效地打击敌人，甚至使临近敌人驻地的人民都能开展生产和集市贸易活动，民兵武装组织因此也获得群众真心实意的拥护。作者从实际出发，如实反映了人民群众在斗争挫折和血的教训中成长起来，真实地反映了战争生活的复杂性和严酷性，从而使作品具有了讲实情的可贵性，因而也富有战斗性。

此外，华山的《碉堡线上》(见人民文艺丛书《英雄的十月》)用了较长的篇幅，广泛地反映了敌占区人民在党的领导下和敌人作斗争的情况，集中地写出了年仅十八岁的游击队长小刘灵活地和敌人展开斗争的故事。小刘和当地群众有着血肉般的关系，又正确地执行了党的政策，积极发展人民自卫武装，消灭了死心塌地的汉奸，争取了许多伪军，所以，他能在敌人“模范治安区”纵横驰骋。他是敌人悬赏八十万元捉拿的“八路军探子”，但敌人始终抓不到他。他浑身黑色打扮，头缠一条白毛巾，骑着自行车，枪柄上拖着一长溜红飘带，在敌人碉堡前飞驰而过。日本宪兵队出动大批人马去抓他，不料却挨了伏击，宪兵队长龟太郎险些送命。一转身，这小刘又是另一种打扮出现在敌人面前。敌人非但不怀疑他，还认为他是“良民”；他负了伤，还在龟太郎的介绍下住进敌人军队医院。小刘在对敌斗争中能够出奇制胜、神通广大，根本的原因就在于他在任何情况下都有敌占区人民的配合、支持和保护。作品并没有把他写成“无根之木”的孤胆英雄，而是把他当作敢于斗争的人民群众的代表来加以歌颂。整个作品富有传奇色彩，又饱含着浓重的战斗生活气息，是反映抗日游击战争中成长起来的一代新人的佳作。此外，在解放战争时期，华山还撰写了《踏破辽河千里雪》、《其塔木战斗的英雄们》、《英雄的十月》等长篇报道，描绘了东北战场上许多惊心动魄的斗争场面，热情歌颂了英雄战士，说明了人民战争的胜利正是英雄战士用生命和鲜血换来的。华山的作品语言明快，记事生动。

(4) 严辰的《人圈》(见严辰的通讯报告集《在城郊前哨》，收入《大众文艺丛书》)和仓夷的《无住地带》(见人民文艺丛书《解救》)

这两部作品报道了日本法西斯摧残中国人民的暴行。前者反映了日寇在所谓“满洲国”“国境线”的长城一带，实行“集家并村”的毒辣政策，造成“无人区”以防止我八路军的活动，因而使这里的人民遭到了空前的灾难。后者反映了一支游击队在这“无人区”所开展的艰苦斗争。朴素的文字，翔实的记载，生动地说明了我们的民族和人民是从难以想像的灾难中进行英勇奋斗才获得解放和新生的，它会激起每一个读者的崇高的爱国主义感情。

(5) 周而复写的《诺尔曼·白求恩断片》

作品用了较长的篇幅，报道了伟大的国际主义战士白求恩同志深入前线、救死扶伤，为中国人民解放事业竭尽全力的许多动人事迹，是一曲高亢的国际主义精神的赞歌。白求恩不远万里来到中国，带来了大批的药品和医疗器械，他随军深入敌后，深入前线，雷厉风行地开展工作。他说，医疗工作的目的“不仅为挽救今日的中国，而且为实现明天的伟大、自由、没有阶级的新中国”。为了适应战争的需要，他为中国人民培养了大批医务人员，创建国际和平医院。他为伤员着想，敢于批评某些人员的不负责任的作风，敢于严格要求。在严冬，他把自己的被子送给伤员盖。他把炊事员特别为他做的营养品亲手喂给重伤员吃。他的“万能血型”输进了中国八路军普通战士的血管里。在战火纷飞的前线，他还做着断肢和腹腔手术，他救活了许多英勇善战的革命战士，还为晋察冀边区的人民施行治疗。当1939年11月12日清晨，当白求恩同志因竭尽劳力而逝世时，全边区的人民和子弟兵都深深缅怀这位国际主义战士。毛泽东主席曾亲自撰文《纪念白求恩》，给这位加拿大医生以极高的评价。

(6) 马烽的《张初元的故事》(见人民文艺丛书《诺尔曼·白求恩断片》)

该作详尽地报道了晋绥边区特等英雄、劳武结合的模范张初元的事迹。张初元是一个无地的农民，又是一个赤贫的煤矿工人，在旧社会受尽剥削与压迫。自从晋西北政权成立，张初元“心都亮啦”，他成了“穷人的办事人”，担任民兵分队长，组织民兵反对敌人的“维持”，成立变工互助组，把劳力武力结合起来，发展了游击区的生产，受到群众热烈拥护，被评为劳武结合的模范。作品在歌颂英雄事迹的同时，还歌颂了党领导的革命运动改变了农民群众的命运，具有鲜明的时代主题。但这作品记事过繁，用笔太细，因此显得冗长拖沓。

(7) 朱襄的《天水岭群众翻身记》(见人民文艺丛书《英雄沟》)

作品报道了天水岭村农民群众在减租减息运动中思想大解放的过程。党的政策武装了群众，人们在“倒不清苦水讲不清理，说不出冤气找不出穷根”的口号鼓舞下，开展了群众性的忆苦活动，认清了地主阶级剥削本质，从传统思想束缚中解放出来。经过激烈斗争，“地主们都依法退出了粮食、土地，群众血的仇恨雪洗了，自己的土地房屋收回了，‘命运’、‘良心’等思想上的枷锁被打碎了，天水岭真正翻身了”。作品报道的情况在当时是有普遍意义的，它说明了解放区农民群众冲破旧的思想体系的束缚，正是他们精神面貌发生根本变化的原因。

(8) 董彦夫的长篇报告《走向胜利的第一连》

作品详细地反映了一个连队思想转变的生动情况。开头，一连是个落后连队，干群之间存在着严重不团结现象，干部染有旧军队的习气，如打骂体罚战士等。这个连队由地方部队改编过来，又由于长期连续作战，得不到整训，新补充的解放战士也没受到过革命教育，因而存在许多不正之风。新委任的副指导员韩守红是一个老战士，文化水平并不高，但他运用自己在整风运动中学到的一系列的民主方法，针对连队的问题展开工作，发动战士，活跃民主生活，很快改善了干群关系，纠正了不正之风，使一个落后连队变成了先进连队。这个事例说明了人民军队必须按照革命民主原则建立起来，才能发挥先锋模范作用。这个作品是作为一份典型经验写作出来的，材料引用丰富，文字较为谨严。可以看出人民军队的建设情况。

(9) 洪林的《一支运粮队》(见人民文艺丛书《飞兵在沂蒙山上》)

作品描写一支队伍共有627人，推着280辆小车运粮支前。队员多数没离过家，更没有战场经验，开始时存在着一些散漫现象和畏难情绪。经过集体生活和战争环境的锻炼，他们成了一支觉悟高、纪律好的战斗队。他们下定决心“不立功，不回家”，下雨宁肯自己淋湿一身，也不让粮食着雨，他们自己吃“爬豆饭”，一定要把好粮食送上前线。他们在驻地还帮助受到国民党残害的群众重建家园。他们明确地认识到：“并不是什么空洞的民主要胜利，新中国要胜利，而就是他们自己要胜利!”随着战争形势的变化，他们把粮食作了多次转运，毫无怨言。最后，当孟良崮战役刚刚结束，这支六百多人组成的“生命线”，把几万斤小米送到了将要断炊的前线部队里。在胜利了的阵地上，“到处都在谈着：七十四师，小米”。画出了人民战争胜利喜悦的动人场景。运粮队指导员对这支队伍深有感触地说：“他们忍饥受寒，翻山越岭，日日夜夜，推着二百多斤沉的车子，历尽辛苦，要是没有一定的觉悟，没有一个坚定的认识，他们如何能够坚持呢？谁说他们落后呢？谁说他们自私呢？他们每一个人，都在消灭中国反动派这件艰巨斗争中尽了他们或多或少的力量。就是这些人，就是这些平凡的、朴素的、诚实的人们，他们参加了战争，支援了战争，同时也赢得了战争！”这是对人民战争胜利根源真切形象的说明。通篇都是用指导员自述的方式记叙下来的，其中许多场景的描绘，队员们心理状态的变化，指导员自己的感触和赞许，都是用生动的口语娓娓道来，如数家珍，极为动听，是文情并茂、不可多得的一个好作品。

以上列举的作品收录在人民文艺丛书《没有弦的炸弹》、《英雄沟》、《诺尔曼·白求恩断片》、《英雄的十月》等作品集中。其中的大多数作品是革命战争中英雄人物、英雄事迹的优秀报告。特别是关于活跃在革命战争前线的英勇机智的游击队员和战斗英模人物的报告，十分引人注目。较优秀的作品还有丁奋的《没有弦的炸弹》，记叙了一位侦察员灵活机智地和敌人作斗争的惊险故事，也反映了解放区人民关怀爱护子弟兵的动人情景，通篇用活泼的群众口语写下来，是一个很有特色的作品。李后的《宋纪柳》（见人民文艺丛书《没有弦的炸弹》）也是一部影响较大的描写传奇英雄的作品。作品记叙了山东赣榆地区一位神出鬼没的游击队员的故事。“宋纪柳”这个名字对于敌伪就是“一个可怕的灾星”。在敌伪中间流传一句话：“谁要是不凭良心，出门碰见宋纪柳！”作品精当地选择了几则故事，描绘了这位英勇机智的游击队员的形象，热烈赞扬了他的灵活巧妙的战斗作风。在敌人料想不到的地方和时间，宋纪柳偏偏出现了，因而使他们大吃苦头。选材精当，描写集中，是这篇作品的突出特点。

第七节　沈从文的散文

一、沈从文生平及创作

沈从文（1902—1988），原名沈岳焕，生于湘西凤凰县，14岁高小毕业后当兵，对当时社会的残酷、生活的愚昧有了切身体会，对湘西风土人情了解深切，1923年到北京从事写作。30年代他以“湘西”为主题的小说、散文显示了他卓越的才华。作品有小说《龙朱》、《边城》等，散文《从文自传》、《记丁玲》、《湘西散记》、《湘西》、《烛虚》等。他的文章表达了人与自然“和谐共存”，本于自然、回归自然的哲学主张。沈从文笔下的“湘西”，代表了一种健康完美的人性，“优美、健康、自然”的“人生形式”。40年代他的散文更加成熟，《常德的船》等篇章写出了湘西的风土人情，对下层人民生活作了细致的描绘。《生命》等散文写出了作者对生活的体悟与冥想，文笔优美、华丽又忧伤。

二、《烛虚》赏析

沈从文在40年代创作上追求一种“抽象的抒情”，在《抽象的抒情》中，沈从文主张把文字、语言的表现“当作一种'抒情'看待”，“因为其实本质不过是一种抒情”。作品对于孤独的心境、瞬间的意境、难以追忆的情境的描绘是片段性、破碎的。这是作者从形、色、声、影体会到抽象的“宇宙”、“神”、“人”、“美”的体验之间存在着巨大的张力。作品流露出对寻求表达的强烈的焦虑，体现了作者“抽象的抒情”，也表达了作者对人生、自然、生命的独特感受。

第八节　梁实秋的散文

一、梁实秋生平及创作

梁实秋（1903—1987），著名文学评论家、散文家、翻译家。原籍浙江杭县，生于北京。1923年清华大学毕业后，入美国哈佛大学研究所，获文学硕士。回国后历任暨南大学、复旦大学、北京大学、中山大学、青岛大学教授。五四时期他具有反叛精神和理想的浪漫主义，是新月派主要成员。在哈佛大学学习时期受新人文主义者白璧德影响较深，接受古希腊文化、基督教文化、儒家文化和佛教文化，主张在理性指引下从普遍的人性出发进行文学创作。30年代与鲁迅展开一场关于人性论的论争，思想转向中国的庄禅，形成儒释道合一的世界观。他的思想转变直接影响到其散文的艺术风格。1949年后到台湾大学、台湾师范大学任教。

梁实秋1939年发表《雅舍小品》，风行一时。他的作品题材常以生活中常见事务为题，如男女、吃穿、下棋等，重议论，轻抒情，文章把知识性和幽默情趣融合在一起，使读者在阅读中不仅能增长知识见闻，而且能领悟艺术人生。《雅舍》写战乱时的简陋寓所，表现了作者豁达的心情，文笔优雅，让人体会到生活的真趣和平和的心境。

梁实秋40岁后主要致力于散文和翻译。散文代表作《雅舍小品》，1949年后20多年出四集。其他散文还有《谈徐志摩》、《清华八年》、《秋室杂文》、《谈闻一多》、《秋室杂记》、《西雅图杂记》、《看云集》、《槐园梦忆》等。其中《雅舍小品》重印300多次，体现了梁实秋散文整体风格。从30年代开始，梁实秋历时40年翻译莎士比亚全集剧本37本，诗3册。晚年用7年时间写成百万字著作《英国文学史》。主编《远东英汉大词典》。

梁实秋的散文具有文人散文和学者散文的特点，旁征博引，内蕴丰盈。主要描写人生百态，讽刺丑恶人性。赞美人性中美好的一面，而对人性中的丑恶及中国人的国民劣根性进行了温和的批评嘲讽，作品中流露出儒家的理想人格和社会理想，抒写了人生乐趣，表现洒脱的人生态度。作者受儒家修身养性，道家无为自然、天人合一，佛家“灭念”“断欲”的思想影响，表现了自己对人生的独特感悟。

在他的代表作《雅舍》中对自己“陋室”的简陋不以为意，甚至怡然自得：“看山头吐月，红盘乍涌，一瞬间，清光四射，天空皎洁，四野无声，微闻犬吠，坐客无不悄然！舍前有两株梨树，等到月升中天，清光从树间筛洗而下，地下阴影斑斓，以时尤为幽绝。直到兴阑人散，归房就寝，月光仍逼进窗来，助我凄凉。细雨朦胧之际，‘雅舍’亦复有趣。推窗展望，俨然米氏章法，若云若雾，一片弥漫……”这里流露出作者天人合一的道家思想和淡泊名利的释家思想。在《中年》里作者写道：“中年的妙趣，在于相当的认识人生，认识自己，从而做自己所能做的事，享受自己所能享受的生活”。这是作者感悟人生的结果。梁实秋的散文还抒写了一个远离故园的中国知识分子的浓郁的乡愁和思想感情，表现了中国知识分子的爱国情怀。

梁实秋散文表现了一种“绚烂之极趋于平淡”的艺术境界和高雅、精练、幽默的艺术风格。文章中谈古论今，引经据典，追求闲适随缘的高尚人生，有古代文人雅士高雅洁致之风。文笔机智闪烁，谐趣横生，严肃中见幽默，幽默中见文采。他的散文大多短小精悍，结构单纯，文字简朴，耐人寻味。

晚年怀念故人、思恋故土的散文更写得深沉浓郁、感人至深。

二、《槐园梦忆》赏析

《槐园梦忆》写于1974年8月，是梁实秋为“悼念故妻程季淑女士”而写的一篇忆旧散文。文章采取传记体，为妻子“树碑立传”，通过“我”向“读者”讲述妻子“季淑”的故事。在梁实秋笔下，妻子就是“美好”的化身，而他们二人半个世纪的人生之旅是那么和谐美妙。

在梁实秋笔下，不同时期的季淑给他不同的印象和感受，但都是那样美好动人。季淑非常有见解，年轻时作者不愿出国留学，而还是女友的“季淑见事比我清楚，她要我打消这个想法，毅然准备出国”。梁实秋说“我商之于季淑，她遇大事永远有决断”。临死做手术，医生让她最好笑一下，这样可以轻松工作。“她真的笑了，这是我在她生时最后看到的她的笑容！她在极痛苦的时候，还是应人之请做出一个笑容！她一生茹苦含辛，不愿使任何别人难过。”梁实秋谈到翻译莎士比亚戏剧，妻子季淑“容忍我这么多年做这样没有急功近利可图的工作，而且给我制造身心愉快的环境，使我能安心地专于其事”。作品给我们展示了妻子季淑这位知识女性，外方内秀，文雅贤慧，深得实秋尊敬与热爱，他们在漫长的人生中相亲相爱，相知相与。

梁实秋用含蓄、平静的叙事表达，对过去美好的爱情婚姻进行了一次重新体验。“如今几个月已经过去了，我不再泪天泪地地哭，但是哀思却更深了一层，因为我不能不回想五十年的往事，在回忆中好像把如梦如幻的过去的生活又重新体验一次，季淑没有死，她仍然活在我的心中”。《槐园梦忆》文笔朴实淡雅，可字里行间蕴涵一片深情。“朴实”使作品亲近自然，有浓郁的生活气息；“淡雅”令作品高雅内蕴，有境界和情调。季淑喜欢花木，“她立即至隆福寺街花厂选购了四棵西府海棠，因为她在青岛就有些偏爱。这四株妖艳的花木果然如所预期很快地长大成形，翌年即繁花如簇，如火如荼，春光满院，生气盎然”。与《雅舍小品》语言的略显俗气尖刻相比，《槐园梦忆》的语言却雅致清幽，令人回味。

第九节　50年代、60年代的散文及杂文

50年代中期之前，是纪实性散文兴盛时期，主要形式是文艺通讯和报告文学，魏巍的文艺通讯《谁是最可爱的人》是纪实性散文中的优秀作品。

50年代后期到60年代初期出现了文艺性散文的繁荣，以杨朔、刘白羽、秦牧为代表，他们的作品是歌颂性的抒情散文。杨朔的代表作是《香山红叶》、《海市》、《荔枝蜜》、《茶花赋》。他的作品借用古典诗歌中借景抒情、托物言志等手法，在散文写作中寻求诗的意境，在内容上着重表现社会主义的新风貌、人民的新生活，歌颂党的领导。在散文结构方面多采用三段式，即开头写景，中间写人记事，结尾议论；开头先抑后杨，中间转折，最后点题，

形成当时广为流传的“杨朔模式”。

刘白羽的散文与杨朔的散文风格不同。他的代表作是《日出》、《长江三日》等。他的散文不采取直接抒情的方式，以歌颂“随着时代脉搏而跃动”的“大我”作为主体抒情的寄托，通过大自然的雄伟景象与大我的战斗激情结合来抒情，体现出鲜明的时代精神。他的散文感情炽热、雄浑豪放，是一种富于哲理的抒情。散文的语言有很强的色彩感，凝重浑厚，语言风格与我国古代的赋体比较接近。

秦牧的散文把知识性、趣味性、哲理性融合在一起，《古战场春晓》、《土地》、《社稷坛抒情》、《花城》是代表作。写作风格是一种“漫谈”式的文艺随笔和小品，以议论为主，夹杂叙事和抒情。

“三家村”杂文。“三家村”由邓拓、吴晗、廖沫沙三人合集《三家村札记》得名，是1959年至1962年的杂文创作集体。邓拓还著有杂文集《燕山夜话》。

邓拓的杂文有深刻的思想性，取材广泛，视野开阔，知识性、思想性、议论性、可读性都很强。他的杂文多是有针对性的有感而发，体现出他忧国忧民、为民请命的使命感。《一个鸡蛋的家当》讽刺了那种只有一个鸡蛋就想发财致富的人，“统统用妄想代替现实”，对当时的错误做法进行了批判。《伟大的空话》讽刺喜欢用大字眼的人，“说了半天还是不知所云，越解释越糊涂，或者等于没有解释”的“伟大的空话”，是对“大跃进”官僚主义的讽喻。

《三家村札记》师承鲁迅，广征博引，内容广泛，知识性突出，是一种“新时代基调的杂文”。《三家村札记》共收录了近300篇杂文。体现了知识分子可贵的批判精神与理想主义传统和忧国忧民的士大夫情结。

第十节　巴金的自我忏悔《随想录》

巴金在30年代起就开始散文创作，他以一颗真诚的心抒写着对光明的追求，对黑暗势力的憎恨，很受青年一代的喜爱。他的作品总是流露出对弱者反抗的同情。语言质朴酣畅，真挚感人。40年代散文创作严谨坚实，出版《废园外》等多部文集。

一、70年代中期以后，散文呈现五彩缤纷的面貌

《随想录》是巴金新时期散文的代表作。1978年12月1日，巴金在香港《大众报》开辟《随想录》专栏，发表第一篇作品《谈谈望乡》。1986年8月20日，发表最后一篇《怀念胡风》，历时8年，巴金共写了150篇。按时间顺序，结集成《随想录》、《探索集》、《真话集》、《病中集》、《无题集》五种。巴金称之为“我这一生中的收支总账”，是“作为我这一代作家留给后人的'遗嘱'”。被称为一部“力透纸背、情透纸背、热透纸背”的“讲真话的大书”。

在这部作品中，“讲真话”是总主题。在《怀念鲁迅先生》、《鹰的歌》中，他赞扬鲁迅先生，“写作和生活是一致的，作家和人是一致的，人品和文品是分不开的。他写的全是讲真话的书。他一生探索真理，追求进步。他勇于解剖社会，更勇于解剖自己；他不怕继承错误，更不怕改正错误。他的每篇文章都是经得住时间的考验，他的确是把心交给读者的”。巴金在写《随想录》时，也正是以鲁迅为榜样，“借用先生的解剖刀来解剖自己的灵魂”。

在《随想录》中，既有对“文化大革命”中个人痛苦的回忆，也有毫不留情的自我拷问和对历史的反思，批判了“文革”给中国人民带来的灾难，给国家、民族带来的严重后果。巴金以一个历史浩劫见证人和亲历者的身份，记录了中国知识分子心灵备受摧残直至觉醒、反抗的心路历程。他写道：“我渐渐地清醒了，能够独立思考了，我学会了斗争的艺术。”

巴金还以一个知识分子的良知，对自己的错误进行了无情的剖析和批判，寻回了曾经失落多年的自我形象，即一个有良知的中国知识分子对社会所承担的责任。在《十年一梦》中，他发现了自己的奴隶意识：“奴隶，过去我总是以为自己同这个字眼毫不相干，可是我明明做了十年的奴隶！……我就是‘奴在心者’，而且是死心塌地的精神奴隶。这个发现使我十分难过！我的心在挣扎，我感觉到奴隶哲学像铁链似的紧紧捆住我全身，我不是我自己。”在《怀念胡风》中对自己主持过几次批判会做了沉痛反思：“想到那些‘斗争’，那些‘运动’，我对自己的表演（即使是不得已而为之吧），也感到恶心，感到羞耻。”巴金反思自己在奴隶意识之外，有一种对强权的恐惧，为了保全自己被迫牺牲正义和朋友，做了强权统治者的帮凶。最终在绝望的生存环境和身心痛苦中，放弃了现代知识分子的独立思想，违背了自己信仰的自由精神和人文理想。这是对50年代以后中国知识分子在外界环境高压下放弃了对“五四”精神传统的捍卫和对现实的批判、屈服于强权、不断妥协、丧失精神追求的一种自我清算，重新提出知识分子应坚守的良知和社会责任。

二、《怀念萧珊》赏析

《怀念萧珊》是一篇真挚、深情而又自然朴实的散文，作者怀念自己最亲爱的人——自己的妻子，写了她在“文化大革命”中的遭遇，为巴金所受的虐待和在精神上给予自己的坚强支持，也流露出自己对妻子的感激和深深的歉疚。在某种程度上讲，是作者为萧珊立的传，感人之处是作者表现了一个普通人在艰难岁月中所表现出的坚强，在大难临头之际相濡以沫的坚贞，对苦难的坚忍，使这篇散文感人肺腑。作品体现了巴金一贯的写作风格，作者在文章中流露出对妻子深厚的感情，通过一些平常琐事表现了萧珊的高尚人格和可贵品质，而没有把萧珊写成英雄人物，使读者在阅读中产生共鸣，并被深深感动。

所以，好的散文应该以真情动人，语言质朴无华、感情炽烈。正如作者所说：“艺术的最高境界，是真实、是自然，是无技巧。”

第十一节　杨绛的忆旧散文

一、杨绛生平及创作

杨绛（1911—），原名杨季康，江苏无锡人。1932年毕业于东吴大学，入清华大学读研究生，留学英、法，回国后任复旦女子文理学院及清华大学教授，解放后任中国社会科学院研究员。作品有小说《洗澡》，小说集《倒影集》，剧作《称心如意》、《弄假成真》。散文集《干校六记》、《将饮茶》、《杨绛散文》、《杂忆与杂写》、《我们仨》、《杨绛文集》（3卷）等。《干校六记》获1989年全国优秀散文奖。

杨绛是一位学者型散文作家，她的忆旧散文中可见很高的修养、渊博的学识。她历经苦难，但并没有过多的直面描写，而是把这些苦难转化为平淡中的蔑视和冷嘲，在对现实的剖析与批判中见出一种智者的从容与宁静。在《下放记忆》中作者写了两次送别，第一次是女儿、女婿；第二次只有女儿，因为女婿在一个月前自杀身亡。从简洁的叙述中流露出作者内心的痛苦与悲哀。

杨绛散文中很多是对亲友的真情追忆，在《我的姑母》中写了三姑母杨荫榆，多数读者只知她在女师大事件中的表现，而她作为学识渊博、才华过人的新女性的一面，反而鲜为人知。她写道："据我所知，她挣脱了封建家庭的桎梏，就不屑做什么贤妻良母。她好像忘了自己是女人，对恋爱和结婚全不在念。她逃出家庭，就一心投入社会，指望有所作为。她留美回国，做了女师大的校长，大约也自信能有所作为。可是她多年在国外埋头苦读，没看见国内的革命潮流，她不理解当前的形势，她也没有看清自己所处的地位。如今她已作古人，提及她而骂她的人还不少，记得她而知道她的人已不多了。"作者客观、公正地对杨荫榆的一生进行了评价，对她"在日寇陷苏州时骂敌遇害"的描写，使后人景仰她的民族气节。这篇文章是一篇耐人寻味的忆旧散文。

二、《干校六记》赏析

《干校六记》包括六部分：下放记别、凿井记劳、学圃记闲、"小趋"记情、冒险记幸、误传记妄。记叙了作者一家在1969年到河南息县东岳公社走"五七"道路的历时三年的经历，表现了在那个特定年代中一大批老知识分子的特殊心态。作者以小见大，写的大多是小人物、小事情，在平淡述说中透出生活的哲理，在平凡陈述中寓含深情。在写法方面以文化大视角透析当时的社会现实，在艰苦磨难中把握人生，表现出作者不凡的睿智和对生活深刻的洞察力，用轻松的调侃化解生活的沉重，从而获得一种淡泊深远的人生和艺术境界。

杨绛散文在语言上朴实无华，善于运用各种比喻，总体风格柔中有刚，绵里藏针，常常在对往事、亲人的回忆中和个人的所见所闻所感中反映社会的大背景，表现丰富的内蕴。

第十二节　余秋雨、王英琦的文化散文

一、余秋雨生平及创作

余秋雨（1946—），浙江余姚人。上海戏剧学院毕业后留校任教。有散文集《文化苦旅》、《文明的碎片》、《山居笔记》、《霜冷长河》、《千年一叹》、《行者无疆》、《出走十五年》等。

文化散文是指20世纪八、九十年代以来，由一些学者或具有较深文化修养的学者型作家创作的，所以文化散文有时也被称为学者散文。这些散文往往取材于具有一定历史文化内涵的自然事物和人文景观，或通过一些景物人事探究一种历史文化精神。文化散文在创作中注重作品的文化含量，视野开阔，气魄宏大，具有较强的学术性。在艺术表现形式、方法和技巧方面日趋多样化，一方面继承重建中国散文悠久的历史传统，另一方面注重吸收外国以及台湾地区散文创作的艺术经验，80年代中期的文化寻根也促生了文化散文的兴起和繁荣。学者们在文化散文中对历史进行反思并对生活本身的意义进行探索，并以自己的所见所闻所感，书写自己对历史、人生的独特感悟，表达自己对社会现实的理性思考。

余秋雨的文化散文在新时期的散文创作中，最为引人注目且争议颇多。从内容上看，余

秋雨的散文总体上抒写了对中国几千年文化的感慨。他的散文具有多重的文化主题，总是把自然山水与历史文化联系在一起，赋予笔下的山水以一种独特的文化内涵，表达了作者对自然、历史、文化和现实世界的一种哲学思考。他在《文化苦旅·自序》中写道："我发现自己特别想去的地方，总是古代文化和文人留下较深脚印的所在，说明我心底的山水并不完全是自然山水而是一种'人文山水'，这是中国历史文化的悠久魅力和它对我们长期熏染造成的。"

"每到一个地方，总有一种沉重的历史气压罩住我全身，使我无端地感动……我站在古人一定站过的那些方位上，用与先辈差不多的黑眼睛打量着很少会有变化的自然景观，静听着与千百年前没有丝毫差异的风声鸟声，心想，在我居留的大城市里有很多贮存古籍的图书馆，讲授古文化的大学，而中国文化的真实步履却落在这山重水复、莽莽苍苍的大地上。大地默默无言，只要来一二个有悟性的文人一站立，它封存久远的文化内涵就能哗的一声奔泻而出。"

在艺术方面，余秋雨的散文注重文化的感悟，理性成分较强。他借山水、古今人物、历时事件抒发自己独特的感悟，探究中国社会传统文人的悲剧命运和人格构成，勾勒中华文明几千年艰难的发展轨道，倡导新的文明的构建。他的这类游历性散文与其他作家的同类作品的不同之处是，描写重点在于游历中所获得的文化感悟，议论和抒情远远大于叙述和描写。所以，他的文章把议论、抒情和描写有机结合在一起，增加了散文的力度。另一方面，他的散文重文化的联想而不重事实考据，这样使自己的散文丰富多姿。总之，余秋雨的散文主题鲜明，行文流畅，看出庄子散文和汉赋的影响。语言典雅诗意。缺点是有些地方存在知识性错误，结构有模式化倾向，在对人物和历史的评价上有流于泛泛议论的弱点。

二、王英琦生平及创作

王英琦（1954—），安徽合肥人，出版散文集《热土》、《漫漫旅途上的独行客》、《我遗失了什么》、《情到深处》、《美丽地生活着》、《苍海人生》、《漫漫孤独路》等。

王英琦是有创作个性的女散文家，被称为"江淮才女"、"大陆三毛"。她写于最早的有关圆明园的散文《不该遗忘的废墟》，当时引起轰动。在稍后的《大唐的太阳，你沉沦了吗?》这些文章中，她寻找真理、寻找文化、寻找人生之路，她只身闯荡大西北之后，人生创作有了较明显的提升，她积极追求人生超越世俗的高远境界，开始追求人的终极价值，把人置于社会、宇宙的大背景下进行思考。她说："一个作家，只有把自己有限的人生经验与无限的宇宙，与人类精神、人类命运相关联，将改善和提高全人类的心理结构、精神境界及生存质量，作为自己的终极目的、终极使命，才能真正进入无功利的愉快、无目的的审美状态。"

80年代她创作的"文化遗址散文"系列作品：《我的先民，你在哪里》、《"木乃伊"旁的奇思异想》、《烽火台抒怀》、《古城墙断想》、《南疆界碑》、《大唐的太阳，你沉沦了吗》、《青山有幸埋忠骨》、《不该遗忘的废墟》、《塔克拉玛干之谜》等，作者通过凭吊圆明园、古长城、永乐宫、青山古冢等历史文化古迹和感慨自己的冒险经历，告诫人们"千万不要忘记了在你们身边有一片不该遗忘的废墟"。文章透出极强的反省意识、忧患意识和浓郁的文化色彩，有一种浑厚凝重的气氛和雄奇豪放的风格。在《不该遗忘的废墟》中，批判了藐视民族文化的行径。

在艺术方面，她的散文真挚动人。如《大唐的太阳，你沉沦了吗》针对日本作家井上靖的《西域小说选》，感叹我们的作家、画家、艺术家为什么不去考察创作，“我们古代的五千年文明古国，我们灿烂的大汉，大唐的太阳——难道你真的沉沦了吗？”作者对祖国的热爱充满字里行间。作者孤独地游历于历史古迹中，寻觅着中华古代文化、古代文明进步的途径。王英琦的散文侧重于对天、地、人的思考，深邃缥缈，同时又洋溢着对民族文化的挚爱。在语言上，恢弘豪放，有一种富于阳刚之气的壮美。作品中蕴涵着对中华民族历史文化的深刻反思，对民族命运的殷切关注。

第十三节　张中晓《无梦楼随笔》

一、张中晓生平及创作介绍

张中晓（1930—1966年尾或1967年初），1930年出生于浙江绍兴，读书时期受鲁迅、胡风影响。1950年与胡风通信，1952年到新文艺出版社任编辑。1955年作为“胡风集团骨干分子”被捕入狱，因病回乡。在生命的最后十年写了大量札记，由路莘选编为《无梦楼随笔》出版。

《无梦楼随笔》向读者展示了一个正直的知识分子在遭受灭顶之灾后，没有向黑暗低头，重新燃烧起对人类、人性与良知充满信仰的心路历程。在孤独与绝望中，他最终超越了苦难，他在《无梦楼随笔·拾荒集·五十》中写道：

“孤独是人生向神和兽的十字路口，是天国与地狱的分界线。人在这里经历着最严酷的锤炼，上升或堕落，升华与毁灭。这里有千百种蛊惑与恐怖，无数软弱者沉没了，只有坚强者才能泅过孤独的大海。孤独属于坚强者，是他一显身手的地方，而软弱者，只能在孤独中默默地灭亡。孤独属于智慧者，哲人在孤独中沉思了人类的力量与软弱，但无知的庸人在孤独中只是一副死相和挣扎。”

张中晓继承了五四以来的批判精神，对黑暗现实和国民性弊端予以尖锐批判，对“统治者”的专制与“被统治者”的奴性因果关系进行了揭示。《狭路集·九四》中写道：

“特权与谎言是一对玩弄的伙伴。为了自己的特权，当然斥责别人对人类权利的要求。或把个人特权称为人类权利，把人类理性变为个人欲望。把权利变成了特权，或以特权形式存在的权利。一方面肆无忌惮地虐待别人，而另一方面肆无忌惮地放纵自己。”

基于这种对几千年来中国道德基础的本质认识，他在《狭路集·六九》中写道：

“如果精神力量献给了腐朽的思想，就会成为杀人的力量。正如人类智力如果不和人道主义结合而和歼灭人的思想结合，只能增加人类的残酷。”

继而，他又写道：“即使狂风和灰土把你埋没了，但决不会淡忘，当精神的光明来临，你的生命就会更大的活跃”，“知道人的道德责任，坚持人类的良知。只有正直的人们，才不辜负正义的使命。”

张中晓的文章充满了一个困厄中的知识分子对理想、正义、良知的忠诚，对美好人性和美好社会的渴望与信仰，是中国知识分子传统道德精神的弘扬，体现了“位卑未敢忘忧国”的知识分子忧国忧民意识。《无梦楼随笔》的风格凝重、严肃，以一个知识分子的切身感受对中国传统政治与社会进行了反思与批判，哲学的思辨性与充满激情的语言融为一体，是“私人话语”写作的优秀篇章。

思考题：

1. 如何评价周作人散文的成就？
2. 什么是中国现代散文史上的“冰心体”？
3. 如何理解鲁迅散文诗《野草》在内容和艺术方面的特色？
4. 谈谈《论语》时期林语堂散文的特点。
5. 什么是“杨朔模式”？什么是“三家村”杂文？
6. 评述巴金在新时期散文创作方面的成就。
7. 谈谈对杨绛的忆旧散文和梁实秋《槐园梦忆》的评价。
8. 如何评价余秋雨的文化散文？

第十四节　20世纪中国散文选读

“靠天吃饭”

鲁迅

“靠天吃饭说”是我们中国的国宝。清朝中叶就有《靠天吃饭图》的碑，民国初年，状元陆润庠先生也画过一张：一个大“天”字，末一笔的尖端有一位老头子靠着，捧了碗在吃饭。这图曾经石印，信天派或嗜奇派，也许还有收藏的。

而大家也确是实行着这学说，和图不同者，只是没有碗捧而已。这学说总算存在着一半。

前一月，我们曾经听到过嚷着“旱象已成”，现在是梅雨天。连雨了十几日，是每年必有的常事，又并无飓风暴雨，却又到处发现水灾了。植树节所种的几株树，也不足以挽回天意。“五日一风，十日一雨”的唐虞之世，去今已远，靠天而竟至于不能吃饭，大约为信天派所不及料的罢。到底还是做给俗人读的《幼学琼林》聪明，曰：“轻清者上浮而为天”，“轻者”而又“上浮”，怎么一个“靠”法。

古时候的真话，到现在就有些变成谎话。大约是西洋人说的罢，世界上穷人有份的，只有日光空气和水。这在现在的上海就不适用，卖心卖力的被一天关到夜，他就晒不着日光，吸不到好空气；装不起自来水的，也喝不到干净水。报上往往说：“近来天时不正，疾病盛行”，这岂只是“天时不正”之故，“天何言哉”，它默默地被冤枉了。

但是，“天”下去就要做不了“人”，沙漠中的居民为了一塘水，争夺起来比我们这里的才子争夺爱人还激烈，他们要拚命，决不肯做一首“阿呀诗”就了事。洋大人斯坦因博士，不是从甘肃敦煌的沙里掘去了许多古董么？那地方原是繁盛之区，靠天的结果，却被天风吹了，沙埋没了。为制造将来的古董起见，靠天确也是一种好方法，但为活人计，却是不大值得的。

一到这里，就不免要说征服自然了，但现在谈不到，“带住”可也。

七月一日。选自《且介亭杂文二集》

中国人的性格

林语堂

老成温厚

“性格”一词是典型的英语词汇。在理想的教育和人格培养中，除英国人外，很少有哪个国家的人像中国人这样重视性格的培养。中国人似乎对性格过于关注，以至于认识不到在自己的整个哲学中还有任何别的东西。这种陶铸性格的理想模式，即对世俗的欲望不存在任何非分的妄想，不卷入任何宗教侈谈的理想模式，通过文学、戏剧、谚语，一直渗透到最下层的农民之中，给他们提供生存下去的理论根据。英文中“性格”一词，意谓力量、勇气、“有种”。偶或生气、失望，也只是看上去有些闷闷不乐；而汉语中的“性格”一词则使我们联想到一个老成温厚的中国人，在任何情况下都安之若素，不仅完全知己，而且完全知彼。

宋代的哲学坚信理智可以压倒感情，控制感情，自认理智由于了解自己也了解别人，于是即使在最困难的条件下，也可以调整自己、压倒对方，从而取得胜利。儒家最重要的著作，也是通常儿童入学第一课的教材《大学》，为“大学之道”下的定义为获取“明德”，这个意思在英语几乎是无法表达的，它的意思是指通过知识的习得发展培养一种领悟的本领，而对生活和人性的老成的理解现在是并且一直是中国人理想性格的根本，由此而生发其他各种性格特点，比如和平主义，知足常乐，稳重，耐力，这些都是中国人的突出性格。根据儒家的观点，性格的力量也就是理性的力量。如果一个人通过思想的锤炼，培养出这些优秀品质，我们就说他的性格得到发展了。

儒家的宿命论常常也有助于获得这些品质。与人们通常所相信的相反，宿命论是和平与自足的重要来源。一个才貌双全的姑娘，可能会起来反对一桩不合适的婚事，但如果她和未婚夫相会时的环境能使她确信他们的结合是神的意旨，那么她立刻会理解和领悟，并高兴满意地去做一个妻子。因为丈夫在她的眼中是“冤家”，而“冤家路窄”（如一个中国谚语所说），迟早会相遇的。如此说来，他们此后即可热烈地相爱，激烈地争吵，同时也总是知道神正在旁观，是神给他们带来这些麻烦。

如果我们回头看一下中华民族，并试着描绘其民族性，我们大致可以看到如下特点：①稳健，②单纯，③酷爱自然，④忍耐，⑤消极避世，⑥超脱老猾，⑦多生多育，⑧勤劳，⑨节俭，⑩热爱家庭生活，⑪和平主义，⑫知足常乐，⑬幽默滑稽，⑭因循守旧，⑮耽于声色。总的来讲，这些都是能让任何国家都增色不少的平凡而又伟大的品质。（我没有将“诚实”包括在内，因为全世界的农民都是诚实的。中国商人的所谓诚实只不过是用土办法做生意的副产品，是占主要地位的农村生活方式和生活理想的产物，如果把他放到一个沿海城市，他就会大大失去那种纯朴的诚实，变得与华尔街的股票买卖经纪人那样不诚实。）以上这些特点，某些与其说是美德不如说是恶习，另一些则是中性的。这些特点既是中华民族的优点，也是它的缺陷，思想上过分的稳健会剪去人们幻想的翅膀，使这个民族失去可能会带来幸福的一时的狂热；心平气和可以变成怯懦；忍耐性又可带来对罪恶的病态的容忍；因循守旧有时也不过是懈怠与懒惰的代名词；多生多育对民族来讲可能是美德，对个人来讲却又可能是恶习。

但所有这些品质又可归纳为一个词“老成温厚”。这些品质都有消极性，意味着镇静和抗御的力量，而不是年轻人的活力和浪漫。这些品质是以某种力量和毅力为目标而不是以进步和征服为目标的文明社会的品质。这是一种能使人在任何情况下都可获得宁静的文明。如果一个人安贫乐道，他就不可能理解那种富于青春活力的要求进步、要求改革的热情。这是一种古老民族的古老文明，这个民族知道生活的意义，不奢求不可企及的东西。这种中国理性的崇高地位使中国人失去了自己对事物的希望与欲念。理性使他们意识到幸福是无法获得的青鸟①，于是便放弃了这种追逐——正如中国俗语所云“退一步海阔天空”——这时他们便发现幸福之鸟原来已在他们自己手中，在方才对想像中的鸟影进行激烈追逐的过程中，它几乎被扼致死了。如此，便应了一位明代学者所言，“丢一卒而胜全局”。

这个所谓“老成温厚”，是某种环境的产物。事实上，各国的民族性都是有机的统一体，都可在其赖以生长起来的社会和政治的土壤中得到解释。老成温厚以某种方式自然生长于中国的环境中，有如一种特殊的梨产于其自然的土壤一样。有些生在美国的中国人，在另一个环境中长大，绝无一般中国人的特质。他们可以用粗鲁的重鼻音和直率有力、不事雕琢的演讲搅乱一个教职员会议，他们缺乏炎黄子孙那种压倒一切、独一无二的老成温厚。另外，中国大学中的青年们也被认为是比同龄的美国学生成熟得多，就是在美国大学就读的一年级的中国学生也无法对足球、汽车之类产生兴趣。他们有另外更具成年人特点的兴趣，他们很可能已经结婚。他们要考虑妻子、家庭，挂念自己的父母，或许还要资助堂表兄妹上学。责任感使人冷静下来。民族的文化传统又有助于他们明智地思考生活，这是早于他们生理上自然发展的进程的。

但他们老成温厚产生的根源，不在于书本，而在于一个对青年的热情往往一笑置之的社会，中国人对青年的热情，对重整乾坤的新官有一种特殊的藐视。中国社会讥笑这种热情，讥笑这种认为天下无难事的信仰，于是他们教育年轻人在长辈交谈时不要插嘴，很快，中国青年就学到了这一点，他们不是愚蠢地去支持某项规划或社会冒险，而是学着说风凉话，指出所有可能存在的困难，这样他就步入了成熟的社会。从欧美回国的中国青年开始办工厂生产牙膏，称之为“实业救国”，或者翻译几首美国自由诗，称之为“介绍西洋文化”。由于他通常有一个大家庭要扶养，要帮助堂表兄妹在社会上立足，他可不能总做一个教员（如果他从事教育的话），他要设法高升，当个校长什么的，于是他就是家庭中受尊敬的成员。在设法飞黄腾达的过程中，他获得了终身难忘的人生与人性的学问。如果一个人不去作这些尝试，人到三十，仍是一个眼睛圆圆、单纯无邪、火急火燎的青年，仍醉心于进步与改革，那么他不是一个富有灵感的白痴，就是一个稀里糊涂的天才。

注释：①青鸟，在西方文化中为“幸福之鸟”。该文选自林语堂著《中国人·第二章·中国人的性格》，学林出版社，1994年12月版。

一 种 云

瞿秋白

天总是皱着眉头。太阳光如果还射到地面上，那也总是稀微的淡薄的。至于月亮，那更不必说，他只是偶然露出半面，用他那惨淡的眼光看一看这罪孽的人间，这是孤儿寡妇的眼光，眼睛里含着总算还没有流干的眼泪。受过不止一次封禅大典的山岳，至少有大半截是上了天，只留一点山脚给人看。黄河，长江……据说是中国文明的父母，也不知道怎么变了心，对于他们的亲生骨肉，都摆出一副冷酷的面孔。从春天到夏天，从秋天到冬天，这样一年年地过去，淫虐的雨，凄厉的风和肃杀的霜雪更番地来去，一点儿光明也没有。这样的漫漫长夜，已经二十年了。这都是一种云在作祟。那云为什么这样屡次三番地摧残光明？那云是从什么地方来的？这是太平洋上的大风暴吹过来的，这是大西洋上的狂飙吹过来的。还有那些模糊的血肉——榨床底下淌着的模糊的血肉蒸发出来的。那些会画符的人——会写借据会写当票的人，就用这些符箓在呼召。那些吃田地的土蜘蛛，——虽然死了也不过只要六尺土地葬他的贵体，可是活着总要吃住这么二三百亩田地，——这些土蜘蛛就用屁股在吐着。那些肚里装着铁心肝铁肚肠的怪物，又竖起了一根根的烟囱在喷着。狂飙风暴吹过来的，血肉蒸发出来的，符箓呼召来的，屁股吐出来的，烟囱喷出来的，都是这种云。这是战云。

难怪总是漫漫的长夜了！

什么时候才黎明呢？

看那刚刚发现的虹。祈祷是没有用的了。只有自己去做雷公公电闪娘娘。那虹发现的地方，已经有了小小的雷电，打开了层层的乌云，让太阳重新照到紫铜色的脸。如果是惊天动地的霹雳，那才拨得开满天的愁云惨雾。这可只有自己做了雷公公电闪娘娘才办得到。要使小小的雷电变成惊天动地的霹雳！

1931. 9. 3

提示：

瞿秋白（1899—1935），原名双，又名爽、霜，江苏常州人。中国共产党早期主要领导人和无产阶级革命文学的奠基者之一。1919 年参加了五四运动，次年以记者身份赴苏俄采访，1922 年加入中国共产党。1935 年 2 月在福建长汀县被国民党逮捕，同年 6 月就义。文学作品有散文集《饿乡纪程》、《赤都心史》，杂文集《乱弹及其他》等。

《一种云》写于 1931 年。它以瞿秋白特有的昂扬的战斗风格，揭示出旧中国的无比黑暗，呼唤着革命胜利的前途。文章大量运用象征的手法，将一连串的象征加以有机的组织安排，简洁生动地表现出主题思想，它先描绘阴云遮蔽下的人间，再写天际刚刚出现的虹，开始响起来的雷电，最后预示必将有惊天动地的霹雳，来冲破层层乌云，拨开愁云惨雾，迎来灿烂阳光。全文似乎都是描绘自然景象，但几乎所有的景象都是某一种社会力量的象征。因此，这篇杂文虽只有短短六百余字，却高度概括地、鲜明地暴露了旧中国的无比黑暗及其根源，显现了复杂的阶级关系，揭示出惟有以人民的革命暴力才能改造中国的真理。

向谁争夺

余秋雨

1999 年 10 月 24 日下午，从埃拉特前往耶路撒冷，夜宿 Renaissance 旅馆

原想一门心思地直奔耶路撒冷，无奈视线又受到干扰。

四周仍是茫茫沙漠，但与别处不同的是，每隔几百米就有一个蓝色的小铁丝网，里边有一个水龙头。再往前，一个个塑料棚多起来了，棚外滚动着遗落的香瓜和西红柿。不久见到了村庄，绿树茂密、鲜花明丽，但一看它们根部，仍然是灼灼黄沙。这里的农民似乎很想把自己在沙漠里创造的奇迹抒发一下，便在路边用多种老农具构建出一座座现代派和后现代派的雕塑，连在寸草不生的沙丘上也树立一批黑铁铸造的马匹和羊群，让路人先是一惊，继而莞尔。

世界上有那么多沙漠，而这儿居然这样。我们实在忍不住了，钻进了一个塑料棚。只见满眼是一垄垄鲜红的小西红柿，主人见到来了客人，连忙摘下一把往我们嘴里送，我们也不

擦洗，一口咬下去，大家一致呜鲁呜鲁地说，这是离国至今吃到的最鲜美的水果。主人要我们蹲下身来看他们种植的秘密，原来地下仍然是沙，只不过有一根长长的水管沿根通过，每隔一小截就有一个滴水的喷口，清水、肥料、营养液一滴不浪费地直输每棵植物。“全部电脑控制，人要做的事只有一件：坐着轨道车采摘！”主人的口气很骄傲。他说，每家农户一年的产值约二十五万美元。

谁都知道，由枯竭的沙漠和烟瘴的沼泽组成的以色列，在自然资源上只能排在整个中东的后面，但短短几十年，它的农业产品增加十六倍，不仅充分自足，而且大量出口欧洲，欧洲每天都要高价接收来自以色列沙漠的大量珍奇果品和鲜花。与此相应，它的喷灌滴灌和海水淡化技术，都处于世界领先地位。在我看来，黄河上游乃至整个中国西北高原，都应该引进以色列的滴灌技术。

好客的主人执意要领我们到附近一个高坡上，鸟瞰一下整个农庄。到了高处一看，层层叠叠的塑料棚铺展得那么辽阔，阳光一照宛若一片浩淼的湖水。我在高坡上想，多年以来，中东地区战乱不断，大家都在争夺土地。为了这种争夺，不知开了多少会，说了多少话，生了多少气，流了多少血，死了多少人，而且至今尚未看到停息的迹象。人类有没有可能减少一点彼此之间的争夺，去向自然争夺一点空间呢？我觉得，以色列人在沙漠里寸土必争地扩展绿洲的奋斗，要比对哪块高地、哪个半岛的军事占领有意义得多。

当人们终于懂得，笼罩荒原的不应该是战火而应该是暖棚，播洒沙漠的不应该是鲜血而应该是清泉，一切就走上正路了。事实证明，以色列具有国际新闻天天报道那些事件之外的另一种能力，一种与文明主体直接相关的能力。

就我个人而言，实在有点好笑，长期以来对以色列的情报机构“摩萨德”钦佩不已，因为它居然可以在敌方的眼皮底下把人家新研制的军用飞机和导弹艇整架、整批地偷出来，甚至一夜之间把对方的雷达站囫囵搬到自己一方，简直像神话一般。但现在憬悟，犹太民族的高度智慧如果耗费在这上面，只会越来越给和平带来麻烦。

人折腾人，人摆布人，人报复人，这种本事，几千年来也真被人类磨砺到了炉火纯青的地步，但我实在不知道该不该把它划入文明发展史。如果不划入，那么有许多智慧的故事、历史事件便无处落脚；如果划入，那么文明和野蛮就会分不清界限。人折腾人的本事，粗粗划分有两大类，即明里攻伐，暗里用间。大至两国之间的抗衡，小至同事之间的纷争，均无出其外。以色列立国既迟，疆域不大，因此虽也有攻伐之举，却以用间技巧为长。自进入以色列以来，满街可见持枪的年轻士兵，男女都有，英姿飒爽；对于那些不穿军装却又显得特别深沉的男人，或特别漂亮的女人，我会稍稍疑惑：“是摩萨德吗?”

其实，人折腾人的本事，要算中国最发达。五六千年间不知有多少精彩绝伦的智慧耗尽在这里。但是如果我们今天要用最简明的线索来描绘中华文明，一定会把这种本事搁置在一边。中国历史发展最快的段落，也是这种本事最收敛的时期。即以最近二十年的超常发展而言，就是以公开宣布对斗争哲学和争论癖好的放弃为前提的。如果没有这个前提，偌大一个中国不知会多少次地陷于死局。现在，只有尚未实现转型的文化界的某些角落，还保持着那种陈年癖好，却早已无损大局、无伤大雅了。

我真想把中国的这种体验告诉以色列朋友，同时也告诉他们的对手，快快地铸剑戟为犁锄，化干戈为玉帛，把更多的智慧放在对沙漠的滴灌、喷灌上，而在整人治人的领域，则不必高度发展。连曾经拥有《孙子兵法》、《资治通鉴》的民族都这么说，总可信服。

提示：该文选自余秋雨的散文集《千年一叹》，该书由作家出版社于2000年5月出版。作者在书的自序中介绍说："这是一本日记，记录了我在千年之交随香港凤凰卫视'千喜之旅'越野车队跋涉四千万公里的经历。"从这篇散文可以看出知识分子对人类历史和现实生存方式的思考。

飘　蓬

席慕容

1

据说，在我很小的时候，本来是会说蒙古话的，虽然只是简单的字句，发音却很标准，也很流利。

据说，那都是外婆教我的，只要我学会一个字，她就给我吃一颗花生米。

据说，我那个时候，很热衷于这种游戏，整天缠在外婆身边，说一个字，就要一颗花生米。家里有客人来时，我就会笑眯眯地站出来，唱几首蒙语歌给远离家乡的叔叔伯伯听。而那些客人们听了以后，常会把我搂进他们怀里，一面笑着夸我一面流眼泪。

可是，长大了以后的我，却什么都记不起来，也什么都说不出来了。

每次有同乡的聚会时，白发的叔叔伯伯们在一起仍然喜欢用蒙古话来交谈，站在他们身边，我只能听出一些模糊而又亲切的音节，只能听出一种模糊而又遥远的乡愁。

而我多希望时光能够重回，多希望，我仍然是那个四五岁的幼儿，笑眯眯地站在他们面前，用细细的童音，为他们也为我自己，唱出一首又一首美丽的内蒙歌谣来。

可是，今天的我，只能默默地站在他们身边，默默地，独自面对着我的命运。

2

当然，有些事情仍然会留些印象，有些故事听了以后也从没忘记。

童年时最爱听父亲说他小时候在老家的种种，尤其喜欢听他说参加赛马的那一段。

父亲总是会在起初，很冷静很仔细地向我们描述，他怎样渴望着比赛那一天的来临，怎样怀着一颗忐忑的心骑上那匹没有鞍子的小马，怎样脸红心热地等着那一声令下，怎样拼了命往前冲刺，怎样感觉到耳旁呼啸的风声与人声，怎样感觉到胯下爱马的腾跃与奔驰。说着说着，父亲就会越来越兴奋，然后不自觉地站了起来，我们这几个小的也跟着离凳而起，小小的心怦怦地跳着，小小的脸儿也跟着兴奋得又红又热，屏息等着那个最后的最精彩的结局，一定要等到父亲说出他怎样英勇地抢到了第一，怎样得到丰厚的奖赏之后，我们才会开始欢呼赞叹，心满意足地放松了下来。那个晚上，总会微笑着睡去，想着自己有一个英雄一样的父亲，多么足以自豪！

长大了以后，想起这些故事，才会开始怀疑，为什么父亲小时候样样都是第一呢？天下哪里会有那样不可一世的英雄？

好几次想问一个究竟，每次却都是话到唇边又给吞了回去。

有一次，父亲注意到了，问我是不是有话想说？我一时找不出别的话来，就撒娇地坐到他身边，要他再讲一遍小时候赛马的事给我听。

想不到父亲却这样回答我：

"多少年前的事了，有什么好提的？"

我以后就再也没有提这件事了。

3

十几年来，父亲一直在德国的大学里教蒙古语文。

那几年，我在布鲁塞尔学画的时候，放假了就常去慕尼黑找父亲。坐火车要沿着莱茵河岸走上好几个钟头，春天的时候看苹果花开，秋天的时候爱看那一块长满了荒草的罗累莱山岩。

有一次，父女俩在大学区附近散步，走过一大片草地，草是新割了的，在我们周围散发出一股清新的香气。

父亲忽然开口说：

“这多像我们老家的草香啊！多少年没闻过这种味道了！”说完深深地呼吸了一口。

天已近黄昏，鸟雀们在高高的树枝上聒噪着，是他们归巢的时候了，天空上满是那种黄金色的温暖霞光。

我心中却不由得袭过一阵极深的悲凉。远离家乡这么多年的父亲，却仍然珍藏着那一份对草原千里的记忆，然而，对眼前这个从来没看过故乡模样的小女儿，却也只能淡淡地提上这样一句而已。在他心里，在他心里藏着的那些不肯说出来的乡愁，到底还有多少呢？

我也跟着父亲深深地呼吸了一口，这暮色里与我有着关联的草香，心中闪出了一个句子：

“那只有长城外才有的清香。”

又过了好几年，有一天晚上，在我石门乡间的家里，在深夜的灯下，这个句子忽然又出现了，我就用这一句做开始，写出了一首诗，没怎么思索，也没怎么修改，所有的句子都自然而顺畅地涌到我眼前来。

这首诗就是那一首《出塞曲》。

4

以前，每当看到别人用“牧羊女”这三个字做笔名时，心里就常会觉得，这该是我的笔名才对。不是吗？倘若我是生在故乡、长在故乡，此刻，我不正是一个在草原上牧着羊群的女子吗？

每次想到故乡，每次都有一种浪漫的情怀，心里一直有一幅画面：我穿着鲜红的裙子，从山坡上唱着歌走下来，白色的羊群随着我温顺地走过草原，在草原的尽头，是那一层又一层的紫色山脉。

而那天，终于看见那样的画面了，在一本介绍塞外风光的杂志里，就真有那样的一张相片！真有那样的一个女子赶着一群羊，真有那样一片草原，真有那样远远的一层又一层绵延着的紫色山脉。

我欣喜若狂地拿着那本书给母亲看，指着那一张相片问母亲，如果我们没离开老家，我现在是不是就是这个样子？

母亲却回答我：

“如果我们现在是在老家，也轮不到要你去牧羊的。”

母亲的口气是一种温柔的申斥，似乎在责怪我对故乡的不了解，责怪我对自己家世的不了解。

我才恍然省悟，曾在库伦的深宅大院里度过童年的母亲，曾吃着一盒一盒包装精美的俄国巧克力、和友伴们在回廊上嬉戏的母亲，恐怕是并不会喜欢我这样浪漫的心思的。

但是，如果这个牧羊的女子并不是我本来该是的模样，如果我一直以为的却并不是我本来该是的命运，如果一切又得从头来起的话，我该要怎么样，才能再拼凑出一幅不一样的画面来呢？

有谁能告诉我？有谁能为我再重新拼凑出一个不一样的故乡来呢？

我不敢问我白发的母亲，我只好默默地站在她身边，默默地，独自面对着我的命运。

提示：席慕容，女，1943 年 10 月生于四川，祖籍内蒙古中部地区，台湾省立师范学校艺术科、师范大学艺术系毕业后，赴比利时布鲁塞尔皇家艺术学院进修，专攻油画，1966 年毕业。著作有诗集、散文集、画册等。

《飘蓬》选自 1997 年由上海文艺出版社出版的《我的家在高原上》。20 世纪 90 年代，席慕容曾来到祖国大陆，走访了内蒙古自治区和蒙古人民共和国，写下大量情真意切的散文。

第五编

外国文学经典作品评介

- 古代亚非文学
- 古代希腊、罗马文学
- 欧洲中世纪文学
- 文艺复兴后的欧美文学名著导读
- 20世纪以来外国文学名著导读

第一章 古代亚非文学

第一节 综 述

亚非两大洲是人类的发祥地，是古代人类文明的摇篮。多年来的考古发现证明，世界上最早的奴隶制国家诞生在亚非两大洲的各江河流域和沿海地带。

约公元前五千年前后，古代埃及人在尼罗河两岸已开始定居的农业生活，并在公元前三千五百年前后建成了统一的奴隶制国家，创造了古埃及文明。在西亚的幼发拉底河和底格里斯河流域也出现了人类最早的农耕文明。苏美尔人和阿卡德人创造了著名的古巴比伦文化。在南亚的印度河流域，也很早就形成了印度古代文化。东亚黄河流域和长江流域，华夏文明源远流长。

亚非两大洲各大河流域和沿海地带形成的人类社会最早的奴隶制国家，也是世界上古老文学的策源地。在东北非的尼罗河流域产生了古代埃及文学；在西亚的两河流域产生了古代的巴比伦文学；在地中海和约旦河之间产生了古代的希伯来文学；在南亚次大陆的印度河和恒河流域产生了古代印度文学；在东亚的黄河和长江流域产生了古代中国文学。此外，在古代的亚非还产生过喜特、波斯，腓尼基等文学。

亚非两大洲产生的这些早期文学，从各个方面反映了东方各民族早期的社会活动情况。最早产生的文学样式是民间口头文学，它是原始社会的人类在共同劳动和生活中创造出来的。这种文学由于年代久远，缺少记载手段，因而很难完整地保留下来。现在能看到的一些少量作品，大都是凭口传，或在较晚的时期据口头转述而记录下来的。这些早期口头文学主要是一些劳动歌谣、民歌等。如埃及的劳动歌谣《庄稼人的歌谣》、《打谷人的歌谣》、《搬谷人的歌谣》，另有一些情歌。

不同的民族在同一时期出现了许多同一类型的口头文学作品，这些作品的共同特点是万物有灵，人间与神界相同，英雄救世传说。东方各民族几乎都产生过各种大同小异的有关开天辟地的神话、创造世界的神话、大洪水的神话、制服怪物野兽的神话、对祖先或图腾崇拜的神话、长生不老的秘诀的神话等。后来随着生产力的发展，人类有了理解和顺应自然界变化的知识和能力，所以神话也有了变化，有些神话中的神具有了人的形态，出现了按照人的模样创造神的形象的神话，因此出现了人神同体或人神相似的故事。如在埃及产生的有关拉神的神话、奥西里斯的神话等；在西亚两河流域产生的《吉尔伽美什和阿伽》的传说、《咏世界创造》的神话、大洪水的故事、马尔都克的神话等；在巴勒斯坦产生的创世神话、诺亚方舟救渡的神话等；在中国产生的盘古氏开天辟地的神话、女娲氏补天的神话、大禹治水的故事等。

在原始社会向奴隶社会过渡的过程中，发生了大规模氏族兼并战争。和这一变化相适应，文学创作的形式也有了变化，出现了大规模的史诗。如在西亚两河流域古代巴比伦产生的人类社会最早的史诗《吉尔伽美什》；在印度产生的世界上最长的史诗《摩诃婆罗多》和

《罗摩衍那》；在中国出现了黄帝联合炎帝在涿鹿之野大败蚩尤统一中国的神话传说等。

人类社会进入奴隶制社会以后，随着生产力的发展，社会上出现了少数专门从事脑力劳动的文人，他们把过去口头上流传的文学作品加工整理或记录下来，或是自己进行创作，进一步丰富和发展了人类的文学创作活动。如埃及在公元前 13 世纪就出现了作家恩纳和他创作的《尼罗河颂》；波斯在公元前 10 世纪出现了琐罗亚斯德的生活和教训的古经《阿维斯塔》；公元 1 世纪出现的印度佛教诗人和剧作家马鸣和他的作品《佛所行赞》、《美难陀传》，稍后的首陀罗迦和他的剧本《小泥车》；公元 4 世纪左右出现的印度大诗人和剧作家迦梨陀娑和他的作品《云使》、《沙恭达罗》等。当时许多作家都能站在社会进步势力一边，揭露和批判社会的弊端和黑暗现实，同情奴隶和广大劳动群众的苦难遭遇。他们是东方古代文学的光辉代表。

此外，在古代埃及各个历史时期出现了不少著名的散文故事，如《魔术师的故事》、乡民与雇工》、《遭难的水手的故事》、《命运被注定的王子》等。希伯来文学的总集《圣经》(原名《律法、先知、诗文集》，后来基督教圣经收录时，改名《旧约全书》)，是亚非古代文学的重要作品，它所记载的神话传说、英雄故事、诗歌、训言等，不仅代表了古代希伯来文学的最高成就，并且对后来的文学，尤其是对欧洲文学的发展产生了重大影响。还有印度的古老诗歌总集《吠陀》，民间故事集《五卷书》，中国的诗歌总集《诗经》等，都在亚非古代文学的发展史上占有十分重要的地位。

古代亚非文学在它的产生和发展过程中，除中国文学外，大都受到了宗教思想的严重影响。古代亚非文学在世界文学发展史上占有非常重要的地位，它不仅内容丰富，题材广阔，既反映了广大劳动人民的生活和思想感情，也反映了社会的政治活动，揭露了统治阶级的罪恶。在体裁上也是多种多样的，从民歌、歌谣、神话、故事、诗歌，一直到箴言、传记、寓言、戏剧等，各种文学体裁应有尽有，对世界文学各种体裁的发展产生了深远的影响。亚非各民族的文学在产生初期互相之间没有联系，具有独特的个性风格，民族特色十分鲜明。

第二节　古埃及诗歌

一、《打谷人的歌谣》

给自己打谷，给自己打谷，
哦，公牛，给自己打谷吧！
打下秸秆来好给自己当饲料，
谷子都要交给你们的主人家。
不要停下来呀，
要晓得，今天的天气正风凉。

二、情歌节选

她是举世无双的妹妹
谁也比不上她漂亮。
看啊，她像天上的星辰，
象征着幸福的一年的诞生。
她神采奕奕，肌肤娇嫩，
她的明闪闪的眼睛迷人。

甜蜜啊，那两片轻巧的嘴唇，
从来没有说过多余的话。
修长的颈，匀称的头，
纯真的天青石是她的发
她的手胜过黄金，
她的指头宛如莲花。
她的脚载着她的美，
地面上飘舞着她轻盈的步伐
人们只要走过她的身边啊，
就都扭转脖子来看她。

三、赞歌节选

赞美你，尼罗河，你从大地中向外冒涌，
你的到来，为了使埃及欣欣向荣！
你把拉神创造了的田地灌溉，
为了使普天下的生灵安乐康泰，
它创造了大麦和小麦，
使神殿里充满了节日的景象。
……
人们那个乐呀，
嘴也合不上了。
它带来了粮食和丰富的食物，
它创造了一切美好的事物……

第三节　古巴比伦史诗《吉尔伽美什》

古巴比伦文学中的《吉尔伽美什》，是迄今为止所发现的世界文学中最早的一部史诗。这部史诗的情节，远在公元前三千年的苏美尔时代就已开始在民间广泛流传，并留下一些有关吉尔伽美什的诗篇和铭文，如《吉尔伽美什与阿伽》就是一部由十一块泥板复原而成的苏美尔时代的史诗，计115行。在公元前18世纪的巴比伦王国繁荣时期，《吉尔伽美什》就已定本并刻写在泥板上。这部史诗开始流传的年代比古希腊的荷马史诗要早1800年，定本也早1200年左右。但是，自公元前612年尼尼微城陷落，亚述帝国灭亡时起，保存于尼尼微城图书馆的《吉尔伽美什》版本，便随同这个图书馆的毁灭而被埋于地下。19世纪80年代，考古家在尼尼微城等亚述的古代遗址，开始发现亚述帝国时代的楔形文字泥板，以后又陆续发现苏美尔—巴比伦时代的铭文和泥板。19世纪90年代后，亚述文泥板的《吉尔伽美什》陆续被发现，计12块，亚述学学者开始编辑这部史诗。20世纪初，又发现了部分古巴比伦和苏美尔原版，从而编辑了亚述—巴比伦文版的史诗全文。

这部根据12块泥板整理的3000余行史诗，缺漏的诗行和脱字较多，但基本情节是完整的。史诗的主要故事发生在乌鲁克城，这是苏美尔时代最早的一个著名城邦。史诗的主要人物是两位英雄：乌鲁克城王吉尔伽美什和他的朋友恩启都。史诗的主要情节是歌咏吉尔伽美什和恩启都结交为友后，杀死林怪芬巴巴和天牛为民除害，以及恩启都死后吉尔伽美什到远方会见他的祖先和寻求长生不死草的故事。史诗的情节分为四个部分：（一）关于吉尔伽美什和恩启都从相互敌对到结交为友的故事：乌鲁克国王吉尔伽美什强悍、聪颖、秀逸，但却是一个残暴的君主。城中贵族不堪其苦，诉之于神。诸神计议，由创造之神阿鲁鲁造出半人半兽的恩启都去同吉尔伽美什争斗，以求乌鲁克城的平安。在森林中与野兽为伍的恩启都，经过神妓的驯化，去掉兽性而成为智人之后，进城同吉尔伽美什比武。两位英雄久战不分胜负，相互钦佩，转而结成生死之交。（二）叙述这两位朋友的英雄业绩：吉尔伽美什和恩启都到森林中，在太阳神舍马什的帮助下，杀死森林之怪芬巴巴，为民除去一害，同时又救出女神伊什妲尔。伊什妲尔爱上了吉尔伽美什，但遭到他的拒绝，她恼羞成怒，请求大神阿努制造天牛为害，并罚乌鲁克城七年歉收。吉尔伽美什和恩启都合力杀死天牛，又为民除去一害。（三）叙述恩启都之死和吉尔伽美什远游寻求长生不死仙草的故事：他们杀死天牛，触怒诸神，得死一人作为惩罚。恩启都死去后，吉尔伽美什悲痛万分。他怀着对死的恐惧，去找祖先乌特那庇什提牟，寻求长生不死的奥秘。他经历种种艰险，终于见到乌特那庇什提牟。乌特那庇什提牟给吉尔伽美什讲述了当年洪水为害和他得神示造舟逃生的经历以及他上升为神的事，说明生命无处寻觅，生死都由神决定。当吉尔伽美什离开时，乌特那庇什提牟向他透露了长生草的隐秘。吉尔伽美什按照他的指点，把沉重的石头绑在双脚上，跳进深渊，取了长生不老仙草，准备带回乌鲁克城。在回国途中，吉尔伽美什下到冷泉中净身洗澡时，不料长生草被蛇叼跑。吉尔伽美什悲痛万分，泪水滔滔。（四）吉尔伽美什同恩启都灵魂的对话，载于第十二块泥板：吉尔伽美什得到智慧之神埃阿的帮助，在地里凿开一个洞，恩启都的灵魂从阴间上升。吉尔伽美什向朋友探询阴间的秩序。恩启都作了悲观的描述。许多学者认为，这块泥板不属于这部史诗，只是另传有关吉尔伽美什和恩启都的故事。有的则认为这是后人的伪作，故一般把这块泥板作为史诗的附录。有的辑本不收录这块泥板的内容。

这部史诗是在其原版埋没了3000多年以后才重新发现而整理的，缺漏也较多，虽经研究而复原，但自相矛盾之处仍颇多。从全诗主要情节来看，史诗的主题主要是反映远古时期人和自然的矛盾，表现了人类对生命和死亡奥秘的探求和企图战胜死亡的愿望。

吉尔伽美什是氏族社会向奴隶制演变这一过渡性时代的英雄。作为一个国王、贵族，他与人民的利益有矛盾；作为城邦的保卫者、儿子，他与人民有共同的利害。他可能损害人民，也可能造福人民，史诗再现了他的全貌，但侧重表现他的英雄特点，这是有认识意义的。史诗谴责了他的豪横、霸道，赞美了他勇敢地肩起战士的职责所建树的不朽业绩和他的英雄主义精神以及他对友谊的忠诚。表现了古代两河流域人民的理想，很有教育意义。吉尔伽美什的英雄品质的可贵处在于：他把自己的聪明才智和过人的力量都奉献给了人民，造福于人民。他和自己的同伴一起猎擒伤害人类的猛兽；杀死在森林中作恶的芬巴巴，战胜残害乌鲁克城居民的天牛。史诗赞道："吉尔伽美什才是英雄中的英雄。"史诗表现出崇高的英雄意识。吉尔伽美什更为可贵的品质是：他不惧天谴，敢于蔑视和反抗神的权威。他敢于拒绝女神的求爱，依靠自己的聪明才智战胜了天牛，表现出不凡的气概。他还敢于向天神安排的"必死"命运挑战，不畏险阻。探索生与死的奥秘；虽然没有什么收获，但这种违背神意，向未知领域探索的精神是至为可贵的。

第二章　古代希腊、罗马文学

一、概观

古希腊、罗马的文化是欧洲最早的文化，其文学也是欧洲最早的文学，是全部欧洲文学的源头。古希腊文化源于以克利特岛为中心的爱琴文化，公元前 20 世纪中期处于辉煌鼎盛时代。后来希腊文化的中心移至希腊半岛南部的迈锡尼，又兴旺发达地持续了两个半世纪，到公元前 12 世纪初，由于北方多利安人入侵，古希腊文化衰落了下去。古罗马是古希腊之后兴起于欧洲的另一个奴隶制国家，约在公元前 510 年在罗马城建立起贵族专政的奴隶制共和国。后来不断扩张，统一了意大利半岛，随后又征服了欧、亚、非一些地方，到公元一世纪时，成为一个大帝国。公元 395 年，罗马帝国分为东、西两部分。476 年，西罗马帝国遭到日耳曼等族的入侵而灭亡。至此，欧洲古代史结束，开始了中世纪的历史。

二、荷马史诗

《伊利亚特》和《奥德赛》是流传至今的欧洲最早的史诗作品，被誉为世界文学中的珍贵宝藏，相传是盲诗人荷马所作，故称“荷马史诗”。

史诗反映的是公元前 12 世纪至 9 世纪的社会状况。史诗的内容情节与发生在公元前 12 世纪初的特洛亚战争有关。特洛亚城是小亚细亚西北角的富饶地域，土地肥沃，物产丰富，而且还是地中海和黑海之间的交通枢纽。公元前 12 世纪初期，希腊各部落合成联军，经十年大战，攻取并捣毁了这座城市，掠去大批财物和俘虏。战争结束后，小亚细亚和希腊各地流传着许多民间创作的关于这场战争的歌谣和传说，歌颂战争中的英雄人物。当时的人们又以自己的思想方式在歌谣中融进了神话，逐渐形成了一组带神话性质的特洛亚战争英雄传说。这一口头创作的传说，就是史诗的基础。相传后经行吟诗人荷马在公元前 9 世纪时收集并加工润色，形成了完整的有统一风格的两部史诗。到了公元前二、三世纪，这两部史诗由宫廷学者最后编订完成。

1.《伊利亚特》

据神话传说，人间的特洛亚战争是由三位女神的纷争引起的：海的女神忒提斯举行婚礼，不和女神厄利斯没有受到邀请，便把一个能引起不和的金苹果放在宴席上。苹果上写着“赠给最美的女神”。于是赫拉、雅典娜、阿佛洛狄忒争夺起来。宙斯让她们去找特洛亚王子帕里斯裁判。三位女神对帕里斯各许下宝贵的礼物，特洛亚王子把苹果判给了爱神阿佛洛狄忒，她原来许下的回报是让帕里斯娶到世间最美丽的女子。后来，阿佛洛狄忒帮助帕里斯拐走了斯巴达王墨涅拉俄斯的美丽的妻子海伦，还带去大批财产。希腊各部落便联合起来，以迈锡尼王阿伽门农为统帅，进攻特洛亚。这样，历经十年的特洛亚战争便爆发了。

两部史诗都与这场战争有关，《伊利亚特》写战争，《奥德赛》写战后回国。但史诗情节不是写事件的全过程，而是描写其中的一段故事。

《伊利亚特》描写的是历经 10 年的战争的最后 51 天的事。希腊联军统帅阿伽门农分得的女俘是特洛亚的阿波罗神庙的祭司的女儿，老祭司要以重金赎回自己的爱女，但遭到阿伽门农的拒绝，阿波罗神便将瘟疫降到希腊军中。阿喀琉斯等希腊将领劝阿伽门农把他得到的女俘归还给祭司，阿伽门农勉强这样做了，却抢去了阿喀琉斯心爱的女俘作为抵偿。这激怒了阿喀琉斯，引起了希腊人的内讧。阿喀琉斯抱愤罢战，领着自己那一支人马退出了战场，希腊军连遭失败。阿伽门农认识了自己的过错，向阿喀琉斯赔礼，可阿喀琉斯拒绝和好，致使特洛亚王子赫克托耳率军把希腊军直逼到海边，并准备放火烧毁希腊军船。这时，阿喀琉斯的战友帕特洛克罗斯穿戴起阿喀琉斯的盔甲出战，但被赫克托耳杀死。阿喀琉斯悲愤交集，毅然出战，很快扭转了战局，最后刺死赫克托耳。史诗写到特洛亚人为赫克托耳举行葬礼收尾。

《伊里亚特》是描写古代战争的史诗。史诗的情节以阿喀琉斯的两次愤怒为中心，描写了特洛亚战争，歌颂了英勇善战、为集体建立功勋的英雄，展现了古希腊氏族社会末期的社会状况。

2.《奥德赛》

《奥德赛》主要描写俄狄修斯在特洛亚战争结束后回归故乡途中的十年漂泊经历；也描写了妻子在家等候丈夫的日子里遇到的纷扰。俄狄修斯在海上漂泊期间，家中妻子珀涅罗珀为一些贵族青年所纠缠，向她求婚，并住在俄狄修斯家，恣意挥霍，而俄狄修斯却在海上经受着种种磨难。在第十年上，俄狄修斯漂流到斯刻里亚岛上，受到当地国王的款待，他向国王讲述十年的经历：他到过独眼巨人的洞窟，一些同伴丧生；也曾漂落到使人变成猪的魔岛，制服了女巫，游历了地府；还经过先以歌声迷人，然后再把人杀死的海妖之岛；在驶离太阳神岛后，航船被宙斯的雷霆击沉，除俄狄修斯外其余人全部葬身海底；在仙女卡吕普索岛上，又被羁留了七年。国王听完俄狄修斯的历险故事，深受感动，派人送他还乡。当知道已经到了故乡的时候，他狂吻着脚下的土地。此后，他化装成乞丐试探他的儿子、妻子和家仆，与儿子商量好对策，杀死了求婚者与妻子团圆。史诗用比较集中的四十天讲述了十年的历史故事。

《奥德赛》描写了古希腊人同大自然的斗争和胜利，反映出维护私有财产的观念，歌颂了忠贞的爱情。

三、索福克勒斯及其《俄狄浦斯王》

索福克勒斯（公元前496—406），是雅典民主制全盛时期的悲剧作家。他出身于工商奴隶主家庭，父亲是作盔甲的作坊主。作家早年与贵族寡头派领袖客蒙交往，后来同民主派领袖伯利克利交谊很深。他属于温和的民主派。据传说，他创作的戏剧约有一百三十部，戏剧比赛得奖二十四次。流传至今的完整悲剧有七部，其中最有代表性的作品是《俄狄浦斯王》。

《俄狄浦斯王》取材于希腊古老的传说故事，但反映了当时的社会现实。忒拜国王拉伊俄斯从神示得知，由于他早先的罪恶，他的儿子将要杀父娶母。王后伊俄卡斯忒生下俄狄浦斯后，仆人受命将这婴儿抛到山中。仆人不忍心这样做，便将这个小生命交给了科任托斯的牧人。科任托斯国王无子，将这个孩子收养起来。俄狄浦斯长大后，也从神示中得知自己的命运，便逃离科任托斯。在路上因为一时的争执而动怒，失手打死一个老人，哪知这个老人正是他的生身父亲。俄狄浦斯继续前行，他猜中了人面狮身妖兽的谜语，除掉了威胁忒拜人生命的大害，被拥戴做了忒拜王，并娶了守寡的王后，即他的生母伊俄卡斯忒。可怕的神示果然应验了。

戏剧的情节是从忒拜发生瘟疫，国王俄狄浦斯要查捉打死老王拉伊俄斯的凶手开始，到查出凶手结束。俄狄浦斯在查访凶手的过程中，一步步了解到事件的全部过程，原来凶手正是他自己，忒拜人正因他未受到惩治而蒙受瘟疫。他知道已落到了可怕的命运安排中，伊俄卡斯忒明白真相后自杀身死，俄狄浦斯刺瞎了自己的双眼，并自我放逐，离开了忒拜。

杀父和杂婚在早期人类社会并不认为是不道德的事。进入文明社会以后，人们用新的道德观念和命运观念来解释古老的传说，索福克勒斯在戏剧中又注进了现实的内容。悲剧的主题表现的是人与命运之间的冲突。俄狄浦斯得知厄运的预言之后，就远走高飞，力图避免犯下可怕的罪过。可悲的是，他终究没有逃出命运的安排。但是，悲剧在命运问题上，却包含着积极的思想。第一，俄狄浦斯不是等待命运的来临或安于命运的安排，而是选择了反抗和斗争。第二，悲剧指责了命运的不公正。俄狄浦斯是个聪明、诚实、正直、勇敢、热爱人民的人，是个理想的英雄人物。可是，他却要承受先人的罪恶；而且他越是真诚地避免犯罪，却越陷进了命运的罪恶之中；他越为人民排忧解难，却越使自己临近毁灭。这有力地揭示了命运的不公正，不合理。这本身就是对命运的反抗。这比起认为善有善报、恶有恶报的宿命论说教是一大进步。

《俄狄浦斯王》的艺术成就也是很高的，亚里士多德把它看成是希腊悲剧艺术的典范。这部悲剧的戏剧冲突组织得集中，结构布局安排巧妙。俄狄浦斯寻捉凶手的情节贯穿全剧，通过五个人的上场（克瑞翁、忒瑞西阿斯、伊俄卡斯忒、科任托斯使者、老王仆人），一环紧扣一环，通过一步步的“发现”，一层层揭开了矛盾，最后达到了“高潮”，出现了惊心动魄的结局。

第三章　欧洲中世纪文学

一、概述

奴隶制的西罗马帝国，在奴隶起义和北方外族入侵的打击下，在公元 476 年灭亡了。从这一年起，至十七世纪中叶英国资产阶级革命爆发，是欧洲史上的“中世纪”。“中世纪”是欧洲封建制度形成、发展和衰落崩溃的历史。一般认为，公元 5 至 10 世纪是封建社会的初期，12 至 15 世纪是它的中期，15 至 17 世纪中叶是它的末期。在欧洲文学史上，中世纪文学是指前两个时期的文学。但从 14 世纪开始，新兴资产阶级的“文艺复兴”运动已经在意大利等国萌芽。

在中世纪的欧洲，最基本的经济组织是封建庄园，农民依附在封建领主的土地上，向领主交纳地租，负担各种劳役，还要向教会交纳“什一税”。基督教在欧洲封建社会的政治生活中占有重要地位，因而对文化的影响也十分巨大。欧洲奴隶制社会在崩溃的过程中，由于外族的入侵古代文化大受摧残，仅仅在基督教的寺院中还保存了一些残余。因此，中世纪早期，在封建主热衷于征战却轻视文化的情况下，僧侣们取得了独占文化教育的地位。教会采取愚民政策，制造了一整套关于上帝、关于来世以及天堂、地狱的迷信学说。它宣传禁欲主义和出世主义，认为一切生活欢乐和享受都是魔鬼的引诱，人应该放弃追求世俗欢乐的欲念，安贫守贱，顺从上帝的安排，把希望寄托于来世。所以，原来在罗马帝国时期为奴隶主统治服务的基督教，到了中世纪很自然地成了封建主统治的重要工具，实际上它就是封建制度的精神支柱。基督教会把《圣经》作为统治世界的“理论基础”。《圣经》包括《旧约》和《新约》。《旧约》是希伯来人古代典籍的总汇，其中包括神话、传说、民间故事、宗教法律、谚语格言以及情歌等。《新约》收录了基督教初期产生的关于耶稣及其使徒们的传说、言行录和书信。中世纪的基督教会把新、旧约合在一起称之为《圣经》。

基督教在意识形态方面的统治，影响了整个文化领域，文学艺术当然也难以幸免。在欧洲中世纪文学中，宗教文学作品占有突出的地位。当时教会文学的主要内容是普及宗教教义，实际上文学艺术成了为宗教服务的工具。除了教会文学之外，还有世俗的贵族阶级的骑士文学、英雄史诗以及市民阶级的城市文学等。其中英雄史诗和民谣以及城市文学有着较大的价值。

二、但丁的《神曲》

1. 但丁生平与创作

但丁·阿里盖利（1265—1321），他的家庭是佛罗伦萨贵族，但后来家道中落。13 世纪时的意大利已经出现了热那亚、威尼斯、佛罗伦萨、米兰等城市经济中心，兴起了强大的早期资产阶级。城市中的资产阶级和封建贵族组成各种党派，为获取政治权利进行残酷的斗争。但丁的父亲长期经商，参加了资产阶级性质的贵尔夫党，但丁在青年时代也参加了贵尔夫党，积极投入反对封建贵族的斗争。贵尔夫党取得政权后，但丁被选为佛罗伦萨的行政官。

后来贵尔夫党分裂为黑党和白党，但丁属于白党，反对教皇干涉佛罗伦萨内政。1302年，黑党在教皇和法国军队的支持下掌握了政权，但丁全部家产被没收，并被判处终身流放。政治活动和流放生活对但丁的思想和创作产生了极大影响，使他走出了狭隘的个人生活圈子，接触到现实的重要问题。流放初期，他写出了《飨宴》（1304～1307）和《论俗语》两部著作。前者是一部用通俗语言向读者介绍科学文化知识的著作；后者论证了意大利人民语言的优势，批判了当时盛行的推崇拉丁文、轻视人民语言的偏见。1321年但丁客死于拉文那，死前完成了他最伟大的作品《神曲》。

2.《神曲》评介

《神曲》（1307～1321）是但丁在被放逐期间写的一部长诗，分为《地狱》、《炼狱》、《天堂》三部。诗人采用中世纪流行的梦幻文学的形式，描写了幻游地狱、炼狱、天堂三界的故事。诗中用自叙的笔调讲述了诗人在人生三十五岁时，在一片黑暗的森林中迷了路，正想往一个秀美的山峰攀登时，忽然出现了三只野兽——豹、狮、狼（象征淫欲、强权和贪婪）拦住去路。正在危急关头，古罗马诗人维吉尔出现了，他受贝阿特丽采之托前来援救但丁从另一条路走向光明。维吉尔引导但丁游历了地狱和炼狱，最后由贝阿特丽采引导他游历了天堂。

《神曲》保留了中世纪基督教世界观的明显烙印。诗中包含着不少神学和烦琐哲学的知识，有很多难解的象征和隐喻，神秘色彩浓厚。作品中幻游三界的构思，就是宗教观点的直接表现。然而，但丁的写作不是为了传播宗教文化，而是为了给人类指示一条从黑暗走向光明的途径。宗教故事只是他承载思想的载体。诗中大量内容取材于现实生活，描写了历史上或同时代的各种人物，并且从自己的鲜明政治立场出发，对这些人物做出明确评价。这使作品具有了强烈的现实性和政治倾向性。

《神曲》中描写的地狱共分九层，形如漏斗，越往下越小。罪人的灵魂依照生前罪孽的轻重，分别被放在不同的圈层中受苦刑惩罚，罪行愈大者愈居于下层。但丁按照基督教的观点，把贪色、贪吃、易怒和邪教徒看做是严重的罪犯，让他们在地狱中受苦，但他更把那些社会上各种作恶的人放在地狱的下层。如第八层里受罪的是淫媒和诱奸者、阿谀者、贪官污吏、买卖圣职者、占卜者、高利贷者、伪君子、盗贼、诱人作恶者、挑拨离间者、诬告害人者、伪造者以及罗马教皇。在第九层受罪的则是叛国卖主的人，他们是但丁最痛恨的人。这种安排表明，但丁是在按照自己的价值观念对罪恶者进行宣判。一定意义上也是对宗教文化的颠覆。

游完地狱，维吉尔带着但丁通过地心，顺着盘旋曲折的岩洞小径，走出地球。到了净界山下。这座高山直矗在海面，是炼狱所在。由海滨到炼狱山门，是炼狱的外部，忏悔太晚者和逐出教会者在这里等待。山内的炼狱分为七层，分别住着犯有骄、妒、怒、惰、贪、食、色七种罪过的亡魂。离开第七层到了山顶，即是地上乐园。住在炼狱中的亡魂生前所犯罪孽较地狱中的罪人为轻，他们在炼狱中修炼，待断除孽根后，便可升入天堂。但丁在维吉尔带领下，看完炼狱后来到山顶，维吉尔突然不见。这时圣女贝阿特丽采出现，她带领但丁进入天堂。天堂分为九重，生前为善者死后来到这里。九重天之上便是天府，为上帝和幸福灵魂所居。但丁看见了上帝，但只是电光之一闪。

虽然《神曲》中包含着中世纪烦琐哲学思想和禁欲主义的说教，但是由于诗人世界观中的进步因素，使作品成为中世纪文学中广泛反映时代和社会生活、具有巨大的思想认识价值和艺术价值的不朽诗篇。它是欧洲文学史上一部具有划时代意义的巨著。

《神曲》在艺术上也有很高的成就。它所塑造的人物形象，特别是《地狱篇》里的形象，绝不是阴暗的幽灵，而是一些丰富多姿、有血有肉的人，如贪婪并有野心的教皇、专横残暴的君主、刚强高傲的法利那太、温柔多情的弗兰采斯卡等，都写得栩栩如生，个性鲜明。

《神曲》的结构巧妙而严整。全诗分为三部，三行分节，奇偶连韵，而且每部三十三篇，加上序诗共一百篇。各部的诗行大致相等，看起来匀称、工整，一直为文学史家所称道。

《神曲》是用意大利语写成。在当时，正统的文学作品都是用拉丁语写作，但丁首创用意大利民族语言写作文学作品，对于促进意大利民族语言的统一和民族文学的发展，都起了很大的作用。

《神曲》原来作品的名字叫《喜剧》，由于备受人们推崇，后来人们在它前面加上“神圣”一词，变成“神圣的喜剧”，中文意译为《神曲》。

第四章　文艺复兴后的欧美文学名著导读

一、文艺复兴和人文主义

14至16世纪在欧洲许多国家发生了新文化革新运动。16世纪的资产阶级学者认为它是古希腊、罗马文化的复兴，故而以文艺复兴一词名之。它初始于意大利，后扩大到欧洲许多国家。中世纪后期，欧洲社会生产力的迅速发展引起了生产关系的变化，资产阶级得以在封建社会内部逐渐形成。意大利是欧洲资本主义生产发展最早的国家。14世纪时，在地中海沿岸的几个意大利城邦中首先出现了资本主义生产的萌芽，意大利新兴资产阶级为求得自身在经济、政治上的生存和发展，在文化上也提出了自己的要求。在对古希腊、罗马文化的研究热潮中，人们发现了充满青春的生命热情、富有积极进取精神的文艺作品，还有朴素的唯物主义哲学和联系实际的自然科学。为了与中世纪的神学相对抗，资产阶级借助古代文化提出了以人为本位的人文主义，并把它作为新文化运动的核心和指导思想。由于各国的历史条件不同，文艺复兴运动在欧洲各个国家的成就也不同。在意大利，主要表现在文学和艺术方面；在德国，集中表现在宗教改革、农民战争和科学技术方面；在法国，由于自由思想和怀疑思想较为盛行，文艺复兴运动中的文化成就主要表现在诗歌和小说的创作上；在英国，则表现为空想社会主义思想的出现和诗歌戏剧的繁荣。文艺复兴是人类历史上一次反封建反教会权威的伟大思想解放运动，它摧毁了中世纪的神学统治，奠定了近代自然科学和现代资产阶级统治的文化基础，孕育了欧洲的新文学艺术。文艺复兴运动是欧洲文化的一次伟大重建，他们除了从古希腊、罗马挖掘优秀的文化成果外，也从以中国、印度和阿拉伯为代表的东方文明中汲取了宝贵的营养。

人文主义是欧洲文艺复兴时期形成的一种思想体系，是资产阶级反封建斗争的思想武器。它针对的是中世纪封建主义世界观，特别是天主教会的宗教世界观。它把人作为衡量万事万物的标准，主张以人为本，所以又称“人本主义”。人文主义用人性反对神的权威，认为人和人的价值具有重要意义；反对宗教的来世思想和禁欲主义，歌颂尘世欢乐和幸福，主张个性解放；崇尚理性和科学，反对蒙昧主义；在政治上提倡国家统一，反对封建割据。人文主义最初兴起于14世纪下半叶的意大利，15、16世纪扩展到欧洲各国。它是欧洲文艺复兴的母题和指导思想。意大利诗人但丁是人文主义的先驱者。彼得拉克、薄伽丘、达·芬奇、彭波那齐和布鲁诺等人是意大利人文主义的杰出代表。16世纪初，在意大利的影响下，人文主义思想得以在法国广泛传播，代表人物有蒙田、沙朗、“七星诗社”诸诗人和拉伯雷等。16世纪至17世纪初，人文主义在英国得到发展，代表人物是托马斯·莫尔和莎士比亚。在德国，自15世纪下半叶始，人文主义得以传播，16世纪初形成高潮，德国的宗教改革和农民战争就是人文主义传播的直接结果。16世纪后期和17世纪初，人文主义在西班牙也得到了高度发展，这主要体现在维迦和塞万提斯的文学创作中。人文主义作为一种新的世界观和与封建主义进行斗争的思想武器，几百年来，对整个人类社会的进步起了很大推动作用，它是资产阶级文化中的精华和人类思想史上的宝贵遗产。

二、塞万提斯的《堂吉诃德》

1. 塞万提斯的生平和创作

米盖尔·台·塞万提斯·萨阿维德拉（1547—1616），西班牙文艺复兴时期杰出的现实主义小说家、戏剧家、诗人。生于马德里附近一个破落贵族家庭，他父亲是外科医生。塞万提斯只上过中学，他的渊博的知识是靠自学得来的。1569年，他作为红衣主教的随从去意大利，接触到意大利的文学和艺术，受到了人文主义的影响。1570年，他参加了西班牙驻意大利的军队，1571年在对土耳其的勒班多海战中负伤，左臂残废。1575年回国途中，被土耳其海盗掳去，在阿尔及尔服苦役五年。1580年被亲友赎回国。回国后开始创作活动，1584年发表了第一部牧歌田园体的小说《伽拉苔亚》，1584～1586年他为剧院写了二三十个剧本，其中《奴曼西亚》写的是古代西班牙城市奴曼西亚人民反抗罗马侵略者，全城人民壮烈殉国的故事，最为有名。1587年，他做了一名军需官，在征粮油时因照章办事，对乡绅、长老、教会概不照顾，得罪了权贵和教会，数次被诬入狱。获释后改任税吏，因储存税款的银行倒闭，以“亏欠公款”罪被革职入狱，出狱后生活贫困。塞万提斯是个大器晚成的作家，在进入老年时期才开始了他创作上的黄金时代，他的几部重要作品都是在1600年至1615年这十五年间创作的。1605年五十八岁的塞万提斯创作了轰动全西班牙的不朽作品《堂吉诃德》第一部，当年就再版了六次，另外还出了三个盗印的版本。1613年，他写出了十二篇具有独特艺术风格的短篇小说，合成集子名为《惩恶扬善故事集》，多方面地反映了西班牙人民的生活、思想和习俗，作家把它称为“社会的变形”。它是西班牙最早出现的短篇小说。1614年有人化名阿隆索·费尔南德斯·德·阿维利亚那达，写了《堂吉诃德》第二部，代表中世纪的天主教和贵族势力，对塞万提斯进行攻击。伪作歪曲原作精神，把堂吉诃德和桑丘写成粗俗、下流的人物。塞万提斯为了还击，加速工作，于1615年出版了《堂吉诃德》第二部。1616年春，塞万提斯写完充满奇异冒险和忠贞爱情色彩的小说《贝雪莱斯和西吉斯蒙达历险记》，在马德里病逝。

塞万提斯是欧洲近代现实主义小说的先驱，《堂吉诃德》标志着西班牙古典艺术的高峰，是以文艺复兴为起点的欧洲近代史上着力塑造人物典型形象的小说的先河。

2.《堂吉诃德》评介

《堂吉诃德》是一部讽刺灭亡了的骑士制度的长篇小说。小说主人公堂吉诃德是蛰居在拉曼却村的一个穷乡绅，读骑士小说入了迷，决心恢复骑士道，模仿古代骑士去周游天下，打抱不平。他穿一身曾祖留下来的破烂不全的盔甲，提着长矛，骑上一匹可怜的瘦马，离家去冒险。他选中邻村的一位姑娘做他的理想的“夫人”，决心像当年的骑士那样终身为她服务。他立志“冒大险，成大业，立奇功”，帮助被侮辱与被压迫者。他第一次出马行侠天下，就被打得“像干尸一样”，横在驴背上被邻居送回。家人看到他被骑士小说害到如此可怜地步，便把满屋子的骑士小说一烧而光。第二次，他说服了一个农民桑丘·潘沙做他的侍从，答应有朝一日让他做岛上的总督。他又干出许多荒唐可笑的事。第三次出游，桑丘在公爵的一个镇上当了“总督”。堂吉诃德迫不及待地要实现他的改革社会的理想，结果，主仆二人受尽折磨，险些丧命。最后，堂吉诃德败于白月骑士手下，从此卧床不起。临终时，他说：“我从前是疯子，现在头脑灵清了”，“现在知道那些书上都是胡说八道，只恨悔悟已迟。”他嘱咐他的外甥女，千万不要嫁给读过骑士小说的人，否则就不能继承他的遗产。

小说描写了堂吉诃德试图以恢复古代的骑士道来扫尽人间不平，他的这种主观幻想与处在资本主义兴起阶段的西班牙社会的丑恶现实矛盾重重。作者以讽刺夸张的艺术手法，巧妙地把堂吉诃德的荒诞离奇的幻想与苦难中的16世纪末17世纪初的西班牙社会现实结合起来，以史诗般的规模，描绘了这个时代的广阔的社会画面。

作品以犀利的讽刺笔锋对西班牙的上层统治阶级进行了无情的鞭挞和嘲骂。公爵夫妇是上层统治阶级的代表，表面豪华的公爵府第，实际上却成了罪恶、空虚、庸俗的场所。他们不惜指挥上百个奴仆扮演妖魔鬼怪，残酷地折磨堂吉诃德主仆。作者揭露了以公爵夫妇为代表的封建统治阶级的空虚和彬彬有礼的外表下掩饰着的阴险、凶残的本性。官僚们贪污纳贿，买卖黑奴，卖官鬻爵。这些以血腥手段爬上去的官僚们有什么本领呢？两个市政府的委员因学驴叫挑起了两个小市镇的流血械斗，他们还得意地为有这善学驴叫的“一技之长”而感到自豪。好大喜功的国王疯狂地进行军事侵略，七千名西班牙士兵为保住在突尼斯的殖民城堡而全部牺牲，无辜士兵，尽成炮灰。

在那个被堂吉诃德诅咒为“多灾多难的时世”、“可恶的时代”，作者塑造了一个“不畏强暴，不恤丧身”、立志扫尽人间不平的喜剧性人物堂吉诃德。堂吉诃德的性格具有喜剧因素，但他在社会中的行动和遭遇却具有悲剧性。他认为，要扫除社会不平“莫过于游侠骑士和骑士道的复活”，这种信仰表现在人物性格上是可笑的，依此到资本主义上升时期的社会中去行动，就具有了深刻的悲剧性。在小说第一部中，作者着重揭示了人物性格的喜剧性。堂吉诃德带着幻想中的骑士狂热，把风车当成了巨人，把穷客店看成了豪华的城堡，把理发师的铜盆当做魔法师的头盔，把羊群当做军队，把苦役犯当做受害的骑士。这使他成了一个引人发笑的荒唐的人。他在幻想中到处冲杀，不但没有帮助别人解除苦难，反而给人们带来灾难；他善良的动机，得到的却是危害人的恶果。堂吉诃德把牧童安德瑞斯从地主的皮鞭下救了出来，自以为做了好事，扬长而去，可是他一走，牧童却遭到更加残酷的鞭打。后来，安德瑞斯气愤地指责他：“凭我多么倒霉，总不如受您帮忙倒霉得厉害。但愿上帝诅咒您！诅咒世界上所有的游侠骑士！”堂吉诃德就这样单枪匹马向社会冲杀过去，他“挨够了打，走尽背运，他遍尝道途艰辛。”骑士道在它产生的时代，本是一种严肃的道德规范，可是，这个犯了时代错误的堂吉诃德却要在资本主义上升的时代恢复过了时的骑士精神，因而使他成了一个夸张的、滑稽的、喜剧性的角色。

当然，堂吉诃德绝不是单纯的喜剧性的角色。他坚信骑士道，如果有谁否认游侠骑士，在他看来“就仿佛要人相信太阳不放光，冰霜不寒冷，大地不滋育万物一样”。他从来不承认失败，并想出种种可笑的理由为自己辩护，认为是魔术师跟他作对，剥夺了他的“胜利光荣”。他不怕人们议论、讥笑和咒骂，他说：“名人而不遭毁谤，那是绝无仅有的。”他不怕遭受侮辱和打击，尽管被当做疯子一样关在笼子里，但不以为苦，反以为荣。他也不失去信心，还安慰别人：“干了我们这一行，这种灾难都是免不了的。”他更不怕死，把非洲凶狮的笼子打开，凭一把又锈又钝的短剑，敢于和狮子决一胜负。作者把堂吉诃德放在种种意料不到的场合，反复突出他醉心铲除人间罪恶的这一人格特点，从而展示出他性格中的高贵品质。他为了追求自己的理想而置危险不顾，勇于为正义和社会而牺牲自我。这就使他的喜剧性格中生发出了崇高的悲剧感，使他成了一个有崇高精神境界的“疯子”。崇高而不容于现实，这是对现实的暴露、批判和否定。

堂吉诃德实际上是文艺复兴时期人文主义作家心目中的理想人物。他清醒时是一个谈吐应答都十分高明的人，拥有渊博的学识和高出一般人的见解，他对社会和人生的看法闪耀着人文主义的思想光辉。他实际上成了作家传播人文主义思想的载体。堂吉诃德所忠心实践的游侠骑士，表面上是个荒唐的人，实际上却是一个有理想并敢于为理想而奋斗的英雄。他追求的理想社会是“不懂得什么叫做‘我的’，什么叫做‘你的’”。这样的“黄金时代”虽然带有空想色彩，但在反对私有制的罪恶方面却是进步的。堂吉诃德心目中的游侠骑士还懂得“公平分配公平交易的原则”；性格既勇敢又文雅，特别是拥有“坚持真理，不惜以生命捍卫”真理的美德；知识渊博，也能事无巨细地做“钉马蹄铁和修理鞍辔”的生活琐事。这可以看出他是一个既有精神追求又有劳动能力的正常的、健全的人。堂吉诃德对妇女所受的侮辱与压迫也十分关心。他热情地支持美貌的玛塞拉要敢于摆脱封建偏见，大胆追求个人幸福。在他支援下，牧羊青年巴西琉用妙计战胜了大财主的儿子卡麻丘依仗金钱势力夺人所爱的霸道行径。在公爵府中，他要求桑丘破除封建的门阀等级观念，进行人道的司法改革，提出具有人文主义特点的“改革社会的方案”，反映了西班牙社会的进步要求。所以，堂吉诃德虽然穿着古代骑士的甲胄，脑袋里装的却是人文主义思想；他手中提的是中世纪的长矛，进攻的却是火枪、大炮盛行时代的西班牙社会。他是欧洲社会由中世纪向资本主义转型时期的先觉者。

三、莎士比亚的戏剧《哈姆莱特》

1. 莎士比亚的生平和创作

威廉·莎士比亚（1564—1616），出生于英国中部艾汶河畔的斯特福镇的一个富裕市民家庭。祖辈务农，父亲经营手套生意兼营农业，担任过当地的议员和镇长。他母亲是当地一个古老显赫的家族的后代。在他幼年时期，伦敦城里一些著名的剧团每年都要从首都来斯特拉福镇作巡回演出，这使莎士比亚较早地接触到了戏剧艺术。童年和少年时代，他在当地的文法学校学习，接触到古代罗马的诗歌和戏剧。后因他父亲被罚款，家道中落，他开始辍学谋生。1582 年莎士比亚和一个富有的农家女儿结婚。1585 年前后，莎士比亚去了伦敦。据说，他起初在剧院里打杂，为看戏的绅士们看管马匹，后来才当上一名雇佣演员。在工作中他获得了一次修改润色剧本的机会，并取得了成功，逐渐地他开始参加编剧的工作，并且成了剧团的股东。由于他戏剧活动的成功，收入日趋丰富，后来在故乡买地置产，为他的家庭取得了世袭绅士的身份。1608 年前后，他回到故乡定居，1616 年 4 月 23 日逝世。

莎士比亚的编剧工作从改编旧剧开始。自 1590 年起到 1612 年的二十多年中，一共完成叙事长诗两部、十四行诗一卷一百五十四首、戏剧三十七部。他的主要成就是戏剧。他一生的戏剧创作可分作三个阶段来认识。

（1）早期（1590 ~ 1600），一般称为历史剧、喜剧时期。写出了《亨利四世》上、下篇，《亨利五世》、《理查三世》等历史剧九部；《仲夏之夜》、《第十二夜》、《威尼斯商人》等喜剧十部；《罗密欧与朱丽叶》等悲剧三部。

莎士比亚早期的历史剧取材于 13 世纪初到 15 世纪末的英国史实，在主题上反对封建割据，拥护中央集权的君主专制制度，揭露封建家族之间的纠纷和诸侯叛乱对国家社会的危害，强调国家统一的必要性。这是有利于资本主义发展的，因而具有历史进步意义。

在他早期的喜剧中，主要是正面宣扬人文主义的生活理想，如个性解放、爱情自由等，以适应新兴资产阶级力求摆脱宗教禁欲主义和封建伦理道德束缚的要求。在这些喜剧中，他塑造出许多贵族青年男女，描写他们与封建习俗、道德、传统之间的冲突，最后争取到爱情和婚姻上的幸福结局。如《仲夏夜之梦》、《皆大欢喜》、《第十二夜》等。这在新兴资产阶级反封建的历史时期，具有重建新文化的意义。不过，这时莎士比亚对社会的认识还比较单纯，他过分真诚地相信人文主义理想可以在现实中得到实现，这使他早期的戏剧创作在充满愉快乐观的浪漫色彩的同时，也流露出缺乏对社会问题的严肃思考。比如他从人性论出发，把尖锐的社会矛盾单纯理解为善恶两种力量的斗争。在喜剧中，他往往通过恶人的悔悟和好人的宽恕来求得矛盾的解决。例如《威尼斯商人》中安东尼奥和夏洛克的矛盾解决就有些过分简单，当然作品的重点可能在于嘲讽高利贷者夏洛克，颂扬代表新兴资产阶级形象的安东尼奥，宣扬法律的力量，但是现实生活中的阶级矛盾和善恶斗争，显然都不可能那么轻松简单地得到解决。

莎士比亚早期的悲剧较著名的是《罗密欧与朱丽叶》，这类具有反封建意识的爱情悲剧，在世界各民族的文学艺术中都有内容大致相同的表现，如中国的梁祝故事。

(2) 中期（1601～1607），一般称为悲剧时期，共写出《哈姆莱特》等七部悲剧，《一报还一报》等喜剧四部。

17世纪初是英国资产阶级革命的前夜，社会的各种矛盾更加尖锐化，农村的圈地运动加速进行，失地农民四处流浪，城市平民的生活境况不断恶化。同时，资产阶级、新贵族的力量更加强大，他们感到封建的专制王朝已成为资本主义经济发展的巨大障碍，特别是女王把许多重要商品的专卖特权无限制地赏给亲信贵族，严重地损害了他们的利益。资产阶级、新贵族同王室之间的联盟开始瓦解。越是在革命的前夜，统治者在政治上越变得腐朽残忍，往往会加重剥削。这时，莎士比亚对现实的认识有所改变，他发现了现实的发展和人文主义理想之间存在着很大矛盾，因而他这时的作品更多地表现为批判和揭露，在风格上也转向悲愤、沉郁。于是他开始主要写悲剧，除著名的《哈姆莱特》（1601）外，还有《奥赛罗》（1604）、《李尔王》（1605）、《麦克白》（1605）、《雅典的泰门》（1607）等。

总起来说，这时期莎士比亚的创作无论在思想上还是艺术上都更趋成熟。从思想上看，这些悲剧对英国当时的社会生活和矛盾有了更广泛的反映，不仅对封建宫廷的揭露加深了，而且对“金钱万能”和资产阶级的极端个人主义也进行了批判。从艺术上看，他把悲剧主人公放到各种社会力量的冲突和斗争之中，让人物经受尖锐的内心斗争，使人物的性格具有鲜明的特征。在情节安排和语言的运用上，这些悲剧也都达到了更高水平。

(3) 后期（1608～1612），可称为传奇剧时期。共写出《暴风雨》等传奇剧三部和《亨利八世》历史剧一部。莎士比亚后期的作品对现实的黑暗虽然还有所揭露，但不再是抗议、批判的态度，而是和解、宽容的态度。他仍然保留着人文主义的理想，并把希望寄托在青年一代身上，对现实矛盾的解决一般都通过道德感化，甚至虚幻地设置一些超自然的力量，促使坏人悔改。在宣扬人性善良的同时，流露出脱离生活实际的虚无、乏力倾向。

2.《哈姆莱特》评介

悲剧《哈姆莱特》是莎士比亚戏剧创作的最高成就。作品取材于古老的丹麦历史传说。关于哈姆莱特复仇的故事最早见于12世纪末丹麦历史学家萨克索的《丹麦史》。文艺复兴时期，这个故事被搬上了舞台。据说16世纪末伦敦舞台上就上演过这个题材的戏剧，剧本已失传，作者可能为基德。莎士比亚把时代精神注入到古老的故事中去，赋予旧人物以新生命，一个古老的题材获得了不朽的艺术价值。

剧本的大致故事情节是：在丹麦古城艾尔西诺，老国王突然去世，他弟弟克劳狄斯登上了王位，在德国威登堡大学学习的王子哈姆莱特被召回国，他对眼前的事变充满了痛苦和怀疑。不久，他的母后又同新王——他的叔父结婚。新王声言老国王是在花园里被毒蛇咬死的，但老王的鬼魂把克劳狄斯谋害他的真情告诉了哈姆莱特。他立誓要为父复仇。可是由于事关重大，他陷入了深重的忧虑中，不得不装出一副疯疯癫癫的样子。御前大臣波洛涅斯以为是由于他不许女儿奥菲莉娅与王子来往，才造成王子发疯的。但克劳狄斯派人去偷听了哈姆莱特与奥菲莉娅的谈话，认为哈姆莱特的疯狂“不像是为了恋爱”，他怀疑哈姆莱特得知了隐秘，派人到处侦察他的行动和心事。哈姆莱特趁戏班子进宫演出的机会，改编了一出阴谋杀兄的旧戏文《贡札古之死》叫戏班子演出，来试探叔父。当演到贡札古被谋害时，克劳狄斯做贼心虚，神色大变，急匆匆地回到宫中，大发雷霆。这样，哈姆莱特更坚信他叔父有罪。他叔父也觉得事情不妙，隐私可能已被发觉。这时，御前大臣波洛涅斯献计，让母后叫王子到私房谈话，自己躲在帷幕后边偷听；王子发现幕后有人，以为是他叔父，便一剑把他刺死。克劳狄斯气急败坏，派人立即监送哈姆莱特去英国，并让监视他的人带去密信，信里要英王在王子上岸时就除掉他。哈姆莱特在船上发现了国王的阴谋，于是将计就计，另写一封国书，内容改为要求英王杀掉两个使者。后来哈姆莱特为海盗所掠，海盗放他回了丹麦。

哈姆莱特脱险再次回国，这时，他的情人奥菲利娅已经因父死、爱人远离而精神失常，落水溺死。波洛涅斯的儿子雷欧提斯回国为父报仇，被克劳狄斯利用。在雷欧提斯与哈姆莱特的一场比剑中，奸王不仅让雷欧提斯使用开刃的剑，还在剑上涂了毒药，并准备了毒酒。这样，哈姆莱特不是被刺死，就是胜利后饮酒被毒死。结果，哈姆莱特和雷欧提斯二人都中了毒剑，王后饮了毒酒，克劳狄斯也被刺死。

哈姆莱特是一个个性鲜明的人文主义者，他的悲剧是一代人文主义者的历史悲剧。他虽然是一个王子，但在大学期间形成了对“人”的新看法，他热情洋溢地赞美人类的理性、力量、仪表和举动，说人是“宇宙的精华，万物的灵长”。他对奥菲利娅怀着纯真的爱情，对朋友也报着真诚的态度。然而，当他的美好的人文主义理想和现实之间发生了尖锐的矛盾时，他开始变得忧郁而又犹豫，把世界看得“可恶、陈腐、无聊”！认为人类是由泥土造成，“算不了什么”！世界已经变成了囚室、地牢。他深深陷入矛盾的痛苦中，既不能放弃理想，又无法改变现实。剧作通过展示哈姆莱特的痛苦和不幸，暴露了封建王朝的黑暗，对哈姆莱特的奋斗给予了热情的赞颂和同情。尽管哈姆莱特的奋斗以悲剧告终，但作为一部艺术品，哈姆莱特的倒下恰恰是为了唤醒更多人前进。剧作成功地实现了这样的艺术效应。

四、歌德的诗剧《浮士德》

1. 歌德的生平和创作

约翰·沃尔夫冈·歌德（1749—1832），生于德国莱茵河畔的法兰克福一个富裕家庭。父亲是皇家顾问、市参议员，母亲是市长的女儿，有良好的修养。富裕的家庭使他很早就接受了良好的教育。1765 年，歌德到莱比锡大学学习法律，1768 年因病回家修养。1770 年 4 月他到斯特拉斯堡学习，1771 年 8 月结束学业。大学毕业后歌德在家乡当律师，同时开始戏剧创作。1772 年歌德去威茨拉尔高等法院实习，认识了法官女儿夏绿蒂·布芙，一见钟情。但夏绿蒂已经订婚，未婚夫又是歌德的朋友，这让他一度陷入深深的苦恼，但最终还是摆脱了出来。这段经历成为他后来创作《少年维特之烦恼》的生活基础。

从1775～1786的十年间，歌德在魏玛宫廷先后担任枢密顾问、内阁大臣等要职。1782年晋升为贵族。这期间，他本想利用和依靠“开明”君主实现他的政治理想。他主持政务，起草文件，负责政治、经济、军事各方面的工作。然而，魏玛公国只有十万人口，都城也只有六千人。歌德为这种封建王国服务，无所作为是必然的结果。所以，他经常做的更多的事情是陪同公爵一起放鹰打猎，狂欢宴饮，沉醉于宫廷生活之中。歌德越来越失望。这个时期被认为是他文学艺术上的沉默时期。

1786年6月，歌德改名换姓，私自离开魏玛，跑到意大利。当时的意大利是工商业文明的中心，歌德在那里获得了思想的新生，他甚至把进入“世界之都”罗马的日子说成是他的第二个生日。在意大利期间，他完成了历史题材的悲剧《埃格蒙塔》，并开始写作《浮士德》。1788年6月，歌德回到魏玛，他请求公爵免去了他的一切职务，专心从事文学和科学活动。1791年，公爵的宫廷剧院建成，歌德当了经理，领导魏玛剧院长达27年。晚年歌德最重要的工作就是完成了鸿篇巨制诗剧《浮士德》。歌德的另一部重要作品是长篇小说《威廉·麦斯特》。这部作品的创作时间前后经历了三十年，作品分上、下两部。第一部《威廉·麦斯特的学习时代》发表在1796年，第二部《威廉·麦斯特的漫游时代》发表于1829年。《威廉·麦斯特》被称为是德国文学史上影响深远的“教育小说”，描写了人的成长过程，表现了诗人的人生理想，那就是应该成为一个对己对社会都有用的人。小说主人公威廉·麦斯特是德国新兴资产阶级的典型形象，他出身商人，由于渴望精神上的发展，离开贪婪成性的家庭，投身于戏剧舞台。但这个小天地也不能满足他的要求，后来走向大世界，参加了美国的独立战争。回国后在一个资产阶级化了的贵族青年身上找到了“学习时代”的理想，加入了一个旨在服务于人类社会的秘密组织“互济会”。威廉继续寻求生活的真理，在儿子的陪同下到处漫游。后来他把儿子送到“教育区”。那里风俗纯朴，人性善良，每一个人都勤奋劳动，精通技艺，为社会造福。共同的信条是“三敬畏”，即敬畏在我们之上、之中、之下的一切。通过漫游，威廉·麦斯特认识到一个人最重要的是做一个有益于社会的成员，于是他当了外科医生。威廉·麦斯特的学习和漫游过程主要体现了歌德启蒙主义的人生观，强调人的价值在于为社会服务。

1832年3月22日，歌德逝世。传说他临死前让人拉开窗帘，说了最后一句富于哲理的名言：“多一些光。”

2.《浮士德》评介

(1) 创作过程：《浮士德》是歌德的代表作，它的创作过程贯穿了歌德六十年创作生活的始终。1770～1771年在斯特拉斯堡大学学习期间形成写作《浮士德》的想法。1773～1775年写成《浮士德》第一稿。以后间断创作，到1797年重新着手，十年后即1806年完成第一部，第二部完成于1825～1832年间。

(2) 题材：悲剧《浮士德》取材于德国民间关于浮士德的传说。据说浮士德全名为约翰·乔治·浮士德，生活于1480～1540年间。他是一个学者、魔术师、星相家，自称无所不能。他用血与魔鬼签订契约：魔鬼帮他达到任何目的，他死后灵魂归魔鬼所有。浮士德在炼金时发生爆炸，受伤死去。他死后三十年就有人记载他的故事并出版了《浮士德故事》，从此关于浮士德的故事以各种形式广泛流传，受到人们的喜爱。浮士德的故事得以流传，根本原因在于浮士德是文艺复兴时代德国一个具有代表性的人物，在他身上有那个时代特有的冒险精神和进取精神。歌德选取这个民间传说，进行了毕生的艰辛劳动，终于写成了史诗性的作品，把一个民间传说中的人物，变成了文学史上不朽的形象。

(3) 作品的结构与内容：《浮士德》以18世纪到19世纪初期德国和欧洲社会现实为背景，通过主人公努力追求的一生，概括了资产阶级上升时期先进的知识分子不满现实、竭力探索人生意义和理想社会的全部过程。作品的结构庞大而复杂，分上、下两部。第一部包括25场，前面另有《献诗》、《舞台上的序剧》、《天上序幕》三个小部分。第二部也包括25场，分成五幕。全剧以浮士德的思想发展为线索，属于哲理性的诗剧。

作品的开端部分《献诗》，是诗人的述怀，抒发了歌德创作悲剧时的心情，他要把这“哀歌”唱给“未知的人群”。《舞台上的序幕》通过诗人与丑角及舞台长对话，表现了诗人的美学见解。他认为艺术作品的力量在于“和谐”，在于内容的“真”、“美”。《天上序幕》是全剧情节的开端，它和结尾一场前后呼应，集中表现了诗剧的基本思想。《天上序幕》以宇宙为背景，展开了一场天帝与魔鬼靡非斯特关于人的争论：魔鬼认为人天性恶劣，必然堕落；天帝认为，人难免有错，但经过努力，可以走向真理。这个争论的实质是人能否实现和怎样实现理想。按照歌德的观点，这个问题既包括人自身的矛盾，也包括人的理想和现实之间的矛盾。歌德赋予浮士德的使命是解决这两个矛盾，来揭示改造社会和实现理想的途径。由于天帝与魔鬼的争论需要证明，由此引出了在浮士德身上下赌注，这样，魔鬼才到了人间与浮士德签订了契约，以后由魔鬼引导浮士德经历了人生悲剧的五个阶段。

浮士德人生悲剧的第一个阶段是学者悲剧。包括六场戏，主要描写老学者浮士德的新生。浮士德已年过半百，在书斋中寻求真理毫无所获，悲观绝望，想要自杀。复活节的歌声唤起了他生活的勇气，开始翻译《圣经》。歌德以祝颂“基督复活”的声音来使浮士德的精神得以复活，这表明了新兴资产阶级对理性的呼唤。精神复活后的浮士德怀着“归返自然”的愿望来到城门外，被春光明媚、人群欢乐的景象所激动，精神奋发，遐想联翩，决心“以净朗的精神，重把新生开始”。浮士德从城郊再回到书斋时，“爱念”陡生，参悟到人生的关键是“行动”，因此在翻译《圣经》时把“泰初有道”一句改译为“泰初有为”。他还满怀信心地和靡非斯特赌定：尽量使他的欲望满足，只要他说出“你真美呀，请停留一下”！他就死去。这时的浮士德心潮澎湃，热情似火，急于投身到时代中去，领略“人类的精神”，承担起人类的苦乐，使“小我”扩大成“全人类”的“大我”。于是，他被靡非斯特带到“魔女之厨”，借魔女的药汤恢复了青春，完成了他从精神到肉体的“复活”。

复活了的浮士德形象是一个新兴的资产阶级人道主义者。他摆脱了中世纪经院哲学的束缚，有强烈的入世思想，他不满现实社会，要为“人类”创造一个“真美”的世界。

第二阶段，包括从“街头”到“监狱”共十九场，描写浮士德的爱情生活，开始了对人生和理想的探求。浮士德返老还童后与市民少女玛甘泪相爱。由于魔鬼的怂恿，浮士德不顾一切，终于陷入迷离的爱欲之中，造成了一系列的错误。这一阶段以宗法制的小城镇为背景。小市民家庭出身的少女玛甘泪是一个要求个性解放的柔弱的牺牲者。她在基督教教义的腐蚀和封建伦理的毒害中长大，社会地位的低下，使她对那个“一切都是金钱”的社会既痛恨又无能为力。因此，幸福的爱情成了她惟一的寄托与希望。她爱上了“高贵的少年”浮士德，却遭到封建舆论的讥嘲，宗教意识的折磨。后来，她的哥哥同浮士德决斗受伤致死，母亲误服过度安眠药水而暴亡，她哀痛成疾，溺死了自己的孩子。玛甘泪因此成了罪人，被捕入狱，被判处了死刑。浮士德和玛甘泪的爱情悲剧实质上是由新兴资产阶级个性自由的要求和封建势力之间的矛盾造成的。玛甘泪之死是对残酷的封建势力和无情的宗教教义的控诉。

爱情悲剧使浮士德的精神经受了一次沉重打击，不过，他没有消沉，经过一场理智与爱欲的斗争之后，他从个人情欲中解脱了出来，开始由个人利欲的追求转变为对社会政治生活的探求。

第三阶段，包括第二部第一幕，描写浮士德的政治悲剧。这一幕所写的政治生活，显然与歌德在魏玛宫廷长期工作有关。通过这幕戏，展示了整个德国封建王朝（神圣罗马帝国）的腐朽和资本主义金钱势力的泛滥。“紫金城”一场，通过朝臣们的口，揭露了封建王朝腐败的朝政和穷奢极欲的生活。这个国家“非法的行为穿戴上合法的伪装，一个邪恶世界居然正正堂堂”。教会掠夺人民，法官贪赃枉法。作奸犯科的受到宽容，良民反而“有罪”。政府克扣军饷，士兵到处抢劫，各邦不纳贡赋，国家财源枯竭。宫廷浪费无度，弄得普天之下寅吃卯粮，以致“床上的羽褥押进了典当，连桌上的面包也只好赊账”。“像这样，世界只好离析分崩，闹到是非颠倒，公道沦亡”。在这样的情况下，当政者依靠骑士和教士推行专制统治，“他们的俸禄是国土和教堂”，因而给民众造成更大灾难。宫廷化装舞会上突然爆发的熊熊烈火，预示了民众的反抗。

为了挽救这个封建王朝的覆灭，浮士德根据靡非斯特的意见，通过发行纸币来解决财政危机，召来古希腊美女以娱乐宫廷，结果却导致了人们对金钱的贪婪和对享乐的追求。浮士德感到十分空虚茫然。浮士德在封建宫廷中看到了王朝的腐败，不是起而反抗，而是迁就退让，仍然尽心竭力为这个腐朽王朝服务，想方设法维持它的统治，这恰好反映了德国资产阶级对现实的妥协和迁就。浮士德政治生活的失败，说明为封建王朝服务不可能有所建树。于是，歌德让浮士德又开始了新的探索。

第四个阶段是艺术悲剧。包括第二、三幕。描写浮士德对美的追求。浮士德回到书斋，他的学生瓦格纳否定了“造化的至圣至神”，他调和几百种元素，在玻璃瓶里造出“人造人”——何蒙古鲁士。何蒙古鲁士带领浮士德游历了古希腊神话世界。在象征智慧和正义的希隆指引下，在同情人类的曼多鼓励下，浮士德找到海伦，并且和她结了婚。海伦被视为永恒的“美”的化身，她的“美”简直能化育一切。浮士德热诚地爱着海伦，他们生了个儿子叫欧福良。可惜，这个“未来的众美的创造者”，他“有过旺的精神力量”，渴望战斗，渴望胜利，认为“神圣的意念，属于不屈服的心，一切胜利，归诸战斗的人”。当发现海上有军队正在激战，他不甘心旁观，“情愿去同受苦难”。因为前往参战飞得太高，坠地跌死。歌德通过这个形象悼念了英国积极浪漫主义诗人拜伦。欧福良死后，海伦深感“幸福与美不能长久地璧合珠联”，也痛苦地离开浮士德而消逝，空留下衣服和面纱在浮士德的怀抱。海伦的消逝表明古代的“美”自有其时代的内容，社会已经发展，历史不能复活于现代。作品让浮士德与海伦结合，探求了改革社会的另一种途径，但由于它完全脱离社会现实，因而也没有什么结果。浮士德对“美”的追求就这样宣告破灭了。歌德在这里批判了当时思想界那种认为美育可以改造人、改造社会的错误观点。寓言式地表明浮士德对古希腊文学艺术研究的心得。

第五个阶段是事业悲剧。包括第四、五幕，描写了浮士德理想的实现。海伦的飞逝打破了浮士德对“美”的信念，他又回到地上。但他不满足在世外桃源过幽居生活，他感到自己有力量成就惊天动地的事业。于是他又回到那个曾经治理过的国家，帮助皇帝平定了战乱，因功受赏，他得到海边一块封地。浮士德便召募了千百万人民填海造陆。他们筑长堤，凿运河，开辟了万亩良田，建起了一座座村庄。他利用靡非斯特的魔力实现自己的意志，不久被

“忧愁”吹瞎了眼睛。这时，浮士德对自己努力建造的海边王国感到满意。他听到死灵为他掘墓的声音，以为是群众劳动的声音，高兴地说出了自己的理想：“每天每日去开拓生活和自由，然后才能够做自由与生活的享受。”于是他不由地喊道：“你真美呀！请停留一下。”按照誓约，浮士德倒地逝去，天帝派使者将他的灵魂接上了天堂。

五、雨果的《悲惨世界》

1. 雨果的生平与创作

雨果（1802—1885），其父是拿破仑部下的军官，母亲信奉旧教，拥护王室。青年时期因受母影响同情保王党；在艺术上受夏多布里昂影响开始了早期诗歌创作。《颂诗集》（1822）歌颂君主政体和天主教，受到国王路易十八的奖赏。1827 年发表剧本《克伦威尔》和《克伦威尔序言》。剧本未能上演，但序言却成了当时浪漫主义运动的一个宣言。雨果因此被认为是浪漫主义运动的首领。在这个序言中雨果猛烈地抨击古典主义的清规戒律，提出了新时代艺术的美学原则。

1831 年，雨果发表了长篇历史小说《巴黎圣母院》。小说的故事发生在 15 世纪的巴黎。作品描写圣母院副主教克罗德·佛罗洛，敲钟人卡西莫多，吉卜赛少女爱斯梅拉尔达之间复杂离奇的故事。副主教表面威严慈善，但当他看到美丽的吉卜赛舞蹈女郎爱斯梅拉尔达之后，情欲便冲破了他那宗教理念的堤防，他不择手段地想占有她，最后由追逐变成了迫害。巴黎圣母院的敲钟人卡西莫多也爱慕爱斯美拉尔达。卡西莫多相貌奇丑，但他的爱却是高尚的，具有人道和自我牺牲的特点，与佛罗洛的罪恶情欲完全不同。道貌岸然的弗罗洛，在他的企图不能达到时，便卑鄙地采用嫁祸于人的办法，把爱斯美拉尔达送上绞架。这时，对弗罗洛百般忠实的卡西莫多，被这个虚伪的主人的残暴和无耻所激怒，把弗罗洛从教堂的高塔上推了下去。雨果通过这部作品攻击了封建统治的支柱——天主教会；赞美了普通人那种忠诚、勇敢和自我牺牲的精神。小说反映了作家对封建统治阶级的憎恨和对受压迫的下层人民的同情。被社会嘲弄和迫害的下层人民的代表卡西莫多和爱斯美拉尔达，都被赋予天真、善良、真诚等品性。这部小说具有中世纪传奇的神秘色彩，情节离奇，变幻莫测，戏剧性强，运用了鲜明对比的原则，造成了强烈的艺术效果。如卡西莫多的丑与吉卜赛少女的美；副主教外表的威严慈爱与内心的邪恶凶狠；卡西莫多外表的畸形与内心的美好，等等。人物形象外貌和内心世界的不统一，隐含着深刻的生活哲理。中国有句老话叫“人不可貌相”，生活中的一切事情都是不能简单地只看表面或只通过一个角度的观察就下结论。

1848 年的革命对雨果的思想和创作的转变产生了重大影响，从此他抛弃了对君主立宪的幻想。1851 年 12 月，共和国总统路易·波拿巴发动政变，雨果参加了共和党人组织的反政变起义。后来拿破仑三世对反抗者无情镇压，雨果被迫到国外度过了长达 19 年的流亡生活。流亡期间，雨果发表了《惩罚集》(1853)、《静观集》(1856)等诗集和《海上劳工》(1866)、《笑面人》(1869）等长篇小说。1870 年，普法战争后，由于第二帝国倾覆，雨果回到了别离多年的祖国。1872 年，雨果发表《凶年集》，反映了他在普法战争中和巴黎公社时期的思想感情。雨果一生为民主、和平而斗争，反对民族压迫。1860 年英法联军侵入中国，雨果愤慨地评论说：“这些强盗中的一个装满自己的口袋，另一个装满自己的箱子……这就是关于两个强盗的故事。”

雨果于 1885 年去世，法国人民为他举行了国葬，据说当年送葬者有百万之众。雨果是法国和世界最伟大的诗人和小说家之一，他的诗数量丰富，主题多样，形式完美，表现手法细致多彩。他的小说精彩感人，雄浑有力，描写雄伟壮阔，在全世界产生了广泛深远的影响。

2.《悲惨世界》评介

《悲惨世界》(1862) 是雨果的代表作，是法国文学中最著名的小说之一。它是雨果用了20年之久精心打造的一部长篇巨制。小说中所描写的事件始于1815年，而结束时已经是七月王朝时期了。但作品在叙述中不断回溯到人物的过去，即1815年以前的生活，回顾了大革命时期和拿破仑战争时期的历史事件。所以，小说实际上反映了整个19世纪前半期法国的社会生活。

小说的故事从1815年开始，苦役犯冉阿让被释放出来。他原是一个贫农出身的工人，因收入不够家人糊口，十九年前他万般无奈偷了一片面包，被判刑五年，几次越狱没有成功反而加重了刑罚。冉阿让在狱中失去了一个劳动者的美好品格，所以出狱后恶习不改。在米里哀主教家寄宿时偷走了银器。当警察把他扭送回来对证时，米里哀假说那是送的，同时又加送了一副银烛台。冉阿让大受感动，从此成为新人。他到了滨海城市蒙特漪，改名马德兰。他开工厂，成为富翁，乐善好施，被选为市长。偶然的机会他认识了女工芳汀。芳汀本是一个贫苦但诚实、勤劳、纯洁的姑娘，她十五岁来到巴黎，被人诱骗怀孕，生了一个女孩，寄养在一个酒店主家。从此她的生活每况愈下，沦落为一个备受凌辱的弱女子。为了生存，她卖掉了自己的头发和一对洁白的牙齿，直到沦为妓女。后来她有幸受到马德兰市长的保护。这时有一个叫沙威的警察，曾当过看守，他认出了冉阿让，但不敢贸然下手。后来一个流浪汉因行窃被捕，他长得与冉阿让相似，被指控是一贯偷窃的冉阿让，要被判绞刑。马德兰市长毅然在法庭上公开了自己的身份，救了那个流浪汉。芳汀把自己的孩子委托给冉阿让之后死去，冉阿让再次被捕。1823年冉阿让从服苦役的船上逃走，找到了芳汀的孤女珂赛特，将她从一个坏人手中救出后前往巴黎隐姓埋名。冉阿让把芳汀的女儿珂赛特抚养长大成人，她同一个青年马利于斯相爱。1832年巴黎共和党人起义，马利于斯参加了巷战。冉阿让放心不下就跟他去了。起义者抓住了沙威，决定处死，但冉阿让私自偷偷地放了他。马利于斯负伤，冉阿让背他回家途中被沙威发现。沙威在良心的考问下也给他们放行了，随后即自杀而死。1833年马利于斯与珂赛特结婚。当他知道了冉阿让的一切时，称他为圣人和基督，可是此时冉阿让已到了弥留时刻，他把那副银烛台给了珂赛特，然后离开了人间。

《悲惨世界》集中地表现了雨果以前作品中已经多次出现的仁爱万能的人道主义思想。他的人道主义在《巴黎圣母院》中表现为对天主教黑暗势力和封建统治者的揭露，而在《悲惨世界》中，他的人道主义已经发展为对现代资产阶级社会的道德和法律的批判了。在这部小说里，雨果描绘了广阔的生活画面，反映了被压迫群众所遭受的痛苦和凌辱。在小说的作者序里，雨果提到了当时社会需要解决的三个迫切问题，他说："贫穷使男子潦倒，饥饿使妇女堕落，黑暗使儿童羸弱。"这句话有助于我们更好理解小说的主题。小说名字的原意是"受苦的人们"。雨果在描写下层人民的悲惨命运时，揭露了资本主义的尖锐矛盾和巨大贫富悬殊，抨击了资产阶级法律只维护富人利益的阶级本质。

但是，雨果试图通过道德建设来解决社会矛盾，表现出了艺术家的人道主义空想。他认为，世间存在着两种法律，一种是高级的，一种是低级的。前者的代表是米里哀主教，后者的代表是警察沙威。在米里哀看来，罪恶不能靠惩罚解决，而是应该饶恕。这样，人从灵魂深处得到认识，才能从根本上解决社会罪恶问题。这才是最完善的法律。现行的法律，单靠刑罚惩治罪行，并不能消灭犯罪，而使犯罪加深。雨果以冉阿让为例，企图说明世俗法律之无用。统治者以刑罚惩治他，他反而变得凶狠，更加有意地犯罪。可是，米里哀主教用仁慈感化他时，他就变成了一个真正的人，一个富有博爱精神的人。雨果力图通过冉阿让的转变说明米里哀主教精神感化法的伟大。这表明小说的思想基础就是资产阶级的人道主义，它是雨果揭露社会罪恶的出发点。但是由于作家是从人道主义的说教出发来塑造冉阿让这个人物形象的，因此表现出过分的理想色彩，使人物形象产生了一定的不真实之感。在现实生活中，一个服过十九年苦役的命运不幸的犯人，要想成为富翁和企业家是不容易的。特别是冉阿让很快使一个萧条萎靡的地方变得欣欣向荣，让大家都有了健康的劳动生活，失业和苦难已经消灭。这只能是一种艺术的美好的主观幻想，说明雨果受到了空想社会主义的影响。

六、果戈理的《死魂灵》

1. 果戈理生平与创作简介

尼古拉·瓦西里耶维奇·果戈理（1809—1852），出生于乌克兰波尔塔瓦省米尔戈罗德县索罗庆采镇一个地主家庭。他父亲是个文学爱好者，家里有比较丰富的藏书，订有几份杂志。1821～1828 年，果戈理在当地著名的涅仁科学中学读书。中学毕业后，他怀着做一番事业的热情，来到彼得堡。起初当小公务员，后来结识了普希金，走上了文学创作道路。他的第一部成名作《狄康卡近乡夜话》（1831～1832），是一个反映乌克兰民间生活的故事集，共上、下两集，收入故事八篇，具有鲜明的浪漫传奇色彩和浓郁的地方气息。从此，果戈理在文学上引起人们的注意。

1836 年，果戈理的五幕喜剧《钦差大臣》问世，获得惊人的成功，标志着果戈理的现实主义讽刺艺术已完全成熟。剧中描写某个城市的官员们错把一个来自京城的夸夸其谈的十二等小文官赫列斯塔柯夫当成微服私访的钦差大臣，因而产生了种种误会和混乱。作者通过这一看似偶然的事件，概括地反映出俄国专制制度的腐朽和官僚们的恶德败行。剧中每一个官员代表着国家体制的一个方面，合起来构成了一幅官场百丑图。果戈理以辛辣的嘲讽揭示了沙皇尼古拉反动统治的整个官僚机构。城市的市长是个“做官做了三十年，曾经骗过三个省长”的骗子；法官弄不清状子的真假；邮政局长整天胡思乱想、私拆信件；警察署长只知道组织警察“随便用拳头揍人”。从这些官员的谈话中，人们知道了他们的全部公务就是贪赃枉法、横行霸道、盗窃国库和鱼肉人民，而且他们丝毫也没有受到良心的谴责，他们根本已经丧尽了天良。

赫列斯塔柯夫是剧中牵动情节发展的人物，他空虚庸俗，胆怯心虚，爱摆架子，好吹牛撒谎，仅仅因为市长及其僚属们都惯于欺骗伪装，才歪打正着把他看做是上司故意作态诈唬、勒索贿赂的一种手段。于是，一个个装作诚惶诚恐的样子，急忙忙呈上贿赂。市长在提供食宿的同时，还献上自己的妻女。赫列斯塔柯夫则乐得假戏真唱，乘机大搞腐败。这恰恰说明了官僚机构已经彻底腐朽，任何一个哪怕是芝麻丁点的小官员，只要给他机会，他可以立即腐化堕落。当人民群众涌来向这位假“钦差大臣”告状时，民众的灾难和社会的黑暗被彻底暴露了出来，戏剧也达到了高潮。戏剧最后还设计了真“钦差大臣”出场，但这只是喜剧的一种收场方式，作品对俄国农奴制社会的批判已经完成了。

1836 年果戈理出国到德国和瑞士，后迁居罗马。1841 年，他完成了著名的长篇小说

《死魂灵》第一部，1842年出版。1842～1852年，果戈理全力写作《死魂灵》第二部，但由于精神上的危机，比如在1847年他曾发表《与友人书信集》，表明自己不赞成废除农奴制，公开站到沙皇专制制度一边。因此，据说他的《死魂灵》第二部几次写了烧，烧了写，最后还是在1852年2月去世前，焚毁了全部书稿，在忧愤中与世长辞。

2.《死魂灵》评介

(1) 情节结构：《死魂灵》的情节是由一个五等文官乞乞科夫走访地主庄园收买“死魂灵”的活动组成的。乞乞科夫来到N市，向周围地主们廉价收购已死但尚未向当局注销的农奴，目的是将死农奴当作活农奴，以移民为借口，向国家申请在俄无主的荒地，土地到手后，或高价转卖或到救济局抵押，这样，就可赚一大笔钱。乞乞科夫在收购后回城办理法定手续时，一地主揭发他的秘密，并散布流言说他假造钞票，预谋诱拐知事女儿，引起N市的惊慌，检事官为此受惊而死。乞乞科夫预感大祸来临，便匆匆逃离N市。

从结构上看，作品共十一章，第一章写乞乞科夫来到N市，开始他的预谋活动。第二至六章依次叙述乞乞科夫同五个地主进行买卖死魂灵的交易。刻画了不同地主的典型形象，展示了地主的腐朽生活画面。第七至第十章，描写乞乞科夫买得“将近四百个魂灵”，回到N市办理移交手续；由于官吏和市民的议论，在N市造成了恐慌，检事被乞乞科夫买魂灵的流言所吓死；乞乞科夫听到各种流言，也惊恐万状，匆匆逃离。这里着重揭露了官吏及上流社会的腐败庸俗生活。第十一章介绍了乞乞科夫的身世及其买死魂灵的目的，剖析了他投机取巧，惟利是图的腐朽灵魂。

(2) 乞乞科夫的形象评价：乞乞科夫是小说的中心人物，是俄国资本主义积累阶段新兴起来的资产者典型。他出身于没落地主家庭，又在官场混了多年，精通人情世故。西欧资产阶级对俄国的影响，使他又具有投机钻营，巧取豪夺的本领。乞乞科夫从小就从他父亲那里接受了两条“教训”：一条是“要博得上司的欢心”；另一条是要“存钱，积钱……只要有钱，什么都办得到”。他一生都是按此“教训”做事的。因此，乞乞科夫认为只要有钱就可以达到一切目的，所以从小学生时起直到在政府部门里供职，他一贯讨好老师，巴结上司，目的就是为了向上爬，赚大钱。他在官场中虽屡受挫折，但从不气馁，每次都从头再来。他学得一身圆滑世故，很有投机钻营本事，又善于随机应变，处处占人便宜。他走上社会后，为了闯过仕途上的“最大难关”，“显示了未曾前闻的克己的忍耐”，为了巴结上司拼命追求上司的麻脸女儿，等到上司帮他把科长职位弄到手，他便立即一脚将他们踢开。在从五个地主手里购买死魂灵时，他十分善于因人而异。对多情善感的玛尼罗夫，他就用甜言蜜语讨其欢心，使之抄出一份死农奴的名单。对泼留希金，他一方面表示关怀又表示同情，使这个吝啬鬼廉价出卖了死魂灵，还连叫他为“救命恩人”。

《死魂灵》主要描写了俄国地主阶级的衰败破落和新兴资产阶级的崛起。通过乞乞科夫在城市的活动，也揭露了官僚的庸俗生活，肮脏的灵魂及贪污行贿等腐败行为。小说在结尾写道：“俄国啊！你奔到哪里去，给一个回答吧！”表明了作者对国家命运的忧虑。

第五章 20世纪以来外国文学名著导读

第一节 海明威的《老人与海》

一、生平与创作

厄纳斯特·海明威（1899—1961），美国著名作家，出生于芝加哥郊区的一个医生家庭。他父亲爱好打猎、钓鱼，并在海明威很小时就培养了他这方面的兴趣；他母亲爱好艺术，对海明威也产生了很大影响。1917年，海明威中学毕业前夕，正值美国参加第一次世界大战，他因患眼病而未能入伍。同年10月，进堪萨斯市《星报》任见习记者。1918年5月，他参加志愿救护队担任红十字会车队的司机，赴战争前线。在意大利前线身负重伤，表现十分英勇。海明威服役期限虽短，但是战争却对他产生了强烈影响。第一次世界大战的战壕成了他的生活大学。1919年回美国后，他重操记者旧业。1921年作为《多伦多星报》记者去巴黎。在西欧期间，他结识了斯坦因、庞德等现代派作家，并在此时开始发表作品。第一个短篇小说集为《三个短篇和十首诗》。1924年又出版了《在我们的时代里》。1926年他出版了两部长篇小说《春潮》和《太阳照样升起》。1927年又出版了短篇小说集《没有女人的男人》。在早期创作中海明威虽然受到现代派文学的影响，但是他是位极有主见的人，他逐渐地形成了自己的创作个性，走上了一条与这些现代派大师们不同的创作道路。

海明威在小说中塑造了许多"硬汉人物"，比如在《没有女人的男人》中，他塑造了一批在生活中临危不惧、在任何逆境里都保持人的尊严、不管生活如何艰险仍能乐观拚搏的人，他们甚至在死亡面前也泰然处之。这批"硬汉人物"具有鲜明的个性特点。他们生气勃勃，富于进取心，在生活当中，觉得自己永远是强者，是"打不败的人"。比如著名的短篇小说《打不败的人》中的斗牛士曼努埃尔，他在青年时代曾以超群的武艺和勇武精神威震斗牛场，被誉为打不败的人。但是，美好的年华毕竟要成为过去，年老的曼努埃尔开始被人们怀疑他的勇气和力量了。这位"硬汉"对于以往获得的荣誉看得比生命还重要，他执意上了斗牛场，在与公牛的拼搏中，他几次都差点丧生，但他靠"硬汉"精神，终于在身负重伤的情况下刺死了公牛，保全了自己的人格和荣誉。同样，《五万元》中的拳击家、《杀人者》中的拳击家，都把职业赋予他们的品性看成是自己的生命，无论他们处于何种境地，都自觉地或不自觉地维护它。可以说，"硬汉精神"是这些人物形象的灵魂。

海明威笔下的"硬汉人物"，明显地带有作者的自传特点。他父亲是位医生，他小时候曾随父亲去印第安人住处出诊。因此《印第安人营地》中记述的那位硬汉对待死亡的态度，实际上就是他本人对生死的态度。晚年的海明威，在精神、体力衰退和疾病的折磨下，无力自拔，走了那条印第安人的路，用猎枪自杀了。

1929年海明威创作了著名的长篇小说《永别了，武器》，作品反映了战争给年青一代的心身造成了巨大的无法弥补的创伤，他们被一种悲观的情绪笼罩着，他们不仅否定战争，也否定资本主义社会的一切。作品流露出强烈的反战情绪和对和平的渴望。海明威著名的作品还有：《乞力马扎罗山的雪》(1936)、《丧钟为谁而鸣》(40年代)、《老人与海》(1952)等。海明威曾获1954年度诺贝尔文学奖。

二、《老人与海》评介

小说讲述了一位老渔民某一天出海打鱼，打着了一条巨大的鱼，他在把这条鱼拖回岸上的过程中，遇上了鲨鱼群，作品着重描写了老人为保护自己的劳动所获与鲨鱼群的搏斗。最后他拖回岸上的只是一具闪着白光的硕大无朋的鱼骨架。这部中篇小说以象征手法，寓意深刻地赞美了人在自然界和社会里的拼搏精神。正如作品里所说的："一个人并不是生来要给打败的，你尽可以把他消灭掉，可就是打不败他。"作品成功地采用寓意与象征手法，加深了主题含义。小说中的鲨鱼象征与人类对立的恶势力，以大海、大自然象征爱和自由，以狮子象征勇敢和力量，以小孩象征希望和善良。作品里多次出现狮子的字样，表明作者对拼搏精神的追求和赞美。

第二节　高尔基的《母亲》

一、生平与创作

马克西姆·高尔基（1868—1936)，原名阿列克赛·马克西莫维奇·彼什科夫。1868年3月28日生于伏尔加河上游重要码头尼日尼·诺夫戈罗德（今高尔基市）一个细木工家庭。四岁丧父，十岁丧母，曾在濒于破产的开染坊的外祖父家寄居，从慈祥的外祖母那里受到优美的俄罗斯民间文学的熏陶。十岁开始过着流浪生活，拣过破烂，当过学徒和杂工，饱尝沙俄时期底层社会生活的艰辛，感受了社会的黑暗。高尔基只上过两年小学，但他酷爱读书，坚持勤奋自学。正如他在自传小说《我的大学》中描写的那样，1884年他怀着上大学的梦想来到喀山，虽然未能如愿，无奈地先后当过码头搬运工、面包师、杂货店伙计、园丁和守夜人等，但他从来没有放弃过读书学习。在现实生活的磨炼中他认识到了社会的不公正和人民的疾苦，树立起了改造社会的信念。

1892年，高尔基发表第一篇短篇小说《马卡尔·楚德拉》，使他从一个流浪汉成为文学家。高尔基四十多年的创作留下了丰富的文学遗产，列宁称他是无产阶级艺术的最杰出代表，是世界无产阶级文学的奠基人之一。

高尔基的创作分为几个阶段。

第一阶段：1892～1899年。这一时期高尔基创作的特点是积极浪漫主义和批判现实主义。1895年写的《伊则吉尔老婆子》和《鹰之歌》是浪漫主义优秀之作，反映了劳动人民反抗沙皇专制统治，渴望自由解放的革命激情。《鹰之歌》中鹰的形象象征着当时俄国革命者积极向往行动，渴望改变现实的英雄气概；而蛇的形象则暴露了市侩的苟且偷安、自私保守的丑恶嘴脸。他的现实主义作品以巨大的同情描写了来自社会底层的形形色色人物，其中关于流浪汉题材的小说《切尔卡什》非常出色。

第二阶段：1899～1908年。，这一时期俄国无产阶级革命运动高涨，高尔基逐步确立了马克思主义世界观，创作出与无产阶级革命紧密相连的作品，主要作品有《福玛·高尔捷耶夫》、《海燕》，剧本《小市民》、《底层》、《敌人》，长篇小说《母亲》、《忏悔》等。其中，《海燕》生动地反映了革命高潮到来前，革命人民和反动势力进行激烈搏斗的壮丽图景，采用了寓言和象征手法。与被讴歌的海燕形象相对比，作家用其他海鸟象征革命风暴前惶恐不安、悲观失望、妥协投降的资产阶级政客与小市民的灵魂。

第三阶段：1909～1917年。高尔基受到了修正主义者的影响，在列宁的批评帮助下回到无产阶级立场上来，写了《意大利童话》27篇，完成自传体三部曲前两部《童年》、《人间》。

第四阶段：1917～1936年。完成了自传体三部曲最后一部《我的大学》。三部曲描写了阿辽沙的成长过程，揭露了19世纪七、八十年代俄罗斯剥削阶级的残暴，小市民习气的恶劣，描述了劳动人民的苦难，塑造了阿辽沙不屈从黑暗势力、好学上进、追求真理、追求光明的自我形象。这一时期，还写了《列宁》等回忆录。长篇小说《克里姆·萨姆金的一生》是高尔基历时十年写成的诗史般的长篇巨著，刻画了克里姆·萨姆金这个资产阶级知识分子自私自利、灵魂空虚的个人主义者的典型形象。作品揭露了特定历史时期俄国资产阶级的衰亡趋势。

二、《母亲》评介

长篇小说《母亲》是高尔基最著名的作品，列宁对《母亲》给予极高评价，称赞它是“一本非常及时的书”。《母亲》是以作者家乡附近索尔莫沃工人运动为背景，以工人运动中领导人扎洛莫夫母子的英雄事迹为素材写成。

作品塑造了20世纪初俄国革命运动中无产阶级的英雄人物形象。巴威尔身上体现了俄国工人阶级从自发斗争到自觉斗争的成长过程。他是用马克思主义武装起来的无产阶级先进战士。巴威尔的形象是无产阶级文学中最早出现的高大工人革命者形象，概括了无产阶级英雄人物高度的阶级觉悟、革命的英雄主义气概和工人阶级的优秀品质。

巴威尔的母亲彼拉盖雅·尼洛夫娜是作品的中心人物，作家通过多方面的描写深刻地反映了这个普通工人的妻子和母亲的觉醒过程和斗争精神。她身受政权、神权、夫权的重重压迫，命运极为悲惨，是一个温顺、胆怯、受苦的俄罗斯普通妇女形象；在儿子的影响下，克服了自身的弱点，在革命斗争的实践中迅速成长起来，成为坚强的无产阶级革命战士。作品还成功地塑造了农民革命者雷宾、革命知识分子伊凡诺维奇等感人形象。

《母亲》是社会主义现实主义奠基之作，作者善于在典型环境中刻画典型人物；在人物塑造、情节选择、结构安排、语言运用等方面都对世界各国的无产阶级创作产生了深远影响。作品中充满了革命浪漫主义和革命现实主义精神，向人们预示着历史发展的总趋势。

第三节　川端康成的《雪国》

一、生平与创作

川端康成（1899—1972），是日本现代著名小说家，1968年10月获诺贝尔文学奖。川端康成于1899年6月出生于日本大阪市，幼年父母早亡，他后来在作品《致父母的信》中说：“深深刻入我幼小心灵里的，便是对疾病和夭折的恐惧。”幼年的不幸和孤独，使川端康成形成了孤僻的性格，进而影响到他小说中的悲凉风格。川端康成1920年入东京帝国大学英文系学习，第二年转入国文系，1924年大学毕业。大学期间发表的《招魂节一景》受到好评。他于1972年4月16日口含煤气炉管自杀。

川端康成一生写了400余篇小说，以中、短篇为主，还写了不少散文、随笔、诗歌等，著作甚丰。川端康成的思想倾向复杂，创作也呈现出复杂的风貌。

30年代，日本军国主义势力在亚洲发动了疯狂的侵略战争，他的作品与战争及政治关系不大。川端康成战前和战时的作品中有一类主要描写自己的孤儿生活和孤独感情，自己的失意和痛苦。作品有《精通葬礼的人》、《十六岁日记》、《致父母的信》，细腻真挚、低沉哀婉。另一类描写了社会下层，特别是女性，如舞女、艺妓、女艺人、女侍者的爱情、艺术追求和悲惨遭遇。作品有《招魂节一景》、《伊豆的舞女》、《温泉旅馆》、《花的圆舞曲》、《雪国》，寄托了作者对她们的同情，但缺乏挖掘与批判。战后创作变化很大，开始反映社会弊病，表达对战争不满，如《舞姬》、《名人》、《古都》较成功；但也写了《千羽鹤》、《山之音》等宣扬变态、违反人伦、充满颓废情调的作品。

川端康成注意吸收表现主义、达达主义等西方现代派手法，把日本的文学传统与乔伊斯等人的新心理主义和意识流结合起来，形成自己细腻、优美、悲凉感伤的风格。

二、《雪国》评介

《雪国》是作者从1934年底开始断断续续历时十五年创作的中篇小说。刊物上连载时标题分别为“暮景镜”、“朝雪镜”、“故事”、“芭茅花”、“火枕”、“拍球歌”、“新稿”、“雪中火灾”、“银河”、“雪国抄”、“续雪国”。其中，“雪国抄”是“雪中火灾”和“银河”的修订稿。

小说描写了岛村三次从东京到雪国和驹子交往的故事，后来他喜爱的姑娘叶子死于火灾。岛村三次住在东京繁华商业区，靠父母的遗产过着花天酒地的生活。为了打发时光，他有时也写点关于舞蹈的文章，借此捞个文化人的美名。他真正的专长其实是游山玩水逛妓馆。所以他的人生充满了虚无感伤情调。小说描写的重点是主人公驹子，她是一个有进取心的艺妓形象，作品通过驹子坚持记日记、看小说、苦练三弦等细节，表现了驹子顽强的毅力、好学上进、执著认真的人生态度，也赞美了她对纯真爱情的追求，作者对艺妓的命运寄予了同情。

小说在艺术上体现了川端康成创作的总体风格。把日本古典文学与西方现代派手法结合起来，在总体上按事件发展经过的叙述中，又穿插意识流动和自由联想，形成时间和空间跳跃。小说由十几个既相对独立，又密切相关的一个个“短篇”连缀而成，结构自由灵活。人物描写刻画细腻入微，善于表现人物瞬间的真情实感。《雪国》以浓郁的抒情，给人以一种悲、美的感受。驹子的现实美和叶子的空幻美使作品笼罩上一层悲剧色彩。

第四节　卡夫卡的《城堡》

一、生平与创作

弗朗茨·卡夫卡（1883—1924），是欧洲文坛“怪才”，西方现代派文学的代表作家，被誉为20世纪最优秀的作家之一。

卡夫卡于1883年7月3日出生于当时属奥匈帝国布拉格一个犹太家庭，父亲的专制粗暴使卡夫卡的个性受到严重的压抑，他自幼喜爱文学、戏剧。1901年人布拉格大学学习文学，后迫于父命改学法律，1906年取得法学博士学位，曾在法律事务所和法院见习，后一直在保险机构任职，因患结核病41岁病逝。卡夫卡一生孤独，为了写作，他失却了爱情、友谊和家庭，三次订婚又主动解约。卡夫卡对古希腊、古罗马文化及古代欧洲文化十分熟悉，对尼采、斯宾诺莎、达尔文、克尔凯郭尔、易卜生等人的作品非常喜爱。1902年与马克斯·布罗德成为知己，后来布罗德成为著名作家，鼓励卡夫卡进行创作，并在卡夫卡死后整理出版了他的全部文稿，为世界增添了一份伟大的文学遗产。

1912年卡夫卡创作了短篇小说《变形记》和《判决》，开始形成自己的创作风格。1912年至1922年病重为止，卡夫卡创作了78篇短篇小说和3部长篇小说，重要的有《在流放地》、《乡村医生》、《为科学院作的报告》、《万里长城建造时》、《饥饿艺术家》、《地洞》等，长篇《美国》、《审判》、《城堡》未曾写完，生前也未发表。

卡夫卡小说思想内容方面大致分为四类：一类揭示了现实世界的荒诞与非理性，如《判决》、《乡村医生》；第二类揭示了现代人的异化，如《变形记》、《饥饿艺术家》；第三类揭示了人在现代世界中的困境和困惑，如《地洞》写出了中小资产阶级及知识分子的生活、精神状态；第四类揭示了现代国家机器的残酷和统治阶级的专横腐朽，如《在流放地》、《万里长城建造时》、长篇小说《审判》。在艺术方面，卡夫卡小说具有独到的现代语言艺术，主要体现为：悖谬与怪诞；寓意性与多义性；梦幻性和神秘性；冷酷与客观。他善于运用象征手法和独特的讽刺来表达对现实社会的理解。

卡夫卡的创作对许多现代流派产生了影响，如表现主义、超现实主义、象征主义、存在主义、荒诞派、新小说、黑色幽默等，他的创作震撼了现代人的灵魂，对现代社会弊端进行了深刻的批判。他用小说思考了工商业时代人类生活的困境，以期拯救人们失落的灵魂。

二、《城堡》评介

《城堡》写于1922年，是卡夫卡最重要的长篇小说，集中体现了卡夫卡的创作风格和特征。小说主人公土地测量员K深夜来到城堡旁边的一个村子，城堡近在咫尺，但他用尽所有办法都不得而入。他在城堡附近的这个村子转悠了一生，进行了不懈的斗争，在精疲力竭、奄奄一息之际，城堡传谕："虽然不能给予你在村中的合法居住权，但是考虑到某些其他情况，准许你在村子里居住和工作。"

《城堡》的寓意是复杂而多义的，小说中的城堡带有神秘性和朦胧性，正如卡夫卡自己所言："我写的和我所说的不同，我说的和我想的不同，我想的和我应该想的不同，如此下去，则是无底的黑洞。"不同的文学家、评论家对"城堡"的寓意给予了不同的阐释。

卡夫卡的好友马克斯·布罗德的观点最有影响，他认为城堡就是"上帝恩宠的象征"。表明人与上帝之间有着不可逾越的鸿沟，"不管你怎么做，永远都是错的"，正如犹太人的谚语："人类一思索，上帝就发笑。"存在主义者认为城堡是上帝的象征，西蒙·德彼伏瓦认为："我们还不完全明白，我们为什么感觉到他的作品是对我们个人的关怀。福克纳，以及所有其他的作家，给我们讲的都是遥远的故事，卡夫卡给我们讲的都是我们自己的事。他给我们揭示了我们自己的问题，面对一个没有上帝的世界，我们的得救已危在旦夕。"社会学者认为城堡代表“资方”，我国学者叶廷芳认为“城堡在这里是一种权力的象征，是整个国家机器的缩影。这个高高在上的衙门，看起来就在眼前，但对于广大的在它的统治下的人民来说，它是可望而不可即的。”小说的主题在于对“城堡里的统治阶级的专制暴虐和腐化荒淫的行径进行了揭露和鞭鞑，描写了压迫与被压迫的对立”。“这个城堡，不仅它的主要统治者CC伯爵是个永不露面的神，官僚们高高在上，与一般人格格不入，而且作为统治机器的官府也是似有却无，衙门里的大小官员很多，而且相当忙碌，但他们唯一的工作内容似乎就是跟卷宗打交道，老百姓的痛痒却无人过问”。小说在批判官僚统治飞扬跋扈的同时，也暗示着统治者正走向没落与衰亡的趋势。也有人认为，“城堡”象征着现代人的生存状况，描写现代人与世隔绝的生活，世界只不过是个人意图与欲望的投影，而不关注身外的世界。

《城堡》在艺术上运用了象征的手法。那神秘莫测、时隐时现，对村民具有魔力的城堡，蕴涵着丰富的寓意，给世界各地不同文化背景的读者留下了多层次的解读空间，给世人以多方面的启示。在《城堡》这部作品中，悖谬与荒诞占有重要地位，城堡近在咫尺，但永远可望而不可即，从而揭示出人在本质上是荒诞悖谬的，“世界是荒诞的”。小说也体现了卡夫卡平淡、冷漠、凝重的叙述风格，使作品有力地表现了作家对现实世界和生活的感受，同时使作品的多义性更加突出，增加了晦涩与神秘的氛围。

第五节 马尔克斯的《百年孤独》

一、生平与创作

加夫列尔·加西亚·马尔克斯（1928—），是20世纪拉丁美洲魔幻现实主义文学的杰出作家，1982年获诺贝尔文学奖。颁奖词称赞他的作品“融幻想与现实为一体，勾画出了一个丰富多彩的梦幻般的世界，反映了拉丁美洲大陆的生活和斗争”。

马尔克斯出生于哥伦比亚的一个海滨小镇阿拉卡塔卡，父亲是电报报务员兼业余医生，这使他的作品充满了平民意识、自由平等观念和反独裁精神。父母私奔方式的传奇爱情婚姻使他创作了名作《霍乱时期的爱情》，也构成《百年孤独》的人物和情节基础。8岁前在外祖父和外祖母家里成长。作为老军人的外祖父使他日后在小说中再现和反思拉美战争，并进而对哥伦比亚以及拉丁美洲历史进行深刻思考；经常给他讲述离奇传说和印第安神话的外祖母，使他学会了“不动声色地叙述耸人听闻的故事”的叙事风格，并娴熟地运用到《百年孤独》中。

马尔克斯18岁后在波哥大大学读法律，内战爆发后进入报界担任新闻记者并从事文学创作，后因抗议军人政权被迫流亡。1982年回国，并担任法国—西班牙语国家文化交流委员会主席。他的主要作品有《枯枝败叶》、《恶时辰》、《没有人给他写信的上校》、《百年孤独》、《族长的没落》、《霍乱时期的爱情》、《迷宫中的将军》等，并著有报告文学和文学评论集。

二、《百年孤独》评介

从1966年开始，马尔克斯用18个月完成他的长篇小说《百年孤独》，作品被看作魔幻现实主义的代表作，发表后好评如潮，诗人聂鲁达称其为“继塞万提斯的《堂·吉诃德》之后最伟大的西班牙语作品”。

小说以小镇马孔多的兴衰为背景，用奇幻的笔法描写了布恩蒂亚家族六代人的兴衰史，用他们孤独的命运折射出哥伦比亚和拉美的历史和现实，呈现出拉美人独特的精神气质，寄寓深邃的内涵。故事开头就把读者带入了一种神秘氛围之中：“许多年之后，面对行刑队，奥雷良诺·布恩蒂亚上校将会想起，他父亲带他去见识冰块的那个遥远的下午。”作家在现在—过去—未来三个时间层面上拉开他史诗般的叙述，便于自由地回顾历史，描写现实并预见未来。

布恩蒂亚家族第一代何塞·阿卡迪奥·布恩蒂亚是西班牙人后裔，与妻子乌苏拉是表兄妹，私自结婚出走并来到马孔多，后来马孔多由于外来移民、外国资本侵入和政府镇压，布恩蒂亚家族和马孔多人遭受了接连不断的灾难，何塞在孤独中发疯，乌苏拉活了一百多岁，目睹了家族和马孔多的沧桑变化。他们的第六代生下了一个长猪尾巴的婴儿，全世界的蚂蚁一齐把他拖进蚁穴。布恩蒂亚家族的最后一个男人，第六代奥雷良诺·布恩蒂亚破译羊皮手稿，卷首题词是：“家族中的第一个人将被绑在树上，家族中的最后一个人将会被蚂蚁吃掉。”此时，一阵飓风席卷而来，马孔多被刮得无影无踪。

这部小说包含了“百年”与“孤独”两方面的含义。“百年”指历史，作者虚构的马孔多，是哥伦比亚乃至拉丁美洲的缩影。它既是关于布恩蒂亚家族的历史，也是以马尔克斯故乡为背景的小镇马孔多的变迁史，同时也是哥伦比亚、拉丁美洲以至现代世界一个世纪风云变幻的历史。作品让我们看到了拉丁美洲在百年沧桑中经历的种种苦难和灾祸，批判了造成这种灾难的外国人侵势力和政府的反动统治；向人们指出拉丁美洲面临着愚昧落后的困惑处境，对新的出路进行了探索。“孤独”是作品的深层含义，作品展现了拉丁美洲人民的精神生活，揭示了造成拉丁美洲灾难的内在原因在于人们的孤独，描绘了贫穷闭塞的生存环境、人们的固执、迷信，作家认为孤独是面对丑恶现实的错误态度。小说结尾写道：“一切将永远不会重现，遭受百年孤独的家族，注定不会在大地上第二次出现了。”同时指出孤独的反义词是团结，这是对拉丁美洲落后闭塞现状的一种批判，对拉丁美洲的未来的展望。

小说在艺术方面独具特色。以姓名为基础的性格特征模式，标识了人物的性格、气质和命运，并构成对立系列。家族男性中，阿卡迪奥们的性格是感情冲动，智力有限，沉迷于物欲、情欲；相反，奥雷良诺们则头脑冷静，工于心计，有才干有毅力，是富于理性的“天生的知识分子”。第一代男性何塞·阿卡迪奥·布恩蒂亚兼有阿卡迪奥们和奥雷良诺们的双重性格，既性情冲动，欲望强烈，又是富有创造精神的知识分子。而家族女性也分为以乌苏拉们为代表的能力、见识卓著型和雷梅苔丝们为代表的不成熟和冲动型。这样就构成了家族的整体气质，这种整体性的结构设计，使拉丁美洲浓缩于这个孤独的家族和小镇中。小说重点描写了人物的心灵，刻画了他们精神上的孤独，展现了拉丁美洲人心灵的历史。

魔幻是小说一大特征，许多评论家认为《百年孤独》是魔幻现实主义典范。魔幻现实主义指 20 世纪 60 年代前后拉美文学中借用一些具有地域色彩的奇幻事物或现象，借鉴西方现代艺术手法表现光怪陆离的历史和现实的艺术风格。但作家本人并不认可这种西方人对拉美文学的“猎奇式误读”，他说：“看上去是魔幻的东西，实际上正是拉美现实的特征。”“这不仅是我们的现实，而且也是我们的观念和我们的文化。”“我认为自己是社会现实主义者。”《百年孤独》中印第安传说、东方神话和《圣经》典故的运用使作品具有浓厚的神秘气氛。作者在现实的叙事中加入了许多非理性的幻想因素，打破了主客观界限，把现实与幻想、真实与荒诞、写实与夸张、严肃与嘲讽巧妙结合起来，构成一种现代神话体系，极富艺术感染力。

象征手法的运用也是小说的一个特点，如黄色暗示金钱的祸害；对马孔多人患上集体健忘症失去记忆的描写，讽刺他们的愚昧，提醒人们要记住容易被遗忘的历史。

思考题：

1．简述荷马史诗的基本内容。

2．简要论述《俄狄浦斯王》的悲剧意义。

3．评价吉尔伽美什这一人物形象。

4．试评述但丁《神曲》的思想价值和艺术成就。

5．什么是人文主义？为什么说“堂吉诃德”身上体现出了人文主义理想？

6．你怎样评价冉阿让这一人物形象？

7．浮士德人生悲剧的五个阶段分别体现了作者怎样的创作思想？

8．试评介海明威的《老人与海》。

9．高尔基的《母亲》为什么被称为社会主义现实主义奠基之作？分析母亲尼洛夫娜的形象。

10．如何理解卡夫卡《城堡》中“城堡”的寓意？

11．分析马尔克斯的《百年孤独》的艺术特色。